Aristoteles

Aristotelous Peri Poitiks =

Aristoteles über die Dichtkunst - Griechische und Deutsch und mit sacherklärenden

Anmerkungen

Aristoteles

Aristotelous Peri Poitiks =
Aristoteles über die Dichtkunst - Griechische und Deutsch und mit sacherklärenden Anmerkungen

ISBN/EAN: 9783743628076

Hergestellt in Europa, USA, Kanada, Australien, Japan

Cover: Foto ©ninafisch / pixelio.de

Weitere Bücher finden Sie auf **www.hansebooks.com**

Aristoteles' Werke.

Griechisch und Deutsch

und

mit facherklärenden Anmerkungen.

Vierter Band:
Ueber die Dichtkunst.

Zweite Auflage.

Leipzig,
Verlag von Wilhelm Engelmann.
1874.

ΑΡΙΣΤΟΤΕΛΟΥΣ

ΠΕΡΙ ΠΟΙΗΤΙΚΗΣ.

Aristoteles über die Dichtkunst.

Griechisch und Deutsch
und
mit sacherklärenden Anmerkungen

herausgegeben

von

Dr. Franz Susemihl,
Professor in Greifswald.

Zweite Auflage.

Leipzig,
Verlag von Wilhelm Engelmann.
1874.

Seinem

verehrten Lehrer und Freunde,

Herrn Gymnasialdirector Dr. Raspe

in Güstrow,

als ein schwaches Zeichen dankbarer Gesinnung

gewidmet vom

Herausgeber.

Aristoteles
über die Dichtkunst.

Vorrede.

Seitdem ich im Jahre 1865 dies Buch in erster Auflage der Oeffentlichkeit übergab, ist namentlich durch Vahlens vortreffliche Beiträge, demnächst aber auch durch eine Reihe anderer mehr oder minder werthvoller Schriften, Abhandlungen, Ausgaben und Uebersetzungen die Erklärung und Textkritik der aristotelischen Poetik auf das Erheblichste gefördert worden. Auf Grund einer gewissenhaften Benutzung dieser Leistungen erscheint daher jetzt meine neue Bearbeitung nach allen ihren Theilen in einer wesentlich umgestalteten und verbesserten Form. Der Güte der Herren Usener, Kaibel, Vahlen, Thurot, Henning, v. Heinemann, Halm, Peipers, Schady, und Hiller danke ich ferner eine genauere Kenntniß der von den Handschriften und alten Ausgaben dargebotenen Lesarten, wenn ich auch einräumen muß, daß meine dergestalt eingezogenen Erkundigungen immerhin hie und da noch einige Vervollständigung nicht überflüssig machen und mich nicht an allen Stellen über nachträgliche Zweifel hinweggehoben haben, nachdem es zu erneuten Nachfragen zu spät war und ich mich nunmehr durch Beifügung eingeklammerter Fragezeichen diese Zweifel anzudeuten begnügen mußte. In meiner nächsten akademischen Gelegenheitsschrift gedenke ich in Form einer Ergänzung des Bekkerschen Apparats darüber, was ich dieser erneuten Handschriftendurchsicht verdanke und was ich vielmehr den älteren Vergleichungen entnommen habe, so genau Rechenschaft zu legen, daß Keiner, welcher sich für diese Sache interessirt,

*

hierüber irgendwo im Unklaren bleiben wird. Die ganze Gestaltung des Textes mußte aber in dieser zweiten Auflage wesentlich anderen Grundsätzen folgen, nachdem Spengel[1]), wie es mir scheint, vollkommen richtig erkannt hatte, daß aus der ältesten Handschrift,

A^c — Parisiensis 1741, welche aus dem Anfang des 11. Jahrhunderts herrührt, und außer verschiedenen rhetorischen Schriften des Dionysios von Halikarnaß und Anderer auch die Rhetorik und (fol. 194^r — 199^r) die Poetik des Aristoteles enthält, alle übrigen Codices der letzteren unmittelbar oder mittelbar abstammen, welcher Ansicht denn außer mir[2]) inzwischen auch Ueberweg und Vahlen bereits beigetreten sind. Diese Handschrift ist zuerst für die Poetik von einem Ungenannten im Auftrage von Burgeß (s. u.), dann ungleich genauer für die beiden erwähnten aristotelischen Werke von Bekker verglichen, hierauf hat Thurot[3]) eine Reihe von Ergänzungen und Berichtigungen dieser letzteren Arbeit veröffentlicht, und auch aus der auf eine erneute Vergleichung gegründeten Ausgabe von Vahlen läßt sich meistens mit Sicherheit abnehmen, welche Lesarten der Codex an manchen Stellen darbietet[4]). Nicht so steht es aber mit den

---

[1]) Aristotelische Studien. IV. Poetik. München 1866. 4. S. 7. 12 f. (Abhl. der Münchner Akad., philos.-philol. Cl. XI. S. 275. 280 f.).

[2]) S. Jahns Jahrb. XCV. 1867. S. 160—164.

[3]) Observations philologiques sur la Poétique d. Aristote, Paris 1863. 8. S. 7 f. (Revue archéologique 1863. II. S. 267 f.). Anm. Observations critiques sur la Rhétorique d'Aristote, Paris 1861. 8. S. 5 f. (ebend. 1861. II. S. 52 f.) Anm. 2.

[4]) Zweifelhaft bin ich nur c. 26. §. 3 (6 Herm.), wo Vahlen ὁ vor Ὀπούντιος in den Text gesetzt hat. Nach seinem gewöhnlichen Verfahren habe ich annehmen zu müssen geglaubt, daß es somit auch in A^c steht, obwohl nicht allein Bekker, sondern auch Thurot und Henning hierüber schweigen.

Correcturen, welche derselbe in der Poetik von einer jüngeren Hand erfahren hat, die nach dem Urtheil von Henning dem 13. Jahrhundert angehört und eine andere ist als die, von welcher oder von welchen die Correcturen in der Rhetorik herrühren. Ueber diese Lesarten zweiter Hand und auch über einzelne noch unbeachtet gebliebne, übrigens meist unerhebliche der ersten hat mir jedoch Henning das Nöthige mitgetheilt. Ueber einige nach diesem Allen mir noch immer zweifelhaft gebliebne Stellen endlich hat mir Thurot die von ihm erbetne Auskunft mit gewohnter Gefälligkeit bereitwillig zu Gebote gestellt. Und so darf ich denn wohl hoffen, daß meine Kenntniß der Handschrift eine hinlänglich vollständige ist, mag auch immer hie und da eine geringfügige Kleinigkeit auch jetzt noch zu entdecken oder, wenn sie schon von Anderen entdeckt ist, eben diesen nachzutragen oder zu berichtigen übrig bleiben[1]). Ich habe mich nun in dieser zweiten Auflage in der Gestaltung des Textes aus dem angegebenen Grunde aufs Engste der in Rede stehenden Handschrift angeschlossen, selbst in den kleinsten Eigenthümlichkeiten der Schreibweise, so daß ich z. B. selbst das ν ἐφελκυστικόν vor einem Consonanten beibehalten habe, wo es schon von dem ersten Schreiber herrührt. Die geringsten Abweichungen des Codex von meinem Texte, die unbedeutendsten Schreibfehler desselben habe ich sämmtlich, so weit sie mir bekannt sind, genau angemerkt. Man wolle freilich da, wo nur dies geschieht, hieraus nicht den Schluß ziehen, als ob die von mir aufgenommene Verbesserung sich in allen übrigen Manuscripten findet, was wahrscheinlich allerdings sehr häufig der Fall sein dürfte; wohl aber hat mein Freund Usener die Güte gehabt alle diese Stellen mit

---

[1]) Ich will hier gleich einen Irrthum berichtigen, der sich c. 23. §. 4 (7 Herm.). S. 178. Anm. 6 in meine Angaben eingeschlichen hat: μόνας hat auch A^c von erster Hand, μόναι von zweiter, nicht umgekehrt.

B° zu vergleichen, so daß ich mit Gewißheit behaupten kann, daß wenigstens der letztgenannte Codex in allen diesen Fällen bereits das Richtige hat. Dafür aber, daß, wie gesagt, auch seine Abweichungen wie die aller anderen Handschriften von A° aller Wahrscheinlichkeit nach auf bloßer Vermuthung beruhen und keine von ihnen aus einem von A° unabhängigen älteren Exemplare geflossen ist, mag allerdings auch jetzt noch eine genauere Untersuchung und Beweisführung nicht überflüssig sein, und ich behalte mir daher dieselbe, da ich sie doch hier nicht anstellen kann, auf die oben angedeutete Gelegenheit vor. Uebrigens finden sich in A° neben dem Texte der Poetik einige wenige Randbemerkungen, meist Inhaltsangaben, theils von erster, theils von zweiter Hand[1]).

B° = Urbinas 47 ist wie alle übrigen Manuscripte der Poetik außer A°, so weit sie nicht noch jüngeren Datums sind, erst im 15. Jahrhundert geschrieben. Er enthält die sogenannte Rhetorik an Alexandros, die Rhetorik, die Poetik (fol. 195ʳ — 120ʳ), Demetrios περὶ ἑρμηνείας und Dionysios von Halikarnaß περὶ συνθέσεως ὀνομάτων ἐπιτομή. Die Unterschrift lautet: μιχαῆλος ἀποστόλης βυζάντιος, καὶ τόδε μισθῷ ἐξέγραψε, πενία συζῶν, und so ist denn auch das Ganze in der That von Michaels wohlbekannter Hand geschrieben mit alleiniger Ausnahme der Rhetorik

---

[1]) Ich habe dieselben schon in Jahns Jahrb. CV. 1872. S. 322. mitgetheilt, will sie aber der Vollständigkeit halber hier wiederholen, wobei ich das erst von der jüngern Hand Beigeschriebene durch den Zusatz rc. kenntlich mache: c. 1. §. 3: ἑτέροις ἕτερα ἑτέρως rc. c. 4. §. 5: ὡραῖον. c. 5. §. 2. περὶ κωμῳδίας. §. 3: ὡραῖον. c. 6. §. 1: περὶ τραγῳδίας. §. 2. ὅρος τραγῳδίας. §. 7: πόσοι τρόποι. c. 11. §. 8: Cai. c. 13. §. 7: δευτέρα. c. 14. §. 7: τρίτον. c. 15. §. 1: περὶ ἤθους. §. 8: ὡραῖον. c. 19. §. 1: περὶ λέξεως καὶ διανοίας. §. 4: περὶ λέξεως. c. 23. §. 1: περὶ διηγητικῆς. §. 3: μικρὰ Ἰλιάς; rc. §. 5: σίνων rc. c. 24. §. 4 z. E.: τὸ ὅμοιον rc. §. 7: Ὅμηρος rc. §. 8. z. E.: γνώμη rc. c. 25. §. 6: οἴους rc. §. 9: z. E.: εὐειδὲς rc. ζωρότερον rc. §. 14: χαλκεύς.

an Alexandros, die von einem Andern mit gelblicher Dinte dem Papiere übergeben ist. B^c, nächst A^c entschieden die erheblichste Handschrift der Poetik, ist für dieselbe von Bekker zuerst verglichen, dann aber hat für mich Usener eine große Zahl von Stellen aufs Neue in ihr durchmustert und Kaibel auf seinen Antrieb sie ganz und gar noch einmal verglichen. Selbstverständlich habe ich mich aber hier nach dem vorhin Bemerkten bei der Mittheilung von Lesarten aus dieser so wie aus allen andern Handschriften außer A^c mit einer verhältnißmäßig beschränkten Auslese begnügt.[1]) Mit B^c nahe verwandt, so jedoch, daß B^c nicht selten im Gegensatz zu ihnen mit A^c übereinstimmt[2]), sind folgende drei Handschriften:

G^s = Guelpherbytanus 26 Gud. Graec., im 15. Jahrhundert ganz von derselben Hand geschrieben, welcher mehrere verschiedne Werke, von Aristoteles aber nur die Poetik enthält. Dies Manuscript ist für die letztere von Heyne, dessen Angaben sich bei Burgeß hinter der Ausgabe von Tyrwhitt finden, dann von Buhle für seine Ausgabe verglichen worden, mir selbst hat sodann über mehr als 30 Stellen Herr Bibliothekar von Heinemann in Wolfenbüttel gütige Auskunft ertheilt.

P^s = Parisiensis 2040, von Morel seiner Ausgabe zu Grunde gelegt. Zahlreiche Lesarten dieses Codex finden sich wiederum bei Burgeß, über fast 40 Stellen danke ich Thurot die nöthige Aufklärung.

---

[1]) Einige Male ist in B^c durch das Zeichen ·.· oder ·. oder ·.·. auf eine andere Lesart verwiesen, die dann aber meistens nicht beigeschrieben ist.

[2]) Zwar hat Bekker einige Male die mit G^s P^s M^2 übereinstimmenden Abweichungen von A^c in B^c übersehen, aber lange nicht so häufig, als Spengel a. a. O. S. 7 (275) u. ö. sich einbildet, und viel fehlt daran, daß man mit letzterem behaupten dürfte, B^c komme ganz mit G^s P^s überein.

M² = Mediceus (Laurentianus) LX, 14, von Bandini für Winstanley verglichen, gleichfalls aus dem 15. Jahrhundert. Nach der Mittheilung von Usener, welcher etwa 27 Stellen in diesem Codex für mich angesehen hat, trägt der letztere an der Spitze den Vermerk: Angeli Politiani et Amico RVM.

Nᵃ = Marcianus 215 steht mit seinem Zwillingsbruder M¹ an der Spitze einer zweiten Classe von Handschriften, zu denen offenbar auch die in der ersten Ausgabe benutzte gehörte, die zwar mit Nᵃ und M¹ nicht so nahe wie beide unter einander, aber doch immerhin am Meisten verwandt war. Nᵃ ist zuerst von Bekker verglichen, eine erneute und genauere Vergleichung befindet sich im Besitze von Vahlen, welcher mir an fast 50 Stellen die von ihm erbetene nähere Aufklärung zu geben die Freundlichkeit gehabt hat.

M¹ = Mediceus (Laurentianus) XXXI, 14, wiederum aus dem 15. Jahrhundert, nach Useners Mittheilung gut und sorgfältig geschrieben, ist gleichfalls von Bandini für Winstanley verglichen und für mich an etwa 36 Stellen von Usener durchmustert. — Eng unter sich zusammengehören wiederum folgende drei Handschriften, und zwar so, daß sie näher mit Nᵃ M¹ als mit Bᵒ Gᵃ Pᵃ M² verwandt sind:

Q = Marcianus 200 aus dem 15. Jahrhundert, welcher, von Johannes Rhosos für Bessarion geschrieben, alle Werke des Aristoteles außer den logischen enthält. Eine genauere Beschreibung von ihm habe ich vor meiner kritischen Ausgabe der aristotelischen Politik gegeben. Bekker führt zu Anfang der Poetik aus ihm einige Lesarten an, im Uebrigen kennt man ihn für diese Schrift wiederum aus den bei Burgeß nach der Vergleichung von Morelli gesammelten Varianten. Dagegen ist

M³ = Mediceus (Laurentianus) LX, 16, nicht minder im 15. Jahrhundert, aber nach Useners Versicherung ziemlich nachlässig geschrieben, wiederum von Bandini für Winstanley verglichen worden, außerdem an etwa 20 einzelnen Stellen für mich von Usener. Man darf diese beiden Handschriften als nahezu völlig werthlos bezeichnen, doch finden sich ein paar Stellen, an denen sich in ihnen zuerst die Einsicht von der Fehlerhaftigkeit der Ueberlieferung verräth und die letztere dem Sinne, wenn auch nicht dem Wortlaute nach richtig verbessert ist.

L^d = Leidensis, von Ruhnken verglichen, dessen Aufzeichnungen dann wiederum Burgeß veröffentlicht hat. — Die sonst noch bekannten Manuscripte sind:

M^4 = Mediceus (Laurentianus) LX, 21, erst im 16. Jahrhundert angefertigt laut Zeugniß von Usener, welcher etwa an 25 Stellen diesen Codex für mich durchgesehen hat, überdies aber schon nach der Angabe von Bandini, der auch ihn für Winstanley verglich, von verschiedenen jüngern Händen corrigirt, gleichfalls fast werthlos.[1]

Parisiensis 2038, nach den Angaben bei Burgeß zu schließen, ohne Zweifel auch erst im 16. Jahrhundert abgefaßt, muthmaßlich schon mit Benutzung der ältesten Ausgabe, im Ganzen ohne Werth, jedoch mit mehreren zum Theil richtigen, zum Theil wenigstens beachtenswerthen Textänderungen, die sich hier zuerst zu finden scheinen.

Parisiensis 2938 überbietet an Erbärmlichkeit, wie aus den Angaben bei Burgeß hervorgeht, alle andern schlechten Handschriften, enthält übrigens nur den Anfang der Schrift.

Parisiensis 2117 wird einige Male von Batteux angeführt.

Von alten Drucken erschien zuerst die lateinische, auf einer griechischen Handschrift beruhende Uebersetzung von Georg Valla, Venedig 1498. Denn in der kurz zuvor 1495—1498 ans Licht getretnen ersten griechischen Ausgabe der aristotelischen Schriften bei Aldus in Venedig fehlen noch die Rhetorik und

---

[1] In Italien sind also folgende Handschriften: L^c in Rom, N^a Q in Venedig, $M^{1. 2. 3. 4.}$ in Florenz.

Poetik, und der älteste griechische Druck dieser beiden Werke, den wir im Folgenden mit

Ald. bezeichnen wollen, findet sich vielmehr in den Rhetores Graeci apud Aldum Manutium, Venedig 1508. fol.[1]) Die O nach dem Bemerkten schon in den jüngeren Handschriften in erheblicher Ausdehnung in Angriff genommenen Verbesserungen und Verbesserungsversuche wirklicher und vermeintlicher Fehler in A^c wurden nun hier und in den folgenden Ausgaben in beträchtlichem Maße fortgesetzt, zum Theil mit Glück, zum bei Weitem größeren Theile aber mit entschiedener Verkehrung der Wahrheit, und die so entstandene sogenannte Vulgata mit ihren zahlreichen Verfälschungen pflanzte sich, indem Morels Abweichung von ihr eine ganz vereinzelte blieb, dergestalt bis in die neuere Zeit fort, daß selbst noch bei Bekker dieselben großentheils im Texte stehen geblieben sind. Die Ausgaben von Franz Ritter und sodann meine erste Bearbeitung sind sonach die frühesten, welche den letzteren zwar auch noch lange nicht streng genug auf A^c gegründet haben, aber doch mit Entschiedenheit zu der noch ungleich reineren handschriftlichen Ueberlieferung im Allgemeinen zurückkehrten, wenn sie auch immerhin noch Manches aus der Vulgata beibehielten, was keine wirkliche Verbesserung ist. Völlig mit dem Vulgattext unter Zugrundelegung von A^c als alleinigem Träger der Ueberlieferung haben erst Bahlen und Ueberweg gebrochen, denen sich hierin jetzt meine zweite Bearbeitung anschließt, indem sie nur das wirklich Gute, was von jenen früheren Kritikern geleistet ist, sich festzuhalten bemüht. Immerhin jedoch wird man aus derselben erkennen, daß dessen doch auch nicht wenig ist, und daß vielfach jene ihre Vermuthungen auch da, wo sie das Richtige noch nicht

---

[1]) Eine Reihe von Stellen hat nach dem in der Heidelberger Bibliothek befindlichen Exemplar dieser Ausgabe Herr Dr. Schady neu für mich verglichen.

trafen, doch von wohlbegründeten Anstößen ausgingen und zur Auffindung des Wahren wenigstens öfter die Wege wiesen. Natürlich habe ich mich bei der Anführung namentlich dieser älteren Vermuthungen auf eine Auswahl beschränken müssen, die jedoch keine allzuknappe ist und vielfach auch das entschieden Verkehrte, aber doch aus irgend einem Grunde, sei es auch nur, so zu sagen, als besonders bezeichnendes warnendes Beispiel, Bemerkenswerthe nicht ausgeschlossen hat. Man wird von mir in dieser Weise namentlich noch folgende Ausgaben, Uebersetzungen, Commentare und Abhandlungen berücksichtigt finden:

Bas.[1], d. i. die zweite in Basel 1531. fol. erschienene Gesammtausgabe des Aristoteles, die, wie ich aus den gefälligen Mittheilungen von Halm ersehe und auch sonst bekannt ist, von Aldus nur wenig abweicht.

Alexander Pazzi's (Paccius) lateinische Uebersetzung erschien nach seinem Tode bei Aldus, Venedig 1536, herausgegeben von seinem Sohne Wilhelm Pazzi, mit hinzugefügtem griechischen Text, welcher wahrscheinlich auf der Recension dieses letzteren beruht. Wo daher eine neue Textänderung, welche in dieser griechischen Redaction steht, sich entweder überhaupt oder doch mit Sicherheit nicht auch in jener Uebersetzung zeigt, werde ich, so weit ich dieselben überhaupt erwähne, sie W. Pazzi, wo dagegen eine solche aus letzterer nicht auch in erstere übergegangen ist, A. (Al.) Pazzi zuweisen, wo sie endlich augenscheinlich beiden Arbeiten gemeinsam ist, schlechtweg mit Pazzi bezeichnen. Alles, was ich über beide weiß, verdanke ich Bahlen. In demselben Jahre erschien auch eine Ausgabe der Rhetorik, Rhetorik an Alexandros und Poetik von

Trincaveli, Venedig 1536. 8, deren Uebereinstimmung im Texte der Poetik mit jenen beiden Arbeiten eine so auffallende ist, daß entweder W. Pazzi aus Trincaveli oder, was wahrscheinlicher ist, letzterer aus ersterem und der von diesem herausgegebenen Uebersetzung geschöpft haben muß. Meine Mittheilungen über diese Ausgabe beruhen auf der von Peipers gefälligst für mich genommenen Einsicht.

Bas². — zweite Basler Ausgabe der aristotelischen Werke, 1539. fol., von mir selbst verglichen¹); bietet sehr wenig Neues dar²).

Gryph. — Ausgabe der Poetik bei Gryphius, Venedig 1546. 12. ist dagegen eine nicht unerhebliche Leistung, indem sich unter ihren zahlreichen Neuerungen mehrere wirkliche Verbesserungen finden. Der von ihr zur Bildung der Vulgata gelieferte Beitrag läßt sich aus den Veröffentlichungen von Spengel³) nur theilweise erkennen; die nöthige Vervollständigung danke ich Halm.

Robortelli In librum Aristotelis de arte poetica explanationes, Florenz 1548. fol.

Bas.³ = britte Basler Gesammtausgabe des Aristoteles, 1550. fol.

Maggi (Madius) In Aristotelis librum de poetica explanationes, Venedig 1550. fol., von Hiller nebst den Ausgaben von Morel und Castelvetro und der Frankfurter Wechelschen an einigen Stellen für mich verglichen.

Morel: Ausgabe der Poetik, Paris 1555. 8. (apud Morelium).

Vettori (Victorius) Commentarii in primum librum Aristotelis de arte poetica, Florenz 1560. fol.

Castelvetro: Poëtica d'Aristotele vulgarizzata, Wien 1570. 4. Basel 1576. 4.

---

¹) Eben so wie Bas.³ und die Ausgaben von Robortelli, Vettori, Sylburg und M. Casaubonus.

²) Vollends gar nichts die ein Jahr vorher, 1538, in Paris bei Wechel erschienene Ausgabe der Poetik, wie ich nach den Mittheilungen von Halm und Peipers versichern kann.

³) A. a. O. S. 9 (277). Anm. 2 u. ö.

Piccolomini's vortreffliche italienische Uebersetzung der Poetik¹), Siena 1572. Venedig 1575. 4.

Ausgabe der Rhetorik, Rhetorik an Alexandros und Poetik, Frankfurt bei Wechels Erben, 1584. 4.

Sylburg: Gesammtausgabe des Aristoteles, Frankfurt 1587—1589. 4., Bd. 2.

M. Casaubonus desgleichen, Lyon 1590. fol.

Daniel Heinsius: Ausgabe der Poetik, Lyon 1611.

Goulston desgleichen, London 1623. 4.

Dacier: französische Uebers. der Poetik, Paris 1692. 12.²)

Orforder Ausgabe der Poetik (ex typogr. Clarendon.). 1760.

Batteux: Ausgabe der Poetik mit französischer Uebersetzung, Paris 1771. 8.³)

Winstanley: Ausgabe der Poetik, Oxford 1780. 8.

Harles desgleichen, Leipzig 1780. 8.

Reiz desgleichen, Leipzig 1786. 8.

Twining: englische Uebersetzung derselben mit vortrefflichem Commentar, in welchem Dahlen einige seiner besten Auseinandersetzungen bereits vorweggenommen sind, London 1789. 8.

Tyrwhitt: Ausgabe derselben, nach seinem Tode besorgt von Burgeß, Oxford 1794. 8.

Buhle: Gesammtausgabe, 5. Bd., Straßburg 1800. 8.

G. Hermann: Ausg. der Poetik, Leipzig 1802. 8.

Gräfenhan desgleichen, Leipzig 1821. 8.

Bekker: Gesammtausgabe, Berlin 1831. 4. Ausg. der Rhetorik und Poetik, 3. Aufl., Berlin 1859. 8. (Abdruck Berlin 1873. 8.).

---

¹) Von Twining wiederholt mit Recht gerühmt.
²) S. d. Einl. S. 26 f. Anm. 1.
³) S. d. Einl. S. 35. Anm. 1.

Spengel Ueber Aristoteles' Poetik, in den Abhh. der Münchner Akad., philos.-philol. Cl. II. 1837. S. 209—252. Aristotelische Studien. IV. München 1866. 4. (ebend. XI. S. 271—346). Dazu die Rec. von Ritters Ausgabe, Zeitschr. f. d. Alterth. 1841. S. 1251—1275.

Franz Ritter: Ausg. der Poetik, Köln 1839. 8. Dazu Bernhardy's Rec., Berl. Jahrb. 1839. II. S. 886—912.

H. Knebel: Uebersetzung der Rhetorik an Alexandros und der Poetik, Stuttgart 1840. 8.

Dünter Rettung der aristotelischen Poetik, Braunschweig. 1840. 12. Der Name δρᾶμα, Jahns Jahrb. CVII. 1873. S. 569—579.

Tycho Mommsen Trilogia Aeschylea in Aristotelis Poetica suo loco invenitur, Zeitschr. f. d. Alterth. 1845. Suppl. Nr. 16. S. 121—128[1]).

Hartung Lehren der Alten über die Dichtkunst, Hamburg und Gotha 1845. 8. vgl. die Rec. von Schrader Zeitschr. f. d. Alterth. 1847. S. 532 ff.

Forchhammer De Aristotelis poetica ex Platone illustranda, Kiel 1847. 4. De Aristotelis artis poeticae cap. IV. §. 11, Kiel 1855. 4.

Schömann De Aristotelis censura carminum epicorum, Greifswald 1853. 4. (Opusc. III. S. 30 ff.).

Bernays Ergänzung zu Aristoteles' Poetik, Rhein. Mus. VIII. 1853. S. 561—596. Grundzüge der verlorenen Abhandlung des Aristoteles über Wirkung der Tragödie, Breslau 1857. 8. (Abhh. der Bresl. hist.-phil. Gesellsch. I. S. 135—202).

---

[1]) Tycho Mommsen De Aristotelis poeticae capitibus I—IX contra Franc. Ritterum disputatio, Kiel 1842. 8. kenne ich nur dem Titel nach. Diese Abhandlung ist in d. Einl. S. 4. Anm. 1. nachzutragen.

Leop. Schmidt Noch einmal das zwölfte Capitel der aristotelischen Poetik, Jahns Jahrb. LXXV. 1857. S. 713—725.

Ad. Schöll Eine Emendation der aristotelischen Poetik, Philologus XII. 1857. S. 594—601.

Bursian Zu Aristoteles' Poetik, Jahns Jahrb. LXXIX. 1859. S. 751—758 und bei Georgiades Aristotelis de Agathone poeta tragico iudicium, Zürich 1865. 8.

A. Stahr: Uebers. der Poetik, Stuttgart 1860. 8.

Vahlen Zur Kritik aristotelischer Schriften (Rhetorik und Poetik), Wien 1861. 8. S. 3—36 (Sitzungsberichte der phil.-hist. Cl. der Wiener Akad. XXXVIII. S. 59—92). Aristoteles' Lehre von der Rangfolge der Theile der Tragödie, in Symbola philologorum Bonnensium in honorem F. Ritschelii collecta, Leipzig 1864. 8. S. 155—184. Beiträge zu Aristoteles' Poetik. I—IV. Wien 1865—1867. 8. (Sitzungsberichte der phil.-hist. Cl. der Wiener Akad. L. S. 265 ff. LII. S. 89 ff. LVI. S. 213 ff. 351 ff.). Ausgabe der Poetik, Berlin 1867. 8. Zu Aristoteles' Poetik, Rhein. Mus. XVIII. S. 318. XIX. S. 308—310. XXI. S. 152 f. XXVIII. S. 183—185. Eine Miscelle zu Aristoteles' Poetik, Zeitschr. f. d. östr. Gymn. XXIV. 1873. S. 658 f. XXV. 1874. S. 15 f.

Bonitz Aristotelische Studien. I. Wien 1862. 8. S. 96—99. (Sitzungsber. der phil.-hist. Cl. der Wiener Akad. XXXIX. S. 276—279). II. III. Wien 1863. 8. S. 29 f. 111 f. (ebend. LXI. S. 405 f. XLII. S. 77 f.).

Susemihl Zur Litteratur von Aristoteles' Poetik, Jahns Jahrb. LXXXV. 1862. S. 317—332. 395—426. XCV. 1867. S. 159—184. 221—236. 827—846. CV. 1872. S. 317—342. Studien zur aristotelischen Poetik, Rhein. Mus. XVIII. S. 366—380. XIX. S. 197—210. XXII. S. 217 — 244. XXVI. S. 440—462. XXVIII. S. 305—336.

Noch einmal das sechste Capitel der aristotelischen Poetik, Jahns Jahrb. LXXXIX. 1864. S. 505—520. Zu Aristoteles' Poetik, Zeitschr. f. d. östr. Gymn. XVIII. 1867. S. 71—74. 155. Jahns Jahrb. LXXXIX. S. 259. Rhein. Mus. XVIII. S. 471 f. XXVIII. S. 630—632.

Thurot Observations philologiques sur la Poétique d'Aristote, Paris 1863. 8. (Revue archéologique 1863. II. S. 281—296).

Mor. Schmidt Vermischtes, Philologus XIX. 1863. S. 708. XX. 1864. S. 352 f. Verbesserungsvorschläge zu schwierigen Stellen griechischer Schriftsteller, Rhein. Mus. XXVII. 1872. S. 224—233.

Teichmüller Aristotelische Forschungen. I. Beiträge zur Erklärung der Poetik des Aristoteles. II. Aristoteles' Philosophie der Kunst. Halle 1867 1869. 8. vgl. die Rec. von Torstrik Litt. Centralbl. 1868. S. 133.

Herzog Zu Aristoteles' Poetik, Philologus XXVIII. 1869. S. 557—559. XXXIII. 1873. S. 376—379.

Ueberweg: Uebers. der Poetik, Berlin 1869. 8. Ausg. derselben, Berlin 1870. 8.

Friederichs Zur Poetik des Aristoteles, Philologus XXIX. 1870. S. 716—723.

Reinkens Aristoteles über Kunst, besonders über Tragödie, Wien 1870. 8.

Essen Aristoteles' Poetik griechisch und deutsch, Leipzig 1872. 8.[1])

Friedrich Quaestiones in Aristotelis librum, qui inscriptus est περὶ ποιητικῆς, Mühlhausen 1872. 4.

---

[1]) Ich bedaure sagen zu müssen, daß von Essens zahlreichen Verbesserungsvorschlägen wenige mir auch nur der Erwähnung werth zu sein scheinen.

Krohn Zur Kritik aristotelischer Schriften. I. Brandenburg 1872. 4.

Belger De Aristotele etiam in arte poetica componenda Platonis discipulo, Berlin 1872. 8.

Usener Vergessenes, Rhein. Mus. XXVIII. 1873. S. 422 f.

Bywater Aristotelia, im Journal of philology V. 1874. S. 117—121.[1])

Hierzu kommen nun noch Werke allgemeinerer oder anderer Art, wie Zeller Philosophie der Griechen (vgl. auch Zur aristotelischen Poetik c. 8. 1451ᵃ, 16, Philologus XXXII. 1873. S. 187 f.), Nitzsch Sagenpoesie und andere, in denen gelegentlich einzelne Stellen der aristotelischen Poetik besprochen werden, und die mir von Usener, Michaelis, H. Fischer und Bücheler mündlich mitgetheilten Verbesserungsversuche.

Abweichend von der ersten Auflage citire ich jetzt mit wenigen, durch den Beisatz „Herm." kenntlich gemachten, auf dem Interesse größerer Genauigkeit des Citats beruhenden Ausnahmen überall nach den Paragraphen in Ritters Ausgabe, hie und da freilich mit parenthetischer Beifügung von denen in der Hermanns, und habe die letztern in Text und Uebersetzung am rechten, die erstern aber im Text am linken Rande vermerkt, in der Uebersetzung dagegen den fortlaufenden Worten selbst einverleibt. Während ich ferner in der ersten Auflage die Abweichungen der Ausgaben Hermanns, Bekkers und Ritters von meinem Texte verzeichnet habe, ist in dieser zweiten nur mit denen in Bekkers Ausgaben (Bekk.), wobei die dritte Auflage seiner Specialausgabe im Unterschied von seiner Gesammtausgabe mit Bekk.³ bezeichnet ist, außerdem mit denen in den Ausgaben von Vahlen (Va.) und Ueberweg (Ueb.) und in meiner ersten

---

[1]) Mit Bywater bin ich in ein paar Vermuthungen zusammengetroffen.

Bearbeitung (Susem.¹) geschehen. Die Gründe dieses Verfahrens brauche ich wohl nicht darzulegen. Was in irgend einer Handschrift ursprünglich dagestanden hat, ist in den kritischen Anmerkungen durch pr., die Correctur von jüngerer Hand durch rc. bezeichnet, z. B. pr. A°, rc. A°, wo ich aber nicht weiß, ob die Correctur noch von erster oder erst von späterer Hand ist, habe ich dies durch corr., z. B. corr. M⁴, ausgedrückt. Worte, die ich in den Text gesetzt habe, obgleich sie in A° überhaupt oder doch von erster Hand fehlen, habe ich in Text und Uebersetzung in eckige Parenthesen von dieser Gestalt: < >, solche dagegen, an deren Aechtheit ich zweifle, obwohl sie auch in A° enthalten sind, in eckige von folgender Form: [ ], in runde aber in der Uebersetzung Zusätze eingeschlossen, die ich im Interesse der Deutlichkeit gemacht habe. Lücken sind im Text durch zwei Sterne: **, bei längerer Ausdehnung durch drei: *⁎*, in der Uebersetzung durch mehrere auf einander folgende Striche bezeichnet. Wie ich schon vor der ersten Auflage bemerkte, bin ich für meine deutsche Uebertragung unter meinen Vorgängern ganz besonders H. Knebel zu Dank verpflichtet, einige gelungene Wendungen habe ich auch von Stahr beibehalten und jetzt nach Vahlen, Ueberweg und auch Essen Manches in ihr berichtigt In der Einleitung habe ich dem Tadel von Reinkens¹) darin Gehör gegeben, daß ich Bernays' Auffassung der Lehre des Aristoteles von der Katharsis durch die Tragödie und das Epos nunmehr scharf von der meinen gesondert habe. Freilich ist die Darstellung dadurch beträchtlich umfänglicher geworden, aber sie hat hoffentlich auch an Klarheit und Wahrheit in demselben Maße gewonnen.

Greifswald, im Juli 1874.

---

¹) a. a. O. S. 125.

Inhalt.

Einleitung: kurze Inhaltsankündigung, c. 1. §. 1.
I. Allgemeiner Theil, c. 1—5.
   A. Vom Wesen der Poesie und ihrer Arten so wie der übrigen musischen Künste oder der allgemeine Gattungsbegriff derselben (c. 1. §. 2) und die specifischen Unterschiede der musischen Künste und insonderheit der Dichtkunst von den anderen nachahmenden Künsten und der einzelnen Dichtarten von einander (c. 1. §. 3):
      1) nach den Mitteln der nachahmenden Darstellung, c. 1. §. 4—10.
         a) Rhythmos und Harmonie: Instrumentalmusik, c. 1. §. 4.
         b) Bloßer Rhythmos: Tanzkunst, c. 1. §. 5.
         c) Bloßes Wort (ungebundne Rede) oder bloßer Vers (Verbindung des Worts mit dem Rythmos) = bloß declamatorische oder für die Lectüre berechnete Poesie, c. 1. §. 6—9^b.
            α) Bloßes Wort: Prosadichtung (Mimen und sokratische Dialoge), c. 1. §. 7.
            β) Bloßer Vers, c. 1. §. 7—9^b.
               aa) Eine einzige Versart: Epos, Elegie, Jambos, c. 1. §. 7.
               bb) Mischung verschiedner Versarten: vereinzelte Versuche im Epos, c. 1. §. 9.

d) Verbindung von Rhythmos, Musik und Vers, c. 1. §. 10.
    α) Durchweg: Dithyrambos, Nomos und die Sanglyrik überhaupt, c. 1. §. 10.
    β) Wechsel dieser Verbindung in den lyrischen mit dem bloßen Vers in den eigentlich dialogischen Partien: Tragödie und Komödie, c. 1. §. 10.
2) nach den Gegenständen der nachahmenden Darstellung, c. 2. (Unterschied von Tragödie und Komödie c. 2. §. 4).
3) nach der Art und Weise der nachahmenden Darstellung (Unterschied des Dramas von Epos und Lyrik), c. 3. §. 1.
    Recapitulation, c. 3. §. 2. Abschweifung über Namen und Heimath des Dramas, insonderheit der Komödie, c. 3. §. 3.

B. Vom Ursprung der Poesie und der geschichtlichen Entwickelung der drei vornehmsten Dichtarten, c. 4—c. 5. §. 2. 3.
1) Die natürlichen Entstehungsgründe der Poesie, c. 4. §. 1—6.
    a) Der dem Menschen vorwiegend eigenthümliche Nachahmungstrieb und die mit ihm verbundene Freude an den Werken nachahmender Darstellung erzeugen die nachahmenden Künste überhaupt, c. 4. §. 1—6.
    b) Die dem Menschen eigenthümlichen Besitzthümer Sprache und Sinn für Rhythmos und Harmonie erzeugen die musisch-poetischen Künste im Besonderen, c. 4. §. 6.
2) Kurzer Geschichtsabriß (c. 4. §. 7—15. c. 5. §. 2. 3.):
    a) des Epos, c. 4. §. 7—10,
    b) der Tragödie, c. 4. §. 10—15,
    c) der Komödie, c. 5. §. 2. 3.

C. Vorläufige Vergleichung dieser drei Dichtarten mit einander, c. 5. §. 1. 4. 5 (vermuthlich sehr lückenhaft und zum Theil verschoben).

Inhalt.   XXVII

II. Specialerörterung dieser drei Dichtarten, c. 6—27:
  A. der Tragödie, c. 6—22.
    1) Allgemeiner Theil, c. 6.
      a) Definition der Tragödie und Feststellung der qualitativen Bestandtheile der letzteren, c. 6. §. 1—8.
        α) Definition der Tragödie, c. 6. §. 1. 2, nebst einigen sofort angehängten Erläuterungen, c. 6. §. 3.
        β) Herleitung der sechs qualitativen Theile der Tragödie, c. 6. §. 4—7,
          aa) aus der Natur der Sache oder mit andern Worten der eben gegebenen Definition, c. 6. §. 4—7, und Rubricirung dieser sechs Theile als Art, Mittel und Gegenstände (vgl. c. 1. §. 3—c. 3) der Nachahmung, c. 6. §. 7.
          bb) Bestätigung aus der Erfahrung als Uebergang zum Folgenden, c. 6. §. 8.
      b) Rangordnung dieser Theile, durch welche sie auf vier eigentlich poetische reducirt werden, c. 6. §. 9—19.
        α) Den obersten Rang nimmt aus fünf Gründen die Fabel ein, c. 6. §. 9—12. 15. 13. 14.
        β) Dann folgen die Charaktere, c. 6. §. 14. 16,
        γ) dann die Reflexion, c. 6. §. 16. 17,
        δ) dann der sprachliche Ausdruck, c. 6. §. 18.
        ε) Zwar steht ihm an sich die musikalische Composition gleich, c. 6. §. 19, aber
        ζ) sie so wenig wie das Theatralische, welches den untersten Rang einnimmt, gehören noch der Poesie als solcher an, c. 6. Fragm. 1 und §. 19.
    2) Speciellere Erörterung der vier eigentlich poetischen Theile der Tragödie, c. 7—22:
      a) der Fabel, c. 7—11. 13. 14. 16—18.
        α) Von der Einheit und richtigen Ausdehnung der Fabel, c. 7—9.

aa) Die positiven grundlegenden Bestimmungen (c. 7):
   αα) über Einheit, Ganzheit, innere Abgeschlossenheit der Handlung oder die Abfolge aller ihrer Theile nach der Nothwendigkeit oder Wahrscheinlichkeit, c. 7. §. 1—3,
   ββ) über die Nothwendigkeit einer bestimmten Ausdehnung und das richtige Maß derselben für die Tragödie, c. 7. §. 4—7.
     aaa) Die allgemeineren Bestimmungen hierüber, c. 7. §. 4. 5.
     bbb) Das genauere Maß der Länge, c. 7. §. 6.
        ααα) Mit Abweisung der bloßen Rücksicht auf die Aufführbarkeit, c. 7. §. 6, wird
        βββ) dies genauere Maß aus der Natur der Sache selbst bestimmt, c. 7. §. 7.
bb) Negativ wird die gegebene Bestimmung der Einheit der Handlung noch näher erläutert durch den Gegensatz gegen die bloße Einheit des Helden, c. 8.
cc) Folgerungen aus diesen Bestimmungen über Einheit der Handlung: der Tragiker und überhaupt jeder Dichter ist nicht an die historische Wirklichkeit gebunden, er darf vielmehr auch selbsterfundene Stoffe wählen und muß auch in den überlieferten seine erfinderische Thätigkeit in der strengen Motivirung der Begebenheiten durch einander nach Nothwendigkeit oder Wahrscheinlichkeit ausüben. Unterschied der Poesie von der Geschichte, c. 9. §. 1—9.
dd) Uebergang zu den verschiedenen Arten tragischer Fabeln und zu der eigentlichen

Aufgabe der tragischen Poesie. Die episodenhaften (gegen das Gesetz der Einheit verstoßenden) Fabeln sind die schlechtesten, die verwickelten oder das Unerwartete und Wunderbare in sich schließenden dann die besten, wenn bei ihnen strenge Bewahrung der Einheit und Motivirtheit Statt findet, weil dann durch sie die Aufgabe der Tragödie am Besten erreicht wird, c. 9. §. 10—12.

β) Von den verschiedenen Arten tragischer Fabeln, c. 10. 11.

  aa) Definition der beiden Arten tragischer Fabeln, der einfachen und der verwickelten, c. 10.

  bb) Erläuterung derjenigen Bestandtheile, durch welche sich die verwickelten Fabeln von den einfachen unterscheiden, c. 11. §. 1—5.

    αα) der unerwarteten Wendung (Peripetie), c. 11. §. 1,

    ββ) der Erkennung, c. 11. §. 2—5.

  cc) Von einem dritten besonders eigenthümlichen Bestandtheil tragischer Fabeln, dem Drastischen, c. 11. §. 6. (Ausgefallen ist hier eine auf ihn sich gründende zweite Eintheilung tragischer Fabeln in drastische und charakterzeichnende).

  [Cap. 12 von den quantitativen Theilen der Tragödie ist wohl sicher ein Einschiebsel von fremder Hand.]

γ) Wie die tragische Fabel componirt sein muß, um die Aufgabe der Tragödie zur Ausführung zu bringen, c. 13. 14. Diese Aufgabe ist:

  aa) einerseits die Erregung von Furcht und Mitleid, und es fragt sich daher:

    αα) wie das Ganze der tragischen Fabel oder der tragische Schicksalswechsel zu diesem Zwecke bei jeder Art tragischer Fabeln beschaffen sein muß, c. 13.

aaa) Erörterung dieser Frage aus der Natur der Sache, c. 13. §. 1—4. 5. 7. 8.

bbb) Bestätigung des Ergebnisses dieser Erörterung in doppelter Weise durch die Erfahrung, c. 13. §. 5. 6,

ααα) aus der Beschränkung der schönsten Tragödien auf wenige, immer wieder von Neuem bearbeitete Stoffe, c. 13. §. 5,

βββ) aus der Bühnenwirkung der Stücke des Euripides, c. 13. §. 6.

ββ) Wie die einzelnen Theile dieser Gesammthandlung, die einzelnen Thuns- und Leidensacte, zu diesem Zwecke beschaffen sein müssen, c. 14.

aaa) Uebergang zu dieser Untersuchung durch die Bemerkung, daß ein ächter tragischer Dichter Furcht und Mitleid nicht durch bloß theatralische Mittel darf zu erreichen suchen, sondern schon durch die dichterische Darstellung der Begebenheiten selbst, c. 14. §. 1—3.

bbb) Welcherlei Begebnisse nun aber am Stärksten Furcht und Mitleid erregen, c. 14. §. 3. 4, und wie der Dichter nach Maßgabe hievon seine Stoffe wählen und bei der Wahl überlieferter Stoffe sich der Ueberlieferung gegenüber verhalten muß, c. 14. §. 5.

ccc) Die verschiedenen sich bei solcherlei Begebnissen je nach Anwendung

Inhalt.   XXXI

einfacher oder durch Erkennungen verwickelter Fabeln ergebenden Möglichkeiten und der verschiedene Werth derselben für die Zwecke der Tragödie, c. 14. §. 6—9.

αααα) Vorläufige Aufzählung, c. 14. §. 6. 7, und
ββββ) endgültige ästhetische Werthabschätzung derselben, bei welcher einerseits der Vorzug der Anwendung der Erkennung überhaupt und mithin nach dieser Seite hin der der verwickelten Fabeln, andererseits genauer wiederum der der einen Art von Anwendung der Erkennung vor der andern näher erhellt, c. 14. §. 8. 9.

Schlußbemerkung, c. 14. §. 9^b.

ddd) Nutzen der unerwarteten Wendungen für die stärkere Erregung von Furcht und Mitleid.*) } Verloren gegangen
bb) Diese Erregung ist aber (nach c. 6. §. 2) selbst wieder in der Tragödie nur das Mittel zur Reinigung von diesen beiden Affecten. Lehre von der tragischen „Katharsis". } mit noch Anderem bis auf das kleine Fragm. 2.

δ) Von den verschiedenen Arten der Erkennung und ihrem verschiedenen Kunstwerth, c. 16.

ε) Praktische Regeln für den tragischen Dichter, wie er bei der Anlage und Ausführung seiner Fabeln zu Werke gehen muß, und andere sich hieran anschließende Bemerkungen über die Compositionsweise in der Tragödie und die verschiedenen Arten von ihr, c. 17. 18.

aa) Der Dichter muß sich bei derselben Alles stets möglichst leibhaftig vor Augen stellen, c. 17. §. 1, ja sich seine Personen selber vorspielen und sich so ganz in sie hineinversetzen, c. 17. §. 1. 2, weßhalb denn die Poesie entweder einen enthusiastischen oder einen genialen Menschen von ungewöhnlichem natürlichen Verstande verlangt, c. 17. §. 2.

---

*) Wenn anders Aristoteles wirklich eine solche nähere Auseinandersetzung hierüber gegeben hat.

bb) Der Dichter muß seine Fabel erst ganz in den allgemeinen Grundzügen entwerfen und dann erst in die bestimmten Detailausführungen und Episoden eingehen, c. 17. §. 3—5.

cc) Von Schürzung und Lösung in der tragischen Fabel, c. 18. §. 1. 3ᵇ.

dd) Die vier verschiedenen Arten von Tragödien, c. 18. §. 2, und die Art, wie sich ein tragischer Dichter zu ihnen zu verhalten hat, c. 18. §. 3.

ee) Eine Tragödie darf nicht nach Art eines Epos mit vielen Episoden angelegt werden, c. 18. §. 4—6.

gg) Der Chor und die Chorpartien müssen in innerm Zusammenhang mit der Fabel stehen, c. 18. §. 7.

b) Von den Charakteren der Tragödie, c. 15.

   α) Die vier nothwendig erforderlichen Eigenschaften tragischer Charaktere, c. 15. §. 1—5.

   β) In den Charakteren gilt dasselbe Gesetz der Nothwendigkeit oder Wahrscheinlichkeit wie in der Fabel. Wie weit Göttererscheinungen und überhaupt das Vernunftwidrige in der Tragödie zulässig sind, c. 15. §. 6. 7.

   γ) Wie von jenen vier Eigenschaften tragischer Charaktere zwei einander scheinbar widersprechende, Idealität und Naturtreue (Porträtähnlichkeit), sich in Wahrheit wohl mit einander verbinden lassen, c. 15. §. 8.

      Abschluß der Abhandlung über Fabel und Charaktere: Empfehlung ihrer Bühnengerechtigkeit noch außer den im Obigen angestellten inneren Anforderungen, c. 15. §. 9.

c) Von der Reflexion, c. 19. §. 1—3.

d) Vom sprachlichen Ausdruck, c. 19. §. 4—c. 22.

   α) Von den Modalitäten der Rede, c. 19. §. 4. 5.

   β) Von den Bestandtheilen derselben, c. 20.

      aa) Kurze Aufzählung dieser Bestandtheile, c. 20. §. 1.

      bb) Genauere Bestimmung eines jeden und seiner verschiedenen Arten, c. 20. §. 2—19:

         αα) Elementarlaut, c. 20. §. 2—4.

         ββ) Sylbe, c. 20. §. 5.

         γγ) Verbindungswort, c. 20. §. 6. 7.

         [δδ) Artikel, c. 20. §. 7].

Inhalt. XXXIII

αα) Nomen, c. 20. §. 8.
ββ) Verbum, c. 20. §. 9.
γγ) Flexion, c. 20. §. 10.
δδ) Wort- und Satzverbindungen, c. 20. §. 11. 12.
γ) Von den verschiedenen Arten der Ausdrücke, c. 21:
aa) nach der Zusammensetzung, c. 21. §. 1,
bb) nach der Gebrauchsweise, c. 21. §. 2—11.
αα) Kurze Aufzählung der sich nach ihr ergebenden verschiedenen Wortclassen, c. 21. §. 2.
ββ) Nähere Bestimmung derselben und ihrer Unterarten, c. 21. §. 3—11:
aaa) Gemeinübliche Bezeichnung, c. 21. §. 3.
bbb) Veraltete und provinzielle Ausdrücke, c. 21. §. 3.
ccc) Metapher, c. 21. §. 4—8.
ddd) Schmückende Bezeichnung, c. 21. §. 8 (fehlt).
eee) Neugebildeter Ausdruck, c. 21. §. 9.
fff) Verlängerte und verkürzte Wörter, c. 21. §. 10.
ggg) Umgewandelte Bezeichnung, c. 21. §. 11.
γγ) Nach dem Geschlecht, c. 21. §. 12.
δ) Von der Güte des sprachlichen Ausdrucks und der Erreichung desselben durch eine angemessene Mischung der gemeinüblichen Benennung mit den verschiedenen vorher angegebenen Classen ungewöhnlicher Bezeichnungen, c. 22. §. 1—8, und namentlich mit guten Metaphern, c. 22. §. 9. Verschiedenheit dieser Mischung je nach den verschiedenen Dichtarten. c. 22. §. 10.

B. Vom Epos, c. 23—26.
  1) Was dem Epos mit der Tragödie gemeinsam ist, c. 23—c. 24. §. 2.
    a) Einheit der Handlung und bestimmte Ausdehnung. c. 23,

b) die nämlichen Arten und Theile außer der musikalischen Composition und dem Theatralischen, c. 24. §. 1. 2,
2) Was das Epos von der Tragödie unterscheidet, c. 24. §. 3—6:
a) längere Ausdehnung, c. 24. §. 3. 4,
b) ausschließliche Anwendung des Hexameters, c. 24. §. 5. 6.
3) Zusammentreffen von Aehnlichkeiten und Verschiedenheiten zwischen Tragödie und Epos, c. 24. §. 7—11.
a) Ueber das dramatische Element in der epischen Darstellungsweise, c. 24. §. 7.
b) Wie weit das Wunderbare und Vernunftwidrige im Epos und wie weit dagegen in der Tragödie zulässig ist, c. 24. §. 8—10.
c) Vom sprachlichen Ausdruck im Epos, c. 24. §. 11.
4) Von den Ausstellungen, die man an dichterischen Darstellungen machen kann, und wie sich dieselben widerlegen lassen, c. 25.
a) Allgemeine leitende Gesichtspunkte für die Anklage wie für die Vertheidigung, c. 26. §. 1—4.
α) Die Gegenstände der dichterischen Darstellung, c. 25. §. 1.
β) Der sprachliche Ausdruck als Mittel dieser Darstellung, c. 25. §. 2.
γ) Anlegung des rein poetischen Maßstabes und Frage, ob nach demselben der Verstoß die Dichtkunst in ihrem eigentlichen Wesen oder nur im abgeleiteten Sinne trifft, c. 25. §. 3. 4.
b) Darlegung der sämmtlichen hiernach möglichen besonderen Gesichtspunkte der Ausstellungen und der auf einen jeden hiernach passenden Antworten, c. 25. §. 5—16.
α) Von dem dritten vorher dargelegten allgemeinen Standpunkte aus oder die die Dichtkunst als solche betreffenden Ausstellungen, c. 25. §. 5.

Inhalt.

aa) Die Aufnahme von Unmöglichem in die Darstellung rechtfertigt sich nur, wenn durch dieselbe allein der Zweck der Poesie oder mit andern Worten das möglichst Ergreifende am Besten erreicht werden konnte, c. 25. §. 5.

bb) Aber auch wenn dies nicht zutrifft, läßt sich der Fehler immer noch eher entschuldigen, wenn er nur gegen etwas Anderes, Abgeleitetes, als wenn wider das eigentliche Wesen der Dichtkunst selbst gerichtet ist, c. 25. §. 5.

β) Vom ersten allgemeinen Standpunkte aus oder die die Gegenstände der Dichtkunst anlangenden Verstöße, die einem Dichter vorgeworfen werden können, c. 25. §. 6—8,

aa) gegen die Naturtreue und historische Wahrheit: Rechtfertigung durch die der Poesie wesentliche Idealisirung, c. 25. §. 6,

bb) gegen die erstere und die Idealität zugleich: Rechtfertigung durch den allgemein verbreiteten Glauben, c. 25. §. 6. 7,

cc) gegen die Idealität oder Zweckmäßigkeit oder das Bessere: Rechtfertigung durch die thatsächliche Wahrheit, c. 25. §. 7,

dd) gegen die nämliche Idealität in sittlicher Hinsicht: Rechtfertigung durch die nothwendige Relativität in der Beurtheilung des Sittlichen überhaupt und für die Zwecke des Dichters im Besonderen, c. 25. §. 8.

γ) Ausstellungen, welche vom zweiten obigen Standpunkt aus, also durch Beobachtung des Sprachgebrauchs zu beseitigen sind, c. 25. §. 9—16,

aa) Die besonderen Formen dieser Art von Lösungen, c. 25. §. 9—14,

αα) durch Annahme eines veralteten Ausdrucks oder Provinzialismus, c. 25. §. 9,

ββ) durch die einer Metapher, c. 25. §. 10,

γγ) durch richtige Aussprache und Betonung, c. 25. §. 11,

δδ) durch richtige Wortverbindung und Interpunction, c. 25. §. 12,
εε) durch Annahme einer Zweideutigkeit des Ausdrucks, c. 25. §. 13,
ζζ) durch die Eigenthümlichkeiten des Sprachgebrauchs, c. 25. §. 14.

bb) Zusammenfassender leitender Grundsatz für die Lösungen namentlich von dieser Art ist statt voreiliger Annahme von Widersprüchen und Ungereimtheiten die genaue Beobachtung der verschiedenen Möglichkeiten in der Auffassung der Worte des Dichters und die möglichste Wahl der jenigen Auslegung, welche die ihm günstigste und dem Zusammenhang seiner Darstellung am Besten entsprechende ist, c. 25. §. 15. 16.

c) Modificirende Zusammenfassung der für besondere Gesichtspunkte von Ausstellungen besonders geeigneten Gesichtspunkte von Widerlegungen, c. 25. §. 17, und Angabe, wann von zweien der besonderen Gesichtspunkte aus ein Tadel wirklich berechtigt ist, c. 25. §. 18.

d) Kurze abschließende Zusammenstellung aller fünf besonderen Gesichtspunkte des Tadels und die Zahl der ihnen gegenüberstehenden der Rechtfertigung, c. 25. §. 19.

5) Warum die Tragödie höher steht als das Epos, c. 26.

a) Abwehr eines angeblichen Mangels der Tragödie gegenüber dem Epos, c. 26. §. 1—3.

b) Vorzüge der Tragödie in allen anderen Stücken, c. 26. §. 4—7.

C. Von der Komödie (nur in wenigen dürftigen Trümmern erhalten), c. 27. §. 1 und Fragm. 3—11.

III. Vermuthlich enthielt die Poetik einst noch einen Anhang, in welchem vielleicht c. 25 ursprünglich seinen (schicklichen) Platz hatte.

Einleitung.

I.
Ueber den jetzigen Zustand der aristotelischen Poetik und dessen Entstehungsweise und über die Abfassungszeit.

Aristoteles verweist im Gegensatze gegen seine Poetik am Schlusse des 15. Capitels derselben auf einen seiner Dialoge, nämlich den „über Dichter"[1]) als einen Theil seiner „herausgegebenen" oder „veröffentlichten" Erörterungen. Man darf hieraus schließen, daß er selbst überhaupt nur seine Dialoge und sonstigen populären und für das Verständniß eines größeren Publicums berechneten Schriften, demnächst vielleicht auch noch seine beschreibenden naturwissenschaftlichen Arbeiten, wie die Pflanzen- und Thiergeschichte, dem Publicum übergeben hatte, und daß dagegen die Poetik und alle ähnlichen streng philosophischen und eigentlich systematischen Werke (oder mit anderen Worten die große Mehrzahl der uns erhaltenen und noch einige andere) zunächst von ihm nicht für die Oeffentlichkeit bestimmt waren. Sie gingen vielmehr eben hiernach aus den mündlichen Vorträgen, welche er seinem eigentlichen Schülerkreise hielt, hervor, und zwar genauer theils vielleicht aus Umrissen, die er sich im Voraus für dieselben schriftlich entwerfen mochte, theils vornehmlich wohl aus Aufzeichnungen, die er sich nachträglich von denselben aus der Erinnerung zur Nachhülfe des Gedächtnisses auf künftige Zeiten für den eignen Gebrauch wie für den seiner Schüler machte[2]), theils

---
1) S. d. Anm. 208 hinter dem Text.
2) Hiefür spricht die Analogie, daß Aristoteles' Lehrer Platon seine streng philosophischen Schriften ausdrücklich unter diesen

endlich auch aus Nachschriften dieser seiner Zuhörer. Aus einer Verbindung dieses verschiedenen Materials wurden sie nämlich nach seinem Tode ähnlich den meisten Werken Hegels[1]) von seinen unmittelbaren Schülern nicht ohne erhebliche eigne Zusätze der letzteren herausgegeben und auch wahrscheinlich nur in verhältnißmäßig wenigen Abschriften vervielfältigt und verbreitet. Aus dieser Entstehungsweise erklären sich hinlänglich die Eigenthümlichkeiten und Verschiedenheiten der Behandlung und sprachlichen Darstellung, der Wechsel der bis zur äußersten Härte knappsten und gedrängtesten Redeweise mit vielfachen unnöthigen Breiten und oft wörtlichen Wiederholungen, die Verbindung von Lässigkeiten, wie sie nur dem mündlichen Ausdruck natürlich sind, mit Perioden, in denen sich wiederum bei der längsten Ausdehnung nicht die geringste Spur einer Anakoluthie findet, die Ungleichmäßigkeit in der Verarbeitung des Stoffs oft innerhalb derselben Schrift, je nachdem jenes den ersten Herausgebern zu Gebote stehende Material nach der Natur der Sache bald reichlicher und bald spärlicher floß. So läßt sich z. B. der Contrast des dritten, großentheils nur aus Entwürfen und Skizzen, die überdies vielfach übel verbunden sind, zusammengesetzten Buchs der Psychologie gegen die beiden voraufgehenden nicht verkennen. Vollends begreift sich, daß ganze Schriften, wie z. B. die zweite Analytik, weit unausgearbeiteter als andere sind. Dazu kommt nun aber noch, daß die erhaltenen Werke in ihrer jetzigen, im Wesentlichen auf Andronikos von Rhodos aus Ciceros Zeit zurückgehenden Anordnung[2]) stark von derjenigen abweichen,

---

Gesichtspunkt stellt, Phädr. p. 275 ff. (vgl. die Anm. 9 hinter dem Text), und der Umstand, daß gegen die Annahme, als ob die in Rede stehenden Werke des Aristoteles ursprünglich geradezu seine eignen, im Voraus für seine „Vorlesungen" ausgearbeiteten „Collegienhefte" seien, von Zeller Philosophie der Griechen II[b]. S. 84 f. Anm. 2, so sehr auch sonst meine Ansichten von den seinigen abweichen, höchst erhebliche Bedenken geltend gemacht sind. Im Uebrigen vergl. bes. Ueberweg Grundr. der Gesch. der Phil. 4. A. I. S. 155 ff., Susemihl Jahns Jahrb. CIII. 1871. S. 122 ff. Phil. Anz. III. 1871. S. 40 f.

[1]) Diese treffende Analogie macht Bernays Aristoteles' Politik. Erstes, zweites und drittes Buch. Berlin 1872, 8. S. 212 geltend.

[2]) Plut. Sull. 26. Porphyr. Leben des Plotin. 24. Vgl. Heitz Die verlorenen Schriften des Aristoteles, Leipzig 1865. 8. S. 9 f. 23—38. Zeller a. a. O. II[b]. S. 80 ff. III[a]. S. 549 ff.

welche ihnen die ersten Herausgeber ertheilt hatten, und daß sie nicht bloß in der Zwischenzeit, sondern auch nach Andronikos noch viele besonders schwere Schädigungen erlitten haben. Dies gilt nicht zum Geringsten auch von der Poetik.

Daß diese Schrift uns keineswegs in lückenloser Vollständigkeit vorliegt, erkannten gleichzeitig bereits Robortelli[1]) und Vettori[2]), und es wird dies heutzutage fast von Niemandem mehr geleugnet[3]). Und auch darüber herrscht ziemliche Einstimmigkeit, daß das Buch umgekehrt auch nicht von allen fremden Zusätzen frei geblieben ist und nicht überall die ursprüngliche Ordnung seiner Theile bewahrt hat. Aber wie weit diese Schäden reichen und an welchen Stellen sie zu suchen sind, hierüber gehen die Meinungen noch sehr auseinander. Ein wirklich methodischer, dem wohl erkennbaren Grundplane der Schrift nachgehender Weg ist dieser Untersuchung überall erst durch die ausgezeichnete Abhandlung Spengels[4]) gebahnt und dann am Gründlichsten und Erfolgreichsten in alle Einzelheiten hinein von Vahlen[5]) weiter verfolgt worden. Neben dieser vorsichtigen und

---

[1]) In seinem Commentar zur Poetik S. 4. Vgl. Spengel, Ueb. Arist. Poet. S. 211 ff.

[2]) In seinem Commentar zur Rhetorik, Florenz 1548. Fol. S. 466. 630 (S. 635. 831 der Basler Ausg.). Vgl. Spengel a. a. O. S. 212 ff.

[3]) Eine Ausnahme macht nur Düntzer, Rettung der Aristotelischen Poetik, Braunschweig 1840. 12. auf Grund von Annahmen, deren Unhaltbarkeit von Spengel in d. Zeitschr. f. d. Alterth. 1841. S. 1266 ff. trotz der Gegenbemerkungen Düntzers ebend. 1842. S. 281 ff. (vgl. gegen letzteren auch Heitz a. a. O. S. 92) schlagend erwiesen ist, und auch Rose, De Aristotelis librorum ordine et auctoritate, Berlin 1854. 8. S. 129 ff. gesteht nur den Verlust der Abhandlung über die Komödie zu.

[4]) Ueber Aristoteles Poetik, München 1837. 4. (Abhh. der Münchner Akad., philol. Cl. II. S. 209—252).

[5]) Beiträge zu Aristoteles Poetik. I—IV. Wien 1865—1867. 8. (Abhh. der Wiener Akad., philos.-hist. Cl. L. S. 265 ff. LII. S. 89 ff. LVI. S. 213 ff. 351 ff.). Aristoteles Lehre von der Rangfolge der Theile der Tragödie, Symb. philol. Bonn. (Leipzig 1864. 8.) S. 155 ff. Zur Ergänzung und zum Theil Berichtigung Vahlens dienen Susemihl Studien zur aristotelischen Poetik, Rhein. Mus. XVIII. S. 366 ff. XIX. S. 197 ff. XXII. S. 217 ff. XXVI. S. 240 ff. XXVIII. S. 305 ff. Noch einmal das sechste Capitel der aristotelischen Poetik, Jahns Jahrb. LXXXIX. 1864. S. 506 ff. Zur Litteratur von Aristoteles Poetik, ebend. XCV.

besonnenen Forschung aber laufen bis in die neueste Zeit zahlreiche Experimente einer mehr oder weniger tumultuarischen Kritik her [1]).

1867. S. 166 ff. 827 ff. Ueberweg Ueberf. der Poetik, Berlin 1869. S. Reinkens Aristoteles über Kunst, besonders über Tragödie; Wien 1870. 8. bef. S. 53 ff. 58 ff. 72 ff.

[1]) Als ein solches darf man die Behauptungen Ritters, nach denen reichlich ein Drittel des Buches von einem späteren Peripatetiker herrühren und das Uebrige ein bloßer von eben demselben gemachter Auszug aus der ursprünglichen Schrift sein soll, in weit höherem Grade aber noch das Verfahren von Hartung, Lehren der Alten über die Dichtkunst, Hamburg und Gotha 1845. 8. bezeichnen, welcher das Ganze, wie es uns vorliegt, als eine Sammlung übel durch einander geworfener Fragmente und Excerpte ansieht und nun diese größeren und kleineren Lappen, in welche er es zerschneidet, auf eine andere, seinem subjectiven Behagen besser anstehende Weise wieder zusammennäht, ohne für dies Alles eine Begründung nur zu versuchen, vgl. die Rec. von Schrader in d. Zeitschr. f. d. Alterth. 1847. S. 532 ff. Weit mehr Richtiges oder doch Fruchtbringendes bietet der ungleich maßvollere ältere Versuch von Heinsius dar zum Theil eine andere Ordnung herzustellen. Balett, Aristotelis de arte poetica liber in de re tragica commentationem revocatus, Goslar 1821. 4. und H. Martin, Analyse critique de la Poétique d'Aristote, Caen 1836, kenne ich nur dem Titel nach. Gegen Ritter f. außer der S. 3. Anm. 3 erwähnten Gegenschrift von Dünzer die Recc. von Spengel in den Münchner gel. Anz. 1839. Nr. 47—50. Zeitschr. f. d. Alterth. 1841. S. 1252 ff. Bernhardy, Berl. Jahrb. f. wiss. Krit. 1839. II. S. 856—912. Stahr, Hall. Jahrb. 1839. Nr. 207 ff. S. 1653 ff. Knebel, Meletem. Aristot. spec. I. Kreuznach 1839. 4. Egger, Essai sur l'histoire de la critique chez les Grecs suivi de la Poétique d'Aristote, Paris 1849. 8. S. 143 ff. Dagegen stimmt Zeller a. a. O. II[b]. S. 76 f. Anm. 4. S. 621. Anm. 1. 5, wenn auch mit erheblichen Vorbehalten, Ritter, mit dessen Ansicht er unrichtigerweise (f. freilich unten S. 6. Anm. 1) die von Spengel zusammenwirft (f. u. S. 22. Anm. 7), bei und meint (S. 769), unsere Bearbeitung der Poetik sei, nach den äußern Zeugnissen (f. dagegen u. S. 22 m. Anm. 6) zu schließen, vielleicht erst in der christlichen Zeit an die Stelle der Urschrift getreten. Neuerdings hat Essen Aristoteles Poetik griechisch und deutsch, Leipzig 1872. 16. eine nicht geringe Zahl von Umstellungen verschiedener Abschnitte vorgenommen, von denen schwerlich auch nur eine einzige richtig ist. Endlich Krohn Zur Kritik aristotelischer Schriften. I. Brandenburg 1872. 4. scheint im Anschluß an die bekannte Erzählung über die Schicksale der aristotelischen Werke (f. Zeller a. a. O. II[b]. S. 80 ff.) anzunehmen (f. S. 51 f.), jedenfalls, wie sich zeigen wird, mit Unrecht, von der Poetik habe noch Jahrhunderte nach dem Tode des Aristoteles nur ein einziges, in Skepsis in einem

Einleitung.

Auch die Versuche endlich, die man gemacht hat den jetzigen zerrütteten Zustand der Schrift zu erklären, sind von sehr verschiedener Art. Denn bald hat man den Grund desselben bereits in ihrer Entstehungsweise gefunden und bald dagegen ihn erst als einen nachträglich entstandenen angesehen. Den Vertretern der ersteren Annahme gilt dann ferner das Werk bald als ein bloßer, theils mehr, theils weniger, theils endlich noch gar nicht ausgearbeiteter Entwurf des Aristoteles [1]), bald als ein unordentlich nachgeschriebenes Collegienheft von einem seiner Schüler [2]), und ähnlich spalten sich auch die Anhänger der letzteren Ueberzeugung noch wieder in zwei Classen, von denen die eine in dem uns erhaltenen Buche nur einen schlechten Auszug des ursprünglichen erblickt, während die andere die Ursache der

---

Keller modernbes und durch Apellikon aus Teos vom gänzlichen Untergange gerettetes Exemplar existirt, und die Trümmer desselben seien dann von Apellikon, Tyrannion, Andronikos mit Zusätzen aus den Schriften älterer und jüngerer Peripatetiker (und vielleicht auch mit eignen?) interpolirt worden. Im 25. Capitel, einer schmählichen Parodie auf den Namen eines großen Denkers, athme man die reine Stickluft; an dem 16. seien zwei verschiedene Hände thätig gewesen. Die sonstigen bisher von Krohn als Interpolation bezeichneten Stellen habe ich zur nähern Orientirung über seine Ansicht in den kritischen Anmerkungen aufgeführt. Krohns Ausstellungen sind zum Theil nicht ungerechtfertigt, aber der Beweis ist nicht geführt und läßt sich nicht führen, daß dergleichen Mängel, Schwächen und Widersprüche nicht schon dem Aristoteles selber zugetraut werden könnten. Darauf, daß Lessing einst die aristotelische Poetik mit Unrecht für unfehlbar erklärte, durfte doch Krohn sich wahrlich nicht berufen, da dies Urtheil Lessings sich ja auf alle von ersterem für Interpolation erklärten Stellen mit erstreckt. Wenigstens ist bisher Nichts davon bekannt geworden, daß auch schon Lessing Interpolationen in der Poetik angenommen hätte.

[1]) Diese von L. Castelvetro (Poetica d'Aristotele vulgarizzata e sposta per L. C., Basel 1576. 4.) aufgestellte Ansicht hat neuerdings namentlich Hermann näher zu begründen gesucht. S. dagegen Spengel, Ueber Arist. Poet. S. 220 ff. Walz in seiner Uebers. der Poetik (in der Sammlung von Osiander u. Schwab), Stuttgart 1840. 16. S. 413 ff. (2. Bearb. v. Zell, Stuttgart 1859. 16. S. 21 ff.), während Bernhardy a. a. O. S. 894 f. 902 trotz mancher Bedenken zuletzt im Ganzen zu demselben Ergebniß kommt.

[2]) So Stahr a. a. O. S. 1680 und in seiner Uebers. S. 13 ff., was aber auch Schömann, Animadversionum ad veterum grammaticorum doctrinam de articulo caput I., Greifswald 1862. 4. S. 9 (Jahns Jahrb. Suppl. N. F. V. S. 10 f.) zu billigen nicht abgeneigt ist.

Verluste und Schäden, welche das letztere erlitten hat, nicht sowohl in einer solchen absichtlichen Verstümmelung als vielmehr in allerlei unglücklichen Zufällen erkennt. Gegen jene beiden ersteren Hypothesen genügt es zu bemerken, daß nach dem Obigen beiden zwar eine gewisse bedingte Wahrheit, jedoch so, daß sie einander nicht aus-, sondern einschließen, zu Grunde liegen mag, daß aber keine von beiden den wirklichen Thatbestand genügend erklärt, indem sich zeigen wird, daß die Schrift einst wirklich beträchtlich vollständiger war. Am Verbreitetsten ist die dritte Hypothese[1]), gegen die es aber auf das Entschiedenste spricht, daß ganz dieselben Erscheinungen wie in der Poetik auch in den anderen aristotelischen Schriften und in manchen kaum weniger zahlreich zu Tage treten[2]), so daß man also mindestens dieselbe Hypothese auf alle oder doch viele ausdehnen müßte, und daß zweitens dieselbe wohl die Ausfälle, aber nicht die unächten Ueberschüsse und Versetzungen erklären kann, man müßte denn[3]) zu der Annahme greifen, daß der Excerptor auch zugleich Interpolator gewesen sei und hie und da die Ordnung der Glieder geändert habe. Hiernach bleibt denn im Wesentlichen die vierte Annahme als die allein wahrscheinliche übrig.

Die Poetik beginnt (c. 1. §. 1) mit einer kurzen Inhaltsankündigung. Aristoteles verspricht, erstens vom Wesen der Poesie im Allgemeinen und ihrer Arten im Besonderen, zweitens von der Composition der Fabel, drittens von der Zahl und der erforderlichen Beschaffenheit der übrigen Theile eines Gedichts und viertens von allerlei andern in dasselbe Wissensgebiet einschlagenden Gegenständen zu handeln. Obwohl er dann aber ausgesprochenermaßen[4]) dem ersten

---

[1]) Selbst Spengel, welcher a. a. O. S. 219 f. sich entschieden gegen dieselbe ausspricht, meint später in der Abh. Ueber die καϑαρσις τῶν παϑημάτων, München, 1859. 4. (Abh. der Münchner Akad., philol.-philos. Cl. IX.) S. 9, die Erläuterung über die Katharsis (s. u.) fehle in unserem Texte der Poetik „wohl durch die Schuld eines Excerptors, der das ihm Mißliebige abzuschreiben nicht für gut fand."

[2]) Ich erinnere hier nur an die Politik. Hinsichtlich der nikomachischen Ethik kann jetzt namentlich auch auf die neueste Untersuchung von Rassow Forschungen über die nikomachische Ethik des Aristoteles, Weimar 1874. 8. verwiesen werden.

[3]) Mit Ritter, s. S. 4. Anm. 1. Dagegen erklärt sich ja aber ein anderer Hauptvertreter dieser Hypothese, Bernays, Die Dialoge des Aristoteles, Leipzig 1863. 8. S. 10, ausdrücklich.

[4]) S. d. Anm. 2 hinter dem Text.

dieser Punkte sich auch zuerst zuwendet, so entspricht doch die wirkliche Ausführung nur in sehr freier Weise dieser Ankündigung. In Wahrheit zerfällt vielmehr die Poetik, wie sie jetzt uns vorliegt, in zwei Haupttheile, einen allgemeinen, über die ersten fünf Capitel sich ausdehnenden und einen speciellen, welcher jetzt nur noch von Tragödie und Epos handelt, doch bildet in der That namentlich in der Abhandlung über die Tragödie das an zweiter und dritter Stelle Angekündigte den ausschließlich, in der über das Epos wenigstens den vornehmlich leitenden Gesichtspunkt der ganzen Erörterung, und der Inhalt der beiden letzten oder richtiger wohl des vorletzten Capitels kann füglich als eine theilweise Erfüllung des in vierter Linie Versprochenen angesehen werden. Auch die fünf ersten Capitel nun aber enthalten mehr als das in erster in Aussicht Gestellte: die Begriffsbestimmung der Poesie oder vielmehr in der wirklichen Ausführung der ganzen musisch-rhythmischen Kunst und ihrer Arten ist bereits mit dem dritten Capitel zu Ende, dann schließt sich dieser dogmatischen Betrachtung als zweites Glied eine genetisch-historische an, welche in dem Eingehen auf die einzelnen Dichtarten sich auf die Specialgeschichte des ernsten Epos, des Jambos, der Tragödie und Komödie beschränkt, so daß es schon hiernach wahrscheinlich wird, daß der specielle Haupttheil nicht, wie Manche geglaubt haben, auch über alles Dasjenige, was wir heutzutage unter dem Namen der Lyrik zusammenfassen, auch nur nach der Absicht des Aristoteles sich ausdehnen sollte, geschweige denn jemals sich ausgedehnt hat. Und diese Wahrscheinlichkeit wird geradezu zur Gewißheit durch den kurzen dritten, zum speciellen Theile überleitenden Abschnitt des allgemeinen, indem hier die in wenigen Hauptzügen umrissene Vergleichung von Tragödie und Epos mit der Ankündigung schließt, daß nunmehr genauer zuerst von der erstern, dann vom letztern und von der Komödie gehandelt werden solle, nachdem schon in den Bemerkungen über den Margites im vierten, dann im Geschichtsabriß der Komödie im fünften Capitel der Jambos mehr oder weniger ausdrücklich als eine mehr untergeordnete Dichtart, so zu sagen, bei Seite geschoben ist. Wir haben hiernach nicht das mindeste Recht, im Folgenden von irgend einer Art als von jenen drei ausdrücklich angekündigten eine Specialerörterung zu erwarten.

Jede Begriffs- und Wesensbestimmung oder Definition besteht bekanntlich aus der Angabe des Gattungsbegriffs und der artbildenden

Unterschiede. Wer nun zugiebt, daß der Gedankengang des Aristoteles der im Obigen angegebne ist, wie er denn in der That sich logisch gar nicht anders verstehen läßt, der muß vernünftigerweise auch einräumen, daß der Philosoph, wenn er es vorzog statt der Poesie im Eingang des ersten Haupttheils gleich die besonderen Arten von ihr und überhaupt von der musischen Kunst bei der Feststellung ihres Gattungsbegriffes (c. 1. §. 2) zu nennen, dann sie auch vollständig aufführen mußte und sich nicht[1]) mit einzelnen Beispielen begnügen durfte und daß mithin der überlieferte Text hier lückenhaft ist. Und so finden sich überhaupt, indem nunmehr zunächst (c. 1. §. 3) drei Arten specifischer Differenzen angegeben und die erste im Rest des ersten, die zweite im zweiten und die dritte im dritten Capitel weiter verfolgt wird, hier und im vierten und fünften noch mancherlei kleine Lücken, Versetzungen und an Stelle des Ursprünglichen eingedrungene Randbemerkungen und verunglückte Versuche ein paar ausgefallene Worte zu ergänzen, schwerlich aber mit Ausnahme des Satzes c. 4. §. 19 Herm. über solche Versuche hinausgehende absichtliche Interpolationen[2]). Dagegen scheint der dritte, den Schluß des fünften Capitels (§. 4. 5) umfassende Abschnitt des ersten Haupttheils erheblicher gelitten zu haben. Er war allem Anscheine nach ursprünglich umfänglicher, indem die in ihm enthaltene vorläufige und summarische Vergleichung von Tragödie und Epos sich auch auf die Komödie ausdehnte, so daß wahrscheinlich die an der Spitze dieses Capitels (§. 1) überlieferte, dort kaum recht passende Definition der letzteren als ein versprengtes Stück dieses Schlußabschnittes anzusehen ist. Nur mit Unrecht freilich würde man ferner als ursprünglichen Inhalt des letzteren die Wirkung der genannten drei wichtigsten Dichtarten bezeichnen und annehmen können, daß hier und allein hier die Stelle war, an welcher die Poetik in ihrer ursprünglichen Gestalt sonach von der sogenannten Katharsis durch Tragödie, Epos und

---

[1]) Vahlen Beitr. I. S. 2 (266) f. schreibt freilich ohne Bedenken dem Aristoteles diese Absurdität zu, ja ohne auch nur einzusehen, daß es eine solche ist. Ueberdies beweist aber das εἰρημέναις §. 4, daß die im dann Folgenden aufgezählten Künste auch schon vorher in irgend einer Weise alle und nicht bloß einzelne Beispiele von Aristoteles genannt worden sind.

[2]) Wie sie hier Krohn in zum Theil sehr ausgedehntem Maße annimmt.

Komödie handelte¹); in der That aber war in den allgemeinsten Grundzügen allem Vermuthen nach von dieser Wirkung jener drei Dichtarten auch schon hier die Rede, indem sie mit Rücksicht auf ihre Aehnlichkeiten und Verschiedenheiten auch nach dieser Richtung hier summarisch verglichen wurden²).

Noch weniger freilich ist die erforderliche nähere Ausführung der tragischen Katharsis³) im sechsten Capitel ausgefallen. Dieses, welches von der Sondererörterung der Tragödie wiederum den allgemeinen Theil darstellt, besteht nämlich aus zwei Abschnitten, erstens der Definition dieser Dichtart (§. 1. 2) nebst kurzer angehängter Erläuterung einzelner Stücke dieser Definition (§. 3) und sodann der Herleitung der sechs qualitativen Tragödientheile aus ihr (§. 4—7) nebst Bestätigung durch die Erfahrung (§. 8) und zweitens der Rangordnung eben dieser Theile (§. 9—19), zu welcher diese Bestätigung den Uebergang macht, und in der schließlich zwei von ihnen als nicht eigentlich zur Poesie als solcher gehörig bezeichnet (Fr. 1. und §. 19) und damit indirect von der folgenden genaueren Betrachtung ausgeschieden werden. Einer dieser beiden Theile ist das Musikalische, und auf dieses oder dessen Mangel bezieht sich die sofortige der Definition angefügte Erläuterung (§. 3). Diese Erläuterung hat eben nur den Zweck, diejenigen Stücke der Definition kurz abzuthun, welche einer weiteren, eingehenderen Erörterung im Folgenden nicht unterzogen werden sollten, während diejenigen Bestandtheile von ihr, welche sich auf die Einheitlichkeit der Fabel, den richtigen Umfang und die Wirkung der Tragödie beziehen, den Hauptstoff zu den Auseinandersetzungen der folgenden, von der tragischen Fabel handelnden Capitel hergeben, und folglich ist nicht anzunehmen, daß jene Erläuterung sich ursprünglich auch auf die tragische Katharsis ausgedehnt habe. Wohl aber scheint es, daß im weiteren Verlauf des sechsten Capitels (§. 13. 16. 18) mehrere Sätze, von denen einer (Fragm. 1 hinter §. 18) allem Anscheine nach auch im Wortlaut noch aus einer andern Quelle, derselben nämlich, welcher wir die Bruchstücke aus dem Abschnitt über die Komödie verdanken (s. u.), sich wiederherstellen läßt, ausgefallen

¹) Wie Ueberweg a. a. O. S. 56 thut.
²) S. darüber die Anm. 51 hinter dem Text und Ueberweg a. a. O.
³) Wie Ritter Praef. S. XIII f., Spengel Ueb. Arist. Poet. S. 226 ff. Ueb. d. κάθαρσις S. 9 und Andere meinen.

sind, ein anderer (§. 15) an einen falschen Platz gerathen und §. 6 eine entstandene Lücke fehlerhaft ausgefüllt ist.

Es bleiben nun nach Aussonderung des Musikalischen und Theatralischen noch vier qualitative Bestandtheile der Tragödie übrig, Fabel, Charaktere, Reflexion und Sprache. Von der Fabel handelt das siebte bis eilfte, das dreizehnte, vierzehnte, das sechszehnte bis achtzehnte, von den Charakteren das funfzehnte, von der Reflexion der Anfang des neunzehnten Capitels, von der Sprache der Rest desselben und das zwanzigste bis zweiundzwanzigste. Hieraus folgt, daß das funfzehnte hinter das achtzehnte umzustellen ist¹). Das zwölfte bespricht vielmehr die quantitativen Theile der Tragödie und unterbricht mithin auf das Störendste den Zusammenhang. Jeder Versuch aber es etwa an einer andern Stelle unterzubringen hat mit den größten Bedenken zu kämpfen, gerade der Anfang und der Schluß desselben endlich verdächtigen sich durch mancherlei Anstöße als ungeschickte Nähte²), kurz, das Ganze verräth sich als ein Einschiebsel von fremder Hand, die zu Gunsten desselben auch noch in c. 11. §. 6 einen sinnwidrigen Zusatz gemacht zu haben scheint³). Jedenfalls ist es indessen von verhältnißmäßig hohem Alter, denn der Verfasser des eben bereits angezogenen Aufsatzes über die Komödie, welcher uns die Bruchstücke Dessen, was die Poetik über diese Dichtart lehrte, erhalten hat, las es bereits in der ersteren⁴). Und noch weit über diesen immerhin gewiß ziemlich jungen Schriftsteller scheinen wir durch die Bekanntschaft hinaufgeführt zu werden, welche die Blütezeit der grammatischen Studien im Alterthum mit dem Inhalte dieses Capitels an den Tag legt⁵). Indessen erklärt sich dies möglicherweise daraus, daß

---

¹) Wie schon Heinsius erkannt und Spengel Ueb. Aristot. Poet. S. 242 ff. genauer ausgeführt hat. Gegen Vahlen Beitr. II. S. 31 (119) f. 41 (129). 43 (131) f. 64 (152) ff., welcher vielmehr c. 15 unmittelbar hinter c. 16 setzen will, s. Reinkens a. a. O. S. 52 ff.
²) Vgl. Anm. 112 hinter dem Text. Der Schluß wiederholt den Anfang.
³) Vgl. die krit. Anm. z. d. St. (c. 11. §. 6).
⁴) S. Bernays im Rhein. Mus. N. F. VIII, S. 583. Anm. 2.
⁵) Vgl. die Grammatiker Dionysios, Krates, Eukleides bei einem andern Anon. de com. No. VIII, §. 29 vor Bergk's Ausg. des Aristoph. (Cramer Anecd. Paris. I. S. 8) und eben den nämlichen Eukleides

der Fälscher dasselbe leicht aus einer andern Schrift des Aristoteles, nämlich dem oben genannten Dialog „über Dichter", entlehnt haben kann, und daß vielmehr die letztere sodann die Quelle war, aus welcher jene alten Grammatiker schöpften.

Das siebente, achte und neunte Capitel erörtern die Einheitlichkeit der Fabel und die richtige Länge der Tragödie, indem der Schluß des neunten (§. 10—12) den Uebergang zu der im zehnten und eilften abgehandelten Eintheilung der tragischen Fabeln macht, welche am Ende lückenhaft ist [1]). Auch das dreizehnte Capitel hat, wie es scheint, nach §. 7 eine Lücke von etwa einem Satze [2]), und das vierzehnte ist gegen den Schluß hin (§. 8 f.), wenn nicht Alles trügt, durch eine Versetzung, welche dasselbe in den schreiendsten Widerspruch nicht nur gegen das dreizehnte, sondern auch mit sich selber bringt und unmittelbar hinterdrein wieder durch eine Lücke entstellt [3]). Sonst aber spinnen beide den im neunten, zehnten und eilften angelegten Faden auf das Beste weiter. Jetzt aber reißt derselbe mit einem Male ab. Die in c. 13. 14 begonnene Auseinandersetzung über die Wirkung der Tragödie bleibt unvollendet. Wir hören nur, wie der Tragiker das Ganze der tragischen Handlung und ihre Theile zu gestalten hat, um Furcht und Mitleid zu erregen, nach der Definition der Tragödie (c. 6. §. 2) soll diese Erregung aber eine solche sein, daß durch sie eine Reinigung (Katharsis) von Furcht und Mitleid eintritt. Hier war also die im Organismus des ganzen Werkes angezeigte Stelle, an welcher unsere Erwartung berechtigt ist genauer zu erfahren, was unter dieser letzteren Gemüthswirkung zu verstehen und wie sie zu erreichen sei, aber wir erfahren es nicht. Und doch hat Aristoteles auch in der Politik VIII, 7, 4. 1341^b, 38 ff. vgl. §. 5—7. p. 1342^a, 5 ff. ausdrücklich hierüber in der Poetik zu han-

bei Tzetzes in seinem Gedicht üb. d. trag. Poesie V. 39 f., auch Hephästion II, 10, 3. 15, 6. p. 131. 139. Gaisf. (2. A.) p. 69. 75 P. (Angef. von Schmidt, De parod. S. 7. 16 f.)

[1]) S. d. Anm. 111 hinter dem Text. Alle sonstigen Operationen der sogenannten höhern Kritik scheinen in diesen sämmtlichen Capiteln übel angebracht zu sein. Worauf die Zuversicht beruht, mit welcher Gust. Freytag Die Technik des Dramas, Leipzig 1863. 8. S. 89. Anm. behauptet, c. 9—11 seien nur im Auszuge erhalten, weiß ich nicht.

[2]) S. Anm. 127 hinter dem Text.

[3]) S. die kritischen Anmerkungen z. d. St. (§. 8. 9.) und Anm. 135 hinter dem Text.

12 Einleitung.

deln versprochen, indem er dort sagt, was unter Katharsis auf dem Gebiete der schönen Künste und namentlich auch der von Furcht und Mitleid zu verstehen sei, wolle er jetzt nur in den allgemeinen Grund= zügen angeben, in der Poetik aber genauer ausführen¹). Daß aber dies nicht ein bloßes Vorhaben geblieben ist, daß vielmehr die Poetik einst wirklich diese versprochene Ausführung enthielt, lehren uns Stellen aus neuplatonischen Schriftstellern des 3. oder 4.²) bis 5. Jahrhun= hunderts n. Chr., welche wohl allein³) aus einer solchen, sei es nun unmittelbar oder doch mittelbar, geflossen sein können⁴), ja es ist uns allem Anscheine nach in dem bereits zweimal angeführten anonymen Aufsatz über die Komödie noch ein kleines Bruchstück von ihr (Fragm. 2) erhalten. Der von Spengel und Vahlen behauptete unmittelbare Anschluß des sechzehnten Capitels an das vierzehnte hat ohnehin auch ganz hiervon abgesehen mit Recht keinen Glauben gefunden, aber der Versuch von Heinsius es hinter c. 11. §. 5 einzureihen⁵) ist

¹) Wie dies schon Robortelli S. 53 und nach ihm Vettori in seinem Commentar zur Poetik S. 56 und Vorr. S. VII gel= tend macht. Der Versuch von Heiß a. a. O. S. 99 ff., dies Ver= sprechen vielmehr auf einen späteren Abschnitt der ja gleichfalls un= vollständigen Politik selber, nämlich über die pädagogische Verwerthung der Dichtkunst im besten Staat, zu beziehen ist schwerlich ein glücklicher.

²) Ich drücke mich so unbestimmt aus, um es dahingestellt sein zu lassen, ob der Verfasser der Schrift von den Geheimnissen der Aegypter wirklich schon Jamblichos selbst, oder ob sie erst aus seiner Schule ist, vgl. Zeller a. a. O. III^b. S. 647.

³) S. freilich Heiß a. a. O. S. 96 ff.

⁴) Sie sind theils bereits von Robortelli a. a. O. S. 54, theils von Beni in seinem latein. Commentar zur Poetik, Venedig 1624. S. 168, sodann von Neuem erst wieder durch Lobeck, Aglaophamus l. S. 688 f. hervorgehoben und hierauf eingehend von Bernays, Grundzüge der verlornen Abhandlung des Aristoteles über Wirkung der Tragödie (in den Abhandlungen der Breslauer histor.=philol. Gesellsch. l. 1858). S. 155 ff. 197 ff. und von Spengel, Ueber die κάθαρσις τῶν παθημάτων S. 26 ff. behandelt worden. Es sind Jamblichos v. d. Mysterien der Aegypter l, 11. p. 39 Parthey (p. 27 Gale), Proklos z. Plat. Staat p. 360. 362 der Basler Ausg., in berichtigter Gestalt wörtlich mitgetheilt mit deutscher Uebers. bei Bernays S. 160. 164 f. 168 f.

⁵) Dies scheint auch Freytag im Sinne zu haben, wenn er a. a. O. behauptet, c. 16 gehöre dem Sinne nach hinter c. 12, denn dies kann doch wohl nur ein Druckfehler statt c. 11 sein. Ganz verfehlt ist auch der Gedanke von Ueberweg a. a. O. S. 72 f. es vor c. 14 zu stellen, da es sich um die Wirkung der Tragödie

noch ungleich mehr als verfehlt zu bezeichnen ¹). Es bedarf aber nunmehr auch eines solchen Versuches gar nicht, und eben so wenig ist daraus, daß dies Capitel allerdings jetzt ganz verloren und ohne Zusammenhang mit dem Voraufgehenden dasteht, ein ungünstiges Vorurtheil gegen seine Aechtheit zu entnehmen ²). Vielmehr ist dies ja, wenn unmittelbar vor demselben ein langer Abschnitt ausgefallen ist, welcher in seinem Verlaufe leicht auch noch von andern Dingen als von der Katharsis gehandelt haben kann, ganz natürlich, und wir sind wahrlich nicht im Stande zu entscheiden, ob nicht mit dem Schlusse desselben das sechzehnte Capitel im besten Zusammenhange gestanden hat ³). Das siebzehnte und achtzehnte enthalten sechs praktische Regeln für den Tragiker, wie er bei der Composition der Fabel und eben damit schließlich der ganzen Tragödie von Anfang bis zu Ende verfahren müsse, und es bedarf zur Herstellung der Ordnung in ihnen in der Hauptsache nur der Hinaufrückung von §. 3ᵇ vor §. 2 und von §. 6ᵇ vor §. 6. Auch das funfzehnte Capitel

nicht im Mindesten bekümmert, die Rangordnung der verschiedenen Arten der Erkennung in ihm vielmehr lediglich mit Rücksicht auf die Einheitlichkeit und den strengen innern Zusammenhang der Fabel vorgenommen wird. S. auch die Anm. 99 hinter dem Texte.
¹) Nachdem c. 11. §. 2—4 das Wesen der Erkennung im Allgemeinen erläutert und von drei Arten derselben eine als die Hauptart hingestellt ist, kann unmöglich unmittelbar darauf fortgefahren werden: „Was unter Erkennung (im Allgemeinen) zu verstehen sei, ist weiter oben (πρότερον) bereits dargelegt worden,“ um dann zu den Arten derselben nach einem ganz anderen Eintheilungsgrunde (s. Anm.) überzugehen.
²) Auch die sachlichen Mängel der Eintheilungen in diesem Capitel (s. d. Anm. 154 hinter dem Text) sind meines Erachtens nicht erheblich genug, um dasselbe ganz oder theilweise dem Aristoteles abzusprechen.
³) Die einzige denkbare Möglichkeit c. 16 unmittelbar an c. 14 anzuschließen, indem man die ausgefallene Erörterung über die Katharsis dann erst hinter c. 16 verlegen würde, wäre die Annahme, „daß die Erörterung über die verschiedenen Arten der Erkennung mit diesem Capitel noch nicht zu Ende war, sondern eine fernere Auseinandersetzung sofort nachfolgte, in welcher gezeigt ward, in wie fern die Rangordnung derselben auch nach dem Maßstabe der schwächern oder stärkern Erregung von Furcht und Mitleid dieselbe bleibt, so fern ja allerdings nach dem Schlusse von c. 9 das Unerwartete in um so höherem Maße diese Wirkung hervorruft, je mehr es dabei doch aus dem einheitlichen Gesammtzusammenhange der Begebenheiten motivirt ist.“ (Susemihl Rhein. Mus. XXII. S. 242 f.)

aber ist bis auf einige kleinere Lücken vollständig, und wenn es eine mehr gelegentliche Ausführung (§. 7) enthält, welche eher in den Zusammenhang des achtzehnten könnte zu gehören scheinen, so fehlt es doch nicht an einer gewissen Rechtfertigung seines jetzigen Platzes[1]), und eine Umstellung in das letztere, wie sie Hermann versuchte, bringt nur weit stärkere Anstöße mit sich[2]). Das neunzehnte Capitel fordert die höhere Kritik nicht heraus, und auch das zwanzigste, obwohl furchtbar verdorben und, wie es scheint, durch fremde, nur stückweise in den Text gerathene Zusätze und doppelte Schreibung eines ganzen Satzgliedes entstellt, behauptet sich in seinem Kerne gegen jeden Angriff. In Bezug auf das einundzwanzigste, in welchem (§. 8^b) die Definition der schmückenden Bezeichnung fehlt[3]), und das zweiundzwanzigste ist zwar die Annahme von Steinthal[4]), daß sie ein zum Ersatze der frühzeitig verlorenen, von Aristoteles selbst an dieser Stelle gegebenen Ausführungen aus anderen aristotelischen Werken zusammengeschriebenes Erzeugniß eines Späteren seien, zu verwerfen[5]), doch muß der von ihm geltend gemachte Umstand, daß die Definitionen des zwanzigsten Capitels ohne alle Verwerthung in ihnen bleiben, sogar noch dahin verschärft werden, daß der Ausdruck ὄνομα im Widerspruch gegen c. 20 hier nicht bloß das Nomen bezeichnet, sondern den Begriff von Nomen und Verbum zu ungeschiedener Einheit in sich zusammenfaßt, wogegen es denn wunderlich absticht, daß es an einer Stelle, c. 21. §. 12, aber auch wieder umgekehrt mittels des seltsamen Zusatzes von αὐτό in einem engeren Sinne als dort, nämlich in dem des Substantivs, gebraucht wird. Indessen scheint überhaupt diese ganze Stelle ähnlich wie c. 12 Zusatz eines Aristotelikers zu sein[6]), im Uebrigen aber setzt das dritte Buch der Rhetorik die Capitel 21 und 22 offenbar bereits im Wesentlichen eben so voraus, wie wir diesen Abschnitt jetzt lesen[7]). Weit eher ist der Zweifel Spengels gerechtfertigt, ob die kurze

---

[1]) S. darüber die Anm. 200. 201 hinter dem Text.
[2]) S. Vahlen Beitr. II. S. 35 (123) ff.
[3]) S. die Anm. 247 hinter dem Text.
[4]) Geschichte der Sprachwissenschaft bei den Griechen und Römern, Berlin 1863. 8. S. 264 f.
[5]) S. Vahlen Beitr. III. S. 273 ff.
[6]) S. über dies Alles die Anm. 252 hinter dem Text.
[7]) S. die Anm. 239. 247. 254^b. 264 hinter dem Text und Vahlen a. a. O. S. 253. 254. 256. 270.

schließliche Nutzanwendung auf die poetische Sprache der besonderen Dichtgattungen (c. 22. §. 10), zu der alles Voranfgehende nur als Einleitung dient, wohl wirklich alles Dasjenige erschöpfe, was über die Sprache der Tragödie und daneben etwa auch noch des Epos zu sagen war. Bedenkt man jedoch die Entstehungsweise der ganzen Schrift, so spricht doch immerhin Nichts entschieden für die Annahme, daß nicht schon die erste Ausgabe derselben eben so unvollständig gewesen sei¹). Wollte man aber trotzdem vorziehen auch hier wieder einen erheblichen spätern Verlust anzunehmen, so ließe sich freilich denken, daß derselbe sich noch weiter, über noch andere die Tragödie anlangende Gegenstände erstreckte. So viel jedoch ist gewiß: die besonderen Ausführungen, zu denen der über die Tragödie im Allgemeinen handelnde Theil (c. 6) den Grund legt, sind nach dem Obigen mit derjenigen Untersuchung erschöpft, welche uns in c. 20. 21. 22. sei es ganz sei es ihrem Anfange nach vorliegt, und diese Thatsache ist der Hypothese, daß sich an sie einst noch eine ganz neue Betrachtung über die Tragödie angeschlossen habe, nicht eben günstig.

Es folgt nunmehr im drei- und vierundzwanzigsten Capitel die Abhandlung über das Epos, die in c. 23. §. 4. c. 24. §. 3. 5. nicht frei von einigen kleinen Einschiebseln sein dürfte²), während der weitere Verlauf derselben vielleicht einst etwas vollständiger war, als er jetzt in c. 24. §. 7 ff. uns vorliegt. Denn es steht (abgesehen von einer kleineren Lücke in §. 10³)) dieser Abschnitt gar zu abgerissen gegen das Vorangehende da; ferner wird c. 26 §. 7 auf eine schon getroffene Bestimmung über die Kunstwirkung des Epos hingewiesen, die wir doch nirgends lesen, die aber allerdings, da sie eben nach c. 26. §. 7 in derselben, nur minder vollkommen durch diese Dichtart zu erreichenden Katharsis bestehen soll wie die der Tragödie, auch schon in jenem hinter c. 14 ausgefallenen Abschnitte enthalten gewesen sein kann. Noch weniger Gewicht endlich ist nach dem Obigen darauf zu legen, wenn Jemand verwundert sein möchte, daß Aristoteles über die eigenthümliche Diction des Epos nur die dürftigen Bemerkungen c. 24. §. 5. 11 gemacht haben sollte. Jedenfalls steht auch hier die Sache keineswegs außer

---

¹) S. Vahlen a. a. O. S. 273 ff.
²) S. Anm. 286. 293. 297 hinter dem Text.
³) S. d. Uebers. u. die krit. Anm. z. d. St. u. Anm. 306. 306ᵇ hinter dem Text.

Zweifel. Die Vergleichung zwischen der epischen und tragischen Dichtung nun aber, wie sie sich durch diese beiden ganzen Capitel hindurchzieht, findet in der Erörterung des sechsundzwanzigsten, welche von beiden Dichtarten höher zu stellen sei, einen so natürlichen Abschluß, daß man sich wundern muß, im fünfundzwanzigsten eine Betrachtung von ganz anderer Art dazwischentreten zu sehen, welche ihrer Natur nach auf jede Gattung von Poesie anwendbar ist, und es fragt sich daher sehr, ob hier wirklich der ursprüngliche Platz derselben war, und ob nicht vielmehr der c. 27. §. 1 auf sie zurückweisende Zusatz ein späteres Einschiebsel ist. Schicklicher gehört zum Mindesten jedenfalls der Inhalt von c. 25, wie schon bemerkt, zu dem Vierten, was Aristoteles in der Inhaltsankündigung am Anfang des Ganzen in Aussicht stellt, zu dem Anhang von allerlei fernerweitigen, die Theorie der Dichtkunst angehenden Bemerkungen; doch darf andererseits nicht verschwiegen bleiben, daß bei der Gestaltung der „Probleme" und ihrer „Lösungen" in diesem Capitel jede Rücksichtnahme auf die eigenthümliche Natur der Komödie fehlt, wie man sie doch erwarten sollte, wenn die Betrachtung dieser Dichtart schon vorangegangen war, und daß vielmehr die Beispiele so gut wie ausnahmslos nur aus dem Epos entnommen werden. Freilich ist dies wiederum aber auch ein sehr zweischneidiger Einwurf, denn daß dies nicht hie und da auch aus Tragödien geschieht, muß selbst für die jetzige Stelle des Capitels auffallend bleiben, und es kann in sofern sogar dem Verdacht, daß dasselbe in Wahrheit erst von einem der ältesten Peripatetiker auf Grund mündlicher Lehren oder anderer Schriften des Aristoteles verfaßt oder aber ein zwar von Aristoteles selbst herrührender, aber in das Ganze der Poetik noch nicht organisch eingegliederter Umriß sei[1]), der wenigstens besser hinter als vor das 26. Capitel gehörte, nicht jede Berechtigung abgesprochen werden. Auch in dem letztern scheint hinter §. 5 eine Lücke zu sein. Schon die Uebergangsformel ferner, welche jetzt den Schluß der Poetik bildet (c. 27. §. 1), erweist sich rein grammatisch und nach den zahlreichen Analogien, welche schon allein diese Schrift selbst bietet (c. 1. §. 9 f. c. 2. §. 1. c. 4. §. 1. c. 5. §. 2. c. 6. §. 8 f.

---

[1]) Zumal es auch sonst an mancherlei Anstößen in demselben nicht fehlt, s. die Anm. 316. 316^b. 318. 342. 342^b. 344. 345^b. 346. 348 hinter dem Text.

c. 15. §. 1. c. 19. §. 1. c. 23. §. 1), als ungeeignet bloß einen Abschluß der bisherigen Betrachtungen zu bilden, sondern vielmehr zugleich als Voraussetzung eines zweiten Satzgliedes¹), welches eine neue Untersuchung einleitete, d. h. in diesem Falle die über die Komödie. Denn daß Aristoteles seinem obigen ausdrücklich (c. 5. §. 5 — c. 6. §. 1 Susem.) gegebnen Versprechen wirklich Genüge geleistet hat, läßt sich beweisen. Denn, wie schon Robortelli und Vettori hervorhoben, in der Rhetorik I, 11, 29. p. 1372ᵃ, 1 f. heißt es, über das Lächerliche (oder Komische) im Besonderen seien in der Poetik die erforderlichen Bestimmungen getroffen worden, und, wenn sich dies noch allenfalls auf c. 5. §. 1 deuten ließe, so spricht dafür eine andere Stelle ebendas. III, 18, 7. p. 1419ᵇ, 5 ff. sich um so unzweideutiger dahin aus, wie viele Arten des Komischen es gebe, von denen die einen dem freien Manne anstehen und die anderen nicht, sei in der Poetik erörtert worden²). Und auch der letzte Zweifel schwand, als man jenen mehrfach erwähnten Aufsatz eines ungenannten Verfassers über die Komödie entdeckte, über dessen Ursprung und Bedeutung schon der erste Herausgeber Cramer³) auf der richtigen Spur war, dann Spengel⁴) ein helleres Licht verbreitete und endlich Bernays⁵) in der eindringendsten und erschöpfendsten Weise alles zum Verständniß Nöthige beibrachte, wobei sich denn ergab, daß derselbe großentheils aus Auszügen der verlornen Abhandlung über die Komödie in der aristotelischen Poetik besteht, daß aber der Verfasser auch den Abschnitt über die Tragödie und selbst die Rhetorik für seine Zwecke

---

¹) Unter den von Düntzer a. a. O. S. 232 zum Gegenbeweise angeführten vier Stellen sind für die beiden aus der Politik vielmehr ähnliche Gesichtspunkte maßgebend, und nicht anders mag es mit dem jetzigen Schlusse der endemischen Ethik stehen, am Ende des letzten Buchs von der Zeugung der Thiere aber folgt wenigstens ein zweites, mit δὲ angeknüpftes Satzglied, ohnehin aber hat es auch mit diesem wohl nicht ursprünglich zu demselben Werke gehörenden Buch seine eigne Bewandtniß.
²) S. Anm. 379 hinter dem Text.
³) Anecd. Paris. T. I. Anh. Jetzt findet man diesen Aufsatz u. A. auch bei Bergk a. a. O. No. XI.
⁴) Münchner gel. Anz. 1840. No. 133.
⁵) Ergänzung zu Aristoteles Poetik, Rhein. Mus. N. F. VIII, S. 561 ff.

18 Einleitung.

benutzt hat¹). Und da finden wir denn in diesen Bruchstücken (Fragm. 3 ff.) noch jene verschiedenen, dem Freien theils wohl- und theils nicht wohlanständigen Arten des Komischen wieder und erkennen überdies an ihnen noch, daß auch die Definition der Synonyma, welche, wie schon Vettori geltend machte, Simplicius aus der Poetik citirt (Fragm. 7)²), in demselben Zusammenhange stand³). Auch in zwei andern anonymen Abhandlungen über die Komödie⁴) finden wir aber die aristotelische ausgebeutet. Noch bleibt ein Citat (Fragm. 12) bei Philoponos zu De an. II, 4, 3 u. 5. p. 415ᵇ, 2 f., 20 f. (II, 6 v) übrig, welches wahrscheinlich nur auf einem Versehen beruht⁵); ist dies aber nicht der Fall, so läßt sich nicht ausmachen, an welcher Stelle die Auseinandersetzung, auf welche es sich bezieht, ausgefallen ist. Mehrere sonstige Erwähnungen scheinbar verloren gegangener Stellen der Poetik im späteren Alterthum, zum Theil aus einem dritten Buche derselben⁶), beziehen sich theils mit Sicherheit, theils mit Wahrscheinlichkeit in

---

¹) S. freilich die Bedenken von Heiß a. a. O. S. 95 f.
²) Allerdings nicht aus eigener Einsicht, sondern wohl nach Porphyrios, s. Rose De Aristot. libr. S. 133. Heiß a. a. O. S. 92 f. Letzterer meint vielmehr, da Simplicius zwar zuerst 43ᵃ, 13 nur die Poetik, dann aber Z. 27 die Poetik und das dritte Buch der Rhetorik citirt, und da ferner die berührte Frage im 2. Capitel des letzteren p. 1404ᵇ, 1 wirklich zur Sprache kommt, endlich eben dies Capitel dasjenige ist, in welchem die Poetik dreimal angeführt wird, daß in Folge dessen Porphyrios und nach ihm Simplicius nachlässig darnach die Poetik beigeschrieben habe, ohne letztere selbst anzusehen. Allein daraus ließe sich wohl die Gestalt des zweiten Citats bei Simplicius, aber nicht füglich die des ersten erklären, eben weil in diesem nur die Poetik allein genannt wird. Mag die Sache also auch nicht unmöglich sein, sonderlich wahrscheinlich ist sie so gewiß nicht. Im Uebrigen s. die krit. Anmerkungen.
³) Ganz das Richtige hierüber hatte schon Vossius, De artis poeticae natura et constitutione, Amsterdam 1647. 4. c. 5. §. 5. S. 28 ff. vermuthet, s. Harles in seiner Ausg. (Leipzig 1780. 8.). Praef. S. XII.
⁴) No. VI. VIII bei Bergk a. a. O. Vgl. Anm. 368.
⁵) S. die krit. Anmerkungen und Spengel in d. Zeitschr. f. d. Alterth. 1841. S. 1274.
⁶) Dieselben veranlaßten Vettori zu der Annahme, die Poetik habe ursprünglich aus drei Büchern bestanden, von denen uns nur das erste erhalten sei, daher der Titel seines Commentars zu ihr, vgl. Spengel, Ueb. Arist. Poet. S. 212 ff.

Einleitung.

der That vielmehr auf eine andere aristotelische Schrift, nämlich eben jenen Dialog „über Dichter"[1]), welcher allen unseren Verzeichnissen dieser Schriften zufolge wirklich aus drei Büchern bestand. Daß aber allerdings auch die Poetik ursprünglich mehr als ein Buch umfaßte, ergiebt sich schon daraus, daß Aristoteles selbst und, falls dieser wirklich ein Anderer als Aristoteles selbst sein sollte, der Verfasser des dritten Buches der Rhetorik, überall (a. a. OO. u. Rhet. III, 1 Schl., c. 2. §. 2. 5. 7. p. 1404^b, 7 f. 27 f.[2]) 1405^a, 5 f.) sie in der Mehrzahl citirt. Schwerlich jedoch reicht auf der andern Seite der Stoff, so weit wir alle Verluste übersehen können, zu mehr als zwei Büchern aus, und so läßt sich kaum daran zweifeln, daß das in den beiden auf uns gekommenen griechischen Verzeichnissen aristotelischer Schriften enthaltne Werk von eben diesem Umfange und von ähnlichem Titel[3]) nichts Anderes als unsere Poetik in ihrem ursprünglichen Zustande war[4]). Es darf nämlich jetzt[5]) für ausgemacht gelten, daß diese beiden Verzeichnisse nicht erst auf die neue Redaction, welche Andronikos

---

[1]) Auf diese richtige Spur kam zuerst Castelvetro a. a. O. S. 2. Im Uebrigen f. Welcker, Ep. Cycl. I. S. 49. 157. Spengel a. a. O. S. 213 ff. Bernays a. a. O. S. 585, Anm. 2. Sengebusch, Dissert. Homer. prior S. 77 f. Rose, Aristoteles pseudepigraphus S. 77 ff. Heitz a. a. O. S. 93 f.

[2]) Vgl. die Anm. 239. 247. 254^b. 264 hinter dem Text.

[3]) πραγματεῖαι (l. πραγματεία; oder πραγματεία) τέχνη; ποιητικῆς ά β´ b. Diog. Laert. V, 24., τέχνη; ποιητικῆ; bei dem Anonym. des Menage. An dem Titel bei Diog. nahm Spengel Ueb. Arist. Poet. S. 216 ff. einen solchen Anstoß, daß er die Möglichkeit offen ließ, unsere Poetik sei vielmehr in dem einen Buch ποιητικά b. Diog. V, 26, ποιητικόν (l. ποιητικῶν) bei dem Anon. zu suchen, f. aber dagegen Bernays Die Dialoge des Aristot. S. 8. Rose a. a. O. S. 16. 80. Heitz a. a. O. S. 22. 28. 235 und in anderer Hinsicht Walz a. a. O. S. 420 ff. (Walz-Zell S. 25 f.).

[4]) Wie dies zuerst von Robortelli a. a. O. S. 4, dann von Tyrwhitt am Schluß seines Commentars vermuthet ward. S. jetzt besonders Bernays a. a. O. S. 8 ff. Gegen die seltsame Behauptung von Rose a. a. O. S. 79. vgl. S. 10. De Aristot. libr. S. 46 ff., daß wir vielmehr die Poetik gar nicht unter den Titeln sämmtlicher drei Verzeichnisse zu suchen hätten, f. Heitz a. a. O. S. 19.

[5]) S. Heitz a. a. O. S. 44—52. Nietzsche De Laertii Diogenis fontibus, Rhein. Mus. XXIII. 1868. S. 623 ff. XXIV. 1869. S. 181 ff.

von den Schriften des Aristoteles und der ältsten Peripatetiker veranstaltete [1]), sondern bereits auf das weit ältere biographische Werk (Βίοι) des Hermippos, eines Schülers von Kallimachos, zurückgehen und im Wesentlichen den Bestand der in der alexandrinischen Bibliothek vorhandenen Exemplare aristotelischer Schriften wiedergeben. Ohnehin aber hat eine werthvolle neuere Forschung [2]) uns gelehrt, daß ein anderer Schüler des Kallimachos, der berühmte Aristophanes von Byzanz, bei den in seinen Einleitungen zu griechischen Tragödien enthaltenen Kunsturtheilen aller Wahrscheinlichkeit nach die Poetik des Aristoteles ohne Zweifel nach jenem in dieser Bibliothek aufbewahrten Exemplare von ihr zu Rathe zog [3]).

---

[1]) Wie Rose a. a. O. S. 8 ff. De Arist. libr. S. 43 ff. und Bernays a. a. O. S. 2. 133 f. behaupten.

[2]) Trendelenburg Grammaticorum Graecorum de arte tragica iudiciorum reliquiae, Bonn 1867. 8. Derselbe zeigt, daß alle in den uns erhaltenen Einleitungen zu griechischen Tragödien und in den Schollen zu Sophokles und Euripides sich findenden ästhetischen Bemerkungen, so weit sie von Belang sind, von Aristophanes aus Byzanz und demnächst Didymos, der sich an ersteren anschloß und aus dem sie in die Scholien gekommen sind, herstammen.

[3]) Vgl. die Einl. zu Eurip. Alk. τὸ δὲ δρᾶμα κωμικωτέραν ἔχει τὴν καταστροφήν.... τὸ δὲ δρᾶμά ἐστι σατυρικώτερον, ὅτι εἰς χαρὰν καὶ ἡδονὴν καταστρέφει. παρὰ τῶν γραμματικῶν (Cod. τραγικῶν) ἐκβάλλεται ὡς ἀνοίκεια τῆς τραγικῆς ποιήσεως ὅ τε Ὀρέστης καὶ ἡ Ἄλκηστις, ὡς ἐκ συμφορᾶς μὲν ἀρχόμενα, εἰς εὐδαιμονίαν δὲ καὶ χαρὰν λήξαντα, ἅ ἐστι μᾶλλον κωμῳδίας ἐχόμενα, Aristoph. Einl. zu Eurip. Orest. τὸ δὲ δρᾶμα ἔχει κωμικωτέραν τὴν καταστροφήν. Schol. z. Or. 1691 τοῦτο τὸ δρᾶμα ἐκ τραγικοῦ κωμικόν· ἐκ γὰρ συμφορᾶς εἰς εὐθυμίαν κατήντησεν. 3. Einl. z. Or. τὸ δὲ δρᾶμα τῆς Ἑκάβης· καὶ τοῦ παρόντος δράματος τὸ τέλος ἀπὸ πένθους ἄρχονται καὶ λήγουσιν εἰς χαράν, Schol. z. Or. 1691 ἡ κατάληξις τῆς τραγῳδίας ἢ εἰς θρῆνον ἢ εἰς πάθος καταλύει, ἡ δὲ τῆς κωμῳδίας εἰς σπονδὰς καὶ διαλλαγάς. ἴδον ὁρᾶται τόδε τὸ δρᾶμα κωμικῇ καταλήξει χρησάμενον. διαλλαγαὶ γὰρ πρὸς Μενέλαον καὶ Ὀρέστην. ἀλλὰ καὶ ἐν Ἀλκήστιδι ἐκ συμφορῶν εἰς εὐφροσύνην. καὶ ὁμοίως καὶ ἐν Τυροῖ Σοφοκλέους ἀναγνωρισμὸς μετὰ τέλος γίνεται, καὶ ἁπλῶς εἰπεῖν πολλὰ τὰ τοιαῦτα ἐν τῇ τραγῳδίᾳ εὑρίσκεται, Thom. Mag. Einl. (IV) z. Or. ἰστέον δὲ ὅτι πᾶσα τραγῳδία σύμφωνον ἔχει καὶ τὸ τέλος. ἐκ λύπης γὰρ ἄρχεται καὶ εἰς λύπην τελευτᾷ. τὸ παρὸν δὲ δρᾶμά ἐστιν ἐκ τραγικοῦ κωμικόν· λήγει γὰρ εἰς τὰς παρ' Ἀπόλλωνος διαλλαγὰς ἐκ συμφορᾶς εἰς εὐθυμίαν κατηντηκός· ἡ δὲ κωμῳδία γέλωτι καὶ εὐφροσύναις ἐνύφανται (Trendelenburg S. 37) mit Poet. c. 13 (bes. §. 4. 8.), ferner Einl. z. Aesch. Ag. τοῦτο δὲ τὸ μέρος τοῦ δράματος θαυμάζεται ὡς ἔκπληξιν ἔχον καὶ οἶκτον ἱκανόν·

Derselbe Umfang von zwei Büchern findet sich aber auch noch nach Andronikos in dem dritten, wirklich auf die Anordnung des letzteren gegründeten, auf uns nur arabisch durch Dschemaluddin gekommenen Verzeichniß, dessen Urheber Ptolemäos war [1]), wir wissen freilich nicht, welcher von den nach Andronikos lebenden Gelehrten dieses Namens und mithin auch nicht, in welcher bestimmteren

---

ἰδίως· δὲ Αἰσχύλος τὸν Ἀγαμέμνονα ὑπὸ σκηνῆς ἀναιρεῖσθαι ποιεῖ, τὴν δὲ Κασάνδραν σιωπήσας θάνατον νέκραν αὐτὴν ὑπέδειξεν, Schol. z. Eur. Hek. 484 κατὰ τὸ σιωπώμενον ἐσφάγη ἡ Πολυξένη. Ἔθος γὰρ τοῖς τραγικοῖς τὸ μὴ ἐπ᾽ ὄψει τῶν θεατῶν ἀναιρεῖν, Schol. z. Soph. El. 1404 βούτης· ἐν τῇ ἀναιρέσει τῆς Κλυταιμνήστρας· ἀκούει ὁ θεατὴς καὶ ἐνεργέστερον τὸ πρᾶγμα γίνεται ἢ δι᾽ ἀγγέλου σημαινόμενον. καὶ τὸ φορτικὸν τῆς ὄψεως ἄπεστι, τὸ δὲ ἐναργὲς οὐδὲν ἧσσον καὶ διὰ τῆς βοῆς· (Var. ἀκοῆς) ἐπραγματεύσατο (Trendelenburg S. 45 f.) mit Poet. c. 14 Anf., auch c. 11 Schl. c. 18. §. 2, auch Schol. zu Soph. Ai. 346 εἰς ἔκπληξιν φέρει καὶ ταῦτα τὸν θεατὴν und die eben angef. Worte der Einl. zu Agam. mit Poet. c. 9. §. 11 f. c. 14. §. 8. c. 16. §. 8. c. 24. §. 8. c. 25. §. 5, ferner 4. Einl. zu Eurip. Phön. τὸ δρᾶμά ἐστι μὲν ταῖς σκηνικαῖς ὄψεσι καλόν, ἐπει<-σοδιῶδες δὲ> καὶ παραπληρωματικόν ἥ τε ἀπὸ τῶν τειχέων Ἀντιγόνη θεωροῦσα μέρος οὐκ ἔστι δράματος, καὶ ὑπόσπονδος Πολυνείκης· οὐδενὸς ἕνεκα παραγίνεται, ὅ τε ἐπὶ πᾶσι μετ᾽ ᾠδῆς ἀδολέσχου φυγαδευόμενος Οἰδίπους προσέρραπται διὰ κενῆς mit Poet. c. 17. §. 5. c. 18. §. 4 f. auch c. 9. §. 10. c. 24. §. 4. c. 26. §. 5—7, endlich Aristoph. Einl. zu Eur. Or. τὸ δρᾶμα τῶν ἐπὶ σκηνῆς εὐδοκιμούντων, χείριστον δὲ τοῖς ἤθεσι πλὴν γὰρ Πυλάδου πάντες φαῦλοι mit Poet. c. 15. §. 5. c. 25. §. 19. Diese Stellen sind also den von Spengel Aristot. Studien IV. München 1866. 4. S. 16 f. (Abhh. der Münchner Akad., philos.-philol. Cl. XI. S. 284 f.) und Heitz a. a. O. S. 87 ff. zusammengetragenen "testimonia autorum" hinzuzufügen. Möglich bleibt es freilich, daß Aehnliches auch in dem Dialog über Dichter stand und dieser vielmehr die Quelle des Aristophanes war, aber eine so gehäufte Wiederholung derselben Gedanken in beiden aristotelischen Schriften ist doch nicht eben sehr wahrscheinlich. Vielleicht fanden auch solche Bemerkungen des Aristophanes, daß ein Weibergezänk wie das zwischen Hermione und Andromache bei Euripides und auch ein Männergezänk wie das zwischen Teukros und Menelaos bei Sophokles mehr in die Komödie als in die Tragödie passen (s. Trendelenburg S. 39 f.), schon ein Vorbild in der aristotelischen Poetik, nämlich in der verloren gegangenen Abhandlung über die Komödie.

[1]) de arte poetica secundum Pythagoram eiusque sectatores libri II. Wegen dieses seltsamen Titels, der wohl Heitz a. a. O. S. 40 dazu reflectirt hat, die Poetik vielmehr ganz in diesem Verzeichniß zu vermissen, s. Rose a. a. O. S. 80.

Zeit[1]). Und auch noch Ammonios[2]) und Boethius[3]) führen die Schrift in der Mehrzahl an, und der Commentator des sechsten Buches der nikomachischen Ethik[4]) verweist auf c. 4. §. 8. 9. mit der Beziehung „im ersten Buche der Schrift über die Poesie" (ἐν τῷ πρώτῳ περὶ ποιητικῆς). Wenn daher gleichzeitige oder etwas spätere Schriftsteller vielmehr den Singular gebrauchen[5]), so kann dies hiernach nur für eine Nachlässigkeit des Ausdrucks gelten und nicht[6]) daraus geschlossen werden, daß ihnen bereits die Poetik nur noch in Form eines zu einem einzigen Buche zusammengezogenen Auszugs vorgelegen habe. Wäre überhaupt die aristotelische Poetik durch einen absichtlich gemachten Auszug im Wesentlichen zu ihrer jetzigen Gestalt eingeschrumpft, so müßte in der That der Urheber desselben ein Halbwahnwitziger gewesen sein, indem er bald ganze Capitel im Allgemeinen unverkürzt aufgenommen, bald andere lange, nicht minder wichtige Abschnitte, wie namentlich eben den über die tragische Katharsis und den über die Komödie, einfach weggelassen, vielfach durch seine Weglassungen allen Sinn und Zusammenhang zerstört und mit furchtbarer Gedankenlosigkeit Voraus- und Rück-deutungen auf das von ihm Weggeschnittene zu tilgen versäumt haben müßte[7]). Wahrlich, nur durch ein halbes Wunder hätte das

---

[1]) S. hierüber Rose De Aristot. libr. S. 45. Zeller a. a. O. II[b]. S. 43. Anm. Heitz a. a. O. S. 41—44.

[2]) Zu περὶ ἑρμηνείας, Schol. Aristot. p. 99[a], 12: ἐν τοῖς περὶ ποιητικῆς (c. 20. §. 1).

[3]) In libr. de interpr. p. 290: Aristoteles in libris, quos de arte poetica scripsit (c. 20. §. 1).

[4]) Zu c. 7. fol. 95[b]. Die Möglichkeit, daß hier freilich wieder doch nicht die Poetik, sondern der Dialog über Dichter gemeint sei, ist freilich nicht abzuleugnen, s. Heitz a. a. O. S. 90 f.

[5]) Vit. Aristot. Marciana (cod. 257) fol. 276[a] τὸ περὶ ποιητικῆς σύγγραμμα, vet. transl.: tractatus de poetica, Pseudo-Alexander (Michael von Ephesos?) in soph. el., Simplic. und David in Categ., Schol. Aristot. p. 299[b], 44 (= Poet. c. 25. §. 11. vgl. Heitz a. a. O. S. 90). p. 43[a], 12. 25. p. 25[b], 17, und Hermias in Plat. Phaedr. p. 111 Ast citiren die Poetik als τὸ περὶ ποιητικῆς, Philoponos a. a. O., wenn hier nicht ein Irrthum vorliegt (s. o. S. 16): ἐν τῇ ποιητικῇ.

[6]) Mit Zeller, s. o. S. 4. Anm. 1.

[7]) Diesen gewichtigen Einwurf von Spengel Ueb. Arist. Poet. S. 219 f. und Bernhardy a. a. O. S. 901 f. hat bisher noch keiner von den Anhängern der Excerptenhypothese zu widerlegen versucht.

Einleitung. 23

Werk dieses Blödsinnigen so viel Anklang finden können, um die ursprüngliche Redaction ganz von ihrem Platze zu verdrängen und zum Untergange zu bringen. Man sollte doch endlich einmal diesen angeblichen Epitomator dahin entlassen, wohin er allein gehört, ins Reich der Träume und Phantasien. Nicht minder aber erhellt aus diesem Allen, daß jeder Versuch den Grund für die Zerrüttung der Schrift aus der bekannten Erzählung über den zertrümmerten Zustand derjenigen Sammlung der Werke des Aristoteles und seiner Schüler, welche zur Zeit des Andronikos nach Rom kam und dort durch Abschriften verbreitet wurde, zu entwickeln [1]) das Richtige nothwendig verfehlen muß. Gewiß ist vielmehr, daß die Poetik zu denjenigen Schriften gehörte, die auch nach Andronikos am Meisten vernachläßigt wurden [2]). Wir erfahren von keinem Commentator, den sie jemals gefunden hätte [3]). Es war unter diesen Umständen wohl eben kein Wunder, daß sie namentlich seit dem sechsten Jahrhundert selten mehr und, wo es geschah, doch immer nachläßiger abgeschrieben ward, und daß in Folge dieser Vernachläßigung nach und nach immer mehr von ihr verloren ging, indem der eine Abschreiber Dies und der andere Jenes wegließ, weil der eine Dies und der andere Jenes in den theilweise unleserlich gewordenen Vorlagen nicht mehr entziffern oder doch nicht leicht entziffern konnte, so daß denn auch die einzige aus dem Mittelalter in die Neuzeit herübergekommene Handschrift A^c, aus der alle unsere andern Handschriften stammen, selber aus einem solchen älteren, namentlich hinter dem vierzehnten Capitel und am Schlusse verstümmelten Exemplare, in welchem überdies ein losgelöstes, das jetzige fünfzehnte Capitel ent-

---

[1]) Wie außer dem S. 4. Anm. 1 näher erwähnten von Krohn der ältere von Ad. Schöll im Philologus XII. S. 593 ff., dem auch Sauppe Dionysios und Aristoteles. Göttingen 1863. 8. S. 30 f. (Nachrichten der Gött. Gesellsch. d. Wiss. 1863. S. 70 f.) beizupflichten scheint; vgl. auch schon Bernhardy a. a. O. S. 902, obwohl man bei diesem nicht recht sieht, wie sich dies mit der Hypothese, der er eben hier folgt (s. S. 5 Anm. 1), vertragen soll.

[2]) S. darüber auch das im zweiten Abschnitt dieser Einleitung Zubemerkende.

[3]) Sehr richtig bemerkt Heitz a. a. O. S. 95, aus der Zusammenstellung der Zeugnisse (s. o. S. 22. Anm. 2. 3. 5) gehe genugsam hervor, daß sogar die Bekanntschaft mit der Poetik den alten Erklärern eine keineswegs geläufige gewesen zu sein scheint.

haltendes Blatt aus seinem richtigen Platze hinter dem achtzehnten herausgefallen und an Stelle der hinter dem vierzehnten ganz verloren gegangenen Blätter fälschlich wieder eingelegt war, seinen Ursprung genommen hatte ¹).

Die Poetik gehört zu den spätesten Schriften des Aristoteles. Sie ist, wie aus den oben angeführten Daten (vgl. auch c. 19. §. 1) erhellt, nach der Politik, aber vor der Rhetorik verfaßt, schon die Politik V, 10. 1311ᵇ, 1 (c. 8. §. 10 Schneider) berührt aber die Ermordung des Königs Philipp 336 v. Chr., und noch dazu ohne jede Andeutung, daß dieselbe erst der jüngsten Zeit angehöre, und die Rhetorik bezieht sich II, 23, 6. p. 1397ᵇ, 31 ff. auf Vorgänge aus den Jahren 338—336 ²).

II.

Standpunkt und Bedeutung der Schrift. — Ueber den Sinn der Lehre von der tragischen Katharsis.

Aristoteles war nicht der Erste, welcher die Poesie einer kunstphilosophischen Betrachtung unterwarf, er bekämpft vielmehr wiederholt bereits die Lehren Anderer³) auf diesem Gebiete, c. 8. §. 1.

---

¹) Sollten wirklich einzelne von unseren anderen Handschriften nicht aus Aᶜ stammen, so hatte doch ihr Original wenigstens mit Aᶜ dasselbe schadhafte Archetypon. Auch in der arabischen Uebersetzung vom Jahre 935, die noch handschriftlich in Paris existirt, ist aber bereits der Text nicht vollständiger und nicht anders geordnet, und auch Ibn Roschd (Averroes) um 1180, dessen abkürzende Paraphrase gleichfalls von Aᶜ unabhängig ist, hatte keinen reichhaltigeren oder eine abweichende Folge einzelner Abschnitte enthaltenden vor sich. Genauere Aufklärungen über ihr Verhältniß zum griechischen Text haben wir demnächst von dem Herausgeber Lasinio zu erwarten.

²) Vgl. Zeller a. a. O. IIᵇ. S. 103. Anm. 4. S. 107 f.

³) Wer diese sind, läßt sich nicht ausmachen. Die c. 26 Anf. bekämpfte Theorie ließe sich füglich dem Antisthenes in einer seiner Schriften über Homeros zutrauen. Dem Kriton wie dem Simon wird ein Dialog über die Dichtkunst beigelegt, Diog. Laert. II, 121. 122, aber höchst wahrscheinlich war dies dieselbe Schrift und erst eine spätere Fälschung, s. Susemihl vor der Uebers. des pseudoplaton. Ion in der Samml. von Osiander und Schwab S. 268 ff. Unter den Schülern Platons schrieb außer Aristoteles noch Hera-

c. 13. §. 4. 7. vgl. §. 6. c. 26. §. 1—3. Die Betrachtung der Dichtkunst und überhaupt aller schönen Künste als nachahmender Thätigkeiten, von welcher er ausgeht, findet sich nicht bloß schon bei Platon[1]), sondern dieser selbst setzt sie deutlich bereits als eine allgemein geltende Anschauung voraus[2]). Aber Platon bedient sich ihrer zur Herabsetzung der Kunst, und wenn er auch die idealisirende Thätigkeit derselben nicht ganz übersehen hat (s. bes. Staat V. p. 472 D.)[3]), so bleibt er doch im Wesentlichen dabei stehen, mehr eine Nachahmung der äußern Erscheinung als des inneren Wesens ihrer Gegenstände in ihr zu erkennen, weil die Künstler meist nicht von wirklicher Erkenntniß, sondern nur von einem dunklen Instincte und von unklaren und vielfach in die Irre gehenden Vorstellungen und Meinungen sich leiten ließen. Dichter und Denker zugleich, macht er selber, so zu sagen, den anderen Poeten mit seinen künstlerischen Dialogen Concurrenz, erblickt in einer solchen künstlerischen Darstellung philosophischer Wahrheiten erst die höchste und wahrste Poesie und den Gipfel aller Kunst- und Schriftstellerthätigkeit. Er ist noch selber Partei, und darum kann er auch die Kunst nicht unparteiisch würdigen. Nicht bloß das Schöne und Gute fließt ihm ferner noch fast ganz in Eins zusammen — denn darüber ist freilich auch Aristoteles noch nicht wesentlich hinausgekommen[4]) — sondern es fehlt bei ihm auch noch an jeder rechten Scheidung theoretischer, praktischer und technischer Geistesthätigkeit. Eine solche bestimmte Scheidung dagegen ist eine der wesentlichsten Grundlagen des aristotelischen Denkens[5]), und Aristoteles hat daher auch nicht die mindeste

---

kleides der Pontiker ein Buch „über Dichtkunst und Dichter," Diog. Laert. V, 88.

[1]) S. die Nachweise bei Zeller a. a. O. II^a. S. 611 f. Belger De Aristotele etiam in arte poetica componenda Platonis discipulo, Berlin 1872. 8. S. 4 ff.

[2]) Vgl. Ed. Müller, Geschichte der Theorie der Kunst bei den Alten, Breslau 1837. 8. I. S. 28 vgl. S. 5 f.

[3]) Vgl. Susemihl, Platon. Philos. II. S. 251—264.

[4]) S. Zeller a. a. O. II^b. S. 605 f.

[5]) S. Zeller a. a. O. II^b. S. 112. 124. 445. 505. Ed. Müller a. a. O. II. S. 35 ff. S. 374 ff. Zum Folgenden vgl. außer Ed. Müller a. a. O. II. S. 1—181. 346—393. Zeller a. a. O. II^b. S. 604 ff. Brandis, Griech.-röm. Phil. II^b. S. 1683 ff. III. S. 156 ff., noch Sträter, Die Aristotelische Poetik, in Fichtes Zeitschr. für Philos. N. F. XL. S. 201 ff. XLI. S. 204 ff.

Absicht mehr mit den Künstlern auf deren eignem Gebiete um den Preis zu ringen, und von ihm wird daher auch nicht verkannt, daß dem auf der Höhe stehenden Künstler, um es kurz so auszudrücken, nur in anderer Form, nämlich der des Ideals, ein Erfassen der nämlichen ewigen Wahrheit innewohnt, wie dem Philosophen in der Form der Idee (s. bes. c. 9. §. 3). Auf die idealisirende und verallgemeinernde Thätigkeit der Kunst und insonderheit der Poesie, auf die Nachahmung des inneren Wesens und Dessen, „wie es sein soll" (c. 25. §. 1. 6. 17), legt er überall den Hauptnachdruck, c. 2. c. 4. §. 9. c. 5. §. 1. 3. c. 9. §. 1—6. c. 13. §. 4. c. 15. §. 8. Fragm. 3 ff.

Ob nun freilich damit die von ihm noch festgehaltene Anschauung, welche das eigentliche Wesen der Kunst in die Nachahmung setzt, nicht in Wahrheit eine zu enge geworden und der neue Most in alte Schläuche gefaßt ist, ob nicht eben dies Festhalten an ihr dennoch in gewissen Punkten die Folge gehabt hat, daß Aristoteles nur diejenige Seite der Sache ins Auge faßt, nach welcher die Kunst wirklich Nachahmung ist, nicht aber die, nach welcher sie hierüber hinausgeht (s. namentlich c. 4. §. 3—6), das ist eine andere Frage. Hier mag es genügen auf dieselbe hingedeutet zu haben. Eine Würdigung des absoluten Werthes der aristotelischen Kunsttheorie[1]) ist hier nicht unsere Aufgabe. Wir beschränken uns in dieser Hinsicht auf die Besprechung einiger weniger Punkte, und zwar zunächst eines solchen, über den noch heutzutage trotz des Wustes von Litteratur, den Jahrhunderte zur Erklärung und Erläuterung dieser Schrift aufgehäuft haben[2]), auch unter den Berufensten Streit ist.

Zillgenz Aristoteles und das deutsche Drama, Würzburg 1865. 8. (vgl. die Recension von Ed. Müller Jahns Jahrb. CI. 1870. S. 93 ff. 249 ff. 393 ff., auch von Susemihl ebendas. XCV. 1867. S. 845 f.) und besonders Teichmüller Aristotelische Forschungen. I. Beiträge zur Erklärung der Poetik des Aristoteles. Halle 1867. 8. II. Aristoteles Philosophie der Kunst. Halle 1869. 8. und die schon S. 3 f. Anm. 5 angeführte Schrift von Reinkens (vgl. die Recensionen derselben von Wrobel Zeitschr. f. d. östr. Gymn. XXI. 1870. S. 706 ff. und Susemihl Jahns Jahrb. CV. 1872. S. 317 ff. und Phil. Anz. III. 1871. S. 300 ff.).

[1]) Wie sie Reinkens im zweiten Theile seines Buches versucht.
[2]) Eine Uebersicht dieser gesammten Litteratur bis zum Jahre 1821 giebt Gräfenhan in seiner in eben diesem Jahr in Leipzig erschienenen Ausg., Prolegg. S. XXXV—LIII nach dem Vorgang von

Noch heute wird uns nämlich von den größten Sachkennern¹) nicht selten versichert, daß Aristoteles trotz alles gelegentlichen Tadels gegen Euripides (c. 6. §. 11. 16. c. 13. §. 6. c. 16. §. 4. c. 18. §. 3ᵇ. 7. c. 15. §. 5. 7. c. 25. §. 6. 19) doch in seiner Theorie der Tragödie wesentlich auf dem Boden der euripideischen und nacheuripideischen Bühne stehe, daß er geradezu in Euripides Denjenigen finde, welcher trotz aller Fehler im Einzelnen doch im Ganzen den Zweck der Tragödie am Besten zu erreichen wisse und so, Alles in Allem gerechnet, die höchste Kraft derselben offenbare²). Und doch enthält die einzige Stelle, auf welche sich mit einigem Scheine ein solches Urtheil gründen läßt, c. 13. §. 6, in Wahrheit zumal in ihrem Zusammenhange ein unendlich viel beschränkteres Lob³). Fürs Erste nämlich ist dem Aristoteles die einheitliche,

---

Buhle, Aristotelis opera V. S. XI—LXIV und der vom Jahre 1857 ab Susemihl in Jahns Jahrb. LXXXV. 1862. S. 317 ff. 395 ff. XCV. 1867. S. 159 ff. 221 ff. 827 ff. CV. 1872. S. 317 ff. Vor Lessing, mit dem für eine tiefere Erfassung eine ganz neue Epoche beginnt, sind vorzugsweise nur Robortelli, Maggi, Vettori und Castelvetro und allenfalls noch Dacier, La Poëtique d'Aristote, traduite avec des remarques, Paris 1692. 12., auszuzeichnen, nach ihm außer G. Hermann und den neuesten Auslegern besonders Twining, Aristoteles' treatise on poetry translated with notes ... and two dissertations on poetical and musical imitation, London 1789. 4. und Tyrwhitt, der eigentliche Begründer einer streng philologischen Erklärung des ganzen Werkes. Die von ihm begonnenen Untersuchungen über die in demselben berücksichtigten verloren gegangenen Epen und besonders Tragödien hat dann im großartigsten Maßstabe bekanntlich zumal Welcker fortgesetzt und dadurch viel Licht über dasselbe verbreitet. Unter den neuesten Erklärern aber nimmt Vahlen ohne Zweifel die oberste Stelle ein, nächst ihm haben Spengel, Reinkens, Teichmüller, Bernays, Ueberweg u. A. Erhebliches geleistet. Die S. 3. Anm. 5 angeführten Studien von Susemihl beschränken sich auf die achtzehn ersten Capitel.

¹) Bernhardy a. a. O. S. 889. Griech. Litteraturgesch. 2. A. IIʰ. S. 189. Bernays Grundzüge S. 172 f. Vgl. auch Welcker, Die äschyleische Trilogie Prometheus, Darmstadt 1824. 8. S. 528 ff. (s. jedoch unten S. 29. Anm.²) Wolter, Aristophanes und Aristoteles als Kritiker des Euripides, Hildesheim 1857. 4. und Reinkens a. a. O. S. 321 (s. dagegen Susemihl Jahns Jahrb. CV. S. 337 f.) u. A.
²) Eine treffende Widerlegung dieser Ansicht giebt jetzt C. Schwabe, Aristoteles als Kritiker des Euripides, Jahns J. CIX. 1874. S. 97—108.
³) Welches auch Lessing, Hamburg. Dramat. St. 78 f. S. 204 ff. Lachm.-Maltz., lange nicht in seiner richtigen Beschränkung faßt.

innerlich nothwendige oder doch wahrscheinliche Composition der Fabel die Grundanforderung an eine gute Tragödie, und wenn daher nach ihm die eigenthümlich-tragische Wirkung mit Hülfe von Bühnenmitteln unter Umständen auch von einer Tragödie erreicht werden kann, welche dieser Anforderung nicht entspricht (c. 14 Anf.), so besteht eben der Prüfstein für ein **gutes Trauerspiel** darin, daß es auch schon bloß gelesen oder vorgelesen, ja selbst nur gehörig wiedererzählt, in hohem Grade jene eigenthümliche Gemüthswirkung ausübt (c. 6. §. 19. c. 26. §. 3. 4. c. 14. §. 1 f.). Von den meisten Stücken des Euripides heißt es nun aber in jener Stelle ausdrücklich, daß sie **bei guter Aufführung am Stärksten Furcht und Mitleid erregen** und ihren Dichter als den wirksamsten Tragiker erscheinen lassen, und **nicht so sehr durch ihre innere Oekonomie**, denn ausdrücklich wird hinzugesetzt „trotzdem, daß er mit dem tragischen Haushalt im Uebrigen nicht löblich umgeht." so daß also die ganze ihm in letzterer Hinsicht wirklich ausdrücklich ausgesprochene Anerkennung nur darauf hinausgeht, daß seine Stücke meistens auf einen rein unglücklichen Ausgang angelegt sind[1]). Ganz mit dem gleichen Recht oder vielmehr Unrecht könnte man ja aus c. 18. §. 5 f. den Schluß ziehen, daß Aristoteles den Agathon als den wirksamsten aller Tragiker betrachtet habe, wo denn, um diesen seinen Widerstreit mit sich selbst zu heben, nichts Anderes übrig bleiben würde, als diese letztere Stelle für nicht von ihm selber herrührend zu erklären. Denn Euripides erhält doch dort sein Lob wenigstens wegen derjenigen Art von Ausgang, welchen Aristoteles für den vorzüglichsten erklärt, Agathon[2]) hier das seine dagegen wegen derjenigen, welche Aristoteles dort erst in zweiter Linie gelten läßt. Allein der ganze Widerspruch zerfällt sofort, weil auch hier bloß von der Bühnenwirksamkeit die Rede ist: Euripides übt die stärkste, weil er sich über die Gefühlsschwäche des Theaterpublicums (c. 13. §. 7) hinwegsetzt, aber doch ist nicht er, sondern Agathon der größte Liebling desselben, der es stets zu

---

[1]) Dazu kommt, daß er hier allem Anscheine nach gar nicht mit Aeschylos und Sophokles, sondern mit den jüngeren Tragikern oder doch vorwiegend mit diesen verglichen wird. S. Anm. 126 hinter d. Text.

[2]) Auch wenn man die überlieferte Lesart στοχάζονται und βούλονται für die richtige hält. S. aber wegen der Aenderung derselben in στοχάζεται und βούλεται die Anm. 187. 188 hinter dem Text.

fesseln und nach seinem Willen zu leiten vermag, indem er dieser Schwäche schmeichelt und dabei zugleich in Composition der Fabel und Charakterzeichnung in Wirklichkeit entschiedene Vorzüge vor Euripides entwickelt (c. 9. §. 7. c. 15. §. 8 vgl. m. §. 5). Der Ausdruck „tragisch" aber wird an beiden Stellen nicht in seinem vollen Umfange, sondern nur um ein wesentliches Moment desselben zu bezeichnen (eben so wie auch c. 14. §. 7 = §. 16 Herm.) gebraucht[1]). Fürs Zweite aber kommt es nach Aristoteles nicht bloß darauf an, durch die Tragödie Furcht und Mitleid zu erregen, sondern sie so zu erregen, daß dadurch zugleich eine „Reinigung" von diesen beiden Affecten erzielt wird. Nur von dem Ersteren aber spricht Aristoteles im 13. Cap., die Auseinandersetzung des Letzteren begann, wie wir sahen, erst nach c. 14, und wir besitzen sie nicht mehr; daß also dem Euripides auch nur auf der Bühne das Letztere am Besten gelinge, dies liegt nicht im Mindesten in den Worten. Nur so viel ist allerdings wahr, daß Aristoteles in der Tragödie des Euripides und seiner Nachfolger nicht lediglich einen immer steigenden Verfall und umgekehrt in der des Aeschylos noch kaum einen rechten Höhepunkt erblickt (s. bes. c. 4. §. 12 f. mit Anm. 43, c. 18. §. 2 mit Anm. 178 und c. 6. §. 14. c. 14. §. 6 mit Anm. 69). Die eigenthümliche trilogische Composition des letztern findet in seiner Theorie nur c. 18 §. 5 eine ganz flüchtige beiläufige Berücksichtigung[2]) und kann auch nicht mehr finden von einem Standpunkte aus, wie dem seinen, welcher lediglich die bleibenden Gesetze der Tragödie und nicht ihre Entwicklungsformen ins Auge faßt, aber freilich eben damit der eigenthümlichen Größe des Aeschylos nicht gerecht wird, die in etwas Anderem beruht als in der straffen und gerade durch die furcht- und mitleidsteigernden Elemente der „Peripetie" und der Erkennung in der verwickelten Tragödie nur noch straffer angezogenen einheitlichen und streng psychologisch motivirten Composition der Einzeltragödie[3]) Selten entnimmt Aristoteles aus ihm, sehr häufig aus Euripides und den Späteren seine Beispiele. Er hat hierin allerdings dem Geist seiner Zeit, welchem Aeschylos schon allzu fern lag, seinen Tribut gezollt. Aber er hat

---

[1]) Vgl. Anm. 188 hinter dem Text.
[2]) Was gerade Welcker (s. v. S. 27 Anm. 1) noch lange nicht vollständig genug zugegeben hat. Vgl. Anm. 78*. 178. 185 hinter dem Text.
[3]) Vgl. Vahlen, Aristot. Lehre v. d. Rangfolge S. 167.

nicht verkannt, daß Euripides jener seiner ersten Grundforderung einer streng einheitlichen Handlung und eben so seiner zweiten einer sittlichen Idealität der Charaktere noch weniger Genüge thut, sondern hat ausdrücklich in der obigen Stelle und sonst, wie z. B. c. 25. §. 6, das Gegentheil ausgesprochen, und in der That, wenn er vorzugsweise aus den Stücken dieses Tragikers sich seine Regeln abstrahirt hätte, würde es unbegreiflich bleiben, wie er dabei zu diesen Grundforderungen gelangen konnte. Nach einer besonderen, aber für den Aristoteles, welcher die Sangpartien und mithin auch den Chor noch mit in die Definition der Tragödie (c. 6. §. 2) aufgenommen hat (vgl. c. 1. §. 10), wesentlichen[1]) Richtung hin, welche eng hiemit zusammenhängt, nämlich der Loslösung des Chors aus dem Verbande der Handlung, kann er in der That aber auch nicht umhin, vom Euripides ab durch den Agathon hindurch einen immer zunehmenden Verfall einzuräumen (c. 18. §. 7). Und eben so erkennt er jene Kluft zwischen den ältern und den neueren Tragikern, d. h. dem Euripides und seinen Nachfolgern, an, daß den Tragödien der letzteren meistens die rechte Charakterzeichnung (c. 6. §. 11) und damit auch die Beredtsamkeit des Charakters fehlt (ebend. §. 16), daß in ihnen mehr geredet als gehandelt wird und an die Stelle jener strengeren inneren Nothwendigkeit der Handlung, wie sie nur aus in sich geschlossenen Charakteren quillt, die lagere, auf bloße Wahrscheinlichkeit gegründete Einheit derselben tritt[2]). Alles in Allem gerechnet gilt dem Aristoteles gleich uns Sophokles und zwar zumal in seinem König Oedipus[3]) als der eigentliche höchste Meister seiner Kunst. Wenn aber dieser Dichter selbst allmählich immer mehr der euripideischen Manier sich annäherte und die Art, wie nach der letztern der Prolog verwandt wurde, und den deus ex machina nicht verschmähte, so können wir uns nicht darüber wundern, wenn Aristoteles c. 15. §. 7 diese beiden Mittel nicht schlechthin zu verwerfen wagt, sondern in gewisser Beschränkung mit der Einheit der Handlung verträglich findet. Hat ja doch selbst

---

[1]) Vgl. freilich andrerseits Anm. 14 hinter dem Text.
[2]) Vgl. Anm. 64. 72 ebendas.
[3]) S. Anm. 129 ebend. Weniger günstig scheint er die Antigone zu beurtheilen (c. 14. §. 7. vgl. Anm. 134), weil es keine verwickelte Tragödie ist. Im Uebrigen vgl. bes. c. 3. §. 2 mit Anm. 26^b. c. 6. §. 12 f. mit Anm. 43. c. 25. §. 6 mit Anm. 319.

Einleitung. 31

Lessing¹) die euripideischen Prologe in gewisser Weise zu vertheidigen gesucht!

Wenn nun aber sonach die tragische Theorie des Aristoteles mit einer im Ganzen richtigen Würdigung der tragischen Dichter seiner Nation zusammenhängt, so wird man daraus noch Zweierlei zu folgern haben.

Einmal nämlich wird man ihm auch darin Glauben schenken müssen, wenn er von der Ilias und Odyssee, die doch, wie heutzutage fast kein Verständiger mehr bezweifelt, erst aus mehreren ursprünglich selbständigen kleineren Dichtungen erwachsen sind, behauptet, daß sie eine weit größere innere Einheit an sich tragen, als es die späteren, von Hause aus einheitlich verfaßten epischen Gedichte der Griechen thaten (c. 23. §. 3 f., vgl. c. 8). Und darnach dürfte das poetische Verdienst jener beiden großen Compositionen auch als Ganzer unbeschadet aller gerechten Ausstellungen, welchen sie als solche Raum geben, denn doch ungleich höher anzuschlagen sein, als es gegenwärtig meistens zu geschehen pflegt. Diejenigen Vorzüge freilich, welche Aristoteles sonst ihrem Urheber nachzurühmen weiß, (c. 24. §. 7—10), kommen in Wahrheit nach dem heutigen Standpunkte der Forschung nicht so sehr ihm, als bereits den Dichtern jener kleineren Lieder und Epen zu Gute, aus deren Verschmelzung und Umarbeitung jene beiden großen Schöpfungen hervorgegangen sind.

Zum Andern aber kann — um wenigstens so weit denn doch in diese Frage einzutreten — auch der absolute Werth einer Theorie, welche den großartigen dichterischen Geisteserzeugnissen der Griechen in einem solchen Maße gerecht wird, auf jeden Fall nur ein sehr bedeutender sein, und wenn auch Niemand in unseren Tagen mehr das Urtheil Lessings²) unterschreiben wird, daß sie eben so unfehlbar sei wie die Elemente des Euklid, so dürfte demselben doch die Wahrheit nicht abzusprechen sein, daß der weitere Fortschritt der poetischen und wissenschaftlichen³) Entwicklung sie nicht so sehr in ihren Fundamenten erschüttert, als vielmehr nur modificirt, ergänzt und gewisse von ihr zu enge gezogene Schranken erweitert hat⁴). Sie verdankt diese ihre Stärke nicht zum geringsten Theile

---

¹) a. a. O. St. 48 f. S. 204 ff.
²) a. a. O. St. 101—104. S. 420.
³) Vgl. Anm. 87.
⁴) Was Rassow, Ueber die Beurtheilung des Homerischen

der umsichtigen Beobachtung, mit welcher ihr Urheber die Sache stets von allen ihren verschiedenen Seiten zu fassen sucht und bald die eine und dann wieder die andere hervorkehrt, wodurch denn nicht selten der Schein von Widersprüchen entsteht. Gleich jene beiden Stellen über den Euripides und über den Agathon geben hiervon ein Beispiel, andere sind in den Anmerkungen von mir hervorgehoben¹). Daß aber freilich überall diese verschiedenen Seiten zu einer völlig befriedigenden Ausgleichung mit einander gelangt wären, soll damit nicht behauptet sein. Wie weit die Naturtreue und das Festhalten an der Wirklichkeit und historischen oder sagenhaften Ueberlieferung der Idealifirung und Verallgemeinerung aufgeopfert werden darf, ja muß, dafür finden sich z. B. Antworten, die zum Theil ganz, zum Theil wenigstens für den ersten Anlauf genügen mögen (c. 9. §. 1—9. c. 13. §. 2. (4. Herm.) c. 14. §. 5 f. c. 15. §. 8. c. 25. §. 6. 17 f.), aber wie weit andererseits auch wieder die Idealität jenen anderen Anforderungen gegenüber beschränkt werden muß, ist höchstens an Beispielen erläutert, nicht aber zu allgemeinen Sätzen erhoben (c. 25. §. 6 ff. = §. 12—15 Herm.).

Dieser hohen absoluten Bedeutung der aristotelischen Poetik entspricht nun auch ihre große zwar nicht sowohl im Alterthum und Mittelalter als vielmehr in der Neuzeit ausgeübte geschichtliche Wirkung, obwohl ein Theil derselben nach dem oben Bemerkten nicht auf eine richtige Auffassung von ihr, sondern lediglich auf Mißverständnisse sich gründet. Wenn Timokles, ein Dichter der mittlern Komödie und mithin Zeitgenosse des Aristoteles, sich, wie schon Robortelli hervorhob, ganz ähnlich wie er über die Wirkung der Tragödie äußert²), so mag es freilich wahrscheinlicher sein, daß er sich diese seine Ansicht selbständig gebildet hat. Nicht ohne Wahr-

---

Epos bei Plato und Aristoteles, Stettin 1850. 4., der im Uebrigen eben so urtheilt, S. 36—40 an der Auffassung des Epos auszusetzen hat, ist an sich wohl begründet, wir können aber nicht sicher wissen, wie weit hieran wirklich Aristoteles selbst und nicht die vielleicht (s. o. S. 15 f.) in c. 24 anzunehmende Unvollständigkeit unseres Textes Schuld ist.

¹) S. bes. Anm. 14. 24. 43. 76. 120. 190. 194. 207. 274. 292. 319. 358. vgl. auch 359.
²) Bei Athen. VI. p. 223 b. Meineke, Fragmm. comic. Gr. III. S. 592 f.

scheinlichkeit hat dagegen Bernays¹) vermuthet, daß die Lehren der Poetik über die komische Dichtung bei dem ausgeprägten Gegensatz, in welchem dieselben zu der alten attischen Komödie stehen²), von einem gewissen mitbestimmenden Einfluß auf die Entwicklung der neuen gewesen sind, und daß namentlich Menandros, der Hauptdichter der letzteren, als Schüler des Theophrastos, sich vorzugsweise auch an der Poetik des Aristoteles gebildet, zum klaren Bewußtsein über seine Kunst erhoben und so, in der festen Ueberzeugung dem Wesen der Sache selber nachzugehen, „sicheren Schrittes den Weg weiter verfolgt hat, auf welchen die tastenden Versuche der mittleren Komödie sich nur durch den Zwang äußerer politischer Verhältnisse hatten drängen lassen." Ob dagegen Horatius in seinem Gedichte über die Dichtkunst irgendwie aus unserer Schrift geschöpft hat, ist sehr zweifelhaft³). Wohl aber zeigt Plutarchos in seiner Abhandlung über die Lectüre der Dichter (πῶς δεῖ τὸν νέον ποιημάτων ἀκούειν), wenn nicht Alles trügt, mehrfach mit ihr Bekanntschaft⁴). Eine Berücksichtigung der Lehre des Aristoteles von den vier qualitativen Theilen, welche der Tragödie mit dem Epos gemein sind, nahm ferner nach Welckers⁵) sehr wahrscheinlicher Vermuthung die alte Biographie des Sophokles⁶) aus ihrer Quelle hinüber⁷).

---

¹) Rhein. Mus. N. F. VIII. S. 572 f.
²) S. Anm. 38. 49. 90. 361. 362. 364. 380.
³) Man vgl. hierüber die umsichtige Erörterung von Ad. Michaelis, De auctoribus quos Horatius in libro de arte poetica secutus esse videatur. Kiel 1857. 4. S. 21—31. Unter den sehr wenigen Stellen, welche nach ihr als möglicherweise aus Aristoteles geflossen übrig bleiben, befindet sich obendrein noch eine (V. 148 f.), bei welcher Michaelis zu diesem Ergebniß nur durch eine entschiedene Mißdeutung der angeblich entsprechenden Stelle des Aristoteles (c. 24. §. 7) gelangt.
⁴) Vgl. c. 2. τὰ δ' Ἐμπεδοκλέους ἔπη κ. τ. λ. und c. 3 Anf. mit Poet. c. 1. §. 8 und c. 9. §. 7—9, ferner c. 3 mit Poet. c. 4. §. 3 ff. Auch in c. 2. ἀλλ' ὥσπερ ἐν γραφαῖς κ. τ. λ. ist wohl eine Reminiscenz an Poet. c. 6. §. 15 zu erkennen, bei welcher Plutarchos jedoch den Gedanken des Aristoteles fast geradezu umkehrt. Uebrigens vgl. Ed. Müller a. a. O. II. S. 208 ff.
⁵) Griech. Trag. I. S. 87 f.
⁶) Westermann, Βιογράφοι S. 131.
⁷) Daß dagegen die von Robortelli zuerst herausgegebene alte Biographie des Aeschylos S. 122 f. Westerm. nicht zu der aristotelischen Poetik in Beziehung steht, darüber s. Hermann, Non videri

34 Einleitung.

Auch die in den Text eingedrungenen Randbemerkungen und sonstigen Einschiebsel zeugen von einiger Lectüre der Schrift, und dazu kommen dann endlich noch die späteren, größtentheils oben bereits angeführten Spuren ihrer unmittelbaren und mittelbaren Benutzung. Zu diesen gehört ferner noch, daß die 156. der pseudoaristotelischen Wundergeschichten fast wörtlich aus c. 9. §. 12 abgeschrieben ist [1]), und daß in den sogenannten Auszügen aus Longinus [2]) c. 22. §. 2 angeführt wird. Immer weniger scheint sie indessen, wie schon bemerkt, im Verlaufe der nachchristlichen Jahrhunderte im Alterthum gelesen zu sein [3]). Vollends im Mittelalter

---

Aeschylum Ἰλίου πέρσιν scripsisse, Leipzig 1841. 4. S. 8 gegen Welcker im Rhein. Mus. 1837. S. 494, vgl. Westermanns Annm. S. 123. Wie weit aber Philodemos περὶ ποιημάτων etwa von ihr abhängt, bleibt noch zu untersuchen.

1) Dazu ist zu bemerken, daß die Abschnitte 152—178 Bekk. dieser Sammlung erst in viel späterer Zeit dem Uebrigen hinzugefügt sind, s. Westermann Παραδοξογράφοι, Braunschweig 1839. 8. Praef. S. IV. XXVI. Rose Aristot. pseudepigr. S. 280. H. Schrader Ueber die Quellen der pseudoaristotelischen Schrift περὶ θαυμασίων ἀκουσμάτων, Jahns Jahrb. XCVII. 1868. S. 217 f.

2) Excerpta Longini ed. Bake p. 169: ὅτι ὁ Ἀριστοτέλης τοὺς πάντα μεταφέροντας αἰνίγματα γράφειν ἔλεγεν, διὸ λέγει Λογγῖνος σπανίως κεχρῆσθαι καὶ τούτῳ τῷ εἴδει.

3) In den Homerscholien werden mehrfach dieselben Lösungen berücksichtigt, die sich c. 25 finden, theils mit, theils ohne Nennung des Aristoteles. Aber in allen diesen Fällen ist doch theils nicht sowohl die Poetik dabei benutzt als vielmehr die homerischen Fragen (ἀπορήματα Ὁμηρικά), theils schwerlich überhaupt Aristoteles, sondern ein Anderer, der dieselbe Lösung gegeben hatte. Letzteres gilt von der Diple des Aristarchos zu Il. I, 50, die Aristonikos durch ὅτι οὐκ ὀρθῶς τινες οὐρῆας τοὺς φύλακας erklärt (s. Poet. a. O. §. 9), Ersteres von Schol. B zu Il. IX, 203 οἱ μὲν ἀπὸ τῆς λέξεως λύουσι· τὸ γὰρ ζωρότερον τάχιον (s. ebend.) und von Schol. B (Porphyrios) zu Il. X, 153 (s. ebend. §. 7 = §. 14 Herm.), vgl. Rose a. a. O. S. 164 f. (Fr. 143), da Porphyrios (Schol. B z. b. St.) ausdrücklich zu Il. X, 252 nicht auf Poet. a. a. O. §. 13, sondern auf die homerischen Fragen verweist, s. d. Anm. 321[b] hinter dem Text. Endlich findet sich noch ein Citat der Poetik, welches wohl nur auf einem Irrthum beruht, s. Fr. 13 und die krit. Anm. zu demselben. "Bei Eustath. Od. p. 1873, 28 verräth sich eine gewisse Aehnlichkeit mit Poet. c. 16. §. 3, allein abgesehen davon, daß dieses Werk nicht bezeichnet wird, scheint die Anführung eher aus den homerischen Problemen geflossen. Die Glosse bei Harpokrat. und Phot. Ζεῦξι-

fand sie, auch nachdem sie durch die arabische Uebersetzung aus dem Jahre 935 und die abkürzende arabische Paraphrase des Ibn Roschd (Averroes) im Abendlande bekannt geworden war, wenig Beachtung. Desto größer aber war die Bewunderung und der Einfluß, welche ihr seit dem Ende des 15. Jahrhunderts erwuchsen, nur daß freilich das richtige Verständniß mit ihnen nicht gleichen Schritt hielt. Dies gilt namentlich von den Franzosen und der vermeintlichen strengen Befolgung der Regeln des Aristoteles in ihrer sogenannten classischen Tragödie[1]), so daß Lessing mit dem glänzendsten Erfolge gerade den wahren Aristoteles gegen diese zu Hülfe rufen konnte, als er es in seiner Hamburgischen Dramaturgie siegreich unternahm, einem richtigeren Kunstgeschmacke auf dem Gebiete des Trauerspiels und damit den großen Schöpfungen unserer modernen Litteratur auf demselben die Wege zu bahnen. Er begründete so zugleich ein tiefer gehendes Eindringen in unsere Schrift, die denn auch von den nachfolgenden Heroen dieser Litteratur, von Herder, Göthe und Schiller, auf das Eifrigste studirt und besprochen wurde[2]) und so auch auf die weitere Fortentwicklung von ihr eingreifend und befruchtend gewirkt hat, um von den Anregungen ganz zu schweigen, welche die großen eigentlichen Theoretiker der Aesthetik in der Neuzeit, wie Solger, Hegel und Vischer, durch jenen ihren alten Vorgänger erfahren haben.

So bahnbrechend indessen diese Studien für die richtige Auslegung und Würdigung des Buches auch gewesen sind, so fehlt doch viel daran, daß dieselbe durch sie irgendwo zum Abschlusse hätte gedeihen können[3]). Diese Aufgabe mußte zumal bei dem Zustande

---

Ἀριστοτέλης κατὰ τὸν Ἰσοκράτους χρόνον ζωγράφος ließe sich nur auf Poet. c. 6. §. 11. c. 25. §. 17 beziehen, aber weit eher ist glaublich, daß mit Vahl ἄριστος zu schreiben ist". (Heiß a. a. O. S. 91 f.)

[1]) Zu den französischen Auslegern der Poetik gehört auch der berühmte Tragiker Corneille in seinem Discours de l'utilité et des parties du poëme dramatique in Théâtre de Paris P. I., Paris 1689. 12., dem der unbefangnere Dacier vielfach entgegentritt. Außerdem ist Batteux, Les quatre Poëtiques d'Aristote, d'Horace, de Vida, de Despreaux, avec les traductions et des remarques, Paris 1771. 8. Vol. II. zu nennen.

[2]) Von Göthe und Schiller mehrfach im 3. Bde. ihres Briefwechsels, vgl. über sie und die beiden Schlegel in dieser Hinsicht auch Ed. Müller a. a. O. II. S. 391 f.

[3]) Ein Gleiches gilt von von Raumers Abh. Ueber die Poetik

des überlieferten Textes der modernen classischen Philologie verbleiben, und diese hat sie denn in der That Schritt für Schritt, ihrer Lösung näher geführt, wenn auch Manches wohl stets streitig und zweifelhaft bleiben wird. Jede Stelle der Schrift, welche Lessing besprochen hat, ist durch ihn dem vollen Verständniß um ein Bedeutendes näher gerückt, aber es giebt auch keine von ihnen, in der er nicht Falsches mit Wahrem vermischt hätte. Es gilt dies namentlich auch von einer besonders wichtigen Frage, in welcher Göthe mit richtigem Instinct seinen Schlußergebnissen entgegentrat, aber dabei in das entgegengesetzte Extrem verfiel, zum Mindesten Das, was der ihm an philologischer Bildung unendlich überlegene Lessing wirklich Richtiges geleistet hatte, unmittelbar nicht im Geringsten weiter gefördert hat. Es ist dies die seitdem noch viel verhandelte Frage, was sich Aristoteles unter der Reinigung (Katharsis) von Furcht und Mitleid durch Furcht und Mitleid gedacht hat, welche er als die eigenthümliche Wirkung der Tragödie (und des Eros) bezeichnet — eine Frage, deren Beantwortung jetzt uns überlassen bleibt, da wir, wie oben gezeigt worden, die von Aristoteles selbst gegebene Antwort nicht mehr besitzen[1]).

Daß die Tragödie in ihren Zuschauern und Lesern Furcht und Mitleid errege, behandelt schon Platon (Phädr. p. 268 C. D.) als eine keineswegs von ihm zuerst entdeckte, sondern völlig triviale und allgemein bekannte Sache[2]), und auch der aus Wonne und Weh gemischte Eindruck, welchen sie dadurch macht, ist ihm nicht entgangen (Phileb. p. 48 A.). Allein jede Freude, die mit Schmerz gemischt ist, gilt ihm ohne Einschränkung für die unvollkommenere, und nun vollends gar diese Wonne der Mitleidsthränen, diese Freude am Trauern und Klagen selber, diese lebhafte Erregung des Mitleids durch die Tragödie erscheint ihm als die dringendste sittliche Gefahr einer Verweichlichung des Gemüthes, einer Störung ver-

---

des Aristoteles und ihr Verhältniß zu den neueren Dramatikern, in den Abhh. der Berl. Akad. 1828. S. 113—187, die man heutzutage ohne Nachtheil für das Verständniß des Buches ungelesen lassen kann.

[1]) Die beste historisch-kritische Uebersicht sämmtlicher Beantwortungsversuche von den ältesten Zeiten bis auf diesen Augenblick giebt Reinkens a. a. O. S. 78 ff. Ich beschränke mich im Folgenden auf die allerwichtigsten.

[2]) Vgl. Bernays Grundzüge S. 179 f.

nünftiger männlicher Ruhe, Festigkeit und Standhaftigkeit der Seele (Staat X. p. 604 ff.). Gerade dies ist daher neben den Bedenken, welche er gegen die dramatische und schauspielerische Darstellung als solche hat (Staat III. p. 393 ff.), der Grund, weßhalb er die Tragödie, von der dies Alles in höherem Grade als vom Epos gilt, auch in noch stärkerem Maße angreift[1]). Man wird sich unter diesen Umständen des Gedankens kaum erwehren können, daß auch in Bezug auf die Wirkung dieser beiden Dichtarten die Lehre des Aristoteles einen bewußten und beabsichtigten Gegensatz gegen die des Platon bildet, indem nach der ersteren die Erregung von Furcht und Mitleid nur die nächste Folge ist, welche sofort weiterhin das Mittel zur Reinigung von beiden wird. Schon die ältesten Ausleger, wie z. B. Vettori[2]) und Castelvetro[3]), waren dieser Ansicht. Dann aber läßt sich auch die Folgerung nicht abweisen, daß diese Wirkung nach Aristoteles' Auffassung eine solche ist, welche, wenn auch vielleicht noch so indirect, auch das sittliche Leben wohlthätig berührt oder doch mindestens ganz unschädlich für dasselbe ist. Freilich wäre auch noch die Annahme[4]) möglich, daß diese Wirkung der Tragödie nach ihm nicht die einzige sei, sondern neben derselben noch eine geradezu sittlich bildende hergehe. Allein wenn Aristoteles doch in die Wesensbestimmung der Tragödie (c. 6. §. 2.) nur die erstere aufnahm, so muß er zum Mindesten sie allein für die wirklich wesentliche gehalten haben, und wenn ferner die Poetik auch nicht der ethischen, sondern rein der ästhetischen Betrachtung gewidmet ist, so hätte doch Aristoteles deßhalb immer noch Gelegenheit gehabt, beiläufig auch nach dieser Richtung hin seinen Gegensatz gegen Platon auszusprechen, und er würde sich dieselbe bei seinem stets beobachteten Verfahren, seine Stellung zu demselben in allen Punkten klar zu bezeichnen, auch schwerlich haben entgehen lassen, wenn es in dieser Hinsicht wirklich so mit ihm gestanden hätte. Und in diesem Sinne hat denn auch schon der früheste Ausleger der Poetik, Robortelli[5]), eine mora-

---

[1]) S. darüber Ed. Müller a. a. O. I. S. 91—100. Susemihl, Plat. Phil. II. S. 125 ff. 156 f.
[2]) a. a. O. S. 56.
[3]) a. a. O. S. 116 f.
[4]) Von Ueberweg in Fichtes Zeitschr. N. F. XXXVI. S. 284—291.
[5]) a. a. O. S. 53, vgl. Spengel, Ueb. die κάθαρσις S. 29 f. Anm.

lisch-ästhetische Erklärung der tragischen Katharsis gegeben, welche nicht bloß zu der Lessings, sondern zugleich auch schon zu der von Ed. Müller und von Bernays die Keime enthält. Furcht und Mitleid werden nach ihm durch die Tragödie gereinigt, indem dieselbe 1) durch Erregung dieser Affecte uns an dieselben gewöhnt und dadurch bewirkt, daß die Ereignisse des Lebens, welche dieselben uns einzuflößen pflegen, als etwas minder Ungewohntes auf uns eindringen und sie eben dadurch in minderer Heftigkeit erwecken; indem sie ferner 2) denselben größere und würdigere Gegenstände, als sie das gemeine Leben darzubieten pflegt, und dadurch eine edlere und höhere Richtung giebt; und vornehmlich 3) indem die Schwere des Leides, welches die Helden der Tragödie trifft, uns lebendig die Hinfälligkeit aller menschlichen Dinge vor die Seele führt und unser eignes Leid klein und geringfügig erscheinen läßt, so daß wir für dasselbe in diesem allgemeinen Menschenloose einen Trost finden.

Mit Uebergehung der sonstigen früheren und mehrerer späterer Erklärungen wenden wir uns jetzt der von Lessing[1]) zu, welcher zuerst eine Methode in diese Untersuchung gebracht hat, indem er erkannte, daß vor allen Dingen erst die Frage, was Aristoteles denn unter Furcht und Mitleid selber verstehe, zu beantworten sei. Furcht nun ist nach Rhet. II, 5. 8. ein Schmerzgefühl oder eine Unlustempfindung, welche durch die Vorstellung von bedeutenden, uns selbst oder einem der uns am Nächsten Angehenden nahe bevorstehenden Uebeln, Mitleid eine solche, welche durch die unmittelbare Wahrnehmung gegenwärtiger und augenfälliger, großer und unverdienter Leiden Anderer, uns ferner Stehender in uns hervorgerufen wird, und zwar solcher Leiden, welche man auch für sich selbst oder einen seiner Nächstbefreundeten sich möglich denkt und leicht könnte zu befürchten haben. Um den Unglücklichen zu bemitleiden, müssen wir lebhaft uns selber in seine oder eine ähnliche Lage versetzen können, auch im Mitleid ist also ein gewisses selbstsüchtiges Gefühl, und die Furcht ist gewissermaßen eine Ingredienz desselben, aber nicht umgekehrt; vielmehr ein allzu hoher Grad von Furcht beschäftigt uns zu sehr mit uns selbst und läßt so dem Mitleid für Andere keinen Raum (ebend. c. 8. §. 6. p. 1385^b, 33 ff.) Aber

---

[1]) a. a. O. St. 74—78. S. 310—330 St. 80. S. 345.

dennoch stehen beide Affecte in Wechselbeziehung: gerade Das, was wir an Andern bemitleiden, erregt, wenn es uns selber oder einem der Unseren droht, Furcht, und umgekehrt was uns Furcht für uns, Das, wenn es Andere trifft, Mitleid (ebend. c. 5. §. 12. p. 1382^b, 26 ff. c. 8. §. 13. p. 1386^a, 26 ff.). Furcht ist das auf uns selbst bezogene Mitleid, Mitleid die auf Andere bezogene Furcht. Aber auch Das, was wir fürchterlich, entsetzlich, gräßlich, schrecklich, schauderhaft, empörend nennen, tödtet als ein stärkeres Gefühl das Mitleid; wo ein solches von Jemand begangen wird, da gilt dies Gefühl dem Thäter und drängt das weichere Mitleid mit seinem Opfer zurück (s. Rhet. II., 8. §. 12. p. 1386^a, 17 ff. Poet. c. 14. §. 7—9 — §. 16—19 Herm. vgl. m. c. 13. §. 2). Durch diese Wechselbeziehungen sind der Tragödie, so folgert hieraus Lessing mit Recht, die Grenzen gesteckt, innerhalb welcher sie sich zu bewegen hat, wenn sie wirklich das ihr eigenthümliche Ziel erreichen, wenn sie nicht Schrecken und Entsetzen, sondern bloß Furcht, und nicht Furcht allein, sondern auch Mitleid hervorrufen will. Dies findet denn auch in den eignen, seitdem entdeckten Worten des Aristoteles, den einzigen, welche uns aus jener längeren Auseinandersetzung desselben über diesen Gegenstand erhalten sind, seine Bestätigung, indem sie dahin lauten, daß die Tragödie ein Ebenmaß der Furcht, ohne Zweifel nämlich mit dem Mitleid, verlangt (Fragm. 2). Und nur das Eine muß man Lessing entgegenhalten, daß hiemit sich noch durchaus nicht erklärt, inwiefern denn dem Zuviel auch des Mitleids vorgebeugt ist. Durch welche Mittel die Tragödie und das Epos beide Affecte vereint zu erregen haben, lehrt aber Aristoteles selbst c. 13. 14, und daß dies der Tragödie dabei in höherem Maße erreichbar ist, davon erblickte er, wie Lessing aus Rhet. II, 8. §. 14. p. 1386^a, 28—34 nachweist[1]), den Grund in

---

[1]) Wenn Lessing a. a. O. St. 77. S. 323 f. diesen Nachweis auch aus der Definition der Tragödie selbst c. 6. §. 2 zu führen sucht, so zieht er hierin seine Folgerungen in Wahrheit vielmehr aus einer unrichtigen Lesart, nämlich einem im Vulgattext wider die Handschriften vor δι' ἐλέου eingeschobenen ἀλλά, welches jetzt mit Recht längst wieder getilgt ist. Wegen des von ihm und Aelteren begangenen Fehlers, von dem sich Robortelli frei gehalten hatte, als Gegenstand der tragischen Katharsis nicht bloß Furcht und Mitleid, sondern auch alle ihnen verwandten Affecte zu bezeichnen (St. 77. S. 325 f.), s. ferner Bernays Grundzüge S. 151 ff. 196 f.

der nicht erzählenden, sondern dramatischen Darstellungsweise, zumal in deren Steigerung durch die theatralische Aufführung. So halten denn nun die tragische Furcht und das tragische Mitleid die richtige Mitte zwischen dem Zuviel und dem Zuwenig, in welcher nach Aristoteles alle Tugend liegt, und die Reinigung der gemeinen gleichnamigen Affecte durch sie soll daher nach Lessing darin bestehen, daß durch die Einwirkung von ihnen auf die ersteren auch diese selbst von beiderlei Extremen frei gemacht und dadurch aus Affecten in tugendhafte Fertigkeiten umgewandelt werden, daß der Furchtsame und übertrieben Weichherzige einerseits sich stählen und der Uebermüthige und Hartherzige andererseits Furcht und Mitleid überhaupt und zwar im richtigen Grade empfinden lernen.

So hätte denn also Aristoteles ganz unmittelbar an eine dauernde moralische Wirkung gedacht. Allein selbst wenn dies richtig wäre, so widerspricht es doch seinen anderweitigen Lehren, daß je Affecte selber, denen stets eine Passivität wesentlich bleibt, in active tugendhafte Fertigkeiten (ἕξις) verwandelt werden könnten, und ein richtiges mittleres Verhalten zu den Affecten, welches er allerdings als einen nothwendigen Bestandtheil der Sittlichkeit betrachtet, ist von den eigentlichen Tugenden nach seiner Lehre doch noch sehr zu unterscheiden[1]). Und mag immerhin um jenes Gegensatzes gegen Platon willen anzunehmen sein, daß die Katharsis von Furcht und Mitleid schließlich auf Anregungen zu einem solchen mittleren Verhalten gegen beide hinausläuft, so ist doch das letztere Sache der Gewöhnung, und es kann folglich erst der wiederholte Genuß recht vieler Tragödien zu ihm einen nennenswerthen Beitrag liefern, es kann dies erst die entferntere Nachwirkung und nicht die unmittelbare Wirkung jeder einzelnen sein, wie sie es doch nach der Definition c. 6. §. 2 müßte. Im Begriffe der Reinigung liegt aber überdies eigentlich nur die Wegnahme des Verkehrten, so lange man also bei der bloß quantitativen Betrachtung stehen bleibt, nur des Zuviel, und erst indirect, so fern sie hier durch Erregung geschieht, kann auch das Hinzuthun des Richtigen, die Beseitigung also des Zuwenig in Frage kommen, da diese aber eben sonach mehr als bloße Reinigung sein würde, so

---

[1]) S. hierüber Zeller a. a. O. II[b]. S. 452 ff. 485. 489 ff. 495. 508 ff.

muß hier der letztern vielmehr zunächst der Sinn der Hinwegschaffung des qualitativ Verkehrten zu Grunde liegen, und die Herstellung des richtigen mittleren Verhaltens gegen die Quantität von Furcht und Mitleid kann auch so erst eine weitere Folge sein. Dazu kommt aber noch, daß es ein seltsamer Widerspruch sein würde, wenn Aristoteles, nachdem er die künstlerische Geistesthätigkeit ausdrücklich von der sittlichen unterschieden hat, trotzdem hinterher irgend einer Kunst eine unmittelbar sittlich bessernde Kraft zugeschrieben, ja aus einer solchen höchst wesentliche Regeln für die innere Einrichtung der Tragödie entwickelt haben sollte (vgl. c. 9. §. 11 f. c. 11. §. 4. c. 13. 14). Mehrfach ist denn auch in den erhaltenen Theilen der Poetik von einem durch Tragödie und Epos hervorgebrachten, beiden im Gegensatz gegen den der Komödie eigenthümlichen, aus Furcht und Mitleid entspringenden Genuß (c. 6. §. 13. 19. c. 13. §. 8. c. 14. §. 2. c. 26. §. 7), nirgends von einem moralischen Einfluß beider ausdrücklich die Rede. Es ist wahr, Aristoteles erblickt in gewissen Arten der Kunst ein höchst wesentliches Mittel sittlicher Bildung ($\pi\alpha\iota\delta\iota\alpha$, $\mu\alpha\vartheta\eta\sigma\iota\varsigma$), aber selbst bei ihnen ist diese entferntere Wirkung nach ihm doch ausgesprochenermaßen erst durch die unmittelbare des ästhetischen Genusses vermittelt, und ausdrücklich unterscheidet er die Kunstwerke, welche in höherm Grade jene auszuüben, von denen, welche vielmehr die Katharsis von irgend einem Affecte zu vollbringen geeignet sind: für die erstere sind ruhigere, für die letztere gewaltsamere ästhetische Eindrücke vonnöthen, Pol. VIII, 5—7 (bes. c. 6, 5. p. 1341^a, 28 ff. c. 7, 4—10. p. 1341^b, 32—1342^a, 32).

Bevor nun aber diese Einwürfe von verschiedenen Seiten[1]) zum Ausdruck gelangten, hatte Göthe[2]), welcher von ihnen nur den zweiten erhebt, in historisch sehr wohl erklärlicher, aber an sich keineswegs unbedingt zu preisender und von Uebertreibung frei zu sprechender[3]) Abneigung gegen jede, auch die allerfreieste Beziehung

---

[1]) S. darüber das Genauere bei Susemihl in Jahns Jahrb. LXXXV. 1862. S. 414 f.

[2]) Nachlese zu Aristoteles' Poetik, in: Kunst und Alterthum VI, 1.

[3]) Wir müßten denn die herrlichen Erörterungen dieser Sache nach beiden Seiten hin durch Schiller für Nichts anschlagen wollen. Und selbst Lessing war, wie seine Abhandlung über die Fabel und seine Aeußerung im Laokoon VI. S. 370 zeigt, im Grunde weit

Einleitung.

der Kunst zur Sittlichkeit, eine andere, völlig sprachwidrige[1]) Auslegung versucht, von der er selber die Möglichkeit, daß sie vielmehr nur eine Unterlegung sei, gelegentlich zugegeben hat[2]). Wie vor ihm Herder, der aber in voller Unklarheit mit sich selbst zugleich die Lessingsche Erklärung im Wesentlichen festhält[3]), verlegt er die Katharsis statt in die Leser und Zuschauer vielmehr in die Personen des Trauerspiels[4]). Sie soll nach ihm die „aussöhnende Abrundung", die „Lösung" desselben bezeichnen, die doch Aristoteles selber vielmehr mit dem letzteren Namen nennt und an ganz anderer Stelle behandelt (c. 18. §. 1. 2^b. c. 15. §. 7). Und um Allem die Krone aufzusetzen, gerade die kathartische Wirkung der Musik, welche Aristoteles, wie bemerkt, in der Politik von dem sittlich bildenden Einflusse derselben auf das Schärfste unterschieden hat, führt Göthe als einen Beweis dafür an, daß Aristoteles dort der Musik allerdings eine Verwendung zu sittlichen Zwecken bei der Erziehung zugeschrieben habe. Kurz, mit einem Versuche von irgend welchem unmittelbaren wissenschaftlichen Werthe haben wir es hier nicht zu thun, und sein Erfolg besteht vielmehr in der Anregung, welche er Bernays zu seiner glänzenden Abhandlung über diesen Gegenstand gegeben hat[5]).

---

entfernt davon, der Tragödie unmittelbar einen moralisch-lehrhaften Charakter zuzuschreiben.

[1]) S. darüber bes. Ed. Müller a. a. O. II. S. 380 ff. Zeller a. a. O. II^b. S. 611 f. Anm. 4. Ueberweg a. a. O. S. 263 f. Bernays a. a. O. S. 137. 188. und schon Raumer a. a. O. S. 137 f.

[2]) Briefwechsel mit Zelter V. S. 330. 354, vgl. Bernays a.a.O. S. 187 f.

[3]) In der Adrastea, s. Ed. Müller a. a. O. II. S. 380 f. Bernays a. a. O. S. 188 f.

[4]) Es ist, als wenn Lessing auch gegen eine solche Deutung im Voraus die treffenden Bemerkungen St. 78. S. 327 f. geschrieben hätte.

[5]) Gegenschriften von Spengel, Ueb. die κάϑαρσις u. s. w. (der sich für Lessings Ansicht ausspricht) und Stahr, Aristoteles und die Wirkung der Tragödie, Berlin 1859. 8. S. ferner Bernays im Rhein. Mus. N. F. XIV. S. 367 ff. XV. S. 606 f. und Spengel, ebendas. XV. S. 458 ff. Brandis a. a. O. III^a. S. 163 ff. Zell a. a. O. S. 30 ff. Zeller a. a. O. 1. A. II. S. 550 ff. u. bes. 2. A. II^b. S. 609 ff. Geyer Studien über tragische Kunst. I. Die aristotelische Katharsis. II. Die aristotelische Theorie der Kunst überhaupt und der tragischen insbesondere. Leipzig 1860. 1861. 8.

Einleitung. 43

Von den vielen neuen Gesichtspunkten, welche bei Bernays gegenüber Lessing hervortreten, sind nun freilich die unzweifelhaft richtigen größtentheils schon vor ihm, zumal durch Ed. Müller[1]), aufgefunden und verwerthet worden. Anderes hat als eine entschiedene Uebertreibung von seinen größten Anhängern selbst anerkannt werden müssen, wie z. B. wenn er das Wort des alternden Göthe, keine Kunst vermöge auf Moral zu wirken, was dieser selbst doch ausdrücklich nicht thun zu dürfen zugab, auch auf Aristoteles dessen eigenen entgegengesetzten Erklärungen (s. o.) zum Trotz überträgt[2]). Aber eine so wirkungsvolle Zusammenstellung und Ausführung sucht man doch bei jedem Anderen vergebens.

Vor allen Dingen nun haben Müller und dann Bernays jene von Aristoteles selbst in der Politik VIII, 7, 4—10. p. 1341^b, 32 ff. in den einfachsten Grundzügen gegebene Erläuterung Dessen, was er überhaupt unter künstlerischer Katharsis verstehe, wirklich

---

(vgl. Litt. Centralbl. 1861. Nr. 5). Liepert Aristot. u. d. Zweck der Kunst, Passau 1862. 4. Meyer Aristoteles und die Kunst, Schwerin 1864. 4. Graf Yorck von Wartenburg Die Katharsis des Aristoteles und der Oedipus Coloneus des Sophokles, Berlin 1866. 4. Ueberweg Die Lehre des Aristoteles von dem Wesen und der Wirkung der Kunst, Fichtes Ztschr. f. Philos. N. F. L. 1867. S. 16 ff. (vgl. Uebers. S. 58 f. Gesch. der Phil. I. 2. A. S. 154 ff. 3. A. S. 178 ff. 4. A. S. 192 ff.). Reinkens a. a. O. S. 135 ff. 211 ff. und die kritischen Uebersichten über diesen Streit von Ueberweg a. a. O. XXXVI. S. 260 ff., Susemihl a. a. O. LXXXV. S. 395 ff. XCV. S. 221 ff. 644 ff. und Döring, Philologus XXI. S. 496 ff. XXVII. S. 689 ff. Ueberweg, Liepert, Döring, Yorck schließen sich mit verschiednen Modificationen an Bernays an, Meyer an Spengel. Eine der Bernaysschen Erklärung verwandte, aber doch vielfach von ihr abweichende und in dieser Form unhaltbare Deutung hatte schon früher Weil, Ueber die Wirkung der Tragödie nach Aristoteles, in den Verhandlungen der 10. Philologenversammlung, Basel 1848. 4. S. 131 ff. versucht.

[1]) a. a. O. II. S. 53—72. 385 ff., vgl. Susemihl a. a. O. LXXXV. S. 398. 399. 401. 406. 408. 410. 412 f. und Müllers erneute Darlegung und Vertheidigung seiner Auffassung Bernays gegenüber Jahns Jahrb. CI. 1870. S. 402 ff. Vgl. auch schon Böckh, Kleine Schriften I. S. 130.

[2]) S. dagegen die ihm, wie gesagt, in der Auffassung der Katharsis selbst sich mehr oder weniger nahe stellenden Ueberweg a. a. O. S. 284 ff. und Döring a. a. O. XXI. S. 518 ff. und wegen anderer Punkte dieser Art Ueberweg a. a. O. S. 265 f. 268 f. 270. 271 f. 272.

benutzt und der Untersuchung, was er sonach speciell unter der tragischen Katharsis verstanden hat, zu Grunde gelegt, und Bernays hat unwiderleglich gezeigt, daß Katharsis in diesem ästhetischen Sinne ein erst von Aristoteles gefundener und festgestellter Begriff ist. Und zwar gewinnt derselbe ihn durch analogische Erweiterung einer uns sehr fern liegenden, dagegen seinen Landsleuten überaus geläufigen Erfahrungsthatsache, nämlich eines uralten priesterlichen homöopathischen Heilverfahrens, welches mit Leuten, die an eigenthümlichen ekstatischen Zuständen, nämlich der von den Griechen Korybantentaumel (κορυβαντιασμός) oder „bakchische Raserei" genannten Gemüthskrankheit litten, vorgenommen wurde, indem man ihnen gewisse bestimmte rein instrumentale Flötenmelodien, als deren Urheber Olympos, die sagenhafte Personification der ältsten, unter phrygischem Einfluß vor sich gehenden künstlerischen Ausbildung der bloß instrumentalen Flötenmusik (Auletik), angesehen ward [1]), und die selber von ekstatisch-aufregendem Charakter waren, vorspielte und ihnen gerade dadurch eine augenblickliche, palliative Linderung brachte [2]). Wahrscheinlich [3]) nannte man dies schon lange vor Aristoteles „die Katharsis der korybantisch Verzückten", bei welcher Bezeichnung denn die beiden specielleren Bedeutungen, welche das Wort Katharsis eben so wie unser deutsches „Reinigung" hat, nämlich die ärztliche und die priesterliche, die medicinische und die religiöse, zusammenflossen [4]), zugleich aber dem

---

[1]) Vgl. Aristoteles selbst a. a. O. c. 5. §. 5. p. 1340ᵃ, 9 ff. Plat. Gastm. 215. C. Bernays Grundz. S. 141. 159. Rhein. Mus. XIV. S. 372 f.

[2]) Eben denselben Gegenstand bespricht ausführlich Plat. Ges. VII. 790 C—791 B, so aber, daß Bernays Grundz. S. 189 mit Recht bemerkt, er habe das nämliche psychologische Problem mechanisch, Aristoteles dynamisch behandelt.

[3]) Wie Zell a. a. O. S. 64 ff. vgl. S. 47. 52, freilich mit unzureichenden Gründen, annimmt. Aber Ed. Müller Jahns Jahrb. Cl. S. 406 beruft sich hiefür mit Recht auf Hesych. κορυβαντισμός· κάθαρσις μανίας· und darauf, daß in den Scholien zu Aristoph. Wesp. 117 in Bezug auf den Versuch des Bdelykleon seinen am Richterwahnsinn leidenden Vater durch die Betäubungsmittel der korybantischen Weihen zu heilen bemerkt wird, diese würden in Anwendung gebracht ἐπὶ καθαρμῷ τῆς μανίας.

[4]) Denn daß diese Art von Gemüthskranken, was Döring, Philologus XXI. S. 523 bestreitet, auch als befleckt im religiösen Sinne angesehen wurde, ergibt sich, wie ich in Jahns Jahrb. XCV.

Aristoteles für seine ästhetische Anwendung der Keim gegeben war. Ohne Zweifel jedoch war für diesen, so weit es sich dabei nicht bloß um den Ausdruck, sondern um die durch ihn zu bezeichnende Sache handelt, die medicinische Seite derselben die allein wichtige, und selbst der Ausdruck war nicht bloß schon vor ihm, wie gesagt, ein medicinisches Kunstwort für die Reinigung des Körpers von ungesunden Säften, sondern da das gewöhnliche Heilverfahren ein homöopathisches war, so pflegte man ohne Zweifel auch bei diesem Ausdruck, obwohl es an sich nicht in ihm lag, vorwiegend hieran mit zu denken[1]), und eben diese Analogie mit jener musikalischen Behandlung ekstatischer Seelenkrankheit ist es gerade erst, was den ganzen Gedankengang des Aristoteles leitet. Er selbst sagt, daß in diesem Falle die Katharsis gleichsam eine förmliche ärztliche Cur ist[2]). Was nun aber von der Ekstase (Verzückung) als dem Uraffect ohne bestimmten Gegenstand gilt, das muß, meint er, auch bei allen anderen, bestimmteren Affecten, die alle, wie Bernays erläuternd hinzufügt, etwas Ekstatisches, den Menschen außer sich

---

S. 234 bemerkt habe, aus Pauf. VIII, 18, 3. Apollod. II, 2, 2. III, 5, 1. (vgl. Plat. Ges. II. 672 B), und es ist mithin kein Grund, weßhalb ich an der obigen Behauptung, wie sie schon in der 1. A. steht, darum Etwas ändern sollte, weil es Döring, Philologus XXVII. S. 693 gefällt sie trotzdem „ex edicto praetoris" als höchst gewagt zu bezeichnen.

[1]) Mit Unrecht habe ich dies Jahns Jahrb. LXXXV. S. 404 f. verkannt. Richtig erläutert Galenos (in Progn. und in Aphor. T. V. p. 138. 221. Bas. T. XVIII, 2. p. 134—135. XVII, 2. p. 358 Kühn) die Sache dahin, daß nach der Lehre der hippokrateischen Schriften der Arzt nur auf die Entleerung (κένωσις) des Leibes von den belästigenden (λυποῦντα) Flüssigkeiten hinzuarbeiten und in diesem Sinne dem schon von der Natur angebahnten Heilverfahren nachzuhelfen habe; bestehen nun dieselben bloß im Uebermaß der gesunden, so heiße dies Entleerung im engern Sinne, wenn aber das Ueberflüssige an sich dem Organismus fremd (und mithin ihn verunreinigend), also schon durch seine Qualität als solche ganz abgesehen von seiner Quantität hindernder und störender Ueberfluß ist, Reinigung: κάθαρσις δὲ ἐστιν ἡ τῶν λυπούντων κατὰ ποιότητα κένωσις. Vgl. Reinkens a.a.O. S. 151 f. Auch der ferner (s. Anm. 2) von Aristoteles gebrauchte Ausdruck καθίστασθαι („genesen") ist ein medicinischer, und eben so weiter unten, wie im Deutschen, die „Erleichterung" (κουφίζεσθαι), s. Döring, Philologus XXVII. S. 718. 719. Reinkens a. a. O. S. 146.

[2]) καθίστασθαι ὥσπερ ἰατρείας τυχόντας καὶ καθάρσεως. Für καί, so sehr es Bernays, Ueberweg, Döring, Reinkens vertheidigen, ist τῆς zu schreiben.

Setzendes und des klaren Bewußtseins Beraubendes an sich tragen, sein Analogon haben, für jeden derselben muß es eine bestimmte Art von Katharsis geben durch andere Mittel der schönen Kunst, wobei Aristoteles denn Furcht und Mitleid im Besonderen als Beispiele anführt, also bereits auf die Tragödie und das Epos hinblickt, welche für diese beiden eben dies Mittel sei es nun das alleinige oder doch das hauptsächliche¹) sind. Jedes dieser Mittel äußert nun aber, so meint er weiter, nicht bloß auf Diejenigen seine Wirkung, welche zu einem Uebermaße des betreffenden Affectes von Natur hinneigen, sondern auch auf jeden andern Menschen, denn jeder hat von jedem Affecte sein natürlich Theil, und dies genügt für die betreffende Wirkung. Diese selbst aber besteht darin, daß so in Bezug auf den jedesmal in Betracht kommenden Affect dem Gemüthe „eine mit Lust verbundene Erleichterung zu Theil wird," und diese Lust ist eine schlechterdings „unschädliche Freude."

Ferner ist zu bemerken, daß der in der Definition der Tragödie (Poet. c. 6. §. 2) gebrauchte Ausdruck „Reinigung von Affecten" (κάθαρσις παθημάτων) grammatisch sowohl die Reinigung dieser Affecte von dem Trübenden, Störenden, Belästigenden, welches ihnen anklebt, als auch die Reinigung des Menschen, der mit diesen Affecten behaftet ist (des παθητικός), von eben diesen letzteren bezeichnen kann²), und da es auch in der Politik an der betreffenden Stelle keineswegs heißt, daß die von Verzückung oder sonst einem Affect ergriffenen Gemüther durch die Verzückung erregenden Melodien und die sonstigen den entsprechenden Affect hervorrufenden Kunstwerke gereinigt würden, sondern nur, daß ihnen durch diese Mittel eine Reinigung zu Theil werde, so ist auch dort die Möglichkeit keineswegs von vorn herein ausgeschlossen sich als den zu reinigenden Gegenstand den jedesmaligen Affect zu denken und den diesen bezeichnenden Genetiv im Gedanken zu ergänzen³).

---

¹) Denn möglich ist es ja, daß Aristoteles auch eine furcht- und mitleiderregende Musik annahm.

²) Vgl. z. B. einerseits τῶν τῆς ψυχῆς καθάρσεων Plat. Soph. 227C, andrerseits κάθαρσις ἡδονῶν καὶ φόβων καὶ λυπῶν Plat. Phäd. 69C. Doch ist die letztere Construction bei Weitem die seltnere, gerade so wie entsprechend bei dem Verbum καθαίρειν in der Prosa fast stets der zu reinigende Gegenstand (z. B. σῶμα καθαίρειν), nicht der durch die Reinigung hinwegzuschaffende als Objectsaccusativ steht.

³) Wie Ed. Müller, Jahns Jahrb. Cl. S. 403 mit Recht

Für diese erstere Möglichkeit erklärt sich nun mit den Früheren auch Ed. Müller[1]), indem auch er mit Recht zwischen dem durch das Kunstwerk zu erregenden Affect, durch den die Reinigung vollbracht werden soll, in Bezug auf die Tragödie also der tragischen Furcht und dem tragischen Mitleid, von dem gleichnamigen, bereits im Gemüthe vorhandenen und zum Genusse des Kunstwerks mitgebrachten Affect, auf welchen vielmehr die Reinigung gerichtet ist, also dem gemeinen Mitleid, der gemeinen Furcht u. s. w., unterscheidet, sodann aber demzufolge in der Ueberwältigung und Dämpfung dieser innern Erregungen durch jene analogen äußeren oder wenigstens von außen kommenden, in der homöopathischen Ausscheidung alles das Gemüth Bedrückenden und Beklemmenden, welches die letztern an sich tragen, mit andern Worten aller Unlust aus denselben durch die Einwirkung der ersteren und somit in einer, wie Aristoteles selbst c. 14. §. 3 (s. u.) sagt, Lust aus Unlustempfindungen schaffenden eigenthümlichen Erleichterung des gepreßten Gemüths das Wesen der ästhetischen Katharsis im Sinne des Aristoteles findet[2]). Es genügt nicht, wobei sich Weil und Bernays, wenn anders ich letzteren richtig verstehe, beruhigt haben, auf irgend eine Art auf den Affect durch den entsprechenden Affect, auf Furcht durch Furcht, Mitleid durch Mitleid, Ekstase durch Ekstase einzuwirken, sondern gleichwie bei der homöopathischen Heilung des Leibes kommt es für den rechten Erfolg auch auf die Weise, in welcher dies geschieht, auf die Qualität und Quantität der angewandten Mittel an[3]). Diesen Unterschied der durch die Kunst erweckten Affecte von den gleichnamigen des gewöhnlichen Lebens setzt nun aber Müller nach

---

bemerkt, während auch noch Reinkens a. a. O. S. 153 f. es verkannt hat.

[1]) Eben so Zeller a. a. O. II[b]. S. 616 (gegen diesen s. aber unten S. 53. Anm. [2]) und Brandis a. a. O. S. 163.

[2]) Wie hiernach Reinkens a. a. O. S. 94 die neben aller Verschiedenheit unleugbar vorhandene nahe Verwandtschaft der Müllerschen Auffassung mit der Bernaysschen bestritten kann, ist unbegreiflich. Spricht doch z. B. auch Bernays Grundz. S. 175 geradezu von einem Dämpfen der Bewegung durch Bewegung, des aufgeregten Gemüths durch ein aufgeregtes Lied.

[3]) Wie dies in demselben Sinne wie Müller, aber noch schärfer Brandis und Zeller gegen Weil und Bernays hervorgehoben haben.

Aristoteles im Allgemeinen darin, daß die ersteren von vorn herein Gefühle der Lust seien, welche durch die innere Harmonie und Vollendung eines ächten Kunstwerks in uns erregt werde, daß namentlich die tragische Furcht und das tragische Mitleid sich in einer viel unselbstischeren, universelleren und idealeren Sphäre bewegen, daß in gleicher Weise auch jene gehobene religiöse Stimmung, welche durch die von allen griechischen Kunstkennern als schön und maßvoll gepriesenen, sicher von allem Wildaufregenden, Tobenden und Tosenden sich durchaus fern haltenden Flötenmelodien unter dem Namen des Olympos hervorgerufen ward, eine ganz andere Art von Ekstase war, als die wilde und wüste Unruhe des Wahnsinns, für die sie ein Heilmittel sein sollten[1]), während andrerseits bei der starken und heftigen Erregung, in welche doch auch diese Art von Ekstase so wie die tragische Furcht und das tragische Mitleid die Seele versetzen, Aristoteles nicht anstand ihnen trotzdem denselben Namen zu geben wie den analogen Affecten im gewöhnlichen Sinne. Wenn nun aber Müller noch einen Schritt weiter geht und auch schon in den letzteren ein verborgenes Element der Lust und Süßigkeit findet und behauptet, daß die ekstatische Musik wie die Tragödie sich nicht bloß auf jene Gemüthserleichterung beschränken, sondern auch diese verborgene Lust hervorlocken und nach Ausscheidung alles Peinvollen aus diesen Affecten nur diese letztere übrig lassen sollen, so sucht man, um von allen weiteren Bedenken noch zu schweigen, in jener Erläuterung der Politik irgend einen Anhalt für diese Hervorlockungstheorie vergebens.

Bernays dagegen und seine Nachfolger, wie Ueberweg, Döring u. A., eben so Reinkens haben sich für die zweite der obigen Möglichkeiten entschieden, so daß die Affecte der Ekstase, der Furcht, des Mitleids u. s. w. selber als der auszuscheidende belästigende Krankheitsstoff erscheinen. Nach ihnen allen geht ferner der medicinisch-therapeutische Gesichtspunkt durch das Ganze hindurch. Endlich unterscheiden Bernays und seine Nachfolger mit

---

[1]) Mit Recht tadelt es Müller, Jahns Jahrb. Cl. S. 410 daher, wenn Bernays an der eben angegebenen Stelle genauer jene Flötenweisen, die das lärmende Gemüth beruhigen sollen, selber lärmende nennt und Döring, Philologus XXI. S. 529 die Katharsis in ein „Sichanstoben" der Affecte setzt.

Einleitung.

Ausnahme von Döring[1]) nicht zwischen dem tragischen Mitleid und der tragischen Furcht und den gemeinen gleichnamigen Affecten. Da es nun aber bei der eigentlich ästhetischen Wirkung der Musik wie der Tragödie weniger auf Solche, die wirklich vor übermäßig ausgebrochner Verzückung, Furcht und Mitleidserregung förmlich rasen oder auch nur mit wirklich ausgebrochnen Affecten dieser Art ins Concert oder Theater gehen, als vielmehr überhaupt auf alle Menschen, die nur irgend für die Einwirkungen dieser Künste empfänglich sind, ankommt, so ist Bernays auf den Ausweg verfallen, daß unter dem Ausdruck πάϑημα (Poet. a. a. O.) etwas Anderes als unter πάϑος zu verstehen sei, nämlich nicht der Affect, sondern vielmehr was Bernays die Affection nennt, d. h. der Hang, die Gemüthsdisposition zu irgend einem Affecte. Demzufolge will er denn auch Katharsis nicht durch Reinigung, sondern vielmehr durch Entladung oder genauer erleichternde Entladung übersetzen und findet das Wesen derselben in der „Sollicitation", in der Aufregung und Hervortreibung der Affecte aus dem Seelengrunde dieser Dispositionen, wodurch denn das Gemüth eine Erleichterung von der in letztern ruhenden und haftenden Beklemmung erfährt und eine Gelegenheit zur Befriedigung des Bedürfnisses erhält sich von den Affecten, zu denen es disponirt ist, in unschädlicher und normaler Weise durch Aeußerung und Auslassung derselben von Zeit zu Zeit befreien, während sonst bei den Griechen noch ähnlich wie bei den Orientalen die Gefahr nahe gelegen habe außer sich und in einer krankhaften Weise unter deren Herrschaft und in einen jener bakchischen Raserei mehr oder weniger verwandten Zustand zu gerathen[2]). Bernays nimmt mit Recht

---

[1]) Welcher sich Philologus XXI. S. 506 ff. XXVII. S. 702. 722 in dieser Hinsicht vielmehr ganz an Müller Gesch. der Kunstth. II. S. 63 ff. anschließt. S. jedoch unten S. 53. Anm. 2. S. 56. Anm. 1. S. 57. Anm. 1.

[2]) Grundz. S. 175: „die von Aristoteles zu Grunde gelegte empirische Thatsache fällt in den Bereich der ekstatischen Erscheinungen, welche im orientalischen und griechischen Alterthum um so häufiger vorkamen, je tieferen Reiz ein solches Auf- und Ueberwallen der gesammten Gemüthskräfte auf die lebhafte Erregbarkeit jener Völker üben mußte, und je nachgiebiger das in seiner Herrschaft noch nicht befestigte Selbstbewußtsein den Menschen zu einer selbstentäußerten Verzückung entließ u. s. w."

50 Einleitung.

Anstoß an dem „moralischen Correctionshause", zu welchem Lessing den Aristoteles das Theater machen ließ, er selbst aber setzt eine prophylaktische Irrenheilanstalt für eine bestimmte Art von Gemüthskrankheiten, die durch die in ihr vorgenommenen und gleich an Ort und Stelle wirkenden seelischen Purgir- und Brechkuren noch dazu eine eigenthümliche Art von Arom erhält, an die Stelle. Dabei verfällt er nun aber in einen entschiedenen Widerspruch mit sich selbst, indem hiebei nunmehr ganz in Vergessenheit geräth, daß der mit dem Worte κάϑαρσις verbundene Genetiv παϑημάτων, wie gesagt, ja doch vielmehr den auszustoßenden und auszuscheidenden Gegenstand bezeichnen und nicht die „Affectionen", sondern die mit ihnen behafteten Menschen Dasjenige sein sollen, welches die Katharsis erfährt[1]), denn nunmehr wird ja doch κάϑαρσις παϑημάτων durch Entladung der Affectionen nämlich von den Affecten und nicht durch Entladung (des Menschen oder der Seele) von den Affectionen übertragen, wie ja denn in der That der Mensch wohl von den vorübergehenden Aufwallungen der Affecte, aber nicht von den dauernden Dispositionen und Hinneigungen zu denselben „entladen" und entlastet werden kann. Schlimmer noch ist es, daß diese Erklärung der Katharsis allem Anscheine nach gerade auf den Fall nicht paßt, von welchem Aristoteles ausgeht, und auf alle, die demselben zunächst liegen, so fern bei Denen, bei welchen die Aufregung der Ekstase oder irgend eines anderen Affects bereits bis zum äußersten krankhaften Grade gediehen, eine noch größere Aufregung und Hervortreibung derselben doch wahrlich nicht erst erforderlich, ja sogar nicht möglich ist und, wäre sie es, mindestens unmöglich zur Heilung führen könnte, so daß folglich dies Aufregen und Hervortreiben das Gemüth beklemmender Affecte zum Wesen der Katharsis selbst gar nicht gehören kann, wenn man es allerdings auch Bernays zugeben muß, daß überall da, wo diese

---

[1]) Namentlich Rhein. Mus. XIV. S. 369 heißt es ausdrücklich, dem Aristoteles sei die Katharsis nur eine Art die παϑητικοί, nicht die παϑήματα zu behandeln. Freilich sagt Bernays nicht minder ausdrücklich Grundz. S. 149: „ich meine nicht das grammatische, sondern das begriffliche Object", allein ich meinerseits verstehe hier diesen Unterschied nicht, denn auch wenn die Affecte nicht weggeschafft, sondern nach Robortellis, Lessings und Müllers Auffassung nur gereinigt werden sollen, so ist doch das begriffliche Object dieser Reinigung schließlich eben so gut der Mensch.

Affecte mehr nur erst „in den verborgenen Tiefen des Seelengrundes „ihr Wesen treiben und erst auf Gelegenheiten hervorzubrechen und „die Herrschaft über die Seele an sich zu reißen lauern, sie zum „Zweck der Katharsis zunächst freilich auch mittelst der erregenden „Kräfte, wie sie Dichtungen und Melodien der erwähnten Art be- „sitzen, werden aufgeregt und hervorgetrieben werden müssen" [1]). Denn wenigstens einigermaßen sollen ja doch alle Menschen, selbst die, denen Furcht und Mitleid sonst beinahe fremd sind, des tragischen Genusses fähig sein. Ferner aber muß man in der That auch fragen, ob denn Aristoteles wohl jeden Unlustaffect, zu dem doch gerade jedes normale Menschengemüth disponirt ist, ohne Weiteres als einen auszuscheidenden psychischen Krankheitsstoff angesehen haben kann, und ob damit wohl nicht statt der Metriopathie oder dem mittleren Verhalten zu den Affecten, die bekanntlich sein Ideal war, ihm die stoische Apathie oder die Ausrottung der Affecte als ein solches aufgebürdet werden würde. Sich durch Auslassen seiner Affecte zeitweilig von ihnen zu befreien, dazu giebt, sollte man denken, ohnehin doch das Leben selbst in der Regel Gelegenheit genug, es fragt sich also eben, weßhalb man sich derselben im Leben nicht, wohl aber im Genusse der Kunst überlassen darf, und warum sie hier Katharsis, dort aber nicht zu heißen hat, und warum es hier eine unschädliche, dort aber eine schädliche Freude sein soll, wofür die bloße Sollicitations- und Hervorlockungstheorie doch nicht die mindeste Erklärung bietet, da sie ohne nähere qualitative Bestimmung auf den erstern Fall genau eben so gut oder schlecht wie auf den letzteren paßt. Endlich aber hat eine gründliche Untersuchung [2]) gelehrt, daß πάθημα nie bei Aristoteles etwas wesentlich Anderes als πάθος bezeichnet, so daß denn auch die Anhänger von Bernays diesen Theil seiner Annahmen haben aufgeben müssen, ohne daß man doch sieht, auf welche Weise sie denn dem Bedürfniß,

---

[1]) Müller Jahns Jahrb. Cl. S. 409 f.
[2]) S. bes. Bonitz Aristot. Studien. V. Ueber πάθος und πάθημα im aristotel. Sprachgebrauche. Wien 1867. 8. (Sitzungsber. der Wiener Akad., phil.-hist. Cl. LV. S. 13 ff.), an dessen Ergebnissen durch Baumgart Pathos und Pathema im aristot. Sprachgebrauch, Königsberg 1873. 8. schwerlich etwas Erhebliches geändert ist, s. die Rec. dieser letztern Schrift von M. H(einze), Litt. Centralbl. 1873. S. 1091 f.

welches Bernays, wie gezeigt, zu demselben hinführte, anderweitig Genüge zu leisten vermeinen[1]). Denn innerhalb der von Bernays gezogenen Schranken ist so keine andere Auslegung mehr

---

[1]) Statt Dessen begnügt sich z. B. Döring Philol. XXVII. S. 699 mit der einfachen Versicherung, daß es ein entschiedener Irrthum von mir sei, mit jener Unterscheidung falle auch die Bernaysche Entladungstheorie selbst. Und dabei bekämpfen nun obendrein noch diese Forscher einander selber auf das Lebhafteste. Während Yorck (in einem gewissen Anschluß an die eigne S. 49. Anm. 2 angeführte Aeußerung von Bernays) die aristotelische Katharsistheorie nur auf die griechische Tragödie vermöge des Hervorgangs derselben aus dem ekstatischen Dionysosdienst für anwendbar hält, weist Döring Philol. XXI. S. 528 mein Zurückgehen auf den bei den Griechen weit stärkeren affectisch-ekstatischen Zug (Jahns Jahrb. LXXXV. S. 402, wobei ich doch nur eben jenem nämlichen Vorgange seines Meisters gefolgt bin) als überflüssig ab und empfiehlt Philol. XXVII. S. 722 den Grundgedanken dieser Theorie als schön und wahr für alle Zeiten, wogegen, wenn es wirklich der von Bernays angenommene wäre, eine gesunde Aesthetik nach dem Obigen auf das Entschiedenste protestiren müßte. Während ferner Liepert behauptet, die kathartische Heilung der Seele bestehe einfach darin, daß die Gemüthsanlage (δύναμις) Bethätigung (ἐνέργεια) finde, und die Katharsis sei nichts Anderes als die unter angenehmen Gefühlen erfolgende Bethätigung, d. h. Befriedigung irgend eines Affects, erklärt Döring Philol. XXI. S. 542 dies für eine Verflachung. Und während Döring selbst ebend. XXVII. S. 694 beileibe nicht „das prächtigwilde Gewitter" der aristotelischen Katharsis durch eine Auffassung derselben, wie ich sie in wesentlicher Uebereinstimmung mit Müller, Brandis und Zeller entwickelt habe, in „ein zahmes moralisches Wetterleuchten" umwandeln lassen will, während er (XXI. S. 529) sagt, das Geheimniß des tragischen Kunstgenusses bestehe nach Aristoteles darin, daß auch bei den relativ Gesunden (bei den mehr als bloß relativ Gesunden also doch wohl nicht mehr?), wenn schon in minder acuter Form als bei den krankhaft Gereizten, durch die heftigen und mit Unlust verbundenen Erschütterungen, welche die Tragödie in deren Innerem erregt, schließlich einfach durch das Sichaustoben der beiden Affecte der Furcht und des Mitleids ein Zustand des Behagens herbeigeführt werde, der dem Erleichterungsgefühl des Körpers nach Ausscheidung eines krankhaften Stoffes analog sei, so will dagegen Ueberweg mit ungleich größerem Recht, eben so wie Müller (s. S. 48 Anm. 1), nicht gelten lassen, daß in der Kunst, deren Grundcharakter das Maßvolle ist, jemals von einem Toben die Rede sein könne. Wo aus dem nämlichen Grunde solche Widersprüche hervorwachsen, da muß doch wohl an diesem Grunde selber „Etwas versehen" sein.

möglich, als daß sogar die durch Musik und Tragödie erzeugten Affecte ein Krankheitsstoff sein müßten und zwar ein solcher, welcher einfach in Folge dieser seiner Erzeugung sich selber ausscheidet und austreibt, was denn abgesehen davon, daß hiemit jede Erklärung des Problems der Heilung ekstatischer Gemüthskranker durch die Melodien des Olympos vollends zu einer Unmöglichkeit wird, darauf führen würde, daß wir, wie Reinkens[1]) treffend bemerkt, „von „dem Philosophen die wunderbare Zumuthung erhielten uns vorzu- „stellen, wie Mitleid und Furcht sich in der Art selbst aus dem „Wege räumten, wie wenn wir Einen sich beim eignen Schopfe „faßen, von dem Boden heben und in einen Abgrund werfen sähen. „Mitleid und Furcht sind in den Worten „„durch Furcht und Mitleid"" „(δι' ἐλέου καὶ φόβου) künstlerische Erregung, Aufregung und „Spannung der gesunden Thätigkeit, durch welche die in dem „folgenden „„von eben dieser Art von Affecten"" (τῶν τοιούτων „παθημάτων) angezeigten Affecte, welche unabhängig von der Tra- „gödie in den Afficirten vorhanden sind, hinausgedrängt, ausgestoßen „werden. Daß man diese Unterscheidung nicht erkannte, hat viel „Verwirrung in die Behandlung der aristotelischen Katharsisfrage „gebracht. Darum hat denn auch Aristoteles „„von eben dieser Art „von"" (τῶν τοιούτων) und nicht geradezu „„von eben diesen"" (τούτων) „geschrieben, denn letzteres würde die völlige Identität be- „deuten"[2]).

Damit ist denn nun aber die Unterscheidung der tragischen Furcht und des tragischen Mitleids von den gewöhnlichen gleich-

---

[1]) a. a. O. S. 161.
[2]) Zeller a. a. O. II[b]. S. 616. Anm. 2 übersieht, daß eben hiemit der obige Widerspruch gehoben ist. Wie aber Döring trotz- dem, daß er, wie gesagt, ganz diese Ansicht theilt, leugnen kann, daß die homöopathische Einwirkung auch hier ein similia similibus und nicht paria paribus sei (Philol. XXVII. S. 727), wie er trotzdem ferner von einem „Sichaustoben" oder „Sichausleben" von Furcht und Mitleid statt von einer Ausscheidung der gemeinen Affecte dieses Namens durch die tragischen reden kann, begreife, wer es vermag. Welche von beiden sollen denn eigentlich hiebei „sich" austoben oder ausleben, die erstern oder die letztern? Döring wirft mir Mangel an scharfer Fassung der Begriffe vor: ich meinerseits kann, ohne im Uebrigen das Verdienstliche seiner Arbeiten zu verkennen, nur be- dauern, daß er in der Hauptsache offenbar sich selber nicht klar ge- worden ist.

namigen Affecten, welche Reinkens[1]) bei Müller unbegründet nennt, zum Schlusse auf das Nachdrücklichste von ihm selber in Anspruch genommen. Reinkens hat ferner unwiderleglich dargethan, daß von einer „Hervorlockung durch Sollicitation" in dem griechischen Worte Katharsis überhaupt und in der hier in Betracht kommenden medicinischen Anwendung insbesondere schlechterdings nicht das Mindeste enthalten ist, und daß dasselbe sich mit dem deutschen „Reinigung" allein und mit diesem auch nach allen Seiten hin vollkommen deckt, jede andere Uebertragung vom Sinne der griechischen Sprache und des Aristoteles abführt[2]). Er hat nicht minder gezeigt, daß Bernays und seine Nachfolger ihre eigne Forderung, mit welcher er selber ganz einverstanden ist, die medicinische Specialbedeutung dieses Wortes in jeder Nüance auch auf dem Kunstgebiete zu erhalten, durchaus nicht erfüllt haben, indem dazu vielmehr gehört, daß der schon mitgebrachte wirklich bereits erregte Unlustaffect, wie Ekstase, Furcht, Mitleid, durch Musik, Tragödie u. s. w. gerade so ausgestoßen werde wie die schädlichen Säfte im Körper durch die homöopathisch wirkenden Arzneimittel. Denn daß in der That diese Unlustaffecte selbst und nicht das in ihnen enthaltene Unlustgefühl das Auszuscheidende, mithin nicht die erste, sondern die zweite der obigen Möglichkeiten die zutreffende ist, hat er[3]) gegen Müller, dessen Erklärung also hiernach jedenfalls einer Modification bedarf, nicht minder überzeugend dargethan. Müller, Zeller, Brandis und ich selbst, so fern ich mich früher auch hierin ihnen anzuschließen nicht abgeneigt war, haben eben nicht bedacht, daß die gemeine Furcht und das gemeine Mitleid in der Rhetorik ausdrücklich nicht etwa bloß als etwas Unlust Enthaltendes, sondern selber als eine bestimmte Art von Unlust oder Betrübniß ($\lambda \acute{v} \pi \eta \ \tau \iota \varsigma$) definitirt werden (s. o.), so daß die Aufhebung dieser Unlust die Vernichtung dieser Furcht und dieses Mitleids selbst sein würde.

---

[1]) a. a. O. S. 93.
[2]) Auch die von Döring empfohlene „Ausscheidung", denn hiebei fehlt gerade die Hauptsache, so fern nicht jede Ausscheidung, sondern nur die des Fremdartigen, Krankhaften, Störenden eine Katharsis ist, s. Müller Jahns Jahrb. Cl. S. 403.
[3]) a. a. O. S. 92.

Ist es nun aber wohl denkbar, daß nur die von einem wirklichen Furcht- und Mitleidsanfall bereits abgesehen von der Tragödie ergriffenen Leute die einzige Wirkung, welche die Tragödie ausüben soll, erfahren, ja auch, daß diese mit Furcht über ein bestimmtes, ihnen in naher Zukunft bevorstehendes Unglück und mit peinigendem Mitleid in Folge des eben von ihnen miterlebten Kummers eines Anderen erfüllten und außer sich gerathenen Gemüther in der geeignetsten Stimmung für diesen reinen Kunstgenuß tragischer Darstellung sein könnten? Oder müßte wohl nicht Aristoteles, wenn er so Etwas behauptet hätte, alles gesunden Menschenverstandes beraubt gewesen sein? Aber er hat es auch nirgends behauptet, seine Aeußerungen in der betreffenden Stelle der Politik gehen vielmehr offenbar nur dahin, daß er mit Recht in demselben Maße, in welchem ein Menschengemüth stärker zu Ekstase, Furcht, Mitleid u. s. w. disponirt ist, es auch für um so befähigter und geeigneter zum ästhetischen Genusse der ekstatischen Musik, der Tragödie u. s. w. erklärt¹). Reinkens selbst muß zugeben, daß die Worte, mit denen dort die ganze Auseinandersetzung beginnt, jene seine Auslegung schlechterdings ausschließen, und er flüchtet sich daher zu der völlig grundlosen Behauptung, daß sie nicht in den Zusammenhang paßten und wohl lückenhaft überliefert seien. Da sonach die Deutung von Bernays und allen Anderen, nach welcher mehr oder weniger alle Menschen die Wirkung der ästhetischen Katharsis erfahren, vielmehr vollkommen richtig ist, so bleibt nichts Anderes übrig, als daß, worüber wir auch bei Müller noch im Unklaren bleiben, diese Wirkung bei den im normalen Zustande befindlichen Menschen nicht mitgebrachte wirkliche und bestimmte Furcht- und Mitleidsanfälle, sondern nur den unbestimmten, vermöge der nur graduell verschiednen Disposition aller Menschen zu allen Affecten in ihren Gemüthern aufgehäuften und gleichsam bereit liegenden, gerade in dieser trüben, gährenden und gebundenen Gestalt aber, in welcher er der Seele nicht zum klaren Bewußtsein gelangt, dieselbe am Allermeisten dumpf bedrückenden und beengenden Furcht- und Mitleidstoff momentan

---

¹) S. die guten Bemerkungen von Döring Philol. XXVII. S. 712 über die Bedeutung der von Aristoteles in der betreffenden Stelle der Politik gebrauchten Ausdrücke κατακώχιμος, ἐλεήμων, φοβητικός, auch συμβαίνει ἰσχυρῶς, wobei freilich die vorgeschlagene Textänderung völlig verfehlt ist.

hinwegschafft, indem sie allein ihm die wahrhaft gesunde und vollberechtigte Gelegenheit sich zu äußern giebt, welche das Leben ihm versagt, in welchem wir eben nie unseren Affecten völlig freien Lauf lassen dürfen. Es liegt aber doch wahrlich auch in der Natur der Sache, daß, je mehr der Kunstgenuß aus dem Bereiche der kranken Gemüther in das der gesunden sich wendet, je mehr er also zum wahrhaft **normalen** Kunstgenusse wird, er desto mehr sich aus dem des Medicinischen in das des rein Aesthetischen entfernen muß[1]), sonst hätte ja Aristoteles in der That nur einen schon vorhandenen medicinischen Begriff und Kunstausdruck, der wenigstens sachlich die Grenzen des Leiblichen bereits vor ihm überschritten hatte, noch weiter über das Gebiet des Seelischen ausgedehnt, nicht aber einen ganz neuen ästhetischen geschaffen. Für den Kranken sind (um zum Zeichen, daß auch wir nicht „zimpferlich"[2]) sind, diesen Vergleich zu gebrauchen) die aufregende Musik wie die Tragödie die Arznei, welche die gestörte Fähigkeit das Ueberschüssige von Zeit zu Zeit auszuscheiden wiederherstellt, für den Gesunden die nährende Speise, durch deren Verarbeitung zugleich diese nöthige Ausscheidung erfolgt. Die medicinische Anwendung der kathartischen Musik bei den ekstatischen Gemüthskranken, von denen die Betrachtung ausgeht, verflüchtigt sich, je mehr es sich um die Wirkung der Musik, Tragödie u. s. w. auf die geistig Gesunden und vollends unter diese hinabsteigend auf die zu den betreffenden Affecten weniger Disponirten, schließlich selbst auf Solche, die an der gerade entgegengesetzten Krankheit leiden für Furcht und Mitleid allzu wenig empfänglich zu sein (Rhet. II, 5, 14. p. 1382^b, 35 ff. c. 8. §. 3 f. 6. p. 1385^b, 19 ff. 29 ff.), in eine immer mehr verschwindende und zuletzt, je

---

[1]) Man sollte denken, es wäre dies so schwer nicht zu begreifen, dennoch scheint es den einmal in die Gedankengänge von Bernays Gebannten schwer zu fallen. Obwohl z. B. Döring Philol. XXI. S. 527 natürlich nicht leugnen kann, daß nur in der musikalischen Behandlung der wirklichen ekstatischen Kranken die von der leiblichen Arzneicur entlehnte Vergleichung völlig zutreffe, so soll trotzdem auch bei der der Gesunden die medicinische Metapher möglichst unverkürzt festgehalten werden (S. 529), und gegenüber dem „kleinen medicinischen Beigeschmack oder Bisamgeruch", welchen bei mir die Katharsis erhält, glaubt er (Philol. XXVII. S. 728) ihr den ächten „prickelnden Apothekergeruch" gerettet zu haben. Den hierin liegenden Widerspruch deckt Reinkens a. a. O. S. 150. 162 zur Genüge auf.

[2]) S. Bernays Grundz. S. 143.

Einleitung.

schwächer die rein ästhetische Wirkung selber wird, ganz außer Kraft tretende Analogie. So allein verschwinden aber auch alle die vorhin gegen Bernays entwickelten Bedenken, und namentlich hört damit die für die innerste Seele der aristotelischen Lehre tödtliche Behauptung auf, als ob jeder Unlustaffect schon einfach als solcher ein auszuscheidender Krankheitsstoff wäre, und es wird sonach eine derartige Auffassungsweise, wie sie im Wesentlichen denn doch mit der von Müller, Brandis und Zeller übereinkommt, als die richtige Mitte zwischen der von Lessing und der von Bernays zu bezeichnen sein. Dabei ist obendrein aber nicht zu vergessen, daß speciell in Bezug auf die tragisch-epische Katharsis, die uns hier ja allein näher angeht, Bernays selbst schließlich, freilich nur aus der Wechselbeziehung von Furcht und Mitleid, solche genauere Bestimmungen entwickelt, die weit über seinen Grundbegriff der aristotelischen Katharsis überhaupt hinausgehen und mit der im Folgenden darzulegenden Auffassung sich auf das Nächste berühren, ja kaum noch recht wesentlich von ihr abweichen [1]).

Es fragt sich jetzt zunächst, wodurch denn diese beiden tragischen Affecte von der gewöhnlichen gleichnamigen, deren in der angegebenen Weise aufgehäuften Stoff sie vertreiben sollen, sich genauer, als bereits angedeutet wurde, unterscheiden. Da die Definitionen der Rhetorik sich offenbar nur auf die letzteren beziehen, so muß man sich wundern, daß Reinkens[2]) und Döring[3]), obwohl sie, wie gesagt, deren Verschiedenheit von den ersteren anerkennen, dennoch auch für diese aus jenen Definitionen allein das abschließende Endurtheil darüber gewinnen wollen, was sie sein oder nicht sein können. Weil das Mitleid nach diesen Definitionen die Furcht um den tragischen Helden schon mit einschließen würde, darum soll es unmöglich sein, daß die tragische Furcht eben diese letztere sein könnte[4]). Folgerichtiger als Döring sieht aber Reinkens ein,

---

[1]) Es ist wiederum recht charakteristisch für Döring, daß er (Philol. XXVII. S. 694) gerade diese Bestimmungen bei mir abweist, trotzdem sie doch nur eine unvermeidliche Consequenz der von ihm selber (s. o. S. 49. Anm. 1) gebilligten Ansichten Müllers über das Wesen der tragischen Furcht und des tragischen Mitleids sind.
[2]) a. a. O. S. 217 ff.
[3]) S. o. S. 49. Anm. 1.
[4]) Döring Philol. XXI. S. 509. Reinkens a. a. O. S. 219.

daß mit diesem Maße gemessen auch die Erklärung der tragischen Furcht, welche ersterer für die aristotelische erklärt, nicht paßt und kommt so zu dem Ergebniß, daß wir nicht wissen können, was Aristoteles unter ihr verstanden habe. Allein abgesehen davon, daß Reinkens dann auch kein Recht hat über die aristotelische Katharsistheorie selbst, da damit ja auch diese selber theilweise im Unklaren bleiben würde, so den Stab zu brechen, wie er thut¹), so ist doch überall hier nur Dreierlei möglich: wenn Aristoteles unter der tragischen Furcht weder die für einen Andern noch die bestimmte oder auch jene unbestimmte, bald näher zu besprechende, an der auch Döring mit Müller festhält, für uns selbst verstanden hat, so kann er sich überhaupt gar Nichts unter ihr gedacht haben, denn ein Viertes ist eben überall nicht mehr denkbar. Und vollends geräth Reinkens mit sich selbst in Widerspruch, indem er schließlich findet, daß das tragische Mitleid denn doch gar kein anderes als das im wirklichen Leben sei. Man hat eben nicht erwogen, daß die Rhetorik nach Aristoteles nicht Sache strenger Wissenschaft ist, und daß er daher in ihr vielfach auch sonst seine Bestimmungen nicht streng wissenschaftlich, sondern möglichst vom Standpunkte des gewöhnlichen Bewußtseins trifft²)

Daß die Furcht in der Tragödie zunächst wirklich die für den tragischen Helden und nur mittelbar auch auf uns selbst gerichtet sei, sprach im Gegensatz gegen Lessing zuerst noch etwas schüchtern Ueberweg³) aus, dann suchte es in aller Schärfe Liepert⁴) zu beweisen, wogegen es namentlich von Döring⁵) und Müller⁶) auf das Entschiedenste bestritten wird. Allein die Worte c. 13. §. 2 (4 Herm.) „das Mitleid dreht sich um Den, welcher unverdient leidet, und die Furcht um Einen unseres gleichen" sind hier

---

¹) Er ist in dieser Hinsicht ein rechter Antipode von Döring (s. o. S. 52. Anm. 1). Es beruht dies aber nur auf seiner ohne Zweifel unrichtigen Auffassung derselben.

²) Ich habe hier und schon im Vorigen mir erlaubt die bereits in meiner Recension Phil. Anz. III. S. 302 ff. gemachten Bemerkungen zu wiederholen.

³) Fichtes Zeitschr. N. F. XXXVI. S. 263. 264, entschieden ebend. L. S. 31.

⁴) a. a. O. S. 14 ff. Eben so urtheilen auch Ulrici (s. u.) und Zillgenz a. a. O. S. 85.

⁵) Philol. XXVII. S. 702 ff. vgl. XXI. S. 209.

⁶) Jahns Jahrb. CI. S. 394 ff.

schlechterdings entscheidend, denn da der gleiche Ausdruck in dem gleichen Zusammenhange nach allen Regeln philologischer Hermeneutik auch beide Male nur Gleiches bezeichnen kann, da er aber das erste Mal ohne Zweifel bedeutet „Gegenstand unseres Mitleids ist nur der unverdient Leidende" so kann er auch an zweiter Stelle nur besagen, „und der unserer Furcht Einer unseresgleichen". Dazu ergiebt sich aus der Psychologie III, 3, 4. p. 427^b, 22 f., daß Aristoteles trotz der Rhetorik recht wohl auch eine sympathische Furcht für Andere anerkennt[1]). Andere Stellen der Poetik wie c. 11: §. 4 und c. 14. §. 1 zwingen uns andrerseits, wie es scheint, bei dieser nicht stehen zu bleiben, sondern auch eine unmittelbar auf uns selbst gerichtete, aber trotzdem minder selbstsüchtige Furcht denn die des gemeinen Lebens als ein Erzeugniß der Tragödie im Anschluß an die Entwicklungen Müllers und Dörings als von Aristoteles gemeint zu betrachten[2]). Die Sache gestaltet sich hiernach so.

Die Tragödie stellt das anfangs nahe bevorstehende und dann endlich gegenwärtig eintretende Leid nicht der Leser und Zuschauer oder ihrer Angehörigen, sondern ihnen fremder Personen dar. Sie erweckt also zunächst nicht Furcht für uns selbst und die Unseren, sondern für Andere, die nur unseresgleichen sind, im Uebrigen nach den von Aristoteles selbst in der Rhetorik gegebenen Definitionen beider Affecte unmittelbar nur Mitleid und nur durch dieses und jene Furcht für Andere auch die für uns selbst, und das Mitleid ist hier obendrein gleich jener Furcht auf so außerordentliche Vorgänge gerichtet, wie wir sie so für uns selbst oder einen der Unseren eben nicht leicht zu fürchten haben, ist also eine Art von Mitleid, auf welche die Definition des gemeinen Mitleids, streng genommen, auch schon nicht mehr ganz paßt. Beiden Affecten fehlt so jener Stachel des Niedrigselbstischen, mit andern Worten das Beklemmende und Bedrückende, welches sie in ihrer Beziehung auf unsere persönlichen Lebensverhältnisse in der gemeinen Wirklichkeit an sich tragen. Um diese höhere Art von Furcht zu erregen, verlangt die Tragödie nach c. 13 ausdrücklich nicht bloß, wie alle Poesie, Charaktere und Begebenheiten von allgemeiner und in sich nothwendiger oder doch wahrscheinlicher Natur (c. 9. §. 1 ff.),

---

[1]) Ueberweg Uebers. S. 59.
[2]) S. d. Anm. 107 und 128 hinter dem Text.

sondern namentlich auch Personen von ungewöhnlichem sittlichen Adel, aber doch mit einem großen, sie mit unabweislicher Nothwendigkeit in ihr Verderben stürzenden Charakterfehler behaftet, damit sie so Unseresgleichen bleiben. Sie müssen unbeschadet ihrer Individualität, ja gerade durch diese[1]) allgemeine, ideale Typen der menschlichen Geschicke überhaupt sein, müssen „der Urform des all- „gemein menschlichen Charakters nahe genug bleiben, und ihr Loos „muß trotz aller Außerordentlichkeit doch deutlich genug aus der „für das ganze Menschengeschlecht geschüttelten Schicksalsurne her- „vorgehen"[2]), um uns Mitleid und Furcht einflößen zu können, die so zugleich einen idealeren, höheren, edleren, würdigeren und einen allgemeineren Gegenstand erhalten. Zwar für reine Lustempfindungen, wie Müller meint, hat Aristoteles auch diese tragischen Gefühle schwerlich gehalten, sondern vielmehr für gemischt aus Lust und Unlust. Denn wenn er einmal (c. 6. §. 2. 12) die durch sie vollzogne Katharsis oder Erleichterung und Befreiung der Seele von dem aufgehäuften Furcht- und Mitleidstoff im gewöhnlichen Sinne als die Aufgabe (ἔργον) der Tragödie bezeichnet[3]), das andere Mal aber (c. 13. 14. f, bes. c. 14. §. 3, eben so c. 26. §. 7) die aus Furcht und Mitleid entspringende Lust, welche die der Tragödie eigenthümliche, also der eigenthümlich tragische Kunstgenuß sei, so ist fürs Erste Beides nicht einerlei, sondern die Katharsis offenbar selber nur erst das Mittel, um diesen nothwendig mit ihr verbundnen und aus ihr folgenden Kunstgenuß hervorzubringen, wie sich dies aus jener Bezeichnung aller Art von ästhetischer Katharsis als einer mit Lust verbundenen Erleichterung in der Politik ergiebt[4]), fürs Zweite aber erhellt hieraus, daß die bei der Tragödie in Betracht kommenden Furcht- und Mitleidempfindungen, mag nun Aristoteles, was sich nicht entscheiden läßt, an dieser Stelle bloß die überwältigenden tragischen oder die von ihnen überwältigten und hinausgedrängten gemeinen oder beide verstanden haben, nicht selber schon nach seiner Meinung ungemischte Lust sein können, da diese vielmehr eben erst aus ihnen, d. h. eben aus der Bewältigung

---

[1]) Vgl. Anm. 64 hinter dem Text.
[2]) Bernays Grundz. S. 181.
[3]) Vgl. die Anm. 65 hinter dem Text.
[4]) Hiernach sind alle frühern von mir gemachten abweichenden Bemerkungen zu berichtigen.

der letzteren durch die ersteren entspringen soll. Das Wesen dieser Bewältigung und eben damit auch dieses durch sie erzeugten Genusses wird man nun aber nach diesem Allen in das Aufgehenlassen des eigenen kleinen Leides in dem Leiden der ganzen Menschheit, in die Erweiterung unseres Selbst zu ihrem Selbst, in diese genießende Selbstentäußerung zu setzen haben, welche eine genießende bleibt, weil das Bewußtsein der Illusion dabei immer noch rege genug ist¹). Und mag nun die Sache damit erschöpft sein oder nicht, einen tiefen Blick in das Wesen des Tragischen hat Aristoteles hiemit jedenfalls gethan. Von der größten Wichtigkeit ist nun aber obendrein seine eigne ausdrückliche Erklärung (c. 6. §. 12), daß zwar am Meisten eine in jeder Hinsicht vollendete Tragödie, demnächst aber auch weit eher schon eine sonst mangelhafte, aber mit einer gehörigen, innerlich wohl zusammenhängenden Fabel ausgestattete Tragödie, die eben damit doch immer noch eine wirkliche Tragödie bleibt, diese Aufgabe zu erfüllen vermag als eine Reihe unverbundener, wenn auch mit allen sonstigen Schönheiten ausgestatteter Scenen, welche nie diese Wirkung ausüben werden. Damit ist denn deutlich von ihm selber die innere Einheit und Gesetzmäßigkeit der dargestellten Begebenheiten als eine Hauptbedingung der tragischen Katharsis ausgesprochen, und der Unterschied der Affecte, wie die Kunst, und derer, wie die gemeine Wirklichkeit sie

---

¹) Vgl. außer Ed. Müller Gesch. der Kunstth. II. S. 66 ff. und Susemihl Jahns Jahrb. XCV. S. 225 ff. hiezu namentlich auch Bernays a. a. O. S. 182: „wenn das Mitleid so universalisirt „worden, daß der Zuschauer mit dem tragischen Helden zusammen„fließt, so verschwindet vor der Wonne, welche dies Heraustreten aus „dem eignen Selbst begleitet, das Gefühl der Pein, welches die be„mitleidete nackte Thatsache an sich erregen könnte, zumal da das nie „ganz einschlafende Bewußtsein der Illusion jene empirische Pein „ohnehin mindert . . . . nur, wenn die sachliche Furcht durch das „persönliche Mitleid vermittelt ist, kann der rein kathartische Vorgang „im Gemüthe des Zuschauers so erfolgen, daß, nachdem im Mitleid „das eigne Selbst zum Selbst der ganzen Menschheit „erweitert ist, es sich . . . von derjenigen Art von Furcht durch„dringen lasse, welche als ekstatischer Schauder vor dem All zugleich „in höchster und ungetrübter Weise bedeutsam ist" und Morck a. a. O. S. 23: „durch den Spiegel der indirecten Empfindungen der Furcht und des Mitleids, erscheint der Seele das eigene, das menschheitliche Leid . . . die griechische Tragödie bereitet seliges Selbstvergessen."

erregt, beruht mithin, wie es auch gar nicht anders sein kann, in Dem, was nach Aristoteles den Unterschied der Kunst überhaupt von eben dieser Wirklichkeit ausmacht, in der inneren Allgemeinheit und Gesetzmäßigkeit, welche die Schöpfungen der ersteren auszeichnet [1]).

Wie nun aber Aristoteles die Thatsache, daß, so lange die tragische Empfindung in uns dauert, für das gemeine Mitleid und die gemeine Furcht in unserer Seele kein Raum ist, daß also die gleichnamigen tragischen Affecte die stärkere, sie für diese Frist hinausdrängende Macht sind, erklärt haben mag, ja ob er sie überhaupt nur zu erklären versucht hat, darüber wäre es vermessen genauere Auskunft geben zu wollen, und eben deßhalb, weil wir nicht im Stande sind, die aristotelische Katharsistheorie wirklich sicher in ihrem ganzen Umfange noch wiederherzustellen, entzieht es sich auch bis zu einem gewissen Maße unserer Kritik, wie weit wir sie als eine vollständig richtige und erschöpfende nicht bloß für die griechische Tragödie, sondern für die Tragödie aller Zeiten anzusehen haben. Indessen darf hier außer der Lebendigkeit der dramatischen und gar theatralischen Darstellung daran erinnert werden, daß der Philosoph auch eine Idealität der äußeren Lebensstellung von den Personen der Tragödie verlangt: es sollen Heroen und Fürsten sein, Männer auf der höchsten Stufe des Glückes und Ansehens, deren Fall in den Abgrund des Elends daher um so erschütternder wirkt (c. 13. §. 3), und die Tragödie kann wenigstens, wenn sie es auch nicht nothwendig muß, diese Wirkung noch dadurch erhöhen, daß sie diesen Fall durch gänzlich unerwartete Ereignisse eintreten läßt (c. 9. §. 11 f. c. 11. §. 4. c. 13. §. 2. c. 14. §. 6 ff. vgl. c. 16. §. 8. τῆς ἐκπλήξεως). Das Gefühl, daß Keiner, auch der Größte nicht, vor solchem Falle sicher, und daß dieser Fall oft eine unausbleibliche Folge eines verhältnißmäßig geringen Verschuldens ist, bemächtigt sich da auch wohl des Sorglosesten und Uebermüthigsten. Wenn man die Menschen in Furcht versetzen will, sagt Aristoteles in der Rhetorik (II, 5, 15. p. 1383ᵃ, 3 ff.), muß man ihnen vorführen, wie auch Andere, Größere gelitten haben und Gleichstehende in jeder Hinsicht unerwartet Leiden erfahren haben und gerade jetzt erfahren.

Die Katharsis ist also als ästhetische Wirkung direct weder ein

---

[1]) Zeller a. a. O. IIᵇ. S. 615 f.

Einfluß auf den Willen noch auf die Intelligenz, sondern auf das Gefühl[1]). Ist aber sonach dies Ganze auch keine sittlich-bildende Einwirkung, so doch noch weniger eine sittengefährliche, vielmehr hat sie mit einem Einfluß, welchen die Kunst nach ersterer Richtung hin überhaupt üben kann, etwas Verwandtes, so fern wenigstens momentan ein richtiges mittleres Verhalten zu Furcht und Mitleid durch sie hergestellt und dadurch das sittliche Leben wohlthätig berührt wird. Schon damit ist Platon widerlegt. Indessen liegt ja darin auch schon, daß sie nichts sittlich Gleichgültiges sein kann. Der Gegensatz, in welchen in der Politik die kathartische Einwirkung der Musik gegen die sittlich-bildende und erziehende gesetzt wird, ist nur ein bedingter, es handelt sich in Wirklichkeit nur um den zwischen Erwachsenen und Knaben; nur um Das, was bei den letzteren zu ihren sittlichen Erziehung taugt oder nicht, dreht sich die Untersuchung, und von dieser allein wird alle kathartisch wirkende Musik ausgeschlossen, im Uebrigen aber zum Beweise dafür, daß die Musik auch eine solche sittlich erziehende und charakterbildende Einwirkung ausüben könne, gerade die Thatsache der kathartischen, welche von den Tonstücken des Olympos ausgeht, benutzt, VIII, 5. §. 4. 5. p. 1339^b, 42—1340^a, 12[2]). Und wenn einerseits der aus der ästhetischen Katharsis entspringende Genuß nur eine unschädliche Freude genannt wird, so zwingt der ganze Zusammenhang doch andererseits dazu, diesen Ausdruck nicht bloß negativ, sondern, wie es seine Natur durchaus nicht ausschließt, zugleich positiv zu fassen[3]), wie denn, um nur das am Meisten in die Augen Springende hervorzuheben, wenigstens die Katharsis selbst, von der jene Freude unzertrennlich ist, unmittelbar vorher 1341^b, 36—38 ausdrücklich mit zu den positiv nützlichen Zwecken

---

[1]) Wie Reinkens a. a. O. S. 140 in aller Schärfe das Ergebniß zusammenfaßt.

[2]) Wie sich diese entscheidende Aeußerung des Aristoteles mit ihren Ansichten vertragen soll, darüber sucht man begreiflicherweise vergebens bei Bernays und seinen Nachfolgern Auskunft. Nur einer von ihnen, Liepert a. a. O. S. 8, macht das eben so bedeutungsvolle als im Ganzen richtige Zugeständniß: „bei der ethischen Musik „ist die sittliche, bei der kathartischen die hedonistische Wirkung als „das bedeutendere Moment hervorgehoben, aber keiner so exclusiv die „zugesprochene Eigenschaft beigelegt." S. jedoch Susemihl Jahns Jahrb. XCV. S. 228—230.

[3]) S. Susemihl Jahns Jahrb. LXXXV. S. 418.

gerechnet wird [1]). Ferner läßt sich aber auch nachweisen, daß jene Behandlung der Ekstatischen durch ekstatische Melodien, von der die ganze Theorie ausgeht, zwar zunächst ihnen, wie gesagt, nur eine augenblickliche Beruhigung brachte, aber auch zum Zwecke dauernder Heilung fortgesetzt ward [2]). Nun ist aber doch eben so auch Niemand auf den einmaligen Genuß einer einzigen Tragödie beschränkt, sondern der wiederholte dieser einen und vieler anderen stand in Athen jedem freien Manne offen. Und doch sollte Aristoteles bestritten haben, daß diese wiederholte Reinigung des Menschen von einem das Gemüth bedrückenden und außer sich bringenden und damit doch nach seiner eignen Lehre die Sittlichkeit aufs Höchste gefährdenden Affectstoff Etwas zur richtigen sittlichen Gewöhnung, zur Herstellung jenes dauernden Gleichgewichts der Seele im mittleren Verhalten zu den Affecten beitragen könne und müsse! Er sollte, um mit Reinkens [4]) zu reden, das Theater mit seiner Tragödie als einen unschuldigen Vergnügungsort, an welchem das entsetzlichste, herzzerreißendste Leid des Menschen zu einer Lustempfindung verwerthet wird, die weder gut noch böse ist, sondern einfach bloß amüsirt, betrachtet haben! Es wäre schwer zu begreifen, wie denkende Männer dies glauben und mit aller Hartnäckigkeit vertheidigen konnten, träfe eben nicht auch hier das zweimal von Aristoteles selbst in seiner Poetik (c. 18. §. 6. c. 25. §. 17 — § 29 Herm.) angeführte und gebilligte Wort Agathons zu: „es ist wahrscheinlich, daß auch Vieles wider alle Wahrscheinlichkeit geschieht". Eine sonstige geradezu sittenbildende Wirkung noch neben der kathar-

---

[1]) Reinkens a. a. O. S. 230.
[2]) Plat. Ges. VII. 791 B. κατειργάσατο ἀντὶ μανικῶν ἡμῖν διαθέσεων ἕξεις ἔμφρονας ἔχειν. Müller Jahns Jahrb. Cl. S. 412, der dies hervorhebt, bemerkt mit Recht, auch Bdelykleon aber (s. v. S. 44. Anm. 3) suche von den in ihrem Erfolge jenen heiligen Flötenmelodien des Olympos so ähnlichen korybantischen Weihen nicht Palliativmittelchen von vorübergehender Wirkung, sondern um eine wirkliche Heilung seines Vaters von dessen schlimmer Krankheit sei es ihm zu thun.
[3]) S. Müller a. a. O. S. 410.
[4]) a. a. O. S. 226. Auf seine eindringende Beweisführung S. 226 ff.), wie sehr man durch solche Annahmen den Aristoteles mit sich selbst in Widerspruch bringen würde, ist überhaupt neben Müller a. a. O. 410 ff. Gesch. der Kunstth. II. S. 53 ff. 70 ff. vornehmlich zu verweisen. Vgl. auch Brandis a. a. O. S. 169. 172.

tischen anzunehmen, daran hindert, abgesehen davon, daß Aristoteles, wie wir sahen, allem Anscheine nach eine solche überhaupt nicht bei Kunstwerken von affectvollerer Natur sucht, der Umstand, daß die tragische Katharsis und ihr Genuß ausdrücklich nicht als eine, sondern schlechthin als die Aufgabe (τὸ ἔργον) der Tragödie c. 13. §. 2 bezeichnet wird.

Aber auch zu einem Zustand beruhigter Intelligenz legt, wie es scheinen will, nach Aristoteles Ansicht alle Art höherer künstlerischer Katharsis mit einen Grund, und es scheint dies Verhältniß nur durch eine schlimme Textverderbniß im letzten Capitel des achten Buches der Politik verdunkelt zu sein[1]). In Wahrheit, wenn nicht Alles trügt, kennt Aristoteles nur zwei Wirkungen der Musik, die ethische und kathartische, aber der von der letztern geschaffene Genuß ist wieder von zweifacher Art. Es giebt rohere und edlere, dieses Namens erst wahrhaft würdige Kunstwerke. Auch die von den erstern ausgehende kathartische Wirkung muß eine rohere, die von den letztern eine edlere sein. Auch die grobsinnliche Musik, wie sie dem geistigen Verdauungsvermögen des großen Haufens allein zusagt und eben deßhalb dem letztern als Mittel zu der erforderlichen Erholung nicht verweigert werden darf, wirkt kathartisch, aber dieser Genuß geht eben auch nicht über den der bloßen Erholung hinaus, dagegen der der schönen kathartischen Musik ist eine Art des höchsten intellectuellen Genusses, eben weil es für die Gebildeten ein bewußter Genuß ist, und dient mit zu jener höchsten Geistesbefriedigung (διαγωγή), welche die oberste Stufe aller Glückseligkeit bildet, wie sie der Mensch nur auf den Höhen der Menschheit vorübergehend erreicht, während Gott ununterbrochen in dieser ungetrübten Seligkeit und Selbstgenugsamkeit (αὐτάρκεια) lebt[2]).

---

[1]) Dies sah zuerst Liepert a. a. O. S. 13. Anm. 2, welcher §. 4. 1341^b, 40 f. τρίτον δὲ πρὸς διαγωγήν, πρὸς ἄνεσίν τε καὶ πρὸς τὴν τῆς συντονίας ἀνάπαυσιν in καὶ ταῦτα πρὸς διαγωγὴν ⟨καὶ⟩ πρὸς κ. τ. λ. ändern will, während gleichzeitig mit und unabhängig von ihm die Nothwendigkeit von ⟨καὶ⟩ auch Susemihl, Jahns Jahrb. LXXXV. S. 420 nachzuweisen suchte. Aber es ist vielmehr wohl ταύτης δ' ἢ πρὸς διαγωγὴν ⟨ἢ⟩ πρὸς κ. τ. λ. herzustellen, s. Susemihl ebend. XCV. S. 229 ff. Philologus XXV. S. 414 f. Für καθαρτικὰ §. 6. 1342^a, 15 wird wohl mit Sauppe πρακτικὰ zu setzen sein.

[2]) Susemihl a. a. O. LXXXV. S. 420 (wo Z. 7 v. o. ἄνεσις statt παιδεία zu lesen ist) und (gegen Liepert) XCV. S. 229 ff.

Noch ist hier eines ganz abweichenden Erklärungsversuches der tragischen Katharsis von Ulrici[1]) zu gedenken. Derselbe ist aber nicht eben glücklich ausgefallen, zeugt vielmehr von unverkennbarer Flüchtigkeit und entschiedenem Mangel an sorgfältig erwägendem Eingehen auf das von den Vorgängern bereits Geleistete. Es ist gleich zu viel gesagt, daß nach Aristoteles (c. 6. §. 2. z. E.) die Tragödie überhaupt erst am Ende oder Ziele der Darstellung die Reinigung (Befreiung) der Seele von Furcht und Mitleid bewirke, da ja längst erwiesen ist[2]), daß der von ihm gebrauchte Ausdruck περαίνειν (gerade so wie unser deutsches, ihm entsprechendes „erzielen") nicht „schließlich bewirken", sondern ganz einfach „bewirken" bezeichnet. Und nicht minder gehört auch Ulrici zu Denen, welche die letzten Worte der aristotelischen Definition der Tragödie so auslegen, daß Furcht und Mitleid ganz in der Weise, wie die Tragödie sie in uns erregt, durch eben diese Erregung schließlich auch wieder von uns abgelöst werden sollen. Das wäre aber, wie bemerkt, nicht ein scheinbarer, sondern ein wirklicher Widerspruch, der sich durch keine Erklärung beseitigen läßt und auch durch die von Ulrici gegebene keineswegs beseitigt ist. Denn, wie sich zeigen wird, nicht daß die durch die Tragödie erregte Furcht- und Mitleidsempfindung „sich selbst", sondern nur daß sie sich „von selbst", wie er denn auch selber sogleich hinzusetzt, in Genugthuung und Befriedigung auflöse, hat er uns im günstigsten Falle durch dieselbe begreiflich gemacht. Unsere Seele, sagt er, wird im Verlauf der Tragödie von Mitleid und Besorgniß (Furcht) für den tragischen Helden ergriffen, und diese Empfindungen erwachsen in uns dadurch, daß die Helden der Tragödie nach Aristoteles richtiger Forderung würdige und edle und nicht niedrige, gemeine, gewöhnliche Charaktere sind, und so mischt sich mit jenen beiden Affecten hier ein sittliches Wohlgefallen, welches die Unlust, die an sich in ihnen liegt, während der Aufführung oder Lectüre nicht aufkommen läßt, nach dem Ende derselben aber allerdings diese Macht nicht mehr haben würde, wenn nicht eben der Verlauf der „würdigernsten" Handlung uns schließlich vorführte, wie der Held entweder aus seinem tragischen Geschicke

---

[1]) In Fichtes Zeitschr. N. F. XLIII. S. 181—184.
[2]) S. bes. Bernays Grundz. S. 188.

größer, edler, reiner hervorgeht oder doch die Schläge desselben mit männlicher Standhaftigkeit erträgt und noch im Unterliegen die Freiheit, die Willensgröße und Seelenkraft bethätigt, die seinen Fall in einen Sieg verwandelt. So werden wir schließlich von allem Mitleid mit ihm und von aller Besorgniß für ihn und uns selbst befreit, und in der angenehmen Empfindung, die sich mit dieser Befreiung oder Katharsis verbindet, besteht der eigenthümliche Genuß der Tragödie. Nicht Furcht und Mitleid selbst sind es also nach Ulricis eigner ausdrücklicher Erklärung, aus deren Erregung die Katharsis und der tragische Genuß entspringt, sondern ein Gefühl sittlicher Befriedigung, welches sich bei der Art, in welcher sie durch die Tragödie hervorgerufen werden, nothwendig mit ihnen „mischt". Wie sich dies aber mit den Worten des Aristoteles in der Definition der Tragödie, wie es sich mit dem noch deutlicher in der Politik ausgesprochenen streng homöopathischen Charakter aller künstlerischen Katharsis verträgt, darüber ist uns Ulrici die Aufklärung schuldig geblieben, und es kann uns dabei wenig helfen, wenn er uns zugleich versichert, daß jener tragische Genuß so „im Grunde" ja doch von diesen Affecten ausgeht. Denn nicht genug, daß man nicht absieht, in wie fern denn dies der Fall sein soll, Aristoteles sagt uns ja nicht, daß er bloß „im Grunde", sondern er sagt uns schlechtweg und ohne alle Einschränkung, daß er aus ihnen entspringt (c. 14. §. 3). Nach einer den eignen Worten des Aristoteles so streng sich anschließenden Deutung wie der Müller-Bernaysschen kann eine so laxe Auslegungsweise nur als ein seltsamer Anachronismus erscheinen, und es kann der Geringschätzung aller Speculation von Seiten der empirischen Wissenschaften, welche jetzt leider an der Tagesordnung ist, nur Vorschub leisten, wenn einer der Hauptvertreter der heutigen Philosophie bei der Behandlung einer empirischen Frage so wenig Schärfe und Methode und so viel unbekümmertes Sichhinwegsetzen über alle früheren Leistungen an den Tag legt. Daß jene sittliche Befriedigung, wie sie Ulrici schildert, mit der tragischen Furcht und dem tragischen Mitleid nothwendig unzertrennlich verbunden ist, muß allerdings zugegeben werden, und es ist möglich, daß schon Aristoteles sie mit zu denjenigen Momenten gerechnet hat, durch welche sich diese Affecte von den gleichnamigen des gewöhnlichen Lebens unterscheiden.

ΠΕΡΙ ΠΟΙΗΤΙΚΗΣ.

Ritt.
§.1   1. Περὶ ποιητικῆς αὐτῆς τε καὶ τῶν εἰδῶν αὐτῆς, ἥν §.1)
τινα δύναμιν ἕκαστον ἔχει, καὶ πῶς δεῖ συνίστασθαι τοὺς
μύθους, εἰ μέλλει καλῶς ἕξειν ἡ ποίησις, ἔτι δὲ ἐκ πόσων
καὶ ποίων ἐστὶ μορίων, ὁμοίως δὲ καὶ περὶ τῶν ἄλλων
ὅσα τῆς αὐτῆς ἐστι μεθόδου, λέγωμεν¹) ἀρξάμενοι κατὰ
φύσιν πρῶτον ἀπὸ τῶν πρώτων.

2   ἐποποιία δὴ καὶ ἡ τῆς τραγῳδίας ποίησις, ἔτι δὲ (2)
κωμῳδία²) καὶ ἡ διθυραμβοποιητικὴ³) καὶ τῆς αὐλητικῆς
[ἡ πλείστη]⁴) καὶ κιθαριστικῆς**⁵) πᾶσαι τυγχάνουσιν οὖσαι
3 μιμήσεις τὸ σύνολον· διαφέρουσι δὲ ἀλλήλων τρισίν, ἢ (3)
γὰρ τῷ ἐν⁶) ἑτέροις μιμεῖσθαι, ἢ τῷ ἕτερα, ἢ τῷ ἑτέρως
καὶ μὴ τὸν αὐτὸν τρόπον.

4   ὥσπερ γὰρ καὶ χρώμασι καὶ σχήμασι πολλὰ μιμοῦν- (4)
ταί τινες ἀπεικάζοντες, οἱ μὲν διὰ τέχνης, οἱ δὲ διὰ

---

1) λέγομεν A^c Ld Par. 2038. 2938 und corr. M⁴.

2) κωμῳδίας; Ueb. nach Spengels sehr zweifelnd ausgesprochener Vermuthung.

3) διθυραμβοποιικὴ Ba. nach Spengels sehr zweifelnd ausgesprochener Vermuthung, διθυραμβικὴ Friedrich.

4) So Susem.² (Es ist mir nämlich nach wie vor unwahrscheinlich, dass Aristoteles wirklich dies schon Manchem vor mir anstößige ἡ πλείστη geschrieben habe. Etwas abweichend von der 1. A. vermuthe ich, dass es verunglückte Ausfüllung einer Lücke ist und ursprünglich vielmehr etwa ἡ ἐχομένη ἄλλη ποιητική und zwar wahrscheinlich nicht vor, sondern hinter κιθαριστική; und dann vielleicht noch καὶ αὐτὴ ἡ αὐλητικὴ καὶ κιθαριστικὴ und jedenfalls etwa καὶ ὅσαι τοιαῦται oder καὶ αἱ τοιαῦται (s. hierüber d. Einl. S. 8) dastand, und übersetze demgemäss. Friedrich stimmt mir bei, lässt aber nur ἡ ἐχομένη ἄλλη an Stelle von ἡ πλείστη gelten.

Ueber die Dichtkunst.

1. (§. 1.) Ueber die Natur der Dichtkunst im Allgemeinen (1) und über das eigenthümliche Wesen ihrer einzelnen Arten, so wie darüber, wie man die Fabel eines Gedichtes gestalten*) muß, wenn dasselbe wohl gelingen soll[1]), ferner darüber, aus wie vielen und welcherlei Theilen ein solches besteht, und desgleichen auch über alle anderen in dasselbe Wissensgebiet einschlagenden Gegenstände zu sprechen, das soll hier unsere Aufgabe sein. Und zwar beginnen wir dabei, wie es die Natur der Sache mit sich bringt, mit Dem, was das Erste ist[2]), auch zuerst.

(§. 2.) Epos also und Tragödiendichtung, ferner Komödie, (2) Dithyrambendichtung[3]) und die übrige für den Vortrag zur Flöte und zur Cither bestimmte Poesie**) ⟨und was weiter hieher gehört⟩***), sie alle sind in ihrer Gesammtheit betrachtet nachahmende Darstellungen. (§. 3.) Sie unterscheiden sich aber dabei von einander (3) durch Dreierlei, indem sie theils mit verschiedenen Mitteln, theils verschiedene Gegenstände, theils endlich in verschiedener und ungleicher Art und Weise nachahmen.

(§. 4.) Gleichwie man nämlich auch durch Farben und Formen (4) Vieles abbildend nachahmt, sei es mit wirklichem Kunstverstande, sei es vermöge einer durch Uebung erworbenen Fertigkeit, sei es

---

*) Wörtlicher und vielleicht besser: „componiren".
**) Nach den Handschriften: „der größte Theil des Flöten- und Citherspiels."
***) Oder: ⟨und das Flöten- und Citherspiel selbst und ... gehört⟩?

---

5) So Susem.² nach Batteux, der aber mit Unrecht καὶ τῆς ὀρχηστικῆς ergänzen wollte, vielmehr s. Anm. 4.
6) ἐν Forchhammer (De Aristot. poetica ex Plat. illustranda, Kiel 1847. S. V), γίνει Bekk. Susem.¹ Ueb. nach den Handschriften.

ΠΕΡΙ ΠΟΙΗΤΙΚΗΣ.   † 1447 b

συνηθείας, ἕτεροι δὲ δι' αὐτῆς τῆς φύσεως¹), οὕτω καὶ²)
ταῖς εἰρημέναις τέχναις**³) ἅπασαι μὲν⁴) ποιοῦνται τὴν
μίμησιν ἐν ῥυθμῷ καὶ λόγῳ καὶ ἁρμονίᾳ, τούτοις δ'⁵) ἢ   (5)
χωρὶς ἢ μεμιγμένοις. οἷον ἁρμονίᾳ μὲν καὶ ῥυθμῷ χρῶν-
ται⁶) μόνον ἥ τε αὐλητικὴ καὶ ἡ κιθαριστική, κἂν εἴ
τινες ἕτεραι ⟨τοιαῦται⟩⁷) τυγχάνουσιν⁸) οὖσαι τὴν δύνα-
5 μιν, οἷον ἡ τῶν συρίγγων· αὐτῷ δὲ τῷ ῥυθμῷ μιμεῖται⁹) (6)
χωρὶς ἁρμονίας ἡ¹⁰) τῶν ὀρχηστῶν (καὶ γὰρ οὗτοι διὰ
τῶν σχηματιζομένων ῥυθμῶν μιμοῦνται καὶ ἤθη καὶ
6 πάθη καὶ πράξεις)· ἡ δὲ [ἐποποιία]**¹¹) μόνον τοῖς   (7)
λόγοις ἢ τοῖς ψιλοῖς¹²) μέτροις, καὶ τούτοις † εἴτε μιγνῦσα
μετ' ἀλλήλων, εἴθ' ἑνί τινι γένει χρωμένη τῶν μέτρων
7 ⟨ἀνώνυμος⟩¹³) τυγχάν⟨-ει⟩ οὖσα¹⁴) μέχρι τοῦ νῦν. οὐδὲν   (8)

---

¹) δἰ αὐτῆς τῆς φύσεως Spengel, διὰ τῆς φύσεως Bekk.³ und Belger
(s. Anm. 3) nach Maggi, διὰ τῆς φωνῆς Bekk.¹ Va. nach den Handschriften.

²) κἂν Bekk. Susem.¹ Va. Ueb., κἂν Ald., καὶ ἐν Bᵉ Gᵃ PˢM².

³) So Susem.² nach eigner Vermuthung, τέχναις ⟨διὰ τῆς
φωνῆς⟩ Belger (mit Unrecht). Va. tilgte richtig wenigstens die
Interpunction hinter ταῖς εἰρημέναις τέχναις nach dem Vorgang von
Hermann. Spengel vermuthet αἱ εἰρημέναι τέχναι, dem Gedanken
nach richtig, aber weit leichter ist die Annahme einer Lücke, deren
Ausfüllung ich dem Sinne nach in der Uebers. versucht habe.

⁴) μὲν ⟨τοιαῦται⟩ Susem.¹ (mit Unrecht), μὲν οὖν Nᵃ M¹,
aber wäre hinter τέχναις zu interpungiren, würde man eher μὲν γὰρ
erwarten.

⁵) τούτοις δ' scheint wiederum lückenhaft und corrigirt, wenigstens würde dem vom Zusammenhange geforderten Sinn der Ausdruck nur dann recht entsprechen, wenn Aristoteles etwa ⟨καθ' ἕκαστον
δ' ἐν⟩ τούτοις [δ'] oder ⟨καθ' ἕκαστον δὲ⟩ τούτοις [δ'] oder ⟨ὡς ἑκάσται
δ' ἐν⟩ τούτοις [δ'] oder ⟨ὡς ἑκάσται δὲ⟩ τούτοις [δ'] geschrieben hatte.

⁶) So Susem.² statt χρώμεναι.

⁷) So Susem.² nach Spengel, während Ueb. dies Wort (was
eben so gut richtig sein kann) hinter τυγχάνουσι, Bekk. und Susem.¹
(auch Vahlen Beitr. I. S. 37 = 301) nach Ald. hinter οὖσαι einschieben, Va. aber es in seiner Ausg. mit den Handschriften weglässt.
Spengel bemerkt, dass man auch vielmehr οὖσαι zu ⟨τοιαύτην
ἔχ-⟩ουσαι ergänzen könnte.

⁸) So Va. nach corr. M⁴, τυγχάνουσι Ueb., τυγχάνωσιν Bekk.
Susem.¹ im Text nach den übrigen Handschriften und pr. M⁴.

⁹) So Par. 2038, μιμοῦνται Bekk.¹ Va. Ueb. und alle Andern
nach den übrigen Handschriften, [μιμεῖται] Susem.¹ nach Spengel,
vielleicht mit Recht.

endlich unmittelbar vermöge natürlicher Gaben, eben so⁴) ⟨muß man es auch⟩ den genannten Künsten⁵) ⟨zuschreiben, daß⟩ sie in ihrer Gesammtheit genommen ihre Nachahmung in Rhythmos, Wort und Harmonie⁶) vollführen, einzeln betrachtet aber theils nur einzelne dieser Mittel gesondert, theils mehrere oder alle verbunden zur Anwendung bringen. Nämlich einer Verbindung nur von Harmonie und Rhythmos bedient sich die Kunst des Flöten- und Citherspiels und was es sonst etwa noch für Kunstfertigkeiten von ähnlicher Natur giebt, wie z. B. das Spiel auf der Hirtenpfeife. (§. 5.) (6) vollends des bloßen Rhythmos ohne Harmonie die Kunst der Tänzer, denn auch diese stellen Charaktere, Affecte und Handlungen nachahmend dar⁷), und zwar thun sie es durch Ausprägung der Rhythmen in den Formen des bewegten Menschenkörpers⁸); (§. 6.) (7) diejenige Dichtart sodann, welche theils das Wort allein in ungebundener Rede, theils den bloßen Vers anwendet, und zwar entweder eine Mischung verschiedener Versarten oder aber durchweg eine einzige bestimmte Gattung von Versen, hat bisher eine gemeinsame Benennung noch nicht gefunden. (§. 7.) Denn man wird (8) schwerlich eine solche gangbare allgemeinere Bezeichnung anzugeben

---

10) So Par. 2038, οἱ Bekk.¹ Va. nach den übrigen Handschriften, οἱ ⟨πολλοί⟩ Heinsius, was Vahlen Beitr. I. S. 4 (268). 37 (301) billigt, ἔνιοι Twining, οἱ ⟨μουσικοί⟩ Ueb., der auch οἱ ⟨χορευταί⟩ vermuthet, ähnlich will Bernhardy ἀκροί oder etwas Aehnliches, Herzog ποιητικοί hinter ὀρχηστῶν einschieben, αἱ vermuthet Tyrwhitt.

11) So Susem.² nach eigner Vermuthung, nachdem bereits Vahlen a. a. O. I. S. 5 (269) f. gegen ἐποποιία gerechte Bedenken erhoben und demzufolge Ueb. dies Wort in eckige Parenthesen als eine in den Text eingedrungne verkehrte Randbemerkung gesetzt hatte, während Krohn διηγηματική (oder nach dem Anon. de com., was ihm jedoch weniger wahrscheinlich ist, ἀπαγγελτική) für dasselbe vorschlägt, allein zur Herstellung der Construction ist vielmehr nothwendig anzunehmen, daß es ein ursprünglich dastehendes Particip, etwa μιμουμένη, verdrängt hat.

12) ἢ τοῖς ψιλοῖς Susem.² nach Vahlen a. a. O. S. 6 (270) statt ψιλοῖς ἢ τοῖς, welches letztere Krohn (vgl. S. 74. Anm. 3) durch Verwandlung von μέτροις in ἐμμέτροις zu halten sucht.

13) So Susem. und Ueb. nach Bernays (Grundzüge ꝛc. S. 186), ⟨ὀνόματος μὲν μόνον ἀπὸ τῶν μέτρων⟩ Vahlen Beitr. IV. S. 412 (wenig glücklich), in seiner Ausg. steht nur das Lückenzeichen.

14) τυγχάν⟨-ει⟩ οὖσα Suckow (Form der platonischen Schriften, S. 53), τυγχάνουσα Bekk. Susem.¹ Va. nach den Handschriften.

ΠΕΡΙ ΠΟΙΗΤΙΚΗΣ.

γὰρ ἂν ἔχοιμεν ὀνομάσαι κοινὸν τοὺς Σώφρονος καὶ Ξενάρχου μίμους καὶ τοὺς Σωκρατικοὺς λόγους, οὐδὲ εἴ τις (9)
διὰ ⟨ἑξαμέτρων ἢ διὰ⟩[1]) τριμέτρων ἢ ἐλεγείων ἢ τῶν
9 ἄλλων τινῶν τῶν τοιούτων [ποιοῖτο τὴν μίμησιν], 1447b,
20—22. ὁμοίως δὲ κἂν εἴ τις ἅπαντα τὰ μέτρα μιγνύων (12)
ποιοῖτο τὴν μίμησιν, καθάπερ Χαιρήμων ἐποίησε Κένταυρον μικτὴν ῥαψῳδίαν ἐξ ἁπάντων τῶν μέτρων. 1447b,
7b 13—20. πλὴν οἱ ἄνθρωποί γε συνάπτοντες τῷ μέτρῳ τὸ (10)
ποιεῖν[2]) ἐλεγειοποιοὺς τοὺς δὲ ἐποποιοὺς ὀνομάζουσιν, οὐχ
ὡς κατὰ τὴν[3]) μίμησιν ποιητὰς ἀλλὰ κοινῇ κατὰ τὸ
8 μέτρον προσαγορεύοντες. καὶ γὰρ ἂν ἰατρικὸν ἢ φυσικόν[4]) (11)
τι διὰ τῶν μέτρων ἐκφέρωσιν, οὕτω καλεῖν εἰώθασιν.
οὐδὲν δὲ κοινόν ἐστιν Ὁμήρῳ καὶ Ἐμπεδοκλεῖ πλὴν τὸ μέτρον· διὸ τὸν μὲν ποιητὴν δίκαιον καλεῖν, τὸν δὲ φυσιο-
9b λόγον μᾶλλον ἢ ποιητήν 1447b, 23. [καὶ[5]) ποιητὴν] προσα-(12b)
γορευτέον. περὶ μὲν οὖν τούτων διωρίσθω τοῦτον τὸν τρό-
10 πον· εἰσὶ δέ τινες αἳ[6]) πᾶσι χρῶνται τοῖς εἰρημένοις, (13)
λέγω δὲ οἷον ῥυθμῷ καὶ μέλει καὶ μέτρῳ, ὥσπερ ἥ τε
τῶν διθυραμβικῶν[7]) ποίησις καὶ ἡ τῶν νόμων καὶ ἥ τε
τραγῳδία καὶ ἡ κωμῳδία. διαφέρουσι δέ, ὅτι αἱ μὲν [ἅμα]
πᾶσαι[8]) αἱ δὲ κατὰ μέρος.

---

1) So Susem.² nach eigner Vermuthung, während Ueb. vielmehr im Anschluß au dieselbe τριμέτρων in ἑξαμέτρων änderte.

2) Ueb. schiebt hier τοὺς μὲν nach Gryph ein.

3) κατὰ τὴν Hermann, τὴν κατὰ A^c N^a und die meisten andern Handschriften, τὴν κατὰ B^c, τοὺς κατὰ Bekk.¹ nach Ald.

4) φυσικόν Heinsius, μουσικόν Bekk. Va. Ueb. nach den Handschriften.

5) ⟨οὐκ ἤδη⟩ καὶ Bekk. nach Ald., δικαίως Ueb., καὶ τοῦτον Susem.¹ nach G^s P^s M² auf Empfehlung Bahlens Zur Krit. S. 4 (62) ff., dann aber zeigte Bahlen Beitr. I. S. 4 (268) f. 38 (302), daß vielmehr καὶ ποιητὴν προσαγορευτέον zu tilgen sei, doch mit Recht beschränkte dies M. Schmidt auf καὶ ποιητὴν. indem er προσαγορευτέον zu dem vorausgehenden ἢ ποιητὴν hinaufrückte, indessen ergiebt sich dies Zusammenrücken und eben damit der wahre Grund des Fehlers von selbst, so bald man, wie ich hier gethan habe und es der Gedankenzusammenhang verlangt, vielmehr die dazwischen stehenden Worte ὁμοίως - μέτρων (§. 9) vor πλὴν §. 7^b umstellt, was zugleich die Einschließung des ersten ποιοῖτο τὴν μίμησιν in eckige Parenthesen nöthig machte. Dagegen erklärt Krohn die von Homeros

im Stande sein, welche die Mimen des Sophron und Xenarchos⁹), die sokratischen Dialoge, die Darstellungen in ⟨Hexametern,⟩ Tri- (9) metern¹⁰) und im elegischen Versmaß und was sonst von Dichtungen in anderen Maßen hieher gehört¹¹) (§. 9.) und endlich (12) den Fall, daß Jemand durch eine Mischung aller möglichen Versmaße die nachahmende Darstellung zu Wege bringt, wie z. B. Chäremon in seinem Kentauren eine solche aus allen möglichen Versarten gemischte Rhapsodie gedichtet hat¹²), in sich zusammenfaßte. (§. 7ᵇ.) Vielmehr die Leute begnügen sich eben schon damit, (10) dem Namen des bestimmten Versmaßes das Wort „dichten" anzuhängen, und so reden sie hier von Elegiendichtern und dort von Hexameterdichtern¹³), indem sie die gemeinsamen Benennungen so wählen, als ob nicht die Nachahmung den Dichter machte, sondern das Versmaß¹⁴). (§. 8.) Pflegen sie ja doch auch, wenn Jemand (11) Gegenstände der Arzneiwissenschaft oder Naturphilosophie*) nur in Versen ausführt, ihn deßhalb (bereits) einen Dichter zu nennen. Und doch haben (in der That) Homeros und Empedokles Nichts weiter mit einander gemein als (eben) das Versmaß, und eben deßhalb ist das Richtige (vielmehr) dies, daß man nur jenen einen Dichter nennt, diesen aber vielmehr einen Naturphilosophen denn einen Dichter¹⁵). (§. 9ᵇ.) Solches und so viel denn hierüber;(12ᵇ) (§. 10.) nun giebt es aber (endlich) noch einige unter jenen (13) Künsten, welche sich aller vorhin genannten Mittel bedienen, und zwar in der Weise, daß sie sowohl Tanz als auch Vocal- und Instrumentalmusik so wie Vers¹⁶) zur Anwendung bringen, so die Dithyramben und Nomendichtung¹⁷) einer- und die Tragödie und Komödie andrerseits. Sie unterscheiden sich aber (selbst noch wieder) dadurch, daß jene durchweg, diese aber nur in einzelnen ihrer Theile¹⁹) sich der Verbindung aller dieser Mittel bedienen.

*) Nach den Handschriften: „Theorie der Musik" oder „Theorie der musischen Kunst".

---

und Empedokles handelnde Stelle (vielleicht also die ganzen §§ 7ᵇ 8?) für „eine elende Interpolation".

6) αἱ (Gryph., οἱ Bekk.¹ nach den Handschriften.
7) διθυράμβων (Gˢ Pᵇ und corr. M².
8) ἅμα πᾶσαι Susem.² nach Nᵃ M¹·³· Q Lᵈ auf die Empfehlung Vahlens a. a. O. S. 6 (64). 41 (305), nur daß ich zugleich ἅμα als Dittographie von αἱ μὲν in eckige Parenthesen setze.

ΠΕΡΙ ΠΟΙΗΤΙΚΗΣ.

2. ταύτας μὲν οὖν¹) λέγω τὰς διαφορὰς τῶν τεχνῶν, ἐν οἷς²) ποιοῦνται τὴν μίμησιν· (2)† ἐπεὶ δὲ μιμοῦνται οἱ μιμούμενοι πράττοντας, ἀνάγκη δὲ τούτους ἢ σπουδαίους ἢ φαύλους εἶναι (τὰ γὰρ ἤδη σχεδὸν ἀεὶ τούτοις ἀκολουθεῖ μόνοις· κακίᾳ γὰρ καὶ ἀρετῇ τὰ ἤδη διαφέρουσι πάντες), ἤτοι βελτίονας ἢ καθ᾽ ἡμᾶς³) ἢ χείρονας ἢ καὶ τοιούτους (ὥσπερ οἱ γραφεῖς· Πολύγνωτος μὲν γὰρ κρείττους, Παύσων δὲ χείρους, Διονύσιος δὲ ὁμοίους εἴκαζεν), δῆλον δὴ⁴) ὅτι καὶ τῶν λεχθεισῶν ἑκάστη μιμήσεων ἕξει ταύτας τὰς διαφοράς, καὶ ἔσται ἑτέρα τῷ⁵) ἕτερα μιμεῖσθαι τοῦτον τὸν τρόπον. καὶ γὰρ ἐν ὀρχήσει καὶ αὐλήσει καὶ κιθαρίσει ἔστι γενέσθαι ταύτας τὰς ἀνομοιότητας καὶ [τὸ]⁶) περὶ τοὺς λόγους δὲ καὶ τὴν ψιλομετρίαν, οἷον Ὅμηρος μὲν βελτίους, Κλεοφῶν δὲ ὁμοίους, Ἡγήμων δὲ ὁ Θάσιος ⟨ὁ⟩⁷) τὰς παρῳδίας ποιήσας πρῶτος καὶ Νικοχάρης ὁ τὴν Δηλιάδα⁸) χείρους, ὁμοίως δὲ καὶ περὶ τοὺς διθυράμβους καὶ περὶ τοὺς νόμους, ὥσπερ ⟨Ἀρ-⟩γᾶς⁹) [Κύκλωπας]¹⁰) Τιμόθεος καὶ Φιλόξενος[, μιμήσαιτο ἄν τις]¹¹). ἐν τῇ αὐτῇ δὲ¹²)

(1)
(2)
(3)
(4)
(5)
(6)
(7)

---

f. indessen Vahlens Vertheidigung dieses Worts, ἄμα πᾶσιν Bekk. Va. Ueb. nach den übrigen Handschriften, ἄμα πᾶσι⟨διαπαντός⟩ (oder ähnlich) Susem.¹, ἀνὰ ⟨πάντα⟩ πᾶσιν Friedrich. Vielleicht ist aber vielmehr ἅμα πᾶσι ⟨πᾶσαι⟩ das Richtige.

1) οἱ Aᶜ Lᵈ Par. 2938.
2) οἷς Vettori für αἷς.
3) Krohn erklärt ἢ καθ᾽ ἡμᾶς, dann ἢ καὶ τοιούτους und Διονύσιος δὲ ὁμοίους für interpolirt, desgleichen in §. 3 καὶ τὴν ψιλομετρίαν und Κλεοφῶν δὲ ὁμοίους und in §. 4 ⟨Ἀρ-⟩γᾶς, f. dagegen die Anm. 19 hinter dem Text.
4) δὴ Morel, δὲ Bekk. Va. Ueb. nach den Handschriften, f. Bonitz Aristot. Stud. II. S. 29 f. (Sitzungsber. der Wiener Akad. XLI. S. 405 f.), Spengel will die Partikel ganz tilgen.
5) τῷ Bᶜ Gˢ Pˢ M², τὸ Aᶜ und die übrigen Handschriften.
6) So Susem. Ueb. während Bekk. das Wort nach Ald. ganz tilgt, Va. aber es ohne eckige Parenthesen im Text läßt.
7) Von Ald. eingefügt, von Va. nicht aufgenommen.
8) δειλιάδα M⁴ und pr. Aᶜ, aber von der jüngern Hand corrigirt.
9) So Bekk.³ Ueb. nach Tyrwhitt, ὥσπερ ** γᾶς Va., ὡς Πέρσας Bekk.¹ Susem.¹ auch Winstanley nach Franz Medici und einer von Robertelli benutzten Handschrift, ὡς περγᾶς Aᶜ, ὥσπερ γᾶς Bᶜ Nᵃ Gˢ.

2. (§. 1.) Das sind denn also die Unterschiede der (betreffenden) Künste nach den Mitteln der Nachahmung. Nun stellt aber alle künstlerische Nachahmung Handelnde dar, und dies sind nothwendig entweder würdige oder niedrige Charaktere — denn auf diese beiden Bestimmungen allein geht schließlich Alles, was wir Charakter nennen, zurück, denn Schlechtigkeit und Tüchtigkeit sind es, nach denen alle Menschen sich in Bezug auf den Charakter unterscheiden — (mit andern Worten,) sie sind entweder besser im Vergleich zu uns oder schlechter oder auch gerade so. So Etwas zeigt sich (ja gleich) bei den Malern, denn Polygnotos pflegte in seinen Gestalten edlere, Pauson unedlere, Dionysios gerade solche Wesen zu bilden, als die gemeine Wirklichkeit sie darbietet [10]. (§. 2.) Und hieraus ist denn klar, daß auch von den vorhin genannten Arten nachahmender Darstellung eine jede eben diese Unterschiede an sich tragen und insofern eine verschiedene sein wird, als die Gegenstände welche sie darstellt, in dieser Weise verschieden sind. (§. 3.) Und wirklich können ja auch sowohl im Tanz wie im Flöten- und Citherspiel diese Unterschiede zu Tage treten und nicht minder in derjenigen Dichtart, welche sich bloß der ungebundenen Rede oder doch des bloßen Verses bedient, wie z. B. Homeros edlere, Kleophon [20] gewöhnliche, Hegemon endlich, welcher zuerst Parodien dichtete [21], und Nikochares, der Dichter der Deilias [22], unedlere Charaktere darstellt, (§. 4.) und desgleichen auch in den Dithyramben und Nomen, wie sich dies an Argas, Timotheos und Philoxenos [in ihren Kyklopen] zeigt [23]. Und in eben diesem nämlichen Unter-

(1)
(2)
(3)
(4)
(5)
(6)
(7)

---

[10]) So Ueb. nach Spengel, ohne eckige Parenthesen Va. nach A^c B^c N^a und fast allen andern Handschriften, καὶ Κύκλωπα; Bekk. Susem.¹ nach derselben von Robortelli benutzten Handschrift und Ald., auch, wie es scheint, Par. 2038. 2938, Κύκλωπα; καὶ vermuthete Tyrwhitt, καὶ Κύκλωπα Winstanley, καὶ? Susem.

[11]) So Susem. nach Vahlen Zur Krit. S. 13 (69), der wohl mit Recht vermuthet, daß diese Worte aus c. 3. §. 1 entstanden seien. Darnach mußte auch die Interpunction geändert werden. In seiner Ausg. macht Vahlen übrigens von dieser seiner Vermuthung keinen Gebrauch.

[12]) ἐν τῇ αὐτῇ δὲ Vettori, ἐν αὐτῇ δὲ τῇ Bekk. Va. (der jedoch a. a. O. Vettoris Aenderung billigt) nach den Handschriften, ἐν ταύτῃ δὲ τῇ Ueb. nach M. Casaubonus am Rande.

ΠΕΡΙ ΠΟΙΗΤΙΚΗΣ.

διαφορᾷ καὶ ἡ τραγῳδία πρὸς τὴν κωμῳδίαν διέστηκεν· ἡ μὲν γὰρ χείρους ἡ δὲ βελτίους μιμεῖσθαι βούλεται τῶν νῦν.

1 3. ἔτι δὲ τούτων τρίτη διαφορὰ τὸ ὡς ἕκαστα τούτων μιμήσαιτο ἄν τις· καὶ γὰρ ἐν τοῖς αὐτοῖς καὶ τὰ αὐτὰ μιμεῖσθαι ἔστιν ὁτὲ μὲν ἀπαγγέλλοντα (ἢ ἕτερόν [τι]¹) γιγνόμενον, ὥσπερ Ὅμηρος ποιεῖ, ἢ ὡς τὸν αὐτὸν καὶ μὴ μεταβάλλοντα) ἢ²) πάντα³) ὡς πράττοντας καὶ ἐνεργοῦντας⁴) τοὺς μιμουμένους⁵).   (1) (2)

2 ἐν τρισὶ δὴ ταύταις διαφοραῖς ἡ μίμησίς ἐστιν, ὡς εἴπομεν κατ᾽ ἀρχάς, ἐν οἷς τε ⟨καὶ ἃ⟩⁶) καὶ ὥς. ὥστε τῇ μὲν ὁ αὐτὸς ἂν εἴη μιμητὴς Ὁμήρῳ Σοφοκλῆς, μιμοῦνται γὰρ ἄμφω σπουδαίους, τῇ δὲ Ἀριστοφάνει,
3 πράττοντας γὰρ μιμοῦνται καὶ⁷) δρῶντας ἄμφω. ὅθεν καὶ δράματα καλεῖσθαί τινες⁸) αὐτά φασιν, ὅτι μιμοῦνται δρῶντας.** διὸ καὶ ἀντιποιοῦνται τῆς τε τραγῳδίας καὶ τῆς κωμῳδίας οἱ Δωριεῖς, τῆς μὲν γὰρ⁹) κωμῳ-   (3) (4) (5)

---

¹) So Susem.² nach Zeller und Spengel, τινα Susem.¹ Ueb. nach Ulrici (Gesch. der Hellen. Dichtk. 1. S. 90) und Welcker (Rhein. Muſ. 1837. S. 494), ſ. indeſſen Vahlens Vertheidigung des τι Beitr. 1. S. 42 (306). Zeller (Phil. d. Gr. 2. A. II^b. S. 618. Anm. 4) hat überdies für ὁτὲ μὲν-ἢ vermuthet: ἢ ὁτὲ μὲν αὐτόν- ὁτὲ δέ, (Eſſen ἢ ὁτὲ μὲν ἀπαγγέλλοντα καὶ ὡς τὸν αὐτόν, ὁτὲ δὲ ἕτερόν τινα γιγνόμενον, ὥσπερ Ὅμηρος ποιεῖ, ἢ μὴ für ὁτὲ μὲν-καὶ μή.

2) ὁτὲ δὲ Gumpoſch (Ueb. d. Logik des Ariſtot. S. 67) vielleicht richtig.

3) So Bekk.³ Suſem. nach Jſ. Caſaubonus (De sat. Gr. poesi S. 83) für πάντας·. während Friederichs πάντας für πάντας ὡς mit Unrecht vermuthet.

4) δρῶντας· καὶ ἐνεργοῦντας τοὺς πράττοντας· M. Schmidt für πράττοντας καὶ ἐνεργοῦντας· (ſchwerlich mit Recht).

5) [τοὺς μιμουμένους] Vahlen Beitr. 1. S. 7 (271), zurückgenommen Beitr. IV. S. 399 f., αὐτούς· μιμούμενον? Bücheler, μιμούμενον M. Schmidt und Friederichs, aber richtig Jſ. Caſaubonus: „scil. μιμεῖσθαι ἔστιν".

6) Richtiger Zuſatz von Ald.

7) ὡς· M. Schmidt.

8) Spengel will entweder καλεῖσθαί τινες· oder bloß τινες· tilgen, und Eſſen ſtellt καλεῖσθαί-φασιν mit Annahme einer Lücke vor dieſen Worten hinter δρῶντας· um, indem er etwa Folgendes ergänzt: ⟨ἔστι δὲ καὶ ἑτέρα δόξα· δράματα γὰρ ταὐτὸ σημαίνειν καὶ ποιήματα,

schiede liegt auch die Verschiedenheit der Tragödie von der Komödie, denn diese richtet ihr Absehen darauf schlechtere, jene aber edlere Charaktere darzustellen, als sie in Wirklichkeit zu sein pflegen 24).

3. (§. 1.) Noch besteht auf diesem Gebiete ein dritter Unterschied, in der Art und Weise nämlich, wie man jeden dieser Gegenstände nachahmend darstellen kann. Man kann nämlich mit denselben Mitteln und dieselben Gegenstände nachahmen und doch dabei entweder berichten — sei es nun, daß man dabei doch auch wieder andere Personen vorstellt, wie dies Homeros thut 25), sei es, daß man immer gleichmäßig und unverändert nur in eigener Person auftritt — oder aber durchweg die dargestellten Personen selber als handelnd und wirkend*) vorführen 26).

(§. 2.) Innerhalb dieser drei Unterschiede bewegt sich also, wie gleich zu Anfang bemerkt wurde, alle nachahmende Darstellung, innerhalb der Unterschiede nach den Mitteln, nach den Gegenständen und nach der Art der Nachahmung, und es gehört darnach in einer Hinsicht Sophokles mit dem Homeros zu derselben Classe von nachahmenden Darstellern, denn beide stellen würdige Charaktere dar, in der anderen aber vielmehr mit dem Aristophanes, denn beide führen uns ihre Personen als selbstthätig handelnd vor 26b),
(§. 3.) und Manche behaupten daher auch, daß die beiden von ihnen gepflegten Dichtarten deßhalb beide Drama genannt würden, weil beide ihre Personen unmittelbar als Handelnde darstellen. <Andere aber — — — — — — — — — —>. Und eben hiemit hängt es auch zusammen, wenn die Dorer sowohl die (Erfindung der) Tragödie als (der) Komödie für sich in Anspruch nehmen,

(1)
(2)
(3)
(4)
(5)

---

*) Nach einer anderen Auffassung in der 1. A. „durchweg seine Personen selber als handelnd und wirkend und so (gleichsam) selber als Nachahmer wirklicher Personen" s. Teichmüller I. S. 25 ff.

καὶ ὡς τὸ κατὰ μέρος πρὸς τὸ καθόλου οὕτω> καλεῖσθαί κ. τ. λ. Weit einfacher ist es aber doch, die vielleicht in der That dem Sinne nach ähnlich auszufüllende Lücke vielmehr ohne jede Umstellung hinter δρῶντας zu setzen, wie ich darnach in dieser meiner 2. A. thue. Dem Urtheil Ritters, daß §. 3 interpolirt sei, ist trotz Mißbilligung seiner Gründe Lorenz (Epicharmos S. 9 Anm.) mit Unrecht beizutreten geneigt.
ʰ) γὰρ fehlt bei Bekk. nach Nᵃ Mⁱ.

δίας οἱ Μεγαρεῖς, οἵ τε ἐνταῦθα (ὡς ἐπὶ τῆς παρ' αὐτοῖς¹) δημοκρατίας γενομένης) καὶ οἱ ἐκ Σικελίας (ἐκεῖθεν γὰρ ἦν Ἐπίχαρμος ὁ ποιητής, πολλῷ πρότερος ὢν Χιωνίδου²) καὶ Μάγνητος), καὶ τῆς τραγῳδίας ἔνιοι τῶν ἐν Πελοποννήσῳ, ποιούμενοι τὰ ὀνόματα σημεῖον. αὐτοὶ³) μὲν γὰρ κώμας τὰς περιοικίδας καλεῖν φασίν, (6 Ἀθηναίους⁴) δὲ δήμους, ὡς κωμῳδοὺς οὐκ ἀπὸ τοῦ κωμάζειν λεχθέντας, ἀλλὰ τῇ κατὰ κώμας πλάνῃ ἀτιμαζομένους ἐκ τοῦ ἄστεως· †καὶ τὸ ποιεῖν αὐτοὶ μὲν⁵) δρᾶν, Ἀθηναίους δὲ πράττειν⁶) προσαγορεύειν.

3,4   4. περὶ μὲν οὖν τῶν διαφορῶν, καὶ πόσαι καὶ τίνες
4,1 τῆς μιμήσεως, εἰρήσθω ταῦτα· (4) ἐοίκασι δὲ γεννῆσαι (1
 2 μὲν ὅλως τὴν ποιητικὴν αἰτίαι δύο τινές, καὶ αὗται⁷) (2
φυσικαί (τό τε γὰρ μιμεῖσθαι σύμφυτον τοῖς ἀνθρώποις ἐκ παίδων ἐστί—καὶ τούτῳ διαφέρουσι τῶν ἄλλων ζῴων ὅτι μιμητικώτατόν ἐστι καὶ τὰς μαθήσεις ποιεῖται διὰ μιμήσεως τὰς πρώτας — καὶ τὸ χαίρειν τοῖς μιμήμασι
 3 πάντας· σημεῖον δὲ τούτου τὸ συμβαῖνον ἐπὶ τῶν ἔργων, (3
ἃ γὰρ αὐτὰ λυπηρῶς ὁρῶμεν, τούτων τὰς εἰκόνας τὰς μάλιστα ἠκριβωμένας χαίρομεν θεωροῦντες, οἷον θηρίων
 4 τε μορφὰς τῶν ἀτιμοτάτων καὶ νεκρῶν· αἴτιον δὲ καὶ (4
τούτου⁸) ὅτι μανθάνειν οὐ μόνον τοῖς φιλοσόφοις ἥδιστον ἀλλὰ καὶ τοῖς ἄλλοις ὁμοίως, ἀλλ' ἐπὶ βραχὺ κοινωνοῦ-
 5 σιν αὐτοῦ· διὰ γὰρ τοῦτο χαίρουσι τὰς εἰκόνας ὁρῶντες, (5
ὅτι συμβαίνει θεωροῦντας μανθάνειν καὶ συλλογίζεσθαι τί⁹) ἕκαστον, οἷον ὅτι οὗτος ἐκεῖνος, ἐπεὶ ἐὰν μὴ τύχῃ (6

---

1) So Susem. nach Spengel für αὐτοῖς.
2) So Sylburg, Χιωνίδου Bekk.¹ aus Aᶜ Bᶜ und andern Handschriften.
3) So Spengel, οὗτοι Bekk. nach den Handschriften, τοῦτο M. Schmidt.
4) Ἀθηναίους die Oxforder Ausg. der Poetik v. J. 1760, Ἀθηναῖοι Bekk. nach den Handschriften.
5) und 6) μὲν und Ἀθηναίους δὲ πράττειν erklärt Essen mit Unrecht für ein Einschiebsel.
7) αὗται Ald., αὐταὶ Aᶜ und die übrigen Handschriften.
8) τοῦτο Bekk.³ Va. nach Nᵃ M¹ ³., wogegen Spengel καὶ oder καὶ τούτου streichen, M. Schmidt καὶ hinter διὰ γὰρ §. 5 hinabrücken will und Friedrich κατὰ ταὐτὸν für καὶ τούτου vermuthet.
9) συλλογίζεσθαί τι Aᶜ.

die (der) Komödie nämlich die Megarer, und zwar eben so wohl die hier im Mutterlande, indem sie behaupten, sie sei zur Zeit, als bei ihnen Demokratie herrschte [27]), unter ihnen entstanden, theils die sikelischen, denn bei diesen war der Dichter Epicharmos zu Hause, welcher beträchtlich früher lebte als Chionides und Magnes [28]), und die (Erfindung der) Tragödie verschiedene peloponnesische Dorer [29]). Sie alle nämlich führen eben die Namen als Beweis an. Denn (6) sie ihrerseits nennen, so sagen sie, die außerstädtischen Ortschaften Komen, die Athener aber Demen, und sie gehen hiebei davon aus, daß die Komödien nicht von dem Worte κωμάζειν (herumschwärmen) ihren Namen erhalten hätten, sondern weil ihre Darsteller (einst), seitens der Städter gering geachtet, in den Komen umherzogen. Und ferner heiße „handeln" bei ihnen δρᾶν, bei den Athenern aber πράττειν [30]).

4. (§. 1.) So viel denn also darüber, wie viel der Verschieden- (1) heiten nachahmender Darstellung und welches dieselben sind. Ent- sprungen aber, so scheint es, ist die Dichtkunst im Allgemeinen aus zwei Ursachen, und Beides sind solche, die in der Menschennatur begründet liegen. (§. 2.) Denn einmal ist das Nachahmen mit (2) den Menschen von Kindheit auf verwachsen, und sie unterscheiden sich dadurch von allen anderen lebendigen Wesen, daß der Mensch am Meisten Trieb und Geschick zur Nachahmung hat und das Erste, was er lernt, auf dem Wege der Nachahmung sich aneignet, und ein Gleiches gilt von dem Wohlgefallen Aller an den Erzeugnissen nachahmender Darstellung. (§. 3.) Ein Beweis hiefür ist, was (3) uns die tägliche Erfahrung lehrt. Denn von denselben Gegen- ständen, die wir in der Wirklichkeit mit Widerwillen betrachten, sehen wir doch ihre recht genau getroffenen Abbildungen mit Wohl- gefallen an, wie z. B. die von den widerwärtigsten Thieren und von Leichen. (§. 4.) Der Grund aber liegt auch hievon [31]) darin, (4) daß das Lernen und der Gewinn von Erkenntnissen nicht bloß für die Philosophen der größte Genuß ist, sondern eben so auch für alle anderen Menschen, nur aber hält dieser Lerneifer bei ihnen immer nicht lange an. (§. 5.) Denn das ist doch eben die Ursache, (5) weßhalb sie alle mit solchem Vergnügen Bildwerke betrachten, weil sie durch dies Anschauen die Erkenntniß Dessen gewinnen und zu Schlüssen darüber angetrieben werden, was ein jedes darstellt, in- dem sie sich z. B. sagen: „das ist der und der" [32]). Denn hat man (6)

προεωρακώς, οὐχ ᾗ¹) μίμημα ποιήσει τὴν ἡδονὴν ἀλλὰ
διὰ τὴν ἀπεργασίαν ἢ τὴν χροιὰν ἢ διὰ τοιαύτην τινὰ
6 ἄλλην αἰτίαν·²) κατὰ φύσιν δὴ³) ὄντος ἡμῖν τοῦ μιμεῖ- (7)
σθαί ⟨καὶ τοῦ τε λόγου⟩⁴) καὶ τῆς ἁρμονίας καὶ τοῦ
ῥυθμοῦ — τὰ γὰρ μέτρα ὅτι μόρια τῶν ῥυθμῶν ἐστί,
φανερόν — ἐξ ἀρχῆς πεφυκότες⁵) καὶ αὐτὰ μάλιστα⁶)
κατὰ μικρὸν προάγοντες ἐγέννησαν τὴν ποίησιν ἐκ τῶν
7 αὐτοσχεδιασμάτων· διεσπάσθη δὲ κατὰ τὰ οἰκεῖα ἤδη (8)
ἡ ποίησις. οἱ μὲν γὰρ σεμνότεροι τὰς καλὰς ἐμιμοῦντο
πράξεις καὶ τὰς τῶν τοιούτων, οἱ δὲ εὐτελέστεροι τὰς
τῶν φαύλων, πρῶτον ψόγους ποιοῦντες, ὥσπερ ἕτεροι⁷)
8 ὕμνους καὶ ἐγκώμια. τῶν μὲν οὖν πρὸ Ὁμήρου οὐδενὸς (9)
ἔχομεν εἰπεῖν τοιοῦτον ποίημα, εἰκὸς δὲ εἶναι⁸) πολ-
λούς·⁹) ἀπὸ δὲ Ὁμήρου ἀρξαμένοις ἔστιν, οἷον ἐκείνου (10)
ὁ Μαργίτης¹⁰) καὶ τὰ τοιαῦτα. ἐν οἷς κατὰ¹¹) τὸ ἁρ-

---

1) οὐχ ᾗ Hermann, οὐχὶ Ba. nach den Handschriften, οὐ διὰ
Bekk.¹ nach W. Pazzi und Trincaveli, οὐχὶ διὰ Batteux.
2) Krohn erklärt §§. 4. 5 für interpolirt, s. dagegen die Anm.
32 hinter dem Text.
3) δὴ Susem.¹ in der Uebers. und Vahlen Beitr. I. S. 10
(274), δὲ Bekk. und Susem.¹ im Text nach den Handschriften.
4) So Susem.², ⟨τε καὶ τοῦ λόγου⟩ Susem.¹, ⟨καὶ τοῦ λόγου⟩ Ueb.,
⟨ἔτι δὲ καὶ τοῦ λόγου⟩ M. Schmidt, ⟨καὶ τοῦ τε λόγου ὡσαύτως⟩?
Susem., ⟨καὶ τῷ χαίρειν τῷ διὰ τοῦ λόγου μιμεῖσθαι⟩ Spengel (wodurch der Ausfall sich allerdings leichter erklären, aber dem Gedanken
nicht Genüge gethan sein würde; auch würde nicht διά, sondern ἐν
oder der bloße Dativ erforderlich sein).
5) οἱ πεφυκότες Bekk. nach Ald., πεφυκότας Bernhardy, ⟨εὖ⟩
πεφυκότες würde ich erwarten, wenn das folgende καὶ wirklich in
κατ᾽ zu ändern sein sollte.
6) καὶ αὐτὰ μάλλον? Spengel, κατ᾽ αὐτὰ μάλιστα Bernhardy
und nach ihm Bursian und M. Schmidt (welcher überdies hinter
μάλιστα ein Wort wie αὐτοσχεδιασταί einschieben will, schwerlich mit
Recht), πρὸς αὐτὰ μάλιστα Bekk.-nach Ald. (und M³?), μάλιστα καὶ
αὐτά? Susem., Bernhardy will außerdem mit Nᵃ M¹ κατὰ μικρὸν
weglassen, gewiß mit Unrecht.
7) ⟨οἱ⟩ ἕτεροι? Spengel, ἅτεροι? Susem. und Bywater, doch ist
auch ἕτεροι wohl möglich.
8) ⟨πεποιηκ-⟩έναι M. Schmidt, wahrscheinlich richtig, wenigstens
sehe ich nicht ab, wie sich εἶναι rechtfertigen ließe.
9) πολλὰ Trincaveli am Rande.
10) μαργίτη; Par. 2038, μαργείτης Aᶜ und die übrigen Hand-

den abgebildeten Gegenstand vorher noch nicht gesehen, so wird Einem diese Nachahmung desselben auch nicht als solche Genuß bereiten, sondern nur durch ihre geschickte Technik, durch ihre Farbengebung oder aus einem andern ähnlichen Grunde. (§. 6.) Da nun sonach das Nachahmen in unsrer Natur liegt und fürs Zweite auch von <Wort,> Harmonie und Rhythmos ein Gleiches gilt — denn daß die Versmaße nur besondere Arten der Rhythmen sind, liegt zu Tage ³²ᵇ) — da man also schon von Anfang an die erforderliche natürliche Anlage besaß und dieselbe*) allmählich in sehr hohem Grade**) ausbildete, so entsprang endlich die wirkliche Poesie aus den anfänglichen rohen Stegreifversuchen***). (7)

(§. 7.) Es spaltete sich aber dieselbe (gleich) nach der verschiedenen Charaktereigenthümlichkeit ihrer Pfleger. Die ernsteren Charaktere unter ihnen nämlich brachten edle Handlungen und Handlungen edelgearteter Menschen ³³) zur Darstellung, die leichtfertigeren aber die gemeiner Naturen, indem sie zuerst Spottlieder dichteten, gleichwie Andere †) Hymnen und Loblieder ³⁴). (§. 8.) Unter den Dichtern vor Homeros wissen wir nun freilich von keinem ein solches Spottgedicht zu nennen, es ist aber doch wahrscheinlich, daß es schon (vor ihm) viele solche Dichter gab ††), vom Homeros ab aber können wir es. Denn da ist gleich sein eigner Margites und was (8) (9) (10)

*) Wörtlich „jene Dinge", nämlich Nachahmung, Wort, Harmonie und Rhythmos.
**) Oder ist so zu verbinden: „da man also einerseits von Anfang an . . . besaß, andererseits aber dieselbe (doch nur) ganz allmählich"? Nach meiner Conjectur vielmehr: „da man also schon von Anfang an die erforderliche natürliche Anlage in sehr hohem Grade besaß und dieselbe allmählich".
***) Oder nach der Conjectur von Bursian: „so bildete man, da man somit schon von vorn herein in Bezug auf jene Dinge aufs Beste von der Natur ausgestattet war, allmählich die Poesie weiter aus und ließ so dieselbe aus den ersten rohen Stegreifversuchen hervorgehen."?
†) Oder: „jene"?
††) Oder wohl vielmehr nach Schmidts Conjectur: „daß schon Viele (vor ihm) derartige Gedichte verfaßt haben."

---

schriften. M. Schmidt will οἷον-Μαργίτης unmittelbar hinter τοιοῦτον ποίημα hinaufrücken (mit Unrecht).
⁶) καὶ Bekk. Susem.¹ Stahr nach Ald., κατὰ <φύσιν> M. Schmidt. Vielleicht ist in der That Eines von Beidem richtig.

ΠΕΡΙ ΠΟΙΗΤΙΚΗΣ. †1449a

μόττον ἰαμβεῖον¹) ἦλθε μέτρον (διὸ καὶ ἰαμβεῖον²)
καλεῖται νῦν, ὅτι ἐν τῷ μέτρῳ τούτῳ ἰάμβιζον ἀλλή-
9 λους)· καὶ ἐγένοντο τῶν παλαιῶν οἳ μὲν ἡρωικῶν οἳ δὲ (11)
ἰάμβων ποιηταί. ὥσπερ δὲ καὶ τὰ σπουδαῖα μάλιστα (12)
ποιητὴς Ὅμηρος ἦν (μόνος γὰρ οὐχ ὅτι εὖ, ἀλλὰ [ὅτι]³)
καὶ μιμήσεις δραματικὰς⁴) ἐποίησεν), οὕτως⁵) καὶ τὰ
τῆς κωμῳδίας σχήματα πρῶτος ὑπέδειξεν, οὐ ψόγον
ἀλλὰ τὸ γελοῖον δραματοποιήσας· ὁ⁶) γὰρ Μαργίτης
ἀνάλογον ἔχει, ὥσπερ Ἰλιὰς † καὶ ἡ⁷) Ὀδύσσεια πρὸς τὰς
10 τραγῳδίας, οὕτω καὶ οὗτος πρὸς τὰς κωμῳδίας⁸). παρα- (13)
φανείσης δὲ τῆς τραγῳδίας καὶ κωμῳδίας οἱ ἐφ' ἑκα-
τέραν τὴν ποίησιν ὁρμῶντες κατὰ τὴν οἰκείαν φύσιν οἱ
μὲν ἀντὶ τῶν ἰάμβων κωμῳδοποιοὶ ἐγένοντο, οἱ δὲ ἀντὶ
τῶν ἐπῶν τραγῳδοδιδάσκαλοι, διὰ τὸ μείζονα⁹) καὶ ἐντι-
μότερα τὰ σχήματα εἶναι ταῦτα ἐκείνων.
11 τὸ μὲν οὖν ἐπισκοπεῖν ἆρ' ἔχει¹⁰) ἤδη ἡ τραγῳδία (22)

---

1) ἰαμβίον Λᶜ, ἰαμβίζουσι oder ἰαμβισταῖς M. Schmidt (ohne Noth), während Stahr das Wort ganz zu tilgen geneigt ist. Welcker (Kl. Schrr. IV. S. 31) hält die ganze Stelle für zerrüttet und vermuthet, daß Archilochos hier ursprünglich genannt gewesen sei, s. dagegen Vahlen, Beitr. I. S. 12 (276) f. 42 (306).

2) ἰαμβίον Λᶜ.

3) So Susem. nach Bonitz, daher auch ἀλλὰ statt ἀλλ'.

4) δραματικῶς Bᶜ Gˢ Pˢ M², was Usener (Rhein. Mus. XXVIII. S. 422. Anm. 3) billigt, indem er zugleich μιμήσεις in eckige Parenthesen setzt.

5) οὕτω Bekk. Susem.¹ Ueb. nach Bᶜ und andern Handschriften.

6) So Ald. statt τό. Bernhardy will vielmehr durch Umstellung von Μαργίτης hinter ἀνάλογον helfen, aber Arist. pflegt ἀνάλογον (ἀνὰ λόγον?) ἔχειν, nicht τὸ ἀνάλογον ἔχειν zu sagen. τί γάρ; für τὸ γάρ Friedrich.

7) ἡ fehlt bei Bekk. Susem.¹ nach Bᶜ Nᵃ und andern Handschriften, aber s. Vahlen Beitr. IV. S. 409.

8) Die Worte οὕτω καί–κωμῳδίας fehlen in Nᵃ M¹, was Bernhardy mit Unrecht billigt. Krohn erklärt §§. 9. 10. mit Ausnahme von καὶ ἐγένοντο–ποιηταί (§. 11 Herm.) für interpolirt, doch meint er, daß auch die nächstfolgenden Worte ὥσπερ–Ὅμηρος ἦν gerettet werden könnten, wenn Aristoteles selbst sodann etwa οὕτω τὴν τῶν

dergleichen mehr ist. In solchen Dichtungen ³⁶) kam denn nun an-
gemessenerweise iambisches Versmaß*) auf, und eben deßhalb
nennt man dasselbe jetzt auch das spottende Versmaß, weil
man in ihm einander verspottete ³⁶); (§. 9.) und so wurden denn ³⁶ᵇ) (11)
von den alten Poeten die einen heroische, die andern aber iambische Dichter. Gleichwie aber in den ernsten Dichtungen vor allen (12)
Anderen Homeros hervorragte — denn er allein hat nicht bloß
schöne, sondern auch wahrhaft dramatische Darstellungen gedichtet ³⁷ᵃ) —
so hat er auch zuerst der Komödie ihre (richtigen) Grundformen
vorgebildet, indem er nicht persönlichen Spott, sondern das sachlich
Lächerliche ³⁹) in (ächt) dramatischer Darstellung vorführte ³⁷ᵇ), und
so steht sein Margites in demselben Verhältniß zur Komödie wie
seine Ilias und Odyssee zur Tragödie. (§. 10.) Nachdem nun aber (13
(auch) die Tragödie und die Komödie (selbst) hervorgetreten war,
da zeigte sich (wiederum) dieselbe Verschiedenheit des eigenthümlichen
Naturells, welches die Einen zu der einen und die Anderen zu der
andern Dichtart hinzog: Diese gaben jetzt den Jambos auf und
wurden Komödien-, Jene das Epos und wurden Tragödiendichter,
weil diese neuen Darstellungsformen eine höhere Stufe bezeichneten ³⁸ᵇ) und zu höherem Ansehen gelangten als jene älteren.

(§. 11.) Ob nun freilich die Tragödie mit ihren (bisher ent- (22)

*) Genauer: „(Trimeter-) Versmaß." — Oder nach Aldus: „nun
auch das für sie angemessene iambische (Trimeter-) Versmaß", nach
Schmidt: „nun naturgemäß das für sie angemessene iambische (Tri-
meter-) Versmaß."

φαύλων μίμησιν Ἀρχίλοχος πάντων διέφερεν geschrieben habe. Vgl.
Anm. 1 und f. hiegegen die Anm. 35 hinter dem Text.
⁹) μείζονα Bᶜ Gᵉ Pˢ M², μεῖζον AᶜQ Lᵈ M³,⁴. μείζω Bekk.
Susem.¹ nach Nᵃ M¹.
¹⁰) ἄρ' ἔχει Ba. Susem.² nach Vahlen Beitr. I. S. 14 (278).
43 (307) f., εἰ ἄρ' ἔχει Susem.¹ Ueb. nach Ritter, εἰ ἄρα ἔχει Bekk.
nach Ald., παρέχει die Hdschrn. Daß indessen die Aenderung εἰ ἄρ' ἔχει die
leichtere ist, bestreitet Vahlen mit offenbarem Unrecht, und streng bewiesen hat er die Unzulässigkeit dieser Ausdrucksweise bei Arist. nicht,
noch läßt sie sich streng beweisen. Daß ein Fehler in den Worten
steckt, ward übrigens schon vor Ald. erkannt, denn auf dieser Erkenntniß beruht die glückliche Schreibung im Folgenden εἴδεσιν ⟨εἰ δὲ⟩
in Gᵉ Pˢ.

ΠΕΡΙ ΠΟΙΗΤΙΚΗΣ.

τοῖς εἴδεσιν ἱκανῶς ἢ οὔ, αὐτό τε καθ' αὐτό[1]) κρῖναι[2])
12 καὶ πρὸς τὰ θέατρα, ἄλλος λόγος γενομένη δ' οὖν[3]) ἀπ' (14)
ἀρχῆς αὐτοσχεδιαστικῆς[4]) καὶ αὐτὴ καὶ ἡ κωμῳδία, καὶ
ἡ μὲν ἀπὸ τῶν ἐξαρχόντων τὸν διθύραμβον, ἡ δὲ ἀπὸ
τῶν τὰ φαλλικά[5]), ἃ ἔτι καὶ νῦν ἐν πολλαῖς τῶν πό-
λεων διαμένει[6]) νομιζόμενα, κατὰ μικρὸν ηὐξήθη προαγόν-
των ὅσον ἐγίγνετο φανερὸν αὐτῆς, καὶ πολλὰς μετα- (15)
βολὰς μεταβαλοῦσα ἡ τραγῳδία ἐπαύσατο, ἐπεὶ ἔσχε
13 τὴν αὑτῆς φύσιν[7]). καὶ τό τε τῶν ὑποκριτῶν πλῆθος (16)
ἐξ ἑνὸς εἰς δύο πρῶτος Αἰσχύλος ἤγαγε, καὶ τὰ τοῦ
χοροῦ ἠλάττωσε, καὶ τὸν λόγον πρωταγωνιστὴν παρε-
14 σκεύασεν· τρεῖς δὲ καὶ σκηνογραφίαν Σοφοκλῆς[8]). (17)
ἔτι δὲ τὸ μέγεθος ἐκ μικρῶν μύθων καὶ 1449a, 28. [ἔτι δὲ] (20)
ἐπεισοδίων πλήθη[9]). 1449a, 19—28. ⟨καὶ ἐκ⟩[10]) λέξεως(17b)
γελοίας διὰ τὸ ἐκ σατυρικοῦ[11]) μεταβαλεῖν ὀψὲ ἀπε-
σεμνύνθη, τό τε μέτρον ἐκ τετραμέτρου ἰαμβεῖον ἐγένετο.

1) αὐτὸ ⟨εἴ-⟩τε καθ' αὐτὸ Susem.¹ nach Bursian, αὐτὰ ⟨εἴ-⟩ τε καθ' αὐτὰ Ueb., αὐτό τε καθ' αὐτό ⟨ὃ⟩ Va. nach Vahlen Beitr. I. S. 14 (278). 44 (308) f., αὐτή τε καθ' αὑτήν Spengel.

2) κρῖναι Forchhammer (De Aristotelis artis poeticae cap. IV. §. 11, Kiel 1654) nach den handschriftlichen Spuren, κρίνεται ἢ ναὶ A^c B^c G^s P^s M^2, $\genfrac{}{}{0pt}{}{\text{ἢ ναὶ}}{\text{κρίνεται}}$ hatte also die Urhandschrift, κρίνεται ἢ [ναὶ] Susem.¹ Ueb. nach Bursian, κρίνεται [ἢ ναὶ] Vahlen Beitr. a. a. O., κρίνεται εἶναι Va. nach N^a M$^{1.3}$. Q L^d, κρινόμενον Bekk. nach Ald., κρινομένη Spengel.

3) γενομένη δ' οὖν Bekk., γενομένης οὖν Va. nach A^c und den meisten andern Handschriften, γενομένη οὖν M^3 Q Par. 2117 und ein Theil der von Vettori benutzten Codices, γενομένη γοῦν Susem.¹.

4) αὐτοσχεδιαστικῆ Bekk. nach M^3 Q Par. 2117 und einigen von Vettori benutzten Codices.

5) So Ald., φαϋλλικά A^c B^c N^a und die meisten andern Hdschrn.

6) διαμένει Pazzi(?), Trincaveli und pr. M^4, διαμένειν A^c B^c N^a M$^{1.3}$. Q und corr. M^4, fehlt in G^s P^s M^2.

7) Mit Unrecht setzt Ueb. hier das Zeichen einer Lücke, indem er aus Themist. XXVI. p. 382 Dind. etwa ⟨τὸ μὲν γὰρ πρῶτον ὁ χορὸς ᾖδεν εἰς τοὺς θεούς· Θέσπις δὲ πρόλογόν τε καὶ ῥῆσιν ἐξεῦρεν⟩ ergänzen will (f. d. Anm. 42^b hinter dem Text), mit nicht geringerem Unrecht Bekk.³ und Vahlen Beitr. I. S. 15 (279) ein Komma.

8) Susem.¹ setzt hier statt des Punktes ein Komma nach Tycho Mommsen (Zeitschr. f. d. Alterth. 1845. Suppl.Nr. 16. S. 221 ff.), ohne dessen Erklärung zu billigen. Eben so ... sch (Sagenpoesie S. 650 ff.), der jedoch fälschlich hinter τὸ μέγεθος ein Punctum macht.

wickelten) Formen*) schon ihr Höchstes erreicht hat oder nicht, sowohl nach der Sache an sich zu urtheilen, als auch mit Rücksicht auf die theatralische Aufführung**), das ist eine andere Frage. (§. 12.) Genug, auch ihr Ursprung lag in gewissen rohen Stegreif- (14) versuchen und nicht minder der der Komödie, und zwar waren es die Vorsänger des Dithyrambos [39]), welche zu ihr, und die der phallischen Lieder [40]), wie solche auch noch jetzt in manchen Städten sich im Gebrauche erhalten haben [41]), welche zu der letzteren den Grund legten, und nachdem sie so aus diesen Ursprüngen hervorgegangen war [42]), wuchs sie allmählich weiter fort, indem man immer Das ausbildete, was gerade von ihr ans Licht treten wollte***), und nachdem sie so viele Umwandlungsstufen durchgemacht hatte [42b]), (15) blieb sie stehen, da sie die ihrer Natur gemäße Gestaltung erlangt hatte [43]). (§. 13.) Und die Zahl der Schauspieler brachte zuerst (16) Aeschylos von einem auf zwei, verminderte den Antheil des Chors und wies dem Dialog die erste Rolle zu. Drei Schauspieler aber und die Decoration der Bühne führte Sophokles ein. (§. 14.) (17) Ferner trat erst allmählich an Stelle der bisherigen Fabeln von geringem Umfange die richtige Ausdehnung, und es vergrößerte sich (20) die Zahl der (Auftritte und) Acte [44]). Und (auch) aus einer (17b) komischen Ausdrucksweise, die anfänglich in der Tragödie herrschte, weil sie sich aus einem Satyrspiele herausentwickelt hatte [45a]), gedieh sie erst spät [46]) zu der ihr angemessenen Würde, so wie auch ihr Versmaß aus dem Tetrameter in den iambischen Trimeter überging.

*) Oder: „die Tragödie in ihren einzelnen Arten", wie Ueberweg will?
**) Wörtlich: „auf die Zuschauer."
***) Ueberweg: „indem man jeden hervortretenden Keim zur Entwicklung brachte."

---

[9]) Umstellung von Susem.², während Susem.¹ nach Usener auch noch die folgenden Worte καὶ τὰ ἄλλ᾽ οἷς ἕκαστα κοσμηθῆναι λέγεται (§. 14. z. E. = §. 20ʰ Herm.) mit hieher hinaufrückte. In beiden Fällen ward es nöthig ὅτι δὲ in eckige Parenthesen zu schließen.
[10]) So Susem. nach eigner Vermuthung. Mommsen durfte auf keinen Fall und richtig ὅτι δὲ τὸ μέγεθος ἐκ μικρῶν μύθων von καὶ λέξεως getrennt hatte, den bloßen Genetiv für genügend halten: sollten vielmehr die von mir vor λέξεως hinaufgestellten Worte in Wirklichkeit an ihrem Platze zu belassen sein, so müßte man μύθων καὶ ⟨ἐκ⟩ (oder κἀκ?) λέξεως κ. τ. λ. schreiben.
[11]) σατυρικοῦ Aᶜ Q Par. 2938.

ΠΕΡΙ ΠΟΙΗΤΙΚΗΣ. †1449b

τὸ μὲν γὰρ πρῶτον τετραμέτρῳ ἐχρῶντο διὰ τὸ σατυρι- (18)
κὴν καὶ ὀρχηστικωτέραν εἶναι τὴν ποίησιν, λέξεως δὲ
γενομένης αὐτὴ ἡ φύσις τὸ οἰκεῖον μέτρον εὗρεν· μάλιστα
γὰρ λεκτικὸν τῶν μέτρων τὸ ἰαμβεῖον¹) ἐστίν. [σημεῖον (19)
δὲ τούτου· πλεῖστα γὰρ ἰαμβεῖα²) λέγομεν ἐν τῇ διαλέκτῳ τῇ πρὸς ἀλλήλους, ἐξάμετρα³) δὲ ὀλιγάκις καὶ
15 ἐκβαίνοντες τῆς λεκτικῆς ἁρμονίας.] 1449a, 28—31. καὶ(20ᵇ)
τὰ ἄλλ' οἷς⁴) ἕκαστα κοσμηθῆναι λέγεται⁵) ἔστω⁶)
ἡμῖν εἰρημένα· πολὺ γὰρ ἂν ἴσως ἔργον εἴη διεξιέναι (21)
καθ' ἕκαστον.

2   5. 1449a, 37—b, 9. αἱ μὲν οὖν τῆς τραγῳδίας μετα- (3)
βάσεις, καὶ δι' ὧν ἐγένοντο, οὐ λελήθασιν· ἡ δὲ κωμῳδία
διὰ τὸ μὴ † σπουδάζεσθαι ἐξ ἀρχῆς ἔλαθεν. καὶ γὰρ
χορὸν κωμῳδῶν⁷) ὀψέ ποτε ὁ ἄρχων ἔδωκεν, ἀλλ' ἐθελον-
ταὶ ἦσαν· ἤδη δὴ⁸) σχήματά τινα αὐτῆς ἐχούσης οἱ (4)
λεγόμενοι⁹) αὐτῆς ποιηταὶ μνημονεύονται, τίς δὲ πρόσωπα
3 ἀπέδωκεν ἢ [προ-]λόγους¹⁰) ἢ πλήθη ὑποκριτῶν καὶ ὅσα
τοιαῦτα, ἠγνόηται. τὸ δὲ μύθους ποιεῖν ** ['Επίχαρμος (5)

---

1) ἰαμβίον Aᶜ Q.
2) ἰαμβία Aᶜ Q.
3) τετράμετρα? Winstanley, was Ueb. angenommen hat, <τετράμετρα καὶ> ἐξάμετρα? Ueberweg (Ueberf. S. 99), aber gegen beide Conjecturen spricht die Parallelstelle in der Rhetorik III., S. 4. p. 1408ᵇ, 33 ff., ungleich wahrscheinlicher vermuthet daher Usener, dem ich in dieser 2. A. folge, daß vielmehr der ganze Satz eine verunglückte Hineintragung aus eben jener Stelle ist.
4) ἀλλ' οἷς Eusem., ἄλλα οἷς Bekk.³ nach Hermann, ἀλλ' ὡς M⁴, ἄλλοις pr. Par. 2039, ἄλλως Aᶜ Bᶜ und die meisten andern Handschriften, ἄλλα Nᵃ M¹, ἄλλα ὡς Bekk.¹ nach dem Rand von Par. 2038 und Ald.
5) δέχεται Hermann, ἐνδέχεται Knebel, vielleicht richtig.
6) <περὶ μὲν οὖν τούτων τοσαῦτα> ἔστω Bekk. Eusem.¹ Ueb. nach Ald. und dem Rande von Pˢ. Eusem.¹ hat überdies diese und die folgenden Worte bis ἕκαστον fälschlich hinter c. 5. §. 3 hinabgerückt.
7) κωμῳδῷ? Bywater (schwerlich mit Recht).
8) δὴ Eusem.² nach eigner Vermuthung, δὲ Bekk. Eusem.¹ Va. Ueb. nach den Handschriften.
9) ὀλίγοι μὲν οἱ Castelvetro, ὀλίγοι μὲν [οἱ]? Eusem., ο.ʾa λέγομεν οἱ Twining.

Denn anfänglich bediente man sich in ihr des (trochäischen) Tetra- (18)
meters, weil diese Dichtart noch einen satyrhaften Charakter an sich
trug 45b) und mehr auf den Tanz berechnet war 46b). Nachdem aber
(einmal) der Dialog sich ausgebildet hatte, da lehrte auch die
Natur der Sache selber das ihm entsprechende Versmaß finden 47).
Von allen Versen nämlich ist der iambische Trimeter am Meisten
zum Gespräche geeignet. [Ein Beleg dafür ist, daß wir sehr häufig (19)
in der täglichen Unterhaltung in Trimetern sprechen, sehr selten dagegen in Hexametern, und zwar nur dann, wenn wir über den gewöhnlichen Gesprächston hinausgehen 47b)]. Und das Andere, was, (20)
wie man sich wohl auszudrücken pflegt, zur Ausschmückung (und
Verschönerung) des Einzelnen dient, mag uns (hier) für gesagt
gelten, denn es möchte wohl eine weitläufige Arbeit sein alles (hier- (21)
her Gehörige) bis ins Einzelne durchzugehen.

5. (§. 2.) Während aber sonach uns bei der Tragödie die (3)
Entwicklungsstufen, welche sie durchgemacht hat, und die Urheber
derselben nicht im Dunklen geblieben sind, so liegt dagegen ein
solches Dunkel über der Komödie, indem sie anfangs keine Beachtung
fand*), wie denn auch einen Chor zu den Komödien erst spät der
Archon zu bewilligen anfing 48) und lange die Dichter für Alles
selbst sorgen mußten**), und so kommt es denn, daß erst aus der (4)
Zeit, als sie bereits gewisse feste Formen gewonnen hatte, uns die
bekannten Namen ihrer Dichter überliefert werden, (§. 3.) und daß
(daher), wer die Masken***), den Dialog, die bestimmte Zahl von
Schauspielern einführte und was sonst hierher gehört, unbekannt
geblieben ist. Die (komische) Fabel aber <in der gehörigen Art> (5)
zu behandeln [wie es Epicharmos und Phormis thaten] 49) kam ur-

*) Ueberweg vielleicht noch besser: „nicht als etwas Ernst-
liches behandelt wurde."
**) Oder soll es heißen: „auf Schauspieler und Chorsänger,
die sich von selber bei ihnen einfanden, angewiesen waren"? S.
Anm. 48 hinter dem Text.
***) Oder nach Castelvetros und Susemihls Vermuthung „uns
Namen ihrer Dichter, und auch (zunächst) nur in geringer Zahl,
überliefert werden, wer aber die Masken"?

10) So Bekk.³ Susem. nach Hermann, während Essen ἢ προλόγους
ganz streicht.

ΠΕΡΙ ΠΟΙΗΤΙΚΗΣ.

καὶ Φόρμις]¹) τὸ μὲν²) ἐξ ἀρχῆς ἐκ Σικελίας ἦλθεν,
τῶν δὲ Ἀθήνησιν Κράτης πρῶτος ἦρξεν ἀφέμενος τῆς
ἰαμβικῆς ἰδέας³) καθόλου ποιεῖν λόγους καὶ μύθους⁴).

1   1449a, 32—37. ἡ δὲ κωμῳδία ἐστίν, ὥσπερ εἴπομεν,   (1)
μίμησις φαυλοτέρων μέν, οὐ μέντοι κατὰ πᾶσαν κακίαν,
ἀλλ' ἢ⁵) τοῦ αἰσχροῦ ἐστι τὸ γελοῖον μόριον. τὸ γὰρ   (2)
γελοῖόν ἐστιν ἁμάρτημά τι καὶ αἶσχος ἀνώδυνον καὶ οὐ
φθαρτικόν, οἷον εὐθὺς τὸ γελοῖον πρόσωπον αἰσχρόν τι
4 καὶ διεστραμμένον ἄνευ ὀδύνης. **⁶)   1449b, 9. ἡ μὲν   (7)
οὖν ἐποποιία τῇ τραγῳδίᾳ⁷) μέχρι μὲν τοῦ μέτρῳ⁸) [μεγά-
λου]⁹) μίμησις εἶναι σπουδαίων ἠκολούθησεν· τῷ¹⁰) δὲ
τὸ μέτρον ἁπλοῦν ἔχειν καὶ ἀπαγγελίαν εἶναι, ταύτῃ¹¹)

---

¹) So Susem.² nach eigner Vermuthung. Den Verdacht, daß
'Ἐπίχαρμος καὶ Φόρμις eine in den Text gedrungene Glosse sei, hat
nicht Usener a. a. O., sondern bereits ich Rhein. Mus. XVIII.
S. 376 f. (freilich mit Annahme einer unhaltbaren Construction)
zuerst ausgesprochen, doch ist damit nur der Satzfügung, nicht dem
Gedanken Genüge gethan, welcher eine ähnliche nähere Bestimmung wie
hernach καθόλου fordert: es ist also wohl zugleich das Richtige und
Ursprüngliche, etwa ἐπιτηδείους oder ἐπιτηδείους καὶ συνεχεῖς; oder ὡς
δεῖ, verdrängt worden; Ἐπίχαρμος καὶ Φόρμις⟨ἦρξαν⟩ Ald., eben so
unter Verwandlung des vorausgehenden τὸ in τοῦ Gryph., ⟨οἷον⟩
Ἐπίχαρμος καὶ Φόρμις? Vahlen Zur Krit. S. 8 (64) Anm., ⟨οἵους⟩
Ἐπίχαρμος καὶ Φόρμις Susem.¹ nach Michaelis, ⟨οἵους εἰώθεσαν
ποιεῖν⟩ Ἐπίχαρμος καὶ Φόρμις? Spengel, aber s. Ed. Müller Jahns
Jahrb. Cl. 1870. S. 260. Endlich Bywater will hinter ἦλθεν
etwa ⟨ἐκεῖθεν γὰρ ἦσαν⟩ ergänzen und hinter diese Ergänzung Ἐπίχαρμος καὶ Φόρμις umstellen.
²) μὲν οὖν Bekk. Susem.¹ nach Ald.
³) εἰδέας Aᶜ.
⁴) c. 4. §. 12—15 und c. 5. §. 1—3 erklärt Krohn für
interpolirt, s. dagegen die Anm. 38ʰ hinter dem Text.
⁵) ἀλλ' ἢ Susem.² nach Friedrich, ἀλλὰ ⟨καθ' ὅσον⟩ vermuthete schon zuvor (dem Ausdrucke nach wohl noch besser) M. Schmidt,
ἀλλὰ Bekk. Susem.¹ (im Text) Va. nach den Handschriften, wobei
aber Bekk.³ wider den Sinn hernach αἰσχροῦ ⟨οὐ⟩ nach Batteux
schreibt, ἀλλὰ ⟨τοῦ γελοίου, ὃ⟩ und hernach [τὸ γελοῖον] Ueb.
⁶) Die Umstellung des §. 1 hinter §. 3 und die Annahme einer
Lücke vor §. 4 Susem. (die letztere auch Ueb.) nach Thurot. Dagegen will Vahlen Beitr. I. S. 17 (281) f. 19 (283) f. 47 (311) f.
den §. 1 hinter §. 5 versetzen und keine Lücke gelten lassen, und ist
Letzteres richtig, so müßte ich mich auch mit Ersterem einverstanden

sprünglich von Sikelien her, von den athenischen Komödiendichtern (6)
aber begann es Krates zuerst (dergestalt) in der Komödie die Form
der persönlichen Satire aufzugeben und (ihre) Fabeln und Stoffe 50)
in allgemein gehaltener Weise zu bearbeiten.

(§. 1.) Die Komödie ist nun aber, wie gesagt, eine Darstellung (1)
niedrigerer und schlechterer Charaktere, jedoch wohlverstanden nicht
im Sinne völliger und jeglicher Schlechtigkeit, sondern nur in so
fern ein Theil des Unedlen (auch) das Komische und Lächerliche ist.
Es besteht nämlich in einer solchen Art von Fehlerhaftigkeit und (2)
Unschönheit, die weder Schmerzen noch Verderben bereitet, wie z. B.
gleich die komische Maske (stets) einen unschönen und verzerrten,
aber nie schmerzlichen Ausdruck hat. —————
——————— 51). (§. 4.) Das Epos kommt demge- (7)
mäß mit der Tragödie bis so weit überein, daß beide nachahmende
Darstellungen würdiger Gegenstände mittels des Verses sind, aber
dadurch, daß es immer gleichmäßig nur einer einzigen Versart sich
bedient und eine berichtende Darstellung ist, unterscheidet es sich

---

erklären. Daß §. 1 an seinem überlieferten Platze schwerlich haltbar
ist, sah zuerst Castelvetro, wollte ihn aber noch viel unpassender vor
c. 4. §. 10 unterbringen.

7) ἡ-τραγῳδία τῇ ἐποποιΐᾳ oder τῇ-ἐποποιΐᾳ ἡ τραγῳδία Spengel und unbestimmter vor ihm schon Thurot S. 5 (285) Anm.:
„il serait plus naturel de dire que la tragédie a suivi l'épopée",
und es fragt sich sehr, ob nicht die erstere Vermuthung in der That
richtig ist.

8) μὲν τοῦ μέτρῳ Susem. nach Tyrwhitt auf Empfehlung Vahlens
Zur Krit. S. 7 (63) μόν⟨-ον τ-⟩οῦ μέτρῳ Tyrwhitt, μὲν τοῦ ⟨ἐν⟩
μέτρῳ? Susem., μόνου μέτρου Hermann Bekk. Va. nach den Handschriften,
μόνου⟨τοῦ ἐν⟩ μέτρῳ Bursian, μόνου μέρους Vahlen Beitr. III. S. 326.
vgl. IV. S. 431, μόνου ⟨τοῦ διὰ λόγου ἐμ-⟩ μέτρου Ueb., μὲν τοῦ
⟨μετὰ⟩ μέτρου? Thurot a. a. O., μόνου τοῦ Twining.

9) So Susem. nach Goulston (als Dittographie aus μέτρῳ,
wie Bursian annimmt?), καθόλου Bernays, was früher Vahlen Zur
Krit. S. 7 (63) billigte, während er μεγάλου bei seiner spätern Conjectur
(Beitr. a. a. O.) natürlich ungeändert läßt (aber müßte es nicht so
wenigstens μεγάλου ⟨τοῦ⟩ heißen?), μετὰ λόγου Twining und Bekk.
nach Ald., καὶ λόγου Hermann, dem Thurot zu folgen geneigt ist.
μεγάλη (= μέγεθος ἔχουσα) Lassen bei Ueberweg Uebers. S. 100.

10) So Ald. für τό, welches Ueb. beizubehalten nicht abgeneigt ist.

11) ταύτην (mit Tilgung des Kommas vor diesem Wort) Spengel, mit Recht, wenn die erstere seiner beiden Anm. 7 aufgeführten
Conjecturen zu billigen ist.

ΠΕΡΙ ΠΟΙΗΤΙΚΗΣ.

διαφέρουσιν. ἔτι δὲ τῷ μήκει, ἡ μὲν¹) ὅτι μάλιστα (8)
πειρᾶται ὑπὸ μίαν περίοδον ἡλίου εἶναι ἢ μικρὸν ἐξαλ-
λάττειν²), ἡ δὲ ἐποποιία ἀόριστος τῷ χρόνῳ, καὶ τούτῳ³)
διαφέρει. καίτοι τὸ πρῶτον ὁμοίως ἐν ταῖς τραγῳδίαις (9)
τοῦτο ἐποίουν καὶ ἐν τοῖς ἔπεσιν. μέρη δ' ἐστὶ τὰ μὲν (10)
5 ταυτά, τὰ δὲ ἴδια τῆς τραγῳδίας. διόπερ ὅστις περὶ (11)
τραγῳδίας οἶδε σπουδαίας καὶ φαύλης, οἶδε καὶ περὶ
ἐπῶν· ἃ μὲν γὰρ ἐποποιία ἔχει, ὑπάρχει τῇ τραγῳδίᾳ, ἃ
δὲ αὐτῇ⁴), οὐ πάντα ἐν τῇ ἐποποιίᾳ.

1 6. περὶ οὖν⁵) τῆς ἐν ἑξαμέτροις⁶) μιμητικῆς καὶ (12)
περὶ κωμῳδίας ὕστερον ἐροῦμεν, (6) περὶ δὲ τραγῳδίας
λέγωμεν⁷), ἀναλαβόντες⁸) αὐτῆς ἐκ τῶν εἰρημένων τὸν
2 γινόμενον⁹) ὅρον τῆς οὐσίας. ἔστιν οὖν τραγῳδία μίμησις πράξεως σπουδαίας καὶ τελείας, μέγεθος ἐχούσης,
ἡδυσμένῳ λόγῳ χωρὶς ἑκάστου¹⁰) τῶν εἰδῶν ἐν τοῖς
μορίοις, δρώντων¹¹) καὶ οὐ δι' ἀπαγγελίας, δι' ἐλέου καὶ
φόβου περαίνουσα τὴν τῶν τοιούτων παθημάτων¹²) κά-
3 θαρσιν. λέγω δὲ ἡδυσμένον μὲν λόγον τὸν ἔχοντα ῥυ- (3)
θμὸν καὶ ἁρμονίαν¹³) καὶ μέλος¹⁴), τὸ δὲ χωρὶς τοῖς εἴδεσι (4)

---

1) <ἢ> ἢ μὲν Susem.¹ nach Vahlen Zur Krit. S. 7 (63) f., ἢ μὲν γάρ Bekk. nach Bᶜ Gˢ Pᵃ M².
2) ἐξαλλάττει Friedrich.
3) τοῦτο? Ueberweg.
4) αὐτῇ Bekk. Susem.¹ nach Nᵃ Ald., αὕτη Ueb. nach Reiz.
5) μὲν οὖν Bekk. Susem.¹ Ueb. nach Nᵃ.
6) ἐν ἑξαμέτρῳ Reiz, <διηγηματικῆς καὶ> ἐν ἑξαμέτρῳ und her- nach [καὶ περὶ κωμῳδίας] Düntzer Jahns Jahrb. CVII. 1873. S. 576 f.
7) <νῦν> λέγωμεν? Spengel.
8) ἀναλαβόντες Bernays (Grundzüge S. 146), ἀπολαβόντες Bekk. Susem.¹ Ueb. nach den Handschriften.
9) γενόμενον Bekk.³
10) ἑκάστῳ Ueb. nach Tyrwhitt zweifelnd ausgesprochner Ver- muthung, aber „der Genetiv hängt von ἡδυσμένῳ λόγῳ ab" (Spengel).
11) πραττόντων Düntzer Jahns Jahrb. a. a. O., S. 576.
12) So Trincaveli am Rande (vermuthlich auch Pazzi) und corr. M⁴, μαθημάτων die übrigen Handschriften und pr. M⁴.
13) [καὶ ἁρμονίαν] Susem.¹, ἢ μόνον ἢ Susem.², wonach ich übersetze.
14) [καὶ μέλος;] Tyrwhitt, καὶ μέτρον Bekk.³ Ueb. nach Vettori.

von ihr*). Daneben auch noch durch die Länge, sofern die Tragödie möglichst ihre Handlung in einen einzigen Sonnenumlauf fallen oder doch nicht weit über eine solche Frist sich ausdehnen zu lassen bestrebt ist, während das Epos sich gar keine zeitlichen Schranken setzt, auch hiedurch (sage ich also) unterscheidet sich dieses von jener; indessen machte man es anfangs hiemit in den Tragödien nicht anders als in den Epen⁵²). (§. 5.) Was aber die wesentlichen Bestandtheile anlangt, so sind gewisse von ihnen beiden Dichtarten gemeinsam, gewisse andere aber der Tragödie eigenthümlich, und wer daher bei einer Tragödie zu beurtheilen vermag, ob sie gut oder schlecht ist, der kann es auch bei einem Epos, denn (genauer:) Alles, was zu einem Epos gehört, findet sich auch in der Tragödie, aber nicht Alles, was zu einer Tragödie, auch im Epos⁵³). Von dieser nachahmenden Darstellung in Hexametern und eben so von der Komödie wollen wir nun aber hernach handeln, jetzt zunächst dagegen von der Tragödie.

6. (§. 1.) Und zwar wollen wir zuerst die Bestimmung ihres Wesens treffen, wie sie sich aus dem bisher Bemerkten ergiebt. (§. 2.) Es ist also die Tragödie eine nachahmende Darstellung einer würdig-ernsten⁵⁴) und vollständig in sich abgeschlossenen Handlung von einer gewissen bestimmten Ausdehnung⁵⁵) vermöge des durch andere Kunstmittel verschönerten Wortes⁵⁶) und zwar so, daß die verschiedenen Arten dieser Verschönerung in den verschiedenen Theilen des Ganzen gesondert zur Anwendung gelangen⁵⁷), in selbstthätiger Vorführung der handelnden Personen und nicht durch bloßen Bericht⁵⁸), und dies Alles in einer Weise, daß diese Darstellung durch Furcht und Mitleid eine Reinigung von eben dieser Art von Affecten erzielt. (§. 3.) Ich verstehe nämlich unter dem durch andere Kunstmittel verschönerten Worte eine solche Rede, welche (den) Rhythmos (des Verses) an sich trägt oder auch noch in Musik gesetzt ist, unter der gesonderten Anwendung für ihre verschiedenen Arten aber dies, daß gewisse Theile der Tragödie (eben)

---

*) Oder vielmehr wohl nach Thurot und Spengel: „Die Tragödie ist nun demnach dem Epos in so weit nachgefolgt, daß beide — aber dadurch, daß letzteres immer — ist, unterscheiden sich beide von einander."

τὸ διὰ μέτρων ἔνια μόνον περαίνεσθαι καὶ πάλιν ἕτερα
διὰ μέλους¹).
4 ἐπεὶ δὲ πράττοντες ποιοῦνται τὴν μίμησιν, πρῶτον (5)
μὲν ἐξ ἀνάγκης ἂν εἴη τι μόριον τραγῳδίας ὁ τῆς
ὄψεως κόσμος· εἶτα μελοποιία καὶ λέξις, ἐν τούτοις γὰρ
ποιοῦνται τὴν μίμησιν. λέγω δὲ λέξιν μὲν αὐτὴν τὴν (6)
τῶν ** μέτρων²) σύνθεσιν, μελοποιίαν δὲ ὃ³) τὴν δύνα-
5 μιν φανερὰν ἔχει πᾶσαν⁴). ἐπεὶ δὲ πράξεώς ἐστι μί- (7)
μησις, πράττεται δὲ ὑπό τινων πραττόντων, οὓς ἀνάγκη
ποιούς τινας εἶναι κατά τε τὸ ἦθος καὶ τὴν διάνοιαν
(διὰ γὰρ τούτων καὶ τὰς † πράξεις εἶναί φαμεν ποιάς
τινας 1450a, 2—4. καὶ κατὰ ταύτας⁵) καὶ τυγχάνουσι
6 καὶ ἀποτυγχάνουσι πάντες)· ἔστιν⁶) δὴ⁷) τῆς μὲν πράξεως (8)
5ᵇ ὁ μῦθος ἡ μίμησις⁹), 1450a, 1—2. πέφυκε δ'⁹) αἴτια (7ᵇ)
δύο τῶν πράξεων εἶναι, διάνοιαν¹⁰) καὶ ἦθος¹¹). 1450a, 4.
6ᵇ λέγω γὰρ μῦθον τοῦτο¹²), τὴν σύνθεσιν τῶν πραγμάτων,
τὰ δὲ ἤθη, καθ' ὃ¹³) ⟨κατὰ τὴν προαίρεσιν⟩¹⁴) ποιούς τινας

---

1) Gegen die Annahme Ritters und Spengels, daß hier die
Erläuterung der Katharsis durch die Tragödie ausgefallen sei, s. d.
Einl. S. 9.
2) ⟨ὀνομάτων ἐμ-⟩ μέτρον oder ⟨ὀνομάτων ἐμ-⟩μέτρων Susem. ²,
μέτρων Bekk.¹ Va. nach den Handschriften, ὀνομάτων Bekk.³ Susem.¹
(im Text) nach Hermann, ⟨ἐμ-⟩μέτρων Ueb.
3) ὁ Aᶜ.
4) πᾶσιν Bekk.³ Ueb. nach Maggi, wahrscheinlich richtig.
5) ταῦτα Ueb. nach Reiz.
6) ἔστιν Λᶜ, ἔστι Bekk. Susem.¹ Va. Ueb.
7) δὴ Susem.² und Bywater, [δὲ] ähnlich zuvor schon Herzog,
um hier den Nachsatz beginnen zu lassen, da Thurots und Vahlens
Annahme, daß er erst mit §. 7 anfange, durch Teichmüller widerlegt
ist, δέ Bekk. Susem.¹ Va. Ueb. nach den Handschriften.
8) μίμησις, ⟨τῶν δὲ πραττόντων τὰ ἤθη καὶ ἡ διάνοια⟩ Bywater,
mit Unrecht (vgl. Anm. 11).
9) πέφυκε δ' Par. 2938, πέφυκεν Bekk. Susem.¹ Va. Ueb. nach
den übrigen Handschriften, ⟨καὶ⟩ πέφυκεν Thurot (der zuerst an der
Ueberlieferung, aber noch lange nicht gründlich genug Anstoß nahm,
s. Anm. 11).
10) διάνοια Bekk. Susem.¹ nach Nᵃ.
11) Die Umstellung Susem.² nach Vahlen Beitr. I. S. 21 (285) f.
48 (312) f. Mit Unrecht verwirft dieselbe neuerdings Bywater, indem er im
Anschluß an Thurot (nur daß auch er wie Vahlen a. a. O. πέφυκε δ'

Ueber die Dichtkunst. 6.

bloß mittels des Verses ausgeführt werden, gewisse andere wiederum aber (auch noch) mittels des Gesanges.

(§. 4.) Da nun aber die tragische Nachahmung dadurch zu (5) Stande kommt, daß uns die tragischen Personen selber als Handelnde vorgeführt werden, so wird fürs Erste ein nothwendiger Bestandtheil der Tragödie alles Dasjenige sein, was zur theatralischen Aufführung gehört[59], sodann die musikalische Composition und der sprachliche Ausdruck, denn durch diese beiden Mittel wird eine solche Art nachahmender Darstellung zu Stande gebracht. Ich (6) verstehe aber unter sprachlichem Ausdruck die Worte allein in ihrer bloß metrischen Abfassung, was ich aber unter musikalischer Composition meine, das ist seinem ganzen Wesen nach[*] klar. (§. 5.) (7) Und da ferner die Tragödie Darstellung einer Handlung ist, eine Handlung aber immer von bestimmten handelnden Personen vollführt wird, welche nothwendig von einer bestimmten Beschaffenheit sind in Bezug auf Charakter und Verstand, so wie wir denn nach Beidem auch den Handlungen selbst ihre bestimmte Beschaffenheit beilegen[60] und von Beidem auch Erfolg und Mißlingen, Glück und Unglück in denselben abhängt, (§. 6.) so ist nun die Darstellung (8) der Handlung (selbst in der Tragödie) die Fabel, (§. 5[b].) natur- (7[b]) gemäß aber giebt es zwei Ursachen aller Handlungen, Verstandesreflexion und Charakter. (§. 6[b].) Unter Fabel verstehe ich nämlich (8[b]) eben dies: die Zusammenfügung der einzelnen Begebenheiten zu einem Ganzen[**], unter den Charakteren aber Das, wornach wir den handelnden Personen <in Bezug auf Vorsatz und Willensrichtung> ihre bestimmte Beschaffenheit beilegen, unter Verstand und

---

[*] Oder vielmehr wohl nach Maggi's Correctur: „das ist Jedermann."

[**] Leider kann man im Deutschen nicht „Composition der Begebenheiten" sagen, daher ich überhaupt den bezeichnendsten Ausdruck durch das Fremdwort „Composition" in der Uebersetzung nirgends gebraucht habe.

---

schreibt, s. Anm. 9) die Worte innerhalb der Parenthese an ihrem überlieferten Platze läßt und die Anm. 8[b] bezeichnete Lücke annimmt.

12) τοῦτο Maggi, τούτων Bekk. Va. nach den Handschriften.

13) ἅ Bekk. nach G[s] P[s] M[2].

14) So Susem. nach eigner Vermuthung, ähnlich Ueb. hernach τοὺς προαιρουμένους oder (Uebers. S. 100) τὰς προαιρέσεις statt τοὺς πράττοντας.

εἶναί φαμεν τοὺς πράττοντας, διάνοιαν δέ, ✱✱ [ἐν ὅσοις
λέγοντες ἀποδεικνύασί τι ἢ καὶ ἀποφαίνονται γνώμην]¹).
7 ἀνάγκη οὖν πάσης τραγῳδίας μέρη εἶναι ἕξ, καθ' ὅ²) (9)
ποιά τις ἐστίν³) ἡ τραγῳδία· ταῦτα δ' ἐστὶ μῦθος καὶ
ἤθη καὶ διάνοια καὶ ὄψις καὶ λέξις⁴) καὶ μελοποιία.
οἷς μὲν γὰρ μιμοῦνται, δύο μέρη ἐστίν, ὡς δὲ μιμοῦνται, (10)
ἕν, ἃ δὲ μιμοῦνται, τρία· καὶ παρὰ ταῦτα οὐδέν.
8 τούτοις μὲν οὖν οὐκ ὀλίγοι ✱✱ αὐτῶν⁵) ὡς εἰπεῖν (11)
κέχρηνται τοῖς εἴδεσιν (καὶ γὰρ ὄψεις⁶) ἔχει πᾶν καὶ
ἦθος καὶ μῦθον καὶ λέξιν καὶ μέλος καὶ διάνοιαν⁷)
9 ὡσαύτως)· μέγιστον δὲ τούτων ἐστὶν ἡ τῶν πραγμάτων (12)

---

1) So Susem.², - während ich in der 1. A. auch διάνοιαν δὲ mit in die eckigen Parenthesen hineingezogen und kein Zeichen einer Lücke in den Text gesetzt habe, jetzt aber ist es mir fast unzweifelhaft, daß die ächte Definition ausgefallen und die Lücke nach §. 17 höchst unglücklich ausgefüllt ist. Denn hier kann nur noch erst von der praktischen διάνοια, die Aristoteles auch das λογιστικόν nennt (s. Zeller a. a. O. II ᵇ. S. 450), und die sich im Handeln, nicht aber von der theoretischen, die sich im Reden zeigt, die Rede sein, und der entgegengesetzte Verdacht von Ueberweg (Ueberſ. S. 101), daß vielmehr §. 17 ein Einschiebsel aus §. 6 zur Ausfüllung einer früh entstandenen Lücke sei, ist mir geradezu unbegreiflich. Unter diesen Umständen fallen aber wahrscheinlich alle Fehler dieser Stelle dem Interpolator selber und nicht erst den Abschreibern zur Last, und ich kann mich daher nicht mit Bernays (Rhein. Muſ. N. F. VIII. S. 575) dahin entscheiden, daß καὶ in καθόλου zu ändern und γνώμην zu tilgen sei, so wahrscheinlich auch sonst diese Vermuthungen sein würden.
2) ἅ Bekk. nach Gˢ Pˢ M².
3) ⟨μίμησίς;⟩ ἐστιν Ueb.
4) In den Hdschrr. und den übrigen Ausgaben außer den meinen steht καὶ λέξις vor καὶ διάνοια, aber Spengel sah, daß es entweder vor oder hinter καὶ μελοποιία gehört.
5) So Susem.². ἀλλ' und dann ὡς εἰπεῖν ⟨πάντες⟩ Susem.¹ nach Hartung, ἀλλὰ πάντες Burſian, während Ueb. ⟨ἢ⟩ οὐκ ὀλίγοις αὐτῶν ⟨ἐν πᾶσιν⟩ schreibt, ⟨καθ' ἕκαστον⟩ αὐτῶν und dann ὡς; für τοῖς und ἔχειν, vielleicht auch ⟨τὸ⟩ πᾶν oder πάντα Wahlen Beitr. I. S. 22 (286) ff. 50 (314) f. (einen ähnlichen Gedanken suchte vorher schon Düntzer in dieser Stelle), αὐτῶν ⟨ἀλλὰ πᾶσαι⟩ und vorher ὀλίγαι und hernach (woran schon ein Anonymus bei Winstanley dachte) πᾶσα (für πᾶν) oder nur die beiden letzten Aenderungen und Umstellung von ὡς; εἰπεῖν hinter πᾶσα (πᾶν) Spengel. Mir scheint in theil-

Verstandesreflexion endlich — — — — — — — — —*).
(§. 7.) Und so hat denn nothwendig eine jede Tragödie nach ihrer (9) Qualität**) sechs Bestandtheile, nämlich Fabel, Charaktere, Reflexion, das Theatralische, sprachlichen Ausdruck und musikalische Composition. Die Mittel nämlich, mit denen hier dargestellt wird, bilden zwei, (10) die Art der Darstellung einen und die Gegenstände derselben drei dieser Bestandtheile 6¹). Und weitere giebt es nicht. (§. 8.) Und (11) so haben denn auch (thatsächlich gerade) diese Stücke nicht etwa nur wenige <Tragödiendichter>, sondern geradezu <alle in allen> Arten von Tragödien***) verwandt, denn theatralische Bestandtheile enthält eine jede Art, und Charaktere, eine Fabel, sprachlichen Ausdruck, musikalische Composition und Reflexion nicht minder.

(§. 9.) Das wichtigste von allen diesen Stücken ist nun aber (12) andrerseits doch die Zusammenfügung des Verlaufs†) der Begeben-

---

*) Statt des im Texte stehenden „Das, vermöge dessen sie alles Beweiseführen und Fällen allgemeiner Urtheile in ihren Reden zu Stande bringen" ergänze man etwa: „Das, wornach wir in Bezug auf ihre Ueberlegung ein Gleiches thun." Denn in diesem Zusammenhang steht Aristoteles erst beim Handeln und nicht schon beim Reden. Vgl. die Anm. 70 hinter dem Text.
**) Wörtlich: „so fern sie so oder so bestimmt ist."
***) Oder „Tragödie"?
†) Wörtlicher: „die Composition."

---

weisem Anschluß an Ueberweg etwa folgende Ergänzung und Aenderung am Gerathensten: <τῶν ποιητῶν ἀλλὰ πάντες ἐν πᾶσιν> αὐτῆς: die Umwandlung von αὐτῆς in αὐτῶν, wenn nicht sogar letzteres (= τραγῳδιῶν) stehen bleiben kann, nachdem die Stelle einmal lückenhaft geworden, würde leicht begreiflich sein. Ich übersetze demgemäß. Für Vahlen kann das 12. Cap. zu sprechen scheinen, der dort gebrauchte Ausdruck begreift sich aber auch, wenn bereits dessen Verfasser der nämliche lückenhafte Text wie uns vorlag. Was für einen der Anon. de com. §. 7 ὁ μῦθος καὶ λέξις καὶ τὸ μέλος ἐν πάσαις κωμῳδίαις θεωροῦνται, διάνοια δὲ καὶ ἦθος καὶ ὄψις ἐν ὀλίγαις vor sich hatte, läßt sich nicht enträthseln, jedenfalls auch nicht den ursprünglichen. Schon Castelvetro vermuthete übrigens τῶν ποιητῶν für αὐτῶν.
6) ὄψις Bᶜ Pˢ M² Par. 2938, ὄψις die andern Handschriften, ὄψιν fand Maggi in drei von ihm benutzten Exemplaren am Rande von jüngerer Hand und Vettori „in vetustissimo libro manu scripto", ὄψις und hernach μῦθος, λέξις, διάνοια empfahl Castelvetro.
7) Spengel will καὶ διάνοιαν vor καὶ ἦθος hinaufrücken, vielleicht mit Recht.

ΠΕΡΙ ΠΟΙΗΤΙΚΗΣ.

σύστασις. ἡ γὰρ τραγῳδία μίμησίς ἐστιν οὐκ ἀνθρώπων ἀλλὰ πράξεως καὶ βίου· καὶ εὐδαιμονία δέ[1]) καὶ ἡ κακοδαιμονία ἐν πράξει ἐστί, καὶ τὸ τέλος πρᾶξίς τις ἐστίν, ᾧ ποιότης· εἰσὶ δὲ κατὰ μὲν τὰ ἤθη ποιοί τινες, κατὰ δὲ τὰς πράξεις εὐδαίμονες ἢ τοὐναντίον· οὔκουν (13) ὅπως τὰ ἤθη μιμήσωνται πράττουσιν[2]), ἀλλὰ τὰ ἤθη συμπαραλαμβάνουσι[3]) διὰ τὰς πράξεις· ὥστε τὰ πράγματα καὶ ὁ μῦθος τέλος τῆς τραγῳδίας· τὸ δὲ τέλος μέγιστον ἁπάντων. ἔτι ἄνευ μὲν πράξεως οὐκ ἂν γένοιτο (14) τραγῳδία, ἄνευ δὲ ἠθῶν γένοιτ' ἄν· αἱ γὰρ τῶν νέων (15) τῶν πλείστων ἀήθεις τραγῳδίαι εἰσί, καὶ ὅλως ποιηταὶ πολλοὶ τοιοῦτοι, οἷον καὶ τῶν γραφέων Ζεῦξις πρὸς Πολύγνωτον[4]) πέπονθεν· ὁ μὲν γὰρ Πολύγνωτος[5]) ἀγαθὸς ἠθογράφος, ἡ δὲ Ζεύξιδος γραφὴ οὐδὲν ἔχει ἦθος. ἔτι ἐάν τις ἐφεξῆς θῇ ῥήσεις ἠθικὰς καὶ λέξει καὶ (16) διανοίᾳ[6]) εὖ πεποιημένας, ⟨οὐ⟩[7]) ποιήσει ὃ ἦν τῆς τραγῳδίας ἔργον, ἀλλὰ πολὺ μᾶλλον ἡ[8]) καταδεεστέροις

---

1) καὶ εὐδαιμονία ⟨δὲ⟩ Ueb., [καὶ] εὐδαιμονία (mit Versetzung der Interpunction vor statt hinter βίου) zuvor schon Spengel, καὶ εὐδαιμενίας die Handschriften, καὶ εὐδαιμονίας .. Va., καὶ εὐδαιμονίας ⟨καὶ κακοδαιμονίας⟩ und dann καὶ ⟨γὰρ⟩ ἡ εὐδαιμονία ἐν κ. τ. λ. Bekk. nach Ald., καὶ εὐδαίμονος ⟨καὶ κακοδαίμονος⟩ und hernach καὶ ⟨γὰρ ἡ εὐδαιμονία καὶ⟩ ἡ κακοδαιμονία ἐν κ. τ. λ. Castelvetro, καὶ ⟨γὰρ⟩ εὐδαιμονίας ⟨καὶ κακοδαιμονίας· ἡ δὲ εὐδαιμονία⟩ Susem.[1] nach Vahlen Rangf. S. 156, allein den erforderlichen Sinn würde vielmehr etwa folgende Ergänzung treffen: καὶ εὐδαίμονος ⟨καὶ κακοδαίμονος· καὶ ἡ δὲ εὐδαιμονία⟩, und möglich ist es, daß dieser Weg der Verbesserung vor dem von Spengel und Ueb. eingeschlagenen den Vorzug verdient.
2) πρατ⟨-οντας ποι-⟩οῦσιν Susem.[1] nach Vahlen a. a. O. S. 158, wahrscheinlich richtig, πράττοντας μιμοῦνται Dünzer Jahns Jahrb. a. a. O. S. 578.
3) So Spengel (ad Anaxim. S. 192), συμπεριλαμβάνουσι Bekk. nach den Handschriften.
4) πολύγνωστον A^c B^c und corr. N^a und auch wohl die andern Handschriften.
5) Πλυύγνωτος Ald., πολύγνωστος A^c B^c N^a und wohl auch die andern Handschriften.
6) λέξει καὶ διανοίᾳ Vahlen Rhein. Mus. XXVIII. S. 155, λέξεις καὶ διανοίας Bekk. Susem.[1] Va. Ueb. nach den Handschriften.
7) Von Ald. hinzugefügt, von Susem.[1] weggelassen.
8) ἢ N^a, ἦ A^c B^c G^g M1.2.3.4.

heiten*). Denn die Tragödie ist eine nachahmende Darstellung nicht von Personen, sondern von Handlung und Leben**), auch Glück aber und Unglück⁶²) besteht in Handeln und Thätigkeit, und der Endzweck unseres Strebens geht auf eine bestimmte Art von Thätigkeit und nicht von (ruhender) Beschaffenheit hinaus⁶³), (§. 10.) seitens unserer Charaktere kommt uns aber nur eine solche bestimmte Beschaffenheit zu, während (wie gesagt) seitens unserer Handlungen Glück oder das Gegentheil, und darum hat denn der tragische (13) Dichter nicht handelnde Personen einzuführen, um ihre Charaktere zur Darstellung zu bringen, sondern hat in und mit der der Handlungen auch die Charaktere zu umfassen***); folglich aber sind die Begebenheiten und die Fabel der Endzweck der Tragödie, der Zweck aber ist das Wichtigste von Allem. (§. 11.) Ferner ohne Handlung (14) kann es keine Tragödie geben, wohl aber ohne (eigentliche) ⁶³ᵇ) Charaktere. Denn den Tragödien der meisten Neueren fehlt die (15) (eigentliche) Charakterzeichnung, und überhaupt ist sie bei vielen Dichtern nicht zu finden, gerade wie es unter den Malern so mit dem Zeuxis im Gegensatz zum Polygnotos steht. Denn Polygnotos ist ein guter Charaktermaler, die Malerei des Zeuxis aber ermangelt des (eigentlichen) Charakters⁶⁴). (§. 12.) Ferner wenn man (bloße) (16) charakterschildernde Scenen, die auch in Bezug auf Sprache und Reflexion (noch so) wohl gelungen sind†), aneinanderreiht, so wird man dadurch (auch) Dasjenige ⟨nicht⟩ erreichen, was uns als Aufgabe der Tragödie erschien⁶⁵), dagegen, viel eher (schon) wird eine

---

*) Wörtlicher wiederum: „die Composition der Begebenheiten." Nach Düntzer und Vahlen wäre der Sinn vielmehr etwa: „Nahezu gesagt, einen jeden dieser Theile wenden nun nicht Wenige mit solcher Bevorzugung vor den übrigen an, daß jeder Theil auf diese Weise gleichsam zur Art wird und es eben so viel Arten als Theile der Tragödie giebt, denn die theatralischen Mittel allein hätten und vermöchten Alles, und Charaktere, Fabel, Sprache, musikalische Composition und Reflexion jedes allein nicht minder; in Wahrheit jedoch ist das wichtigste von allen diesen Stücken die Zusammenfügung des Verlaufs der Begebenheiten."

**) Oder: „⟨glücklichem und unglücklichem⟩ Leben"?

***) Oder: „sondern der Handlungen wegen auch die Charaktere mit aufzunehmen"?

†) Nach den Handschriften: „wenn man (noch so) wohlgelungene charakterschildernde Scenen und (noch so) schöne Worte und Reflexionen aneinanderreiht."

ΠΕΡΙ ΠΟΙΗΤΙΚΗΣ. † 1450b

τούτοις κεχρημένη τραγῳδία, ἔχουσα δὲ μῦθον καὶ
15 σύστασιν πραγμάτων· 1450a, 39—b, 3. παραπλήσιον γὰρ (17)
ἐστι καὶ † ἐπὶ τῆς γραφικῆς, εἰ γάρ τις ἐναλείψειε τοῖς
καλλίστοις φαρμάκοις χύδην, οὐκ ἂν ὁμοίως εὐφράνειεν
13 καὶ λευκογραφήσας εἰκόνα¹). 1450a, 33—39. πρὸς δὲ (18)
τούτοις τὰ μέγιστα οἷς ψυχαγωγεῖ ἡ τραγῳδία, τοῦ
μύθου μέρη ἐστίν, αἵ τε περιπέτειαι καὶ ἀναγνωρίσεις.
14 **²) ἔτι σημεῖον ὅτι καὶ οἱ ἐγχειροῦντες ποιεῖν πρό- (19)
τερον δύνανται τῇ λέξει καὶ τοῖς ἤθεσιν ἀκριβοῦν ἢ
τὰ πράγματα συνίστασθαι³), οἷον καὶ οἱ πρῶτοι ποιηταὶ
σχεδὸν ἅπαντες. ἀρχὴ μὲν οὖν καὶ οἷον ψυχὴ ὁ μῦθος (20)
16 τῆς τραγῳδίας, δεύτερον δὲ τὰ ἤθη· 1450b, 3—4. ἔστι (21)
γάρ⁴) μίμησις πράξεως, καὶ διὰ ταύτην τῶν πραττόντων. τρίτον δὲ ἡ διάνοια. **⁵) 1450b, 6. ἐπὶ τῶν (22)
λόγων⁶). 1450b, 4—6. τοῦτο δέ ἐστι⁷) τὸ⁸) λέγειν δύνασθαι τὰ ἐνόντα καὶ τὰ ἁρμόττοντα, ὅ περ 1450b, 6.
τῆς πολιτικῆς καὶ ῥητορικῆς ἔργον ἐστίν· οἱ⁹) μὲν γὰρ (23)
ἀρχαῖοι πολιτικῶς ἐποίουν¹⁰) λέγοντας, οἱ δὲ νῦν ῥητορι-
17 κῶς. ἔστι¹¹) δὲ ἦθος μὲν τὸ τοιοῦτον ὃ δηλοῖ τὴν (24)

---

¹) Die Umstellung Hermann Bekk. ³ Susem. Va. und zweifelnd Ueb. nach Castelvetro.

²) So Susem. nach eigner Vermuthung. Ich denke mir, daß etwa Folgendes ausgefallen ist: λέγω δὲ περιπέτειαν μὲν τὴν τῶν πραττομένων μεταβολὴν εἰς τὸ ἐναντίον οὗ ἐβούλετο ὁ πράττων, τί δ' ἀναγνώρισιν, ἐξ αὐτοῦ τοῦ ὀνόματος δῆλον. S. d. Anm. 68 hinter dem Text. Krohn erklärt §. 13 für interpolirt.

³) συνιστάναι Susem. ¹ nach Thurot.

⁴) γάρ Hermann, τε Bekk. ¹ Va. Ueb. nach den Handschriften.

⁵) So Susem. nach eigner Vermuthung, s. d. Anm. 70 hinter dem Text. Reinkens (S. 58 ff.) sucht die Lücke dagegen vor τρίτον δὲ ἡ διάνοια. Zuerst nahm an der Ueberlieferung Maggi Anstoß, welcher aber irrthümlich durch Aenderung des folgenden τὸ λέγειν δύνασθαι in τῷ λέγειν δεικνῦναι abhelfen zu können glaubte.

⁶) So Susem. ² nach eigner Vermuthung im Zusammenhang mit der von mir angenommenen Lücke, während in den übrigen Ausgaben und in den Handschriften die Worte ἐπὶ τῶν λόγων erst hinter ὅ περ stehen.

⁷) δ' ἐστὶ Bekk. Susem. ¹

⁸) τοῦ Essen.

⁹) ** οἱ Susem. ¹ nach Vahlen Rangf. S. 172—179.

¹⁰) ἐπήγουν? Essen.

¹¹) ** ἔστι Susem. ¹ nach Vahlen a. a. O.

Tragödie dieselbe erfüllen, die in allen diesen Stücken mangelhafter ausgestattet ist, wenn sie nur dabei eine wirkliche Fabel hat und geordnete Abfolge der dargestellten Begebenheiten *). (§. 15.) Denn es ist auch damit wieder ähnlich wie in der Malerei: wenn man die schönsten Farben planlos aufträgt, so wird man damit keinen solchen Genuß bereiten, als wenn man auch nur in Umrissen ein wahrhaft so zu nennendes Bild ausführt 66). (§. 13.) Dazu kommt, (18) daß diejenigen beiden Stücke, durch welche die Tragödie am Stärksten und Anziehendsten auf die Gemüther wirkt 67), Bestandtheile der Fabel sind, nämlich die unerwarteten Wendungen und die Erkennungen. — — — — —

— — — — — — 68). (§. 14.) Ein fernerer Beleg ist end- (19) lich auch noch dies, daß die Anfänger im Dichten es eher im sprachlichen Ausdruck und in den Charakteren zur Fertigkeit zu bringen pflegen als in der Zusammenfügung und Anordnung der Begebnisse †), und daß eben so auch die frühesten (Tragödien-) Dichter fast durchweg in Bezug auf die letztere am Unvollkommensten sind 69). Die Grundlage also und gleichsam die Seele der Tragödie ist die (20) Fabel. Den zweiten Rang aber nehmen die Charaktere ein. (§. 16.) (21) Denn die Tragödie ist Darstellung einer Handlung und eben damit zuvörderst auch der handelnden Personen. An dritter Stelle steht (22) sodann die Reflexion. ‹Denn 70) — — — — — —

— — — — — — › in den Reden. Das heißt aber (mit anderen Worten), daß man das in der Sache Liegende und den Verhältnissen Angemessene zu sprechen vermag, was Sache der politischen und rhetorischen Betrachtung ist 71). Und zwar ließen**) (23) die alten (Tragödien-) Dichter ihre Personen mehr wie öffentliche Charaktere, die jetzigen aber lassen sie mehr wie Redekünstler sprechen 72). (§. 17.) Es ist aber Charakter (nur) Dasjenige, was (24) eine Willensrichtung offenbart, und daher tragen denn diejenigen

---

*) und †) Den Sinn mehr treffen würde auch hier: „und Composition der Begebenheiten" und „in der Composition der Begebnisse."

**) Wörtlich: „Es ließen nämlich", und vielleicht ist dies auch das Richtigere. Nach Essens Conjectur vielmehr: „Denn die Alten zollten ihren Beifall der Beredsamkeit öffentlicher Charaktere, die Jetztzeit aber der der Redekünstler."

προαίρεσιν ὁποία¹) τις (διόπερ οὐκ ἔχουσιν ἦθος τῶν
λόγων ἐν οἷς μηδ' ὅλως ἔστιν ὅ τις²) προαιρεῖται ἢ
φεύγει⟨ἢ⟩³) ἐν οἷς οὐκ ἔστι δῆλον εἰ⁴) προαιρεῖται ἢ
φεύγει⁵) ὁ λέγων), διάνοια δέ, ἐν οἷς ἀποδεικνύουσί⁶) τι (25)
ὡς ἔστιν ἢ οὐκ ἔστιν, ἢ καθόλου τι ἀποφαίνονται.
18 τέταρτον δὲ τῶν μὲν λόγων⁷) ἡ λέξις (λέγω δέ, ὥσπερ (26)
πρότερον εἴρηται, λέξιν εἶναι τὴν διὰ τῆς ὀνομασίας
ἑρμηνείαν, ὃ καὶ ἐπὶ τῶν ἐμμέτρων καὶ ἐπὶ τῶν⁸)
λόγων ἔχει τὴν αὐτὴν δύναμιν), τῶν δὲ λοιπῶν [πέντε]⁹) (27)
ἡ μελοποιία, μέγιστον⟨ὃν⟩¹⁰) τῶν ἡδυσμάτων. ⟨ἀλλὰ
(Fr. 1.) μέλος τῆς μουσικῆς ἐστιν ἴδιον· ὅθεν ἀπ' ἐκείνης
19 τὰς αὐτοτελεῖς ἀφορμὰς δεήσει λαμβάνειν⟩¹¹). ἡ δὲ (28)
ὄψις ψυχαγωγικὸν¹²) μέν, ἀτεχνότατον¹³) δὲ καὶ ἥκιστα
οἰκεῖον τῆς ποιητικῆς· ὡς¹⁴) γὰρ τῆς τραγῳδίας δύναμις,
καὶ ἄνευ ἀγῶνος καὶ ὑποκριτῶν ἐστιν, ἔτι δὲ κυριωτέρα

---

¹) ὁποῖά Ba. und Bahlen Zeitschr. f. d. östr. Gymn. XXIV.
1873. S. 658, wahrscheinlich nach Aᶜ.
²) ὅ τι Bekk. Susem.¹ Bahleu Zeitschr. f. d. östr. Gymn. a. a. D.
nach Bᶜ Nᵃ und andern Handschriften. ὅστις Q Par. 2938.
³) So Ueb. Susem.² nach Bahlen Beitr. I. S. 52 (316),
zurückgenommen von Bahlen Ztschr. f. d. östr. Gymn. a. a. D.
⁴) εἰ Hermann, ἢ Susem.¹ Ba. und Bahlen Ztschr. f. d. östr.
G. a. a. D. nach den Handschriften, τί Bahlen Beitr. a. a. D.
⁵) Die Worte ἐν οἷς οὐκ ἔστι δῆλον–φεύγει stehen in den Handschriften vor διόπερ, wo Susem.¹ sie in eckigen Parenthesen (als
Dittographie oder Variante) beließ, während Bekk. sie ganz tilgt, die
Umstellung derselben geben Ba. Ueb. Susem.² nach Bahlen Beitr.
a. a. D., wogegen jetzt Bahlen Ztschr. f. d. östr. G. a. a. D. ihren
handschriftlichen Platz für den richtigen erklärt.
⁶) ἀποδεικνύασί Bekk.³ Susem.¹
⁷) τῶν ἐν λόγῳ? Bywater.
⁸) τῶν ⟨ψιλῶν⟩? Susem.
⁹) So Susem. nach Spengel, dem ich auch in der Interpunction
und Construction gefolgt bin, πέντε ohne eckige Parenthesen Bekk.
nach Aᶜ Bᶜ Nᵃ und andern Handschriften, πέμπτον Ba. Ueb. nach Gᵉ
M² und dem Rande von Pˢ, τὸ πέμπτον Batteug.
¹⁰) So Ueb. Susem.² nach Spengel, ⟨γὰρ⟩ Susem.¹ nach eigner Vermuthung, während Bahlen Rangf. S. 183. Anm. 6. geneigt
ist τοῦτο δὲ vor μέγιστον einzufügen.
¹¹) Dies bei dem Anon. de com. §. 7 überlieferte Fragment
habe ich nach Bernays' Vermuthung hier eingefügt und ihm zur Verknüpfung noch ἀλλὰ vorgesetzt, eben so Ueb., nur daß dieser vielmehr

Reden Nichts von Charakter an sich, in welchen gar Nichts ausgedrückt ist, was Jemand zu erreichen oder zu meiden beabsichtigt, <oder> in denen es (wenigstens) nicht klar wird, ob der Redende Etwas zu erreichen oder zu meiden trachtet. Reflexion aber ist (25) alles Dasjenige, vermöge dessen man beweist, daß Etwas (so oder so) ist oder nicht ist, oder allgemeine Sätze und Urtheile ausspricht[73]). (§. 18.) Der vierte Platz endlich ist, so weit eben die (26) Reden das Darstellungsmittel der Tragödie sind, dem sprachlichen Ausdruck zuzuweisen — denn unter sprachlichem Ausdruck verstehe ich eben die Kundgebung durch das Wort, wie ich ja auch vorhin[74]) schon bemerkt habe, denn Das macht dabei für das Wesen der Sache ja keinen Unterschied aus, ob dieselbe in Versen oder in Prosa vor sich geht — in Bezug auf die übrigen Darstellungs- (27) mittel aber steht ihm die musikalische Composition gleich, <denn sie ist> das höchste von allen jenen Verschönerungsmitteln (der Rede). (Fr. 1.) <Aber das eigentliche Gebiet, dem sie angehört, ist vielmehr das der Tonkunst, und eine Theorie der letzteren ist es daher vielmehr, welche (zu ihrer genaueren Betrachtung) die ausreichenden Grundlagen darzubieten hat.> (§. 19.) Und das Theatralische (28) (vollends) ist zwar von hohem Reiz und großer Wirkung[74b]), aber es liegt am Meisten[75a]) außerhalb des eigentlichen Kunstgebietes der Poesie und gehört am Wenigsten[75b]) ihr eigenthümlich an*). Denn einerseits muß die Tragödie ihre Kraft auch schon ohne Bühnendarstellung und Schauspieler[76]) erproben, und nach der andern

---

*) Nach einer andern aber wahrscheinlich nicht richtigen Auffassung so: „aber es gehört am Wenigsten in die Theorie und Praxis der Dichtkunst hinein" (Essen: „hat in ihr kein eigentliches Bürgerrecht").

μέλος· <δὲ> schreibt. Ueb. bin ich jetzt in dieser 2. A. in der Verwandlung von δεήσῃ in δεήσει gefolgt.

12) ψυχαγωγόν Spengel.

13) ἀτεχνότατον A^c.

14) ἤ Bekk. Susem.¹ Ueb. nach N^a M¹·³·⁴·, und allerdings zweifle ich auch jetzt noch daran, daß Aristoteles sich so gezwungen ausgedrückt hat, wie er es nach der durch A^c überlieferten Lesart gethan haben müßte, vielleicht ist γάρ zu tilgen (s. d. Ind. gramm. hinter meiner kritischen Ausg. der Politik u. d. W. ὡς). Natürlich muß dann, so wie wenn man ἤ schreibt, das Komma vor καὶ ἄνευ wegfallen.

ΠΕΡΙ ΠΟΙΗΤΙΚΗΣ. † 1451a

περὶ τὴν ἀπεργασίαν τῶν ὄψεων ἡ τοῦ σκευοποιοῦ τέχνη τῆς τῶν ποιητῶν ἐστίν¹).

1 7. διωρισμένων δὲ τούτων, λέγωμεν μετὰ ταῦτα ποίαν (1) τινὰ δεῖ τὴν σύστασιν εἶναι τῶν πραγμάτων, ἐπειδὴ τοῦτο καὶ πρῶτον καὶ μέγιστον τῆς τραγῳδίας ἐστίν.

2 κεῖται δ' ἡμῖν τὴν τραγῳδίαν τελείας καὶ ὅλης πράξεως (2) εἶναι μίμησιν, ἐχούσης τι μέγεθος· ἔστι γὰρ ὅλον καὶ μηδὲν ἔχον μέγεθος. ὅλον δέ ἐστι²) τὸ ἔχον ἀρχὴν καὶ (3)

3 μέσον καὶ τελευτήν. ἀρχὴ δέ ἐστιν ὃ αὐτὸ μὲν ἐξ (4) ἀνάγκης μὴ³) μετ' ἄλλο ἐστί, μετ' ἐκεῖνο δ' ἕτερον πέφυκεν εἶναι ἢ γίνεσθαι· τελευτὴ δὲ τοὐναντίον ὃ αὐτὸ (5) μετ' ἄλλο πέφυκεν εἶναι, ἢ ἐξ ἀνάγκης ἢ ὡς ἐπὶ τὸ πολύ, μετὰ δὲ τοῦτο ἄλλο οὐδέν· μέσον δὲ ὃ καὶ αὐτὸ (6) μετ' ἄλλο καὶ μετ' ἐκεῖνο ἕτερον. δεῖ ἄρα τοὺς συνε- (7) στῶτας εὖ μύθους μήθ' ὁπόθεν ἔτυχεν ἄρχεσθαι μήθ' ὅπου ἔτυχε τελευτᾶν, ἀλλὰ κεχρῆσθαι ταῖς εἰρημέναις ἰδέαις⁴).

4 ἔτι δ' ἐπεὶ τὸ καλὸν καὶ ζῷον καὶ ἅπαν πρᾶγμα ὃ (8) συνέστηκεν ἐκ τινῶν, οὐ μόνον ταῦτα τεταγμένα δεῖ ἔχειν, ἀλλὰ καὶ μέγεθος ὑπάρχειν μὴ τὸ τυχόν (τὸ γὰρ (9) καλὸν ἐν μεγέθει καὶ τάξει ἐστί, διὸ οὔτε πάμμικρον⁵) ἄν τι γένοιτο καλὸν ζῷον — συγχεῖται γὰρ ἡ θεωρία ἐγγὺς τοῦ ἀναισθήτου [χρόνου]⁶) γινομένη — οὔτε παμμέ- γεθες⁷) — οὐ γὰρ † ἅμα ἡ θεωρία γίνεται, ἀλλ'

---

¹) Krohn erklärt §. 19 für interpolirt, f. dagegen die Anmm. 75. 76 hinter dem Text.
²) ὅ ἐστι Bekk. Susem.¹ und eben so gleich darauf ὅ ἐστιν.
³) ἐξ ἀνάγκης μὴ Susem. nach W. Pazzi und Trincaveli, μὴ ἐξ ἀνάγκης Bekk. Va. Ueb. nach den Handschriften.
⁴) εἰδέαις A^c.
⁵) πάμμικρον W. Pazzi und Trincavelt, πᾶν μικρὸν A^c und die meisten andern Handschriften, πάνυ μικρὸν Q M³.
⁶) So Susem. nach Bonitz, χωρίου Ueb., καὶ ἀοράτου Friedrich.
⁷) παμμέγεθες W. Pazzi und Trincaveli, πᾶν μέγεθος A^c und die meisten andern Handschriften, πάνυ μέγα M³.

Seite liegt wiederum das Gelingen der Bühneneffecte mehr in der Hand des Theatermeisters als in der des Dichters.

7. (§. 1.) Nachdem wir nun diese Bestimmungen getroffen haben, wollen wir demnächst (zuerst) darüber sprechen, welche Beschaffenheit der dargestellte Verlauf*) der Begebenheiten besitzen muß, da dieser (eben) das erste und wichtigste Stück der Tragödie ist. (§. 2.) Nun steht uns bereits fest, daß die Tragödie nachahmende Darstellung einer vollständig in sich abgeschlossenen und ein Ganzes bildenden Handlung ist, und zwar einer solchen, welche eine gewisse bestimmte Ausdehnung hat — denn es giebt auch Ganze, welche keine bestimmte Ausdehnung haben —. Ein Ganzes nun aber ist Alles, was Anfang, Mitte und Ende hat. (§. 3.) Anfang ferner ist Dasjenige, welches selber mit Nothwendigkeit nicht nach einem Anderen ist**), nach welchem aber seiner Natur nach etwas Anderes da sein oder werden muß, Ende im Gegentheil, welches selber seiner Natur gemäß nach etwas Anderem sei es nun mit Nothwendigkeit oder doch nach dem gewöhnlichen Laufe der Dinge***), aber nach welchem kein Anderes, Mitte endlich, was eben so sehr naturgemäß selber nach Anderem ist als Anderes nach ihm. Hieraus folgt denn, daß wohlangelegte†) Fabeln weder in einem willkürlichen Punkte anfangen noch enden, sondern sich nach den in diesen eben gegebenen Bestimmungen liegenden Gesetzen richten müssen.

(§. 4.) Ferner aber: jeder schöne Gegenstand, sei es nun ein Gemälde oder was sonst immer††), welcher aus Theilen besteht, muß diese Theile nicht bloß in ihrer richtigen Ordnung in sich tragen, sondern darf auch nicht jede beliebige und willkürliche Größe und Ausdehnung haben. Denn das Schöne besteht[77] nicht bloß in bestimmter Ordnung, sondern auch in bestimmter Größe und Ausdehnung, und so würde denn (z. B.) weder, wenn man sich ein ganz verschwindend kleines Gemälde†††) denken wollte, dieses schön sein, denn unsere Anschauung fließt verworren in einander, je mehr sie sich dem Unmerklichen nähert, noch auch wenn ein ganz

---

*) Wörtlicher: „die Composition."
**) Nach der Ueberlieferung: „welches selber nicht mit Nothwendigkeit nach einem Anderen ist" — „nicht mit Nothwendigkeit auf ein Anderes zu folgen braucht."
***) Oder: „oder doch in der Regel."
†) Wörtlicher und besser: „wohlcomponirte."
††) Oder: „sei es nun ein beseelter oder unbeseelter."
†††) Oder: „beseeltes Wesen" oder „Thier"?

ΠΕΡΙ ΠΟΙΗΤΙΚΗΣ.

οἴεται τοῖς θεωροῦσι τὸ ἓν καὶ τὸ ὅλον ἐκ τῆς θεω-
5 ρίας — οἷον εἰ μυρίων σταδίων εἴη ζῷον)· ὥστε δεῖ (10)
καθάπερ ἐπὶ τῶν σωμάτων[1]) καὶ ἐπὶ τῶν ζῴων ἔχειν
μὲν μέγεθος, τοῦτο δὲ εὐσύνοπτον εἶναι, οὕτω καὶ ἐπὶ
τῶν μύθων ἔχειν μὲν μῆκος, τοῦτο δὲ[2]) εὐμνημόνευτον
6 εἶναι. τοῦ[3]) μήκους ὅρος μὲν πρὸς[4]) τοὺς ἀγῶνας καὶ (11)
τὴν αἴσθησιν οὐ τῆς τέχνης ἐστίν (εἰ γὰρ ἔδει ἑκατὸν
τραγῳδίας ἀγωνίζεσθαι, πρὸς κλεψύδρας[5]) ἂν ἠγωνί-
ζοντο, ὥσπερ ποτὲ καὶ ἄλλοτε ⟨εἰώ-⟩θασιν[6]))· ὁ δὲ κατ' (12)
7 αὐτὴν τὴν φύσιν τοῦ πράγματος ὅρος[7]), ἀεὶ μὲν ὁ μείζων
μέχρι τοῦ σύνδηλος εἶναι καλλίων ἐστὶ κατὰ τὸ μέγεθος, ὡς δὲ ἁπλῶς διορίσαντας εἰπεῖν, ἐν ὅσῳ μεγέθει
κατὰ τὸ εἰκὸς ἢ τὸ ἀναγκαῖον ἐφεξῆς γιγνομένων συμβαίνει εἰς εὐτυχίαν ἐκ δυστυχίας ἢ ἐξ εὐτυχίας εἰς
δυστυχίαν μεταβάλλειν, ἱκανὸς ὅρος ἐστὶ τοῦ μεγέθους.
1   8. μῦθος δ' ἐστὶν εἷς, οὐχ, ὥσπερ τινές οἴονται, ἐὰν (1)
περὶ ἕνα ᾖ. πολλὰ γὰρ καὶ ἄπειρα τῷ γένει[8]) συμβαίνει, ἐξ ὧν ἐνίων[9]) οὐδέν ἐστιν ἕν· οὕτως[10]) δὲ καὶ

---

[1]) σχημάτων Ueb., συστημάτων Bywater.
[2]) δ' Bekk. Susem.¹
[3]) τοῦ ⟨δὲ⟩ Bekk. Sus.¹ nach Bᶜ Gˢ Pˢ M², vielleicht richtig.
[4]) ⟨ὁ⟩ μὲν πρός Susem.¹ nach Bursian, vielleicht richtig, πρὸς μὲν Bekk. nach Ald.
[5]) κλεψύδραν Bekk. Susem.¹ Ueb. nach Bᶜ Gˢ Pˢ M².
[6]) So M. Schmidt, φησίν Q. φασίν Bekk. Susem.¹ Va. Ueb. nach den übrigen Handschriften, [φασίν] Harles, nach dessen Vorgang Susem.¹ bemerkt, daß man ein Verbum nicht im Sinne von „sagen", sondern von „thun" erwartet. Mit Schmidts Verbesserung hat nun Knebels treffende Vertheidigung der Worte ὥσπερ-φασίν an dieser Stelle ihren Abschluß erhalten, während Hermann sie sehr mit Unrecht hinter συμβαίνει c. 8. §. 1 umstellte und Bekk.³ sie in eckige Parenthesen setzt. S. d. Anm. 79 hinter dem Text.
[7]) [ὅρος] Susem.¹, οὗτος? Bücheler.
[8]) ἑνὶ Bekk.³ Va. nach Gˢ, ᾗ ἑνί Ueb. nach Vettori. Vielleicht ist Ersteres richtig, vielleicht aber vielmehr ἄπειρα in διάφορα zu ändern.
[9]) [ἐνίων] Spengel, ⟨ἢ πάντων ἢ⟩ ἐνίων? Vahlen Beitr. I. S. 52 (316), ⟨περὶ⟩ ἓν ⟨ὄν-⟩των? H. Fischer. Eine der beiden ersten Aenderungen scheint nothwendig, wenn vorher ἑνὶ, die dritte, wenn vorher διάφορα das Richtige trifft.
[10]) οὕτω Bekk. Susem.¹ Ueb.

übermäßig großes, etwa von 10000 Stadien, denn dabei kann die Anschauung nicht mehr zugleich das Ganze umfassen, sondern den Beschauenden schwindet vielmehr die Einheit und Ganzheit aus der Anschauung. (§. 5.) Und daraus folgt denn wieder: gleichwie (10) bei Gemälden*) und überhaupt allen körperlichen Gebilden (wenn sie schön sein sollen), einerseits eine gewisse Größe erforderlich ist, diese aber andererseits (auch noch) eine wohlübersichtliche sein muß, so ist auch bei den tragischen Fabeln eine gewisse Länge vonnöthen, aber diese muß auch wiederum noch eine wohlbehaltbare sein. (§. 6.) Was dann (aber) die genauere Bestimmung dieser Länge (11) betrifft, so fällt die, welche sich mit Rücksicht auf die Aufführung in den Wettkämpfen und den sinnlichen Eindruck der Bühnendarstellung gehen ließe, außerhalb des eigentlichen Kunstgebiets (der Poesie)**). Denn gesetzt, es müßten bei einem solchen Wettkampf (nicht weniger als) hundert Tragödien gegen einander in die Schranken treten [78]), so müßte es dabei schließlich nach der Uhr gehen, wie etwas Aehnliches bei gewissen anderen Wettkämpfen ja auch wirklich geschieht [79]). (§. 7.) Die nähere Bestimmung dagegen (12) aus der Natur der Sache selbst wird also lauten: je ausgedehnter die Fabel, so lange sie dabei nur wohlüberschaulich bleibt, desto schöner ist sie nach Seiten der Ausdehnung; und im Allgemeinen: diejenige Ausdehnung, welche dazu erforderlich ist, daß innerhalb eines Verlaufs von solchen Begebenheiten, welche in wahrscheinlicher [79b]) oder nothwendiger Abfolge stehen, ein Wechsel aus Unglück in Glück oder aus Glück in Unglück [80]) sich vollziehen kann, das wird das richtige Maß der Ausdehnung sein.

8. (§. 1.) Die Fabel ist aber eine (dergestalt) einheitliche (1) nicht (etwa schon), wie Einige meinen [80b]), wenn sie sich um eine Person dreht. Denn wie überhaupt vieles Verschiedenartige vorkommt, aus welchem dadurch, daß es sich auf ein Einziges bezieht, sich (noch) keine Einheit ergiebt, so sind auch der Handlungen eines

---

*) Oder wieder: „beseelten Wesen" oder „Thieren" oder „Organismen"?
**) Oder: „außerhalb einer eigentlichen Theorie der Dichtkunst"? Wörtlich: „ist — nicht Sache der Kunst", s. Anm. 75 hinter dem Text.

πράξεις ἑνὸς πολλαί εἰσιν, ἐξ ὧν μία οὐδεμία γίνεται
2 πρᾶξις. διὸ πάντες ἐοίκασιν ἁμαρτάνειν ὅσοι τῶν ποιη- (2)
τῶν Ἡρακληίδα, Θησηίδα[1]) καὶ τὰ τοιαῦτα ποιήματα
πεποιήκασιν[2]). οἴονται γάρ, ἐπεὶ εἷς ἦν ὁ Ἡρακλῆς,
3 ἕνα καὶ τὸν μῦθον εἶναι προσήκειν. ὁ δ᾽ Ὅμηρος, ὥσπερ (3)
καὶ τὰ ἄλλα διαφέρει, καὶ τοῦτ᾽ ἔοικε καλῶς ἰδεῖν, ἤτοι
διὰ τέχνην ἢ διὰ φύσιν· Ὀδύσσειαν γὰρ ποιῶν οὐκ
ἐποίησεν ἅπαντα ὅσα αὐτῷ συνέβη, οἷον πληγῆναι μὲν
ἐν τῷ Παρνασσῷ, μανῆναι δὲ προσποιήσασθαι ἐν τῷ
ἀγερμῷ, ὧν οὐδὲν θατέρου γενομένου ἀναγκαῖον ἦν ⟨ἢ⟩[3])
εἰκὸς θάτερον γενέσθαι, ἀλλὰ περὶ μίαν πρᾶξιν, οἵαν
λέγομεν[4]), τὴν Ὀδύσσειαν συνέστησεν, ὁμοίως δὲ καὶ
4 τὴν Ἰλιάδα. χρὴ οὖν, καθάπερ καὶ ἐν ταῖς ἄλλαις (4)
μιμητικαῖς ἡ μία μίμησις ἑνός ἐστιν, οὕτω καὶ τὸν
μῦθον, ἐπεὶ πράξεως μίμησίς ἐστι, μιᾶς τε εἶναι καὶ
ταύτης[5]) ὅλης, καὶ τὰ μέρη συνεστάναι ⟨ἐκ⟩[6]) τῶν
πραγμάτων οὕτως ὥστε μετατιθεμένου τινὸς μέρους ἢ
ἀφαιρουμένου διαφέρεσθαι[7]) καὶ κινεῖσθαι τὸ ὅλον· ὃ
γὰρ προσὸν[8]) ἢ μὴ προσὸν[9]) μηδὲν ποιεῖ ἐπίδηλον, οὐδέν[10]) μόριον τοῦ ὅλου ἐστίν.
1   9. φανερὸν δὲ ἐκ τῶν εἰρημένων καὶ ὅτι οὐ τὸ[11]) τὰ (1)

---

1) ⟨καὶ⟩ Θησηίδα Bekk. Susem.¹ nach Ald.
2) πεποιήκασι ⟨ποιήσαντες ἅπαντα ὅσα αὐτοῖς συνέβη⟩ oder ähnlich Herzog.
3) ἦν ἢ B^c G^s P^s M², ἢ Spengel.
4) λέγομεν N^a M¹, λέγοιμεν A^c nebst den übrigen Handschriften, ⟨ἂν⟩ λέγοιμεν Va.
5) καὶ ταύτης Bekk. Ueb. Susem.² nach den Handschriften, ταύτης καὶ Susem.¹ Va. nach Susemihls Vermuthung, s. aber Rhein. Mus. XXII. S. 217.
6) So Susem. nach Schömann (Opusc. III. S. 34).
7) διαφθείρεσθαι Twining und ein Gelehrter am Rande der von Buhle benutzten Pariser Wechelschen Ausg. der Poet. v. J. 1538, ἀφαιρεῖσθαι oder δεῖν ἀφαιρεῖσθαι Winstanley, διαστρέφεσθαι M. Schmidt (wahrscheinlich richtig).
8 und 9) πρὸς ὃν A^c.
10) ὡς οὐδὲν (mit Komma vor statt nach ἐπίδηλον) Susem.¹ nach B^c G^s P^s M² Par. 2938 und Vahlen Zur Krit. S. 9 (65), der aber sodann Beitr. I. S. 53 (317) die Unrichtigkeit hievon erkannte und eventuell ⟨ὥσπερ⟩ οὐδὲν vermuthete, allein ὡς ist in den genannten

Einzigen*) viele, aus denen keine einheitliche Handlung erwächst. (§. 2.) Und deßhalb scheinen denn alle diejenigen von den Dichtern (2) fehlgegriffen zu haben, welche eine Herakleis, Theseis oder sonst ähnliche Gedichte verfaßten⁸¹), denn sie haben (offenbar dabei) geglaubt, weil Herakles eine Person war, müsse nothwendig auch schon die Fabel von ihm Einheit besitzen. (§. 3.) Homeros dagegen, wie er auch in allem Anderen hervorragt, hat, wie mich (3) dünkt, auch hierin das Richtige gesehen, sei es nun vermöge künstlerischer Einsicht, sei es vermöge glücklicher Naturanlage. Denn da er die Odyssee dichtete, nahm er in seine Darstellung nicht Alles auf, was dem Odysseus begegnete, wie z. B. nicht seine Verwundung auf dem Parnassos⁸²) und seinen verstellten Wahnsinn bei der Sammlung des Heerzuges⁸³), denn diese beiden Begebnisse sind eben nicht so beschaffen, daß das Geschehen des einen mit Nothwendigkeit oder Wahrscheinlichkeit das des andern nach sich zöge; sondern er gruppirte**) seine Odyssee um eine einheitliche Handlung⁸⁴), wie wir dieselbe so eben bestimmt haben⁸⁵), und desgleichen auch seine Ilias. (§. 4.) Kurz also: gerade wie in allen nach- (4) ahmenden Künsten jede einzelne nachahmende Darstellung auch Darstellung eines einheitlichen Gegenstandes ist, so muß auch die Fabel, da sie nachahmende Darstellung einer Handlung ist, dies von einer einheitlichen Handlung, und zwar einer einheitlichen im Sinne des in sich abgeschlossenen Ganzen⁸⁵ᵇ) sein, und es müssen die Theile der Fabel sich so aus den Begebnissen zusammensetzen, daß, wenn irgend einer dieser Theile umgestellt oder hinweggenommen, damit das Ganze selbst zerstückt und verrückt wird. Denn Dasjenige, dessen Vorhandensein oder Fehlen sich durch Nichts bemerkbar macht, ist (auch) kein (wesentlicher) Theil des Ganzen.

9. (§. 1.) Es erhellt aber aus dem Gesagten⁸⁶) auch noch (1)

---

*) Oder nach dem andern Herstellungsversuch: „Denn wie überhaupt jedem einzelnen Gegenstande Vieles, ja Unzähliges zukommen kann, aus dem sich keine Einheit ergiebt, so sind auch der Handlungen einer einzelnen Person"?

**) Wörtlicher; „componirte".

Handschriften, da wahrscheinlich auch sie aus Aᶜ stammen, nur Conjectur; οὐδὲ Bekk. nach Q und Ald.

11) οὐ τὸ Bᶜ M¹ und pr. M⁴, οὕτω Aᶜ M² Lᵈ pr. Nᵃ und corr. M⁴, αὐτὸ corr. Nᵃ, οὐχ οὕτω Q M³, οὐ τῷ Pˢ, ἐν τῷ Gˢ.

ΠΕΡΙ ΠΟΙΗΤΙΚΗΣ.

γενόμενα¹) λέγειν, τοῦτο ποιητοῦ ἔργον ἐστίν, ἀλλ' οἷα
ἂν γένοιτο, καὶ τὰ δυνατὰ²) κατὰ τὸ εἰκὸς ἢ τὸ ἀναγκαῖον. ὁ γὰρ † ἱστορικὸς καὶ ὁ ποιητὴς οὐ τῷ ἢ (2)
ἔμμετρα λέγειν ἢ ἄμετρα διαφέρουσιν (εἴη γὰρ ἂν τὰ
Ἡροδότου εἰς μέτρα τεθῆναι, καὶ οὐδὲν ἧττον ἂν εἴη
ἱστορία τις μετὰ μέτρου ἢ ἄνευ μέτρων)· ἀλλὰ τούτῳ³)
διαφέρει, τὸ⁴) τὸν μὲν τὰ γενόμενα λέγειν, τὸν δὲ οἷα
ἂν γένοιτο. διὸ καὶ φιλοσοφώτερον καὶ σπουδαιότερον (3)
ποίησις ἱστορίας ἐστίν· ἡ μὲν γὰρ ποίησις μᾶλλον τὰ
καθόλου, ἡ δ' ἱστορία τὰ καθ' ἕκαστον λέγει.. ἔστι δὲ (4)
καθόλου μέν, τῷ ποίῳ τὰ ποῖα⁵) ἄττα συμβαίνει λέγειν
ἢ πράττειν κατὰ τὸ εἰκὸς ἢ τὸ ἀναγκαῖον, οὗ στοχάζεται ἡ ποίησις ὀνόματα⁶) ἐπιτιθεμένη· τὸ⁷) δὲ καθ'
ἕκαστον, τί Ἀλκιβιάδης ἔπραξεν ἢ τί ἔπαθεν. ἐπὶ μὲν (5)
οὖν τῆς κωμῳδίας ἤδη τοῦτο δῆλον γέγονεν (συστήσαντες
γὰρ τὸν μῦθον διὰ τῶν εἰκότων οὕτω τὰ τυχόντα ὀνόματα ὑποτιθέασιν⁸), καὶ οὐχ ὥσπερ οἱ ἰαμβοποιοὶ περὶ
τὸν⁹) καθ' ἕκαστον ποιοῦσιν)· ἐπὶ δὲ τῆς τραγῳδίας τῶν (6)
γενομένων ὀνομάτων ἀντέχονται. αἴτιον δ' ὅτι πιθανόν
ἐστι τὸ δυνατόν· τὰ μὲν οὖν μὴ γενόμενα οὔπω πιστεύο-
μεν εἶναι δυνατά, τὰ δὲ γενόμενα φανερὸν ὅτι δυνατά·
οὐ γὰρ ἂν ἐγένετο, εἰ ἦν ἀδύνατα. οὐ μὴν ἀλλὰ καὶ (7)
ἐν ταῖς τραγῳδίαις ⟨ἐν⟩¹⁰) ἐνίαις μὲν ἓν ἢ δύο τῶν

---

1) γενόμενα Vettori, γνώμενα A^c und die übrigen Handschriften.
2) καὶ τὰ δυνατὰ wollte Maggi tilgen.
3) τούτῳ Bekk. Susem.¹ Va. nach B^c G^s P^s M², vielleicht richtig.
4) τὸ Ueb., τῷ Bekk. Susem.¹ Va. nach den Handschriften, vielleicht richtig.
5) ποῖ Bekk. Susem.¹
6) ὀνόματα ⟨ἱστορικὰ (oder γενόμενα oder γνώριμα oder παραδιδομένα) μέν, ἀδιάφορα δὲ⟩ Herzog (wider den Sinn), nachdem Ritter οὗ—ἐπιτιθεμένη in eckige Parenthesen geschlossen hatte.
7) τὸ B^c G^s P^s M² Par. 2938, τὸν A^c Q M³·⁴·, τὰ Ald. Bekk., τὴν N^a M¹, τῶν? Spengel.
8) ἐπιτιθέασι Bekk.¹ nach Ald., ἐπιτιθέασιν Bekk.³ Ueb.
9) τῶν Bekk. Susem.¹ nach B^c G^s P^s M², τὸ? Susem.
10) So Susem.² nach B^c G^s P^s M² und corr. Par. 2038.

dies, daß nicht Das die Aufgabe des Dichters ist, das wirklich Geschehene zu berichten, sondern vielmehr darzustellen, wie Etwas geschehen kann und was möglich ist nach den Gesetzen der Wahrscheinlichkeit oder Nothwendigkeit. (§. 2.) Der Geschichtschreiber (2) nämlich und der Dichter unterscheiden sich nicht (etwa) von einander durch die Darstellung in ungebundener und in gebundener Rede. Denn es könnte das Werk des Herodotos in Verse gebracht sein, und es würde doch immerhin nur ein Geschichtswerk bleiben in Versen wie sonst ohne Verse. Vielmehr Das ist der Unterschied, daß der Geschichtschreiber darstellt, was wirklich geschehen ist, der Dichter dagegen, wie Etwas geschehen kann⁸⁷). (§. 3.) Deßhalb (3) ist denn auch die Poesie philosophischer⁸⁸) und steht höher⁸⁹) als*) die Geschichte, denn jene stellt mehr das Allgemeine, diese mehr**) das Einzelne dar. (§. 4.) Von allgemeiner Natur nämlich ist es, (4) in welcherlei Weise es jeglicher Art von Charakter zukommt jedesmal zu reden oder zu handeln, und zwar nach Wahrscheinlichkeit oder mit Nothwendigkeit, und darauf zielt die Poesie (auch schon) bei der Beilegung der Namen ab; ein Einzelnes dagegen ist: was (z. B.) Alkibiades gethan oder was er erlitten hat. (§. 5.) (5) Und zwar ist in der Komödie bereits das eben Bemerkte deutlich zu Tage getreten. Denn seit ihre Dichter ihre Fabeln nach den Gesetzen der Wahrscheinlichkeit zu gestalten***) begonnen haben⁸⁹ᵇ), da legen sie auch in dieser Weise⁹⁰) ihren Personen beliebige (selbsterfundene) Namen unter und machen nicht mehr, wie die Jambendichter⁹¹), bestimmte einzelne Personen zum Gegenstand ihrer Dichtung. (§. 6.) In der Tragödie aber hält man (insgemein frei- (6) lich) noch an den wirklichen Namen fest. Davon nämlich ist dies der Grund. Wenn Etwas (in Wirklichkeit) möglich ist, so ist es auch glaublich. Zu der Möglichkeit Dessen nun aber, was noch nicht wirklich geschehen ist, haben wir (leicht) noch keinen rechten Glauben, von allem wirklich Geschehenen dagegen ist es klar, daß es möglich ist, denn es wäre nicht geschehen, wenn es nicht möglich wäre. (§. 7.) Indessen steht es doch auch bei den Tragödien bereits so, (7)

*) Wörtlicher: „eine philosophischere und ernsthaftere (wichtigere) Sache als."
**) Oder: „stellt vielmehr das Allgemeine, diese", wie Reintens will?
***) Wörtlicher und besser: „componiren:"

ΠΕΡΙ ΠΟΙΗΤΙΚΗΣ.

γνωρίμων ἐστὶν ὀνομάτων, τὰ δὲ ἄλλα πεποιημένα, ἐν ἐνίαις δὲ οὐδέν, οἷον ἐν τῷ Ἀγάθωνος Ἄνθει· ὁμοίως γὰρ ἐν τούτῳ τά τε πράγματα καὶ τὰ ὀνόματα πεποίη- 8 ται, καὶ οὐδὲν ἧττον εὐφραίνει. ὥστ' οὐ πάντως εἶναι¹) (8) ζητητέον τῶν παραδεδομένων μύθων, περὶ οὓς αἱ²) τραγῳδίαι εἰσίν, ἀντέχεσθαι³). καὶ γὰρ γελοῖον τοῦτο ζητεῖν ἐπεὶ καὶ τὰ γνώριμα ὀλίγοις γνώριμά ἐστιν, ἀλλ' ὅμως 9 εὐφραίνει πάντας. δῆλον οὖν ἐκ τούτων ὅτι τὸν ποιητὴν (9) μᾶλλον τῶν μύθων εἶναι δεῖ ποιητὴν ἢ τῶν μέτρων⁴), ὅσῳ ποιητὴς κατὰ τὴν μίμησίν ἐστι, μιμεῖται δὲ τὰς πράξεις. κἂν ἄρα συμβῇ γενόμενα ποιεῖν, οὐδὲν ἧττον (10) ποιητής ἐστιν· τῶν γὰρ γενομένων ἔνια οὐδὲν κωλύει τοιαῦτα εἶναι⁵) οἷα ἂν εἰκὸς γενέσθαι καὶ ⟨οὐκ ἄλλως⟩⁶) δυνατὰ γενέσθαι, καθ' ὃ ἐκεῖνος αὐτῶν ποιητής ἐστιν.

10 τῶν δὴ⁷) ἁπλῶν⁸) μύθων καὶ πράξεως αἱ ἐπεισοδιώδεις εἰσὶ χείρισται. λέγω δ' ἐπεισοδιώδη μῦθον ἐν ᾧ τὰ ἐπεισόδια⁹) μετ' ἄλληλα οὔτ' εἰκὸς οὔτ' ἀνάγκη εἶναι. τοιαῦται δὲ ποιοῦνται ὑπὸ μὲν τῶν φαύλων ποιητῶν δι' αὑτούς, ὑπὸ δὲ τῶν ἀγαθῶν διὰ τοὺς [ὑπο-]

---

1) [εἶναι]? Spengel.
2) αἱ ⟨πλεῖσται⟩? Susem., αἱ ⟨εὐδοκιμοῦσαι⟩ Vahlen Zeitschr. f. d. östr. G. XXV. 1874. S. 15.
3) ἀντέχεσθαι ⟨ὡς ὄντων γνωρίμων⟩ Herzog.
4) ὀνομάτων Friedrich.
5) ⟨συνιστ-⟩άναι? Thurot, vielleicht richtig.
6) So Susem. nach eigner Vermuthung. Die Unrichtigkeit des Ueberlieferten erkannte Vorländer.
7) δὴ Susem.², δὲ Bekk. Susem.¹ Va. Ueb. nach den Handschriften.
8) ἄλλων Tyrwhitt, ἁπάντων Twining, τραγικῶν Ueb., ἀτελῶν? Essen, [ἁπλῶν] Buhle, während Castelvetro ἁπλῶς δὲ τῶν statt τῶν δὲ ἁπλῶν vermuthet: dies oder vielmehr ἁπλῶς δὴ τῶν oder ὅλως δὴ τῶν oder auch ἁπάντων δὴ τῶν (allenfalls τῶν δὴ ἄλλων?) entspricht einzig und allein dem Gedanken, und ich übersetze darnach. Zuerst nahm an ἁπλῶν Vettori Anstoß. Bekk.³ hat den ganzen §. 10 in eckige Parenthesen eingeschlossen, Hermann ihn hinter c. 10. §. 2 ἡ μετάβασις γίνεται umgestellt, Vahlen Beitr. I. S. 30 (284) f. II. S. 62 (150) ff. will ihn hinter c.18. §. 6 versetzen, Alles mit Unrecht.
9) Daß ἐπεισόδια nicht richtig ist, erkannte Susem.¹, πράγματα? Susem.¹, [ἐπεισόδια]? Bücheler, ἐπιόντα M. Schmidt (nicht übel).

daß sich in einigen nur noch einer oder zwei bekannte Namen finden, während alle anderen erdichtet sind und sogar in einigen gar keiner mehr, wie z. B. in der Blume des Agathon [92], denn gleich sehr sind in dieser Namen wie Begebenheiten erdichtet, und sie gewährt darum keinen geringeren Genuß. (§. 8.) Man muß daher nicht (8) schlechterdings verlangen, daß die Dichter an den überlieferten Fabeln (und Stoffen), um welche sich die Tragödien zu bewegen pflegen, festhalten müßten. Es wäre das ja auch ein lächerliches Verlangen, denn auch das Bekannte ist ja doch immer nur Wenigen bekannt, und gleichwohl bereitet es Allen Genuß. (§. 9.) Klar ist es mithin (9) hiernach, daß der Dichter mehr an der Fabel seine schöpferische Dichterkraft bewähren muß als an den Versen [93]. Denn Dichter ist er eben vermöge der nachahmenden Darstellung, und der Gegenstand dieser Darstellung ist die Handlung. Andererseits aber wenn (10) er dabei wirklich Geschehenes darstellt, kann er nicht minder seine schöpferische Dichterkraft beweisen. Denn es steht ja Dem Nichts im Wege, daß Manches von dem wirklich Geschehenen auch*) nach aller Wahrscheinlichkeit so geschah, ja gar nicht anders geschehen konnte, und indem er es von dieser Seite her darstellt, wird er an ihm zum Dichter.

(§. 10.) Von allen Fabeln und Handlungen überhaupt**) sind nun hiernach die episodenhaften die schlechtesten. Ich nenne nämlich eine episodenhafte Fabel eine solche, in welcher die Abfolge der einzelnen Acte***) weder nach der Wahrscheinlichkeit noch nach der Nothwendigkeit geregelt ist. Solche Art Stücke werden von schlechten Dichtern in Folge ihrer eignen Unfähigkeit geschrieben, von guten aber aus Rücksichtnahme auf die Kampfrichter. Indem sie nämlich

---

*) Oder nach Thurots Conjectur: „Wege Manches von dem wirklich Geschehenen poetisch so zu gestalten, daß dadurch hervortritt, wie es"?

**) Nach der Ueberlieferung: „Von den einfachen Fabeln und Handlungen." Nach Tyrwhitt: „Von den übrigen Fabeln und Handlungen" (nämlich außer den hernach am Meisten gelobten, in denen das wohl motivirte Unerwartete und Wunderbare eine Rolle spielt).

***) So nach der Ueberlieferung, der Sinn verlangt aber (s. d. Anm. 9 zum griechischen Text): „die Abfolge der Begebenheiten."

ΠΕΡΙ ΠΟΙΗΤΙΚΗΣ.

κριτάς¹)· ἀγωνίσματα γὰρ ποιοῦντες, καὶ παρὰ τὴν δύναμιν παρατείναντες²) μῦθον, † πολλάκις διαστρέφειν
11 ἀναγκάζονται τὸ ἐφεξῆς. ἐπεὶ δὲ οὐ μόνον τελείας ἐστὶ (11) πράξεως ἡ μίμησις ἀλλὰ καὶ φοβερῶν καὶ ἐλεεινῶν, ταῦτα δὲ γίνεται καὶ³) μάλιστα ∗∗⁴), καὶ μᾶλλον
12 ὅταν γένηται παρὰ τὴν δόξαν δι᾽ ἄλληλα (τὸ γὰρ (12) θαυμαστὸν οὕτως ἕξει μᾶλλον ἢ εἰ ἀπὸ τοῦ αὐτομάτου καὶ τῆς τύχης, ἐπεὶ καὶ τῶν ἀπὸ τύχης ταῦτα θαυμασιώτατα δοκεῖ ὅσα ὥσπερ ἐπίτηδες φαίνεται γεγονέναι, οἷον ὡς ὁ ἀνδριὰς ὁ τοῦ Μίτυος ἐν Ἄργει ἀπέκτεινε τὸν αἴτιον τοῦ θανάτου τῷ Μίτυϊ⁵) θεωροῦντι ἐμπεσών· ἔοικε γὰρ τὰ τοιαῦτα οὐκ εἰκῇ γενέσθαι)· ὥστε ἀνάγκη τοὺς (13) τοιούτους εἶναι καλλίους μύθους.

1   10. εἰσὶ δὲ τῶν μύθων οἱ μὲν ἁπλοῖ οἱ δὲ πεπλεγ- (1) μένοι· καὶ γὰρ αἱ πράξεις, ὧν μιμήσεις οἱ μῦθοί εἰσιν,
2 ὑπάρχουσιν εὐθὺς οὖσαι τοιαῦται. λέγω δὲ ἁπλῆν μὲν (2) πρᾶξιν, ἧς⁶) γινομένης, ὥσπερ ὥρισται, συνεχοῦς καὶ μιᾶς ἄνευ περιπετείας ἢ ἀναγνωρισμοῦ ἡ μετάβασις γίνεται· πεπλεγμένη⁷) δ᾽ ἐστὶν ἧς⁸) μετὰ⁹) ἀναγνωρισμοῦ ἢ περι- (5)
3 πετείας ἢ ἀμφοῖν ἡ μετάβασις ἐστιν. ταῦτα δὲ δεῖ (6) γίνεσθαι ἐξ αὐτῆς τῆς συστάσεως τοῦ μύθου, ὥστε ἐκ τῶν προγεγενημένων συμβαίνειν ἢ ἐξ ἀνάγκης ἢ κατὰ

---

1) τοὺς κριτάς Bekk. ³ Susem. ¹ nach Bᶜ Gˢ Pˢ M², τὰς ὑποκρίσεις Ueb., τοὺς ὑποκριτάς Bekk. ¹ Va. nach Aᶜ und den übrigen Handschriften.
2) παρατείνοντς; Bekk. ³ Susem. ¹ Ueb. nach M³, vielleicht richtig.
3) [καὶ] Susem. ¹ Ueb., von Bekk. ³ ganz gestrichen nach Vettori (s. Spengel Ar. St. IV. S. 40 — 308).
4) μάλιστα ∗∗ Va., ohne Lücke Bekk. ¹, μάλιστα <ὅταν παρὰ δόξαν γίνηται (ἐκπλήττει γὰρ μάλιστα)> Vahlen Beitr. IV. S. 412 (wahrscheinlich richtig), κάλλιστα Ueb. nach Vettori (s. Spengel a. a. O.). Dann ὅταν γίνηται παρὰ τὴν δόξαν, καὶ μᾶλλον <ὅταν> δι᾽ ἄλληλα für καὶ μᾶλλον δι᾽ ἄλληλα ohne Annahme einer Lücke vor diesen Worten Bekk. ³ Susem. ¹ Ueb. nach Reiz. Die Unrichtigkeit des Ueberlieferten erkannte zuerst Maggi.
5) μήτυϊ Aᶜ.
6) <ἐξ> ἧς Djann (Ueber Sorh. Ai. S. 74).
7) πεπλεγμένην Bekk. nach Bas.³
8) δ᾽ ἐστὶν ἧς Susem. (δ᾽ ἐσθ᾽ ἧς Susem. ¹), was Vahlen Beitr. II. S. 85 (173) billigt, δὶ, ἐξ ἧς Bekk. Va. nach Ald., δὲ λέξις Aᶜ und die meisten andern Handschriften, δὲ πρᾶξις Ueb. nach Gˢ Pˢ M².
9) μετ᾽ Bekk. Susem. ¹

um den Preis bei der Bühnenaufführung ringen, kommen sie leicht dahin, die Fabel über deren inneren Gehalt auszudehnen und werden dadurch oft genöthigt, den natürlichen Verfolg der Handlung zu verrenken⁹⁴). (§. 11.) Nun ist ja aber die Tragödie die nach- (11) ahmende Darstellung nicht bloß⁹⁵) einer vollständig in sich abgeschlossenen Handlung, sondern auch von Furcht und Mitleid erregenden Begebnissen. Diese ferner treten dann am Meisten ein, wenn sie unerwartet vor sich gehen⁹⁶), ⟨denn so überraschen und erschüttern sie am Meisten,⟩*) und zwar noch wieder in höherem Grade, wenn sie dabei (doch) durch einander begründet sind. (§. 12.) (12) Denn gerade in diesem Falle werden sie noch mehr den Eindruck des Wunderbaren machen, als wenn sie von ungefähr oder durch Zufall eintreten. Erscheint ja doch auch von dem Zufälligen selbst gerade das als das Wunderbarste, welches den Schein an sich trägt, als ob es mit Absicht und Berechnung geschehen wäre, wie z. B. daß die Bildsäule des Mitys in Argos Denjenigen erschlug, welcher an dem Tod des Mitys Schuld war, indem sie, als er sie betrachtete, auf ihn herabfiel, denn da scheint es so, als ob bei so Etwas mehr als bloßer Zufall gewaltet habe. Und daraus folgt denn, daß (13) so beschaffene Fabeln⁹⁷) schöner (als alle anderen) sind.

10. (§. 1.) Es zerfallen nun aber (eben hiernach)⁹⁸) alle Fabeln (1) in einfache und verwickelte, in so fern auch die Handlungen (selbst), deren Nachahmung ja die Fabeln sind, bereits von Natur diese zweifache Beschaffenheit an sich tragen. (§. 2.) Ich verstehe aber (2) unter einer einfachen Handlung eine solche, innerhalb welcher, indem sie in der eben beschriebenen Weise stetig und einheitlich verläuft, der Schicksalswechsel ohne unerwartete Wendungen⁹⁹ᵃ) und Erkennungen vor sich geht. (§. 3.) eine verwickelte dagegen ist eine (5) solche, in welcher derselbe mittelst Erkennung oder unerwarteter Wendung oder beider zu Stande kommt⁹⁹ᵇ). Beide aber müssen (6) (auch) aus der innern Verknüpfung**) der Fabel selbst hervorgehen, dergestalt daß die vorangegangenen Begebenheiten ihr Eintreten

---

*) Oder: „⟨denn so machen sie den ergreifendsten Eindruck⟩".
**) Wörtlicher, aber hier nicht passend: „aus der Composition."

τὸ εἰκὸς γίγνεσθαι¹) ταῦτα²). διαφέρει γὰρ πολὺ τὸ γίγνεσθαι³) τάδε διὰ τάδε ἢ μετὰ τάδε.

11. ἔστι δὲ περιπέτεια μὲν ἡ εἰς τὸ ἐναντίον τῶν πραττομένων μεταβολή, καθάπερ εἴρηται, καὶ τοῦτο δέ, ὥσπερ λέγομεν, κατὰ τὸ εἰκὸς ἢ ἀναγκαῖον (ὥσπερ ἐν τῷ Οἰδίποδι ἐλθὼν ὡς εὐφρανῶν τὸν Οἰδίπουν καὶ ἀπαλλάξων τοῦ πρὸς τὴν μητέρα φόβου, δηλώσας ὃς ἦν, τοὐναντίον ἐποίησεν· καὶ ἐν τῷ Λυγκεῖ ὁ μὲν ἀγόμενος ὡς ἀποθανούμενος, ὁ δὲ Δαναὸς ἀκολουθῶν⁴) ὡς ἀποκτενῶν, τὸν μὲν συνέβη ἐκ τῶν πεπραγμένων ἀποθανεῖν, τὸν δὲ σωθῆναι), ἀναγνώρισις δέ⁵), ὥσπερ καὶ τοὔνομα σημαίνει, ἐξ ἀγνοίας εἰς γνῶσιν μεταβολὴ ἢ εἰς φιλίαν ἢ εἰς⁶) ἔχθραν τῶν πρὸς εὐτυχίαν ἢ δυστυχίαν ὡρισμένων. καλλίστη δὲ ἀναγνώρισις ὅταν ἅμα περιπέτειαι γίνωνται⁷), οἷον ἔχει ἡ ἐν τῷ Οἰδίποδι. εἰσὶ μὲν οὖν καὶ ἄλλαι ἀναγνωρίσεις (καὶ γὰρ πρὸς ἄψυχα καὶ⁸) τὰ τυχόντα ἔστιν ὡς⟨ὅ-⟩περ⁹) εἴρηται συμβαίνει¹⁰), καὶ εἰ πέπραγέ τις ἢ¹¹) μὴ πέπραγεν ἔστιν ἀναγνωρίσαι· ἀλλ' ἡ μάλιστα τοῦ μύθου καὶ ἡ μάλιστα τῆς πράξεως ἡ εἰρημένη ἐστίν. ἡ γὰρ τοιαύτη ἀναγνώρισις [καὶ περιπέτεια] ἢ ἔλεον ἕξει † ἢ¹²) φόβον, οἵων¹³) πράξεων ἡ

---

1) γίνεσθαι Bekk. ¹ Susem. ¹
2) τἀναντία Ueb. nach Bonitz (bei Vahlen Beitr. II. S. 7=95. Anm.), vielleicht richtig, [ταῦτα]? Susem.
3) γίνεσθαι Bekk. Susem. ¹
4) ἀκολουθῶν Nᵃ M¹·⁴, ἀκολουθῶν Aᶜ M³, fehlt in Bᶜ Gˢ Pˢ M².
5) δ' ἐστίν Bekk. Susem.¹ nach Ald. (δ' ἐστίν).
6) εἰς fehlt in Nᵃ M¹·³. Bekk.
7) γίνωνται Bᶜ M³, γίγνωνται Bekk.³ Sus.¹, γίνονται Aᶜ Nᵃ(?) Gˢ Pˢ M¹·²., γίγνονται M⁴.
8) [καὶ] Essen.
9) ὡς ⟨ὅ-⟩ περ Spengel, ὥσπερ Susem.¹ nach den Handschriften, ⟨ὅσ⟩ ὥσπερ Va., ⟨ὅτε⟩ ὥσπερ Bekk. nach Ald.
10) συμβαίνειν Susem.¹ nach Gˢ Pˢ M².
11) ἢ Nᵃ Gˢ M¹·²·³., εἰ Aᶜ Bᶜ Ald., εἰ Pˢ M⁴.
12) [καὶ περιπέτεια] ἢ—ἢ Susem. nach eigner Vermuthung, [καὶ περιπέτεια] καὶ—καὶ vermuthete Susem.¹, καὶ ⟨μάλιστ' ἐὰν καὶ⟩ περιπέτεια ἢ—ἢ Vahlen Zeitschr. f. d. öst. Gymn. XXIV. 1873. S. 658. καὶ ⟨μάλιστ' ἐὰν καὶ⟩ περιπέτεια ἢ—καὶ? Susem.
13) οἵων Gˢ Pˢ M², οἷον Aᶜ Bᶜ Nᵃ und die andern Hdschr.

mit Nothwendigkeit oder (doch) Wahrscheinlichkeit nach sich ziehen*). Denn es ist ein großer Unterschied, ob eine Begebenheit (wirklich) aus einer anderen oder (bloß) auf eine andere folgt.

11. (§. 1.) Eine unerwartete Wendung nun aber, wie schon bemerkt wurde [100], tritt überall da ein, wo eine That in ihr eignes Gegentheil umschlägt [101], und zwar (muß sie es), wie eben gesagt, der Wahrscheinlichkeit gemäß oder mit Nothwendigkeit, wie z. B. wenn im Oedipus der Hirte kommt, um jene Nachricht zu bringen, die den Oedipus erfreuen und ihn von der Furcht vor (der Heirath mit) seiner Mutter befreien soll und nun doch dadurch gerade das Gegentheil herbeiführt, indem sie die wahre Herkunft desselben aufdeckt [102], oder wie wenn im Lynkeus dieser zum Tode geführt wird, Danaos aber ihm folgt, um ihn tödten zu lassen, und nun doch gerade in Folge Dessen, was letzterer gethan hatte, (um den ersteren zu verderben,) es sich so fügt, daß vielmehr der letztere sterben muß, Lynkeus aber gerettet wird [103].

(§. 2.) Erkennung aber ist, wie dies auch schon der Name besagt, die Umwandlung aus der Unbekanntschaft in die Bekanntschaft und in Folge dessen zur Befreundung oder aber zur Befeindung zwischen den zu Glück oder Unglück bestimmten Personen**), und am Schönsten ist eine solche Erkennung, wenn zugleich mit ihr unerwartete Wendungen verbunden sind [104], wie (eben) in (jenem Beispiel aus) dem Oedipus [105]. (§. 3.) Außer dieser Erkennung im engeren Sinne giebt es nun freilich auch noch andere Arten von Erkennung, denn auch in Bezug auf leblose und überhaupt alle beliebigen Gegenstände kann das Gesagte eintreten und ferner in Bezug darauf, ob Jemand Etwas gethan oder nicht gethan hat; aber diejenige, welche am Meisten für die (tragische) Fabel und am Meisten für die (von ihr dargestellte) Handlung ins Gewicht fällt, die ist eben jene vorher bezeichnete (zwischen den tragischen Personen). (§. 4.) Denn [106] diese Erkennung [und die etwa mit ihr verbundene

---

*) Oder nach der Vermuthung von Bonitz (der er selber freilich einen andern Sinn beilegt): „dergestalt, daß (mittels beider) aus den vorangegangenen Begebenheiten die entgegengesetzten Zustände mit Nothwendigkeit oder (doch) Wahrscheinlichkeit hervorgehen"? d. h. Unglück, wenn vorher Glück, und Glück, wenn vorher Unglück war.

**) Freier, aber den Sinn klarer wiedergebend Ueberweg: „zwischen Personen, deren Glück oder Unglück dadurch bedingt wird."

ΠΕΡΙ ΠΟΙΗΤΙΚΗΣ.

τραγῳδία μίμησις ὑπόκειται, ἐπειδὴ¹) καὶ τὸ ἀτυχεῖν
5 καὶ τὸ εὐτυχεῖν ἐπὶ τῶν τοιούτων συμβήσεται. ἐπεὶ δὴ
ἡ²) ἀναγνώρισις τινῶν ἐστιν ἀναγνώρισις, αἱ μὲν θατέρου
πρὸς τὸν ἕτερον μόνον, ὅταν ᾖ δῆλος ἕτερος³) τίς ἐστιν,
ὁτὲ δέ⁴) ἀμφοτέρους δεῖ ἀναγνωρίσαι, οἷον ἡ μὲν Ἰφιγένεια τῷ Ὀρέστῃ ἀνεγνωρίσθη ἐκ τῆς πέμψεως τῆς
ἐπιστολῆς, ἐκείνῳ δὲ πρὸς τὴν Ἰφιγένειαν ἄλλης ἔδει
ἀναγνωρίσεως.

6 δύο μὲν οὖν τοῦ μύθου μέρη περὶ ταῦτ᾽⁵) ἐστί, περιπέτεια καὶ ἀναγνώρισις, τρίτον δὲ πάθος. [τούτων δὲ
περιπέτεια μὲν καὶ ἀναγνώρισις εἴρηται]⁶) πάθος δέ
ἐστι⁷) πρᾶξις φθαρτικὴ ἢ ὀδυνηρά, οἷον οἵ⁸) τε ἐν τῷ
φανερῷ θάνατοι καὶ αἱ περιωδυνίαι καὶ τρώσεις καὶ
ὅσα τοιαῦτα. * *⁹).

1 12. [μέρη δέ¹⁰) τραγῳδίας, οἷς μὲν ὡς εἴδεσι δεῖ
χρῆσθαι, πρότερον εἴπομεν κατὰ δὲ τὸ ποσόν, καὶ¹¹) εἰς
ἃ διαιρεῖται κεχωρισμένα, τάδε ἐστί, πρόλογος ἐπεισόδιον
ἔξοδος χορικόν, καὶ τούτου τὸ μὲν πάροδος τὸ δὲ στάσιμον. [[κοινὰ μὲν ἁπάντων ταῦτα, ἴδια δὲ τὰ ἀπὸ τῆς
2 σκηνῆς καὶ κομμοί]]¹²). ἔστιν¹³) δὲ πρόλογος μὲν μέρος
ὅλον τραγῳδίας τὸ πρὸ χοροῦ παρόδου, ἐπεισόδιον δὲ
μέρος ὅλον τραγῳδίας τὸ μεταξὺ ὅλων χορικῶν μελῶν,

---

1) ἐπειδὴ Susem.², ὅτι δὲ Bekk. Susem.¹ Va. Ueb. nach den
Handschriften, doch vgl. Vahlen Beitr. II. S. 9 (95) f.
2) ἐπεὶ δὴ ἡ Vettori, ἐπειδὴ ἡ Aᶜ und die übrigen Handschriften, ἐπεὶ ὁ ἡ Bekk.
3) ἅτερος Bywater, wohl mit Recht.
4) δ᾽ Bekk. Susem.¹
5) [περὶ] ταῦτ᾽ Maggi, περὶ ταὐτὰ Twining.
6) So Susem. nach eigner Vermuthung. Mir scheint dies ein
Zusatz von derselben Hand wie c. 12. Ueb. schiebt höchst über-
flüssigerweise τί ἐστιν vor εἴρηται ein.
7) ὅ ἐστὶ Bekk. Susem.¹
8) ὅ Aᶜ Q M ³, ⁴.
9) So Ueb. und Susem.² nach Hermann. S. d. Anm. 111
und 170 hinter dem Text.
10) μὲν οὖν Vettori.
11) Hartung will dies καὶ tilgen.
12) So Susem. nach Leop. Schmidt (Jahns Jahrb. LXXV.
S. 724 f.).
13) ἐστὶ Bekk. Susem.¹ Va. Ueb.

unerwartete Wendung] wird entweder Mitleid oder Furcht*) erregen 107), und Handlungen, die dies thun, stehen uns ja grundsätzlich als diejenigen fest, deren nachahmende Darstellung die Tragödie ist 108), und zwar wird das von dieser Erkennung gelten, weil auch Glück und Unglück selbst (am Meisten) von Erkennungen solcher Art abhängen wird. (§. 5.) Wenn wir also sonach Erkennung schlechtweg als Erkennung zwischen zwei Personen bezeichnen, so ist dabei ein doppelter Fall möglich: entweder bloß die eine Person braucht die andere zu erkennen, weil es bereits offenkundig (für diese letztere) vorliegt, wer sie selber ist, oder aber es ist eine beiderseitige Erkennung erforderlich. So wird Iphigeneia (bei Euripides) von Orestes erkannt durch den Brief, den sie (dem Pylades) zu bestellen aufträgt 109), er selbst aber muß sich ihr noch wieder auf eine andere Weise zu erkennen geben.

(§. 6.) Zwei Theile, welche die Fabel haben kann, bewegen sich denn also in dieser Sphäre, nämlich die unerwartete Wendung und die Erkennung, ein dritter aber ist das Drastische 110). [Von ihnen sind nun unerwartete Wendung und Erkennung bereits besprochen.] Das Drastische aber besteht in Vorgängen von (besonders) verderblicher oder schmerzlicher Natur, wie z. B. Tödtungen, die unmittelbar dramatisch vorgeführt werden**), schweren Körperleiden, Verwundungen und ähnlichen Schreckensscenen. — — — — 111).

|12. (§. 1.) Von denjenigen Theilen der Tragödie, welche man als Arten (derselben) zu verwenden hat 112), haben wir vorhin gesprochen. Diejenigen aber, in welche sie nach der Quantität zerfällt und welche (nicht in einander sind, sondern) gesondert nach einander folgen, sind diese): Prolog, Act, Exodos und Chorpartie. Die Chorpartien zerfallen wieder in Parodos und Stasimen 113). [[Diese Theile nun sind allen Tragödien gemeinsam, einzelnen eigenthümlich dagegen sind die Gesänge von der Bühne und die Kommen 114)]]. (§. 2.) Prolog aber ist der Theil der Tragödie vor der Parodos des Chores, welcher (für sich) ein (kleineres) Ganzes bildet, Act ein solcher Theil derselben, welcher gleichfalls ein solches ausmacht und

---

*) Oder im Anschluß an Vahlens Vermuthung: „diese Erkennung <zumal wenn> auch <noch> eine unerwartete Wendung <eintritt,> wird Mitleid oder Furcht" oder auch: „wird Mitleid und Furcht."
**) Wörtlicher: Tödtungen auf offener Bühne" oder auch mit Ueberweg: „wenn Jemand vor unseren Augen getödtet wird."

ἔξοδος δὲ μέρος ὅλον τραγῳδίας μεθ᾽ ὃ οὐκ ἔστι χοροῦ (6)
μέλος, χορικοῦ δὲ πάροδος μὲν ἡ πρώτη λέξις ὅλη¹) (7)
χοροῦ, στάσιμον δὲ μέλος χοροῦ τὸ ἄνευ ἀναπαίστου (8)
καὶ τροχαίου²), κόμμος δὲ θρῆνος κοινὸς χοροῦ³) καὶ (9)
3 ἀπὸ σκηνῆς. μέρη δὲ τραγῳδίας, οἷς μὲν δεῖ⁴) χρῆσθαι,
πρότερον εἴπαμεν⁵), κατὰ δὲ τὸ ποσὸν καὶ εἰς ἃ διαιρεῖται κεχωρισμένα, ταῦτ᾽ ἐστίν.]⁶).

1 13. ὧν⁷) δὲ δεῖ στοχάζεσθαι καὶ ἃ δεῖ εὐλαβεῖσθαι (1)
συνιστάντας τοὺς μύθους, καὶ πόθεν ἔσται τὸ τῆς τραγῳδίας ἔργον, ἐφεξῆς ἂν εἴη λεκτέον τοῖς νῦν εἰρημένοις.
2 ἐπειδὴ οὖν⁸) δεῖ τὴν σύνθεσιν εἶναι τῆς καλλίστης τρα- (2)
γῳδίας μὴ ἁπλῆν, ἀλλὰ [πεπλεγμένην]⁹) καὶ ταύτην
φοβερῶν καὶ ἐλεεινῶν εἶναι μιμητικήν (τοῦτο γὰρ ἴδιον
τῆς τοιαύτης μιμήσεως ἐστίν), πρῶτον μὲν δῆλον ὅτι
οὔτε τοὺς ἐπιεικεῖς ἄνδρας δεῖ μεταβάλλοντας φαίνεσθαι
ἐξ¹⁰) εὐτυχίας εἰς δυστυχίαν (οὐ γὰρ φοβερὸν οὐδὲ
ἐλεεινὸν τοῦτο ἀλλὰ μιαρὸν¹¹) ἐστίν) οὔτε τοὺς μοχθη- (3)
ροὺς ἐξ ἀτυχίας εἰς εὐτυχίαν (ἀτραγῳδότατον γὰρ τοῦτ᾽
ἐστὶ πάντων· οὐδὲν γὰρ ἔχει ὧν δεῖ· οὔτε γὰρ φιλάνθρωπον † οὔτε ἐλεεινὸν οὔτε φοβερὸν ἐστίν), οὐδ᾽¹²) αὖ (4)

---

1) ὅλη Susem., ὅλου Bekk. Va. Ueb. nach den Handschriften,
ἄλλου Tzetz. de trag. poesi p. 38, ὅλ<η τ->οῦ Westphal (Metr. 2.
A. II. S. 303. Proleg. zu Aeschylos S. 58 f).
2) ἀναπαιστικοῦ καὶ τροχαϊκοῦ? Westphal.
3) Bekk.³ setzt hier ein Komma.
4) <ὡς εἴδεσι> δεῖ Susem.¹ aus dem Anfang des Capitels, wahrscheinlich richtig.
5) εἴπομεν Bᶜ Nᵃ Gˢ Pˢ M¹·². Lᵈ, wie im Anf. des Cap.,
vielleicht richtig, doch ist es, wie Ueberweg bemerkt, eher wahrscheinlich, daß vielmehr dort ursprünglich gleichfalls εἴπαμεν stand.
6) Ich habe gleich Ueb. mit Ritter dies ganze 12. Cap., Bekk.³
dagegen nach Vettori nur die den Anfang wiederholenden Schlußworte desselben (von μέρη δὲ τραγῳδίας ab) in eckige Parenthesen
geschlossen.
7) So Ald. für ὡς.
8) <μὲν> οὖν Susem.¹ mit Unrecht.
9) So Susem. nach eigner Vermuthung.
10) <ἐκ δυστυχίας εἰς εὐτυχίαν (οὐ γὰρ τοῦτο τῆς τραγῳδίας οὔτε
ἔλ.εον οὔτε φόβον ἔχον) οὐδ᾽ αὖ> ἐξ Spengel.
11) ἀνιαρὸν Usener, vielleicht richtig.

zwischen (zwei) Chorpartien von gleicher Beschaffenheit in der Mitte liegt, Exodos endlich derjenige ein Ganzes bildende Theil von ihr, auf welchen kein Chorgesang mehr folgt 114b). Von den Chorpartien sodann ist Parodos der erste Vortrag 115) des Chores, welcher wieder ein (ununterbrochenes) Ganzes ausmacht 115b), Stasimon aber ein Gesang des Chores ohne Anapästen 116) und Trochäen 116b). Kommos endlich heißt ein Klagegesang 117), an welchem Chor und Bühnenpersonen gemeinschaftlich Theil haben.

(§. 3.) Von denjenigen Theilen der Tragödie, welche man <als Arten derselben> verwenden muß, haben wir vorhin gesprochen. Diejenigen aber, in welche sie nach der Quantität zerfällt und welche (nicht in einander sind, sondern) gesondert nach einander folgen, sind die eben angegebenen].

13. (§. 1.) Was man nun aber zu erreichen suchen und was man vermeiden muß bei der Anlage und Ausführung*) tragischer Fabeln und mit welchen Mitteln man die Aufgabe der Tragödie 117b) (bei derselben) erfüllen wird, das dürfte jetzt zunächst im Anschluß an das Bisherige 118) zu erörtern sein. (§. 2.) Die schönste Tragödie ist freilich nach dem Obigen 119) diejenige, welche nicht einen einfachen Verlauf nimmt, aber doch muß auch eine solche, die dies thut, eine nachahmende Darstellung Furcht und Mitleid erregender Begebenheiten sein, denn eben dies ist ja eine unterscheidende Eigenthümlichkeit aller tragischen Darstellung. Und so erhellt denn fürs Erste 119b), daß eine jede Tragödie uns weder einen solchen Schicksalswechsel vorführen darf 120), bei welchem tugendhafte Männer aus Glück in Unglück gerathen, denn das erregt nicht sowohl Furcht und Mitleid als vielmehr Empörung**), noch auch einen solchen, bei welchem schlechte Menschen aus Unglück in Glück, denn dies wäre das Untragischeste von Allem, insofern es gar keine unserer Anforderungen an eine Tragödie erfüllt, da es weder unser Gerechtigkeitsgefühl befriedigt 121), noch auch Mitleid oder Furcht

---

*) Wörtlicher und besser: „bei der Composition".

**) Wenn anders das überlieferte Wort dies bedeuten kann, sonst nach Usener's Conjectur: „Unbehagen".

---

12) <οὐδὲ τὸν σπουδαῖον ἐκ δυστυχίας εἰς εὐτυχίαν (**)> οὐδ᾽ Ueb. (s. dessen Uebers. S. 103), der jedoch auch die Möglichkeit offen läßt diese Lücke erst unmittelbar vor ὥστε anzunehmen.

ΠΕΡΙ ΠΟΙΗΤΙΚΗΣ.

τὸν¹) σφόδρα πονηρὸν ἐξ εὐτυχίας εἰς δυστυχίαν ** ²)
μεταπίπτειν (τὸ μὲν γὰρ φιλάνθρωπον ἔχοι ἂν ἡ τοιαύτη
σύστασις, ἀλλ᾽ οὔτε ἔλεον οὔτε φόβον· ὁ μὲν γὰρ περὶ
τὸν ἀνάξιόν ἐστι δυστυχοῦντα³), ὁ δὲ περὶ τὸν ὅμοιον,
ἔλεος μὲν περὶ τὸν ἀνάξιον, φόβος δὲ περὶ τὸν ὅμοιον⁴),
ὥστε οὔτε ἐλεεινὸν οὔτε φοβερὸν ἔσται τὸ συμβαῖνον).
3 ὁ μεταξὺ ἄρα τούτων λοιπός. ἔστι δὲ τοιοῦτος ὁ μήτε (5)
ἀρετῇ διαφέρων καὶ δικαιοσύνῃ, μήτε διὰ κακίαν καὶ
μοχθηρίαν μεταβάλλων εἰς τὴν δυστυχίαν ἀλλὰ δι᾽
ἁμαρτίαν τινά, τῶν ἐν μεγάλῃ δόξῃ ὄντων καὶ εὐτυχίᾳ,
οἷον ⟨Οἰ-⟩δίπους⁵) καὶ Θυέστης καὶ οἱ ἐκ τῶν τοιούτων
4 γενῶν ἐπιφανεῖς ἄνδρες. ἀνάγκη ἄρα τὸν καλῶς ἔχοντα (6)
μῦθον ἁπλοῦν εἶναι μᾶλλον ἢ διπλοῦν, ὥσπερ τινές φασιν,
καὶ μεταβάλλειν οὐκ εἰς εὐτυχίαν ἐκ δυστυχίας ἀλλὰ
τοὐναντίον ἐξ εὐτυχίας εἰς δυστυχίαν, μὴ διὰ μοχθηρίαν
ἀλλὰ δι᾽ ἁμαρτίαν μεγάλην, ἢ οἵου εἴρηται, ἢ βελτίονος
5 μᾶλλον ἢ χείρονος. σημεῖον δὲ καὶ τὸ γινόμενον· πρῶ- (7)
τον⁶) μὲν γὰρ οἱ ποιηταὶ τοὺς τυχόντας μύθους ἀπη-
ρίθμουν, νῦν δὲ περὶ ὀλίγας οἰκίας αἱ κάλλισται τραγῳδίαι συντίθενται, οἷον περὶ Ἀλκμαίωνα καὶ Οἰδίπουν
καὶ Ὀρέστην καὶ Μελέαγρον καὶ Θυέστην καὶ Τήλεφον,
καὶ ὅσοις ἄλλοις συμβέβηκεν ἢ παθεῖν δεινὰ ἢ ποιῆσαι.
ἡ μὲν οὖν κατὰ τὴν τέχνην καλλίστη τραγῳδία ἐκ (8)
6 ταύτης τῆς συστάσεως ἐστίν (διὸ καὶ οἱ Εὐριπίδῃ ἐγκα- (9)
λοῦντες τοῦτ᾽ αὐτὸ⁷) ἁμαρτάνουσιν, ὅτι τοῦτο δρᾷ ἐν
ταῖς τραγῳδίαις καὶ⁸) πολλαὶ αὐτοῦ εἰς δυστυχίαν

---

1) αὖ τὸν Ald., αὐτὸ A ͨ B ͨ N ͣ P ͣ M¹.⁴., αὖ τὸ M².³. G ͤ.
2) δυστυχίαν⟨οὐδὲ τὸν σπουδαῖον εἰς εὐτυχίαν ἐκ δυστυχίας⟩ Susem. ², während Bekk. Susem.¹ Ba. nirgends eine Lücke bezeichnen.
3) ἀναξίως ἐστὶ δυστυχοῦντα oder ἀνάξιον ἐστί [δυστυχοῦντα]? Spengel, ἀναξίου ἐστὶ τυχόντα Friedrich.
4) [ἔλεος–ὅμοιον] Susem.¹ nach Ritter, aber f. Bahlen Beitr. S. 71 (159) f.
5) δίπους A ͨ.
6) πρῶτον Ald., πρὸ τοῦ Bekk. nach W. Pazzi und Trincaveli.
7) τοῦτ᾽ αὐτὸ Susem. nach Thurot, τὸ αὐτὸ Bekk. Ba. Ueb. nach den Handschriften, αὐτοὶ Reiz.
8) καὶ ⟨αἱ⟩ Knebel, vielleicht richtig.

erweckt, noch endlich einen solchen, bei welchem der vollendete Böse- (4)
wicht aus Glück in Unglück <oder der Tugendhafte in Glück
aus Unglück>, denn eine solche Darstellung*) würde zwar unserem
Gerechtigkeitsgefühl Genüge thun, aber uns weder Mitleid noch
Furcht einflößen, denn das Mitleid dreht sich um Den, welcher unverdient [122]) leidet, und die Furcht um Einen unseresgleichen. (§. 3.)
Und so bleibt nur noch ein solcher Mann übrig, welcher zwischen (5)
den bezeichneten Fällen die Mitte hält, das heißt ein solcher, welcher sich weder durch eine ganz besondere Tugend und Gerechtigkeit
auszeichnet, noch auch durch Laster und Bosheit ins Unglück stürzt,
sondern vielmehr nur durch einen (ganz) bestimmten Fehler [123ª]).
Und zwar muß er dabei in einem ganz besonderen Ansehen und
Glück gestanden haben, wie z. B. Oedipus, Thyestes und überhaupt
die hervorstechenden Männer aus solchen erlauchten Geschlechtern.
Es ergiebt sich hieraus ferner mit Nothwendigkeit, daß eine rich- (6)
tige tragische Fabel einen einfachen und nicht sowohl, wie Einige
meinen [124]), einen zwiefältigen Ausgang haben muß, und zwar eben
nicht aus Unglück in Glück, sondern im Gegentheil aus Glück in
Unglück. Und dieser Schicksalswechsel darf (wie gesagt) nicht durch
eigentliche Bosheit verschuldet sein, sondern nur durch einen großen
Fehler [123b]), und er muß einen Mann treffen, entweder so wie ich
ihn eben beschrieben habe, oder eher noch einen besseren als einen
schlechteren [125]). (§. 5.) Einen Beleg für dies Alles bietet auch (7)
die thatsächliche Erfahrung dar. Zuerst nämlich zählten (so zu
sagen) die (tragischen) Dichter alle möglichen Fabeln aus, die ihnen
gerade in den Wurf kamen, jetzt aber bewegen sich die schönsten
Tragödien innerhalb weniger Geschlechter: ein Alkmeon, ein Oedipus, ein Orestes, ein Meleagros, ein Thyestes, ein Telephos und
was es sonst noch für Männer giebt, welche (ganz besonders)
Furchtbares erlitten oder vollführt haben, das sind die Helden von
ihnen allen [125b]). Solcher Art also ist der Verlauf der Begeben- (8)
heiten in derjenigen**) Tragödie, welche den wirklichen Anforderungen
der Kunst nach für die schönste gelten muß, (§. 6.) weßhalb denn (9)
auch Diejenigen, welche dem Euripides eben dies zum Vorwurf
machen, daß er demgemäß in seinen Tragödien verfährt, und daß

---

*) Wörtlich und besser: „Composition".
**) Wörtlicher: „Von solcher Art von Composition also ist diejenige".

τελευτῶσιν· τοῦτο γάρ ἐστιν, ὥσπερ εἴρηται, ὀρθόν· (10)
σημεῖον δὲ μέγιστον· ἐπὶ γὰρ τῶν σκηνῶν καὶ τῶν¹)
ἀγώνων τραγικώταται αἱ τοιαῦται φαίνονται, ἂν κατορθω-
θῶσιν, καὶ ὁ Εὐριπίδης, εἰ καὶ τὰ ἄλλα μὴ εὖ οἰκονομεῖ,
7 ἀλλὰ τραγικώτατός γε τῶν ποιητῶν φαίνεται)· δευτέρα (11)
δ' ἡ πρώτη λεγομένη ὑπό τινῶν ἐστι [σύστασις]²) ἡ³)
διπλῆν τε τὴν σύστασιν⁴) ἔχουσα, καθάπερ ἡ Ὀδύσσεια,
καὶ τελευτῶσα ἐξ ἐναντίας τοῖς βελτίοσι⁵) καὶ χείροσιν.
δοκεῖ δὲ εἶναι πρώτη διὰ τὴν τῶν θεάτρων⁶) ἀσθένειαν· (12)
ἀκολουθοῦσι γὰρ οἱ ποιηταὶ κατ' εὐχὴν ποιοῦντες τοῖς
8 θεαταῖς. **⁷) ἔστι⁸) δὲ οὐχ αὕτη⁹) ἀπὸ τραγῳδίας (13)
ἡδονή, ἀλλὰ μᾶλλον τῆς κωμῳδίας οἰκεία· ἐκεῖ γάρ,
⟨κ-⟩ἂν οἱ¹⁰) ἔχθιστοι ὦσιν ἐν τῷ μύθῳ, οἷον Ὀρέστης
καὶ Αἴγισθος, φίλοι γενόμενοι ἐπὶ τελευτῆς ἐξέρχονται,
καὶ ἀποθνήσκει οὐδεὶς ὑπ' οὐδενός.
1 14. † ἔστι μὲν οὖν τὸ φοβερὸν καὶ ἐλεεινὸν ἐκ τῆς (1)
ὄψεως γίγνεσθαι¹¹), ἔστι δὲ καὶ ἐξ αὐτῆς τῆς συστάσεως
τῶν πραγμάτων, ὅπερ ἐστὶ πρότερον καὶ ποιητοῦ ἀμείνονος·
δεῖ γὰρ καὶ ἄνευ τοῦ ὁρᾶν οὕτω συνεστάναι τὸν μῦθον (2)
ὥστε τὸν ἀκούοντα τὰ πράγματα γινόμενα καὶ φρίττειν
καὶ ἐλεεῖν ἐκ τῶν συμβαινόντων· ἅπερ ἂν πάθοι τις

---

1) σκηνικῶν statt σκηνῶν καὶ τῶν Buhle nach Barthélemy.
2) So Susem. nach Twining, s. jedoch Anm. 4.
3) ἢ Aᶜ.
4) μετάβασιν Ueb., κατάστασιν? Friedrich. Ist in dieser Weise zu ändern, so muß natürlich das voraufgehende σύστασις stehen bleiben.
5) βελτίωσι Aᶜ.
6) θεατῶν Ueb. zweifelnd nach Maggi, mit Unrecht.
7) So Susem. Ueb. nach Heinsius, dessen Versuch diese Lücke auszufüllen, freilich mißlungen ist. Uebrigens vgl. wie Bonitz bei Vahlen Beitr. II. S. 17 (105) f. ohne Annahme einer Lücke die Stelle zu erklären sucht.
8) ἔστιν rc. Aᶜ.
9) αὕτη ⟨ἡ⟩ Susem.¹ nach Vahlen Rangf. S. 165, was aber Vahlen selbst Beitr. IV. S. 408 mit Recht für nicht schlechthin nothwendig erklärt.
10) κἂν οἱ Susem.² nach Spengel, οἳ ἂν Ueb. nach Bonitz (bei Vahlen Beitr. II. S. 18=106. Anm.), was eben so gut richtig sein kann, ἂν οἱ Bekk. Susem.¹ Va.. nach den Handschriften (doch billigt Vahlen die Aenderung von Bonitz).
11) γίνεσθαι Bekk. Susem.¹ nach Bᶜ Nᵃ (?).

viele derselben einen unglücklichen Ausgang nehmen*), im Irrthum sind, denn gerade dies ist, wie gesagt, ganz das Richtige, und das (10) stärkste Zeichen hiefür ist dies, daß auf der Bühne und bei der Darstellung in den Wettkämpfen gerade solche Stücke, wenn sie nur gut aufgeführt werden, den stärksten tragischen Eindruck machen, und daß Euripides, wenn er auch im Uebrigen mit dem tragischen Haushalt keineswegs löblich umgeht, doch hierin als der wirksamste tragische**) Dichter erscheint 126). (§. 7.) Und erst den zweiten Rang (11) nimmt hiernach, während ihr von Manchen (wie gesagt) der erste zuertheilt wird, eine solche Dichtung ein, welche auf einen zwiefältigen Ausgang angelegt ist, wie z. B. die Odyssee, und entgegengesetzt endet für die Besseren und für die Schlechteren, und sie gilt (12) für die vorzüglichste nur in Folge der Rücksichtnahme auf die Schwäche des Theaterpublicums, denn von einer solchen Rücksicht lassen sich (nur zu oft) die Dichter leiten und suchen es den Zuschauern nach Wunsch zu machen. —————

(§. 8.) Dies ist aber nicht diejenige Art von Genuß, welche man (13) von einer Tragödie haben soll, sondern vielmehr die, welche der Komödie eigenthümlich ist, denn in dieser gehen ⟨selbst⟩***) Die, welche im Verlaufe der Handlung die ärgsten Feinde sind, wie Orestes und Aegisthos, zum Schlusse als Freunde aus einander, und kein Mensch fällt in ihr von der Hand eines anderen 127).

14. (§. 1.) Man kann nun ferner den Eindruck der Furcht und (1) des Mitleids hervorbringen, indem man durch theatralische Mittel auf das Auge wirkt, man kann es aber auch durch die Verknüpfung†) der Begebenheiten selber, und Letzteres ist das Vorzüglichere und die Weise des besseren Dichters 129). Es muß nämlich (2) die Fabel so angelegt und ausgeführt sein††), daß man, auch ohne Hülfe des Auges und indem man die Begebenheiten bloß erzählen hört, bereits Schauer und Mitleid empfindet über solche Vorgänge, wie es z. B. wohl einem Jeden ergehen wird, wenn er die Hand-

---

*) Oder nach Knebel: „die Mehrzahl . . . . . nimmt"?
**) Oder wörtlich geradezu: „der tragischeste."
***) Dies Wort ist wegzulassen, wenn man lieber Bonitz folgen will.
†) Wörtlicher: „Composition".
††) Wörtlicher: „so componirt sein".

ΠΕΡΙ ΠΟΙΗΤΙΚΗΣ.

2 ἀκούων τὸν τοῦ Οἰδίπου[1]) μῦθον. τὸ δὲ διὰ τῆς ὄψεως (3)
τοῦτο παρασκευάζειν ἀτεχνότερον[2]) καὶ χορηγίας δεό-
μενον ἐστίν. οἱ δὲ μὴ τὸ φοβερὸν διὰ τῆς ὄψεως ἀλλὰ (4)
τὸ τερατῶδες μόνον παρασκευάζοντες οὐδὲν τραγῳδίᾳ
κοινωνοῦσιν· οὐ γὰρ πᾶσαν δεῖ ζητεῖν ἡδονὴν ἀπὸ τρα-
3 γῳδίας, ἀλλὰ τὴν οἰκείαν. ἐπεὶ δὲ τὴν ἀπὸ ἐλέου καὶ (5)
φόβου διὰ μιμήσεως δεῖ ἡδονὴν παρασκευάζειν τὸν ποιητήν, φανερὸν ὡς τοῦτο ἐν τοῖς πράγμασιν ἐμποιητέον.
ποῖα οὖν δεινὰ ἢ ποῖα οἰκτρὰ φαίνεται τῶν συμπιπτόν- (6)
4 των, λάβωμεν. ἀνάγκη δὲ ἢ[3]) φίλων εἶναι πρὸς ἀλλήλους τὰς τοιαύτας πράξεις ἢ ἐχθρῶν ἢ μηδετέρων. ἂν (7)
μὲν οὖν ἐχθρὸς ἐχθρόν[4]), οὐδὲν[5]) ἐλεεινὸν οὔτε ποιῶν
οὔτε μέλλων[6]), πλὴν κατ' αὐτὸ τὸ πάθος, οὐδ' ἂν (8)
μηδετέρως ἔχοντες· ὅταν δ' ἐν ταῖς φιλίαις ἐγγένηται (9)
τὰ πάθη, οἷον εἰ[7]) ἀδελφὸς ἀδελφὸν ἢ υἱὸς πατέρα ἢ
μήτηρ υἱὸν ἢ υἱὸς μητέρα ἀποκτείνει ἢ μέλλει[8]) ἤ τι
5 ἄλλο τοιοῦτον δρᾷ[9]), ταῦτα[10]) ζητητέον. τοὺς μὲν οὖν (10)
παρειλημμένους μύθους λύειν οὐκ ἔστιν (λέγω δὲ οἷον
τὴν Κλυταιμνήστραν ἀποθανοῦσαν ὑπὸ τοῦ Ὀρέστου καὶ
τὴν Ἐριφύλην ὑπὸ τοῦ Ἀλκμαίωνος)· αὐτὸν δὲ εὑρίσκειν (11)
6 δεῖ, καὶ τοῖς παραδεδομένοις χρῆσθαι καλῶς. τὸ δὲ (12)
καλῶς τί λέγομεν, εἴπωμεν[11]) σαφέστερον. ἔστι μὲν γὰρ

---

[1]) Οἰδίπους Bekk. nach N^a M^1.
[2]) ἀτεχνότερον A^c.
[3]) δὴ ἢ oder δὴ für δὲ ἢ Spengel (vielleicht richtig).
[4]) ἐχθρὸν ⟨ἀποκτείνῃ⟩ Bekk. nach W. Pazzi und Trincaveli.
[5]) οὐδὲν ⟨φοβερὸν οὐδ'⟩ Ueb.
[6]) μέλλων ⟨δείκνυσι⟩ Bekk. Susem.[1] nach Ald.
[7]) εἰ Bas.[3], ἢ die Handschriften. S. jedoch die flgde. Anm.
[8]) ἀποκτείνῃ ἢ μέλλῃ B^c N^a $M^{1, 2}$, und diese Aenderung hat in der That genau eben so viel Wahrscheinlichkeit als die des obigen ἢ vor ἀδελφός; in εἰ.
[9]) δρᾷ A^c N^a $Ql.^d$ $M^{1, 3, 4}$.
[10]) ταῦτα ⟨γίνεται, διὸ καὶ ταῦτα⟩ Spengel.
[11]) εἴπομεν A^c.

lung des Oedipus ¹²⁹ᵃ) auch nur erzählen hört ¹³⁰). (§. 2.) Dagegen solche Eindrücke erst durch die theatralischen Mittel hervorzubringen ist ein weit unkünstlerischeres Verfahren und macht die Poesie von äußeren Mitteln abhängig. Dichter vollends, welche bei der Anwendung theatralischer Mittel nicht einmal auf das Furchterregende ausgehen, sondern nur dem Abenteuerlichen*) nachjagen ¹³⁰ᵇ), haben gar Nichts mehr mit der Tragödie gemein, denn nicht jede Art von Genuß soll man bei der Tragödie suchen, sondern nur die ihr eigenthümliche. (§. 3.) Und wenn dies doch nun eben die aus Mitleid und Furcht entspringende ist und der Dichter diese durch seine Darstellung erzeugen soll, so ist hiernach klar, daß er dies bereits in die Begebenheiten selber hineinlegen muß. Was für Vorgänge denn nun aber furchtbar und was für welche Mitleid erregend sind, haben wir jetzt näher zu bestimmen. (§. 4.) Und da ist es denn ein Ding der Nothwendigkeit, daß alle diejenigen Handlungen, welche dies sein sollen, nur entweder von Freunden oder von Feinden oder von einander gleichgültigen Personen wider einander verübt werden können. Wenn denn aber ein Feind eine solche wider einen Feind vollführt, so wird er dadurch, weder indem er sie wirklich vollbringt noch sie bloß beabsichtigt, Etwas für uns zu Tage fördern, welches unser Mitleid (irgendwie) weiter in Anspruch nimmt, als es eben überhaupt das Leiden eines Nebenmenschen thut; und eben so ist es mit einander gleichgültigen Personen. Aber wenn nahe Freunde und Angehörige einander (schweres) Leid zufügen, wenn z. B. ein Bruder den Bruder oder ein Sohn den Vater, oder eine Mutter den Sohn oder ein Sohn die Mutter tödtet oder zu tödten beabsichtigt oder sich sonst ähnlich gegen sie vergeht, — das sind die Stoffe, nach welchen der Dichter suchen muß. (§. 5). Freilich wenn er dabei überlieferte Stoffe wählt, darf er die Ueberlieferung nicht geradezu umstoßen. Ich meine das so: er darf z. B. Nichts daran ändern, daß Klytämnestra von Orestes und Eriphyle von Alkmeon erschlagen wird ¹³¹ᵃ). Aber er muß selber (geschickt) hinzuerfinden und die überlieferten Züge richtig zu verwerthen wissen ¹³¹ᵇ). (§. 6.) Doch ich muß mich deutlicher darüber erklären, was ich unter diesem (Geschick und) Richtig verstehe. Entweder nämlich kann doch die That so vollbracht

---

*) Oder „Miraculösen", wie Ueberweg übersetzt.

οὕτω γίνεσθαι τὴν πρᾶξιν ὥσπερ οἱ παλαιοὶ ἐποίουν¹)
εἰδότας καὶ γιγνώσκοντας²), καθάπερ καὶ Εὐριπίδης ἐποίησεν
ἀποκτείνουσαν τοὺς παῖδας τὴν Μήδειαν· ἔστι δὲ πρᾶξαι (13)
μέν, ἀγνοοῦντας δὲ πρᾶξαι τὸ δεινόν, εἶθ᾿ ὕστερον ἀναγνωρίσαι τὴν φιλίαν, ὥσπερ ὁ Σοφοκλέους Οἰδίπους (τοῦτο
μὲν οὖν ἔξω τοῦ δράματος, ἐν δ᾿ αὐτῇ τῇ τραγῳδία,
οἷον³) ὁ Ἀλκμαίων ὁ⁴) Ἀστυδάμαντος ἢ ὁ Τηλέγονος
ὁ ἐν τῷ τραυματίᾳ Ὀδυσσεῖ)· ἔτι δὲ τρίτον παρὰ (14)
ταῦτα⁵) τὸ⁶) μέλλοντα ποιεῖν τι τῶν ἀνηκέστων δι᾿
ἄγνοιαν ἀναγνωρίσαι πρὶν ποιῆσαι. καὶ παρὰ ταῦτα οὐκ (15)
ἔστιν ἄλλως⁷)· ἢ γὰρ πρᾶξαι ἀνάγκη ἢ μή, καὶ⁸) εἰδότας ἢ μὴ εἰδότας. τούτων δὲ τὸ μὲν γινώσκοντα μελλῆσαι (16)
καὶ μὴ πρᾶξαι χείριστον (τό τε γὰρ μιαρὸν ἔχει, καὶ οὐ
τραγικόν· ἀπαθὲς γάρ), διόπερ οὐδεὶς † ποιεῖ ὁμοίως, εἰ
μὴ ὀλιγάκις⁹), οἷον¹⁰) ἐν Ἀντιγόνῃ τὸν Κρέοντα ὁ Αἵμων· τὸ (17)
δὲ πρᾶξαι δεύτερον· βέλτιον δὲ τὸ ἀγνοοῦντα μὲν πρᾶξαι, (18)
πράξαντα δὲ ἀναγνωρίσαι (τό τε γὰρ μιαρὸν οὐ πρόσ-
εστι, καὶ ἡ ἀναγνώρισις ἐκπληκτικόν)· κράτιστον δὲ¹¹) (19)
τὸ τελευταῖον, λέγω δὲ οἷον ἐν τῷ Κρεσφόντῃ ἡ Μερόπη
μέλλει τὸν υἱὸν ἀποκτείνειν, ἀποκτείνει δὲ οὒ ἀλλ᾿ ἀνε-

---

1) Noch bei Bekk. Susem.¹ steht hier ein Komma, aber s. Vahlen Rhein. Mus. XXI. S. 153.
2) γινώσκοντας; Bekk. Susem.¹ Ueb. nach Bᶜ Nᵃ (?)
3) οἷος Bekk.
4) ἀλκμαίων ὁ Gryph., ἀλκμαίωνος Aᶜ und die übrigen Hdschrr.
5) ταῦτα <τὸ μελλῆσαι γινώσκοντα καὶ μὴ ποιῆσαι, καὶ τέταρτον> oder hernach πρὶν ποιῆσαι <,καὶ τέταρτον τὸ μελλῆσαι γινώσκοντα καὶ μὴ ποιῆσαι> Vahlen (Beitr. II. S. 23 = 111 f.), während Bücheler hinter ἀνηκέστων etwa ἢ εἰδότα μετανοῆσαι ἢ ergänzen will. Da der fehlende Fall der hernach von Aristoteles so gut wie ganz verworfene ist, so fragt sich immer noch, ob es nicht bei der häufigen Lässigkeit seiner Ausdrucksweise denkbar ist, daß er trotz des καὶ παρὰ ταῦτα οὐκ ἔστιν ἄλλως; ihn erst in der Begründung nachgetragen hat. Vgl. auch Anm. 6.
6) τὸ Bonitz, τὸν Bekk. Ueb. nach den Handschriften.
7) ἔστιν ἄλλο Spengel, ἔστι καλῶς Friedrich.
8) καὶ <ἢ> Spengel.
9) <ὀλίγοι καὶ> ὀλιγάκις? Vahlen a. a. O. II. S. 25 (113).
10) οἷος Bekk.¹ durch Druckfehler.
11) τὸ δὲ πρᾶξαι βέλτιον· τὸ δὲ δεύτερον, ἀγνοοῦντα–ἀναγνωρίσαι, (τό τι–ἐκπληκτικόν) κράτιστόν ἐστι καὶ Essen (vgl. S. 128. Anm. 2).

werden, wie es die älteren Dichter darzustellen pflegen*), daß der Thäter recht wohl weiß, gegen wen er sie begeht, und in dieser Weise hat auch noch Euripides 132) seine Medeia als Mörderin ihrer Kinder dargestellt. Oder aber sie kann zwar auch vollbracht (13) werden, aber doch so, daß der Thäter das Furchtbare seiner That nicht ahnt, indem er erst hinterher erkennt, wie nahe ihm sein Opfer stand, wie z. B. Oedipus beim Sophokles 129b); in diesem Beispiele indessen liegt die That außerhalb des eigentlichen Dramas, Beispiele innerhalb der Tragödie selbst aber geben der Alkmeon des Astydamas 132h) und der Telegonos im verwundeten Odysseus 133). (§. 7.) Endlich ist außerdem noch ein dritter Fall möglich: es (14) beabsichtigt Jemand und steht im Begriff eine solche heillose That aus Unkenntniß (des wahren Sachverhalts) zu begehen**), aber es tritt noch vor derselben die Erkennung ein. Und außer diesen (15) Möglichkeiten ist keine weitere mehr vorhanden. Denn Handeln oder Nichthandeln und wissentlich oder unwissentlich, weiter ist doch eben Nichts denkbar. Freilich könnte hiernach auch noch Einer (16) wissentlich bloß handeln wollen, aber es nicht wirklich thun, aber dieser Fall ist der verwerflichste von allen, denn er hat für uns etwas Empörendes und ist auch, insofern untragisch, als ja***) auf diese Weise gar kein Leiden entsteht, und daher bringt ihn denn auch kein Dichter zur Anwendung, oder wenigstens giebt es davon nur sehr spärliche Beispiele, wie das des Hämon in der Antigone gegenüber dem Kreon 134). (§. 8.) In zweiter Linie (17) steht dann, daß in solcher Weise die That wirklich vollbracht wird. (§. 9.) Besser jedoch ist der vorhin zuletzt genannte Fall, wie z. B. (19) wenn im Kresphontes Merope 135) ihren Sohn zu tödten im Begriffe

---

*) S. Anm. 69 hinter dem Text.
**) Vielleicht ist hier etwa zu ergänzen „That ⟨wissentlich zu begehen, unterläßt dieselbe aber, weil es ihm Leid wird,⟩ oder aber aus Unkenntniß (des wahren Sachverhalts)." Dann ist weiter unten §. 16 Herm. wortgetreu zu übersetzen: „Von allen diesen Fällen ist nun derjenige, daß Jemand wissentlich bloß handeln will, aber es nicht thut, der verwerflichste, denn er hat für uns u. s. w."
***) Wörtlich: „und ist auch untragisch, in so fern ja", vgl. Anm. 188 hinter dem Text.

ΠΕΡΙ ΠΟΙΗΤΙΚΗΣ.

γνώρισεν, καὶ ἐν τῇ Ἰφιγενείᾳ ἡ ἀδελφὴ τὸν ἀδελφόν, καὶ ἐν τῇ "Ελλῃ[1]) ὁ υἱὸς τὴν μητέρα ἐκδιδόναι μέλλων ἀνεγνώρισεν[2]). **[3]) διὰ γὰρ[4]) τοῦτο, ὅπερ πάλαι εἴρηται, (20) οὐ περὶ πολλὰ γένη αἱ[5]) τραγῳδίαι εἰσίν. ζητοῦντες γὰρ οὐκ ἀπὸ τέχνης ἀλλ' ἀπὸ τύχης εὗρον τὸ τοιοῦτον παρασκευάζειν ἐν τοῖς μύθοις· ἀναγκάζονται οὖν[6]) ἐπὶ ταύτας τὰς οἰκίας ἀπαντᾶν ὅσαις τὰ τοιαῦτα συμβέβηκε πάθη.

* * *

Fr. 2. συμμετρίαν θέλει ἔχειν τοῦ φόβου[7]).

* * *

1   16*). 1454 b, 19. ἀναγνώρισις δὲ τί μέν ἐστιν, εἴρηται (1) πρότερον· εἴδη δὲ ἀναγνωρίσεως, πρώτη μὲν ἡ ἀτεχνοτάτη, καὶ ᾗ[8]) πλείστῃ[9]) χρῶνται οἱ ἀπορίᾳ, ἡ[10]) διὰ (2)
2 τῶν σημείων (τούτων δὲ τὰ μὲν σύμφυτα, οἷον
       λόγχην ἣν[11]) φοροῦσι Γηγενεῖς
ἢ ἀστέρας[12]) οἵους ἐν τῷ Θυέστῃ Καρκίνος, τὰ δὲ ἐπίκτητα, καὶ τούτων τὰ μὲν ἐν τῷ σώματι, οἷον οὐλαί, τὰ δὲ (3)

---

*) Cap. 15 folgt hinter Cap. 19, f. d. Einl. S. 10.
1) Ἀντιόπη Valckenaer (Diatr. Eurip. c. VII).
2) Diese überlieferte Ordnung der Glieder ist schwerlich die ursprüngliche, vielmehr scheint es, daß das auf βέλτιον δὲ und das auf κράτιστον δὲ Folgende ihre Plätze tauschen müssen: βέλτιον δὲ τὸ τελευταῖον, λέγω δὲ οἷον-ἀναγνωρίσειν κράτιστον δὲ τὸ ἀγνοοῦντα μὲν-ἀναγνωρίσαι. τό τε γὰρ-ἐκπληκτικόν. Darnach habe ich wenigstens meine Uebersetzung eingerichtet.
3) So Susem.² (vgl. die folgende Anm.) nach Herzog, der freilich die von mir vorgeschlagene Umstellung mißbilligt und vielmehr meint, daß die Begründung dafür, weßhalb die Erkennung nach der That am Höchsten stehe, ausgefallen sei.
4) γὰρ tilgte Ald.
5) αἱ <καλλίσται>? Vahlen Beitr. I. S. 37 (301), αἱ <νέαι> Vahlen Zeitschr. f. d. östr. G. XXV. 1874. S. 15.
6) οὖν <οἱ νῦν> Vahlen Zeitschr. f. d. östr. G. a. a. O.
7) Dies bei dem Anon. de com. §. 1, der es mit den Worten ἡ τραγῳδία ἀφαιρεῖ τὰ φοβερὰ παθήματα τῆς ψυχῆς δι' οἴκτου καὶ ὅτι einleitet (vgl. Fr. 5), erhaltene Fragment habe ich zuerst hier eingefügt. Vgl. Bernays Rhein. Muf. N. F. VIII. S. 565 f.
8 ᾗ Aᶜ und pr. Lᵈ, οἱ M¹(?) und corr. Lᵈ.
9) πλεῖστοι Bekk. Susem. ¹ nach Nᵃ M¹.⁴. corr. Lᵈ.
10) ἡ Aᶜ Nᵃ Lᵈ M¹.³.
11) λόγχη ἣν Heinsius, λόγχην [ἣν] Spengel, so daß wir die eignen Worte des Aristot. und nicht ein Stück eines von ihm citirten

steht oder in der Iphigeneia die Schwester den Bruder, dann aber, statt ihn wirklich zu tödten, ihn als solchen erkennt [136]) oder wie wenn in der Helle [137]) der Sohn seine Mutter erkennt, gerade da er sie ausliefern will, und am Allervorzüglichsten ist es, (§. 8ᵇ.) (18) wenn die That zwar wirklich, aber in Unwissenheit vollbracht wird und die Erkennung erst nachfolgt. In beiden Fällen nämlich schwindet das Empörende, und die Erkennung macht einen überraschenden und erschütternden*) Eindruck. — — — —

(§. 9ᵇ.) Aus diesen Gründen [138]) nämlich bewegen sich, wie (20) schon oben [139]) bemerkt, unsere**) Tragödien nicht innerhalb vieler Geschlechter. Denn indem die Dichter nach tragischen Stoffen suchten, fanden sie nicht zwar durch bewußte Kunst, sondern durch des Zufalls Gunst das Richtige und begannen auf die bezeichnete Wirkung in den Fabeln hinzuarbeiten, und so werden sie denn gedrungen immer wieder in denjenigen Häusern mit einander zusammenzutreffen, in welchen sich wirklich zur Erregung solcher Eindrücke ganz besonders geeignete Leidensscenen zugetragen haben. — — —

(Fragm. 2.) Die Tragödie verlangt ein Ebenmaß der Furcht [139ᵇ]).

16. (§. 1.) Was unter Erkennung (im Allgemeinen) zu ver- (1) stehen sei, ist vorhin [140]) bereits dargelegt worden, die (besonderen) Arten derselben aber sind folgende. Zuerst die unkünstlerischste von (2) allen, deren man sich freilich am Meisten aus Mangel an Erfindungsgabe bedient, die durch Wahrzeichen. (§. 2.) Dies sind aber wieder theils angeborne, wie z. B.

die Lanze, die die Erdentsproßnen schmückt [141]),

oder Sterne, wie sie Karkinos [142]) in seinem Thyestes anbringt, theils erworbene, und von diesen letztern bilden wiederum den einen (3)

*) Oder vielleicht besser: „ergreifenden" statt: „überraschenden und erschütternden".
**) Oder nach Bahlens älterer Vermuthung: „unsere <schönsten>"?

Verses vor uns hätten; daß indessen Letzteres der Fall ist, beweist φοροῦσι, was Spengel daher auch völlig willkürlich in φέρουσι zu ändern sich genöthigt sieht.
12) ἀστέρες Heinsius.

ἐκτός, τὰ περιδέραια¹) καὶ οἷ²) ἐν τῇ Τυροῖ διὰ τῆς
3 σκάφης· ἔστι δὲ καὶ τούτοις χρῆσθαι ἢ βέλτιον ἢ χεῖρον, (4)
οἷον Ὀδυσσεὺς διὰ τῆς οὐλῆς ἄλλως ἀνεγνωρίσθη ὑπὸ
τῆς τροφοῦ καὶ ἄλλως ὑπὸ τῶν συβοτῶν· εἰσὶ γὰρ αἱ (5)
μὲν πίστεως ἕνεκα ἀτεχνότεραι, καὶ³) αἱ τοιαῦται πᾶσαι,
αἱ δὲ ἐκ περιπετείας, ὥσπερ ἡ ἐν τοῖς Νίπτροις, βελτίους),
4 δεύτεραι δὲ αἱ πεποιημέναι ὑπὸ τοῦ ποιητοῦ, διὸ ἄτεχνοι, (6)
οἷον Ὀρέστης ἐν τῇ Ἰφιγενείᾳ ἀνεγνώρισεν⁴) ὅτι Ὀρέστης⁵)
(ἐκείνη μὲν γὰρ διὰ τῆς ἐπιστολῆς, ἐκεῖνος δὲ⁶) αὐτὸς
λέγει ἃ βούλεται ὁ ποιητής, ἀλλ' οὐχ ὁ μῦθος· διότι⁷) (7)
ἐγγὺς τῆς εἰρημένης ἁμαρτίας ἐστίν· ἐξῆν γὰρ ἂν ἔνια
καὶ ἐνεγκεῖν) καὶ ἐν τῷ Σοφοκλέους Τηρεῖ ἡ τῆς κερκίδος
5 φωνή, ἡ τρίτη⁸) διὰ μνήμης τῷ αἰσθέσθαι⁹) † τι ἰδόντα, (8)
ὥσπερ ἡ ἐν Κυπρίοις τοῖς¹⁰) Δικαιογένους (ἰδὼν γὰρ τὴν

---

¹) περιδέραια W. Pazzi und Trincavell, περὶ δέραια Ald., περιδέρρεα die Handschriften.

²) οἷ Aᶜ Nᵃ, οἷον Bekk. Susem. ¹ Va. Ueb. nach Bᶜ Gˢ Pˢ M², οἷα M⁴, ἤ? oder οἷον, aber vor τὰ περιδέραια? Spengel. Ich habe in dieser 2. A. vorgezogen die Verderbniß im Text zu lassen, statt sie durch einen jedenfalls höchst unsicheren Verbesserungsversuch zu ersetzen.

³) ἕνεκα, καὶ ἀτεχνότεραι Spengel, s. Rhein. Mus. XXVI. S. 458. Anm. 2.

⁴) ἀνεγνωρίσθη Spengel, aber s. c. 17. §. 3. 5. (§. 6. 10. Herm.), ἀνεγνώρισε ⟨τὴν ἀδελφὴν ἀναγνωρισθεὶς ὑπ' ἐκείνης⟩ Bekk. nach Ald., ἀνεγνωρίσθη ⟨ὑπὸ τῆς ἀδελφῆς πίστιν δούς⟩ Bursian.

⁵) ὅτι Ὀρέστης von Bekk. nach Ald. weggelassen, von Susem. ¹ hinter ἐκεῖνος δὲ αὐτός, von Vahlen Zur Krit. S. 14 (71) f. hinter ἐκεῖνος δὲ umgestellt, aber s. jetzt Vahlen Beitr. II. S. 85 (173) f. — Spengel möchte jetzt die ganze Stelle so gestalten: Ἰφιγενείᾳ (ἐκείνην μὲν γὰρ διὰ τῆς ἐπιστολῆς ἀνεγνώρισεν, ὅτι ὁ Ὀρέστης ἐκείνη, αὐτὸς λέγει κ. τ. λ.), wobei αὐτός auf den Dichter gehen soll, Ueberweg so: Ὀρέστου ἐν τῇ Ἰφιγενείᾳ (ἐκείνην μὲν γὰρ ἀνεγνώρισεν ὁ Ὀρέστης διὰ τῆς ἐπιστολῆς, ἐκεῖνος δὲ αὐτὸς λέγει κ. τ. λ.), Bücheler so: Ἰφιγενείᾳ (ἐκείνην μὲν γὰρ διὰ τῆς ἐπιστολῆς ἀνεγνώρισεν ὁ Ὀρέστης, αὐτὸς δὲ λέγει κ. τ. λ.), einfacher wäre, wenn wirklich der Gegensatz ἐκείνη μὲν — ἐκεῖνος δὲ beseitigt werden müßte: Ἰφιγενείᾳ ἀνεγνώρισεν (ἐκείνη — ἐπιστολῆς, αὐτὸς δὲ ὅτι Ὀρέστης λέγει κ. τ. λ.): „denn während — erkannt wird, bringt er seinerseits dafür, daß er Orestes sei, lediglich u. s. w."

⁶) δὲ ⟨** ταῦτα οὖν⟩ Ald., δὲ ⟨διὰ σημείων. ταῦτα οὖν⟩ Bekk. nach einem von Vettori benutzten Codex und Trincavell am Rande.

Theil solche, die zum Leibe selbst gehören, wie z. B. Narben, und den andern solche, die in ganz äußerlichen Dingen bestehen, wie Halsbänder [143]) oder wie in der Tyro [144]) die Erkennung von der Wanne ausgeht. (§. 3.) Es ist aber auch bei dieser Art von Er- (4) kennungen noch wieder möglich einen besseren und einen schlechteren Gebrauch von ihnen zu machen. So wird ja z. B. Odysseus an seiner Narbe auf eine andere Weise von der Pflegerin erkannt [145]) und auf eine andere von den Hirten [146]). Es sind nämlich diese (5) so wie jede andere Art von Erkennungen immer in dem Falle unkünstlerischer, wenn Jemand sich absichtlich beglaubigen will, und vorzüglicher dagegen, wenn sie (absichtlos) durch eine unerwartete Wendung herbeigeführt werden [147]), wie eben in jener Badescene aus der Odyssee [148]). (§. 4.) In zweiter Reihe stehen sodann die- (6) jenigen Mittel der Erkennung, welche vom Dichter ganz willkürlich ersonnen und deshalb unkünstlerisch sind, wie z. B. die, durch welche Orestes in der Iphigeneia sich als Orestes zu erkennen giebt, denn während Iphigeneia von ihm durch den Brief erkannt wird, bringt er seinerseits lediglich Solches vor, was den Dichter beliebt ihn sagen zu lassen und nicht was im Geiste der Fabel ist [149]), und (7) deshalb grenzt denn dieser Fehler ganz unmittelbar an den vorher gerügten, denn eben so gut hätte ja Orestes auch gewisse Wahr- zeichen an sich tragen können; und gerade so ist es auch mit „des Gewebes Stimme" [150]) im Tereus des Sophokles. (§. 5.) Eine (8) dritte Art von Erkennungen sodann geschieht durch die Erinnerung, indem Jemand an den Empfindungen erkannt wird, die er beim Anblick eines Gegenstandes verräth [151]), wie z. B. in den Kypriern des Dikäogenes die Thränen, in die er beim Anblick des Gemäldes

---

7) δι' ὅ Ald., διὸ Bekk., διὸ καί Ueb., διὸ und dann τι hinter ἐγγύς Vahlen Rhein. Mus. XXVIII. 1873. S. 185, wahrscheinlich richtig.

8) ἡ τρίτη Spengel, ἤτοι τῇ A^c, τρίτη ἡ G^a P^a M^2(?) Par. 2038. τρίτη ν ἡ Ald., τρίτη δὲ ἡ Bekk. Susem.^{1} nach W. Pazzi und Trin- caveli, ἡ τρίτη δὲ Ueb., doch ist das letzte ι in A^c schwerlich aus δὲ entstanden.

9) αἰσθέσθαι Susem.^{2} aus A^c M^4, αἰσθέσθαι Bekk. Susem.^{1} Ba. Ueb. und vermuthlich die andern Handschriften.

10) τοῖς Q(?) Ald., τῆς A^c und die übrigen Handschriften.

ΠΕΡΙ ΠΟΙΗΤΙΚΗΣ.

γραφὴν ἔκλαυσεν) καὶ ἡ ἐν Ἀλκίνου ἀπολόγῳ¹) (ἀκούων
6 γὰρ τοῦ κιθαριστοῦ καὶ μνησθεὶς ἐδάκρυσεν· ὅθεν ἀνε- (9)
γνωρίσθησαν), τετάρτη δὲ ἡ ἐκ συλλογισμοῦ, οἷον ἐν
Χοηφόροις²) ὅτι ὅμοιός τις ἐλήλυθεν, ὅμοιος δὲ οὐθεὶς
ἀλλ' ἢ ὁ³) Ὀρέστης, οὗτος ἄρα ἐλήλυθεν, καὶ ἡ Πολυείδου⁴)
τοῦ σοφιστοῦ περὶ τῆς Ἰφιγενείας (εἰκὸς γὰρ τὸν Ὀρέστην
συλλογίσασθαι ὅτι ἥ τ' ἀδελφὴ ἐτύθη καὶ αὑτῷ⁵) συμβαίνει θύεσθαι), καὶ⁶) ἐν τῷ⁷) Θεοδέκτου Τυδεῖ, ὅτι
ἐλθὼν ὡς εὑρήσων υἱὸν αὐτὸς ἀπόλλυται, καὶ ἡ ἐν τοῖς
Φινείδαις⁹) (ἰδοῦσαι γὰρ τὸν τόπον συνελογίσαντο τὴν
εἱμαρμένην, ὅτι ἐν τούτῳ εἵμαρτο ἀποθανεῖν αὐταῖς καὶ
7 γὰρ ἐξετέθησαν ἐνταῦθα), ἔστι δέ τις καὶ συνθετὴ ἐκ (10)
παραλογισμοῦ τοῦ θατέρου⁹), οἷον ἐν τῷ Ὀδυσσεῖ τῷ
ψευδαγγέλῳ (τὸ¹⁰) μὲν γὰρ τὸ¹¹) τόξον ἔφη γνώσεσθαι ὃ
οὐχ ἑωράκει, τὸ δὲ¹²), ὡς δι'¹³) ἐκείνου ἀναγνωριοῦντος,
8 διὰ τούτου¹⁴) ποιῆσαι¹⁵) παραλογισμόν). πασῶν δὲ βελ- (11)
τίστη ἀναγνώρισις ἡ ἐξ αὐτῶν τῶν πραγμάτων, τῆς
⟨ἐκ-⟩πλήξεως¹⁶) γιγνομένης δι' εἰκότων¹⁷), οἷον [ὁ]¹⁸) ἐν

---

1) ἀπολόγῳ Alb., ἀπολόγων die Handschriften.
2) Χοηφόροις Bartholomeus Barbadorus und Hieronymus Meus bei Vettori („ope antiquissimi exemplaris"), χλοηφόροις die Handschriften.
3) ὁ fehlt bei Bekk. Susem.¹ nach Alb.(?)
4) πολυείδου G⁵ P⁵ M²(?), πολυείδους A^c B^c und andere Handschriften.
5) αὑτῷ Bekk.³, αὐτῷ Bekk.¹ Va. nach den Handschriften.
6) καὶ ⟨ἡ⟩ Bekk. Susem.¹ nach Alb.
7) τῷ ⟨τοῦ⟩ Bekk. Susem.¹ nach B^c G⁵ P⁵ M².
8) Φινείδαις Reiz, φινίδαις A^c B^c G⁵ P⁵ M².³.⁴.
9) τοῦ θατέρου Bursian und Vahlen Zur Krit. S. 16 (72) f. (τοῦ gehört zu παραλογισμοῦ), θατέρου Hermann, τοῦ θεάτρου Bekk. Va. nach den Handschriften.
10) τῷ N^a M¹, τὸν Susem.¹ nach Vahlen a. a. O.
11) Fehlt in B^c N^a Q G⁵ P⁵ M¹.². Bekk.
12) τῷ δὲ N^a M¹, ὁ δὲ Bekk. nach Alb., ὥστε Susem.¹
13) δὴ Susem.¹ Ueb. nach Tyrwhitt mit Setzung des Kommas hinter statt vor διὰ τούτου in Uebereinstimmung mit Vahlen Zur Krit. S. 17 (73), vielleicht richtig, wenn das folgende ποιῆσαι in ein Verbum finitum zu verwandeln, und sicher richtig, wenn eine Lücke hinter διὰ τούτου anzunehmen ist. S. Anm. 5.
14) τοῦτο G⁵ P⁵(?) M², vielleicht richtig.

ausbricht¹⁵²), oder in der „Märe vom Alkinoos"¹⁵³) die, welche das Anhören des Citherspielers und die Erinnerungen, die dessen Gesang in ihm wach ruft, ihm entlocken, die Erkennung herbeiführen. (§. 6.) Eine vierte Art ist die, welche auf einem Schlusse (9) beruht, wie z. B. in den Choephoren¹⁵⁴) (Elektra so schließt): es ist Einer (hieher) gekommen, der mir ähnlich sieht, ähnlich sieht mir aber kein Anderer als Orestes, Orestes also ist (hieher) gekommen, und wie ferner die Erkennung bei dem Sophisten Polyeidos seitens der Iphigeneia vor sich geht¹⁵⁵), denn es lag in der Wahrscheinlichkeit begründet, daß Orestes so schloß¹⁵⁶) (wie er es bei ihm thut), einst sei seine Schwester geopfert worden, und so treffe nun auch ihn dasselbe Schicksal¹⁵⁷). Und eben so gehört hieher der Fall in dem Tydeus des Theodektes¹⁵⁸): gekommen, um einen Sohn zu finden, müsse er jetzt selber umkommen, und der in den Söhnen des Phineus¹⁵⁹), indem hier die Frauen den (betreffenden) Ort erblicken und nun daraus auf ihr Verhängniß schließen: hier sei es ihnen verhängt zu sterben, denn eben hier waren sie auch ausgesetzt worden. (§. 7.) Es giebt aber (von dieser Classe) auch (10) noch eine (besondere Unterart), bei welcher die Erkennung mit einem Fehlschlusse der anderen (erkannten) Person verbunden ist¹⁶⁰). Ein Beispiel von ihr findet sich in Odysseus dem Trugboten, denn da meint die letztere*), Derjenige, mit welchem sie zusammentrifft, werde den Bogen kennen, den dieser doch niemals gesehen hat, so daß sie in Folge dessen den Fehlschluß macht, als ob dieser mithin sie selbst an demselben erkennen werde**). (§. 8.) Die schönste (11) von allen Arten von Erkennung aber ist die, welche unmittelbar aus dem Verlaufe der Begebenheiten selbst hervorgeht, so daß die Ueberraschung in der Wahrscheinlichkeit begründet ist, wie z. B. im

---

*) Nämlich Odysseus. S. Anm. 160 hinter dem Text.
**) Die Uebersetzung mußte sich hier begnügen den ungefähren Sinn wiederzugeben.

---

¹⁵) ἐποίησε Bekk. Ueb. nach Ald., ποιῆται mit Verwandlung des vorausgehenden ὃ in ὃς Bücheler (s. aber Bonitz Ind. Aristot. 608ᵃ, 52 ff.). Mir scheint es gerathener vor oder hinter διὰ τούτου eine Lücke, die mit ὥστε schloß, anzunehmen.
¹⁶) ἐκπλήξεως Ald., πλήξεως die Handschriften.
¹⁷) δι' εἰκότων Bᶜ Gˢ Pᵏ M²,³,⁴., διεικόντων Aᶜ Q.
¹⁸) So Va. Ueb. Susem.² nach Vahlen (Beitr. III. S. 329), ἣ Bekk. Susem.¹ nach Ald.

τῷ Σοφοκλέους Οἰδίποδι καὶ τῇ Ἰφιγενείᾳ (εἰκὸς γὰρ
βούλεσθαι¹) ἐπιθεῖναι γράμματα)· αἱ γὰρ τοιαῦται μόναι
ἄνευ τῶν πεποιημένων καὶ σημείων²) [δέρεων]³). δεύτεραι (12)
δὲ αἱ ἐκ συλλογισμοῦ.

17. δεῖ δὲ τοὺς μύθους συνιστάναι καὶ τῇ λέξει⁴) (1)
[συν-]ἀπεργάζεσθαι⁵) ὅτι μάλιστα πρὸ ὀμμάτων τιθέ-
μενον (οὕτω γὰρ ἂν ἐναργέστατα⁵) ὁ⁶) ὁρῶν, ὥσπερ παρ'
αὐτοῖς γιγνόμενος τοῖς πραττομένοις, εὑρίσκοι τὸ πρέπον,
καὶ ἥκιστα⁷) ἂν λανθάνοι [τὸ]⁸) τὰ ὑπεναντία· σημεῖον (2)
δὲ τούτου ὃ ἐπετιμᾶτο τῷ⁹) Καρκίνῳ· ὁ γὰρ Ἀμφιάραος
ἐξ ἱεροῦ ἀνῄει¹⁰), ὃ μὴ ὁρῶντα τὸν ποιητὴν¹¹) ἐλάνθανεν,
ἐπὶ δὲ τῆς σκηνῆς ἐξέπεσε, δυσχερανάντων τοῦτο τῶν
θεατῶν), ὅσα δὲ δυνατόν, καὶ τοῖς σχήμασι¹²) συναπεργα- (3)
ζόμενον (πιθανώτατοι γὰρ ἀπ' αὐτῆς τῆς¹³) φύσεως οἱ¹⁴)
ἐν τοῖς πάθεσίν εἰσι, καὶ χειμαίνει ὁ χειμαζόμενος¹⁵) καὶ
χαλεπαίνει ὁ ὀργιζόμενος ἀληθινώτατα· διὸ εὐφυοῦς ἡ (4)

---

1) βούλεσθαι <τὸν μὲν πυθέσθαι ὅθεν εἴη γεγονώς, τὴν δὲ>?
Spengel.
2) καὶ σημείων Ueb. Susem.² nach Spengel, σημείων καὶ Bekk.
Susem.¹ Va. nach den Handschriften, σημείων <οἷον ὑφασμάτων> καὶ?
Heinsius.
3) So Spengel, περιδεραίων Bekk. Susem.¹ nach Nᵃ und corr.
M¹ (Lücke pr. M¹), περιδερραίων Lᵈ, καὶ δεραίων Ueb., δεραίων Va.
4) ὄψει Krohn.
5) So Bᶜ Gᵇ Pᵃ M², ἐνεργέστατα Aᶜ und die übrigen Handschriften.
6) Mit Unrecht von Bekk. Susem.¹ nach Alb. weggelassen, von
Ueb. in eckige Parenthesen gesetzt.
7) ἥκιστα Aᶜ, ἥκιστ' Bekk. Susem.¹ Ueb. (der mit Unrecht
glaubt, daß ἂν in Aᶜ fehle).
8) λανθάνοι [τὸ] Va., λανθάνοι Susem.¹ Ueb. nach Heinsius,
λανθάνοιτο Bekk. nach Bᶜ und andern Handschriften.
9) ἐπετιμᾶ<-το>τῷ Susem.², ἐπιτιμᾶται Maggi, ἐπετιμᾶτο Bekk.
Susem.¹ Va. Ueb. nach Vettori, ἐπιτιμᾷ τῷ die Handschriften.
10) ἀνῄει Vettori, ἂν εἴη die Handschriften.
11) τὸν ποιητὴν Dacier, τὸν θεατὴν Bekk. Susem.¹ nach den
Handschriften, <ἂν> τὸν θεατὴν Va., welcher Veitr. II. S. 42 (130).
Anm. ἂν vielmehr nach Castelvetro hinter ἐλάνθανεν einzuschieben
empfahl, <ὡς> τὸν θεατὴν Castelvetro.
12) παθήμασι Ueb.

Oedipus des Sophokles und in der Iphigeneia, denn es war durchaus natürlich und in der Wahrscheinlichkeit begründet, daß Iphigeneia dem Orestes einen Brief mitzugeben wünschte ¹⁶¹). Diese Art von Erkennung allein nämlich kann unter allen Umständen der willkürlichen Erfindungen des Dichters und (des Nothbehelfs) der Wahrzeichen entrathen. Die zweitbeste Art sodann ist diejenige, (12) bei welcher es noch eines besonderen Schlusses bedarf.

17. (§. 1.) Es muß aber ferner der tragische Dichter bei (1) der Gestaltung*) und sprachlichen Ausführung seiner jedesmaligen Fabel so verfahren, daß er sich möglichst Alles leibhaftig vor Augen stellt, denn wer es dergestalt immer möglichst deutlich vor sich sieht, gerade als ob er bei den wirklichen Vorgängen gegenwärtig wäre, wird auch überall das Schickliche finden, und ihm werden am Wenigsten unvermerkt Widersprüche begegnen. Einen Beleg dafür (2) (wie wichtig diese Regel ist) bietet jener Vorwurf dar, welcher einst den Karkinos ¹⁶²) traf. Er hatte nämlich seinen Amphiaraos wieder aus dem Tempel herausgehen lassen, und der hierin liegende Verstoß ¹⁶² ᵇ) blieb dem Dichter, so lange er die Sache nicht vor sich sah**), unbemerkt, bewirkte aber auf der Bühne, daß das Stück durchfiel, weil die Zuschauer ihn mißfällig aufnahmen. Ja, es (3) muß der Dichter sogar, so weit es angeht, bei der Ausführung auch zugleich seine Personen in Haltung und Geberde sich selbst vorspielen. (§. 2.) Denn am Ueberzeugendsten***) bringen einen Affect die zum Ausdruck, welche sich wirklich von Natur in diesem Affect befinden, und es stürmt der Aufgeregte und es tobt der Wüthende am Wahrsten. Und so fordert denn die Poesie entweder (4)

*) Wörtlicher und besser: „Composition".
**) Mit andern Worten: „dem Dichter vor der Bühnendarstellung", wie Ueberweg übersetzt.
***) Mit andern Worten: „am Naturgetreusten".

---

13) ἀπ' αὐτῆς τῆς Tyrwhitt (in der Uebers.) und Twining, ἀπὸ τῆς αὐτῆς Bekk. Va. Ueb. nach den Handschriften, doch billigt Vahlen Zur Krit. S. 19 (75). Beitr. II. S. 42 (130) f. die Aenderung.
14) Vielleicht οἳ Vahlen Zur Krit. S. 20 (76) mit Setzung eines Kommas vor ἀπ'.
15) χιμαζόμενος Aᶜ.

ΠΕΡΙ ΠΟΙΗΤΙΚΗΣ.   † 1455 b

ποιητική ἐστιν ἢ μανικοῦ· τούτων γὰρ οἱ μὲν εὔπλαστοι
οἱ δὲ ἐξεταστικοί εἰσίν).

3   [τοῦ-]τοὺς¹) τε²) λόγους καὶ³) τοὺς πεποιημένους⁴)   (5)
δεῖ καὶ † αὐτὸν ποιοῦντα ἐκτίθεσθαι καθόλου, εἶθ᾽
οὕτως ἐπεισοδιοῦν⁵) καὶ παρατείνειν⁶) (λέγω δὲ οὕτως ἂν   (6)
θεωρεῖσθαι τὸ καθόλου, οἷον τῆς Ἰφιγενείας τυθείσης
τινὸς κόρης καὶ ἀφανισθείσης ἀδήλως τοῖς θύσασιν,
ἱδρυνθείσης δὲ εἰς ἄλλην χώραν, ἐν ᾗ νόμος ἦν τοὺς
ξένους θύειν τῇ θεῷ, ταύτην ἔσχε τὴν ἱερωσύνην, χρόνῳ
δ᾽ ὕστερον τῷ ἀδελφῷ συνέβη ἐλθεῖν⁷) τῆς ἱερείας —
τὸ δὲ⁸) ὅτι ἀνεῖλεν ὁ θεὸς διά τινα⁹) αἰτίαν [ἔξω τοῦ
καθόλου]¹⁰) ἐλθεῖν ἐκεῖ¹¹) καὶ ἐφ᾽ ὅ τι δέ, ἔξω τοῦ
μύθου —, ἐλθὼν δὲ καὶ ληφθεὶς θύεσθαι μέλλων ἀνε-
γνώρισεν¹²), εἴθ᾽ ὡς Εὐριπίδης εἴθ᾽ ὡς Πολύειδος ἐποίησεν,
κατὰ τὸ εἰκὸς εἰπὼν ὅτι οὐκ ἄρα μόνον τὴν ἀδελφὴν
ἀλλὰ καὶ αὐτὸν¹³) ἔδει τυθῆναι, καὶ ἐντεῦθεν ἡ σωτηρία),

4 μετὰ ταῦτα δὲ ἤδη ὑποθέντα τὰ ὀνόματα ἐπεισοδιοῦν,   (7)

---

1) τούς Ald., τούτους die Handschriften, αὐτούς τε τοὺς für τούτους τε? Vahlen Zur Krit. S. 20 (76) f.

2) δὲ ein von Vettori benutzter Codex, wahrscheinlich richtig.

3) Von Bekk. nach Ald., gestrichen, von Ueb. in eckige Parenthesen gesetzt.

4) παρειλημμένους Susem.¹ nach Vahlen a. a. O., vielleicht richtig, vielleicht aber auch unnöthig.

5) ἐπεισοδιοῦν B^c G^s(?) P^s M²(?), ἐπεισοδίου A^c N^a Q L^d M¹.

6) παρατείνειν Vettori, περιτείνειν A^c und die meisten andern Handschriften, περιτείρειν N^a M¹ L^d.

7) ἐλθεῖν <ἐκεῖ> Bekk.³, vielleicht richtig. Hermann tilgt das Wort. Ihm folgt Ritter.

8) τὸ δὲ M¹, τόδε A^c B^c G^s L^s M 2.3. und pr. P^s, τότε N^a M¹, τῆδε corr. P^s. Ritter setzt das Ganze von τὸ δὲ ab bis μύθους mit Ausnahme vost ἐλθεῖν ἐκεῖ in eckige Parenthesen, Hermann, dem Torstrik (Litt. Centralbl. 1868. S. 133) folgt, schreibt <καὶ> διά τινα αἰτίαν, Spengel: τὸ δὲ διὰ τίν᾽ αἰτίαν [ἔξω τοῦ καθόλου] — ὅτι ἀνεῖλεν ὁ θεὸς ἐκεῖ —. καὶ ἐφ᾽ ὅ τι δέ, ἔξω τοῦ καθόλου τοῦ μύθου oder bloß τοῦ καθόλου Ueb.: τὸ δὲ διὰ τίνα αἰτίαν, ἔξω τοῦ καθόλου — ὅτι ἀνεῖλεν ὁ θεὸς ἐλθεῖν ἐκεῖ —, καὶ ἐφ᾽ ὅ τι δέ, ἔξω τοῦ μύθου. Außerdem f. Anm. 9. 10.

9) διὰ τίν᾽ Bekk. Susem.¹, διατινά A^c. διὰ τίνα Ueb. nach Reiz.

10) So Susem. und Torstrik nach Dünzer, was auch Vahlen früher (Zur Krit. S. 22 = 78) zu billigen geneigt war, anders später (Beitr. II. S. 84 = 132), und jetzt (Zeitschr. f. d. östr. Gymn.

einen mit hohem Verstande begabten oder einen enthusiastischen Menschen, denn der letztere weiß sich in den darzustellenden Affect leicht hineinzuversetzen, der erstere aber durch Prüfung das Treffende aufzufinden.

(§. 3.) Ferner 163) muß der Dichter bei der Bearbeitung (5) überlieferter*) sowohl wie selbsterfundener Stoffe zuvörderst dieselben in ihren ganz allgemeinen Grundzügen herausheben und erst dann sie episodisch 164) ausgestalten und weiter ins Einzelne ausführen. Ich will hiemit sagen, er muß sich den Hergang erst so (6) in den allgemeinsten Umrissen zur Anschauung bringen, wie ich es hier an dem Stoff der Jphigeneia 165) zeigen will. Eine Jungfrau, die geopfert werden sollte, ist den Opferern auf eine (ihnen) unerklärliche Weise entrückt und in ein anderes Land versetzt worden, in welchem es Brauch ist alle Fremden der Göttin zu opfern, und eben dies priesterliche Amt ist ihr übertragen worden. Längere Zeit nachher nun ereignet es sich, daß der Bruder der Priesterin dorthin kommt; daß aber der Gott es ihm aus irgend einer Ursache befohlen habe dahin zu gehen und zu welchem Zwecke (er kommt), liegt (bereits) außerhalb des allgemeinen Grundrisses**); kurz, er kommt, wird ergriffen und soll geopfert werden. Da aber wird er von seiner Schwester erkannt, sei es nun in der Weise, wie es Euripides, sei es in der, wie es Polyeidos darstellt 166), indem er ihn (ganz) der Wahrscheinlichkeit gemäß jetzt die Aeußerung thun läßt, so sollte also nicht bloß seine Schwester, sondern auch er selbst geopfert werden, und daraus entspringt denn seine Rettung. (§. 4.) Erst wenn dies geschehen (7) ist, muß dann der Dichter seinen Personen bestimmte Namen unter-

---

*) Eigentlich: „schon (von Andern) erfundener".
**) Wegen dieser Ueberf. s. Anm. 359.

XXIV. 1873. S. 658) will er vielmehr καθόλου und μύθου ihre Plätze vertauschen lassen. Essen stellt ἔξω τοῦ καθόλου mit vorgesetztem ἢ hinter ἔξω τοῦ μύθου um. Mir scheinen die ersteren Worte nach wie vor entweder Variante oder Glosse zu den letzteren.

11) [ἐλθεῖν ἐκεῖ] Bekk.³ im Zusammenhang mit der Einschiebung von ἐκεῖ hinter das voraufgehende ἐλθεῖν, vielleicht richtig, und Torstrik ohne diese Einschiebung.

12) ἀνεγνωρίσθη ehemals Vahlen Zur Krit. S. 23 (79), aber s. §. 5 und c. 16. §. 4.

13) αὐτὸν Hermann, wahrscheinlich richtig.

ΠΕΡΙ ΠΟΙΗΤΙΚΗΣ.

ὅπως δὲ ἔσται οἰκεῖα τὰ ἐπεισόδια ⟨σκοπεῖν⟩¹), οἶον [ἐν]²) (8)
τῷ Ὀρέστῃ ἡ μανία δι' ἧς ἐλήφθη, καὶ ἡ σωτηρία διὰ
τῆς καθάρσεως. ἐν μὲν οὖν τοῖς δράμασι³) τὰ ἐπεισόδια (9)
σύντομα, ἡ δ' ἐποποιία τούτοις μηκύνεται. τῆς γὰρ (10)
Ὀδυσσείας μικρὸς⁴) ὁ λόγος ἐστίν· ἀποδημοῦντός τινος
ἔτη πολλὰ [καὶ παραφυλαττομένου ὑπὸ τοῦ Ποσειδῶνος]⁵)
καὶ μόνου ὄντος, ἔτι⁶) δὲ τῶν οἴκοι οὕτως ἐχόντων ὥστε
τὰ χρήματα ὑπὸ μνηστήρων⁷) ἀναλίσκεσθαι καὶ τὸν
υἱὸν ἐπιβουλεύεσθαι, αὐτὸς δὴ⁸) ἀφικνεῖται χειμασθείς,
καὶ ἀναγνωρίσας⁹) τινὰς¹⁰) [αὐτὸς]¹¹) ἐπιθέμενος αὐτὸς
μὲν ἐσώθη, τοὺς δ' ἐχθροὺς διέφθειρεν. τὸ μὲν οὖν ἴδιον (11)
τοῦτο, τὰ δ' ἄλλα ἐπεισόδια.

18. ἔστι δὲ πάσης τραγῳδίας τὸ μὲν δέσις τὸ δὲ (9)
λύσις, τὰ μὲν ἔξωθεν πολλάκις¹²), καὶ ἔνια τῶν ἔσωθεν
ἡ δέσις, τὸ δὲ λοιπὸν ἡ λύσις. λέγω δὲ δέσιν μὲν εἶναι (10)
τὴν ἀπ' ἀρχῆς μέχρι τούτου τοῦ μέρους ὃ ἔσχατόν
ἐστιν, ἐξ οὗ μεταβαίνειν¹³) εἰς εὐτυχίαν * *¹⁴), λύσιν δὲ
τὴν ἀπὸ τῆς ἀρχῆς τῆς μεταβάσεως μέχρι τέλους, ὥσπερ

---

1) Zusatz von Ald., weggelassen von Va.
2) So Va. Susem.² nach Tyrwhitt.
3) δράμασι Ald., ἅρμασι Aᶜ Bᶜ Nᵃ M¹,²,⁴. Lᵈ, ἄσμασι M³ Q Valla.
4) μικρὸς Nᵃ M¹, μακρὸς Bekk.¹ aus Aᶜ und den übrigen Handschriften.
5) So Susem.² nach Castelvetro, jedenfalls richtiger, als daß ehemals Vahlen a. a. O. θεοῦ für Ποσειδῶνος vermuthete, s. dagegen Ueberweg Uebers. S. 106.
6) ἔτι Gryph. am Rande, ἐπὶ Nᵃ Gˢ, ἐπεὶ Aᶜ und die übrigen Handschriften.
7) [ὑπὸ μνηστήρων] Torstrik (schwerlich mit Recht, wie ich früher zu glauben geneigt war.
8) δὴ Va. Ueb. Susem.² nach Vahlen, δὶ Bekk. nach den Handschriften, [δὶ] Susem.¹ nach Ald., wogegen Spengel vor αὐτὸς den Ausfall etwa von οὗτος μὲν τὸν πατέρα ζητήσων ἀπέρχεται vermuthet.
9) ⟨ἀναγνωρισθείς⟩ ἀναγνωρίσεις? Essen.
10) τίς Ueb. (schwerlich mit Recht).
11) So Susem.² nach Spengel, αὐτοῖς Bekk. Susem.¹ nach Ald. und dem Rande von Lᵈ, während Par. 2038 αὐτοῖς hinter ἐπιθέμενος einfügt.
12) πολλάκις hinter ἔσωθεν Bekk. Susem.¹ Va. nach den Handschriften, umgestellt unmittelbar hinter ἔξωθεν von Ueb., nachdem

legen und seinen Stoff episodisch ausgestalten, dabei aber wohl (8)
darauf achten, daß die Episoden wirklich zur Sache gehören, wie
z. B. eben beim Orestes der Wahnsinnsanfall, durch welchen seine
Gefangennahme zu Wege gebracht wird, und seine Rettung durch
die (vorgebliche) Reinigung [167]). (§. 5.) In den Dramen nun (9)
aber müssen ferner die Episoden kurz sein, während das Epos durch
sie eine beträchtliche Erweiterung erhält. Denn bei der Odyssee (10)
(z. B.) ist der eigentliche Stoff nur von geringem Umfang: es ist
Einer lange Jahre von Hause entfernt, [Poseidon behält ihn (auf
seiner Rückkehr stets feindlich) im Auge,] er bleibt allein (von allen
seinen Gefährten) übrig; außerdem steht es (inzwischen) in seinem
Hause so, daß sein Hab und Gut von Freiern (seiner Gattin) ver-
zehrt wird, und daß diese auch seinem Sohn nach dem Leben trachten; so kommt er denn endlich nach (langer) stürmischer Irrfahrt
zurück, und nachdem er sich Mehreren zu erkennen gegeben hat,
greift er die Freier an und kommt dabei selbst glücklich davon,
während er seine Feinde vertilgt. Das ist der eigentliche Grund- (11)
inhalt des Gedichts, und alles Andere sind Episoden.

18. (§. 1.) Eine jede Tragödie zerfällt ferner in Schürzung (9)
und Lösung. Oft bilden die noch außerhalb und jenseits der eigentlich dargestellten Handlung liegenden Begebenheiten und (stets)
manche*) von den (bereits) innerhalb ihrer befindlichen die Schürzung, alles Uebrige aber die Lösung. Ich verstehe nämlich unter (10)
Schürzung Alles vom Anfang an [169]) bis zu demjenigen Theile
(der Begebenheiten) hin, welcher die Grenze bildet, von der ab der
Wechsel des Schicksals <sei es nun> in Glück <aus Unglück oder
aus Unglück in Glück> einzutreten beginnt, unter Lösung aber alles
Das, was von diesem Anfange des Glückswechsels bis zum Ende

*) Nach der Ueberlieferung: „Die noch außerhalb und jenseits
liegenden Begebenheiten und oft auch noch manche u. s. w."

Thurot weniger glücklich vorgeschlagen hatte ἔξωθεν und ἔσωθεν ihre
Plätze tauschen zu lassen.
[13]) μεταβαίνει Tyrwhitt, Reiz, Bekk. Susem.¹ nach Georg Valla.
[14]) εὐτυχίαν •• Va. Susem.², genauer εὐτυχίαν <ἐκ δυστυχίας
συμβαίνει ἢ, εἰς δυστυχίαν ἐξ εὐτυχίας> Ueb. nach Vahlen Beitr. II. S. 46
(134), Anm. IV. S. 411, wonach ich übersetze, <δυστυχίαν ἢ εἰς> εὐτυχίαν
Reiz, εὐτυχίαν <ἢ εἰς δυστυχίαν> Tyrwhitt, ἀτυχίαν Georg Valla.

ΠΕΡΙ ΠΟΙΗΤΙΚΗΣ. † 1456 a

ἐν τῷ Λυγκεῖ¹) τῷ Θεοδέκτου δέσις μὲν τά τε προπε-
πραγμένα καὶ ἡ τοῦ παιδίου λῆψις καὶ πάλιν ἡ αὐτῶν
δὴ ⟨ἀπαγωγή, λύσις δ' ἡ⟩²) ἀπὸ τῆς αἰτιάσεως τοῦ
3ᵇ θανάτου³) μέχρι τοῦ τέλους⁴). 1456a, 7—10. δίκαιον⁵) (7)
δὲ καὶ τραγῳδίαν ἄλλην καὶ τὴν αὐτὴν λέγειν οὐδὲν
ἴσως τῷ μύθῳ, τοῦτο⁶) δέ, ὧν ἡ αὐτὴ πλοκὴ καὶ λύσις.
πολλοὶ δὲ πλέξαντες εὖ λύουσι κακῶς· δεῖ δὲ ἄμφω ἀεὶ (8)
κρατεῖσθαι⁷).

2   1455b, 33—1456a, 7. τραγῳδίας δὲ εἴδη εἰσὶ τέσσαρα (1)
(τοσαῦτα γὰρ καὶ τὰ μύθου⁸) ἐλέχθη), ἡ μὲν πεπλε- (2)
γμένη, ἧς τὸ ὅλον ἐστὶ περιπέτεια καὶ ἀναγνώρισις, ἡ δὲ (3)
παθητική, οἷον οἵ τε † Αἴαντες καὶ οἱ Ἰξίονες, ἡ δὲ (4)
ἠθική, οἷον αἱ Φθιώτιδες καὶ ὁ Πηλεύς, τὸ δὲ τέταρτον (5)
⟨ἡ ἁπλῆ, οἷον **. ἡ τερατώ-⟩δης⁹), οἷον αἵ τε Φορκίδες

---

1) Λυγκεῖ Ald., λυκεῖ Aᶜ und die übrigen Handschriften.
2) So Ueb. Susem.² nach Vahlen, Beitr. IV. S. 411 f., der in seiner Ausg. bloß das Zeichen einer Lücke hat, αὐτῶν ⟨ἀπαγωγή, λύσις⟩ δ' ἡ Susem.¹ nach Vahlen Zur Krit. S. 24 (80) f., αὐτῶν δὴ ⟨αἰτίασις, λύσις δὲ⟩ Spengel, während Bekk. mit Weglassung von καὶ πάλιν ἡ αὐτῶν δὴ bloß λύσις δ' ἡ schreibt nach Ald., der aber δὲ ἡ hat.
3) Δαναοῦ? Spengel.
4) Hermann rückt diesen §. 1 unmittelbar vor §. 4 hinab, nachdem er an ihn c. 15. §. 7 angehängt hat.
5) δυνατὸν Hermann.
6) οὐ μὲν ἴσῳ τῷ μύθῳ, τούτῳ Burfian (vielleicht richtig), οὐδὲν ἴσῳ τῷ μύθῳ, τούτῳ Susem.¹ (vielleicht richtig), οὐδὲν ὡς εἰς τὸν μῦθον, τοῦτο? Friedrich, οὐδενὶ ἴσως ⟨ἡ⟩ τῷ μύθῳ, τοῦτο Spengel, οὐδενὶ ἴσως ⟨ὡς⟩ τῷ μύθῳ. τοῦτο Va. Ueb. (der jedoch nur ein Komma vor τοῦτο setzt) nach Vahlen (was auch richtig sein kann), οὐδὲν ἴσως ⟨ὁμοίαν⟩ τῷ μύθῳ· τοῦτο vermuthete früher Vahlen Beitr. I. S. 31 (285). II. S. 54 (142) und jetzt von Neuem Ztschr. f. d. östr. G. XXV. 1874. S. 16, οὐδὲν ἴσως τῷ μύθῳ, ταυτὸ Teichmüller, οὐδὲν ἴσῳ τῷ ⟨εἴδει ἢ⟩ μύθῳ, τούτῳ vermuthete Susem.¹ mit Unrecht, um ohne Umstellung Gedankenzusammenhang zu gewinnen. Daß die handschriftliche Lesart vielleicht nicht unhaltbar ist, hat Torstrik a. a. O. gezeigt, s. d. Ueberf.
7) κρατεῖσθαι Vahlen Rhein. Muſ. XVIII. S. 318 f., κροτεῖσθαι Bekk. nach den Handschriften. Die Umstellung Susem.² nach eigner Vermuthung.
8) τὰ μύθου Susem.² nach Ueberweg, τὰ μύθων Tyrwhitt, τοῦ μύθου Ueb. (s. d. Anm. 111. 170 hinter dem Text), τὰ μέρη Bekk.

erfolgt. So umfaßt z. B. im Lynkeus des Theodektes die Schürzung nächst allem Vorangegangenen auch noch die Ergreifung des
Kindes und ferner <die Wegführung> des Lynkeus 169), <die Lösung
aber> alles Weitere von der Mordesanklage an bis zum Schlusse.
(§. 3 b.) Und nun gebührt es sich wohl eben nicht eine Tragödie (7)
gegenüber einer andern als verschieden- oder gleichartig darnach zu
bezeichnen, ob beide einen verschiedenen oder denselben Stoff*) behandeln, sondern eine Gleichartigkeit besteht unter denjenigen Tragödien, deren **) Schürzung und Lösung die nämliche ist. Uebrigens (8)
giebt es viele Dichter, welche den Knoten zwar glücklich zu schür-
zen, aber schlecht zu lösen verstehen; allein es ist (durchaus) erforderlich, daß man stets beide Aufgaben bemeistert.

(§. 2.) Arten der Tragödie giebt es nun aber vier, denn eben (1)
so viele unterscheiden wir ja auch von der Fabel 170): die verwickelte, (2)
in welcher das Ganze auf unerwartete Wendungen und Erkennungen hinausläuft 171), die drastische 172), wie z. B. die Aias- 173) und (3)
die Ixiontragödien 174), das tragische Charaktergemälde, wie z. B. (4)
die Phtiotinnen und der Peleus 175), und endlich viertens <die einfache Tragödie, wie z. B. — — — — — — — —. Eine Abart (5)
der drastischen aber ist die abenteuerliche,> 176) wie z. B. die Töch-
ter des Phorkys 177), Prometheus 178) und alle die Stücke, welche

*) So im Deutschen wohl besser als das wörtlichere „eine ver-
schiedene oder dieselbe Fabel."
**) Oder nach Bursian: „sondern darnach, ob ihre"? Oder nach
Spengel und Vahlen: „gebührt es sich nach Nichts so sehr eine Tragödie gegenüber einer andern als verschieden- oder gleichartig zu
bezeichnen als nach der Fabel, diese Gleichartigkeit nach der Fabel
aber findet dann Statt, wenn die"?

Susem.¹ Va. nach den Handschriften. Susem.¹ hat τοσαῦτα–ἐλήχθη
mit Unrecht in eckige Parenthesen gesetzt, Vahlen Beitr. II. S. 49
(137) ff. mit nicht geringerem Unrecht eine Lücke vor diesen Worten
vermuthet. Den ersten Anstoß nahm Robortelli.

9) τέταρτον <ἡ ἁπλῆ, οἷον **. παρέκβασις δὲ παθητικῆς ἡ τερα-
τώ->δης Susem.² nach eigner auf einen Fingerzeig von Bücheler
gegründeter Vermuthung, der auch Ueb. folgt, nur daß er παθητικῆς
lieber wegläßt, τέταρτον ὅης Aᶜ, τέταρτον Bekk. nach Ald., τέταρτον
<ὁμαλόν> Par. 2117 und ein von Vettori benutzter Codex, τέταρτον
<ἁπλοῦν> Morel, τέταρτον <ἡ ἁπλῆ> Susem.¹ nach Bursian, ἡ δὲ τερατική
für τὸ δὲ τέταρτον ὅης Hartung, τερατῶδες Va. nach Schrader (Ztschr.

3 καὶ Προμηθεὺς καὶ ὅσα ἐν Ἅιδου¹). μάλιστα μὲν οὖν (6) ἅπαντα δεῖ πειρᾶσθαι ἔχειν, εἰ δὲ μή, τὰ μέγιστα καὶ πλεῖστα, ἄλλως τε²) καὶ ὡς νῦν συκοφαντοῦσι τοὺς ποιητάς· γεγονότων γὰρ καθ' ἕκαστον μέρος ἀγαθῶν ποιητῶν, ἑκάστου³) τοῦ ἰδίου ἀγαθοῦ⁴) ἀξιοῦσι τὸν ἕνα ὑπερβάλλειν.

4   1456a, 10. χρὴ δέ, ὅπερ εἴρηται πολλάκις⁵), μεμνῆσθαι (15) καὶ μὴ ποιεῖν ἐποποιικὸν σύστημα τραγῳδίαν. ἐποποιικὸν δὲ λέγω [δὲ]⁶) τὸ πολύμυθον, οἷον εἴ τις τὸν τῆς Ἰλιάδος ὅλον ποιοῖ μῦθον. ἐκεῖ μὲν γὰρ διὰ τὸ μῆκος λαμβάνει (16) τὰ μέρη τὸ πρέπον μέγεθος, ἐν δὲ τοῖς δράμασι πολὺ
5 παρὰ τὴν ὑπόληψιν ἀποβαίνει. σημεῖον δέ· ὅσοι πέρσιν (17) Ἰλίου ὅλην ἐποίησαν καὶ μὴ κατὰ μέρος, ὥσπερ Εὐριπίδης, ⟨ἢ⟩ Νιόβην⁷) καὶ μὴ ὥσπερ Αἰσχύλος, ἢ ἐκπίπτουσιν ἢ κακῶς ἀγωνίζονται. ἐπεὶ καὶ Ἀγάθων ἐξέπεσεν ἐν τούτῳ μόνῳ. ἐν δὲ ταῖς περιπετείαις [καὶ ἐν τοῖς ἁπλοῖς⁸) (18)

---

f. d. Alterth. 1847. S. 548), τέταρτον ⟨τερατῶ-⟩δες oder in derselben Weise wie Hartung ἡ δὲ τερατώδης Ad. Schöll, allein es war ein richtiger Anstoß, der schon nach den von Vettori angeregten Bedenken Piccolomini bewog καὶ ὅσα ἐν Ἅιδου unmittelbar hinter καὶ οἱ Ἰξίονες hinaufrücken zu wollen, und mit Unrecht setzt Va. vielmehr vor ἢ δὲ παθητική das Zeichen einer Lücke, in welcher ἢ δὲ ἁπλῆ, οἷον ⁕⁕ gestanden haben soll. S. Jahns Jahrb. XCV. 1867. S. 844.

1) ᾅδου M³ und ein von Vettori benutzter Codex, αἰδοῦ Aᶜ.
2) τε Nᵃ M¹, γε Aᶜ und die übrigen Handschriften.
3) ἑκάστου Nᵃ M¹(?), ἕκαστον Bekk. Susem.¹ nach Aᶜ und den andern Handschriften.
4) τῷ ἰδίῳ ἀγαθῷ, wenn ἕκαστον, oder τὸ ἴδιον ἀγαθόν, wenn ἑκάστου das Richtige ist, Heinsius.
5) πάλαι? Susem., da Castelvetros Auskunftsmittel das Komma vor statt hinter πολλάκις zu setzen kein glückliches ist. S. d. Anm. 160 hinter dem Text.
6) Fehlt in Bᶜ Gˢ Bekk. Susem.¹, wahrscheinlich auch in Pˢ M².
7) ⟨ἢ⟩ Νιόβην Vahlen, Νιόβην Bekk. nach den Handschriften, Ἑκάβην Georg Valla, ⟨ἢ⟩ Νιόβην ⟨ὅλην⟩? Vahlen Beitr. II. S. 57 (145). Anm. 2, ἢ Κλεοφῶν Susem.¹, ἢ Ἰοφῶν? Susem.¹, ⟨ἢ ὥσπερ ⁕⁕⟩ Νιόβην (⁕⁕ = Name eines Dichters, doch nicht des Sophokles) Bursian. Ritter und Welcker (Rhein. Muf. 1837. S. 494 ff.) schließen das Ganze von ὥσπερ Εὐριπίδης bis Αἰσχύλος in eckige Parenthesen. Hermann in seiner letzten Behandlung dieser St. (Non videri Aeschylum etc. S. 6 f. 16 f.) Νιόβην bis Αἰσχύλος. Nitzsch (Sagenpoesie S. 605 f. 648 f.) bloß Νιόβην, wobei er nach Bothe μή in

im Hades spielen.¹⁷⁹) (§. 3.) Und da ist denn nun geboten, daß (6) man (in einer jeden Tragödie) am Liebsten alles (Gute, was eine solche innerhalb der Schranken ihrer besonderen Art haben kann), zum Wenigsten aber doch das wichtigste und meiste zu vereinigen sucht, zumal bei den unbilligen Klagen, unter welchen die heutigen (Tragödien-) Dichter zu leiden haben. Denn während sich doch immer nur je in bestimmten Erfordernissen*) besondere Dichter besonders ausgezeichnet haben ¹⁷⁹ᵇ), verlangt man jetzt, daß der einzelne die eigenthümlichen Vorzüge von ihnen allen zugleich überbiete.

(§. 4.) Ferner muß man aber auch des wiederholt**) Be- (15) merkten ¹⁸⁰) eingedenk sein und nicht wie ein Epos so auch eine Tragödie anlegen.***) Unter einer eposartigen Anlage†) verstehe ich nämlich eine solche, welche eine sehr reichhaltige Fabel in sich schließt, wie wenn Jemand z. B. die ganze Fabel der Ilias zu einer Tragödie verarbeiten wollte ¹⁸¹). Denn im Epos erhält (16) wegen seines längeren Umfanges jeder Theil (dabei dennoch) seine schickliche Größe, im Drama dagegen muß ein (jeder) solcher Versuch gar sehr wider den erwarteten Erfolg ausfallen. (§. 5.) Einen (17) Beleg hiefür bietet auch die Thatsache dar, daß alle diejenigen Dichter, welche (auch nur) die ganze Zerstörung Ilions zu einer Tragödie verarbeitet haben ¹⁸²) und nicht bloß einen Theil derselben, wie Euripides ¹⁸³) ⟨oder⟩ die ganze Niobefabel ¹⁸⁴) und es nicht mit derselben so gemacht haben, wie Aeschylos ¹⁸⁵), entweder (mit diesen Stücken bei der Aufführung) ganz durchfallen oder doch hinter ihren Mitbewerbern zurückstehen ¹⁸⁶). War es ja doch auch beim Agathon allein dieser Fehler, der es verschuldete, wenn ein Stück von ihm durchfiel ¹⁸⁶ᵇ), während er in unerwarteten Wendungen (18) [und einfachen Handlungen] in ganz bewundernswerther Weise die

*) Wörtlich „Theilen" oder „Stücken".
**) Oder nach einer Vermuthung: „oben"?
***) und †) Oder noch genauer: „componiren" und „Composition".

μὴν ändern will. In seiner Ausgabe hat Hermann Ἑκάβην und dann nach Tyrwhitt ἢ für καὶ μή. Dann in der Abh. De Aeschyli Niobe, Opusc. III. S. 38 f., wollte er ἢ vor ὥσπερ einschieben und Εὐριπίδης in Σοφοκλῆς verwandeln, hierauf De Aeschyli Psychostasia, Opusc. VII. S. 358, das Letztere allein.
8) διπλοῖς Twining (vgl. c. 13. §. 4).

ΠΕΡΙ ΠΟΙΗΤΙΚΗΣ.

πράγμασι]¹) στοχάζονται ὧν βούλονται²) θαυμαστῶς,
6ᵇ 1456a, 21—23. [ἔστι δὲ τοῦτο] ὅταν³) ὁ σοφὸς μὲν μετὰ (19)
πονηρίας ⟨δὲ⟩⁴) ἀπατηθῇ, ὥσπερ Σίσυφος, καὶ ὁ ἀνδρεῖος
6 μὲν ἄδικος δὲ ἡττηθῇ. 1456a, 21. τραγικὸν γὰρ τοῦτο (18ᵇ)
καὶ φιλάνθρωπον. 1456a, 23. ἔστι δὲ τοῦτο ⟨καὶ⟩⁵) εἰκός, (20)
ὥσπερ Ἀγάθων λέγει· εἰκὸς γὰρ γίνεσθαι πολλὰ καὶ
παρὰ τὸ εἰκός.

7 καὶ τὸν χορὸν δὲ ἕνα δεῖ ὑπολαβεῖν τῶν ὑποκριτῶν, (21)
καὶ μόριον εἶναι τοῦ ὅλου, καὶ συναγωνίζεσθαι μὴ ὥσπερ⁶)
Εὐριπίδῃ ἀλλ' ὥσπερ⁷) Σοφοκλεῖ. τοῖς δὲ λοιποῖς τὰ (22)
ᾀδόμενα ⟨οὐ⟩⁸) μᾶλλον τοῦ μύθου ἢ ἄλλης τραγῳδίας
ἐστίν· διὸ ἐμβόλιμα ᾄδουσιν, πρώτου ἄρξαντος Ἀγάθωνος
τοῦ τοιούτου. καίτοι τί διαφέρει ἢ ἐμβόλιμα ᾄδειν ἢ εἰ⁹)
ῥῆσιν ἐξ ἄλλου εἰς ἄλλο ἁρμόττοι¹⁰) ἢ ἐπεισόδιον ὅλον;

15. 1454a, 13. περὶ μὲν οὖν τῆς τῶν πραγμάτων
συστάσεως, καὶ ποίους τινὰς εἶναι δεῖ τοὺς μύθους,
1 εἴρηται ἱκανῶς· (15) περὶ δὲ τὰ ἤθη τέτταρά ἐστιν (1)
ὧν δεῖ στοχάζεσθαι, ἓν μὲν καὶ πρῶτον ὅπως χρηστὰ ᾖ
(ἕξει δὲ ἦθος μὲν ἐάν, ὥσπερ ἐλέχθη, ποιῇ φανερὸν¹¹) ὁ (2)

---

¹) So Susem. nach eigner Vermuthung.
²) Wahrscheinlich ist vielmehr nach Heinsius Vermuthung der Singular στοχάζεται und βούλεται das Richtige, und ich übersetze demgemäß.
³) ⟨οἷον⟩ ὅταν Susem.¹ ohne Noth.
⁴) Zusatz von W. Pazzi und Trincavell.
⁵) So Susem. nach eigner Vermuthung in Folge der gleichfalls nach eigner Vermuthung vorgenommenen Umstellung, die es auch nöthig machte das erste ἔστι δὲ τοῦτο in eckige Parenthesen zu setzen. Hermann rückt das folgende ὡς Ἀγάθων λέγει ohne Noth hinter εἰκὸς γάρ hinab.
⁶) und ⁷) ὥσπερ ⟨παρ'⟩ und ὥσπερ ⟨παρὰ⟩ Bekk.¹ nach Ald., ὡς παρ' und ὡς παρά? Bekk.¹
⁸) ᾀδόμενα ⟨οὐ⟩ Maggi, διδόμενα Bekk.¹ nach den Handschriften, ᾀδόμενα Bekk.³, ᾀδόμενα ⟨οὐδὲν⟩ Vahlen Zeitschr. f. d. östr. Gymn. XXIV. 1873. S. 658.
⁹) εἰ fehlt bei Bekk. nach Ald.
¹⁰) ἁρμόττει Bᶜ(?), ἁρμόττειν Bekk. nach W. Pazzi und Trincavell.
¹¹) φανερὰν Bekk. Susem.¹ nach Ald.

von ihm (auf das Theaterpublicum) beabsichtigten Eindrücke zu erreichen weiß, (§. 6ᵇ.) wie z. B. wenn er darstellt, wie ein zwar (19) kluger, <aber dabei> bösartiger Mensch, wie Sisyphos, überlistet und ein tapferer, aber dabei ungerechter überwunden wird ¹⁸⁷). Denn(18ᵇ) so Etwas wirkt in so weit tragisch, als es unser Gerechtigkeits-gefühl befriedigt ¹⁸⁸), (§.6.) verstößt aber in so fern <auch> nicht gegen (20) die Wahrscheinlichkeit, als, wie eben Agathon sagt ¹⁸⁹), es wahr-scheinlich ist, daß Vieles auch wider alle Wahrscheinlichkeit geschehe.*)

(§. 7.) Auch den Chor aber muß endlich der Dichter wie eine (21) der auftretenden Personen und einen wirklichen Theil des Ganzen behandeln und ihn eine wesentliche Rolle mitspielen lassen, (und) nicht wie bei Euripides, sondern wie bei Sophokles (muß es damit hergehen). Bei den Späteren**) aber (vollends) haben die Chor-(22) gesänge mit der Fabel (des Stücks) keinen engeren Zusammenhang als mit (irgend) einer andern Tragödie, und sie lassen daher den Chor auch (geradezu) eingelegte Lieder singen, was zuerst Agathon aufbrachte. Fürwahr aber, was ist denn für ein Unterschied, ob man solche Lieder einlegt oder ein Stück Dialog***) aus einem Drama in ein anderes einfügt oder (selbst) einen ganzen Act!

15. (§. 1.) Ueber die Verknüpfung†) der Begebenheiten und darüber, wie die Fabel einer Tragödie beschaffen sein muß, ist denn nun (hiemit) das Nöthige gesagt. Hinsichtlich der Charaktere aber (1) sind es vier Stücke, welche man erstreben muß. Das erste und (2) vornehmste ist, daß sie edel seien ¹⁹⁰). Es wird aber Ausdruck eines Charakters überhaupt nach dem oben ¹⁹¹) Bemerkten die Rede oder die Handlung (nur) dann sein, wenn dieselbe eine gewisse bestimmte auf das Erreichen oder <Meiden> von Etwas ausgehende††) Ab-

---

*) Oder nach der Ueberlieferung: „erreichen weiß, denn so Etwas — befriedigt, wie z. B. wenn — überwunden wird. So Etwas ist denn wahrscheinlich in dem Sinne, in welchem Agathon sagt, es sei wahrscheinlich, daß — geschehe"?

**) Wörtlich: „Uebrigen".

***) Oder wenn man lieber will: „eine Scene".

†) Wörtlicher: „Composition".

††) Nach Bahlen sind die Worte „auf das Erreichen oder Meiden von Etwas ausgehende" wegzulassen. Nach Ueberwegs Vermuthung wäre zu übersetzen: eine so oder so bestimmte"

ΠΕΡΙ ΠΟΙΗΤΙΚΗΣ.

λόγος ἢ ἡ πρᾶξις προαίρεσίν τινά [ἢ]¹), χρηστὸν δέ²) ἐὰν
χρηστήν· ἔστι δὲ ἐν ἑκάστῳ γένει, καὶ γὰρ γυνή ἐστι (3)
χρηστὴ καὶ δοῦλος, καίτοι γε ἴσως τούτων τὸ μὲν χεῖρον,
2 τὸ δὲ ὅλως φαῦλον ἐστίν), δεύτερον δὲ τὰ³) ἁρμόττοντα (4)
(ἔστι γὰρ ἀνδρεῖον μὲν τὸ⁴) ἦθος, ἀλλ' οὐχ ἁρμόττον
3 γυναικὶ ⟨οὕ-⟩τως⁵) ἀνδρείαν ἢ δεινὴν εἶναι), τρίτον δὲ
τὸ ὅμοιον (τοῦτο γὰρ ἕτερον τοῦ χρηστὸν τὸ ἦθος καὶ (5)
4 ἁρμόττον ποιῆσαι **⁶), ὥσπερ εἴρηται), τέταρτον δὲ τὸ (6)
ὁμαλόν (κἂν γὰρ ἀνώμαλός τις ᾖ ὁ τὴν μίμησιν παρέχων
καὶ τοιοῦτον ἦθος ὑποτιθείς, ὅμως ὁμαλῶς ἀνώμαλον δεῖ
5 εἶναι). ἔστι δὲ παράδειγμα πονηρίας μὲν ἤθους μὴ (7)
ἀναγκαῖον⁷) οἷον⁸) ὁ Μενέλαος ὁ ἐν τῷ Ὀρέστῃ, τοῦ (8)
δὲ ἀπρεποῦς καὶ μὴ ἁρμόττοντος ὅ τε θρῆνος Ὀδυσσέως
ἐν τῇ Σκύλλῃ καὶ ἡ τῆς Μελανίππης ῥῆσις, ⟨τοῦ δὲ
ἀνομοίου **,⟩⁹) τοῦ δὲ ἀνωμάλου ἡ ἐν Αὐλίδι Ἰφιγένεια (9)
(οὐδὲν γὰρ ἔοικεν ἡ ἱκετεύουσα τῇ ὑστέρᾳ).
6   χρὴ δὲ καὶ ἐν τοῖς ἤθεσιν, ὥσπερ καὶ ἐν τῇ τῶν (10)

---

1) τινά [ἢ] Va. τινά, ⟨φαῦλον μὲν ἐὰν φαύλην⟩ Bekk. nach Ald., τινά, φαῦλον μὲν ἐὰν φαύλη ἢ G⁸, ⟨ποιάν⟩ τινα εἰ⟨-ναι⟩ Ueb. (vielleicht mit Recht), τινὰ ἢ Lᵈ M³·⁴., τινά ἢ ⟨φυγήν⟩ Susem. ¹ nach Düntzers Andeutung (vielleicht richtig, vgl. Nikom. Eth. VI., 1. 1139ᵃ, 21 f.), wonach ich auch in dieser 2. A. übersetze.
2) δ' Bekk. Susem. ¹
3) τὸ Va. (doch hält Vahlen nach brieflicher Mittheilung jetzt diese Conjectur für unnöthig).
4) ἀνδρεῖον μέν τι Ueb. nach Hermann (s. jedoch Ueberweg Uebers. S. 104), ἀνδρεῖον χρηστόν Burlian, ἀνδρείου ⟨χρηστόν⟩ μὲν τό? Usener, ⟨χρηστόν⟩ μὲν τὸ ἀνδρεῖον Susem. ¹, χρηστὸν μὲν τὸ Vahlen Zur Krit. S. 11 (67) f., allein es bedarf keiner Aenderung.
5) ⟨οὕ-⟩τως Va., τᾶι Aᶜ, τὸ Bekk. Susem. ¹ Ueb. nach Bᶜ und den meisten übrigen Handschriften (vielleicht richtig).
6) So Susem. nach Spengel, während Hermann ἅπερ für ὥσπερ schreibt. Außerdem s. Anm. 9.
7) ἀναγκαίας Susem. ¹ nach Vorländer und Thurot, was allerdings besser wäre, ἀναγκαίου Nᵃ.
8) [οἷον] Susem. ¹ nach Ed. Müller (Gesch. der Theorie der Kunst II. S. 390), vielleicht richtig, ἐν Reiz.
9) So Susem. ² nach Susem. ¹ in den Anmerkungen und Vahlen (Beitr. II. S. 34 = 122 f.), wogegen Friedrich meint, daß hinter Σκύλλῃ καὶ ein zweites Beispiel und sodann τοῦ δὲ ἀνομοίου ausge-

sicht und Willensrichtung offenbart, Ausdruck eines edlen aber, wenn eine edle. Möglich ist aber ein solcher bei jeder Classe von Menschen. Denn auch ein Weib und ein Sklave können von edlem Charakter sein, wenn schon (im Allgemeinen) das Weib ein Wesen von geringerer und der Sklave von gar keiner sittlichen Tüchtigkeit sein dürfte [191b]). (§. 2.) Das Zweite sodann ist die Angemessenheit der Charaktere, denn gesetzt z. B. es ist der gegebene Charakter ein tapferer, aber für ein Weib ist es nicht angemessen, in diesem Grade*) die Tapferkeit und furchtbare Entschlossenheit eines Mannes zu entwickeln [192]). (§. 3.) Zum Dritten müssen die Charaktere naturgetreu [193]) sein, denn das ist noch etwas Anderes, als daß man sie sittlich edel und angemessen darstellt — — — — — wie schon bemerkt wurde**). (§. 4.) Das vierte Erforderniß endlich ist, daß sie sich selber gleich bleiben. Denn selbst wenn es ein ungleichmäßiger und schwankender***) Charakter ist, den der Dichter darstellen soll, und der ihm mithin eine Dem entsprechende Zeichnung vorschreibt, so muß er doch eben in dieser Ungleichmäßigkeit stets sich selber gleich bleiben. (§. 5.) Ein Beispiel von Schlechtigkeit des Charakters, und zwar von einer ganz unnöthigen [194]) bietet Menelaos im Orestes [195]), ferner vom Unpassenden und Unangemessenen die Jammerklage des Odysseus in der Skylla [196]) und die (lange) Rede der Melanippe [197]), ⟨ferner vom Mangel an Naturtreue — — — —,⟩ endlich davon, daß ein Charakter nicht sich selber gleich bleibt, die Iphigeneia in Aulis [198]) dar, denn in Nichts gleicht die demüthig um ihr Leben flehende derjenigen, wie sie später im Stücke sich zeigt [199]).

(§. 6.) Außerdem muß man nun aber gerade wie bei der Ver-

*) Oder nach den meisten Handschriften mit Weglassung von „in diesem Grade"?
**) Schwerlich mit Bahlen und Andern ohne Annahme einer Lücke: „als daß man sie, wie gesagt, sittlich edel und angemessen darstellt".
***) Oder mit andern Worten „ein inconsequenter" und hernach „Inconsequenz".

---

fallen sei (s. dagegen die Anm. 197 hinter dem Text) und Krohn vielmehr §. 3 oder richtiger dort die Worte τὸ ὅμοιον — §. 4 τέταρτον δὲ für Interpolation erklärt.

πραγμάτων συστάσει, ἀεὶ ζητεῖν ἢ τὸ ἀναγκαῖον ἢ τὸ
εἰκός, ὥστε τὸν τοιοῦτον τὰ τοιαῦτα λέγειν ἢ πράττειν
ἢ¹) ἀναγκαῖον ἢ εἰκός, καὶ τοῦτο μετὰ τοῦτο γίνεσθαι
7 ἢ²) ἀναγκαῖον ἢ εἰκός. φανερὸν οὖν ὅτι καὶ τὰς λύσεις (18,12)
τῶν μύθων ἐξ αὐτοῦ δεῖ τοῦ † μύθου συμβαίνειν, καὶ
μὴ ὥσπερ ἐν τῇ Μηδείᾳ ἀπὸ μηχανῆς καὶ ἐν τῇ Ἰλιάδι³)
τὰ περὶ τὸν ἀπόπλουν⁴)· ἀλλὰ μηχανῇ χρηστέον ἐπὶ (18,13)
τὰ⁵) ἔξω τοῦ δράματος ἢ ὅσα πρὸ τοῦ γέγονεν, ἃ οὐχ
οἷόν τε⁶) ἄνθρωπον εἰδέναι, ἢ ὅσα ὕστερον, ἃ δεῖται
προαγορεύσεως καὶ ἀγγελίας· ἅπαντα γὰρ ἀποδίδομεν
τοῖς θεοῖς ὁρᾶν. ἄλογον δὲ μηδὲν εἶναι ἐν τοῖς πρά- (18,14)
γμασιν, εἰ δὲ μή, ἔξω τῆς τραγῳδίας, οἷον τὰ⁷) ἐν τῷ⁸)
Οἰδίποδι τῷ⁹) Σοφοκλέους¹⁰).

8 ἐπεὶ δὲ μίμησίς ἐστιν ἡ τραγῳδία βελτιόνων, ἡμᾶς¹¹) (15,11)
δεῖ μιμεῖσθαι τοὺς ἀγαθοὺς εἰκονογράφους· καὶ γὰρ
ἐκεῖνοι ἀποδιδόντες τὴν ἰδίαν¹²) μορφήν, ὁμοίους ποιοῦντες
καλλίους γράφουσιν· οὕτω καὶ τὸν ποιητὴν μιμούμενον
καὶ ὀργίλους καὶ ῥᾳθύμους καὶ τἆλλα τὰ τοιαῦτα

---

1) und 2) ἢ Hermann, ἢ Bekk.¹ Ba. nach den Handschriften,
ἃ — ὃ Heinsius.

3) Ἰφιγενείᾳ Hermann (Non videri Aesch. etc. S. 7 f.), <μικρᾷ>
Ἰλιάδι? Ueberweg.

4) ἀπόπλουν Robortelli, ἀποπλοῦν Bas.¹, ἁπλοῦν Aᶜ und die
meisten andern Handschriften und Ald., ἀνάπλουν Par. 2038, πλοῦν
Mᵃ und Trincaveli am Rande.

5) ἐπὶ τὰ M.²(?) Gryph., ἔπειτα Aᶜ Nᵃ Lᵈ M¹.³.⁴. Ald., ἐπεὶ
τὰ Bᶜ und vermuthlich Gˢ Pˢ M².

6) ται Aᶜ.

7) τὰ Ald. und so hatte nach Thurots mir gemachter Mittheilung, wie es scheint, ursprünglich Aᶜ, dagegen τῷ nach Ba., '[τῷ]
Ba. (mit Recht, wenn vielmehr Letzteres der Fall sein sollte), ὁ Q,
τὸ Ueb. nach Bᶜ Nᵃ Gˢ Pˢ M¹.²,³.⁴. und auch Aᶜ, „mais tout à
côté de l' ὁ il y a une trace de grattage et d'effacement, sans
doute d'un jambage de l'ἀ, mais c'est une pure conjecture de
ma part", schreibt mir Thurot.

8) τωι Aᶜ.

9) τῶ (nicht, wie Bekk. angiebt, τοῦ) Aᶜ.

10) Diesen ganzen §. 7 rückt Hermann in c. 18 hinab, s. S. 140.
Anm. 4.

knüpfung*) der Begebenheiten so auch bei den Charakteren 199b) stets entweder nach dem (innerlich) Nothwendigen oder (doch) nach dem Wahrscheinlichen trachten, d. h. daß ein so oder so gearteter Charakter so oder so redet oder handelt, muß (stets) eben so in der Nothwendigkeit oder Wahrscheinlichkeit begründet sein, wie daß gerade diese Begebenheit auf diese folgt. (§. 7.) Und daraus erhellt denn auch 200), daß auch die Lösung einer tragischen Fabel sich aus der letzteren selber ergeben muß und nicht, wie z. B. in der Medeia, durch die Schwebemaschine 201) oder so wie bei dem Abzuge in der Ilias 202) vor sich gehen darf. Solche Götter- erscheinungen darf man vielmehr nur für diejenigen Begebenheiten verwenden, welche außerhalb des eigentlich dramatisch Dargestellten liegen, sei es nun, daß sie demselben vorausgegangen und dabei so beschaffen sind, daß sie menschlichem Wissen verborgen bleiben muß- ten 203), sei es, daß sie erst später erfolgen, in welchem Falle sie denn eben der göttlichen Vorhersagung und Verkündigung bedürfen 204), denn den Göttern gestehen wir ja zu, daß sie Alles schauen. Etwas Vernunftwidriges 204 b) darf (überhaupt) sich in den Begebenheiten nirgends finden oder, wenn ja, so muß es (eben) wenigstens außerhalb der (eigentlichen) Tragödie liegen 205), wie z. B. das**) im Oedipus des Sophokles 205 b). (C. 18. §. 12)

(18, 13)

(18, 14)

(§. 8.) Da nun endlich die Tragödie nachahmende Darstel- lung edlerer Charaktere ist, so muß man (als tragischer Dichter) es***) ähnlich machen wie die tüchtigen Porträtmaler. Auch diese nämlich geben einerseits die eigenthümlichen Züge der dargestellten Personen naturgetreu wieder und verschönern sie dabei andererseits dennoch. So muß denn auch der Dichter, wenn er zornmüthige oder leichtsinnige oder einen anderen derartigen Fehler an ihrem (11)

---

*) Wörtlicher „Composition".
**) Oder nach Vahlen mit Weglassung von „das"?
***) Oder vielmehr wohl nach Stahrs Verbesserung: „ist, ‹als wir sie gewöhnlich unter uns finden,› so muß der tragische Dichter es".

---

11) ‹ἢ καθ'› ἡμᾶς mit Setzung des Kommas hinter statt vor ἡμᾶς Susem.¹ Ueb. nach Stahr, wahrscheinlich richtig.
12) οἰκείαν Ueb. nach Ald.

ἔχοντας ἐπὶ τῶν ἠθῶν, τοιούτους ὄντας ἐπιεικεῖς¹) ποιεῖν. παράδειγμα σκληρότητος οἷον τὸν Ἀχιλλέα Ἀγάθων²) καὶ Ὅμηρος.

9   ταῦτα δεῖ³) διατηρεῖν⁴) καὶ πρὸς τούτοις τὰς⁵) παρὰ (12) τὰς ἐξ ἀνάγκης ἀκολουθούσας αἰσθήσεις τῇ⁶) ποιητικῇ· καὶ γὰρ κατ' αὐτὰς⁷) ἔστιν ἁμαρτάνειν πολλάκις. εἴρηται δὲ περὶ αὐτῶν ἐν τοῖς ἐκδεδομένοις λόγοις ἱκανῶς.

1   19. 1456a, 33. περὶ μὲν οὖν τῶν ἄλλων ἤδη⁸) εἴρηται, (1) λοιπὸν δὲ περὶ λέξεως καὶ⁹) διανοίας εἰπεῖν. τὰ μὲν οὖν (2) περὶ τὴν διάνοιαν ἐν τοῖς περὶ ῥητορικῆς κείσθω (τοῦτο γὰρ ἴδιον μᾶλλον ἐκείνης τῆς μεθόδου)· ἔστι δέ¹⁰) κατὰ (3) τὴν διάνοιαν ταῦτα, ὅσα ὑπὸ τοῦ λόγου δεῖ παρασκευα-
2 σθῆναι. μέρη δὲ τούτων τό τε ἀποδεικνύναι καὶ τὸ λύειν καὶ (4) τὸ πάθη παρασκευάζειν, οἷον † ἔλεον ἢ φόβον ἢ ὀργὴν καὶ
3 ὅσα τοιαῦτα, καὶ ἔτι μέγεθος καὶ μικρότητας¹¹). δῆλον δὲ (5) ὅτι καὶ ἐν¹²) τοῖς πράγμασιν ἀπὸ τῶν αὐτῶν ἰδεῶν¹³) δεῖ χρῆσθαι, ὅταν ἢ ἐλεεινὰ ἢ δεινὰ ἢ μεγάλα ἢ εἰκότα¹⁴)

---

1) ἐπιεικοῦς Susem.¹ nach Thurot, ἐπιεικὲς Bursian, ἐπιεικείας Bekk. nach L.ᵈ Ald. mit Weglassung von τοιούτους ὄντας und Einschiebung von ἢ hinter παράδειγμα und δεῖ hinter σκληρότητος nach Ald. Dies δεῖ ist auch bei Susem.¹ stehen geblieben. Die Ueberflüssigkeit aller Aenderungen ergiebt sich mit der richtigen starken Interpunction hinter ποιεῖν, die von Düntzer herrührt und jetzt auch von Va. Ueb. Susem.² aufgenommen ist. Damit hat Vahlen seine früheren Behandlungen dieser Stelle mit Recht aufgegeben.
2) Ἀγάθων ein von Vettori benutzter Codex, ἀγαθῶν Aᶜ, ἀγαθὸν die übrigen Handschriften.
3) δεῖ Nᵃ M¹,³,⁴, Q Lᵈ, δὴ Va. nach Aᶜ und den übrigen Handschriften, δὴ δεῖ Bekk. Susem.¹ nach Ald.
4) διατηροῖ Bᶜ Gˢ Pˢ M².
5) τὰ Bekk. Susem.¹ und zweifelnd Ueb. nach Gˢ Pˢ M², vielleicht richtig.
6) τῇ ⟨τοιαύτῃ⟩? Susem.
7) κατὰ ταῦτα; Hermann.
8) ἤδ' Aᶜ.
9) καὶ Hermann, ἢ Bekk.¹ Va. nach den Handschriften, vielleicht schrieb aber Arist. sogar, wie auch Spengel meint, διανοίας καὶ λέξεως, und so übersetze ich.
10) δὲ ⟨τὰ⟩ Heinsius.
11) μικρότητα Bekk. Susem.¹ Ueb. (vielleicht richtig), σμικρότητα Ald.

Charakter tragende Leute darstellt, sie in diesen Eigenschaften dennoch edel halten. Ein Beispiel für den Starrsinn ist wie Agathon 206) und Homeros den Achilleus dargestellt haben.

(§. 9.) Diese Stücke hat der tragische Dichter in Obacht zu (12) nehmen und zu ihnen auch noch diejenige Classe von sinnlicher Bühnenwirksamkeit, welche noch neben der aus dem Wesen dieser Art von Poesie (bereits) mit unmittelbarer Nothwendigkeit sich als Folge ergebenden besonders zu erstreben ist*), denn auch gegen diese kann man häufig verstoßen 207). Ueber diesen Punkt ist indessen zur Genüge (bereits) in den von mir veröffentlichten**) Erörterungen 208) gehandelt worden.

19. (§. 1.) Und so sind denn nun hiemit die andern Bestand- (1) theile der Tragödie besprochen, und es ist nur noch übrig von der Reflexion und dem sprachlichen Ausdruck zu reden. Was indessen (2) in den Bereich der ersteren***) gehört, mag der Rhetorik vorbehalten bleiben 209), denn es eignet sich mehr für dieses Gebiet der Betrachtung. Hier daher nur so viel: es fällt in den Bereich der (3) Reflexion alles Dasjenige, was durch die Rede erzielt werden soll.
(§. 2.) Dahin gehört das Beweisen und Widerlegen und die Er- (4) regung von Affecten, wie Mitleid, Furcht, Zorn und was dergleichen mehr ist, und ferner, daß man gewisse Dinge als groß und bedeutend und andere wieder als klein und geringfügig erscheinen läßt 210).
(§. 3.) Nun ist ferner zwar klar, daß der tragische Dichter auch (5) bei der Handlung von den nämlichen Gesichtspunkten aus die Reflexion in Anwendung bringen muß 211), sofern es darauf ankommt, Handlungen (und Situationen) den Eindruck des Mitleids und der Furcht, des Großen und Bedeutenden sowie des Wahrscheinlichen

*) Oder vielleicht richtiger nach G^s P^a M^2: „auch noch die aus dem Wesen dieser Art von Poesie mit unmittelbarer Nothwendigkeit sich als Folge ergebende Classe von sinnlicher Bühnenwirksamkeit."
**) Wörtlicher: „herausgegebenen".
***) Nach der Ueberlieferung: „dem sprachlichen Ausdruck und der Reflexion — Bereich der letzteren".

---

12) [ἴσ] Ueb. nach Spengels von diesem selbst verworfener Vermuthung.
13) εἰδέναι A^c.
14) μικρά Castelvetro, εἰκότα M. Schmidt, aber f. Vahlen Beitr. II. S. 302.

ΠΕΡΙ ΠΟΙΗΤΙΚΗΣ.

δῆ¹) παρασκευάζειν. πλὴν τοσοῦτον διαφέρει, ὅτι τὰ μὲν (6)
δεῖ φαίνεσθαι ἄνευ διδασκαλίας, τὰ δὲ ἐν τῷ λόγῳ ὑπὸ
τοῦ λέγοντος παρασκευάζεσθαι καὶ παρὰ τὸν λόγον
γίγνεσθαι. τί γὰρ ἂν εἴη τοῦ λέγοντος ἔργον, εἰ φανοῖτο
ἤδη ⟨δι' αὐτ-⟩ὰ²) καὶ μὴ διὰ τὸν λόγον;

4 τῶν δὲ περὶ τὴν λέξιν ἓν μέν ἐστιν εἶδος θεωρίας (7)
τὰ σχήματα τῆς λέξεως, ἅ ἐστιν εἰδέναι τῆς ὑποκριτικῆς καὶ τοῦ τὴν τοιαύτην ἔχοντος ἀρχιτεκτονικήν, οἷον
τί ἐντολὴ καὶ τί εὐχὴ καὶ διήγησις καὶ ἀπειλὴ καὶ
5 ἐρώτησις καὶ ἀπόκρισις, καὶ εἴ τι³) ἄλλο τοιοῦτον. παρὰ (8)
γὰρ τὴν τούτων γνῶσιν ἢ ἄγνοιαν οὐδὲν εἰς τὴν ποιητικὴν
ἐπιτίμημα φέρεται, ὅ τι καὶ ἄξιον σπουδῆς. τί γὰρ ἄν
τις ὑπολάβοι ἡμαρτῆσθαι ἃ Πρωταγόρας ἐπιτιμᾷ, ὅτι
εὔχεσθαι οἰόμενος ἐπιτάττει εἰπὼν

μῆνιν ἄειδε θεά;

τὸ γὰρ κελεῦσαι, φησί, ποιεῖν τι ἢ μὴ ἐπίταξις ἐστίν. διὸ (9)
παρείσθω ὡς ἄλλης καὶ οὐ τῆς ποιητικῆς ὂν θεώρημα.

1 20. τῆς δὲ λέξεως ἁπάσης τάδ' ἐστὶ τὰ μέρη· στοι- (1)
χεῖον, συλλαβή, σύνδεσμος, ὄνομα, ῥῆμα, [ἄρθρον,]⁴)
2 πτῶσις, λόγος. στοιχεῖον μὲν οὖν ἐστι φωνὴ ἀδιαίρετος, (2)
οὐ πᾶσα δὲ ἀλλ' ἐξ ἧς πέφυκε συνετὴ⁵) γίγνεσθαι⁶)
φωνή· καὶ γὰρ τῶν θηρίων εἰσὶν ἀδιαίρετοι φωναί, ὧν
3 οὐδεμίαν λέγω στοιχεῖον. ταύτης δὲ μέρη⁷) τό τε φωνῆεν (3)
καὶ τὸ ἡμίφωνον καὶ ἄφωνον. ἔστι δὲ φωνῆεν μὲν ἄνευ

---

¹) δῆ Susem.² nach M. Schmidt, δ' ἢ Aᶜ, δὴ Ald., δίη Bekk.
Susem.¹ Va. Ueb., vielleicht richtig.
²) ἤδη ⟨δι' αὐτ-⟩ὰ Susem. nach eigner Vermuthung, ἤδη Ueb.
nach Castelvetro, ἤδη ἃ δεῖ oder bloß ἃ δεῖ Tyrwhitt, ἤδία Bekk.
Va. nach den Handschriften, ἡ διάνοια ⟨αὐτὴ δι' αὐτῆς⟩ Spengel,
ἡ διάνοια? Vahlen Beitr. III. S. 303, ἢ δέοι Vahlen Rhein. Muf.
XXVIII. S. 185.
³) εἴ ἔτι Susem.¹ nach Spengel (Artium scriptores S. 45).
⁴) So Susem. nach Hartung, Steinthal (Gesch. der Sprachwiff.
S. 257 ff.) u. A., wenn nicht, wie Steinthal gleichfalls vermuthet,
⟨ἢ⟩ ἄρθρον zu schreiben und vor ὄνομα hinaufzurücken ist, wohin
auch Spengel das bloße ἄρθρον versetzt.
⁵) συνετὴ Susem.¹ aus (ⁱ ˢ Pˢ.
⁶) γίνεσθαι Bekk. Susem.¹.
⁷) [μέρη]? Spengel.

hervorbringen zu laſſen. Aber es waltet dabei der Unterſchied ob, (6)
daß die Handlungen ſeiner Perſonen ſchon an ſich in dieſem Lichte
erſcheinen müſſen, ohne daß er ſie durch die Reden der letzteren
ausdrücklich in demſelben darſtellen läßt, und daß dagegen die bei
ihren Reden von ihnen²¹¹ᵇ) beabſichtigte Wirkung eben erſt durch
dieſe redenden Perſonen bewerkſtelligt werden und ein Ergebniß
ihrer Rede ſein muß. Denn was bliebe dem Redenden noch für
eine Aufgabe, wenn Das, wovon er ſpricht, ſchon an ſich den vollen
Eindruck machte und nicht erſt durch ſeine Rede!

(§. 4.) Von Dem nun ferner, was zum ſprachlichen Ausdruck (7)
gehört, bilden einen Theil der Betrachtung die Modalitäten
deſſelben ²¹²). Dieſe zu kennen iſt aber vielmehr Sache der Schau-
ſpielkunſt und der anderen Künſte des Vortrags ſo wie Deſſen,
welcher die leitende Theorie derſelben inne hat²¹³), z. B. was Befehl, und was Wunſch oder Bitte, was Schilderung, Drohung,
Frage und Antwort und dergleichen mehr iſt. (§. 5.) Denn für (8)
die Dichtkunſt kann aus der Kenntniß oder Unkenntniß dieſer Dinge
kein Tadel erwachſen, der wirklich des Betrachtens werth wäre.
Oder könnte wirklich Jemand im Ernſt einen Fehler in Dem finden,
was Protagoras (am Homeros) tadelt, daß dieſer, während er doch
eine Bitte auszuſprechen vermeine, (in Wahrheit) einen Befehl aus-
ſpreche, (wenn er anhebt):

Singe mir, Muſe, den Zorn!

Denn Jemanden heißen Etwas zu thun oder zu unterlaſſen, ſagt
er, ſei ein Befehl²¹⁴). Und ſo mag denn dieſer Theil hier über- (9)
gangen werden als ein ſolcher, der einen Gegenſtand der Betrachtung (für die Theorie) einer anderen Kunſt als der des Dichters
bildet.

20. (§. 1.) Der ſprachliche Ausdruck insgeſammt aber hat fol- (1)
gende Theile: Elementarſprachlaut, Sylbe, Verbindungswort, Nomen, Verbum, [Artikel]²¹⁵), Flexion²¹⁶), Wort- und Satzgefüge²¹⁷).
(§. 2.) Elementarſprachlaut zunächſt iſt ein (einfacher und) (2)
unzerlegbarer Stimmlaut²¹⁸), jedoch nicht ein jeder, ſondern nur
ein ſolcher, welcher einen Beſtandtheil zu begrifflich-verſtändlichen
Stimmlauten herzugeben vermag: denn auch die Thiere beſitzen un-
zerlegbare Stimmlaute, von denen ich aber eben keinen Sprachlaut-
element nenne²¹⁹). (§. 3.) Die Sprachlautelemente zerfallen in (3)
drei Claſſen, Vocale, Halbvocale und lautloſe Buchſtaben. Und

ΠΕΡΙ ΠΟΙΗΤΙΚΗΣ. † 1457 a

προσβολῆς ἔχον φωνὴν ἀκουστήν¹), ἡμίφωνον δὲ τὸ μετὰ
προσβολῆς ἔχον φωνὴν ἀκουστήν, οἷον τὸ Σ καὶ τὸ Ρ,
ἄφωνον δὲ τὸ μετὰ προσβολῆς καθ᾽ αὑτὸ μὲν οὐδεμίαν
ἔχον φωνήν, μετὰ δὲ τῶν ἐχόντων τινὰ φωνὴν γινόμενον
4 ἀκουστόν, οἷον τὸ Γ καὶ τὸ Δ. ταῦτα δὲ διαφέρει σχήμασί (4)
τε τοῦ στόματος καὶ τόποις καὶ δασύτητι καὶ ψιλότητι καὶ
μήκει καὶ βραχύτητι, ἔτι δὲ ὀξύτητι καὶ βαρύτητι, καὶ
τῷ μέσῳ· περὶ ὧν καθ᾽ ἕκαστον ἐν²) τοῖς μετρικοῖς προ-
5 σήκει θεωρεῖν. συλλαβὴ δ᾽ ἐστὶ φωνὴ ἄσημος, συν- (5)
θετὴ ἐξ ἀφώνου καὶ ** φωνὴν ἔχοντος· καὶ γὰρ τὸ ΓΡ
ἄνευ τοῦ Α συλλαβή, καὶ³) μετὰ τοῦ Α, οἷον τὸ ΓΡΑ.
ἀλλὰ καὶ τούτων θεωρῆσαι τὰς διαφορὰς τῆς μετρικῆς
6 ἐστίν. σύνδεσμος δέ ἐστι⁴) φωνὴ⁵) ἄσημος, ἣ οὔτε † (6)
κωλύει οὔτε ποιεῖ φωνὴν μίαν σημαντικὴν ἐκ πλειόνων
φωνῶν, πεφυκυῖα [συν-]τίθεσθαι⁶) καὶ ἐπὶ τῶν ἄκρων
καὶ ἐπὶ τοῦ μέσου. 1457a, 4—5. ἢ φωνὴ ἄσημος, ἣ⁷)
ἐκ πλειόνων μὲν φωνῶν μιᾶς, σημαντικῶν⁸) δέ, ποιεῖν

---

1) ἀκουστήν <,οἷον τὸ Α καὶ τὸ Ω> Bekk. Ueb. nach Gˢ M², ἀκουστήν <οἷον τὸ Α καὶ Ω> fand Vettori in einem Codex, ἀκουστήν <,οἷον· •> Susem.¹
2) [ἐν] Susem.¹ und Spengel nach Vahlen Rangf. S. 183.
3) <οὐκ ἔστι> συλλαβή, ἀλλὰ Susem.¹ nach einer von Robortelli benutzten Handschrift, wogegen Tyrwhitt ΓΑ ἄνευ τοῦ Ρ συλλαβὴ καὶ μετὰ τοῦ Ρ vermuthet. Richtig M. Schmidt: <φωνήεντος· ••> φωνὴν ἔχοντος· καὶ γὰρ τὸ Α ἄνευ τοῦ ΓΡ συλλαβὴ καὶ μετὰ τοῦ ΓΡ, οἷον κ. τ. λ., dem ich in dieser 2. A. wenigstens durch Andeutung der Lücke im Text und ganz in der Uebers. gefolgt bin.
4) ὅ ἐστι Bekk. Susem.
5) φωνὴ <συνθετή>? Spengel.
6) πεφυκυῖα τίθεσθαι Bekk.³ Susem.¹ aus §. 7 nach Winstanley, πεφυκυῖαν συντίθεσθαι, <πεφυκυῖα τίθεσθαι> Va. Ueb. im Text nach Vahlen (f. aber Jahns Jahrb. XCV. S. 827 f.), πεφυκυῖαν συντίθεσθαι Bekk.¹ nach den Handschriften, eben so Ueb. hinter dem Text, der dann πεφυκυῖα τίθεσθαι καὶ ἐπὶ τῶν ἄκρων καὶ ἐπὶ τοῦ μέσου (f. §. 7 z. E.) hinter διορισμὸν δηλοῖ (§. 7) umstellt, f. S. 156. Anm. 11.
7) ἣ Maggi, [ἣ] Susem.¹, ganz getilgt von Bekk. nach Ald.
8) σημαντικῶν Robortelli, σημαντικὸν Aᶜ Bᶜ Gˢ Pˢ M²,⁴·, σημαντικὴν Nᵃ M¹,³. Ald.

Ueber die Dichtkunst. 20.

zwar ist Vocal ein solches, welches ohne Anlegen*), (der Zunge²²⁰) und der Lippen) einen hörbaren Laut ergiebt, Halbvocal dagegen ein solches, welches dies nur mittels eines solchen Anlegens thut, wie z. B. S und R, lautloser Buchstabe endlich ein solches, welches auch mittels dessen an sich noch keinen Laut ergiebt²²¹), sondern erst in Verbindung mit solchen, welche dies auch ohnedem thun, hörbar wird, wie z. B. G und D. (§. 4.) Die Elementarsprach- (4) laute unterscheiden sich aber ferner auch noch je nach den Stellungen des Mundes und nach den Stellen, (welche gegen einander oder gegen welche die Zunge angelegt wird)²²²), ferner nach der Dicke und Dünne des Hauches²²³), nach Länge und Kürze²²⁴), nach Höhe und Tiefe²²⁵) und was zwischen diesen drei Gegensätzen jedesmal in der Mitte liegt. Die Betrachtung dieser Dinge im Einzelnen (jedoch) ist gebührendermaßen der Metrik**) zu überlassen²²⁶ᵃ). —
(§. 5.) Sylbe ferner ist ein unbedeutsames Lautgebilde, welches (5) aus lautlosem Buchstaben <oder Halbvocal oder beiden einerseits und Vocal andererseits oder auch aus einer Verschmelzung zweier Vocale> zusammengesetzt ist, <aber auch aus einem> Vocal <allein bestehen kann>, denn z. B. A bildet ebenso gut ohne GR eine Sylbe als in Verbindung mit GR, wie in Gra***). Aber auch die Unterschiede der Sylben zu betrachten ist Sache der Metrik²²⁶ᵇ). —
(§. 6.) Verbindungswort²²⁷) sodann ist ein unbedeutsamer (6) Sprachlaut, welcher entweder die Bildung eines einzigen bedeutsamen Sprachlauts aus mehreren Sprachlauten†) zwar nicht gerade bewirkt, aber doch auch nicht hindert und seiner Natur nach sowohl an den äußersten Stellen als auch in der Mitte des Satzes stehen kann²²⁵), (§. 6ᶜ.) oder welcher dazu geeignet ist, aus mehreren††), aber bedeutsamen Sprachlauten einen einzigen (gleichfalls) bedeutsamen

---

*) Wörtlicher: „Anschlagen."
**) Nach Vahlens Vermuthung: „den Metrikern."
***) Nach der Ueberlieferung: „welches aus lautlosem und Laut ergebendem Buchstaben zusammengesetzt ist, denn GR bildet auch ohne das A eine Sylbe, nicht minder aber mit dem A, nämlich Gra." Aber s. C. 21. §. 10 (18 Herm.) wo á allein als Sylbe bezeichnet ist, und M. Schmidt Rhein. Mus. XXVI. S. 229.
†) Oder nach Vahlen: „Sprachlauts, welcher sich naturgemäß aus mehreren Sprachlauten zusammensetzt"?
††) Wörtlich: „mehreren als einem."

πέφυκε¹) μίαν σημαντικὴν φωνήν, 1457a, 7—8. οἷον τὸ
7 ἀμφί²) καὶ τὸ περί³) καὶ τὰ ἄλλα⁴)· 1457a, 6—7. ⟨ἢ⟩⁵) (7)
[ἄρθρον δ' ἐστὶ]⁶) φωνὴ ἄσημος, ἢ λόγου ἀρχὴν ἢ τέλος
ἢ διορισμὸν δηλοῖ, 1457a, 3—4. ἢν⁷) μὴ ἁρμόττει⁸) ἐν
ἀρχῇ λόγου τιθέναι καθ' αὑτήν⁹), οἷον μέν¹⁰), ἤτοι, δέ¹¹).
1457a, 8. [ἢ¹²) φωνὴ ἄσημος, ἢ οὔτε κωλύει οὔτε ποιεῖ

---

1) πέφυκεν Aᶜ Gᵃ Pᵇ Q L, πεφυκυῖα Bekk. Susem.¹ nach Ald.
2) ἀμφί Hartung, φ. μ. ι Aᶜ, φημί Bekk. nach Ald., während
Susem.¹ für ἀμφί—ἄλλα nach Bᶜ Gᵃ Pᵇ das Zeichen einer Lücke setzt.
3) περί Ald., π. ε. ρ. ι Aᶜ.
4) Die Umstellung Susem.² nach Hartung.
5) und 6) So Susem. nach Hartung. Wer indessen, wie letzterer
(unter Billigung Schömanns) thut, die folgende Definition auf die
Relativpronomina und Relativadverbia beziehen zu können glaubt, hat
keinen genügenden Grund zu dieser Aenderung, s. Schömann Animadversiones ad veterum grammaticorum doctrinam de articulo
(Leipz. 1864. Jahns Jahrb. Suppl. N. F. V.) S. 10.
7) ἢν Bekk. Susem.¹ nach Bᶜ Gˢ Pˢ.
8) ἁρμόττῃ Bekk. Susem.¹ nach Bᶜ und pr. Pˢ M².
9) αὑτήν Tyrwhitt (doch kann auch αὑτό richtig sein), αὑτήν
oder αὑτό Vahlen Beitr. III. S. 229, αὑτῶν Bekk.¹ Ueb. Va. nach
den Handschriften, αὑτόν mit Tilgung von καθ' Spengel.
10) μήν Susem.¹
11) δή Bekk. Susem.¹ nach Nᵃ M¹ Ald. Die Umstellung
Susem.² nach theilweisem Vorgang von Classen (De gramm. Graec.
primord. S. 57). Freilich sollte man so οὐχ ἁρμόττει statt μὴ
ἁρμόττει erwarten. S. aber Anm. 228. 229ᵇ. hinter dem Text. Dass
ich mit der vorstehenden Gestaltung der ganzen Stelle das Richtige
getroffen habe, lässt sich überhaupt bei der verzweifelten Gestalt derselben natürlich weitaus nicht mit Sicherheit behaupten. Sie lautet
in Aᶜ: σύνδεσμος δέ ἐστι φωνὴ ἄσημος, ἢ οὔτε κωλύει οὔτε ποιεῖ
φωνὴν μίαν σημαντικὴν ἐκ πλειόνων φωνῶν πεφυκυῖαν συντίθεσθαι καὶ
ἐπὶ τῶν ἄκρων καὶ ἐπὶ τοῦ μέσου, ἢν μὴ ἁρμόττει ἐν ἀρχῇ λόγου τιθέναι
καθ' αὑτόν, οἷον μέν, ἤτοι, δέ· ἢ φωνὴ ἄσημος, ἢ ἐκ πλειόνων μὲν
φωνῶν μιᾶς, σημαντικὸν δέ, ποιεῖν πέφυκεν μίαν σημαντικὴν φωνήν.
ἄρθρον δ' ἐστὶ φωνὴ ἄσημος, ἢ λόγου ἀρχὴν ἢ τέλος ἢ διορισμὸν δηλοῖ,
οἷον τὸ φ. μ. ι καὶ τὸ π. ε. ρ. ι καὶ τὰ ἄλλα. Bekk.¹·³. giebt sie
eben so mit den schon erwähnten kleinen Aenderungen wieder, Va.
nimmt außer den erwähnten Aenderungen nur noch die Ansetzung
einer Lücke ⟨οἷον ** ἢ φωνὴ ἄσημος⟩ vor den letzten Worten οἷον τὸ
ἀμφί καὶ τὸ περί καὶ τὰ ἄλλα vor, Ueb. im Text dagegen eine Umstellung: σύνδεσμος-οἷον μέν, ἤτοι, δέ· ἢ (1457ᵃ 6—7) φωνὴ ἄσημος, ἢ
λόγου ἀρχὴν ἢ τέλος ἢ διορισμὸν δηλοῖ. (1457ᵃ, 6) ἄρθρον δ' ἐστι
φωνὴ ἄσημος, (1457ᵃ 4—6), ἢ ἐκ πλειόνων μὲν φωνῶν μιᾶς, σημαντι-

Sprachlaut zu bilden²²⁹), wie z. B. „um", „über" und was dergleichen mehr ist, <oder> (§. 7ᵇ.) welcher endlich Anfang oder Ende oder Gliederung des Satzes bezeichnet, (§. 6ᵇ.) dergestalt daß er nicht passend im Anfang der Rede für sich allein stehen kann, wie z. B. „zwar", „oder", „aber"²²⁹ᵇ). (§. 7.) [Artikel aber ist — — (7)

κῶν δέ, ποιεῖν πέφυκε μίαν σημαντικὴν φωνήν, (1457ᵃ, 7), οἷον τὸ ἀμφί καὶ τὸ περὶ καὶ τὰ ἄλλα, wozu hinter dem Text noch die S. 154. Anm. 6 angeführte weitere Umstellung kommt: σύνδεσμος δέ ἐστι φωνὴ ἄσημος, ἣ οὔτε κωλύει οὔτε ποιεῖ φωνὴν μίαν σημαντικὴν ἐκ πλειόνων φωνῶν πεφυκυῖαν συντίθεσθαι, (1457ᵃ, 3—4) ἣν μὴ ἁρμόττει ἐν ἀρχῇ λόγου τιθέναι καθ' αὑτόν, οἷον μέν, ἤτοι, δέ· ἢ φωνὴ ἄσημος. (1457ᵃ, 6—7) ἢ λόγου ἀρχὴν ἢ τέλος ἢ διορισμὸν δηλοῖ, (1457ᵃ, 2—3 = 9—10) <πεφυκυῖα τίθεσθαι> καὶ ἐπὶ τῶν ἄκρων καὶ ἐπὶ τοῦ μέσου. (1457ᵃ, 6) ἄρθρον δ' ἐστὶ φωνὴ ἄσημος, (1457ᵃ, 4—6) ἢ ἐκ πλειόνων μὲν φωνῶν μιᾶς, σημαντικῶν δέ, ποιεῖν πέφυκε μίαν σημαντικὴν φωνήν, (1457ᵃ, 7) οἷον τὸ ἀμφί, τὸ περὶ καὶ τὰ ἄλλα (vgl. Abraham de Balmes latein. Uebers. vom Auszug des Ibn Roschd: „et coniunctio est vox non significans, quae non facit neque impedit ullam vocem significare: quam non convenit ponere in capite orationis. disiunctio autem est vox non significans, quae explicat initium orationis aut ipsius ultimum vel terminum ipsius, cuius locus est in extremis aut in medio orationis"). Hartung schreibt: σύνδεσμός ἐστι φωνὴ ἄσημος, ἣ οὔτε κωλύει οὔτε ποιεῖ φωνὴν μίαν σημαντικὴν ἐκ πλειόνων φωνῶν. πεφυκυῖα συντίθεσθαι (oder τίθεσθαι) καὶ ἐπὶ τῶν ἄκρων καὶ ἐπὶ τοῦ μέσου, ἢν μὴ ἁρμόττῃ ἐν ἀρχῇ λόγου τίθεσθαι καθ' αὑτόν, οἷον μέν, ἤτοι, δή· ἢ φωνὴ ἄσημος ἐκ πλειόνων φωνῶν σημαντικῶν ποιεῖν πεφυκυῖα μίαν σημαντικὴν φωνήν, οἷον ἀμφί, περί καὶ τὰ ἄλλα· ἢ φωνὴ ἄσημος, ἣ λόγου ἀρχὴν ἢ τέλος ἢ διορισμὸν δηλοῖ, Hermann: σύνδεσμος δέ ἐστι φωνὴ ἄσημος, ἣ λόγου ἀρχὴν ἢ τέλος ἢ διορισμὸν δηλοῖ ἢ φωνὴ ἄσημος, ἣ οὔτε κωλύει — φωνῶν, πεφυκυῖα τίθεσθαι καὶ ἐπὶ — μέσου, ἣν μὴ ἁρμόττῃ — καθ' αὑτήν, οἷον μέν, ἤτοι, δή. ἄρθρον δέ ἐστι φωνὴ ἄσημος, ἣ ἐκ πλειόνων μὲν — σημαντικὴν φωνήν, οἷον τὸ φημί. τὸ πέπερι καὶ τὰ ἄλλα, Classen: σύνδεσμος δ' ἐστὶ φωνὴ ἄσημος, ἣ οὔτε κωλύει οὔτε ποιεῖ φωνὴν μίαν σημαντικὴν <εἶναι, μίαν δὲ σημαντικὴν> ἐκ πλειόνων φωνῶν πεφυκυῖα συντιθέναι, καὶ ἐπὶ τῶν ἄκρων καὶ ἐπὶ τοῦ μέσου. ἣν μὴ ἁρμόττῃ ἐν ἀρχῇ λόγου τιθέναι, καθ' αὑτόν ἢ λόγου ἀρχὴν ἢ τέλος ἢ διορισμὸν δηλοῖ, οἷον μέν, ἤτοι, δή. ἄρθρον δὲ φωνὴ ἄσημος ἐκ πλειόνων μὲν φωνῶν μιᾶς· <οὐ σημαντική,> σημαντικὴν δὲ ποιεῖν πεφυκυῖα μίαν φωνήν, οἷον τὸ φημί καὶ τὸ περὶ καὶ τὰ ἄλλα, Susem.¹ σύνδεσμος δ' ἐστὶ — ἣν μὴ ἁρμόττῃ — καθ' αὑτήν, οἷον μήν, ἤτοι, δή· ἢ φωνὴ ἄσημος; [ἣ] ἐκ πλειόνων — πεφυκυῖα μίαν σημαντικὴν φωνήν <ἤ> [ἄρθρον δ' ἐστὶ] φωνὴ ἄσημος, ἣ λόγου ἀρχὴν — δηλοῖ, οἷον τὸ ··. Weiteres s. b. Schömann a. a. O. S. 5 ff.

12) ἣ Aᶜ.

ΠΕΡΙ ΠΟΙΗΤΙΚΗΣ.

φωνὴν μίαν σημαντικὴν ἐκ πλειόνων φωνῶν, πεφυκυῖα
τίθεσθαι καὶ ἐπὶ τῶν ἄκρων καὶ ἐπὶ τοῦ μέσου] 1).

8 ὄνομα δέ ἐστι 2) φωνὴ συνθετή, σημαντικὴ ἄνευ χρόνου, (8)
ἧς μέρος οὐδέν ἐστι καθ᾽ αὑτὸ σημαντικόν· ἐν γὰρ τοῖς
διπλοῖς οὐ χρώμεθα ὡς καὶ αὐτὸ καθ᾽ αὑτὸ σημαῖνον 3),
9 οἷον ἐν τῷ Θεοδώρῳ τὸ δῶρον οὐ σημαίνει. ῥῆμα δὲ (9)
φωνὴ συνθετή, σημαντικὴ μετὰ χρόνου, ἧς οὐδὲν μέρος
σημαίνει καθ᾽ αὑτό, ὥσπερ καὶ ἐπὶ τῶν ὀνομάτων· τὸ
μὲν γὰρ ἄνθρωπος ἢ λευκὸν οὐ σημαίνει τὸ πότε 4), τὸ
δὲ βαδίζει 5) ἢ βεβάδικε προσσημαίνει 6) τὸ μὲν τὸν
παρόντα χρόνον τὸ δὲ τὸν παρεληλυθότα. πτῶσις
10 δ᾽ ἐστὶν ὀνόματος ἢ ῥήματος ἡ μὲν τὸ κατὰ ⟨τὸ⟩ 7) (10)
τούτου ἢ τούτῳ σημαῖνον 8) καὶ ὅσα τοιαῦτα, ἡ δὲ 9)
κατὰ τὸ ἑνὶ ἢ πολλοῖς, οἷον ἄνθρωποι ἢ ἄνθρωπος 10),
ἡ δὲ κατὰ τὰ ὑποκριτικά, οἷον κατ᾽ ἐρώτησιν, ἐπίταξιν 11)· τὸ γὰρ ἐβάδισεν; 12) ἢ βάδιζε 13) πτῶσις ῥήμα-
11 τος κατὰ ταῦτα τὰ εἴδη ἐστίν. λόγος δὲ φωνὴ συν- (11)
θετὴ σημαντική, ἧς ἔνια μέρη καθ᾽ αὑτὰ σημαίνει τι·
οὐ γὰρ ἅπας λόγος ἐκ ῥημάτων καὶ ὀνομάτων σύγκειται,
[οἷον ὁ τοῦ ἀνθρώπου ὁρισμός,] ἀλλ᾽ 14) ἐνδέχεται ἄνευ
ῥημάτων εἶναι 15) λόγον, μέρος μέντοι ἀεί τι 16) σημαῖνον
12 ἕξει, οἷον „ἐν τῷ βαδίζειν" 17), „Κλέων ὁ Κλέωνος" 18). εἰς (12)

1) Bei Bekk. 1 fehlen noch die eckigen Parenthesen. Zuerst
erkannte Reiz den Satz als Wiederholung aus §. 6.
2) δ᾽ ἐστὶ Bekk. Susem. 1
3) ⟨οὐδὲ⟩ τοῖς διπλοῖς αὑτῶ χρώμεθα ὥστε καὶ-σημαίνειν oder
(nach Spengel) ὡς καὶ αὐτῶ σημαίνοντι M. Schmidt.
4) ποτὲ Ueb. nach Spengel.
5) βαδίζει Gryph., βαδίζειν A^c und die übrigen Handschriften.
6) προσσημαίνει W. Pazzi und Trincaveli, προσημαίνει die Handschriften.
7) τὸ κατὰ ⟨τὸ⟩ Robortelli, τὸ κατὰ Bekk. nach den Handschriften, κατὰ τὸ Susem. 1 nach Reiz.
8) σημαίνουσα Bekk. Susem. 1 nach B^c G^s P^s M^2.
9) δὲ ⟨τὸ⟩ Bekk. nach Ald.
10) ἀνθρώπω ἢ ἀνθρώποις Ueb.
11) ⟨ἢ⟩ ἐπίταξιν Bekk. Susem. 1 Ueb. nach Ald.
12) Das Fragezeichen setzte zuerst Tyrwhitt, ⟨ἆρ᾽⟩ ἐβάδισεν; Va.
(s. Rhein. Mus. XIX. S. 308 f.)
13) βάδιζε W. Pazzi und Trincaveli, ἐβάδιζε A^c B^c N^a G^s P^s L^d.
14) So Susem. 2, οἷον [ὁ–ἀλλ᾽] M. Schmidt.

Ueber die Dichtkunst. 20.

(§. 8.) Nomen ist ein zusammengesetzter Sprachlaut, welcher selbst (8) bedeutsam ist, aber ohne die Zeit mit zu bezeichnen, während keiner seiner Theile für sich genommen bedeutsam ist, denn in den zusammengesetzten Nominen gebrauchen wir die einzelnen Wörter, aus denen sie bestehen, eben nicht als für sich bedeutsam, wie z. B. in „Gottschalk" (weder das „Gott" noch) das „Schalk"[230]). (§. 9.) (9) Verbum ist ein zusammengesetzter nicht bloß bedeutsamer, sondern auch die Zeit mitbezeichnender Sprachlaut, von dem aber kein Theil für sich genommen bedeutsam ist, gerade wie beim Nomen. Denn das Wort „Mensch" oder „weiß" bezeichnet nicht das Wann, aber das Wort „geht" oder „ist gegangen" bezeichnet zugleich jenes die gegenwärtige, dieses die vergangene Zeit[231]). — (§. 10.) Flexion (10) ist vom Nomen und vom Verbum theils Das, was auf die Bezeichnung des Wessen oder Wem und was dahin gehört[232], theils auf die der Einheit oder Mehrzahl, wie z. B. „Mensch" und „Menschen"[233], theils endlich auf die der Modalitäten der Vortragsweise[234] geht, wie z. ob man Etwas als Befehl oder Frage vorträgt, so daß also „ging er?"[235] oder „geh!" eine Flexion des Verbums von dieser letztgenannten Art ist. — (§. 11.) Wort- (11) und Satzgefüge (endlich) ist ein zusammengesetzter bedeutsamer Sprachlaut, von welchem einzelne Theile (auch schon) an sich eine bestimmte Bedeutung haben. Nicht zwar, ist nämlich ein jedes Wortgefüge aus Verben und Nominen zusammengesetzt*), [wie z. B. die Definition des Menschen nicht], sondern man kann (namentlich auch) ohne Verba ein solches**) bilden; aber einen Theil, welcher eine bestimmte Bedeutung hat, muß es stets enthalten, wie z. B. „im Gehen" (oder) „Kleon, der Sohn des Kleon". (§. 12.) Eine Ein- (12)

*) M. Schmidt: „besteht nämlich ein solches durchweg".
**) Oder vielmehr wohl nach M. Schmidt: „kann ohne Verba <sogar ein einheitliches> Wortgefüge".

---

15) <καὶ ἵνα> εἶναι M. Schmidt, wahrscheinlich richtig. S. d. Nachtrr.
16) τὶ Lersch (Sprachphilos. II. S. 26) und Knebel, [τι] M. Schmidt.
17) „ἐν τῷ βαδίζειν" <ἢ> M. Schmidt, nicht durchaus nothwendig. ἐν τῷ ** [βαδίζειν] Susem.¹, ἐν τῷ βαδίζει Bekk. Va. Ueb. nach Pazzi und Trincaveli. Tyrwhitt erklärte die Worte von οἷον ἐν an für interpolirt oder stark verderbt.
18) Κλέωνος M. Schmidt, der auch die richtige Interpunction herstellte, Κλέων Bekk. Susem.¹ Va. Ueb. nach den Handschriften.

ΠΕΡΙ ΠΟΙΗΤΙΚΗΣ.   † 1457b

ὁέ ἐστι¹) λόγος ὁτιζῶς, ἢ γὰρ ὁ ἓν σημαίνων, ἢ ἐκ
πλειόνων συνδέσμῳ²)· οἷον ἡ Ἰλιὰς μὲν συνδέσμῳ εἷς, ὁ
δὲ τοῦ ἀνθρώπου ⟨ὁρισμὸς⟩³) τῷ⁴) ἓν σημαίνειν.

21. ὀνόματος δὲ εἴδη⁵) τὸ μὲν ἁπλοῦν (ἁπλοῦν δὲ (1)
λέγω ὃ μὴ ἐκ σημαινόντων σύγκειται, οἷον γῆ) τὸ δὲ
διπλοῦν· τούτου δὲ τὸ μὲν ἐκ σημαίνοντος καὶ ἀσήμου (2)
(πλὴν οὐκ ἐν τῷ ὀνόματι⁶) σημαίνοντος καὶ ἀσήμου) τὸ
δὲ ἐκ σημαινόντων σύγκειται. εἴη δ' ἂν καὶ τριπλοῦν (3)
καὶ τετραπλοῦν ὄνομα καὶ πολλαπλοῦν⁷), οἷον τὰ πολλὰ
τῶν μεγαλείων, οἷον⁸) † Ἑρμοκαϊκόξανθος⁹). ἅπαν δὲ (4)
ὄνομά ἐστιν ἢ κύριον ἢ γλῶττα ἢ μεταφορὰ ἢ κόσμος
ἢ πεποιημένον ἢ ἐπεκτεταμένον ἢ ὑφῃρημένον¹⁰) ἢ ἐξηλ-
λαγμένον. λέγω δὲ κύριον μὲν ᾧ χρῶνται ἕκαστοι, (5)
γλῶτταν δὲ ᾧ ἕτεροι, ὥστε φανερὸν ὅτι καὶ γλῶτταν καὶ (6)
κύριον εἶναι δυνατὸν τὸ αὐτό, μὴ τοῖς αὐτοῖς δέ· τὸ γὰρ
σίγυνον Κυπρίοις μὲν κύριον, ἡμῖν δὲ γλῶττα. μεταφορὰ (7)
δ' ἐστὶν ὀνόματος ἀλλοτρίου ἐπιφορὰ ἢ ἀπὸ τοῦ γένους
ἐπὶ εἶδος, ἢ ἀπὸ τοῦ εἴδους ἐπὶ τὸ¹¹) γένος, ἢ ἀπὸ τοῦ
εἴδους ἐπὶ εἶδος, ἢ κατὰ τὸ ἀνάλογον. λέγω δὲ ἀπὸ (8)
γένους μὲν ἐπὶ εἶδος οἷον

---

1) δ' ἐστὶ Bekk. Susem.¹
2) συνδέσμῳ Gryph., συνδέσμων Bekk.¹ nach den Handschriften.
3) So Susem.² nach M. Schmidt.
4) τῷ Ald., τὸ Aᶜ Bᶜ Nᵃ Gˢ M¹ und wohl überhaupt alle Handschriften.
5) In diesem Wort steht εἴ in Aᶜ·¹ auf einer Rasur, aber von
erster Hand geschrieben.
6) ἐν τῷ ὀνόματι Vahlen (Rhein. Muſ. XXI. S. 152 f.), ἐν
τῷ ὀνόματος Aᶜ, ἐκ τοῦ ὀνόματος Susem.¹ nach einem von Maggi
benutzten Codex, Bekk. läßt πλὴν-ἀσήμου nach Bᶜ Nᵃ M¹·², Gˢ Pˢ
ganz weg. Susem.¹ setzt die Worte in eckige Parenthesen.
7) καὶ πολλαπλοῦν vor ὄνομα Bekk. Susem.¹ im Text.
8) μεγαλείων, οἷον Bekk.³ Susem. nach einer von Twining gegen
Winſtanley hingeworfenen Bemerkung, μεγαλείων, ὡς Ueb. nach Winſtanley, μεγαλείων, ὧν Va. (vielleicht richtig), μεγαλιωτῶν Aᶜ Bᶜ
und die meiſten andern Handſchriften, Μεγαλιωτῶν Bekk.¹ nach
Vettori, μεγαριζόντων Dacier (nach Heſychios u. d. W. μεγαρίζοντες,
aber f. M. Schmidt z. d. St., nach welchem Dacier wenigſtens vielmehr μεγαλιζόντων hätte vermuthen müſſen).
9) Ἑρμοκαϊκοξανθίας Bernhardy.

Ueber die Dichtkunst. 20. 21.

heit kann aber das Wort- und Satzgefüge in zwiefacher Art bilden, entweder dadurch, daß es wirklich nur Eines bezeichnet [236a] oder durch Verbindung [237a] von Mehrerem. So ist z. B. die (ganze) Ilias durch Verbindung [237b] ein einheitliches Wortgefüge, die Definition des Menschen aber dadurch, daß sie Eines bezeichnet [236b].

21. (§. 1.) Von den Arten der Benennungen begreift die eine die einfache — und zwar verstehe ich unter einem einfachen Wort dasjenige, welches (nur) aus Sprachlauten besteht, die nicht schon für sich Etwas bedeuten, wie z. B. „Erde" — und die andere die zusammengesetzte in sich, und zwar kann die letztere entweder aus einem bedeutsamen und einem nicht bedeutsamen — in der Zusammensetzung hört dann freilich dieser Unterschied auf — oder aus zwei bedeutsamen Wörtern zusammengesetzt sein; ja, es giebt selbst Ausdrücke, die aus drei, vier und noch mehr Wörtern zusammengesetzt sind, wie die meisten der langathmigen Wörter, z. B. Hermokaikoganthos.

(§. 2.) Jede Benennung ist ferner entweder eine gemeinübliche*) oder eine alterthümlich-provinzielle oder eine Metapher oder eine schmückende oder neugebildete oder verlängerte oder verkürzte oder umgewandelte Bezeichnung. (§. 3.) Unter einem gemeinüblichen Ausdruck nämlich verstehe ich einen solchen, dessen sich Jedermann bedient, unter einem Provinzialismus aber einen solchen, welcher nicht in unserer Gegend gebraucht wird, woraus denn klar ist, daß ein und dasselbe Wort als ein gemeinübliches und als ein Provinzialismus gelten kann, nur aber nicht bei denselben Leuten. Z. B. das Wort σίγυνον ist bei den Kypriern ein gemeinübliches, für uns aber ein Provinzialismus [238]. (§. 4.) Eine Metapher ferner ist die Uebertragung einer Benennung, die eigentlich etwas Anderes bedeutet, sei es nun von der Gattung auf die Art, sei es von der Art auf die Gattung, sei es von einer Art auf die andere, sei es endlich nach der Proportion [239]. (§. 5.) Als eine Uebertragung von der Gattung auf die Art sehe ich z. B. folgende an:

*) Wörtlicher, wie auch wir wohl sagen: „herrschende."

---

10) ἀφῃρημένον Spengel.
11) τό fehlt in $B^c N^a$ und den meisten andern Handschriften und bei Bekk. Susem.¹, wahrscheinlich mit Recht.

ΠΕΡΙ ΠΟΙΗΤΙΚΗΣ.

νηῦς δέ μοι ἥδ' ἕστηκεν¹)
(τὸ γὰρ ὁρμεῖν²) ἐστιν ἑστάναι τι), ἀπ' εἴδους δὲ ἐπὶ γένος
ἢ δή³) μυρί' Ὀδυσσεὺς ἐσθλὰ ἔοργεν
(τὸ γὰρ μυρίον πολύ ἐστιν⁴), ᾧ νῦν ἀντὶ τοῦ πολλοῦ κέχρηται), ἀπ' εἴδους δὲ ἐπ' εἶδος οἷον
χαλκῷ ἀπὸ ψυχὴν ἀρύσας⁵)
καὶ⁶)
ταμὼν⁷) ἀτειρέι⁸) χαλκῷ
(ἐνταῦθα γὰρ τὸ μὲν ἀρύσαι⁹) ταμεῖν, τὸ δὲ ταμεῖν ἀρύσαι¹⁰) εἴρηκεν· ἄμφω γὰρ ἀφελεῖν τί ἐστίν), τὸ δὲ ἀνάλογον λέγω, ὅταν ὁμοίως ἔχῃ τὸ δεύτερον πρὸς τὸ πρῶτον καὶ τὸ τέταρτον πρὸς τὸ τρίτον. ἐρεῖ γὰρ ἀντὶ τοῦ δευτέρου τὸ τέταρτον ἢ ἀντὶ τοῦ τετάρτου τὸ δεύτερον, καὶ ἐνίοτε προστιθέασιν¹¹) ἀνθ' οὗ λέγει πρὸς ὅ ἐστιν. λέγω δὲ οἷον ὁμοίως ἔχει φιάλη πρὸς Διόνυσον καὶ ἀσπὶς πρὸς Ἄρην· ἐρεῖ τοίνυν τὴν φιάλην ἀσπίδα Διονύσου καὶ τὴν ἀσπίδα φιάλην Ἄρεως¹²). ἢ ὃ γῆρας πρὸς βίον, καὶ ἑσπέρα πρὸς ἡμέραν· ἐρεῖ τοίνυν τὴν ἑσπέραν γῆρας ἡμέρας καὶ τὸ γῆρας ἑσπέραν βίου ἢ ὥσπερ Ἐμπεδοκλῆς [ἢ]¹³) δυσμὰς βίου. ἐνίοις δ' οὐκ ἔστιν ὄνομα κείμενον

---

1) ἔστηκε Bekk. Susem.¹
2) ὁρμεῖν A^c.
3) ἤδη A^c N^a M 1.3.4.
4) <τί> ἐστιν Twining.
5) ἀρύσας L^d, ἐρύσας Goulston und Reiz, ἀρύσας A^c B^c Q G^s P^s M 2.3.4.
6) καὶ M⁴, κα mit dem vorigen Wort verbunden A^c B^c P^s M².
7) ταμὼν Bekk.³, τεμὼν Bekk.¹ nach B^c G^s P^s M 2.4. τεμὼν A^c; wenn ἀτειρέι sich in dem hier citirten Vers unmittelbar anschloß, so fehlt, wie Vahlen Beitr. III. S. 249 bemerkt, eine kurze Sylbe, ταμόντας vermuthet daher, wie es scheint, Vahlen Zeitschr. f. d. östr. Gymn. XXIV. 1873. S. 659 nach Emped. 452 f. Mull. 442 f. Stein 422 f. Karst. κρηνάων ἀπὸ πέντ' ἀνιμῶντας ἀτειρέι χαλκῷ, χρὴ μὲν ἀποῤῥύπτεσθαι, wo er demgemäß πέντε ταμόντας statt πέντ' ἀνιμῶντας schreibt.
8) ἀτειρέι M⁴, ἀτηρεῖ A^c, ἀτειρεῖ B^c G^s P^s M² und corr. L^d.
9) und 10) ἐρύσαι Goulston und Reiz.
11) προστιθῆσιν Twining nach Goulstons Uebersetzung.

Ueber die Dichtkunst. 21.

> Dorthin steht mir das Schiff[240],

denn das Vorankerlegen ist eine besondere Art des Zumstehenbringens, als eine von der Art auf die Gattung folgende: (9)

> Traun, schon tausenderlei hat Odysseus Gutes vollendet[241],

denn tausenderlei gehört zum Vielerlei, und so gebraucht es denn hier der Dichter (überhaupt) statt vielerlei, ferner als eine von (10) einer Art auf die andere diese:

> Schöpft mit dem Schwerte hinweg ihm das Leben[242a]

und ebenso diese:

> Schnitt das Wasser ihm ab[242] mit dem ehernen Eimer*)

denn dort ist das Wegschöpfen statt des Abschneidens gebraucht und hier das Abschneiden statt des Wegschöpfens, das Abschneiden aber so wie das Wegschöpfen sind beide eine Art des Wegnehmens. (§. 6.) Als eine Proportion aber bezeichne ich es, wenn das Zweite (11) zum Ersten in ähnlichem Verhältniß steht wie das Vierte zum Dritten, und da kann man denn nun in Folge dessen statt des Zweiten das Vierte oder statt des Vierten das Zweite setzen, und manchmal fügt man dabei (auch noch) die Bezeichnung des Gegenstandes hinzu, zu welchem Dasjenige in Verhältniß steht, statt dessen man das Andere setzt. Folgende Beispiele mögen dies er= (12) läutern. Die Trinkschale steht in ähnlichem Verhältniß zum Dionysos wie der Schild zum Ares, und daher kann man denn die Trinkschale den Schild des Dionysos und den Schild die Trinkschale des Ares nennen[243]. Oder wie sich das Alter zum Leben verhält, so (13) der Abend zum Tage, und man kann daher den Abend als das Alter des Tages und das Alter als den Abend oder, wie Empedokles[244] thut, als den Niedergang**) des Lebens bezeichnen. (§. 7.) (14) Manchmal fehlt es für eins der proportionalen Glieder an einer

---

*) Wörtlich: „mit dem unverwüstlichen Erze."
**) Oder: „Sonnenuntergang."

---

12) Ἄρεος G⁵ Bekk.³ Susem.¹
13) καὶ τὸ γῆρας—Ἐμπεδοκλῆς mit Tilgung des folgenden ἢ Bekk. Susem.¹ Ueb. nach Ald., ἢ ὥσπερ Ἐμπεδοκλῆς vor καὶ τὸ γῆρας; Va. nach den Handschriften.

τῶν¹) ἀνάλογον, ἀλλ' οὐδὲν ἧττον ὁμοίως λεχθήσεται·
οἷον τὸ τὸν καρπὸν μὲν ἀφιέναι σπείρειν, τὸ δὲ τὴν
φλόγα ἀπὸ²) τοῦ ἡλίου ἀνώνυμον· ἀλλ' ὁμοίως ἔχει τοῦτο
πρὸς τὸν ἥλιον³) καὶ τὸ σπείρειν πρὸς ⟨τὸν ἀφιέντα⟩⁴)
τὸν καρπόν, διὸ εἴρηται

σπείρων θεοκτίσταν φλόγα.

8 ἔστι δὲ τῷ τρόπῳ τούτῳ τῆς μεταφορᾶς χρῆσθαι καὶ (15
ἄλλως, προσαγορεύσαντα τὸ ἀλλότριον ἀποφῆσαι τῶν
οἰκείων τι, οἷον εἰ τὴν ἀσπίδα εἴποι μὴ φιάλην Ἄρεως
9 ἀλλ' ἄοινον⁵). ⟨κόσμος δ' ἐστὶ **⟩⁶). πεποιημένον (16,
δ' ἐστὶν ὃ ὅλως μὴ καλούμενον ὑπό τινῶν αὐτὸς τίθεται
ὁ ποιητής· δοκεῖ γὰρ ἔνια εἶναι τοιαῦτα, οἷον τὰ κέρατα
10 ἔρνυγας⁷) καὶ τὸν ἱερέα ἀρητῆρα. ἐπεκτεταμένον † δ' (18
ἐστὶν ἢ ἀφῃρημένον τὸ μὲν ἐὰν φωνήεντι μακροτέρῳ
κεχρημένον⁸) ᾖ⁹) τοῦ οἰκείου ἢ συλλαβῇ ἐμβεβλημένῃ,
τὸ δὲ ἂν¹⁰) ἀφῃρημένον τι¹¹) ἢ αὐτοῦ, ἐπεκτεταμένον μὲν (19
οἷον τὸ πόλεως¹²) πόληος καὶ τὸ Πήλεος ⟨Πηλῆος καὶ
τὸ Πηλείδου⟩¹³) Πηληιάδεω, ἀφῃρημένον δὲ οἷον τὸ κρῖ
καὶ τὸ δῶ καὶ

μία γίνεται ἀμφοτέρων ὄψ¹⁴).

---

1) τὸ Bekk. Susem. ⌐ nach M¹, τῶ Nᵃ.
2) ἐπὶ M. Schmidt ohne Grund.
3) τὴν εἴλην Susem.¹ nach M. Schmidt, τὴν φλόγα? Ueberweg.
4) So Ueb. Susem.² nach Castelvetro.
5) ἀλλ' ἄοινον Vettori, ἀλλὰ οἴνου Aᶠ Bᶜ, ἀλλ' οἴνου Bekk. und vielleicht die andern Handschriften. Vorher wieder Ἄρεος Bekk. Susem.¹ nach Gˢ.
6) Die Lücke Susem. Ueb. nach Batteux, wogegen Ritter ἢ κόσμος §. 2 und καὶ ὁ κόσμος und καὶ κόσμος c. 22. §. 3. 10 in eckige Parenthesen setzt.
7) ἔρνυγας Vettori, ἐρνύγας Bekk.¹ Va. Ueb. nach Aᶜ und den übrigen Handschriften.
8) κεχρημένος Ueb. nach Hermann, wahrscheinlich richtig, s. jedoch Hermann selbst zu Soph. Ant. 23. Aug. Buttmann zu Demosth. g. Meid. S. 520.
9) ἢ Gˢ Pˢ M², ἦ Aᶜ Bᶜ Nᵃ M¹ Q Lᵈ.
10) δὲ ἂν die Handschriften, δ' ἐὰν Bekk. Susem.¹ nach Bekk.
11) ἀφῃρημένον τι Heinsius, ἀφῄρη μὲν ὄντι Aᶜ.

eigen Benennung, aber nichts desto weniger kann man dann eine ähnliche Vertauschung des Ausdrucks vornehmen. Z. B. das Ausstreuen des Samens heißt säen, für das Ausstreuen ihrer Strahlen durch die Sonne aber giebt es keine eigene Benennung, aber dies letztere verhält sich zur Sonne ähnlich wie das Säen zu dem <,welcher den> Samen <ausstreut>, und daher sagt denn der Dichter 245):

sie sät den gottgeschaffnen Strahl.

(§. 8.) Man kann aber diese Art von Metapher auch noch anders (15) anwenden, indem man nämlich einem Gegenstande dadurch, daß man ihm etwas ihm Fremdartiges beilegt, etwas von Dem, was ihm (in seiner eigentlichen Bedeutung) eigenthümlich ist, abspricht, wie z. B. wenn man den Schild nicht die Trinkschale des Ares, sondern die weinlose Trinkschale nennt 246). <Eine schmückende Bezeichnung (16) ist 247) — — — — — — — — — — — — — — —>. (§. 9.) (17) Ein neugebildeter Ausdruck ferner ist ein solcher, welcher sonst schlechthin von Niemandem gebraucht ist, und den vielmehr erst der Dichter selber sich macht. Allem Anscheine nach nämlich kommen wirklich einige solche Ausdrücke bei Dichtern vor. z. B. ἔρνυγες (Sprossen) 248) für κέρατα (Hörner) und ἀρητήρ (Beter) 249) für ἱερεύς (Priester). (§. 10.) Verlängerte und verkürzte Wörter so- (18) dann entstehen, jene, indem man dem Worte statt des kurzen Vocals, welcher ihm eigentlich zukommt, einen langen giebt oder auch eine ganze Sylbe einschaltet, diese, indem man Etwas von demselben wegläßt. Ein Beispiel von einem verlängerten Worte ist πόληος statt (19) πόλεως, <Πηλῆος statt> Πήλεος <und Πηληϊάδεω> statt Πηλείδου, von einem verkürzten Waiʒ**) und Gebäu und das Wort Anschau (z. B.) in dem Verse:

Eins wird von beiden die Anschau 250).

*) Das griechische Wort bedeutet freilich „Gerste."

---

12) πόληος A^c L^d.
13) Πήλεος <Πηλῆος καὶ τὸ Πηληϊάδεω> M. Schmidt, Πηλείδου Bekk. nach Bas.¹, πηλεΐδου Par. 2038 und Ald.
14) ὄψ Vettori, ὁ ης (d. i. ΟΠΣ) A^c.

11   ἐξηλλαγμένον¹) δ' ἐστὶν ὅταν τοῦ ὀνομαζομένου τὸ (20)
μὲν καταλείπῃ τὸ δὲ ποιῇ, οἷον τὸ
          δεξιτερὸν κατὰ μαζόν
ἀντὶ τοῦ δεξιόν.
12   αὐτῶν δέ²) τῶν ὀνομάτων τὰ μὲν ἄρρενα τὰ δὲ θήλεα (21)
τὰ δὲ μεταξύ, ἄρρενα μὲν ὅσα³) τελευτᾷ εἰς τὸ Ν καὶ (22)
Ρ καὶ ⟨Σ καὶ⟩⁴) ὅσα ἐκ τούτου⁵) σύγκειται⁶) (ταῦτα δ'
ἐστὶ δύο, Ψ καὶ Ξ), θήλεα δὲ ὅσα ἐκ τῶν φωνηέντων (23)
εἴς τε τὰ αἰεὶ⁷) μακρά, οἷον εἰς Η καὶ Ω, καὶ τῶν
ἐπεκτεινομένων εἰς Α· ὥστε ἴσα συμβαίνει πλήθει⁸) εἰς (24)
ὅσα τὰ ἄρρενα καὶ⁹) τὰ θήλεα· τὸ γὰρ Ψ καὶ τὸ Ξ
⟨τῷ Σ⟩¹⁰) ταὐτά ἐστίν· εἰς δὲ ἄφωνον οὐδὲν ὄνομα τελευτᾷ, (25)
οὐδὲ εἰς φωνῆεν¹¹) βραχύ· εἰς δὲ τὸ Ι τρία μόνον¹²), μέλι (26)
κόμμι¹³) πέπερι, εἰς δὲ τὸ Υ πέντε¹⁴)· τὰ δὲ μεταξὺ
εἰς ταῦτα καὶ Ν καὶ Σ¹⁵).

---

¹) ἐξηλ.αγμένον Aᶜ.
²) ἀπάντων δ' αὖ (oder ἔστι δ' αὖ) Ueb.
³) ὅσα ⟨ἐστὶ⟩ Ueb.
⁴) So Bekk.³ Susem. Ueb. nach Maggi.
⁵) τοῦ τῶν ἀφώνων Par. 2038 und Alb., τούτου ⟨καὶ τῶν ἀφώνων⟩? Tyrwhitt, τοῦ Σ ⟨μετὰ τῶν ἀφώνων⟩? Harles, τούτου [ἀφώνων] Susem.¹
⁶) σύγκειται fehlt bei Bekk. aus Versehen.
⁷) ἀεὶ Bekk. Susem.¹ Ueb. Va.
⁸) πλήθη Va. nach Aᶜ Q M³ und corr. M¹.
⁹) καὶ ⟨ἐκ τῶν φωνηέντων⟩ (oder ⟨τῶν φωνηέντων⟩ vor εἰς ὅσα) Ueb.
¹⁰) So Ueb., ⟨καὶ τὸ Σ⟩ Winstanley, ⟨καὶ Σ⟩ Hermann, während Susem.¹ τῷ Σ hinter ταὐτά ἐστι einfügt nach der handschriftlichen Vermuthung eines Gelehrten am Rande eines von Tyrwhitt benutzten Exemplars der Morelschen Ausg.
¹¹) φωνῆεν ⟨ἀεὶ⟩ Ueb.
¹²) μόνα Bekk. nach Alb.
¹³) κόμμι Pazzi und Triucaveli, κόμι die Handschriften.
¹⁴) πέντε ⟨,πῶυ νᾶπυ γόνυ δόρυ ἄστυ⟩ Bekk. Susem.¹ nach Alb.
¹⁵) εἴς τε ⟨τὸ Α⟩ καὶ Ν καὶ ⟨Ρ καὶ⟩ Σ? Maggi, εἰς ταῦτα καὶ ⟨Α καὶ⟩ Ν καὶ ⟨Ρ καὶ⟩ Σ Ueb. nach Morel (aber s. dagegen Vahlen Beitr. III. S. 261), εἰς ταῦτα ⟨τοῖς ἄρρεσι καὶ τῶν φωνηέντων εἰς τὰ συστελλόμενα⟩ [καὶ Ν καὶ Σ] mit Versetzung des ganzen Satzgliedes von τὰ δὲ μεταξὺ an vor εἰς δὲ τὸ Ι M. Schmidt, allem Anscheine nach im Wesentlichen richtig, nur wird man vielmehr εἰς

(§. 11.) Eine umgewandelte Bezeichnung endlich entsteht, wenn (20) man von der gebräuchlichen Wortform den einen Theil beibehält, den andern aber neu bildet, wie z. B. δεξίτερος statt δεξιός (rechts) in dem Verse[251]:

δεξίτερον κατὰ μαζόν
(unter der rechten Brust).

(§. 12.) Die Nomina selbst*) zerfallen endlich in männliche, (21) weibliche und sächliche. Männlich sind alle diejenigen, welche auf (22) ν, ρ, ‹ς› oder einen durch Zusammensetzung mit ς entstandenen Buchstaben — deren aber sind zwei, ψ und ξ — endigen, weiblich (23) alle diejenigen, welche auf einen von den Vocalen, die immer lang sind, nämlich η und ω, und unter den doppelzeitigen auf (ein langes) α ausgehen, so daß denn die Zahl der Buchstaben, auf welche die (24) männlichen, und**) auf welche die weiblichen endigen, die nämliche ist, denn ψ und ξ fällt eben ‹mit ς› zusammen. Auf einen laut- (25) losen Buchstaben dagegen endet kein Nomen und auch nicht auf einen der (stets)***) kurzen Vocale, auf ι ferner nur drei, μέλι (Honig), (26) κόμμι (Gummi) und πέπερι (Pfeffer), und auf υ fünf, und alle diese Wörter sind sächlich, außerdem aber endigen sich die sächlichen Wörter auf ν und ς. †)[252]

*) Oder: „Die Nomina als solche". Wegen dieses seltsamen Ausdrucks s. d. Anm. 252 hinter dem Text und die Einl. S. 14.
**) Ueberweg: „und ‹der Vocale›".
***) Ueberweg: „‹stets›".
†) Maggi, Morel, Ueberweg: „auf ‹α,› ν ‹,ρ› und ς". Richtiger wohl nach Schmidt: „zusammen. Auf — kurzen Vocale, die sächlichen Wörter aber auf dieselben Buchstaben ‹wie die männlichen und von den Vocalen auf die doppelzeitigen, wenn sie kurz sind›, jedoch auf ι nur drei, μέλι, κόμμι, πέπερι, und auf υ (nur) fünf" oder noch besser: „zusammen, die sächlichen aber auf dieselben Buchstaben ‹wie die männlichen und von den Vocalen auf die doppelzeitigen, wenn sie kurz sind›, jedoch auf ι nur drei, μέλι, κόμμι (und) πέπερι, und auf υ (nur) fünf. Auf einen lautlosen Buchstaben dagegen endet kein Nomen und auch nicht auf einen der (stets) kurzen Vocale".

δὲ ἄφωνον-βραχύ mit τὰ δὲ μεταξύ κ. τ. λ. den Platz tauschen zu lassen oder mit andern Worten zugleich Ersteres ans Ende des Ganzen zu stellen haben. — Ritter setzt den ganzen §. 12 in eckige Parenthesen, Vahlens Bemerkungen über seine hiesige Stelle s. Anm. 252 hinter dem Text.

ΠΕΡΙ ΠΟΙΗΤΙΚΗΣ.

22. λέξεως δὲ ἀρετὴ σαφῆ καὶ μὴ ταπεινὴν εἶναι. (1)
σαφεστάτη μὲν οὖν ἐστιν ἡ ἐκ τῶν κυρίων ὀνομάτων, (2)
ἀλλὰ ταπεινή (παράδειγμα δὲ ἡ Κλεοφῶντος ποίησις
καὶ ἡ Σθενέλου), σεμνὴ δὲ καὶ ἐξαλλάττουσα τὸ ἰδιω- (3)
τικὸν¹) ἡ τοῖς ξενικοῖς κεχρημένη. ξενικὸν δὲ λέγω
γλῶτταν καὶ μεταφορὰν καὶ ἐπέκτασιν καὶ πᾶν τὸ παρὰ
τὸ κύριον. ἀλλ' ἄν τις [ἂν] ἅπαντα²) τοιαῦτα ποιήσῃ³), (4)
ἢ αἴνιγμα ἔσται ἢ βαρβαρισμός. ἂν μὲν οὖν ἐκ μεταφορῶν, αἴνιγμα, ἐὰν δὲ ἐκ γλωττῶν⁴), βαρβαρισμός.
αἰνίγματός τε⁵) γὰρ ἰδέα αὕτη ἐστί, τὸ λέγοντα⁶) ὑπάρ- (5)
χοντα ἀδύνατα συνάψαι. κατὰ μὲν οὖν τὴν τῶν ⟨κυρίων⟩⁷)
ὀνομάτων⁸) σύνθεσιν οὐχ οἷόν τε τοῦτο ποιῆσαι, κατὰ δὲ
τὴν μεταφορὰν ἐνδέχεται, οἷον

ἄνδρ' εἶδον⁹) πυρὶ χαλκὸν¹⁰) ἐπ' ἀνέρι κολλήσαντα,
καὶ τὰ τοιαῦτα· ** ἐκ¹¹) τῶν γλωττῶν βαρβαρισμός. (6)
δεῖ ἄρα κεκρᾶσθαί¹²) πως¹³) τούτοις· τὸ μὲν γὰρ μὴ (7)
ἰδιωτικὸν ποιήσει μηδὲ ταπεινὸν οἷον¹⁴) ἡ γλῶττα καὶ ἡ
μεταφορὰ καὶ ὁ κόσμος καὶ τἆλλα τὰ εἰρημένα εἴδη,

---

1) τοῦ ἰδιωτικοῦ Hermann, aber f. Vahlen Beitr. III. S. 317.
2) [ἂν] ἅπαντα Va., ἂν ἅπαντα Aᶜ Q Lᵈ, ἅμα ἅπαντα Alb., ἅπαντα Bekk. Susem.¹ nach Bᶜ Nᵃ Gˢ Pˢ M¹·², ἅμ' ἅπαντα Ueb. (vielleicht richtig).
3) ποιῆσαι Aᶜ, ποιῇ Nᵃ.
4) γλωττῶν Aᶜ.
5) τε fehlt in Alb. Bekk. Susem.¹. [τε] Ueb.
6) λέγοντα Nᵃ M¹, λέγον τὰ Aᶜ Bᶜ Q M³.
7) So Bekk.³ Susem. Ueb. nach Heinsius, ⟨ἄλλων⟩? Twining nach Piccolominis Uebers.
8) [ὀνομάτων] Ueb.
9) εἶδον Nᵃ M¹, ἴδον Aᶜ Bᶜ und andere Handschriften.
10) πυρὶ χαλκὸν Bas.³ und Maggi in den Anmm. nach Vettori, πυρίχαλκον die Handschriften.
11) ⟨ἔκ τε τῶν γλωττῶν ** ὥστε⟩ ἐκ? Susem.², ⟨καὶ⟩ ἐκ oder ἐκ ⟨τε⟩ Spengel, ἐκ ⟨δὲ⟩ und hernach ⟨ὁ⟩ βαρβαρισμός Bekk. nach Alb., [ἐκ — βαρβαρισμός] Susem.¹ nach Ritter.
12) κεκρᾶσθαι ein von Maggi benutzter Codex (Lampridii), κεκρίσθαι Aᶜ und die übrigen Handschriften, κεχρῆσθαι Hermann und Ueb. nach Vettori, κεχρίσθαι Düntzer.
13) πῶς Ueb. nach Hermann.
14) [οἷον] Susem.¹, fehlt ganz bei Bekk. nach Alb. und ist nicht unverdächtig.

22. (§. 1.) Die Güte des sprachlichen Ausdrucks nun ferner besteht darin, daß er deutlich und dabei doch nicht unedel ist. Am Deutlichsten nun ist er, wenn er sich bloß der gemeinüblichen Bezeichnungen bedient, aber er wird dadurch zugleich auch unedel. Einen Beleg dafür giebt die Poesie des Kleophon [253]) und die des Sthenelos [254]). Edel dagegen und das Alltägliche verlassend wird er durch die Anwendung ungewöhnlicher Bezeichnungen [255]). Unter einer ungewöhnlichen Bezeichnung verstehe ich nämlich den Provinzialismus, die Metapher, die Verlängerung und überhaupt Alles, was von der gemeinüblichen Ausdrucksweise abweicht. (§. 2.) Wenn nun aber wiederum ein Dichter lauter solche Ausdrücke wählen wollte, so würde seine Sprache entweder zu einem Räthselgewebe oder zu einem Kauderwelsch werden, nämlich wenn lauter Metaphern, das erstere, und wenn lauter Provinzialismen und veraltete Ausdrücke, das letztere. Denn das Wesen des Räthsels besteht darin, daß man, obwohl man von wirklich vorhandenen Dingen spricht, dennoch dabei (scheinbar) Unmögliches zusammenfügt; dies kann man nun aber nicht bewerkstelligen durch die Verbindung gemeinüblicher und eigentlicher Ausdrücke mit einander, wohl aber mittels der Metaphern, wie z. B.:

Einen sah ich mit Feuer Metall anheften dem Andern [256]) und dergleichen. — — — — — <und> es entsteht <denn so> (§. 3.) durch die Anwendung von lauter veralteten oder bloß provinziellen Ausdrücken ein Kauderwelsch. Man muß also vielmehr gemeinübliche und ungewöhnliche Ausdrücke in einem bestimmten Verhältniß mit einander mischen*), weil eben (wie gesagt) eine Erhebung über das Alltägliche und Gemeine durch Provinzialismen und alterthümliche Ausdrücke, durch Metaphern und schmückende Bezeichnungen und alle jene anderen vorher erwähnten Ausdrucksweisen hervorgebracht wird, durch die gemeinüblichen Benennungen

---

*) Oder nach Dünzers Conjectur: „Man muß also die Rede vielmehr nur bis zu einem gewissen Grade mit solcherlei Ausdrücken färben." Nach der von Vettori und Hermann: „Man muß also nur bis zu einem gewissen Grade solcherlei Ausdrücke gebrauchen".

4 τὸ δὲ κύριον τὴν σαφήνειαν. οὐκ ἐλάχιστον δὲ μέρος (8)
† συμβάλλονται¹) εἰς τὸ σαφὲς τῆς λέξεως καὶ μὴ
ἰδιωτικὸν αἱ ἐπεκτάσεις καὶ ἀποκοπαὶ καὶ ἐξαλλαγαὶ
τῶν ὀνομάτων· διὰ μὲν γὰρ τὸ ἄλλως ἔχειν ἢ ὡς τὸ
κύριον²) παρὰ τὸ εἰωθὸς γιγνόμενον τὸ μὴ ἰδιωτικὸν
ποιήσει, διὰ δὲ τὸ κοινωνεῖν τοῦ εἰωθότος τὸ σαφὲς ἔσται.
5 ὥστε οὐκ ὀρθῶς ψέγουσιν οἱ ἐπιτιμῶντες³) τῷ τοιούτῳ (9)
τῆς διαλέκτου καὶ διακωμῳδοῦντες τὸν ποιητήν, οἷον
Εὐκλείδης ὁ ἀρχαῖος, ὡς ῥᾴδιον ποιεῖν, εἴ τις δώσει
ἐκτείνειν ἐφ' ὁπόσον βούλεται, ἰαμβοποιήσας⁴) ἐν αὐτῇ
τῇ λέξει·
  Ἠπιχάρην⁵) εἶδον⁶) Μαραθωνάδε βαδίζοντα⁷)
καὶ
  οὐκ ἂν γ' ἠράμενος⁸) τὸν⁹) κείνου¹⁰) ἑλλήβορων¹¹).
6 τὸ μὲν οὖν φαίνεσθαι¹²) πως¹³) χρώμενον τούτῳ τῷ τρόπῳ (10)
γελοῖον, τὸ δὲ μέτρον¹⁴) κοινὸν ἁπάντων ἐστὶ τῶν μερῶν·

αι
1) συμβάλλονται B^c G^s M 2, συμβάλλοντες P^s, συμβάλεται A^c, συμβάλλεται Ba. nach N^a M^t und den übrigen Handschriften.
2) κύριον <τὸ> Susem. 1 nach Ritter.
3) ἐπιτιμοῦντες A^c.
4) ἰαμβοποιήσας hält Twining für verderbt.
5) Ηπιχάρην Tyrwhitt, ἤτοι χάριν A^c, Επιχάρην Ba. nach Bursian, ἠτίχαριν Bekk.¹ nach Ald., ἤτι χάριν Bekk.³, ἤτι δ' Ἄρην Susem.¹, ἤτοι Ἄρην oder ἢ τάχ' Ἄρην Gräfenhan, Μήτιχ', Ἄρην M. Schmidt.
6) εἶδον N^a M 1.3., ἴδον A^c B^c und andere Handschriften.
7) βαδδίζοντα Tyrwhitt.
8) γ' ἠράμενος Ueb., γ' ἐράμενος Ba. nach B^c N^a G^s P^s M 1.2., γεράμενος Bekk.¹ aus A^c, γευσάμενος Bekk.³ Susem.¹ nach Dacier.
9) τῶν B^c P^s M 2, τὸν Bekk. Susem.¹ Ba. nach A^c und den übrigen Handschriften, τοῦ Ueb.
10) κείνου Bekk.³, ἐκείνου Bekk.¹ Ba. nach den Handschriften.
11) ἑλληβόρων Susem.², ἑλλήβορον Bekk.³ nach Tyrwhitt, ἑλλέβορον Bekk.¹ Ba. nach A^c B^c G^s P^s M 2.4., ἑλληβώρου Ueb., ἑλεβώρων Hermann, ἐλέβορον N^a M 1.3., Oder ist τὸν ἐκείνου ἑλλήβωρον haltbar? S. auch die Anm. 258 hinter dem Text.
12) φαίνεσθαι Ueb., μαίνεσθαι M. Schmidt.
13) πῶς Ueb., πάντως Bekk.³ Susem.¹ nach Hermann (vielleicht richtig), <ἀπρι-> πῶς vermuthete Twining, giebt dies aber selbst wieder auf.

aber Deutlichkeit. (§ 4.) Nicht den schlechtesten Beitrag aber zu (8) einer solchen Deutlichkeit des sprachlichen Ausdrucks, die sich doch zugleich über die Alltäglichkeit erhebt, liefern (im Besonderen) die Verlängerungen, Verkürzungen und theilweisen Umwandlungen der Wörter. Weil sie nämlich anders lauten als die gemeinübliche Form, so wird diese Abweichung vom Gewöhnlichen dem Ausdrucke den Charakter des Nichtalltäglichen geben, weil sie aber andererseits doch immer einen Theil des Gewöhnlichen beibehalten, so wird eben hiedurch Deutlichkeit erzielt. (§. 5.) Und daher ist denn (9) der Tadel Derjenigen ungerecht, welche wider ein solches Verfahren mit der Sprache hadern und die Dichter wegen desselben verspotten, wie z. B. Eukleides der Aeltere²⁵⁷) meinte, da freilich sei es eine leichte Sache zu dichten, wenn man den Dichtern verstatten wollte, zu verlängern und dehnen, so viel ihnen beliebt, und eben dieser Meinung in folgenden Versen Ausdruck gab, in welchen er den Spott in (eben) die (nämliche Behandlung der) Sprache selber hineinlegte:*)

Aepichares sah ich nach Marathon hinabwandeln
und:
Der wohl nimmer geliebt hatte die Nießwurz Jenes²⁵⁸).

(§. 6.) Denn in dieser Weise Dehnungen, so zu sagen, augenschein- (10) lich anzuwenden, ist freilich lächerlich**), allein das richtige Maß ist ein gemeinsames Erforderniß, (überhaupt) in allen Stücken, und

---

*) Nach Vahlen vielmehr: „beliebt, indem er in purer Prosa derartige Spottverse dichtete, wie." Aehnlich schon Twining (s. aber die krit. Anm. 4). Aber auch bei der obigen Uebertragung ist der Sinn natürlich derselbe, „daß es sich um Herstellung von (hexametrischen) Versen aus beliebiger Prosa durch willkürliche Dehnung von Sylben handelt". (Ueberweg.)

**) In der 1. A. nach Hermann: „Freilich wenn Einer fort und fort sich mit der Anwendung dieser Art von Sprachformen sehen lassen wollte, so würde er sich (in der That) hiemit lächerlich machen". Ueberweg etwa: „Freilich eine gewisse Weise der Anwendung dieses Mittels ist lächerlich, indessen Maßlosigkeit kann gleich sehr bei allen Formen (der poetischen) Rede vorkommen, und so würde Jemand u. s. w."

---

3) δ' ἄμετρον Ueb. nach einer von Vahlen Beitr. III. S. 322 f. zwar ausgesprochenen, aber zugleich verworfenen Vermuthung, γὰρ μέτριον Spengel, aber s. Vahlen a. a. O.

ΠΕΡΙ ΠΟΙΗΤΙΚΗΣ.

καὶ γὰρ μεταφοραῖς καὶ γλώτταις καὶ τοῖς ἄλλοις εἴδεσι (11)
χρώμενος ἀπρεπῶς καὶ ἐπίτηδες ἐπὶ τὰ¹) γελοῖα τὸ
7 αὐτὸ ἂν ἀπεργάσαιτο· τὸ δὲ ἁρμόττον²) ὅσον διαφέρει, (12)
ἐπὶ τῶν ἐπῶν³) θεωρείσθω, ἐντιθεμένων τῶν ⟨κυρίων⟩⁴)
ὀνομάτων εἰς τὸ μέτρον. καὶ ἐπὶ τῆς γλώττης δὲ καὶ (13)
ἐπὶ τῶν μεταφορῶν καὶ ἐπὶ τῶν ἄλλων ἰδεῶν⁵) μετατιθεὶς ἄν τις τὰ κύρια ὀνόματα κατίδοι ὅτι ἀληθῆ λέγο-
μεν· οἷον τὸ αὐτὸ ποιήσαντος ἰαμβεῖον⁶) Αἰσχύλου⁷)
καὶ Εὐριπίδου, ἓν δὲ μόνον ὄνομα μεταθέντος⁸), ἀντὶ
[κυρίου]⁹) εἰωθότος¹⁰) γλῶτταν, τὸ μὲν φαίνεται καλὸν
τὸ δ᾽ εὐτελές. Αἰσχύλος μὲν γὰρ ἐν τῷ Φιλοκτήτῃ ἐποίησε
    φαγέδαιν᾽ ἀεί¹¹) μου σάρκας ἐσθίει ποδός,
ὁ δὲ ἀντὶ τοῦ ἐσθίει τὸ θοινᾶται μετέθηκεν. καὶ
    νῦν δέ μ᾽ ἐὼν ὀλίγος τε καὶ οὐτιδανὸς καὶ ἀεικής¹²),
εἴ τις λέγοι τὰ κύρια μετατιθεὶς
    νῦν δέ μ᾽ ἐὼν¹³) μικρός τε¹⁴) καὶ ἀσθενικὸς καὶ ἀειδής.
καὶ

---

1) ἐπὶ τὰ Nᵃ M¹ Gˢ(?), ἔπειτα Aᶜ Lᵈ M³,⁴, ἐπεὶ τὰ Bᶜ Pˢ M².
2) ἁρμόττον Bᶜ Gˢ Pˢ M², ἁρμόττοντος Aᶜ und die übrigen Handschriften.
3) ἐπεκτάσεων Bekk.³ Susem.¹ nach Tyrwhitt.
4) So Susem. Ueb. nach Vahlen Rhein. Muſ. XIX. S. 309.
5) εἰδέων Aᶜ Q, εἰδῶν Ald.
6) ἰάμβιον Aᶜ.
7) Αἰσχύλῳ Essen (vielleicht richtig).
8) μεταθέντος Ald., μετατιθέντος Ba. nach Aᶜ und den meisten andern Handschriften.
9) So Susem. nach Vahlen Zur Krit. S. 13 (69).
10) [εἰωθότος] Ueb. nach einer zweiten Vermuthung von Vahlen a. a. O., ⟨καὶ⟩ εἰωθότος Heinſius, was auch richtig sein kann.
11) φαγέδαιν᾽ ἀεί Nauck (Tragic. Gr. Fragm. S. 64. 486) und Susem. nach Düntzer, φαγάδενα ἢ die Handschriften, φαγέδαινα ἢ Bekk. Ba. nach Ald., φαγέδαιναν ἢ Ueb. nach Hermann, φαγέδαινά τ᾽ ἢ oder φαγέδαινα δ᾽ ἢ? Ritter, φαγέδαινά γ᾽ ἢ? Twining, φαγέδαινα δή ἢ de Pauw. Sicher läßt sich hier nicht entscheiden.
12) ἄκικυς Bekk. Susem.¹ Ueb. (der jedoch auch ἀεικής für mög- lich hält) nach Vettori, vielleicht richtig (doch durfte La Roche in seiner Ausg. der Odyssee es nicht ohne Weiteres als die Lesart des Aristot. bezeichnen), ἀεικής Castelvetro nach einer andern Lesart zu diesem Verse der Odyssee (ſ. La Roche a. a. O.), was auch richtig sein kann.

so würde Jemand, wenn er in (ähnlicher Weise) Provinzialismen (11)
und alterthümliche Ausdrücke, Metaphern und was sonst hieher gehört unschicklich und gleichfalls in der ausdrücklichen Absicht dadurch
Lachen zu erregen anwendete, dies Ziel dadurch eben so gut erreichen.
(§. 7.) Von welchem großen Werthe dagegen die angemessene Ver- (12)
wendung (der Verlängerungen) ist, das kann man (namentlich) in
den Hexametern beobachten, wenn man hier (statt ihrer) die gemeinüblichen Wörter in den Vers setzt. Aber auch an den Provinzia- (13)
lismen und alterthümlichen Wörtern, an den Metaphern und allen
sonstigen ähnlichen Ausdrucksweisen kann man, wenn man die gemeinüblichen Bezeichnungen an ihre Stelle treten läßt, sich zur
Anschauung bringen, daß ich Recht habe. So findet sich z. B. ein
sonst ganz gleichlautender Trimeter bei Aeschylos und bei Euripides,
in welchem der letztere bloß ein einziges Wort geändert hat, indem
er an die Stelle des gemeinüblichen Ausdrucks einen ungewöhnlichen setzte, und doch erscheint uns sofort dieser nämliche Vers bei
dem einen Dichter schön, bei dem anderen aber unbedeutend.
Aeschylos nämlich sagt in seinem Philoktetes:

Zum steten Fraß dient dem Geschwür des Fußes Fleisch.

Euripides dagegen setzte an die Stelle des Wortes „Fraß" den
Ausdruck „Schmaus" 259). Und derselbige Unterschied würde eintreten, wenn Jemand in dem Verse 260):

Und nun hat so ein Ding, so ein elender Wicht, so ein Schwächling*),
die gemeinüblichen Ausdrücke an die Stelle setzen und ihn darnach
so umgestalten wollte:

Und nun hat so ein Kleiner, ein Unansehnlicher, Schwächling,
oder den Vers 261):

Wo er den ärmlichen Stuhl ihm gestellt und die kleinliche Tafel
in gleicher Weise so:

Wo er den schlechten Stuhl ihm gestellt und das niedrige Tischchen,
oder wenn man statt:

---

*) Oder wenn ἄκικυς zu schreiben ist: „Weichling".

---

13) μ' ἐὰν Ald., μεὰν A^c und die meisten andern Handschriften,
μεὰν pr. B^c, μ' αἰὰν G^s (eben so vorher) und B^c am Rande.
14) τε Ald., δὲ A^c, fehlt in B^c N^a G^s.

δίφρον τ' αἰκέλιον¹) καταθεὶς ὀλίγην τε τράπεζαν.
δίφρον μοχθηρὸν καταθεὶς μικράν τε τράπεζαν.

8 καὶ τὸ "ἠιόνες²) βοόωσιν"³) ἠιόνες⁴) κράζουσιν. ἔτι δὲ (14
Ἀριφράδης⁵) τοὺς τραγῳδοὺς ἐκωμῴδει, ὅτι ἃ οὐδεὶς ἂν
εἴποι⁶) ἐν τῇ διαλέκτῳ, τούτοις χρῶνται, οἷον τὸ δωμάτων ἄπο ἀλλὰ μὴ ἀπὸ δωμάτων, καὶ τὸ σέθεν, καὶ τὸ
ἐγὼ δέ νιν, καὶ τὸ † Ἀχιλλέως περὶ ἀλλὰ μὴ περὶ
Ἀχιλλέως⁷), καὶ ὅσα ἄλλα τοιαῦτα. διὰ γὰρ τὸ μὴ (15
εἶναι ἐν τοῖς κυρίοις ποιεῖ τὸ μὴ ἰδιωτικὸν ἐν τῇ λέξει
ἅπαντα τὰ τοιαῦτα· ἐκεῖνος δὲ τοῦτο ἠγνόει⁸).

9 ἔστι δὲ μέγα μὲν τὸ⁹) ἑκάστῳ τῶν εἰρημένων πρε-(16
πόντως χρῆσθαι, καὶ διπλοῖς ὀνόμασι καὶ γλώτταις, πολὺ
δὲ μέγιστον τὸ μεταφορικὸν εἶναι. μόνον γὰρ τοῦτο (17
οὔτε παρ' ἄλλου ἔστι λαβεῖν εὐφυΐας τε σημεῖόν ἐστιν·
τὸ γὰρ εὖ μεταφέρειν τὸ τὸ ὅμοιον θεωρεῖν ἐστίν.

10 τῶν δὲ ποιημάτων¹⁰) τὰ μὲν διπλᾶ μάλιστα ἁρμόττει (18
τοῖς διθυράμβοις, αἱ δὲ γλῶτται τοῖς ἡρωικοῖς, αἱ δὲ
μεταφοραὶ τοῖς ἰαμβείοις¹¹). καὶ ἐν μὲν τοῖς ἡρωικοῖς (19
ἅπαντα χρήσιμα τὰ εἰρημένα· ἐν δὲ τοῖς ἰαμβείοις¹²),
διὰ τὸ ὅτι μάλιστα λέξιν μιμεῖσθαι, ταῦτα ἁρμόττει
τῶν ὀνομάτων ὅσοις κἂν¹³) ἐν [ὅσοις]¹⁴) λόγοις τις¹⁵) χρή-
σαιτο. ἔστι δὲ τὰ τοιαῦτα τὸ κύριον καὶ μεταφορὰ καὶ
κόσμος¹⁶).

---

1) τ' αἰκέλιον Ba. Ueb. Susem.² nach Bahlen Beitr. III. S. 267, τε ἀεικέλιον die Handschriften, ἀεικέλιον Bekk. nach Bas.³, ἀεικέλλιον Ald., [τε] ἀεικέλιον Susem.¹

2) So ein von Robortelli benutzter Codex, ἴωνες Aᶜ und die übrigen Handschriften.

3) So Ald. und derselbe von Robortelli benutzte Codex, βοᾶσιν Aᶜ und die übrigen Handschriften.

4) ἠιόνες derselbe von Robortelli benutzte Codex, ἢ ἴωνες Aᶜ und die übrigen Handschriften.

5) ἀριφράδης Gˢ, Ἀρυφράδης Bekk.¹ aus Aᶜ und den meisten andern Handschriften.

6) εἴποι Nᵃ M¹, εἴπῃ Aᶜ.

7) S. die Anm. 263ᵇ hinter dem Text.

8) Diesen ganzen §. 8 R (§. 14. 15 H) verdächtigen außer Ritter auch Bernhardy und Stahr.

9) τῶι Aᶜ.

10) δὲ ποιημάτων Bahlen Zeitschr. f. d. öftr. Gymn. XXIV. 1873. S. 659, δ' ὀνομάτων Bekk. Susem.¹ Ba. Ueb. nach den Handschriften.

Brüllt das Geklipp' auftosend ²⁶²)
sagen wollte:
Kracht das Geklipp' auftosend.

(§. 8.) Aehnlich steht es übrigens auch damit, wenn Ariphrades ²⁶³) die Tragödiendichter deßhalb verspottet, weil solcher Ausdrucksweisen, wie sie doch Niemand beim Sprechen gebrauche, dennoch sie sich bedienen, wie z. B. δωμάτων ἄπο (vom Hause ab) statt ἀπὸ δωμάτων (ab vom Hause), ferner dein (statt deiner) ἐγὼ δέ νιν und Ἀχιλλέως πέρι (Achilles wegen) statt περὶ Ἀχιλλέως (wegen Achills) ²⁶³ᵇ) und was sonst ähnlich ist. Denn (gerade) weil es nicht zu der gemeinüblichen Sprechweise gehört, bewirkt dies Alles eine Erhebung des Ausdrucks über das Alltägliche, und das wußte nur dieser Tadler nicht.

(§. 9.) Wenn es nun aber überhaupt wichtig ist, eine jede der (im Obigen) aufgeführten Ausdrucksformen angemessen zu verwenden, (also z. B.) sowohl die zusammengesetzten als auch die alterthümlichen und provinziellen Wörter, so kommt doch am Meisten darauf an geschickt zu sein im metaphorischen Ausdruck ²⁶⁴). Denn dies allein kann man nicht einem Anderen ablernen, sondern es ist dies (rein) ein Zeichen glücklicher Begabung, denn gute Metaphern erfinden heißt das Aehnliche (leicht) wahrnehmen.

(§. 10.) Unter den einzelnen Dichtarten aber eignen sich die zusammengesetzten Wörter am Meisten für die Dithyramben, die alterthümlichen und provinziellen für das ernste Heldengedicht ²⁶⁴ᵇ), die Metaphern für die iambischen Trimeter (im dramatischen Dialog) ²⁶⁵). Indessen sind in den heroischen Versen auch alle andern von uns aufgeführten Arten (ungewöhnlicher Ausdrücke) anwendbar, in den iambischen Trimetern dagegen, weil sie am Meisten dem Gesprächston sich anschließen ²⁶⁵ᵇ), sind nur diejenigen Arten von Ausdrücken angemessen, welche man auch wohl in der Umgangssprache*) gebraucht, das sind aber die gemeinübliche, die metaphorische und die schmückende Bezeichnung ²⁶⁶).

*) Oder: „in der Prosa"?

---

11) und 12) ἰαμβίοις Aᶜ.
13) κἂν Harles, καὶ die Handschriften.
14) Von Bekk. und Ueb. nach Ald. ganz getilgt.
15) τις Ald., τι Aᶜ und die meisten andern Handschriften, τί Nᵃ Mⁱ.
16) Lücke Susem.¹ nach Spengel, aber s. d. Einl. S. 15. Außerdem vgl. Anm. 247 hinter dem Text.

ΠΕΡΙ ΠΟΙΗΤΙΚΗΣ.

23. περὶ μὲν οὖν τραγῳδίας καὶ τῆς ἐν τῷ πράττειν μιμήσεως ἔστω ἡμῖν ἱκανὰ τὰ εἰρημένα· (23) περὶ δὲ τῆς διηγηματικῆς [καὶ ἐν ⟨ἑξα-⟩μέτρῳ¹) μιμητικῆς]²), ὅτι δεῖ τοὺς μύθους καθάπερ ἐν ταῖς τραγῳδίαις συνιστάναι δραματικούς, καὶ περὶ μίαν πρᾶξιν ὅλην καὶ τελείαν, ἔχουσαν ἀρχὴν καὶ μέσα³) καὶ τέλος, ἵν' ὥσπερ ζῷον ἓν ὅλον ποιῇ⁴) τὴν οἰκείαν ἡδονήν, δῆλον, καὶ μὴ ὁμοίας ἱστορίαις τὰς συνθέσεις⁵) εἶναι, ἐν αἷς ἀνάγκη οὐχὶ μιᾶς πράξεως ποιεῖσθαι δήλωσιν ἀλλ' ἑνὸς χρόνου, ὅσα ἐν τούτῳ συνέβη περὶ ἕνα ἢ πλείους, ὧν ἕκαστον ὡς ἔτυχεν ἔχει πρὸς ἄλληλα. ὥσπερ γὰρ κατὰ τοὺς αὐτοὺς χρόνους ἥ⁶) τ' ἐν Σαλαμῖνι⁷) ἐγένετο ναυμαχία⁸) καὶ ἡ ἐν Σικελίᾳ Καρχηδονίων μάχη, οὐδὲν πρὸς τὸ αὐτὸ συντείνουσαι τέλος, οὕτω καὶ ἐν τοῖς ἐφεξῆς χρόνοις ἐνίοτε γίνεται θάτερον μετὰ θατέρου⁹), ἐξ ὧν ἓν οὐδὲν γίνεται τέλος. σχεδὸν δὲ οἱ πολλοὶ τῶν ποιητῶν τοῦτο δρῶσιν. διό, ὥσπερ εἴπομεν ἤδη¹⁰), καὶ ταύτῃ θεσπέσιος ἂν φανείη Ὅμηρος παρὰ τοὺς ἄλλους, τῷ¹¹) μηδὲ τὸν πόλεμον, καίπερ ἔχοντα ἀρχὴν καὶ τέλος, ἐπιχειρῆσαι ποιεῖν ὅλον. λίαν γὰρ ἂν μέγας¹²) καὶ οὐκ εὐσύνοπτος ἔμελλεν ἔσεσθαι ἢ τῷ μεγέθει μετριάζοντα καταπεπλεγμένον τῇ ποικιλίᾳ.

---

¹) So Susem.² nach Heinsius.
²) So Susem.² nach Usener, während Bursian nur καὶ und Susem.¹ nur καὶ ἐν μέτρῳ in eckige Parenthesen setzt.
³) μέσον Bekk. Susem.¹ nach Ald.
⁴) ποιεῖ Aᶜ Q M⁴.
⁵) ἱστορίαις τὰς συνθέσεις Dacier, (doch s. Vahlen Beitr. III. S. 326 f.), ἱστορίας τὰς συνήθεις Bekk. Susem.¹ Va. nach den Handschriften, ⟨ὡς⟩ oder ⟨καὶ⟩ oder ⟨οἵας⟩ ἱστορίας τὰς συνήθεις mit Aenderung von ὁμοίας in ὁμοίως; Vahlen a. a. O.
⁶) ἢ steht in Aᶜ auf einer Rasur von zweiter Hand.
⁷) σαλαμίνη Aᶜ Nᵃ Ald.
⁸) ναύμαχος Aᶜ Q.
⁹) θάτερον Bekk.³ Susem.¹ Va. nach Par. 2038.
¹⁰) Twining will das Komma vor statt hinter ἤδη setzen.
¹¹) τῷ Gryph., τὸ die Handschriften und zweifelnd Ueb.
¹²) μέγα pr. Aᶜ, von zweiter Hand corrigirt; mit großer Wahrscheinlichkeit vermuthet daher Bursian (bei Georgiades S. 17) μέγα-εὐσύνοπτον-μετριάζον mit Tilgung der Interpunction hinter ἔσεσθαι.

23. (§. 1.) Ueber die Tragödie und ihre dramatische Darstellungsweise mag uns denn nun das Gesagte genügen; was nun aber die in Erzählungsform [und <hexa->metrisch] darstellende Dichtart anlangt ²⁶⁶ᵇ), so ist (zunächst) klar, daß man (auch bei ihr) wie in der Tragödie die Fabel dramatisch anlegen muß, ich meine das hier so ²⁶⁷), daß dieselbe eine einheitliche, ein Ganzes bildende und vollständig in sich abgeschlossene Handlung, welche Anfang, Mitte und Ende hat, umfaßt, auf daß diese gesammte Schöpfung gleich einem einheitlichen und abgeschlossenen Bilde*) den ihr eigenthümlichen Genuß bereite, und daß ihre Composition nicht den Charakter der geschichtlichen Darstellung an sich tragen darf, in welcher**) man (vielfach) genöthigt ist nicht sowohl die Darlegung einer einheitlichen Handlung zu seiner Aufgabe zu machen, als vielmehr die Einheit der Zeit zu beobachten und alles Dasjenige zu erzählen, was sich in einer und derselben Zeit mit einer oder mehreren Personen zutrug, wovon denn (oft) das Eine mit dem Anderen in einem bloß zufälligen Verhältniß steht. (§. 2.) Und so wie (in dieser Weise) um die nämliche Zeit (z. B.) die Seeschlacht bei Salamis vorfiel und die Niederlage der Karthager in Sikelien ²⁶⁷ᵇ), die durchaus nicht beide in Beziehung auf einen gemeinsamen Zweck standen²⁶⁸), so ist auch nach der unmittelbaren Aufeinanderfolge der Zeiten Manches mit einander verbunden, was zu keinem einheitlichen Zwecke zusammengeht. Aber freilich wohl die große Mehrzahl der (epischen) Dichter stellt (gleichfalls) in dieser Weise dar. (§. 3.) Eben deßhalb (aber) erscheint (um so mehr) Homeros, wie schon gesagt²⁶⁹), auch hierin als ein ganz wunderherrlicher Dichter vor allen anderen Epikern, indem er nicht einmal versucht, jenen Krieg, der doch Anfang und Ende in sich hat, ganz darzustellen. Denn es würde so sein Gedicht entweder allzu lang geworden und nicht mehr wohlübersichtlich geblieben sein, oder, wenn von mäßiger Ausdehnung, so doch allzu verwickelt durch die bunte Fülle

---

*) Oder: „Organismus"?
**) Nach der Ueberlieferung: „und daß ihr nicht die gewöhnlichen geschichtlichen Darstellungen vergleichbar sein dürfen, in denen".

ΠΕΡΙ ΠΟΙΗΤΙΚΗΣ.

νῦν δ' ἓν μέρος ἀπολαβὼν ἐπεισοδίοις κέχρηται αὐτῶν¹)
πολλοῖς, οἷον νεῶν καταλόγῳ καὶ ἄλλοις ἐπεισοδίοις, οἷς²)
διαλαμβάνει τὴν ποίησιν. οἱ δ' ἄλλοι περὶ ἕνα ποιοῦσι, (6)
καὶ † περὶ ἕνα χρόνον, καὶ μίαν³) πρᾶξιν πολυμερῆ,
οἷον ὁ τὰ Κύπρια⁴) ποιήσας καὶ⁵) τὴν μικρὰν Ἰλιάδα.
τοιγαροῦν ἐκ μὲν Ἰλιάδος καὶ Ὀδυσσείας μία τραγῳδία (7)
ποιεῖται ἑκατέρας ἢ δύο μόναι⁶), ἐκ δὲ Κυπρίων πολλαί,
καὶ⁷) τῆς μικρᾶς Ἰλιάδος [πλέον]⁸) ὀκτώ, οἷον ὅπλων
κρίσις, Φιλοκτήτης, Νεοπτόλεμος, Εὐρύπυλος, πτωχεία,
Λάκαιναι, Ἰλίου πέρσις καὶ ἀπόπλους [καὶ Σίνων καὶ
Τρῳάδες]⁹).

24. ἔτι δὲ¹⁰) τὰ εἴδη ταὐτὰ δεῖ¹¹) ἔχειν τὴν ἐπο- (1)
ποιίαν τῇ τραγῳδίᾳ (ἢ γὰρ ἁπλῆν ἢ πεπλεγμένην ἢ
ἠθικὴν ἢ παθητικήν¹²)), καὶ τὰ μέρη ἔξω μελοποιίας
καὶ ὄψεως ταὐτά, **¹³) (καὶ γὰρ περιπετειῶν δεῖ καὶ (2)
ἀναγνωρίσεων καὶ παθημάτων¹⁴)), ἔτι¹⁵) τὰς διανοίας καὶ

---

1) αὐτῆς Maggi, αὐτοῦ Heinsius, ἄλλων ein Freund Twinings, ⟨ἐν⟩ αὐτῷ Ueb. nach Al. Pazzi, αὐτὸς μὲν mit Verwandlung des Punkts hinter ποίησιν in ein Kolon Friedrich, aber f. Vahlen Beitr III. S. 328.
2) οἷς Pazzi und Trincavell, δἰς pr. Aᶜ und die übrigen Handschriften, getilgt von rc. Aᶜ, fehlt in M⁴, [δἰς] Ueb. mit Beseitigung des vorausgehenden Kommas, vielleicht richtig.
3) ἀνόμοιον Friedrich.
4) Κύπρια Reiz, κυπρικὰ Aᶜ Bᶜ und die meisten andern Handschriften, κυπριακὰ Nᵃ M¹.
5) καὶ ⟨ὁ⟩ Ueb. nach einer von Schömann Opusc. III. S. 37 zwar ausgesprochenen, aber für unnöthig erklärten Vermuthung, f. Vahlen a. a. O. III. S. 329.
6) μόναι pr. Aᶜ und corr. M⁴, μόνας Bᶜ Nᵃ Gˢ Pˢ (?) M¹·²·³. pr. M⁴ rc. Aᶜ.
7) καὶ ⟨ἐκ⟩ Bekk. Susem.¹ Ueb. nach Alb., aber f. Vahlen a. a. O.
8) und 9) So Susem. nach Hermann und Spengel. πρωιάδες Nᵃ pr. Aᶜ, τρωιάδες rc. Aᶜ, τρωιάδες Bᶜ.
10) ἔτι δὲ steht in Aᶜ zweimal.
11) δὴ Aᶜ Lᵈ.
12) παθητικὴν ⟨δεῖ εἶναι⟩ Bekk. Ueb. nach Alb., aber f. Vahlen a. a. O. S. 330 f.
13) ταὐτά ⟨,καὶ τὰ τοῦ μύθου μέρη ταυτά⟩ Vahlen Rhein. Mus. XXI. S. 153. Beitr. III. S. 331 ff., der freilich in seiner Ausg. gleich Bekk. und Susem.¹ kein Lückenzeichen setzt. ταυτά, ⟨καὶ τὰ

Ueber die Dichtkunst. 23. 24.   179

der in ihm dargestellten Ereignisse*). So aber hat er nur einen Theil jener Kriegsbegebenheiten sich (für seine eigentliche) Darstellung herausgenommen und (nur) zu Episoden viele der übrigen benutzt, wohin z. B. der Schiffskatalog und viele andere Episoden gehören, mit denen er seine Dichtung erweitert**). Alle anderen (6) (epischen) Dichter dagegen begnügen sich mit der Einheit des Helden 270) oder mit der Einheit der Zeit oder, wenn sie ja die Einheit der Handlung festhalten, so machen sie doch die letztere allzu vieltheilig, wie dies z. B. von dem Verfasser des kyprischen Liedes 271) und (dem) der kleinen Ilias 272) gilt. (§. 4.) Demgemäß 273) lassen (7) sich denn auch aus der Ilias und aus der Odyssee 274) nur je eine Tragödie machen oder zwei 275), aus dem kyprischen Liede aber viele 276), und die kleine Ilias bietet (nach ihren auf einander folgenden Theilen) den Stoff zu [mehr als] je acht dar, nämlich zu einem Waffenstreit 277), einem Philoktetes 278), Neoptolemos 279), Eurypylos 280), Odysseus als Bettler 281), Lakonerinnen 282), einer Zerstörung von Ilion 283) und einer Heimfahrt 284) [und Sinon 285) und Troerinnen 286)].

24. (§. 1.) Ferner muß es aber auch ganz die nämlichen Arten (1) von epischer Dichtung wie von Tragödie 287) geben, die einfache, die verwickelte, die charakterschildernde und die drastische, und desgleichen muß die erstere auch dieselben Theile haben mit Ausnahme der musikalischen Composition und des Theatralischen 288) ⟨und nicht minder auch dieselben Theile***) der Fabel⟩ — denn auch sie (2) bedarf der unerwarteten Wendungen, der Erkennungen und drastischen Scenen 289) — und es verlangen endlich auch in ihr Reflexion †)

*) Oder nach Bursian: entweder ein allzu langes und nicht mehr wohlübersichtliches oder, wenn — Ausdehnung, so doch durch die bunte Fülle der in ihm dargestellten Ereignisse allzu verwickeltes Gebilde geworden sein".
**) Oder: „durchflicht" oder „ausschmückt"?
***) Oder nach Susemihl: „Arten"?
†) Oder ⟨Charaktere,⟩ Reflexion"?

τοῦ καλλίστου μύθου μέρη ταὐτά⟩ Ueb., ταὐτά, ⟨καὶ τὰ τοῦ μύθου εἴδη ταὐτά⟩? Susem.

15) ἔτι οἱ Vett. Susem.¹ nach N², ἔτι ⟨δὲ τὰ ἤδη καὶ⟩ Ueb. hinter [...] Bursian, ἔτι ⟨τὰ ἤδη καὶ⟩? Susem., s. jedoch der [...]

12*

ΠΕΡΙ ΠΟΙΗΤΙΚΗΣ.

2 τὴν λέξιν ἔχειν¹) καλῶς. οἷς ἅπασιν Ὅμηρος κέχρηται (3)
καὶ πρῶτος καὶ ἱκανῶς²). καὶ γὰρ καὶ τῶν ποιημάτων³)
ἑκάτερον συνέστηκεν ἡ μὲν Ἰλιὰς ἁπλοῦν καὶ παθητι-
κόν⁴), ἡ δὲ Ὀδύσσεια πεπλεγμένον (ἀναγνώρισις γὰρ
διόλου) καὶ ἠθική⁵)· πρὸς δὲ⁶) τούτοις λέξει καὶ διανοίᾳ
πάντας⁷) ὑπερβέβληκεν.

3 διαφέρει δὲ κατά τε τῆς συστάσεως τὸ μῆκος ἡ (4)
ἐποποιία καὶ τὸ μέτρον. τοῦ μὲν οὖν μήκους ὅρος ἱκανὸς (5)
ὁ εἰρημένος, δύνασθαι γὰρ δεῖ συνορᾶσθαι τὴν ἀρχὴν
καὶ τὸ τέλος (εἴη δ' ἂν τοῦτο, εἰ τῶν μὲν ἀρχαίων
ἐλάττους αἱ συστάσεις εἶεν [πρὸς δὲ⁸) τὸ πλῆθος τραγῳ-
διῶν⁹) τῶν εἰς μίαν ἀκρόασιν τιθεμένων παρήκοιεν]¹⁰)·

4 ἔχει δὲ πρὸς τὸ ἐπεκτείνεσθαι τὸ μέγεθος πολύ τι ἡ (6)
ἐποποιία ἴδιον διὰ τὸ ἐν μὲν τῇ τραγῳδίᾳ μὴ ἐνδέχεσθαι
ἅμα πραττόμενα πολλὰ μέρη μιμεῖσθαι, ἀλλὰ τὸ ἐπὶ
τῆς σκηνῆς καὶ τῶν ὑποκριτῶν μέρος μόνον, ἐν δὲ τῇ
ἐποποιίᾳ, διὰ τὸ διήγησιν εἶναι, ἔστι πολλὰ μέρη ἅμα
ποιεῖν περαινόμενα, ὑφ' ὧν οἰκείων ὄντων αὔξεται ὁ τοῦ
ποιήματος ὄγκος· ὥστε τοῦτ' ἔχει τὸ ἀγαθὸν εἰς μεγαλο- (7)
πρέπειαν καὶ τὸ μεταβάλλειν τὸν ἀκούοντα καὶ ἐπεισοδιοῦν ἀνομοίοις ἐπεισοδίοις· τὸ γὰρ ὅμοιον ταχὺ πληροῦν

5 ἐκπίπτειν ποιεῖ τὰς τραγῳδίας)· τὸ δὲ μέτρον τὸ ἡρωικὸν (8)
ἀπὸ τῆς πείρας ἥρμοκεν¹¹). εἰ γάρ τις ἐν ἄλλῳ τινὶ

---

1) <ὡσαύτως> ἔχειν Ueb. (vielleicht mit Recht).
2) ἱκανῶς G⁸ P⁸ M² und pr. Bᶜ, ἱκανός Aᶜ corr. Bᶜ und die übrigen Handschriften.
3) ποιημάτων Bᶜ G⁸ P⁸ M² und corr. M⁴, ποιημάτων Aᶜ und die übrigen Handschriften.
4) παθητικὸν Aᶜ.
5) ἠθικοῦ rc. Aᶜ.
6) πρὸς δὲ Nᵃ M¹(?), πρὸς γὰρ Va. aus Aᶜ und den übrigen Handschriften, ** πρὸς γάρ? Spengel, vielleicht mit Recht, πρός τε Ueb.
7) πάντας Ald., πάντα Va. nach den Handschriften.
8) πρὸς δὲ Bᶜ G⁸ P⁸ M², πρόσθε Aᶜ, πρός τε Ald., vielleicht richtig.
9) <τῶν> τραγῳδιῶν Bekk. nach Ald.
10) So Susem. nach Ritter, der aber auch die voraufgehenden Worte von εἴη δ' ἂν τοῦτο an für unächt erklärt.
11) ἥρμοκεν Aᶜ.

und sprachlicher Ausdruck eine*) vollendete Behandlung. (§. 2.) (3)
Alle diese Stücke zusammen hat nun Homeros zuerst und in einer
allen Ansprüchen genügenden Weise bethätigt. Denn zunächst ist
von seinen beiden Dichtungen die Ilias einfach und drastisch,
die Odyssee aber verwickelt — denn sie läuft ganz und gar auf
Erkennungen hinaus 290) — und als Charaktergemälde angelegt,
und dazu hat er auch in Bezug auf den sprachlichen Ausdruck und
die Reflexion alle andern Epiker übertroffen**).

(§. 3.) Es unterscheidet sich dagegen in Hinsicht auf die Länge (4)
des Werkes***) die epische Dichtung (von der Tragödie) und eben so
in Bezug auf das Versmaß. Was nun zunächst die erstere anlangt, (5)
so darf als nähere Bestimmung dieser Länge die schon 291) angegebene genügen: man muß Anfang und Ende übersehen können,
und das würde freilich (besser) der Fall sein, wenn die epischen
Schöpfungen †) (etwas) kürzer wären, als es bei jenen alten Dichtungen 292) der Fall ist, [und etwa sich auf die Länge so vieler
Tragödien ausdehnten, als unmittelbar in einer Vorstellung gegeben
zu werden pflegen 293)]. (§. 4.) indessen hat doch in Bezug auf die (6)
größere Ausdehnung seines Umfanges das Epos einen bedeutenden
eigenthümlichen Vortheil vor der Tragödie, indem es in der letzteren nicht möglich ist mehreres gleichzeitig Geschehende darzustellen,
sondern immer nur die einzelne Handlung, welche (bei der Aufführung) sich auf der Bühne begiebt und von den Schauspielern
vorgeführt wird 293b), während es im Epos, weil dasselbe eine berichtende Darstellung ist, möglich wird mehrere Theilhandlungen zugleich vor sich gehen zu lassen, durch welche denn, wenn sie wirklich
zur Sache gehören 294), die Stattlichkeit des Gedichtes gewinnt.
Und so hat es denn hierin einen Vorzug, welcher zur Erhöhung (7)
seines Glanzes dient und es ihm möglich macht wechselnde Eindrücke
im Zuhörer hervorzurufen und verschiedenartige Theilhandlungen
und Auftritte auf einander folgen zu lassen, denn gerade die Einförmigkeit, welche so rasch sättigt, ist Schuld daran, daß (so viele)
Tragödien durchfallen 295). (§. 5.) Was aber sodann das Metrum (8)
betrifft, so hat sich das für die heroische Dichtung angemessene durch

---

*) Oder nach Ueberweg: „dieselbe"?
**) Nach A^c: „Alles übertroffen".
***) und †) Wörtlicher: „der Composition" und „Compositionen".

μέτρῳ διηγηματικὴν¹) μίμησιν ποιοῖτο ἢ ἐν πολλοῖς,
ἀπρεπὲς ἂν φαίνοιτο· τὸ γὰρ ἡρωϊκὸν στασιμώτατον καὶ (9)
ὀγκωδέστατον τῶν μέτρων ἐστίν, διὸ²) καὶ γλώττας [καὶ
μεταφορὰς]³) δέχεται μάλιστα· περιττὴ γὰρ καὶ⁴) ἡ
διηγηματικὴ μίμησις⁵) τῶν ἄλλων⁶). τὸ δὲ ἰαμβεῖον⁷) (10)
καὶ τετράμετρον † κινητικά, καὶ⁸) τὸ μὲν ὀρχηστικόν,
τὸ δὲ πρακτικόν. ἔτι δὲ ἀτοπώτερον εἰ μιγνύοι⁹) τις (11)
αὐτά¹⁰), ὥσπερ Χαιρήμων. διὸ οὐδεὶς μακρὰν σύστασιν (12)
ἐν ἄλλῳ πεποίηκεν ἢ τῷ¹¹) ἡρῴῳ¹²), ἀλλ' ὥσπερ εἴπομεν,
αὐτὴ ἡ φύσις διδάσκει τὸ ἁρμόττον αὐτῇ¹³) [δι-]αιρεῖσθαι¹⁴).

*   *   * ¹⁵)

7   Ὅμηρος δὲ ἄλλα τε πολλὰ ἄξιος ἐπαινεῖσθαι, καὶ (25,1)
δὴ καὶ ὅτι μόνος τῶν ποιητῶν οὐκ ἀγνοεῖ ὃ δεῖ ποιεῖν
αὐτόν. αὐτὸν γὰρ δεῖ τὸν ποιητὴν ἐλάχιστα λέγειν· οὐ (2)
γάρ ἐστι κατὰ ταῦτα μιμητής. οἱ μὲν οὖν ἄλλοι αὐτοὶ
μὲν δι' ὅλου ἀγωνίζονται, μιμοῦνται δὲ ὀλίγα καὶ ὀλιγάκις

---

1) διηγητικήν Aᶜ Nᵃ Q M 1.3.4.
2) διότι Friedrich (mit Unrecht).
3) [καὶ μεταφορὰς] Susem. nach Ritter, der freilich noch mehr für unächt erklärt.
4) καὶ ··? Susem., καὶ ⟨ταύτῃ⟩ Twining, κἂν ⟨ταύταις⟩? Bywater, καὶ ⟨σεμνοτέρα⟩ Vahlen Zeitschr. f. d. östr. G. XXV. 1874. S. 16.
5) μίμησις Bᶜ Gˢ Pˢ M², κίνησις Aᶜ und die übrigen Handschriften.
6) [περιττὴ–ἄλλων] Susem.¹, [διὸ–ἄλλων] Ritter.
7) ἰαμβεῖον Bᶜ Gˢ Pˢ M 2.4., ἰαμβίον Aᶜ, ἰαμβικὸν Bekk. Susem.¹ nach Nᵃ M 1.3.
8) κινητι⟨–κά⟩, καὶ Va. Ueb. Susem.² nach Vahlen, κινητικαὶ Aᶜ Bᶜ Gˢ Pˢ M 2.3.4., κινητικόν Nᵃ M¹, κινητικά Bekk. Susem.¹ nach Alb.
9) μιγνύοι M²(?) Alb., μηγνύη Aᶜ, μιγνύῃ Bᶜ Lᵈ, μιγνύει Gˢ Pˢ.
10) τοιαῦτα Friedrich, αὐτὰ ⟨καὶ ἄλλα τοιαῦτα⟩? Susem., f. d. Anm. 299 hinter dem Text.
11) τὸ Aᶜ.
12) ἡρωικῷ Ueb.
13) αὐτὴ Aᶜ.
14) αἱρεῖσθαι Bonitz, διαιρεῖσθαι Bekk. nach den Handschriften.
15) Wenn ich hier eine längere Lücke annehme, so geschieht es aus andern Gründen als bei Thurot, der überdies erst vor §. 8 das μὲν οὖν dieselbe setzt. Vgl. d. Einl. S. 15 f.

die Erfahrung erprobt, und so wird es denn (stets), wenn Jemand etwa in einem andern Maße oder in vielen verschiedenen eine erzählende Dichtung zur Darstellung bringt, als unpassend erscheinen. Denn das heroische Versmaß ist eben das stetigste*) und stattlich- (9) würdevollste von allen, weßhalb denn es vorzugsweise auch alterthümliche und provinzielle Ausdrücke [und Metaphern] zuläßt 296), denn auch die erzählende Darstellung (selbst) hat ja etwas über das Maß aller anderen Darstellungen Hinausgehendes**) 297). Der (10) iambische Trimeter und der (trochäische) Tetrameter dagegen haben einen bewegten Charakter, und zwar der letztere den des Tanzes, der erstere aber den des Handelns 298). (§. 6.) Noch unpassender (11) (als sonach die Anwendung eines von ihnen) ist es aber, wenn Jemand (im Epos) sie***) etwa durch einander gebrauchet, wie Chäremon 299). Und so hat denn eben auch noch Niemand eine längere (12) epische Composition in einem anderen Versmaße als dem heroischen gedichtet 299b), sondern es hat (bei Dergleichen), wie (schon) gesagt 300), die Natur der Sache selber das ihr Entsprechende†) wählen gelehrt. — — — — — — —

(§. 7.) Homeros aber ist, wie in vielen andern Stücken, so nament- (C.25.§. lich auch darin des Rühmens werth, daß er allein von allen seinen Kunstgenossen sich Dessen wohl bewußt ist, was der epische Dichter selber thun muß. Ein solcher muß nämlich in eigner Person mög- (2) lichst wenig vortragen, denn so weit er dies thut, ist er ja kein eigentlich nachahmender Dasteller 301). Alle anderen (epischen) Dichter nun aber treten durch ihre ganzen Gedichte hindurch (fast nur) in eigener Person auf und stellen nur Weniges und in wenigen Fällen eigentlich nachahmend dar, er dagegen führt nach kurzer Einleitung

---

*) Oder: „ruhigste."
**) Oder: „etwas vor allen andern Darstellungen Hervorstechendes" oder „etwas von — „Abstechendes." Oder nach Twining: „denn es hat auch ‹hierin› die erzählende Darstellung etwas von — Abstechendes?" Oder nach Bahlen: „denn die erzählende Darstellung hat etwas — und ‹Würdigeres›"?
***) Oder: „diese ‹und andere› Verse"? S. d. Anm. 299 hinter dem Text.
†) Oder: „entsprechende Versmaß"?

ὃ δὲ ὀλίγα φροιμιασάμενος, εὐθὺς εἰσάγει ἄνδρα ἢ
γυναῖκα ἢ ἄλλο τι [ἦθος]¹), καὶ οὐδέν' ἀήθη²), ἀλλ'
ἔχοντα ἤθη.

8   δεῖ μὲν οὖν ἐν ταῖς τραγῳδίαις ποιεῖν τὸ θαυμαστόν,   (3)
μᾶλλον δ' ἐνδέχεται ἐν τῇ ἐποποιίᾳ τὸ ἄλογον³), δι' ὃ⁴)
συμβαίνει μάλιστα τὸ θαυμαστόν, διὰ τὸ μὴ ὁρᾶν εἰς
τὸν πράττοντα· ἐπεὶ⁵) τὰ περὶ τὴν Ἕκτορος δίωξιν ἐπὶ   (4)
σκηνῆς ὄντα γελοῖα ἂν φανείη, οἳ μὲν ἑστῶτες καὶ οὐ
διώκοντες, ὁ δὲ ἀνανεύων· ἐν δὲ τοῖς ἔπεσι λανθάνει. τὸ   (5)
δὲ θαυμαστὸν ἡδύ (σημεῖον δέ, πάντες γὰρ προστιθέντες
9 ἀπαγγέλλουσιν ὡς χαριζόμενοι. δεδίδαχε δὲ μάλιστα   (6)
Ὅμηρος καὶ τοὺς ἄλλους ψευδῆ λέγειν ὡς δεῖ. ἔστι δὲ
τοῦτο παραλογισμός. οἴονται γὰρ ἄνθρωποι, ὅταν τουδὶ
ὄντος τοδὶ ᾖ ⟨ἢ⟩⁶) γινομένου γίνηται, εἰ⁷) τὸ ὕστερόν
ἐστι καὶ τὸ πρότερον εἶναι ἢ γίνεσθαι· τοῦτο δ' ἐστὶ
ψεῦδος. διὸ δεῖ⁸), ἂν τὸ πρῶτον ψεῦδος, ἄλλο δὲ⁹) τούτου ὄντος ἀνάγκη¹⁰) εἶναι ἢ γενέσθαι, [ἢ]¹¹) προσθεῖναι·
διὰ γὰρ τὸ τοῦτο εἰδέναι ἀληθὲς ὄν, παραλογίζεται
10 ἡμῶν ἡ ψυχὴ καὶ τὸ πρῶτον ὡς ὄν¹²). παράδειγμα δὲ
τούτου¹³) ἐκ τῶν Νίπτρων¹⁴))· προαιρεῖσθαί τε δεῖ ἀδύνατα   (7)

---

1) [ἦθος] Bekk.³ Susem. nach Retz, εἶδος; Ueb. nach Bursian, vielleicht richtig, doch läßt sich auch ἦθος zur Noth vertheidigen.
2) οὐδὲν' ἀήθη Vettori, οὐδένα ἤδη Aᶜ, οὐδεναήδη Bᶜ, οὐδὲν ἀηθὲς Bekk. Susem.¹ nach Ald.
3) ἄλογον Vettori, ἀνάλογον die Handschriften.
4) δι' ὃ Vettori, διὸ Bekk. nach den Handschriften.
5) ἐπεὶ Bᶜ Gˢ Pˢ M², ἔπειτα Aᶜ und die übrigen Handschr., ἐπεὶ [τὰ] Ba.
6) ἢ fehlt in Aᶜ Nᵃ M¹,³,⁴.
7) ἢ pr. Aᶜ, aber von zweiter Hand corrigirt.
8) δεῖ Bonitz, δὴ Bekk. Ba. nach den Handschriften.
9) ἄλλο δὲ von Robortelli benutzte Handschriften, ἄλλου δὲ Bekk. aus Aᶜ, ἄλλο δέ ⟨, ὃ⟩ Ba.
10) ἀνάγκη ⟨ἢ⟩ Susem¹ nach Vahlen Zur Krit. S. 28 (94).
11) So Bonitz, ohne eckige Parenthesen Bekk., ἢ Ba., δεῖ, wenn vorher δὴ beibehalten wird? Ueberweg.
12) ὂν ist in Aᶜ von zweiter Hand auf einer Rasur geschrieben.
13) τούτου Robortelli, τούτων Nᵃ M¹, τοῦτο Aᶜ und die übrigen Handschriften, τοῦτο ⟨τὸ⟩ Susem.¹ nach Spengel, τοῦ⟨-του⟩ τὸ Spengel, vielleicht richtig.

sofort Mann und Weib und was es sonst giebt³⁰²) (redend) ein, und zwar so, daß keines von ihnen ohne Charakteristik bliebe, sondern Alles entwickelt bei ihm seinen bestimmten Charakter.

(§. 8.) Man muß nun ferner das Wunderbare zwar auch in den Tragödien zur Darstellung bringen, aber das Vernunftwidrige, auf welchem zumeist das Wunderbare beruht³⁰²ᵇ), darzustellen ist doch in (weit) stärkerem Maße im Epos zulässig, weil man ja in ihm den Handelnden nicht vor sich sieht. Denn wollte man (z. B.) die Verfolgung des Hektor³⁰³) auf die Bühne bringen, so würde es einen lächerlichen Eindruck machen, wie die griechischen Krieger stille stehen bleiben und ihn nicht verfolgen und Achilleus sie durch das (bloße) Winken mit dem Kopfe zurückhält³⁰⁴), im Epos dagegen merkt man hiervon Nichts. Nun liegt aber in dem Wunderbaren ein besonderer Reiz. Dafür ist Das ein Beleg, daß alle Menschen, wenn sie Etwas erzählen, dies mit eignen Zusätzen auszuschmücken lieben*), um dadurch größeres Interesse dafür zu erregen. (§. 9.) (Wiederum) Homeros aber hat (überhaupt) auch darin den andern Dichtern ein Vorbild gegeben, wie der Dichter am Geschicktesten das Täuschende einzuführen hat. Es beruht dies Verfahren nämlich auf einem Trugschluß, insofern, wenn (thatsächlich) das Sein <oder> Werden von einem Etwas das von einem anderen als Folge nach sich zieht, man anzunehmen pflegt, daß das Eintreten dieser Folge auch das Vorhandensein jener Voraussetzung (schon nothwendig) bedinge. Dies aber ist ein Irrthum. Und daher muß man nun, wenn das Eine unwahr ist, unter der Voraussetzung aber, es wäre wirklich vorhanden, nothwendig auch ein Anderes vorhanden sein oder eintreten müßte, (man muß, sage ich, um jenes Erstere dennoch glaublich zu machen) dieses Letztere hinzusetzen, denn da unsere Seele weiß, dieses Letztere ist wahr, so begeht sie den Fehlschluß, es müsse dann auch jenes Erstere wirklich der Fall sein. (§. 10.) Ein Beispiel hiefür ist jenes aus der Badescene (in der Odyssee)³⁰⁵). Und es muß (nun nach diesem Allen) der Dichter das

*) Teichmüller II, S. 298 ff. vielmehr: „dies hinzufügen (nämlich die Geschichte sei wunderbar)."

---

14) νίπτρῳ Aᶜ, νίπρων pr. Bᶜ (aber von derselben Hand im Text und am Rande corrigirt).

εἰκότα μᾶλλον ἢ δυνατὰ ἀπίθανα¹). **²) τούς τε (8)
λόγους μὴ συνίστασθαι ἐκ μερῶν ἀλόγων, ἀλλὰ μάλιστα
μὲν μηδὲν ἔχειν ἄλογον, εἰ δὲ μή, ἔξω τοῦ μυθεύματος,
ὥσπερ Οἰδίπους τὸ μὴ εἰδέναι πῶς ὁ Λάιος³) ἀπέθανεν,
ἀλλὰ μὴ ἐν τῷ δράματι, ὥσπερ ἐν Ἠλέκτρᾳ οἱ τὰ Πύθια
ἀπαγγέλλοντες, ἢ ἐν Μυσοῖς ὁ ἄφωνος ἐκ Τεγέας εἰς
τὴν Μυσίαν ἥκων. ὥστε⁴) τὸ λέγειν ὅτι ἀνῄρητο⁵) ἂν (9)
ὁ μῦθος γελοῖον· ἐξ ἀρχῆς γὰρ οὐ δεῖ συνίστασθαι τοιού-
τους· ἂν δὲ θῇ⁶), καὶ φαίνηται⁷) εὐλογωτέρως⁸), ἐν- (10)
δέχεσθαι⁹) καὶ¹⁰) ἄτοπον, ἐπεὶ καὶ τὰ ἐν Ὀδυσσείᾳ
ἄλογα τὰ περὶ τὴν ἔκθεσιν, ὡς οὐκ ἂν ἦν ἀνεκτά,
δῆλον ἂν † γένοιτο, εἰ αὐτὰ φαῦλος ποιητὴς ποιήσειεν¹¹).
νῦν δὲ τοῖς ἄλλοις ἀγαθοῖς ὁ ποιητὴς ἀφανίζει ἡδύνων
τὸ ἄτοπον.

11 τῇ δὲ λέξει δεῖ διαπονεῖν ἐν τοῖς ἀργοῖς μέρεσι καὶ (11)
μήτε ἠθικοῖς μήτε διανοητικοῖς· ἀποκρύπτει γὰρ πάλιν
ἡ λίαν λαμπρὰ λέξις τά τε¹²) ἤθη καὶ τὰς διανοίας.

---

¹) ἀπίθανα Λᶜ.
²) So Susem. nach eigner Vermuthung. Vielleicht trifft schon folgende Ergänzung ⟨ἀλλὰ τὴν τραγῳδίαν δεῖ, καθάπερ εἴρηται, μάλιστα φεύγειν τὰ ἀπίθανα⟩ annähernd das Richtige, doch lassen sich auch viele andere denken (s. d. Anm. 306ᵇ hinter dem Text), und sicher ist nur, daß die Tragödie hier genannt war, um zu wiederholen, daß auf sie deshalb der vorausgehende Satz weniger als auf das Epos anwendbar ist, weil sie eben weniger die Mittel besitzt, das Unglaubliche, ja Unmögliche dennoch glaublich zu machen. Vielleicht ist das folgende τε nur eingeschoben, um die nach dem Ausfall fehlende grammatische Verbindung herzustellen, wenigstens erwartet man eher αὐτοὺς τοὺς λόγους als bloß τοὺς λόγους. In diesem Fall würde sogar die Ergänzung ⟨ἐν δὲ τῇ τραγῳδίᾳ αὐτοὺς⟩ τοὺς [τε] genügen.
³) ὁ Λάιος A. Pazzi, auch W. Pazzi im Anhang und Trincaveli am Rande, ὁ ἴολαος Λᶜ, ὁ ἴολαος die andern Handschriften und Ald.
⁴) ὥστε Bᶜ Gˢ Pˢ M² und corr. M⁴, ὅστε Λᶜ.
⁵) ἀνῄρειτο Λᶜ.
⁶) τεθῇ Al. Pazzi und ein von Robortelli benutzter Codex.
⁷) καὶ **, φαίνεται Thurot (s. dagegen die Anm. 310 hinter dem Text), ὡς ἂν φαίνηται Ueb.
⁸) εὐλογώτερον Bekk. und Thurot nach Bas.², !εὐλογότερον Ald., εὐλογωτέρως ** Susem.¹.
⁹) ἀποδέχεσθαι Bekk. und Thurot nach Bᶜ Gˢ Pˢ M² und Lᵈ am Rande, ἐκδέχεσθαι einige von Maggi und von Vettori benutzte

Unmögliche, aber Wahrscheinliche dem Möglichen, aber Unglaublichen vorziehen³⁰⁶), ⟨allein die Tragödie — — — — — — — (8) — —⟩³⁰⁶ᵇ) und sie darf in ihrem eigentlich dargestellten Verlauf sich nicht aus Bestandtheilen zusammensetzen, welche Vernunftwidriges (und Unglaubliches) enthalten, vielmehr muß sie am Liebsten gar nichts solches an sich tragen, oder, wenn ja, so muß es doch außerhalb der eigentlichen Fabel liegen, wie z. B. daß Oedipus nicht weiß, auf welche Art Laïos geendet hat³⁰⁷), und nicht mitten in der Handlung sich finden, wie z. B. in der Elektra der Bericht von den pythischen Spielen³⁰⁸) oder in den Mysern jener Mann, der lautlos von Tegea bis nach Mysien gewandert sein soll³⁰⁹). Zu sagen aber (etwa), daß sonst die ganze Fabel zusammenfallen (9) würde, ist eine lächerliche Entschuldigung, denn man muß eben von vorn herein die Fabel nicht so anlegen*). Freilich andererseits ist es dennoch geschehen und weiß dann der tragische Dichter ihm den Schein des Vernunftgemäßen zu geben³¹⁰), so muß doch (wiederum) auch das Ungereimte³¹¹ᵃ) zulässig sein**). Denn auch in der (10) Odyssee würden die unglaublichen Dinge, welche (z. B.) bei der Aussetzung (des Odysseus ans Land) vorkommen³¹²), als etwas Unerträgliches zu Tage treten, wenn ein schlechter Dichter sie uns vortrüge, nun aber verdeckt der Dichter uns das Ungereimte³¹¹ᵇ), indem er es mit Schönheiten von anderer Art würzt.

(§. 11.) Was aber den sprachlichen Ausdruck anlangt, so (11) muß der epische Dichter auf ihn die meiste Sorgfalt in jenen gleichgültigen Partien verwenden, in denen weder die Charakterentwicklung noch die Reflexion besonders hervortreten soll³¹³), wogegen gerade eine allzu blendende Sprache die Charakteristik und Reflexion in den Schatten stellt.

*) Wörtlicher und besser: „componiren."
**) Nach Bᶜ: „so muß man doch (wiederum) auch das Ungereimte (bei ihm) sich gefallen lassen."

Handschriften und Trincaveli am Rande, ἐνδέχεσθαι ⟨,ἀποδέχεσθαι⟩? Spengel, aber Vahlen Beitr. III. S. 343 bemerkt richtig, daß es dann auch noch ⟨μὴ⟩ φαίνηται heißen müßte, ⟨ποιεῖν⟩ ἐνδέχεσθαι Hartung.
10) τὸ Par. 2038, καὶ ⟨τὸ⟩ Hartung.
11) ποιήσειν Heinsius, ποιήσει die Handschriften, ἐποίησεν Spengel.
12) τε Bᶜ Gᶜ Pˢ M², δὶ Aᶜ Lᵈ M³,⁴.

ΠΕΡΙ ΠΟΙΗΤΙΚΗΣ.

25. περὶ δὲ προβλημάτων καὶ λύσεων, ἐκ πόσων τε (26, καὶ ποίων [ἂν]¹) εἰδῶν ἐστίν²), ὡδ᾽ ἂν³) θεωροῦσι γένοιτ᾽ ἂν φανερόν. ἐπεὶ γάρ ἐστι μιμητὴς ὁ ποιητής, ὥσπερ (2) ἂν εἰ⁴) ζωγράφος ἢ⁵) τις ἄλλος εἰκονοποιός, ἀνάγκη μιμεῖσθαι τριῶν ὄντων τῶν ἀριθμῶν⁶) ἕν τι ἀεί· ἢ γὰρ οἷα ἦν ἢ ἔστιν, ἢ οἷά φασι καὶ δοκεῖ, ⟨ἢ⟩⁷) οἷα εἶναι δεῖ⁹). ταῦτα δ᾽ ἐξαγγέλλεται λέξει **⁹) ἢ καὶ γλώτ- (3) ταις καὶ μεταφοραῖς καὶ πολλὰ¹⁰) πάθη τῆς λέξεως ἐστίν· δίδομεν γὰρ ταῦτα τοῖς ποιηταῖς. πρὸς δὲ τούτοις (4) οὐχ ἡ αὐτὴ ὀρθότης ἐστὶ τῆς πολιτικῆς¹¹) καὶ τῆς ποιητικῆς, οὐδὲ ἄλλης τέχνης καὶ ποιητικῆς. αὐτῆς δὲ (5) τῆς ποιητικῆς διττὴ¹²) ἁμαρτία· ἡ μὲν γὰρ καθ᾽ αὐτήν, ἡ δὲ κατὰ συμβεβηκός. ἡ¹³) μὲν γὰρ ⟨τοῦ ἃ⟩¹⁴) προεί- (6) λετο μιμήσασθαι ἀδυναμία¹⁵) αὐτῆς¹⁶) ἡ ἁμαρτία· εἰ¹⁷)

---

1) So Va. Ueb. Susem.² nach Gˢ Pˢ M².
2) εἴη Bekk. Susem.¹ nach Nᵃ M¹.
3) ὡδὶ für ὡδ᾽ ἂν Ald.
4) ὡσπερανεὶ Va. Ueb. wohl mit Recht.
5) ἢ Lᵈ M³ pr. M⁴ und pr. Aᶜ, aber von zweiter Hand corrigirt.
6) τῶν ἀριθμῶν Aᶜ Nᵃ Q Lᵈ, τῷ ἀριθμῷ Bᶜ Gˢ Pˢ M², τὸν ἀριθμὸν Bekk. Susem.¹ Va. Ueb. nach Ald., vielleicht mit Recht.
7) ἢ fehlt in Aᶜ Lᵈ.
8) δεῖν re. Aᶜ.
9) ⟨κυρίᾳ⟩ λέξει Heinsius, λέξει ⟨ἢ κυρίοις ὀνόμασι⟩ Susem.¹ nach Vahlen Zur Krit. S. 29 (85), λέξει ⟨ἁπλῇ⟩ Ueb., λέξει ⟨ἢ κυρίᾳ⟩ Twining, ⟨ἢ κυρίᾳ⟩ λέξει Vahlen Beitr. IV. S. 407. Alle diese Ergänzungen laufen auf den gleichen Sinn hinaus, und da der Wortlaut unsicher ist, habe ich jetzt mit Va. vorgezogen, bloß das Zeichen einer Lücke zu setzen, indem ich überdies dahingestellt lasse, ob es nicht richtiger ist vielmehr ἢ καὶ γλώτταις καὶ μεταφοραῖς mit Spengel in eckige Parenthesen zu setzen.
10) ὅσ᾽ ἄλλα Susem.¹ nach Vahlen a. a. O., vielleicht richtig.
11) ὑποκριτικῆς Bekk.³ Susem.¹ nach Hermann.
12) διττὴ ⟨ἡ⟩ Bekk. Susem.¹ nach Ald.
13) εἰ Bekk. Susem.¹ Va. nach Par. 2038 und corr. M⁴.
14) So Ueb. Susem.² nach Ueberweg.
15) ἀδυναμία Ueb., ἀδυναμίαν Bekk. Susem.¹ nach den Handschriften, ⟨κατ᾽⟩ ἀδυναμίαν Heinsius, ⟨παρ-⟩ἃ δύναμιν Twining, ** ἀδυναμίαν Va., ⟨ὀρθῶς, ἥμαρτε δ᾽ ἐν τῷ μιμήσασθαι δι᾽⟩ἀδυναμίαν Vahlen Beitr. IV. S. 353 ff., ⟨μὴ ἐμιμήσατο ὁ δι᾽⟩ἀδυναμίαν Torstrik a. a. O.

Ueber die Dichtkunst. 25. (26.)

25. (§. 1.) Was nun aber die Probleme (welche sich für die (C.26.§.1) richtige Auffassung und Beurtheilung dichterischer Darstellung ergeben) und die Lösungen derselben anlangt, so dürfte es klar werden, von wie vieler- und welcherlei Gesichtspunkten dieselben ausgehen, wenn man die Sache in folgender Weise in Betracht nimmt. Da (2) der Dichter so gut ein nachahmender Darsteller ist wie der Maler und jeder sonstige Bildner, so hat er nur zwischen drei ihm gegebenen Möglichkeiten die Wahl und kann nothwendig nur von diesem Dreifachen stets*) je Eines nachahmen: er kann seine Gegenstände nur entweder so darstellen, wie sie wirklich sind oder waren, oder so, wie sie nach der Sage und dem Glauben der Menschen beschaffen sind, <oder> endlich so, wie sie sein sollten. **(§. 2.)** Zur Darstellung (3) im sprachlichen Ausdrucke bringen aber kann er dies entweder in den gemeinüblichen Redewendungen oder auch in alterthümlichen und provinziellen Bezeichnungen und Metaphern, und so giebt es (noch) viele (andere) Modificationen des Ausdrucks, und den Dichtern**) gestatten wir ja diese (alle) anzuwenden. **(§. 3.)** Fernerhin (4) ist aber auch das Kunstgerechte ein anderes, je nachdem dabei der Maßstab der Dichtkunst oder aber der Staatskunst oder überhaupt jeder anderen Kunst angelegt wird³¹⁴), und von jenem rein poeti- (5) schen Maßstabe aus muß eine zwiefache Art von Verstoß unterschieden werden, nämlich einmal ein solcher, welcher das eigentliche Wesen der Dichtkunst, und andererseits ein solcher, welcher sie nur im abgeleiteten Sinne trifft. **(§. 4.)** Die Unfähigkeit nämlich Das- (6) jenige wirklich darzustellen, was man sich vorgenommen hat, ist ein Verstoß gegen das eigentliche Wesen von ihr***), hat man dagegen

*) Oder nach Aldus bloß: „so kann er nothwendig nur von Dreiem stets"?

**) Oder nach Vahlens Conjectur: „Metaphern und was es sonst noch für Modificationen des Ausdrucks giebt, denn den Dichtern"? Oder nach Spengel: „Zur Darstellung gebracht aber wird dies im sprachlichen Ausdruck, und es giebt viele Modificationen — Dichtern"?

***) Oder wörtlich: „gegen sie selbst".

---

16) καθ' αὑτήν? Susem.¹ in den Anmm., αὐτῆς <καθ' αὑτήν>? Spengel, aber Beides ist unnöthig.

17) si Par. 2038, ἢ Aᶜ Bᶜ Nᵃ Gˢ und wohl überhaupt alle andern Handschriften.

ΠΕΡΙ ΠΟΙΗΤΙΚΗΣ.

δὲ ⟨διὰ⟩¹) τὸ προελέσθαι μὴ²) ὀρθῶς, ἀλλὰ τὸν ἵππον ἄμφω³) τὰ δεξιὰ προβεβληκότα ἢ τὸ καθ᾽ ἑκάστην τέχνην ἁμάρτημα, οἷον τὸ κατ᾽ ἰατρικὴν ἢ ἄλλην τέχνην, [ἢ]⁴) ἀδύνατα πεποίηται ὁποιαοῦν⁵), οὐ καθ᾽ ἑαυτήν.
5 ὥστε δεῖ τὰ ἐπιτιμήματα ἐν τοῖς προβλήμασιν ἐκ τού- (7)
των ἐπισκοποῦντα λύειν. πρῶτον μὲν⁶) τὰ πρὸς αὐτὴν
τὴν τέχνην⁷). ἀδύνατα⁸) πεποίηται, ἡμάρτηται⁹). ἀλλ᾽ (8)
ὀρθῶς ἔχει, εἰ τυγχάνει τοῦ τέλους τοῦ αὐτῆς (τὸ γὰρ
τέλος εἴρηται¹⁰)), εἰ¹¹) οὕτως ἐκπληκτικώτερον ἢ αὐτὸ ἢ
ἄλλο ποιεῖ μέρος (παράδειγμα ἡ τοῦ Ἕκτορος δίωξις)·
εἰ μέντοι τὸ τέλος ἢ¹²) μᾶλλον ⟨ἢ μὴ⟩¹³) ἧττον ἐνεδέχετο (9)
ὑπάρχειν καὶ¹⁴) κατὰ τὴν περὶ τούτων τέχνην, ἡμαρτῆ-
σθαι¹⁵) οὐκ ὀρθῶς (δεῖ γάρ, εἰ ἐνδέχεται, ὅλως μηδαμῇ
ἡμαρτῆσθαι). ἔτι ποτέρων¹⁶) ἐστὶ τὸ ἁμάρτημα, τῶν κατὰ (10)

---

1) So Ueb. Susem.² nach Ueberweg.
2) μὲν Susem.¹ nach einem von Robortelli und einem andern von Maggi benutzten Codex („Lampridii") und den von Robortelli angeführten „libri Medicei", mit Unrecht.
3) ⟨ἅμ⟩ ἄμφω Va. Ueb. nach Vahlen a. a. O., vielleicht mit Recht.
4) So Ueb. Susem.² nach Ueberweg, ἢ Bekk. Susem.¹ nach Nᵃ, ἢ εἰ („aut etiam si") A. Pazzi, εἰ Trincavelli am Rande. Susem.¹ hat ἢ ἀδύνατα πεποίηται, Va. ἢ ἀδύνατα πεποίηται nach Düntzer in eckige Parenthesen gesetzt.
5) ὁποιαοῦν Winstanley, ὁποῖα οὖν I.ᵈ, ὁποιανοῦν Bekk. Susem.¹ Va. nach Aᶜ und den übrigen Handschriften.
6) μὲν ⟨ἂν⟩ Bekk., μὲν ⟨εἰ⟩ Susem.¹ nach rc. Aᶜ, μὲν γὰρ Par. 2038 und Ald., μὲν γὰρ ἂν W. Pazzi und Trincavelli, μὲν γὰρ εἰ Bas.² am Rande.
7) τὰ πρὸς αὐτὴν τὴν τέχνην will Thurot mit Unrecht hinter das folgende ἔχει versetzen. Gewöhnlich wird hier keine Interpunction gemacht, aber ich folge Vahlen, s. d. Anm. 316ᵇ hinter dem Text.
8) ⟨εἰ⟩ ἀδύνατα Va. nach Par. 2038.
9) ἡμάρτηται ⟨μὲν⟩ Sorstrik.
10) εἴληπται oder ἤρηται Vettori (handschriftlich am Rande des Münchener Exemplars der Morelschen Ausg.), εὕρηται Heinsius, αἱρεῖται Ueb., der jedoch zugiebt, daß εἴρηται richtig sein kann. Mir scheint es durch Vahlens Interpunction, der ich daher in dieser 2. A. folge, geschützt.
11) εἰ ⟨οὖν⟩ oder εἰ ⟨δὴ⟩? Vahlen, wahrscheinlich richtig.
12) [ἢ] Susem.¹ nach Hermann.

sich Etwas darzustellen vorgenommen, was (an sich) nicht richtig ist, sondern z. B. etwa ein mit den beiden rechten Füßen (zugleich)*) ausschreitendes Pferd oder was sonst gegen die Lehren der betreffenden Kunst, wie z. B. der Heilkunst oder jeder anderen Kunst verstößt, und ist dadurch irgendwie etwas Unmögliches dargestellt worden, so trifft dieser Verstoß die Dichtkunst selbst nur in abgeleiteter Weise 315).

(§. 5.) Nach diesen Gesichtspunkten 316) muß man daher die (7) Vorwürfe, welche sich uns als Probleme für die richtige Würdigung dichterischer Darstellung darbieten, ins Auge fassen und zu lösen und widerlegen suchen. Erstens also die gegen die Kunst als solche gerichteten 316 b). Es ist Unmögliches dargestellt. Folglich ist ein Verstoß begangen. Aber die Sache hat doch ihre Richtigkeit, wenn (8) der Dichter hiedurch den Zweck der Poesie — ich meine den schon 317 a) angegebenen — erreicht, wenn (also) eben**) auf diese Weise, sei es nun der betreffende, sei es ein anderer Theil seiner Dichtung, überraschender und erschütternder***) wirkt, und ein Beispiel davon ist eben jene Verfolgung des Hektor 317 b). Ließ sich jedoch dieser Zweck (9) entweder besser <oder doch nicht> schlechter†) auch nach den Gesetzen der die betreffenden Dinge bezüglichen Kunst erreichen, dann läßt sich der Verstoß nicht rechtfertigen,††) denn es muß eben, wenn anders es möglich ist, schlechterdings gar kein Verstoß begangen werden. Ferner 318) aber muß man ins Auge fassen, wider welches (10)

*) Oder nach Vahlen: „<zugleich>"?
**) Die Verbesserungsversuche arbeiten auf folgenden Sinn hin: „den Zweck der Poesie erreicht, und dieser Zweck ist dann gewonnen, wenn eben".
***) Besser vielleicht: „ergreifender" statt „überraschender und erschütternder".
†) Nach Bc rc. Ac u. s. w. bloß: „entweder mehr <oder> weniger".
††) Oder nach Ueberweg: „auch <ohne einen> Verstoß wider die Regeln der auf die betreffenden Dinge bezüglichen Kunst erreichen, dann ist das Verfahren nicht zu rechtfertigen"?

---

13) So Ueb. Susem.² nach Ueberweg, <ἢ> Bekk. Susem.¹ Va. nach rc. Ac und den andern Handschriften außer pr. Ac.
14) καὶ <ἄνευ τοῦ> Ueb. mit Setzung des Kommas (wie bei Susem.¹) hinter statt vor ἡμαρτῆσθαι, vielleicht richtig.
15) μαρτῆσθαι pr. Ac, aber von zweiter Hand corrigirt, ἡμάρτηται Bekk. Susem.¹ nach Ald.
16) πότερον Hermann.

ΠΕΡΙ ΠΟΙΗΤΙΚΗΣ.   † 1461 a

τὴν τέχνην ἢ κατ' ἄλλο συμβεβηκός;[1]) ἔλαττον γάρ,
εἰ μὴ ᾔδει[2]) ὅτι ἔλαφος θήλεια κέρατα οὐκ ἔχει, ἢ εἰ[3])
6 ἀμιμήτως[4]) ἔγραψεν. πρὸς δὲ τούτοις ἐὰν ἐπιτιμᾶται (11)
ὅτι οὐκ ἀληθῆ, ἀλλ' ἴσως ⟨ὡς⟩[5]) δεῖ, οἷον καὶ Σοφοκλῆς
ἔφη αὐτὸς μὲν οἵους δεῖ ποιεῖν, Εὐριπίδην[6]) δὲ οἷοι εἰσί,
ταύτῃ λυτέον. εἰ δὲ μηδετέρως, ὅτι οὕτω φασίν, οἷον τὰ (12)
7 περὶ θεῶν. ἴσως γὰρ οὔτε βέλτιον [οὔτε][7]) λέγειν οὔτ' (13)
ἀληθῆ, ἀλλ', ⟨εἰ⟩[5]) ἔτυχεν, † ὥσπερ[9]) Ξενοφάνης[10])·
ἀλλ' οὔ[11]) φασί. τὰ δὲ[12]) ἴσως οὐ βέλτιον μέν, ἀλλ' οὕτως (14)
εἶχεν, οἷον τὰ περὶ τῶν ὅπλων

    ἔγχεα δέ σφιν
  ὀρθ' ἐπὶ σαυρωτῆρος·

8 οὕτω γὰρ τότ' ἐνόμιζον, ὥσπερ καὶ νῦν Ἰλλυριοί. περὶ δὲ (15)
τοῦ[13]) καλῶς ἢ μὴ καλῶς ἢ[14]) εἴρηταί τινι ἢ πέπρακται,
οὐ μόνον σκεπτέον εἰς αὐτὸ τὸ πεπραγμένον ἢ εἰρημένον
βλέποντα, εἰ[15]) σπουδαῖον ἢ φαῦλον, ἀλλὰ καὶ εἰς τὸν
πράττοντα ἢ λέγοντα πρὸς ὃν[16]) ἢ ὅτε ἢ ὅτῳ[17]) ἢ οὗ
ἕνεκεν[18]), οἷον ἢ μείζονος ἀγαθοῦ, ἵνα γένηται, ⟨ἢ⟩[19])

---

1) Punkt statt des Fragezeichens Susem.[1] nach Thurot, vielleicht richtig.
2) ᾔδει pr. A^c, aber von zweiter Hand corrigirt.
3) ἢ η statt ἢ εἰ pr. A^c, aber von zweiter Hand corrigirt.
4) κακομιμήτως Bekk. Susem.[1] nach rc. N^a und corr. M[1], Lücke pr. N^a M[1].
5) ἴσως ⟨ὡς⟩ Susem. Ueb. nach Vahlen Zur Krit. S. 33 (89), ἴσως Va. nach den Handschriften, ἴσως ⟨ἢ οἷα⟩ oder ἴσως ⟨ἢ ὡς⟩ Spengel, οἷα Bekk. nach Ald., ἴσως ⟨οἷα⟩? Ueberweg.
6) Εὐριπίδην Heinsius, εὐριπίδης die Handschriften.
7) Fehlt in Par. 2038, οὔτω Bekk. Susem.[1] nach Gryph., ἐστὶ Ueb.
8) So Susem. Va. nach Vahlen (Rhein. Mus. XIX. S. 309 f.)
9) ὡς παρὰ Ritter.
10) ξενοφάνης B^c G^s P^s M[2], ξενοφάνη A^c O L^d M3.4., Ξενοφάνει Ritter Va. Ueb. nach N^a M[1], vielleicht richtig.
11) οὐν rc. A^c, οὐν Susem.[1] Va. Ueb. nach Tyrwhitt, οὕτω Spengel, aber s. Zeller Phil. d. Gr. 3. A. 1. S. 452. Anm. 1.
12) τὰ δὲ Spengel, τάδε mit Setzung des Punkts hinter statt vor diesem Wort Bekk. Susem.[1] nach den Handschriften und dann ἴσως ⟨δὲ⟩ nach Ald.
13) τοῦ ⟨εἰ⟩ Reiz, aber s. Vahlen Beitr. IV. S. 417.
14) εἰ Ueb. nach Spengel, aber s. Vahlen a. a. O.
15) εἰ N^a M[1], ἢ A^c Ald. und die übrigen Handschriften.

von Beidem denn der Verstoß gerichtet ist, ob gegen das eigentliche
Wesen der Dichtkunst oder nur gegen etwas Anderes, Abgeleitetes,
denn es ist ein geringerer Fehler, wenn der Dichter nicht wußte,
daß die Hirschkuh kein Geweih hat [318b], als wenn er sie nicht
darzustellen verstand, so daß man sie aus seiner Schilderung gar
nicht wiedererkennt. (§. 6.) Geht ferner (zweitens) der Tadel (11)
dahin, der Dichter habe Etwas so dargestellt, wie es nicht wirklich
ist, so läßt sich vielleicht darauf antworten: aber doch so, wie es
sein sollte, wie ja auch Sophokles meinte, er dichte Menschen und
Charaktere, wie sie sein sollten*), Euripides aber, wie sie sind [319].
Wenn aber keines von Beidem der Fall ist, wird man vielfach (12)
antworten dürfen, daß es (nun aber doch einmal) so geglaubt
wird [319b]. Dies gilt z. B. von Dem, was (seitens der Dichter) (13)
über die Götter erzählt wird. (§. 7.) Denn vielleicht ist es zwar
weder besser sie so darzustellen noch der Wahrheit gemäß, sondern
möglicherweise vielmehr so, wie Xenophanes [320] lehrt, aber der
gewöhnliche Glaube der Menschen stellt sie sich nun einmal nicht
so vor [320b]. Aber auch der Fall kann eintreten, daß Etwas zwar (14)
keineswegs so besser ist, aber sich doch (nun einmal) wirklich so
verhielt, wie es z. B. in jenen Versen [321] von den Waffen heißt:
Und Jegliches Lanze
Ragt' auf der Spitze des Schaftes emporgerichtet,
denn so war es damals Brauch wie auch jetzt noch bei den Illyriern.
(§. 8.) In Bezug auf die Frage sodann, ob es den Anforderungen (15)
der Sittlichkeit entspricht oder nicht, wenn der Dichter seine Personen in einer gewissen Weise reden oder handeln läßt, ist nicht
bloß darauf zu sehen, ob die Handlung oder Rede an und für sich
würdig oder unedel ist, sondern auch auf den Handelnden und
Redenden, und zwar mit Bezug darauf, gegen wen oder wann oder
zu wessen Gunsten oder zu welchem Zwecke er so redet oder handelt, wie z. B. eines höheren Guten wegen, welches er hiedurch

*) Richtiger vielleicht mit Welcker De Sophocle suae artis
aestimatore, Halle 1862. 8. S. 11: „wie der Tragiker sie darstellen
müsse".

16) οὐ Hermann.
17) ὅπου Maggi, ὅπως Tyrwhitt.
18) οὖν ἴκεν A^c.
19) Hinzugefügt in B^c G^a P^a M^2 und rc. A^c.

ΠΕΡΙ ΠΟΙΗΤΙΚΗΣ.

9 μείζονος κακοῦ, ἵνα ἀπογένηται. τὰ δὲ πρὸς τὴν λέξιν (16)
ὁρῶντα δεῖ διαλύειν¹), οἷον γλώττῃ
   οὐρῆας μὲν πρῶτον·
ἴσως γὰρ οὐ τοὺς ἡμιόνους λέγει ἀλλὰ τοὺς φύλακας.
καὶ τὸν Δόλωνα
   ὅς²) ῥ' ἤτοι³) εἶδος μὲν ἔην⁴) κακός,
οὐ τὸ σῶμα ἀσύμμετρον, ἀλλὰ τὸ πρόσωπον αἰσχρόν· τὸ
γὰρ εὐειδές⁵) οἱ Κρῆτες εὐπρόσωπον⁶) καλοῦσιν. καὶ τὸ
   ζωρότερον δὲ κέραιε⁷)
10 οὐ⁸) τὸ ἄκρατον ὡς οἰνόφλυξιν, ἀλλὰ τὸ θᾶττον. τὸ δὲ (17)
κατὰ μεταφορὰν εἴρηται, οἷον
   πάντες⁹) μέν ῥα θεοί τε καὶ ἀνέρες . . . ¹⁰)
   εὗδον παννύχιοι¹¹)·
ἅμα δὲ φησιν
   ἤτοι ὅτ' ἐς πεδίον τὸ Τρωικὸν ἀθρήσειεν . . .
   αὐλῶν συρίγγων θ'¹²) ὁμαδόν¹³).
τὸ γὰρ πάντες ἀντὶ ⟨τοῦ⟩¹⁴) πολλοὶ κατὰ μεταφορὰν
εἴρηται· τὸ γὰρ πᾶν πολύ τι. καὶ τὸ

---

1) λύειν Spengel, aber ſ. Bahlen a. a. O. S. 417 f.
2) ὅς Gˢ Pˢ M², ὡς Aᶜ Bᶜ Nᵃ.
3) ῥ' ἤτοι Bahlen Zeitſchr. f. d. öſtr. G. XXV. 1874. S. 16, ῥῆτοι Aᶜ M³·⁴·, ῥήτοι Q Lᵈ, ῥά τοι Bᶜ Gˢ Pˢ M², δή τοι Bekk. Suſem.¹ Ba. Ueb. nach corr. M¹, während urſprünglich in dieſem Codex eine Lücke gelaſſen war, wie eine ſolche auch in Nᵃ iſt.
4) εἰ ἦν Aᶜ.
5) εὐπρόσωπον Bekk.³ Suſem.¹ nach Hermann.
6) εὐειδὲς Bekk.³ Suſem.¹ nach Hermann. S. Bahlen a.a.O.S.418.
7) κέραιε Bekk., κέραι Aᶜ, κέραι Bᶜ Gˢ Pˢ M² Lᵈ, κέραιρε Alb.
8) οὐ die übrigen Handſchriften, ἰοῦ Aᶜ.
9) πάντες Gräfenhan, was auch Bahlen Beitr. IV. S. 365 ff. billigt, indem er eine andere denkbare Möglichkeit, nämlich nach Vettori eine Lücke hinter ὁμαδόν, für minder wahrſcheinlich erklärt, ἄλλοι Bekk. Suſem.¹ Ba. nach den Handſchriften, Suſem.¹ ſchiebt nach Robortelli πάντες hinter θεοί ein, Tyrwhitt will lieber παννύχιοι in πάντες ὁμοῦ ändern.
10) Hier iſt aus Il. II, 1 hinzuzudenken ἱπποκορυσταί, f. d. Anm. 326 hinter dem Text.
11) παννύχιοι pr. Aᶜ, aber von zweiter Hand corrigirt.
12) θ' Frankfurter Wechselſche Ausg. der Poetik v. J. 1584, τε Aᶜ Bᶜ Gˢ Pˢ M²·⁴·, τί Nᵃ, τὶ M¹·³·, τ' Bas.³.

bewirken, oder eines größeren Uebels, welches er hiedurch abwenden will ³²²). (§. 9.) Andere Ausstellungen endlich (drittens) (16) muß man durch Beobachtung des Sprachgebrauchs beseitigen. So durch die Annahme eines veralteten Ausdrucks oder Provinzialismus, wie z. B. in folgender Stelle ³²² ᵇ):

οὐρῆας μὲν πρῶτον
(Nur die Mäuler erlegt' er zuerst),

denn möglicherweise sind hier unter οὐρῆας (Mäuler) nicht die Maulthiere verstanden, sondern die Wächter, oder wenn es vom Dolon heißt ³²³):

ὃς ῥ' ἤτοι εἶδος μὲν ἔην κακός
(Zwar ein übeler Mann von Gestalt),

so soll das wohl nicht bedeuten, daß sein Körper mißgestaltet, sondern daß er häßlich von Antlitz war, denn das Wort εὐειδές (wohlgestaltet) gebrauchen die Kreter im Sinne von εὐπρόσωπον (schön von Antlitz); ferner die Worte ³²⁴):

Misch' auch stärkeren Wein

wollen nicht besagen einen weniger mit Wasser verdünnten, als wenn es für Saufbrüder wäre ³²⁵), sondern eine edlere Sorte*). (§. 10.) Anderes wieder ist metaphorisch ausgedrückt, wie z. B. (17) jenes ³²⁶):

Alle die Uebrigen nun, so Götter wie Menschen, sie schliefen
Während der ganzen Nacht.

Bald darauf nämlich heißt es doch wieder:

Siehe, so oft er das Feld, das troische, weit umschaute
(Staunt' er — — — — — — — — — — — — — —)
Ueber der Flöten und Pfeifen Getön,

aber „alle" ist hier eben nur metaphorisch statt „viele" gebraucht, denn Alles ist ja nur eine Art des Vielen ³²⁷). Eben so ist der Ausdruck „allein" in dem Verse:

---

*) Der Sinn des Originals ist ein anderer, der aber, deutsch wiedergegeben, dem Geist unserer Sprache widerstrebt:

„Kräftiger mische den Wein du!

wollen nicht besagen: verdünne ihn weniger mit Wasser, als wenn — wäre, sondern: hurtiger".

13) Vielleicht ist hier nach Jl. X, 13 zu ändern: συρίγγων τ'<ἐνοπὴν> ὁμαδόν <τ'>. S. Anm. 12 und d. Anm. 326 hinter dem Text.

14) τοῦ Gˢ Pˢ M 1,2., fehlt in Aᶜ Bᶜ Q Lᵈ, in Nᵃ ein unklares Compendium in Correctur, doch scheint τοῦ in ἀντί gebessert.

ΠΕΡΙ ΠΟΙΗΤΙΚΗΣ.

οἵη δ' ἄμμορος
11 κατὰ μεταφοράν· τὸ γὰρ γνωριμώτατον μόνον. κατὰ (18)
δὲ προσῳδίαν, ὥσπερ Ἱππίας ἔλυεν ὁ Θάσιος[1]) τὸ
δίδομεν δέ οἱ
καὶ
τὸ μὲν οὐ[2]) καταπύθεται ὄμβρῳ.
12 τὰ δὲ διαιρέσει, οἷον Ἐμπεδοκλῆς (19)
αἶψα[3]) δὲ θνήτ᾽[4]) ἐφύοντο τὰ πρὶν μάθον ἀθάνατ᾽ εἶναι[5]),
ζωρά[6]) τε πρὶν κέκρητο[7]).
13 τὰ δὲ ἀμφιβολίᾳ[8]), (20)
παρῴχηκεν δὲ πλέω[9]) νύξ·
14 τὸ γὰρ πλείω[10]) ἀμφίβολόν ἐστιν. τὰ δὲ κατὰ τὸ ἔθος (21)
τῆς λέξεως[11]), τῶν κεκραμένων[12]) οἶνόν φασιν εἶναι[13]),
ὅθεν πεποίηται 1460a, 30 ὁ Γανυμήδης Διὶ οἰνοχοεύει[14]),
οὐ πινόντων[15]) οἶνον, 1460a, 29 καὶ χαλκέας τοὺς τὸν σί-
δηρον ἐργαζομένους, ὅθεν εἴρηται 1460a, 28
κνημὶς νεοτεύκτου κασσιτέροιο[16]).

---

1) Ἡλεῖος Osann (Rhein. Muf. N. F. II. S. 510). S. die Anm. 329 hinter dem Text.
2) οὐ Bekk. nach Nᵃ M¹.
3) αἶψα Aᶜ.
4) θνήτ᾽ Morel, θνητὰ die Handschriften.
5) ἀθάνατ᾽ εἶναι Vettori aus Athen. X. p. 424 A, ἀθάνατα Bekk. ¹ Va. nach den Handschriften.
6) ζωρά Vettori nach Athen. a. a. O. und Simplic. Phys. f. 7ᵇ, ζῷά Bekk. ¹ nach den Handschriften.
7) πρὶν κέκριτο Bekk. ¹ nach Bᶜ Nᵃ rc. Aᶜ und den meisten andern Handschriften, τὰ πρὶν ἄκρητα die Herausgeber des Empedokles Karsten, Stein und Mullach nach Athen. und Simplic., bei welchem leßtern ἄκριτα steht.
8) ἀμφιβόλια Aᶜ, ἀμφιβολίᾳ <,οἷον> Spengel, aber f. Vahlen Beitr. IV. S. 419.
9) πλέω Aᶜ Nᵃ M¹,³., πλεώ M⁴, πλέων Bekk. Susem. ¹ Ueb. nach Vettori, πλέον Bᶜ Gˢ Pˢ M².
10) πλείω Aᶜ Nᵃ M¹,³,⁴., πλείων Bekk. Susem. ¹ Ueb. nach Vettori, πλεῖον Bᶜ Gˢ Pˢ M².
11) λέξεως, <οἷον> Bekk. Susem. ¹ Ueb. nach Alb., λέξεως <,ὅθεν> Ritter.
12) <ὅσα> τῶν κεκραμένων Va., ,<ὅσα πο-> τῶν κεκραμένων Ueb., τὸ κεκραμένον Maggi, πᾶν κεκραμένον Bursian, welche Conjecturen alle auf denselben und vielleicht den richtigen Sinn, den ich daher

Und sie allein (niemals in Okeanos' Bad sich hinabtaucht)³²⁹) metaphorisch zu nehmen, denn es ist damit nur gemeint, daß sie das Bekannteste ist, von dem dies gilt. (§. 11.) Andere Bedenken (18) lassen sich durch richtige (Aussprache und) Betonung beseitigen, wie z. B. so Hippias von Thasos ³²⁹) verfuhr mit jenem:

διδομεν δέ οἱ
(wir geben ihm)

und mit jenem:

τὸ μὲν οὐ καταπύθεται ὄμβρῳ
(das zum Theile im Regen vermodert)³³⁰),

(§. 12.) zum Theil auch durch richtige (Wortverbindung und) Inter- (19) punction, wie z. B. in jenen Versen des Empedokles³³¹):

Plötzlich erscheinen als sterblich die sonst Unsterbliche waren
Und als gemischt sonst Lautere,

(§. 13.) zum Theil durch die Annahme einer Zweideutigkeit des (20) Ausdrucks, wie z. B. in folgender Stelle³³²):

παρῴχηκεν δὲ πλέω νύξ
(es schwand zum Mehrern die Nacht hin),

wo ja in dem Ausdrucke πλείω (zum Mehrern) eine Zweideutigkeit liegt³³³), (§. 14.) zum Theil endlich durch die Eigenthüm- (21) lichkeiten des Sprachgebrauchs, wie man z. B. ja Alles, was zu den Mischgetränken gehört, auch wohl Wein*) nennt³³⁴), daher denn der Dichter vom Ganymedes singt³³⁴ᵇ).

des Zeus Weinschenke zu werden,

obwohl die Götter doch keinen Wein trinken, oder wie auch andere Metallarbeiter Schmiede, daher er denn an einer anderen Stelle³³⁵) spricht von einer

Schiene von neubereitetem Zinne,

*) Oder nach meiner Vermuthung: „ja den Nektar auch wohl den Götterwein"?

---

auch in der Uebers. wiedergebe, hinauslaufen, τὸ νέκταρ τὸν θεῶν oder τὸ νέκταρ τὸν τῶν θεῶν Susem., τὸν κεκραμένον Bekk.¹ nach Ald.

13) ἔνιοι Ueb.

14) οἰνοχοεύειν Bekk. Susem.¹ Ueb. nach Bᶜ Nᵃ Gˢ Pˢ M 1.2., vielleicht richtig, indem Διὶ οἰνοχοεύειν dann als Verstück genommen wird. Ich übersetze hiernach.

15) πεινώντων Aᶜ, πειρῶν τὸν Nᵃ, πειρόντων Q.

16) Die Stellenvertauschung von ὁ Γανυμήδης-οἶνον und κνημίς-κασσιτέροιο oder bei Ba. von ἔθεν πεποίηται κνημίς-κασσιτέροιο und ὅθεν εἴρηται ὁ Γανυμήδης:-οἶνον gegen einander Bekk.³ Susem. Ba. Ueb. nach dem von Maggi benutzten „Codex Lampridii".

ΠΕΡΙ ΠΟΙΗΤΙΚΗΣ.

1460a, 30 εἴη δ᾽ ἂν τοῦτό γε ⟨καὶ⟩¹) κατὰ μεταφοράν.
15 δεῖ δὲ καὶ ὅταν ὄνομά τι ὑπεναντίωμά τι δοκῇ²) σημαίνειν, (22)
ἐπισκοπεῖν ποσαχῶς ἂν σημαίνοι³) τοῦτο ἐν τῷ εἰρημένῳ,
οἷον τὸ⁴)

τῇ ῥ᾽ ἔσχετο χάλκεον ἔγχος,

16 τὸ⁵) ταύτῃ κωλυθῆναι. ποσαχῶς⁶) ἐνδέχεται, ὡδὶ ἢ (23)
ὡς⁷) μάλιστ᾽ ἄν τις ὑπολάβοι· κατὰ τὴν καταντικρύ,
ἢ⁸), ὡς † Γλαύκων λέγει, ὅτι⁹) ἔνια¹⁰) ἀλόγως προϋ- (24)
πολαμβάνουσι καὶ αὐτοὶ καταψηφισάμενοι συλλογίζονται
καὶ ὡς εἰρηκότος, ὅ τι¹¹) δοκεῖ, ἐπιτιμῶσιν¹²), ἂν ὑπεναν-
τίον ᾖ ⟨τι⟩¹³) τῇ αὐτῶν οἰήσει¹⁴). τοῦτο δὲ πέπονθε τὰ (25)
περὶ Ἰκάριον. οἴονται γὰρ αὐτὸν Λάκωνα εἶναι· ἄτοπον
οὖν τὸ μὴ ἐντυχεῖν τὸν Τηλέμαχον¹⁵) αὐτῷ εἰς Λακε-
δαίμονα ἐλθόντα. τὸ δ᾽ ἴσως ἔχει ὥσπερ οἱ Κεφαλῆνες¹⁶)
φασίν· παρ᾽ αὐτῶν¹⁷) γὰρ γῆμαι λέγουσι τὸν Ὀδυσσέα,

---

1) So Ba. Susem.² nach Heinsius.
2) ὀνόματι ὑπεναντιώματι δοκεῖ Aᶜ.
3) σημαίνει Ba. Ueb. Susem.² nach Vahlen, σημαίνομι Aᶜ und pr. Bᶜ, σημαίνειν G^s P^s M² und corr. Bᶜ, σημαίνειεν N^a Ald., σημαίνει M¹, σημήνειε Bekk. Susem.¹ nach der Frankfurter Wechel-schen Ausg. der Poet. v. J. 1584.
4) τό fehlt bei Bekk. nach Ald.
5) τῷ Bekk.¹ nach Gryph.
6) ⟨τὸ οἱ⟩ ποσαχῶς Bekk.¹ nach Ald.
7) ὡδὶ ἢ ὡς Spengel, ὡδ᾽ ὡς Aᶜ, ὡδὶ ἢ ὥς; mit Punkt vor die-sen Worten und Tilgung des Punkts vor ποσαχῶς Ueb., ὡδί πως Bekk. Susem.¹ nach Ald., ὡδίπως Par. 2038, ὡδὶ [ἢ ὡς] Bywater, ὡδὶ καὶ ὡς? Susem., ὡδὶ ἢ ⟨ὡσί⟩. ὡς Vahlen Zeitschr. f. d. östr. G. XXV. 1874. S. 15, vielleicht richtig.
8) [ἢ] Susem.¹ nach Vahlen Zur Krit. S. 21 (87).
9) ὅτι Pazzi und Trincaveli, ὅ τί re. Aᶜ am Rande, τί pr. Aᶜ und die übrigen Handschriften, ὅτι Tyrwhitt, οἱ Susem. nach Vahlen a. a. O., ὅ Vettoris ältester Codex, W. Pazzi im Anhang und Trincaveli am Rande.
10) ἔνιοι Bekk. Susem.¹ Tyrwhitt, Vahlen a. a. O. nach Vettoris ältestem Codex, W. Pazzi im Anhang und Trincaveli am Rande.
11) εἰρηκότος, ὅ τι Castelvetro, εἰρηκότες ὅτι Bekk. Susem.¹ nach den Handschriften.
12) ἐπειτιμῶσιν Aᶜ.

doch kann hier ³³⁶⁾ ⟨auch⟩ vielmehr eine Metapher vorliegen. (§. 15.) (22)
Man muß ferner aber auch, wenn ein Ausdruck einen Widerspruch
in sich zu schließen scheint, erst zusehen, welcherlei verschiedenen
Sinn die Sache in diesem Zusammenhange haben kann, wie z. B.
in den Worten

    wo die eherne Lanze nun anhielt

dies Anhalten oder Zurückgehaltenwerden ³³⁷⁾. (§. 16.) Ja, „in (23)
wie vielerlei Sinne läßt sich der Ausdruck nehmen?" so (muß man
fragen) oder (mit andern Worten)*) die Sache stets so auffassen,
wie sie wohl am Ehesten Jemand verstehen möchte**), ganz entgegengesetzt, als jene Leute es machen, von denen Glaukon ³³⁸⁾ bemerkt, daß sie***) von mancherlei grundlosen Voraussetzungen aus- (24)
gehen und nun willkürlich aburtheilend†) Schlüsse aus denselben
ziehen und, als hätte der Dichter (selbst) Das gesagt, was ihnen
scheint, ihn tadeln, wenn sich Etwas nicht mit ihrem Wahne verträgt. So geht es z. B. mit dem Ikarios ³³⁹⁾. Man nimmt (25)
nämlich gewöhnlich an, er sei ein Lakonier gewesen, und da wäre
es denn nun ungereimt, daß Telemachos nicht zu ihm geht, als er
nach Lakedämon kommt. Damit verhält es sich nun aber vielleicht
vielmehr so, wie die Kephalener ³⁴⁰⁾ sagen. Sie behaupten nämlich,
aus ihrer eignen Mitte habe Odysseus geheirathet, und Ikadios,

---

*) Oder nach meiner Vermuthung: „so (muß man fragen)
und (dann)"?
**) Ueberweg vielmehr: „anhielt zu untersuchen ist, in wie viel-
facher Art sie dort zurückgehalten worden sei; man muß erwägen,
ob so oder so aufzufassen sei". Oder etwa nach Vahlen: „nehmen?
so oder so, wie ihn wohl — möchte?"
***) Wörtlich: „als, wie Glaukon sagt, daß gewisse Leute".
†) Oder: „eigenmächtig entscheidend". Vahlen: „sich jene
ihre Voraussetzungen selbst auf eigne Hand bekräftigend"(?).

---

13) So Ueb. Eusem.² nach Ueberweg, doch kann dieser Zusatz
auch vielleicht entbehrt werden.
14) Mit Unrecht setzt Eusem.¹ hier das Zeichen einer Lücke.
15) τηλέμαχον A ᶜ.
16) Κεφαλλῆνες Ueb. nach Thyrwhitt.
17) αὑτῶν Bekk., αὐτῶν Aᶜ Bᶜ und wohl alle Hdschrn.

ΠΕΡΙ ΠΟΙΗΤΙΚΗΣ.

καὶ εἶναι Ἰκάδιον ἀλλ' οὐκ Ἰκάριον· δι' ἁμάρτημα[1]) δὲ
τὸ πρόβλημα εἰκός[2]) ἐστίν.

17   ὅλως δὲ τὸ ἀδύνατον μὲν[3]) πρὸς τὴν ποίησιν ἢ πρὸς   (26)
τὸ βέλτιον ἢ πρὸς τὴν δόξαν δεῖ ἀνάγειν (πρός τε[4])   (27)
γὰρ τὴν ποίησιν αἱρετώτερον πιθανὸν ἀδύνατον ἢ ἀπί-
θανον[5]) καὶ δυνατόν· ⟨καὶ εἰ ἀδύνατον⟩[6]) τοιούτους εἶναι[7]),   (28)
οἷον[8]) Ζεῦξις ἔγραφεν, ἀλλὰ βέλτιον[10]), τὸ γὰρ παράδειγμα
δεῖ ὑπερέχειν)· πρὸς ⟨ὃ⟩[9]) ἅ φασι τἄλογα, οὕτω τε καὶ   (29)
ὅτι ποτὲ οὐκ ἄλογόν ἐστιν (εἰκὸς γὰρ καὶ παρὰ τὸ εἰκὸς
18 γίνεσθαι[11]))· τὰ δ' ὑπεναντίως[12]) εἰρημένα οὕτω σκοπεῖν,   (30)
ὥσπερ οἱ ἐν τοῖς λόγοις ἔλεγχοι, εἰ τὸ αὐτὸ καὶ πρὸς τὸ
αὐτὸ καὶ ὡσαύτως, ὥστε[13]) καὶ αὐτὸν[14]) ἢ πρὸς ἃ αὐ-
19 τὸς λέγει ἢ ὃ ἂν φρόνιμος[15]) ὑποθῆται[16]). ὀρθὴ δ' ἐπι-   (31)
τίμησις καὶ ἀλογία καὶ μοχθηρία[17]), ὅταν μὴ ἀνάγκης
οὔσης μηδὲν[18]) χρήσηται τῷ ἀλόγῳ, ὥσπερ Εὐριπίδης
τῷ[19]) Αἰγεῖ, ἢ τῇ[20]) πονηρίᾳ, ὥσπερ ἐν Ὀρέστῃ τοῦ
Μενελάου.

1) δι' ἁμάρτημα Maggi, διαμάρτημα Bekk. Susem.[1] nach den
Handschriften.
2) ⟨εἶναι⟩ εἰκός oder εἰκότως Hermann, mit Unrecht.
3) μὲν ⟨ἢ⟩ Bekk. nach Ald. wider den Sinn.
4) [τε] Susem.[1] durch ein Versehen.
5) ἀπιθανον A[c].
6) So Susem. Ueb. nach Vahlen Zur Krit. S. 32 (88) f., der
in seiner Ausgabe sich begnügt das Zeichen einer Lücke zu setzen.
7) ⟨δ'⟩εἶναι Bekk. nach Ald. wider den Sinn.
8) οἴους Bekk. Ueb. nach Ald., vielleicht richtig.
9) So Ueb. Susem.[2] nach Vahlen Beitr. IV. S. 427, während
Maggi δ' erst hinter τἄλογα einfügen wollte.
10) ⟨καὶ πρὸς τὸ⟩ βέλτιον Bekk. nach Ald. wider den Sinn.
11) [πρὸς ἅ φασι—γίνεσθαι] Susem.[1], γίνεσθαι·· Spengel.
12) ὑπεναντίως Twining, ὑπεναντία ὡς Bekk. Va. nach den Handschriften, ὡς ὑπεναντία Heinsius, ὑπεναντία πως? Tyrwhitt.
13) ὥς τε Susem.[1] nach Hermann.
14) καθ' αὐτὸ Susem.[1], ἐναντιοῦσθαι? Tyrwhitt, αὐτὸ πρὸς αὐτὸ
Hermann statt καὶ αὐτόν.
15) φρόνιμος Ald., φρόνιμον pr. A[c], φρόνιμον rc. A[c] und die
übrigen Handschriften.
16) ὑποδοῖτο Susem.[1] nach Hermann, und dann Zeichen einer Lücke.
17) ἀλογίᾳ καὶ μοχθηρίᾳ Vahlen, ἀλογία καὶ μοχθηρία Bekk. nach
den Handschriften, ἀλογίας καὶ μοχθηρίας Susem.[1] nach Heinsius,
vielleicht richtig. [ἀλογία καὶ μοχθηρία] Spengel.

nicht Ikarios habe sein Schwäher geheißen³⁴¹); in Folge dieses (Schreib-)Fehlers hat denn freilich der genommene Anstoß etwas Scheinbares³⁴¹ᵇ).

(§. 17). Im Allgemeinen also steht die Sache so³⁴²). Das (26) Unmögliche in einer Dichtung muß man entweder dadurch rechtfertigen, daß es dennoch das Bessere ist³⁴²ᵇ), oder dadurch, daß es doch nun einmal den allgemeinen Glauben für sich hat. Denn in (27) der Dichtung ist (eben) das glaubliche Unmögliche dem Möglichen und doch Unglaublichen vorzuziehen³⁴³), <und wenn es unmöglich (28) ist>, daß es solche Menschen (wie die dargestellten in Wirklichkeit) giebt, wie (denn z. B.) Zeuxis (derartige Gestalten)*) malte³⁴³ᵇ), so ist doch damit das Bessere erwählt**), denn das Ideal muß eben überragen. Durch die Rücksicht auf den Glauben der Menschen (29) <aber> muß man das Vernunftwidrige (bei den Dichtern) zu rechtfertigen suchen³⁴⁴), so (sage ich) und dadurch, daß es unter gewissen Umständen doch auch wieder nicht vernunftwidrig ist, denn es ist (eben) wahrscheinlich, daß Manches auch wider alle Wahrscheinlichkeit geschieht³⁴⁴ᵇ). (§. 18.) Das ferner, was wie Widerspruch (30) klingt, muß man, gerade wie man es bei den Widerlegungen in der Dialektik macht³⁴⁵), darauf ansehen, ob denn auch wirklich hiemit Dasselbe und in Bezug auf denselben Gegenstand und in derselben Weise gesagt werden soll, ob also hiernach der Dichter wirklich in Widerspruch geräth, sei es mit seinen eigenen Aussagen, sei es mit den Voraussetzungen, welche jeder Verständige (stillschweigend) machen wird³⁴⁵ᵇ). (§. 19.) Richtig aber ist der Vorwurf (31) der Vernunftwidrigkeit (und Ungereimtheit) sowohl wie der Unsittlichkeit, wenn der Dichter ohne alle (innere) Nothwendigkeit das Vernunftwidrige aufnimmt³⁴⁶), wie z. B. Euripides die Figur des Aegeus³⁴⁷), oder die Schlechtigkeit des Charakters zur Darstellung bringt, wie z. B. einen Menelaos im Orestes³⁴⁷ᵇ).

*) Oder nach Aldus: „solche Menschen (in Wirklichkeit) giebt, wie Zeuxis sie"?
**) Oder wörtlicher: „so ist doch dies Unmögliche besser."

---

18) μηδὲν Bekk.
19) <ἐν> τῷ Ueb. nach Robortelli, s. d. Anm. 347 hinter dem Text.
20) Αἰγεῖ ᾗ τῇ Goulston auf Grund von Vettoris Bemerkungen, Αἰγεῖ τῇ vor ihnen Robortelli, αἰγειήτη Aᶜ.

20 τὰ μὲν οὖν ἐπιτιμήματα ἐκ πέντε εἰδῶν φέρουσιν (ἢ (32)
γὰρ ὡς ἀδύνατα ἢ ὡς ἄλογα ἢ ὡς βλαβερὰ ἢ ὡς
ὑπεναντία ἢ ὡς παρὰ τὴν ὀρθότητα τὴν κατὰ¹) τέχνην²))·
αἱ δὲ λύσεις ἐκ τῶν εἰρημένων ἀριθμῶν σκεπτέαι³), εἰσὶ
δὲ δώδεκα.

1 26. πότερον δὲ βελτίων⁴) ἡ ἐποποιικὴ μίμησις ἢ ἡ τρα- (27,1)
γικὴ, διαπορήσειεν ἄν τις. εἰ γὰρ ἡ ἧττον φορτικὴ (2)
βελτίων, τοιαύτη δ' ἡ⁵) πρὸς βελτίους θεατάς ἐστιν ἀεί,
λίαν ⟨δὲ⟩ δῆλον ὅτι⁶) ἡ ἅπαντα⁷) μιμουμένη φορτική
(ὡς γὰρ οὐκ αἰσθανομένων, ἂν μὴ αὐτὸς⁸) προσθῇ⁹), (3)
πολλὴν κίνησιν κινοῦνται¹⁰), οἷον οἱ φαῦλοι αὐληταὶ κυλιό-
μενοι, ἂν δίσκον δέῃ μιμεῖσθαι, καὶ ἕλκοντες τὸν κορυφαῖον,
2 ἂν Σκύλλαν αὐλῶσιν) — ¹¹) ἡ μὲν οὖν τραγῳδία τοιαύτη (4)
ἐστίν, ὡς¹²) καὶ οἱ πρότερον τοὺς ὑστέρους αὐτῶν ᾤοντο
ὑποκριτάς (ὡς λίαν γὰρ ὑπερβάλλοντα¹³), πίθηκον ὁ
Μυννίσκος¹⁴) τὸν Καλλιππίδην ἐκάλει· τοιαύτη¹⁵) δὲ δόξα
καὶ περὶ † Πινδάρου¹⁶) ἦν), ὡς δ'¹⁷) οὗτοι [δ']¹⁸) ἔχουσι
πρὸς¹⁹) αὐτούς²⁰), ἡ ὅλη τέχνη πρὸς τὴν ἐποποιίαν ἔχει·

---

1) κατὰ⟨τὴν⟩ Hermann (sehr mit Unrecht).
2) [ἢ γὰρ - τέχνην] Susem.¹ mit Unrecht, aber für παρὰ - τέχνην würde man μὴ ἀληθῆ; oder etwas Aehnliches erwarten, s. d. Anm. 348 hinter dem Text.
3) σκεπταίαι Aᶜ.
4) βελτίον Aᶜ.
5) δ' ἡ Maggi, δὲ Gᵇ, δὴ Aᶜ und die übrigen Handschriften.
6) ἐστιν ἀεί, λίαν ⟨δὲ⟩ δῆλον ὅτι Va. Susem.² nach Vahlen Beitr. IV. S. 392 ff. 430 ff., ἐστιν ἀεί, λίαν δηλονότι mit Setzung eines Punkts hinter φορτικῇ Susem.¹ Ueb. nach Vahlen Zur Krit. S. 35 (91), ἐστι δειλίαν δῆλον ὅτι Aᶜ und die übrigen Handschriften. ἐστι δῆλον ὅτι Bekk. nach Ald.
7) ⟨πρὸς⟩ ἅπαντα (d. i. πρὸς τοὺς τυχόντας) Bywater.
8) αὐτοῖς? Vettori, was Spengel billigt, αὐτὸ Heinsius.
9) προστεθῇ? Spengel.
10) κινοῦνται Ald., κινοῦντα Aᶜ Bᶜ Nᵃ Gᵇ Pᵃ M 1,2,3,4.
11) Das Zeichen der abgebrochnen Rede Susem.² auf Grund der Erörterungen von Vahlen Beitr. a. a. O.
12) οἵους Susem.¹ nach Reiz.
13) Die Endsylbe τα dieses Worts am Anfang der Zeile in Aᶜ verblichen und vom Corrector nachgemalt.
14) Μυνίσκος Bekk. Susem.¹ nach Ald.
15) τοιαυτη Aᶜ, αυτη am Anfang der Zeile vom Corrector nachgemalt.

(§. 20.) Die sämmtlichen Ausstellungen nun also, welche man (32) an Gedichten machen kann, gehen von fünf Gesichtspunkten aus — denn entweder kann man Etwas in ihnen als unmöglich oder als vernunftwidrig oder als sittenverderblich oder als Widersprüche in sich schließend oder als gegen die Richtigkeit nach den Regeln irgend einer Kunst verstoßend ³⁴⁸) tadeln*) — die Widerlegungen derselben aber sind von den angegebenen Gesichtspunkten aus ins Auge zu fassen, und dieser letzteren sind zwölf ³⁴⁹).

26. (§. 1.) Ob nun aber die epische Darstellung höher steht (C.27.§.1) oder die tragische, das ist eine wohlberechtigte Frage. Gewiß näm- (2) lich steht die minder plumpe (nachahmende Darstellung) höher — unter dieser minder plumpen verstehe ich aber die auf ein gebildeteres Publicum berechnete — und die, welche Alles darzustellen versucht, ist offenbar sehr plump. Denn derartige Darsteller gerathen (3) dahin, gerade als wenn das Publicum auch gar Nichts verstände, wenn sie selber es nicht ausdrücklich hinzuthun**), sich unaufhörlich in allen möglichen Bewegungen zu ergehen, wie z. B. schlechte Flötenspieler sich förmlich herumwälzen, wenn sie den „Diskoswurf" darstellen sollen, und ihren Chorführer am Gewande zerren, wenn sie die „Skylla" blasen ³⁵⁰). (§. 2.) Von der Tragödie nun aber (4) (sagt man) gelte ein Gleiches, wie die älteren Schauspieler entsprechend von ihren jüngeren Kunstgenossen urtheilten — denn Mynniskos nannte ja den Kallippides, weil dieser ihm zu stark übertrieb, einen Affen ³⁵¹), und ein ähnlicher Ruf ward ja auch dem Pindaros ³⁵²) zu Theil — ähnlich also wie sich die letzteren zu ihnen verhielten, verhalte sich die ganze (dramatische) Kunst zur

---

*) Ueberweg: „oder als Verletzung technischer Gesetze tadeln".
**) Eben so Ueberweg: „mit darstellen". Anders Bahlen und Bonitz (Ind. Aristot. 648ᵇ, 38): „wenn sie selbst nicht übertreiben", d. h. „es ihm recht handgreiflich und übertrieben vor Augen rücken". Allein dazu paßt der Zusatz „selbst" nicht.

---

16) Τυνδαρέου Bekk.³ Susem.¹ nach Vettori, Θεοδώρου? Ritter.
17) δή? Susem.¹ in den Anmm.
18) Getilgt in den übrigen Handschriften außer Aᶜ und bei Bekk.
19) πρὸς Aᶜ, im Anfang der Zeile und vom Corrector nachgemalt.
20) αὐτοῖς Hermann.

ΠΕΡΙ ΠΟΙΗΤΙΚΗΣ.

τὴν μὲν οὖν πρὸς[1]) θεατὰς ἐπιεικεῖς φασὶν εἶναι, ⟨οἷ⟩[2]) (5)
οὐδὲν δέονται τῶν σχημάτων[3]), τὴν δὲ τραγικὴν πρὸς
3 φαύλους· εἰ[4]) οὖν φορτική, χείρων δῆλον ὅτι ἂν εἴη.
πρῶτον[5]) μὲν οὐ τῆς ποιητικῆς ἡ κατηγορία ἀλλὰ τῆς (6)
ὑποκριτικῆς, ἐπεὶ ἔστι περιεργάζεσθαι τοῖς σημείοις καὶ
ῥαψῳδοῦντα, ὅπερ [ἐστί][6]) Σωσίστρατος, καὶ διᾴδοντα[7]),
ὅπερ ἐποίει Μνασίθεος ὁ[8]) Ὀπούντιος. εἶτα οὐδὲ κίνησις (7)
ἅπασα ἀποδοκιμαστέα, εἴπερ μηδ' ὄρχησις, ἀλλ' ἡ
φαύλων, ὅπερ καὶ Καλλιππίδῃ ἐπετιμᾶτο[9]) καὶ νῦν
ἄλλοις, ὡς οὐκ ἐλευθέρας γυναῖκας μιμουμένων. ἔτι ἡ (8)
τραγῳδία καὶ ἄνευ κινήσεως ποιεῖ τὸ αὑτῆς, ὥσπερ ἡ
ἐποποιία (διὰ γὰρ τοῦ ἀναγινώσκειν φανερὰ ὁποία τις
ἐστίν). εἰ οὖν ἐστι τά γ' ἄλλα[10]) κρείττων[11]), τοῦτό γε[12])
4 οὐκ ἀναγκαῖον αὐτῇ ὑπάρχειν. ἔστι δέ, ὅτι[13]) πάντ' ἔχει (9)
ὅσα περ ἡ ἐποποιία [καὶ γὰρ τῷ μέτρῳ[14]) ἔξεστι χρῆσθαι][15])
καὶ ἔτι οὐ μικρὸν μέρος τὴν μουσικὴν καὶ τὰς ὄψεις[16]), (10)
[δι'] αἷς[17]) αἱ ἡδοναὶ συνίστανται[18]) ἐναργέστατα[19]). εἶτα (11)
καὶ τὸ ἐναργὲς ἔχει καὶ ἐν τῇ ἀναγνώσει[20]) καὶ ἐπὶ τῶν

---

[1]) προς; A^c im Anfang der Zeile und vom Corrector nachgemalt.
[2]) So Susem. Va. Ueb. nach Vettori, ⟨διὸ⟩ Bekk. nach Vettori, ⟨δι' ὃ⟩ Ald.
[3]) σχημάταων rc. A^c, indem ααν wiederum am Anfang der Zeile vom Corrector statt der verblichenen ursprünglichen Schriftzüge nachgemalt ist.
[4]) εἰ B^c G^s P^a M^2 und der von Maggi benutzte „Codex Lampridii", ἢ Bekk. aus A^c und den übrigen Handschriften.
[5]) ⟨ἀλ' ἃ⟩ πρῶτον Susem.^1, vielleicht richtig.
[6]) So Va. Susem.^2 nach Spengel, ἐποίει Bekk. Susem.^1 Ueb. nach Ald.
[7]) διᾴδοντα Maggi, διαδόντα die Handschriften, ᾄδοντα? Spengel.
[8]) ὁ fehlt bei Bekk. Susem.^1 nach N^a M^1.3.4. Ald. S. d. Nachtr.
[9]) ἐπετιμᾶτο A^c G^s.
[10]) τἆλλα Bekk. nach N^a M^1(?).
[11]) κρείττων, ⟨καὶ ἁπλῶς ἐστι κρείττων⟩? Spengel.
[12]). γὰρ? Spengel.
[13]) ἔστι δέ, ὅτι Susem. nach Usener, ἔπειτα δὲ ὅτι? Winstanley, ὑπερέχει δὲ ὅτι Ueb., ἔπειτα διότι Bekk. Va. nach den Handschriften, ἔπειτα διότι Thurot, ἔπειτα ⟨διαφέρει⟩ διότι Vahlen, Zeitschr. f. d. östr. G. XXV. 1874. S. 15 f.
[14]) ἑξαμέτρῳ? Winstanley.

epischen. Die letztere sei mithin, so heißt es dann weiter, für ein (5)
edleres und feineres Publicum, welches der schauspielerischen Gesten
nicht bedürfe, die tragische aber für ein gemeines und ungebildetes.
(§. 3.) und wenn sie sonach plumper sei, so stehe sie nun eben damit
niedriger. Allein es trifft (auf der andern Seite) dieser Vorwurf ja (6)
gar nicht die Kunst des Dichters, sondern nur die des Vortragen-
den, des Schauspielers, denn auch beim episch-rhapsodischen Vortrag
kann man ja mit den Bewegungen des Körpers*) zu viel thun,
wie dies ja Sosistratos that, und eben so beim lyrischen Gesangs-
vortrage, wie Mnasitheos aus Opus ³⁵³). Sodann aber ist doch auch (7)
nicht alle und jede derartige Bewegung zu verwerfen — denn sonst
müßte ja auch der (ganze) Tanz verworfen werden — sondern nur
die (übertriebene) schlechter Schauspieler, wie sie eben dem Kallippides
vorgeworfen wurde und auch heute noch anderen vorgeworfen wird,
von denen es heißt, sie verständen nicht freie und edle Frauen darzustellen. Obendrein aber thut eine Tragödie auch ohne alle (8)
mimische Action bereits ihren Dienst eben so gut wie ein Epos,
denn schon beim bloßen Lesen und Vorlesen wird offenbar, was an
ihr ist³⁵⁴). Wenn mithin nur die Tragödie sonst höher zu stellen
ist, dieser Mangel braucht ihr gar nicht nothwendig anzukleben.
(§. 4.) Sie ist es aber, denn sie besitzt alles das, was das Epos (9)
hat, auch [denn auch das Versmaß (des letzteren) kann sie (mit) in
Anwendung bringen]³⁵⁵) und außerdem noch als einen nicht geringe (10)
anzuschlagenden Bestandtheil die Musik und das Theatralische, durch
welche der Genuß am Leibhaftigsten wird, und leibhaftig ferner (11)
führt sie uns (in höherem Grade) Alles vor schon beim bloßen

*) Wegen dieser Uebers. s. Anm. 8.

---

15) So Susem. auch eigner Vermuthung, s. d. Anm. 355 hinter
dem Text.
16) [καὶ τὰς ὄψεις] Spengel, mit Unrecht, καὶ τὴν ὄψ<ιν ἔχει>
Bekk. nach Ald.
17) [δι'] αἷς Ueb. Susem.² nach Vahlen Zur Krit. S. 35 (91) f.,
δι' ἧς Bekk. Susem.¹ Va. nach den Handschriften, δι' ἅς? Vahlen
Beitr. IV. S. 399. 436, vielleicht richtig.
18) τὰς ἡδονὰς ἐπίστανται Ald.(?), τῆς ἡδονῆς συνίστανται <τὰ>?
Oxf. Ausg. v. J. 1760.
19) [δι' ἧς—ἐναργέστατα] Susem¹.
20) ἀναγνώσει von Moggl benutzte Codices, ἀναγνωρίσει Bekk.
aus Aᶜ und den übrigen Handschriften.

ΠΕΡΙ ΠΟΙΗΤΙΚΗΣ.   † 1462 b

5 ἔργων¹). ἔτι τῷ²) ἐν ἐλάττονι³) μήκει τὸ τέλος τῆς (12)
μιμήσεως † εἶναι· τὸ γὰρ ἀθροώτερον ἥδιον ἢ⁴) πολλῷ
κεκραμένον τῷ χρόνῳ, λέγω δ'⁵) οἷον εἴ τις τὸν Οἰδί-
πουν⁶) θείη⁷) τὸν⁸) Σοφοκλέους ἐν ἔπεσιν ὅσοις ἡ Ἰλιάς.
6 **⁹) ἔτι ἧττον [ἢ]¹⁰) μία¹¹) μίμησις ἡ τῶν ἐποποιῶν (13)
(σημεῖον δέ, ἐκ γὰρ ὁποιασοῦν μιμήσεως πλείους τραγῳδίαι
γίνονται). ὥστ' ἐὰν μὲν ἕνα μῦθον ποιῶσιν, ἢ βραχέως¹²)
δεικνύμενον μύουρον φαίνεσθαι, ἢ ἀκολουθοῦντα τῷ τοῦ
μέτρου¹³) μήκει¹⁴) ὑδαρῆ· [λέγω δὲ οἷον]¹⁵) ἐὰν ⟨δ'⟩¹⁶) ἐκ (14)
πλειόνων πράξεων ᾖ συγκειμένη¹⁷), ὥσπερ ἡ Ἰλιὰς καὶ
ἡ Ὀδύσσεια¹⁸), ἔχειν¹⁹) πολλὰ τοιαῦτα μέρη, ⟨ἃ⟩²⁰) καὶ
καθ' ἑαυτὰ ἔχει μέγεθος, καίτοι ταῦτα τὰ²¹) ποιήματα
συνέστηκεν ὡς ἐνδέχεται ἄριστα καὶ ὅτι μάλιστα μιᾶς

---

1) [καὶ ἐπὶ τῶν ἔργων] Susem.¹ nach Usener, und meine Bedenken gegen diese Worte sind noch keineswegs ganz geschwunden,
καὶ ⟨οὐ μόνον⟩ ἐπὶ τῶν ἔργων? Susem.
2) τὸ Susem.¹ nach Winstanley.
3) ἐλάττων Aᶜ.
4) ἥδιον ἢ Maggi, ἡδονὴ Aᶜ Q Lᵈ Par. 2038, ἡδονῇ Bᶜ Gˢ Pˢ M².
5) δὲ Bekk. Sus.¹ Va. Ueb.
6) δίπουν pr. Aᶜ, aber von zweiter Hand corrigirt.
7) θείη ist in Aᶜ Q Lᵈ zweimal geschrieben.
8) τὸ pr. Aᶜ, aber von zweiter Hand corrigirt.
9) Wegen der hier von mir vermutheten Lücke s. d. Anm. 358
hinter dem Text. Essen stellt dagegen die Worte τὸ γὰρ ἀθροώτερον
— Ἰλιάς hinter τραγῳδίαι γίνονται (§. 6) um, jedenfalls mit Unrecht,
ungleich wahrscheinlicher Bursian (bei Georgiades S. 19) λέγω δ'
οἷον — Ἰλιάς hinter ὑδαρῆ §. 6.
10) Von Bekk. Susem.¹ ganz getilgt nach Ald., von Ueb. hinter
μία umgestellt nach Spengel, καὶ? Susem.
11) μία ⟨ὁποιαοῦν⟩ Bekk. nach Robortelli, μία ⟨ὁποιατοῦν⟩ Ald.,
offenbar durch bloßen Druckfehler.
12) ⟨ἀνάγκη⟩ ἢ βραχεῖα Bekk. nach Ald.
13) συμμέτρῳ Susem.¹ nach Bernays (Rhein. Mus. N. F. VIII.
S. 569. Anm. 2) statt τοῦ μέτρου, wahrscheinlich richtig (s. Vahlen
Beitr. IV. S. 436 f.).
14) μήκους μέτρῳ für μέτρου μήκει Twining.

Lesen, geschweige denn*) bei der Aufführung ³⁵⁶). Sie besitzt (12) ferner den Vorzug, daß sie bei geringerer Länge den Zweck ihrer Darstellung zu erreichen vermag. Denn das Gedrängtere macht einen angenehmeren Eindruck als das durch eine Masse von Zeit Verdünnte ³⁵⁷). Man denke sich nur, daß Einer den Oedipus des Sophokles in eben so viele Verse bringen wollte wie die Ilias ³⁵⁸).

(§. 6.) Auch die Einheit der epischen Darstellung ist eine minder (13) strenge — ein Beleg dafür ist, daß sich aus jedem beliebigen Epos mehrere Tragödien machen lassen ³⁵⁹ᵃ) — dergestalt daß, falls sie (wirklich) eine streng einheitliche Fabel auszuprägen versucht, sie entweder, wenn sie sich in kurzer Gestalt vorführt, den Eindruck des Verstümmelten oder, wenn sie die angemessene Länge erreicht, den des Wässerigen macht, falls sich dagegen in ihr erst mehrere Hand- (14) lungen zu einer verbinden, wie z. B. in der Ilias und der Odyssee, viele solche Theile in sich schließt, welche schon für sich eine genügende Ausdehnung haben ³⁵⁹ᵇ); und doch sind ja gerade diese beiden Gedichte so vollendet angelegt und ausgeführt und so sehr Darstellung einer einheitlichen Handlung, wie es (bei einem Epos)

*) Oder nach meiner Vermuthung: und ⟨nicht bloß erst⟩?

---

15) So Susem. nach Usener und Bursian, ⟨ἐὰν δὲ πλείους,⟩ λέγω δὲ οἷον Bekk. nach Ald., ⟨λέγω δὲ οἷον·· ἐὰν δὲ μή, οὐ μία ἡ μίμησις,⟩ λέγω δὲ οἷον Vahlen Beitr. IV. S. 403, der in seiner Ausgabe sich begnügt das Zeichen einer Lücke zu setzen, ⟨ἐὰν δὲ μή, ἐπεισοδιώδη τὴν μίμησιν εἶναι,⟩ λέγω δὲ οἷον Ueb.
16) So Susem. nach Usener und Bursian.
17) συγκειμένη, ⟨οὐ μία,⟩ Bekk. nach Ald.
18) So Susem. nach Usener, während in den Handschriften und den anderen Ausgaben καὶ ἡ Ὀδύσσεια erst hinter μέρη steht, was an sich natürlich nicht im Mindesten anstößig ist. Ob also diese Umstellung das Richtige trifft, ist allerdings die Frage. S. S. 208. Anm. 1.
19) ἔχειν Susem. nach Usener, ἔχει Bekk. Va. Ueb. Bursian nach den Handschriften.
20) Zusatz von Ald.
21) καίτοι ταῦτα τὰ Ald., καὶ τοιαῦτ' ἄττα Aᶜ Bᶜ Nᵃ und die meisten andern Handschriften, was Vahlen Zeitschr. f. d. östr. G. XXV. 1874. S. 16 billigt.

ἡ πράξεως μίμησις¹). εἰ οὖν τούτοις τε²) διαφέρει πᾶσι (15) καὶ ἔτι³) τῷ τῆς τέχνης ἔργῳ (δεῖ γὰρ οὐ τὴν τυχοῦσαν ἡδονὴν ποιεῖν αὐτὰς ἀλλὰ τὴν εἰρημένην), φανερὸν ὅτι κρείττων ἂν εἴη μᾶλλον τοῦ τέλους τυγχάνουσα τῆς ἐποποιίας.

27. περὶ μὲν οὖν τραγῳδίας καὶ ἐποποιίας, καὶ αὐτῶν (16) καὶ τῶν εἰδῶν καὶ τῶν μερῶν⁴), καὶ πόσα καὶ τί διαφέρει, καὶ τοῦ εὖ ἢ⁵) μὴ τίνες αἰτίαι, καὶ περὶ ἐπιτιμήσεων καὶ λύσεων⁶), εἰρήσθω τοσαῦτα·

* * *

Fr. 3.⁷) Διαφέρει ἡ κωμῳδία τῆς λοιδορίας· ἐπεὶ ἡ μὲν λοιδορία ἀπαρακαλύπτως τὰ προσόντα κακὰ διέξεισιν, ἡ δὲ δεῖται τῆς ὑπονοίας⁸). (Anon. de com. §. 4.)

---

¹) μίμησις <ἐστίν> Bekk. nach Ald., μίμησις <.οὐ μία μίμησις> Bursian, μίμησις <,ἐπεισοδιώδης γίνεται ἡ μίμησις> mit Anschluß an Bursians sonstige Gestaltung des Textes? Susem. (vgl. S. 207. Anm. 15). Der Text würde dann also lauten: κεκραμένον τῷ χρόνῳ. ἔτι ἧττον μία μίμησις ἡ τῶν ἐποποιῶν (σημεῖον δὲ· ἐκ γὰρ ὁποιασοῦν μιμήσεως πλείους τραγῳδίαι γίνονται). ὥστ' ἐὰν μὲν ἕνα μῦθον ποιῶσιν, ἢ βραχέως δεικνύμενον μύουρον φαίνεσθαι, ἢ ἀκολουθοῦντα τῷ μέτρου μήκει ὑδαρῆ (λέγω δ' οἷον εἴ τις τὸν Οἰδίπουν θείη τὸν Σοφοκλέους ἐν ἔπεσιν ἴσοις ἡ Ἰλιάς)· [λέγω δὲ οἷον] ἐὰν <δ'> ἐκ πλειόνων πράξεων ἢ συγκειμένη, ὥσπερ ἡ Ἰλιὰς ἔχει πολλὰ τοιαῦτα μέρη καὶ ἡ Ὀδύσσεια, <ἃ> καὶ καθ' ἑαυτὰ ἔχει μέγεθος (καίτοι ταῦτα τὰ ποιήματα συνέστηκεν ὡς ἐνδέχεται ἄριστα καὶ ὅτι μάλιστα μιᾶς πράξεως μίμησις) <,ἐπεισοδιώδης γίνεται ἡ μίμησις>. Doch kann ἐπεισοδιώδης γίνεται ἡ μίμησις auch vielmehr vor καίτοι eingeschoben werden.

2) und 3) γε und ἐπί? Ueberweg (mit Unrecht).
4) μερῶν <αὐτῶν> Bekk. nach Ald.
5) ἢ Bᵉ pr. Gᵃ corr. Pˢ M², εἰ Aᶜ corr. Gᵃ pr. Pˢ M² und die übrigen Handschriften.
6) Wenn meine Vermuthung richtig sein sollte, daß c. 25 (26 Herm.) nicht ursprünglich vor c. 26 (27 Herm.) stand, so können die Worte καὶ περὶ ἐπιτιμήσεων καὶ λύσεων nicht von Aristot. selbst herrühren, doch wage ich nicht mehr wie in der 1. A. sie in eckige Parenthesen zu setzen.
7) Fr. 1 steht S. 100 und Fr. 2 S. 128.

Ueber die Dichtkunst. 26. 27. Fragmente.

nur möglich ist*). (§. 7.) Hat nun aber sonach in allen diesen (15) Stücken die Tragödie den Vorzug und ferner auch noch darin, daß sie in höherem Maße Das erfüllt, was die eigentlich kunstgemäße Aufgabe beider Dichtarten ist — denn beide sollen eben nicht jede beliebige Art von Genuß bereiten, sondern nur die oben dargelegte [360]) — so ist offenbar, daß sie höher steht, indem sie mehr ihren Zweck erreicht als die epische Dichtung.

27. (§. 1.) Ueber die Tragödie und das Epos sowohl im Gan- (16) zen als auch über ihre Arten und Theile und deren Anzahl und Unterschiede und über die Gründe, aus denen das Gelungene und das Verfehlte innerhalb beider Dichtarten entspringt, so wie über die Ausstellungen und deren Widerlegung denn nun so viel. ‹Was aber die Komödie anlangt, so —›.

(Fr. 3.) Es unterscheidet sich die Komödie von der Schmähung, indem die letztere unverhüllt das an einer Person vorhandene Schlechte durchnimmt, die erstere aber des verhüllten Ausdruckes bedarf [361]).

---

*) Oder in theilweisem Anschluß an Bursian und theilweisem an Ueberweg: „Verdünnte. (§. 6.) Auch die Einheit ... des Wässerigen macht — man denke sich nur, daß Einer den Oedipus des Sophokles in eben so viele Verse bringen wollte wie die Ilias! — falls sich dagegen ... verbindet, wie z. B. die Ilias viele solche Theile in sich schließt und desgleichen die Odyssee, welche schon ... haben, die Darstellung episodenhaft wird; und doch sind ja ... möglich ist"? Vahlen: „des Wässerigen macht ‹— ich meine das so ** —; falls aber nicht, so eben damit die Einheitlichkeit der Darstellung aufhört›, ich meine nämlich, wenn sie aus mehreren Handlungen zusammengesetzt ist, wie z. B. die Ilias viel solche Theile in sich schließt, und desgleichen die Odyssee, welche schon für sich u. s. w." Ueberweg: „des Wässerigen macht, ‹falls aber nicht, die Darstellung episodenhaft wird›, indem sie nämlich aus mehreren Handlungen zusammengesetzt ist, wie ja die Ilias und auch die Odyssee viele solche Theile hat, welche schon für sich u. s. w."

**) Daß dies der von Arist. selbst gebrauchte Ausdruck sei, vermuthet mit Wahrscheinlichkeit Bernays nach Eth. Nic. IV, 14. 1128ª, 20 ff., der Anon. hat καλουμένης ἐμφάσεως.

ΠΕΡΙ ΠΟΙΗΤΙΚΗΣ.

Fr. 4. Ὁ σκώπτων ἐλέγχειν θέλει ἁμαρτήματα τῆς ψυχῆς καὶ τοῦ σώματος. (Ebend. §. 5).

Fr. 5. Συμμετρία¹) τοῦ φόβου θέλει εἶναι ἐν ταῖς τραγῳδίαις, καὶ τοῦ γελοίου ἐν ταῖς κωμῳδίαις. (Ebend. §. 6).

Fr. 6. Γίνεται δὲ ὁ γέλως ἀπὸ τῆς λέξεως κατὰ ὁμωνυμίαν, συνωνυμίαν, ἀδολεσχίαν, παρωνυμίαν (παρὰ πρόσθεσιν καὶ ἀφαίρεσιν), ὑποκόρισμα, ἐξαναλλαγὴν (φωνῇ, τοῖς ὁμογενέσι²)), σχῆμα λέξεως. (Ebend. §. 8).

Fr. 7. Ὁ Ἀριστοτέλης ἐν τῷ περὶ ποιητικῆς συνώνυμα εἶπεν εἶναι ὧν πλείω μὲν τὰ ὀνόματα, λόγος δὲ ὁ αὐτός. (Simplic. Categ. β´ fol. 4ᵇ, Schol. in Aristot. coll. Brandis 43ᵃ, 13 ff.³) vgl. 25 ff.⁴)).

Fr. 8. Ὁ ἐκ τῶν πραγμάτων γέλως ἐκ τῆς ὁμοιώσεως (τμήσει⁵) πρὸς τὸ χεῖρον, πρός τὸ βέλτιον), ἐκ τῆς ἀπάτης, ἐκ τοῦ ἀδυνάτου, ἐκ τοῦ δυνατοῦ καὶ ἀνακολούθου, ἐκ τοῦ παρὰ προσδοκίαν, ἐκ τοῦ χρῆσθαι φορτικῇ ὀρχήσει, ὅταν τις τῶν ἐξουσίαν ἐχόντων παρεὶς τὰ μέγιστα φαυλότατα⁶) λαμβάνῃ, ὅταν ἀσυνάρτητος ὁ λόγος ᾖ καὶ μηδεμίαν ἀκολουθίαν ἔχῃ. (Anon. de com. §. 3).

Fr. 9. Ἤδη κωμῳδίας τά τε βωμολόγα καὶ τὰ εἰρωνικὰ καὶ τὰ τῶν ἀλαζόνων. (Ebend. §. 7).

Fr. 10. Κωμικὴ ἐστὶ λέξις κοινὴ καὶ δημώδης. (Ebend. §. 7).

---

¹) So Bernays für σύμμετρα.
²) Bei Bergk u. A. ist diese Unterabtheilung zu σχῆμα λέξεως gesetzt.
³) Es folgt οἷα δή ἐστι τὰ πολυώνυμα, τὸ δὲ „λώπιον" καὶ „ἱμάτιον" καὶ „τὸ φάρος".
⁴) Die Worte lauten hier: ἔνθα δὲ περὶ τὰς πλείους φωνὰς ἡ σπουδὴ καὶ τὴν πολυειδῆ ἑκάστου ὀνομασίαν, ὥσπερ ἐν τῷ περὶ ποιητικῆς κα τῷ τρίτῳ περὶ ῥητορικῆς. τοῦ ἑτέρου συνωνύμου δεόμεθα, ὅπερ πολυώνυμον ὁ Σπεύσιππος καλεῖ.

(Fr. 4.) Der Spottende will von Fehlern des Gemüths und des Körpers überführen³⁶²).

(Fr. 5.) Wie in der Tragödie ein Ebenmaß der Furcht³⁶³) sein muß, so ein Ebenmaß des Lächerlichen in der Komödie³⁶⁴).

(Fr. 6.) Der Lachen erregende Spaß, so weit er im sprachlichen Ausdruck begründet ist, wird hervorgebracht theils durch mehrdeutige, theils durch sinnverwandte Ausdrücke, theils durch geschwätzige Wiederholungen, theils durch Verlängerung oder Verkürzung des gemeinüblichen Wortes³⁶⁵), theils durch Koseworte³⁶⁶), theils durch umgewandelte und vertauschte Bezeichnungen³⁶⁷) — sei es nun daß diese Umwandlung eine bloß lautliche³⁶⁸), sei es daß sie eine Vertauschung verschiedener Arten derselben Gattung ist³⁶⁹) — theils endlich durch die Modalität der Aussage und die (grammatische) Wortform³⁷⁰).

(Fr. 7.) Sinnverwandte Ausdrücke sind solche, die trotz dieser Vielheit der Benennungen doch (im Wesentlichen) denselben Begriff bezeichnen.

(Fr. 8.) Die Begebenheiten und Situationen (aber) schöpfen ihren Stoff zum Lachen theils aus der Verkleidung — sei es nun eines Besseren in einen Schlechteren oder eines Schlechteren in einen Besseren³⁷¹) — theils aus der Intrigue oder überhaupt Täuschung³⁷²), theils aus dem Unmöglichen³⁷³), theils aus dem Möglichen, aber Verkehrten³⁷⁴), theils aus dem Unerwarteten³⁷⁵), theils aus der Anwendung grotesker Tänze und überladener Gesticulationen³⁷⁶), theils daraus, wenn Jemand, der Macht hat das Größte zu nehmen, dieses fahren läßt und das Unbedeutendste ergreift³⁷⁷), theils endlich daraus, wenn Jemandes Rede unzusammenhängend ist und keine Folgerichtigkeit hat³⁷⁸).

(Fr. 9.) Die komischen Charaktere zerfallen in drei Classen, in die Possenreißer, die ironisch sich selbst Verkleinernden³⁷⁹) und die Prahler.

(Fr. 10.) Der sprachliche Ausdruck der Komödie ist der der volksthümlichen Umgangssprache³⁸⁰).

---

⁵) So Bernays für χρήσει.
⁶) So verbesserte Bergk das hdschrl. φαυλότητα.

ΠΕΡΙ ΠΟΙΗΤΙΚΗΣ.

Fr. 11. Δεῖ τὸν κωμῳδοποιὸν τὴν πάτριον αὐτοῦ γλῶσσαν τοῖς ⟨ἄλλοις⟩¹) προσώποις περιτιθέναι, τὴν δὲ ἐπιχώριον αὐτῷ τῷ ξένῳ²). (Ebend. §. 7).

[Fr. 12. Philop. de an. H, 6v: Τὸ τέλος διττόν ἐστι, τὸ μὲν οὗ ἕνεκα, τὸ δὲ ᾧ, ὅπερ καὶ ἐν τῇ ποιητικῇ καὶ ἐν τῷ περὶ γενέσεως εἶπεν³)].

[Fr. 13. Antiattikistes bei Bekker Anecd. 101, 32: κυντότατον· Ἀριστοτέλης περὶ ποιητικῆς· τὸ δὲ πάντων κυντότατον⁴)].

---

¹) Von Bernays hinzugesetzt.
²) τῷ ξένῳ Bernays statt ἐκείνῳ.
³) Die Worte des Aristot. selbst, de an. II, 4, 2. p. 415ᵇ, 2 f., zu welchen Philoponos dies bemerkt, lauten τὸ δ' οὗ ἕνεκα διττόν, τὸ μὲν οὗ, τὸ δὲ ᾧ. Vgl. ebendas. §. 5. Z. 20 f. διττῶς δὲ τὸ οὗ ἕνεκα, τό τε οὗ καὶ τὸ ᾧ und Trendelenburg zu beiden Stellen (S. 353. 354 f.) und Torstrik zu der letzteren, besonders aber Bonitz zu Metaph. XII, 7. 1072ᵇ, 2. Dagegen sagt nun aber Themistios in seiner Paraphrase der nämlichen Stelle (fol. 76ᵇ) vielmehr: ὥσπερ γὰρ καὶ ἐν τοῖς ἠθικοῖς λέγεται, διττὸν τὸ τέλος· ὡς μὲν τὸ οὗ, εὐδαιμονία· ὡς δὲ τὸ ᾧ, αὐτὸς ἕκαστος αὑτῷ. Heitz a. a. O. S. 92 will φυσικῇ (und in der Paraphrase also wohl φυσικοῖς) herstellen, indem er das Citat auf Phys. II, 2. 194ᵃ, 15 ff. bezieht.
⁴) Bernays (Rhein. Muf. N. F. VIII. S. 585. Anm. 2), der dies Bruchstück hervorgezogen hat, vermuthet auch hier eine Verwechselung mit περὶ ποιητῶν, weil es näher liegt eine Ausbeutung zu stilistischen Zwecken bei den populären Schriften des Aristoteles als bei den eigentlich wissenschaftlichen anzunehmen, und ihm folgen mit Recht Heitz a. a. O. S. 93 f. und Rose in der Berliner Gesammtausg. des Aristot. Fragm. 69.

(Fr. 11.) Der Komödiendichter muß alle übrigen Personen in seinem eigenen vaterländischen Dialekt, den Fremden dagegen in dessen Landessprache reden lassen[351]).

[(Fr. 12.) Von einem Zweck redet man im zwiefachen Sinne, denn einerseits bezeichnet derselbe Das, was bezweckt wird, und andererseits Das, für was es bezweckt wird.]

[(Fr. 13.) Das Hündischeste aber von Allem —————.]

Anmerkungen.

C. 1. §. 1. — 1) Obgleich Aristoteles unter dem Worte Fabel bald die des fertigen Gedichtes, bald aber auch vielmehr den vom Dichter erst zu verarbeitenden und bearbeitenden oder poetisch zu gestaltenden Stoff, das von ihm gewählte Süjet versteht (s. Vahlen Beitr. 1. S. 31 ff. — 255 ff.), so bezeichnet er doch stets mit dem Ausdruck Composition der Fabel eben die vollständige Herausgestaltung der ersteren als des Haupttheils im fertigen Gedicht und damit schließlich des ganzen Gedichts aus dem letzteren und nicht bloß (wie hier Vahlen a. a. O. S. 1 f. — 265 f. will) den ersten Act dieser Thätigkeit, die bloße poetische Conception, das Sichgestalten des poetischen Gebildes in der Seele des Dichters. Und daher ist es denn, wie Spengel richtig bemerkt, in der That eine Ungenauigkeit, daß Aristoteles in dieser Inhaltsankündigung den zweiten Punkt vom dritten trennt, da, wie gesagt, ja die Fabel des fertigen Gedichtes selbst nur einer von den (qualitativen) Theilen eines solchen ist, s. c. 6. §. 5 ff., aber er thut es, um hiedurch schon vorweg anzudeuten, daß sie weitaus der wichtigste dieser Theile ist, s. c. 6. §. 9—15. Ganz entsprechend wird aber auch (wie Vahlen hervorhebt) beim Epos zuerst (c. 23) die Fabel abgehandelt und dann erst von den Theilen und Arten der epischen Dichtung geredet (c. 24. §. 1. 2).

Ebend. — 2) Das Erste in jeder wissenschaftlichen Darlegung ist die Verständigung über das Wesen ihres Gegenstandes, hier also Das, was Aristoteles so eben auch in erster Linie angekündigt hat.

C. 1. §. 2. — 3) Die Dithyramben waren eine besondere Art von Chorliedern zu Ehren des Dionysos, aus welcher nach c. 4. §. 12 die Tragödie hervorging. S. Anm. 23. 39. 45. 46[b].

C. 1. §. 4. — 4) Denn auch von jenen bildenden Künsten bedient sich ja die Malerei beider Mittel derselben zusammengenommen, die Bildhauerei aber nur des einen, der Formen. Was in diesen die Form ist, das ist in den musischen der Rhythmus (vgl. Anm. 5), was dort die Farbe, das hier Melodie und Wort. Man beachte übrigens, wie Aristoteles überall die Gesetze der Poesie durch Analogien zu verdeutlichen sucht, welche von den bildenden Künsten, zumal der Malerei hergenommen sind, c. 2. §. 1. c. 4. §. 3—6. c. 6. §. 11. 15. c. 7. §. 4—6. c. 8. §. 4. c. 15. §. 8. c. 23. §. 1. c. 25. §. 1. 17. vgl. §. 5 (10 Herm.).

Ebend. — 5) Nämlich, wie das Folgende lehrt, nicht bloß der Poesie nach ihren §. 2 aufgezählten Arten, sondern überhaupt allen musischen oder rhythmischen Künsten.

Ebend. — 6) Unter Harmonie versteht der Grieche Das mit, was wir Melodie nennen, und zwar dies gerade vorwiegend.

C. 1. §. 5. — 7) Dies sind nämlich nach Aristoteles die gemeinsamen Gegenstände der Darstellung in allen „nachahmenden" Künsten, s. c. 2 i. A. c. 6. §. 11. Polit. VII, 17. 1336^b, 15 ff. (c. 15. §. 8 Schneider). VIII, 5. 1340^a, 28—^{b}, 5 (§. 7 f.). Probl. 19, 27 vgl. 29 (p. 919^b, 26 ff. 920^a, 3 ff.). Die Nachahmung der Natur läßt er also dabei als untergeordnet außer Betracht, obwohl er beiläufig c. 4. §. 3 die Thiermalerei erwähnt. Unter „Handlungen" sind aber Erleidnisse, Zustände und Situationen mit inbegriffen, s. z. B. c. 8. §. 3.

Ebend. — 8) Nur durch diese Umschreibung ließ sich der Sinn des Originals einigermaßen vollständig wiedergeben: σχήματα heißen nicht bloß diejenigen Formen, welche das Darstellungsmittel der bildenden Künste sind (§. 4), sondern auch diejenigen, welche der Menschenkörper im (mimischen) Tanze annimmt, die Tanzattitüden (deren einzelne Theile dann wieder die sogenannten σημεῖα, die Tanzpas, bilden, c. 26. §. 3, s. Cäsar, Grundzüge der griech. Rhythmik, S. 80 f. 82 f.). Eben auf diese gedoppelte Bedeutung spielt nun hier Aristoteles an und deutet damit leise darauf hin, daß die Orchestik den Uebergang von den musischen Künsten zur Plastik bildet.

C. 1. §. 7. — 9) Die Mimen der Syrakuser Sophron und seines Sohnes Xenarchos, welcher letztere unter Dionysios dem Aelteren lebte, waren Dialoge in Prosa, volksthümliche Scenen und Bilder aus dem sikelischen Leben enthaltend, daher auch im dorischen Landesdialekt geschrieben. S. Bernhardy, Griech. Littgesch. 2. Aufl. II^b. S. 468 ff. Mit den sokratischen Dialogen stellte sie Aristoteles auch in seiner Schrift „über Dichter" zusammen, s. Athen. XI. p. 505 c (Fragm. 55 = 61 Rose), und, wie erzählt wird, sollen sie auch wirklich auf Platon (der sie in Sikelien kennen lernte) einen so großen Eindruck ausgeübt haben, daß er sie oft des Nachts unter seinem Kopfkissen liegen hatte. Dennoch sind hier unter den sokratischen Dialogen nicht sowohl die eigentlich zur philosophischen Belehrung bestimmten verstanden, da ja alle Lehrpoesie hernach §. 8 ausdrücklich von Aristoteles verworfen wird, als vielmehr die vorwiegend auf den ästhetischen Genuß berechneten. In der angeführten Stelle bei Athen. spricht denn auch Aristoteles genauer nur von den sokratischen Dialogen eines uns sonst

216 Anmerkungen.

völlig unbekannten Mannes, des Alexamenos von Teos. Diese dürften daher vornehmlich einen solchen Charakter gehabt haben, desgleichen aber auch nach Allem, was wir von ihnen wissen, die Dialoge des Sokratikers Aeschines, vgl. G. F. Hermann, De Aeschinis Socratici reliquiis, Göttingen 1850. 4, und nicht minder läßt sich wohl auch von Xenophons Gastmahl das Nämliche behaupten. Indessen auch Platon schrieb seine Dialoge, wie er selbst sagt, Phädr. p. 274 ff., nicht zur Belehrung für die noch nicht, sondern zur bloßen Nachhülfe für die schon Wissenden, ihn selber eingeschlossen, und zur Erzeugung der edelsten Art ästhetischen Genusses, vgl. Susemihl in Jahns Jahrb. LXXXVII. (1863) S. 242 ff., und Aristoteles bezeichnete, und zwar wahrscheinlich in derselben Schrift von den Dichtern (übrigens, wie schon gesagt, gleichfalls einem Dialog), dieselben als ein Mittelding zwischen Poesie und Prosa, Diog. Laert. III, 37 (Fragm. 56 = 62). Gegen die abweichende, entschieden unrichtige Auffassung dieser Stelle bei Zeller a. a. O. II^b. S. 608. Anm. 1 und Teichmüller I. S. 7 ff. f. Susemihl Jahns Jahrb. XCV. S. 170 f.

Ebend. — 10) Aristoteles meint die satirischen Gedichte des Archilochos und seiner Nachfolger, welche die Griechen eben nach dem Versmaße Jamben nannten, und in denen unter den iambischen Maßen vorwiegend der Trimeter angewandt wurde, s. c. 4. §. 8 mit Anm. 35. Uebrigens spricht er von der Vortragsweise dieser Jamben, wie sie zu seiner Zeit war. Archilochos selbst hatte diese Art seiner Dichtungen keineswegs für den bloßen declamatorischen Vortrag oder gar für die bloße Lectüre bestimmt, sondern für den melodramatischen oder das Sprechen zur Musik ($παρακαταλογή$) und abwechselnd mit demselben auch sogar für vollständigen Gesang, Plut. v. d. Mus. c. 28. p. 1141a.

Ebend. — 11) Aristoteles hat offenbar vorzugsweise die trochäischen Tetrameter im Sinne, welche von Archilochos und seinen Nachfolgern in ihren iambischen Dichtungen im weiteren Sinne des Worts vielfach statt der iambischen Trimeter angewandt wurden.

C. 1. §. 9. — 12) Chäremon ist uns sonst nur als Tragiker bekannt (s. auch c. 14. §. 6 und dazu die Anm. 133), der freilich nicht für die Aufführung, sondern nur für das Vorlesen dichtete (Aristot. Rhet. III, 12, 2. p. 1413^b, 12 f.), und auch diesen seinen Kentauren bezeichnen Athen. XIII. p. 608^c und Suidas als ein Drama. Da aber Aristoteles c. 24. §. 6 denselben noch ausdrücklicher ein Epos nennt, wird jene andere Bezeichnung wohl dadurch zu erklären sein, daß das Gedicht eine starke dialogische Zuthat gehabt haben mag. Der Dichter lebte zur Zeit der mittleren Komödie, Athen. XI. p. 482^b, und mithin wohl noch zu der des Aristoteles. Weiteres s. bei Welcker Die griech. Trag. III. S. 1082 ff., 1091 f. Nachtrag zur Aeschyl. Trilogie Prometh. S. 71.

C. 1. §. 7^b. — 13) Denn dies und nicht „epische Dichter" bezeichnet dem Zusammenhange entsprechend zunächst der griechische Ausdruck, indem „Epos" ($ἔπος$) vorwiegend der Hexameter hieß. Aus

Hexameter und Pentameter aber besteht bekanntlich das elegische Distichon (ἐλεγεῖον), und ein in solchen Distichen abgefaßtes Gedicht nannte man eine Elegie (ἐλεγεία).

Ebend. — 14) Vgl. c. 9. §. 1—9. Eine noch stärkere Erhebung des Aristoteles über nationale Vorurtheile zeigt sich in der Aeußerung c. 4. §. 11, in welcher denn doch wohl, obschon er den Chor noch mit in die Definition der Tragödie c. 6. §. 2 aufgenommen hat, auch eine gewisse dunkle Ahnung davon liegt, daß es eine vollkommene Tragödie auch ohne Chor und Gesang geben könne. Vgl. Barthélemy St.-Hilaire, Poétique d'Aristote, Paris 1858. S. Préface S. XLIX—LIII..

C. 1. §. 8. — 15) Milder, aber nicht widersprechend äußerte sich Aristoteles in dem Dialog über Dichter, indem er hier dem Empedokles eine ächt homerische und überhaupt ächt poetische Sprache zuschrieb, Diog. Laert. VIII, 57 (Fragm. 53 = 59). Im Uebrigen vgl. man über den Empedokles und seine naturphilosophischen und sühnpriesterlich-ärztlichen Lehrgedichte in Hexametern bes. Zeller a. a. O. 2. Aufl. I. S. 500 ff. und die von ihm citirten Specialschriften.

C. 1. §. 10. — 16) Wörtlicher: „Rhythmos, Melos (Melodie) und Metrum". Gemeint sind aber der bloße Rhythmos (s. §. 5) der Tanzbegleitung, der Tonsatz und der demselben zu Grunde gelegte Text. Das griechische Wort Melos (μέλος) bezeichnet entweder 1) eine bloß harmonisch-melodisch geordnete Folge von Tönen, oder 2) eben diese in Verbindung mit dem Rhythmos oder Tact, also ein Musikstück oder eine Melodie, gleich viel ob der bloßen Instrumental- oder der Vocalmusik angehörig, 3) in der Vocalmusik eben dies in Verbindung mit dem Text, also eine Arie oder ein Lied, daher denn auch die Sanglyrik im Unterschiede von der Elegien- und Jambendichtung, 4) innerhalb des Musiksatzes selbst die Melodieführung im Gegensatz gegen die Begleitung (κροῦσις). Hier kommt die zweite Bedeutung in Anwendung. Metrum endlich kann ähnlich bloß den poetischen Rhythmos bezeichnen, aber auch die ihm unterworfenen Worte mit einschließen, so daß dann „Vers" die genaueste Uebersetzung ist. Gegen die unrichtige Auffassung der Stelle bei Vahlen a. a. O. S. 6 (270), Ueberweg und Teichmüller II. S. 341 ff., s. Susemihl Jahns Jahrb. XCV. S. 324 f. vgl. LXXXIX. S. 518 ff.

Ebend. — 17) Nomen (Gesetze) ward diejenige Art von Instrumental- und Vocalcompositionen genannt, welche am Frühesten eine eigentlich künstlerische Ausbildung erhielt, die kitharodischen durch Terpandros (um 740), die aulodischen durch Klonas (um 720) noch vor Archilochos, die auletischen angeblich durch Olympos. Sie waren, wie es scheint, sämmtlich für den Solovortrag einzelner Virtuosen an Götterfesten bestimmt und scheinen ursprünglich einen vorwiegend religiösen Charakter an sich getragen zu haben, und in so fern und nach ihrer ähnlichen Bedeutung für die Entwicklungsgeschichte der griechischen Musik mit der unserer Chorale für die der neueren hat man sie zuweilen nicht ganz unrichtig mit den letztern verglichen. Die rein instrumentalen zerfielen in zwei Classen, für Blasinstrumente (Flöten) und für Saiteninstrumente, **auletische und kitharistische**. Von ihnen ist aber hier nicht die Rede, sondern von den für den Gesang bestimmten. Auch diese aber zerfielen eben so je nach der nämlichen doppelten Art der begleitenden Instrumente in **kitharodische und aulodische**. Sie waren nicht antistrophisch componirt, sondern bestanden eben so wie der jüngere Dithyrambos aus Strophen von ungleicher Länge und Zusammensetzung (ἀπολελυμένα), entsprechend dem Musiksatz unsrer sogenannten durchcomponirten Lieder. Der Haupttheil, daher Nabel (ὀμφαλός) genannt, lag in der Mitte. Im Ganzen konnte ein solcher Nomos aus 7 Theilen bestehen, von denen der Eingang (ἀρχά), der Nacheingang (μεταρχά), der Uebergang (κατατροπά) und der Nachübergang (μετακατατροπά) diesem Haupttheil vorangingen, das Siegel (σφραγίς) und der Epilog (ἐπίλογος) aber nachfolgten, Poll. IV, 66. Die kitharodischen Nomen bestanden namentlich in älterer Zeit meistens nur aus Hexametern, die aulodischen gleichfalls, oder aus elegischen Distichen (Herakl. d. Pontiker b. Plut. v. d. Mus. c. 3. 4. 8), doch machten schon Terpandros und die älteren aulodischen Nomendichter auch Ausnahmen von dieser Regel. Gerade Dithyrambos und Nomos führt übrigens Aristoteles wohl deßhalb unter den lyrischen Gesängen besonders an, weil beide in ihrer jüngeren Gestalt die einzigen Arten derselben waren, welche in späterer Zeit noch in Flor blieben.

Ebend. — 18) Nämlich den sogenannten lyrischen. Alles Uebrige ward rein declamatorisch, in der Tragödie zum Theil (schwerlich, wie Einige meinen, durchweg) melodramatisch vorgetragen, in demselben also, mit Aristoteles zu reden, bloß Vers oder Vers und Melos angewandt.

C. 2. §. 1. — 19) Vgl. auch c. 6. §. 11 mit Anm. 64 und Polit. VIII, 5, 7. p. 1340^b, 35 ff., wo Aristoteles empfiehlt, die Jugend zu ihrer sittlichen Bildung die Gemälde des Polygnotos, dagegen davor warnt, sie die des Pauson anschauen zu lassen. Polygnotos aus Thasos, der eigentliche Begründer der griechischen Malerei, wirkte seit den Perserkriegen, Dionysios aus Kolophon war sein Zeitgenosse, Pauson etwas jünger, da er vielfach von Aristophanes verspottet wird. Das Nähere über diese drei Maler und den besten Commentar zu der vorliegenden Stelle geben die Auseinandersetzungen von Brunn, Gesch. der griech. Künstler, II^a. S. 14—50, der den Polygnotos mit Pheidias auf eine Linie stellt und von Pauson mit Recht bemerkt, daß derselbe wohl gerade kein eigentlicher Karikaturenmaler war, aber doch sich in komischen Darstellungen des Häßlichen, in satirischen Bildern des Niedrigen und Gemeinen gefiel. Vgl. auch Lessing, Laokoon (Sämmtl. Schriften VI.). S. 369 Anm. b. Lachm. - Maltz. Daß aber überhaupt in diesem Capitel neben der Darstellung edlerer und gemeinerer Charaktere (Idealisiren und Karikiren) auch der dritte mögliche Fall, die gewöhnlicher

Anmerkungen. 219

(Porträttreu), der Vollständigkeit halber mit in Rechnung gezogen und mit Beispielen belegt wird, verdient nicht Tadel, sondern Lob, und wenn trotzdem Aristoteles, weil doch nur die beiden erstern Fälle für die Unterscheidung bestimmter Arten der Poesie, nämlich der Tragödie und Komödie und überhaupt der ernsten und der komischen Dichtung, maßgebend sind, hernach c. 4 f. nur noch sie berücksichtigt und die Darstellung des Mittleren durch mittlere Charaktere ganz außer Ansatz läßt, so ist das durchaus kein Grund auch in c. 2 alles auf eine solche Bezügliche (mit Krohn) als Interpolation herauszustreichen.

C. 2. §. 3. — 20) Vgl. c. 22. §. 1. Kleophon, uns fast unbekannt, nach Welcker, Griech. Trag. III. S. 1010 ff., derselbe mit dem bekannten, von Aristophanes in den Fröschen und Thesmophor. verspotteten Demagogen, wird von Suidas nur als Dichter von Tragödien genannt. Aristoteles selbst schreibt ihm aber Soph. el. c. 15, 174^b, 27 auch einen „Mandrobulos" zu, den ein anonymer Ausleger dieser Schrift (Incerti auctoris paraphrasis Aristotelis sophisticorum elenchorum ed. Spengel, München, 1842. S. 81) einen platonischen Dialog nennt, d. h. wohl, wie Zell z. d. St. richtig gegen Spengel bemerkt, einen Dialog nach Art der platonischen. Schwerlich beschränkte sich indessen diese Alltäglichkeit der Charaktere des Kleophon bloß auf diesen Dialog, vielmehr ist c. 22 §. 1 (vgl. Rhet. III, 7, 2. p. 1408^a, 11—16) von der doch hiemit eng zusammenhängenden Alltäglichkeit seiner Sprache ganz im Allgemeinen die Rede. Ging aber sonach die der Charaktere auch in seine Tragödien über, so kann Aristoteles nach §. 7 Herm. dieselben nicht für wahre Tragödien angesehen haben, und man muß sonach wohl mit Welcker annehmen, daß er dieselben hier mit im Sinne hat, daß sie, wie die des Chäremon (s. Anm. 12), bloß zum Lesen und Vorlesen bestimmt waren.

Ebend. — 21) Nämlich als eigne Dichtart, und zwar epische (homerische) Parodien, die er rhapsodisch vortrug. Wenn daher Polemon b. Athen. XV. p. 698^b als den Urheber der parodischen Dichtung vielmehr bereits Hipponax (um 500 v. Chr.) bezeichnet, so widerspricht dies der Angabe des Aristoteles nicht: Polemon verbindet hiemit selbst die Parodien, welche nur gelegentlich in Dichtungen anderer Art vorkamen, z. B. in Komödien des Epicharmos, Kratinos, Hermippos, meint also ähnliche Parodien des Eros, die in den Hexametern des Hipponax enthalten waren, s. H. Schrader Die parodischen Vorträge des Hegemon aus Thasos in Athen, Rhein. Mus. XX. 1865. S. 186 ff. Einen Begriff von diesen Parodien des Hegemon geben uns die ebendas. p. 689c aus einer solchen mitgetheilten 21 Hexameter. Es heißt freilich, er habe auch dramatische Parodien gedichtet und dieselben sogar auf die Bühne zur Aufführung gebracht, so z. B. seine „Gigantenschlacht", die gerade an dem Tage in Athen gegeben worden sei, an welchem die Nachricht von der sikelischen Niederlage (413 v. Chr.) dort ankam (Athen. IX. p. 407^a), allein Schrader hat gezeigt, daß dies nur eine ungeschichtliche Anekdote ist.

Ebend. — 22) Wahrscheinlich derselbe mit dem Komiker und Nebenbuhler des Aristophanes, vgl. Argum. IV. Aristoph. Plut. und Meineke Fragmenta comicorum Graecorum I. S. 253—256. Ueber seine Delias ist weiter Nichts bekannt, vermuthlich aber war es ein burleskes Epos zur Verspottung der parasitischen Lebensweise bei den Bewohnern der Insel Delos, „die nach Apollodor. b. Athen. IV. p. 172f. ff. durch den ungeheuren Zulauf von Fremden zu dem dortigen Heiligthume Apollons ein genußsüchtiges Volk geworden waren und großentheils aus Gastwirthen und Köchen und allerlei sonstigem vom Tempeldienst lebenden Personal bestanden." (Walz nach Twrwhitt).

C. 2. §. 4. — 23) Timotheos aus Milet, geb. 446 v. Chr., war einer der berühmtesten jüngeren Nomen= und Dithyrambendichter. S. über ihn Bernhardy a. a. O. II^a. S. 673 ff. und die dort citirten Schriften. Philoxenos aus Kythera, geb. 459 v. Chr., lebte am Hofe des jüngeren Dionysios. Sein berühmtester Dithyrambos war „der Kyklop", in welchem er unter der Person des Kykloven Polyphemos den Tyrannen verspottete, Athen. I. p. 6 c ff. Wahrscheinlich will also Aristoteles ihn als Beispiel der verschlechternden (karikirenden), den Timotheos dagegen, von dem es einen Dithyrambos gleichen Titels gab (Athen. XI. 465^c. Eustath. z. Odyss. IX, 361 p. 1631, 16) als Beispiel der veredelnden oder idealisirenden und den Argas, von dem wir Nichts weiter wissen, als daß er ein schlechter Nomendichter war (Phanias Fragm. 19 b. Athen. XIV. 638^b. Anaxandridas u. Alexis ebend. u. IV. 131^b = Meineke Fragm. com. III. S. 168. 183. 388. Plut. Demosth. 4), der das Gewöhnliche und Alltägliche copirenden Darstellung in Dithyrambos und Nomos anführen. Weiteres über Philoxenos s. b. Bernhardy a. a. O. II^a. S. 669 ff.

Ebend. — 24) Die erforderlichen Beschränkungen dieser vorläufig hier ganz allgemein hingestellten Bestimmung und die Regeln für die Möglichkeit einer Verbindung von sittlicher Idealität mit Porträtähnlichkeit und Naturtreue giebt Aristoteles später c. 5. §. 1. c. 13. §. 2—4. c. 18. §. 6^b. c. 15. §. 5. S. c. 25. §. 8. 19. vgl. Anm. 120. 125. 188. 190. 193. 194. 319. 347^b. 349.

C. 3. §. 1. — 25) Vgl. c. 4. §. 9. c. 24. §. 7 mit Anm. 37. 301.

Ebend. — 26) Das erste der beiden Hauptglieder ergiebt Das, was man jetzt in Epos und Lyrik trennt, in ungeschiedener Einheit, das zweite das Drama. Die meisten Erklärer construiren freilich anders, sie nehmen (was aber schon Twining schlagend widerlegt hat) Das, was wir als erste Unterabtheilung des ersten Gliedes gefaßt haben, mit der ersten Hauptabtheilung als ein Glied zusammen, machen aus der zweiten dann ein zweites und gewinnen so drei Glieder, Epos, Lyrik und Drama. Allein was wir Lyrik nennen, fassen die Griechen nie zu einer Dichtart zusammen, und obendrein liegt auf der Hand, daß ja eben so gut in lyrischen Gedichten dritte Personen in directer Rede eingeführt werden können wie in einem

Eros, und daß umgekehrt ein Eros ohne alle solche dramatisch-dialogische Zuthat zwar ein schlechtes Gedicht, aber immer noch ein Eros sein würde.

C. 3. §. 2. — 26ᵇ) Aus dieser Aufführung des Sophokles als Vertreters der Tragödie und des Aristophanes als des der Komödie neben Homeros als dem des Eros ist mit Sicherheit nur zu folgern, daß beide schon damals insgemein als die beiden größten Meister ihres Faches angesehen wurden, nicht aber ohne Weiteres (mit E. Brentano Aristophanes und Aristoteles, Berlin 1873. 4. S. 43 f.), daß auch Aristoteles diesem gewöhnlichen Urtheil beipflichtete. Hinsichtlich des Sophokles war dies wohl thatsächlich der Fall (s. d. Einl. S. 27—31), ob auch hinsichtlich des Aristophanes, läßt sich nicht entscheiden. Denn einerseits mißbilligte Aristoteles die starke Beimischung persönlicher Satire bei ihm und den gleichstrebenden Poeten der alten Komödie und hielt die von Epicharmos, Phormis, Krates, Pherekrates und den Dichtern der mittlern Komödie eingeschlagene, fast ausschließlich nur allgemein gehaltne komische Stoffe verfolgende und die Thorheiten ganzer Menschenclassen verspottende Richtung für die allein richtige (s. Anm. 38. 49. 50. 90), andrerseits aber kann er dabei immerhin noch recht wohl erkannt haben, daß doch jene alle innerhalb derselben im Verhältniß zu den Leistungen des Aristophanes innerhalb der seinen nur mittelmäßige Größen waren.

C. 3. §. 3. — 27) Bald nach dem Sturze des Tyrannen Theagenes (ungefähr 590 v. Chr.) und der auf ihn folgenden kurzen Zwischenherrschaft der wiederhergestellten Aristokratie, s. Plut. Qu. Gr. p. 295ᵈ, vgl. 304ᵉ. Duncker, Gesch. d. Alterth. IV. S. 57 ff. 70. Damals soll nämlich Susarion, der eigentliche Begründer der Komödie, geb. um 580, in Megaris gewirkt und später seine neue Schöpfung auch nach Attika verpflanzt haben, s. Bernhardy a. a. O. IIᵇ. S. 453 f. Meineke a. a. O. I. S. 18 ff.

Ebend. — 28) Nach anderen Nachrichten war Epicharmos aus Kos gebürtig und kam erst von da, freilich schon im allerzartesten Kindesalter, nach dem sikelischen Megara, dann später 486, also nicht lange vor der Zerstörung dieser Stadt, 482 v. Chr., nach Syrakus, wo er am Hofe des Gelon und Hieron neben Phormis (f. c. 5. §. 3) wirkte. Nach Hierons Tode, 467 v. Chr., hören wir Nichts mehr von ihm, er scheint also denselben nicht mehr lange überlebt zu haben. Da er nun 90 oder nach anderen Berichten gar 97 Jahre alt ward, so rechtfertigt sich die Angabe des Aristoteles, daß er bedeutend älter war als die beiden frühesten namhaften attischen Komiker Chionides und Magnes, vollständig. Denn von Chionides berichtet Suidas, daß er 8 Jahre vor den Perserkriegen, also 498 oder 488 v. Chr., seine Thätigkeit begann, und von Magnes sagt er, derselbe sei noch Jüngling gewesen, als Epicharmos bereits Greis. Die Ansprüche der sikelischen Megarer gründeten sich also auf den ältesten namhaften kunstgerechten Komödiendichter, die der Megarer im Mutterland auf die ersten, noch kunstlosen Anfänge der Gattung. Genaueres über Epicharmos s. b. **Bernhardy** a. a. O. II^b. S. 456 ff. **Lorenz** Leben und Schriften des Koers Epicharmos, Berlin 1864. 8., über den Charakter dieser sikelischen Komödie aber auch noch unten Anm. 49.

Ebend. — 29) Nämlich die Sikyonier, Herod. V, 67. Themist. XXVII. p. 337 B. Suid. u. d. W. Θέσπις und οὐδὲν πρὸς Διόνυσον, die Korinther, Herod. I, 23, und wohl auch die Phliasier, da aus Phlius der eigentliche Schöpfer des Satyrdramas (s. Anm. 45. 78), Pratinas, stammte. Bei ihnen allen waren also gewisse volksthümliche Ansätze zur Tragödie, nämlich Dithyramben und ähnliche Dichtungen, ohne Zweifel wirklich vorhanden. Vgl. **Welcker**, Nachtr. z. Tril. Prom. S. 232 ff., der jedoch nach **Wieseler**, Das Satyrspiel (Göttingen 1848. 8.) S. 56 ff. 162 ff. zu berichtigen ist.

Ebend. — 30) Es ist dies nicht eigne Behauptung des Aristoteles. In Wahrheit gebrauchten mindestens später die Attiker ὁρᾶν in derselben Bedeutung, z. B. Plat. Theät. p. 169 B. δρᾶμα ὁρᾶν. (Dünzer).

C. 4. §. 4. — 31) D. h. entweder einfach: „wie von manchen andern Erscheinungen so auch hievon" oder: eben so wie von dem allgemeinen Nachahmungstriebe aller Menschen in dem ihnen allen gemeinsamen Lerntriebe.

C. 4. §. 5. — 32) Vgl. Rhet. I, 11, 23. p. 1371^h, 4 ff. III, 10 i. A. (Krohn hat ganz verkannt, daß Aristoteles hier überhaupt nur vom Porträt und von der Darstellung solcher Gegenstände, die man überhaupt vorher gesehen haben kann, in Gemälden spricht, nicht von Darstellungen aus der Heroen- und Götterwelt; aber auch auf diese läßt sich das von ihm §. 4. 5 Bemerkte analogisch anwenden: die Kenntniß der griechischen Mythologie muß hier das Wiedererkennen vermitteln; wo erstere schlechterdings nicht vorhanden wäre, würde in der That auch hier das in den folgenden Worten Behauptete vollkommen zutreffen).

C. 4. §. 6. — 32^b) Der künstlerische Rhythmus läßt sich auf dreierlei Arten von Bewegungsmomenten anwenden, auf Sprachsylben, Töne und Tanzbewegungen, und in der Anwendung auf die Sprachsylben heißt er Versmaß (Metrum), s. Aristox. Rhythm. p. 278. Aristid. Quintil. I. p. 31 f. Oder meint Aristoteles, das künstliche Metrum sei nur eine strengere Art des natürlichen Sprachrhythmus? S. Rhet. III, 8, 2 f. p. 1408^b, 28 ff.

C. 4. §. 7. — 33) Auch solche also mit, die nicht selber edel sind, denn auch edle Charaktere begehen ja hie und da unedle Handlungen und gemeine edle. (Dünzer). Vgl. Bernays Grundzüge S. 152 f.

Ebend. — 34) Hymnen beziehen sich auf Götter und überhaupt übermenschliche Wesen, Enkomien (Loblieder) auf Menschen (dem widerspricht nicht Plat. Gesetze VII. p. 802 A, wie Dünzer meint, denn dort ist der Ausdruck hyperbolisch), auch „waren die letztern wohl stets mehr specifisch-lyrischer, während die erstern auch von mehr epischer Natur sein konnten" (Düntzer).

C. 4. §. 8. — 35) Natürlich meint Aristoteles vorzugsweise die eigentlich so genannten Jamben des Archilochos und seiner Nachfolger (s. Anm. 10), vermuthlich aber auch schon den Margites, in welchem unter die Hexameter an beliebigen Stellen iambische Trimeter eingemischt waren, s. Welcker Der homerische Margites, Rhein. Mus. XI. S. 498 ff. Kleine Schriften IV. S. 27 ff. Dies Gedicht hat übrigens, wie man Krohn zugeben muß, in dieser ganzen geschichtsphilosophischen Auseinandersetzung eine sehr schiefe Stellung. Es ist Aristoteles nicht gelungen dasselbe mit der Anwendung seiner psychologischen Theorie auf den thatsächlichen Entwicklungsgang der griechischen Poesie zu vereinen. Es wäre ihm gelungen, wenn sich aus der ersten Stufe, den Lob- und Scheltliedern, als zweite nur das ernste und das komische Epos entwickelt hätte. Statt Dessen blieb der Margites für das letztere das einzige erhebliche Beispiel, und aus den Rügeliedern wurden vielmehr die Jamben. Daher hat der Margites in dem ganzen Schema keinen gehörigen Platz, zuerst wird er selbst als ein solches Spott- und Rügelied bezeichnet, dann aber §. 9 ungleich richtiger ausdrücklich aus der Classe solcher Lieder ausgeschieden. Nach den Grundsätzen des Aristoteles steht er sogar in gleicher Weise höher als die Jambendichtung wie die sich mehr im Allgemeinen haltende Komödie gegenüber der Hauptrichtung der alten attischen (s. Anm. 38. 49. 90). Aristoteles vergißt sogar den von ihm an die Spitze gestellten Grundsatz, nach welchem ernsten Charakteren auch nur ernste Dichtung zukommt (§. 7), indem er trotzdem auch den Margites dem Homeros zuschreibt und diesen so im ernsten und im komischen Epos zugleich das Höchste leisten läßt. Allein finden sich denn nicht ähnliche Widersprüche auch bei anderen großen Denkern häufig genug? Warum soll man also hier Interpolation wittern?

Ebend. — 36) Aristoteles leitet also ἴαμβος von ἰαμβίζειν her statt umgekehrt. Die wahre Ableitung und Bedeutung dieses Namens s. bei v. Leutsch im Philologus XI. S. 328 ff.

C. 4. §. 9. — 36[b]) Indem nämlich das Spottlied, welches gleich dem Loblied nur noch mehr oder weniger ein „Stegreifversuch" gewesen war, in der iambischen Dichtung eine feste, künstlerisch geregelte Form annahm und, was aus dem Zusammenhange sich ergänzt, ganz entsprechend aus den Lobliedern sich das heroische Epos herausbildete, s. Vahlen Beitr. I. S. 13 (277).

Ebend. — 37[a b]) S. c. 24. §. 7. c. 3. §. 1 mit Anm. 25. 267. 301.

Ebend. — 38) Oder ein allgemeines, auf eine ganze Classe von Leuten passendes komisches Charaktergemälde. Vgl. c. 5. §. 3. c. 9. §. 5 mit Anm. 49. 90. Der Held dieses Gedichtes (Μαργίτης von μάργος „thöricht", also etwa „Dummfried"), den man wohl auch, obschon nur theilweise zutreffend, einen antiken „Eulenspiegel" genannt hat, war nämlich eine Art superkluger Dummkopf, der alles Mögliche verstand, aber Nichts recht, Pseudo-Plat. Alkib. II. p. 147B. der nicht bis fünf zählen kann, aber doch die Meereswellen zu zählen versucht, der noch als Jüngling seine Mutter fragt, ob sein Vater ihn geboren habe, der in der Brautnacht seine junge Frau nicht zu berühren wagt, aus Furcht, sie möchte ihn bei der Mutter verklagen u. s. w. Das Gedicht scheint seine ganze Lebensgeschichte enthalten zu haben.

C. 4. §. 10. — 38^b) Sie bildeten nach dem Obigen (s. Anm. 35. 36^b) die dritte Stufe. Wenn man wollte, könnte man auch hieran wieder mäkeln, und man sieht nicht ein, warum Krohn es nicht gethan hat. Denn streng richtig wäre doch diese ganze Construction nur, wenn die Tragödie auch aus dem Epos, die Komödie aus dem Jambos und der Margitesdichtung entstanden wären, wie jene selbst aus dem Lob- und dem Rügelied. Statt Dessen haben sie ganz andere Ursprünge gehabt, zu denen sie sich genau eben so verhielten wie Epos und Jambos zu jenen ihren Vorstufen. Und daran wird doch wohl dadurch nicht das Mindeste geändert, wenn man die ganze folgende specielle Entwicklungsgeschichte von Tragödie und Komödie wieder mit Krohn für unaristotelisch erklären wollte. Im Gegentheil, wenn letztere in solchem Grade anstößig ist, dann müßte es folgerichtig auch diese Stelle bereits eben so sein.

C. 4. §. 12. — 39) Diese müssen also von Alters her Einiges aus dem Stegreife Solo (s. jedoch Anm. 45) vorgetragen haben, woraus denn in Folge der Hinzufügung zunächst eines Schauspielers, welche gewöhnlich dem Thespis zugeschrieben wird, der Dialog der Tragödie erwuchs.

(Ebend. — 40) Ueber diese phallischen Lieder sind wir nur wenig unterrichtet, doch lehrt schon der Name, daß sie von einem unter Vorantragung eines Phallos oder nachgebildeten Zeugungsgliedes einherziehenden Chore zu Ehren des Dionysos gesungen wurden und, wie die aus ihnen entsprungene griechische Komödie, vielfach sehr obscöner Art waren. Die Vorsänger oder Chorführer müssen aber auch bei ihnen allerlei Stegreifverse auf eigne Hand als Zuthat vorgetragen haben, die etwa Neckereien auf die Vorübergehenden enthielten, was denn in ähnlicher Weise wie bei den Dithyramben für die Tragödie die Grundlage des Dialogs für die Komödie ward.

Ebend. — 41) Vgl. Athen. XIV. p. 621^d — 622^d.

Ebend. — 42) Nämlich nach Anm. 39 durch Thespis, s. jedoch Anm. 45.

Ebend. — 42^b) Nämlich die hernach §. 13 f. angegebenen*), unter

---

*) Völlig wider den Gedankenzusammenhang erblickt daher Weler a. a. O. S. 231. 263. 273 vgl. S. 271 f. in Allem, was §. 14 dargelegt wird, von dem Wachsen des Umfanges ab bis zur Vertauschung des trochäischen Tetrameters mit dem iambischen Trimeter hin, einen Uebergang aus dem Dithyrambos in die Tragödie statt Entwickelungsstufen innerhalb der schon entstandenen Tragödie.

Anmerkungen.

denen mit Recht die (von Ueberweg vermißte) Umwandlung des Dithyrambos selbst in ein Drama durch Thespis (s. jedoch Anm. 45) als ihnen bereits voranliegend nicht mehr erwähnt ist. Genauer, als es hier geschieht, hatte Aristoteles sich über diese Umwandlungsstufen in dem Dialog über Dichter (s. Anm. 9. 15. 208) verbreitet, und seine dortigen Angaben hierüber sind die letzte Quelle Dessen, was uns Spätere, wie besonders Suidas, über diesen Gegenstand berichten, s. D. Volkmann, De Suidae biographicis, Bonn 1861. 8. S. 1 ff. Vgl. Anm. 44. 45. 47.

Ebend. — 43) D. h. nach Ausscheidung aller ihr anfangs noch anklebenden komischen und satyrhaften Bestandtheile, nach Aneignung des richtigen Umfangs, gehöriger Beschränkung der Chorpartien und Steigerung der Schauspielerzahl auf das wirklich erforderliche Maß, endlich auch dem zu diesem Zwecke nöthigen Fortschritt in gewissen Aeußerlichkeiten erst Tragödie im ganzen und vollen Sinne geworden war (vgl. Phys. II, 1. 193 a, 36 ff. Bahlen Beitr. I. S. 15 f. — 379 f.), was also die Möglichkeit künftiger noch weiterer Entwicklungen, die Aristoteles eben deßhalb §. 11 dahingestellt sein läßt, nicht ausschließt, seinerseits aber seinen Abschluß nach dem Folgenden erst mit Sophokles fand.

C. 4. §. 14. — 44) Nämlich der des Dialogs, denn diese hießen ἐπεισόδια, s. c. 12. §. 2 (5 Herm.). c. 18. §. 7 (22 Herm.). Vgl. auch Anm. 164. Im Dialog über Dichter schrieb Aristoteles das Verdienst nach ersterer Richtung abschließend gewirkt zu haben dem Tragiker Aristarchos aus Tegea, wie es scheint, einem ältern Zeitgenossen des Sophokles, zu, wenigstens bringt Suidas diese Nachricht.

Ebend. — 45 $^{a\,b}$) Die älteste Tragödie war also, was Welcker, Nachtr. z. Tril. S. 228 ff. 262 f. vergebens bestreitet, nach Aristoteles noch dem Satyrdithyrambos, aus dem sie entsprungen war, in vielen Stücken ähnlich, noch gleichsam eine Mischgattung aus Tragödie und Komödie oder vielmehr aus der späteren eigentlichen Tragödie und dem späteren Satyrdrama, und die beiden letzteren sind mithin gewiß erst aus ihr hernach selbständig hervorgegangen, woraus allein es sich ja auch erklären läßt, daß wir später das sogenannte Satyrdrama, obwohl eine Mittelstufe zwischen Tragödie und Komödie, doch stets mit der ersteren in der Anm. 78 bezeichneten näheren Verbindung finden und nicht mit der Komödie. Welche Stelle denn aber die Satyrn im Dithyrambos und in der ältesten Tragödie eigentlich einnahmen, läßt sich leider wohl nicht genauer bestimmen. So viel sieht man indessen, daß Aristoteles hier in Bezug auf sie nicht vom Chorliede, sondern von dem ursprünglichen Versmaße des Dialogs, dem trochäischen Tetrameter, spricht, und dazu kommt, daß von Arion (um 625 v. Chr.), der dem Dithyrambos seine erste höhere kunstgemäße Ausbildung gab (lange vor ihm bezeichnete freilich schon Archilochos sich als Vorsänger von Dithyramben, s. Anm. 46 ^{b}), bei Suidas (wofür wahrscheinlich auch wieder Aristoteles über Dichter die letzte Quelle ist) ausdrücklich im Unterschiede von dem vom Chore Gesungenen erzählt wird, er habe Satyrn eingeführt, die in Versen sprachen, vgl. Welcker a. a. O. S. 232 f.*) Bernhardy a. a. O. II*. S. 575 f. Trotzdem ist so viel gewiß, daß was §. 14 als „Satyrspiel" bezeichnet wird, dasselbe mit dem ist, was vorher (§. 12) Improvisation der Vorsänger des Dithyrambos genannt wird, und wenn nach Aristoteles auch in der ältesten Tragödie noch die aus diesen Improvisationen hervorgegangenen Tetrameter satyrhaft und mit Tanz begleitet waren, so weist Letzteres mit großer Wahrscheinlichkeit darauf hin, daß sie in ihr auch noch gesungen und nicht gesprochen worden seien, so daß was in den folgenden Worten „Dialog" heißt, d. i. der gesprochene Dialog, erst eine weitere, zweite Stufe der Entwicklung sein würde, Ersteres darauf, daß vor Entstehung der Tragödie im attischen Dithyrambos bei jener Improvisation nicht bloß der Chorführer, sondern auch wenigstens einzelne Chormitglieder in der Rolle von Satyrn betheiligt waren, in der ältesten Tragödie aber bei diesen Tetrametern von dem Chorführer und den Chormitgliedern gegenüber dem einen Schauspieler ein Gleiches galt. Und so scheint es fast (worauf mich Hiller aufmerksam machte), als ob Aristoteles die Anfänge der Tragödie noch vor Thespis setzte und dem letzteren nur die Einführung des eigentlichen, gesprochenen Dialogs zuschriebe, zumal aus der Schrift über Dichter eben nur eine Aeußerung dieser Art über die Neuerung desselben bei Themistios XXVI. p. 382, 16 ff. Dind. von ihm erwähnt wird: Θέσπις δὲ πρόλογόν τε καὶ ῥῆσιν ἐξεῦρεν**). S. auch Anm. 46.

Ebend. — 46) Aber doch immerhin noch vor Aeschylos, wahrscheinlich durch Phrynichos, dessen Wirksamkeit aber gar nicht so viel später als die des Thespis und Chörilos begann, s. Welcker a. a. O. S. 282 ff. Der Ausdruck „erst spät" ist daher entweder etwas übertrieben oder aber er stützt die in Anm. 45 angedeutete Hypothese. Vgl. übrigens Anm. 47.

Ebend. — 46ᵇ) Vgl. c. 24. §. 5 (10 Herm.). Rhet. III, 8, 4. p. 1408ᵇ, 36 ff. Der betreffende Tanz war hiernach jedenfalls auch der von Satyrn (s. Anm. 45), wenn auch vielleicht nicht ausschließlich. Um so weniger aber ist aus dem Umstand, daß auch die beiden Verse, in welchen Archilochos sich als Vorsänger des Dithyrambos bezeichnet (Fragm. 77 Bergk), solche Tetrameter sind, mit Welcker a. a. O. S. 231 ohne Weiteres zu schließen, daß sie wahrscheinlich den Anfang einer vom Chorführer allein gesungenen Einleitung in einen dithyrambischen Chorgesang bildeten und also das älteste er-

---

*) Wo jedoch die Deutung der von dem Dithyrambendichter Lasos angeblich eingeführten ἐριστικοὶ λόγοι wahrscheinlich nicht die richtige ist, s. Schneidewin, De Laso Hermionensi, Gött. Winterf. 1842—3. S. 18 f.

**) S. o. S. 84. Anm. 8. Das Folgende berichtigt Usener Rhein. Mus. XXV. S. 579 f. so: Αἰσχύλος δὲ τρίτον ⟨δύο⟩ ὑποκριτάς.

haltene Dithyram. enfragment seien. Daß aber dies Versmaß einst, wie es scheint, auch in der Parodos der Tragödie gebraucht ward, darüber s. c. 12. §. 2 (S Herm.) mit Anm. 116^b.

Ebend. — 47) Unmöglich kann Aristoteles selbst (vgl. Anm. 42^b) in der Schrift über Dichter gesagt haben, was Suidas berichtet, Phrynichos sei der Erfinder des Tetrameters gewesen, vielleicht aber beruht dies auf einer Verwechselung, und er bezeichnete ihn vielmehr als Erfinder des tragischen Trimeters. Noch in den Persern des Aeschylos, wohl der ältesten uns erhaltenen griechischen Tragödie, ist übrigens bekanntlich ein sehr großer Theil des Dialogs in trochäischen Tetrametern gedichtet, die freilich hier durchaus nichts Satyrhaftes mehr an sich haben und nur noch eine lebhaftere orchestische Bewegung oder wenigstens Gesticulation verlangen. In der folgenden Zeit dagegen verschwindet dieser Vers in der That fast völlig, aber von etwa 418 v. Chr. ab wird er wiederum häufig, s. Westphal Griech. Metrik 1. A. III. S. 147 f. 2. A. II. S. 452 f.

Ebend. — 47^h) Vgl. c. 22. §. 10. c. 24. §. 5 u. bes. Rhet. III, 1, 9. p. 1404^a, 29 ff. III, 8, 4. p. 1408^b, 33 ff.

S. 5. §. 2. — 48) Die Ausstattung tragischer, komischer und lyrischer Chöre, die an öffentlichen Festen auftreten sollten, mußte in Athen bekanntlich von den reicheren Bürgern geleistet werden. Alljährlich wurde zu diesem Zwecke eine bestimmte Zahl solcher Chorausstatter (Choregen oder Choragen) bestellt. Die Leitung der großen Dionysien ferner, des Hauptfestes für die Aufführung von Tragödien und Komödien, hatte der erste Archon. Bei ihm mußten sich daher die dramatischen Dichter, welche ihre Stücke auf die Bühne bringen wollten, melden. Nur eine bestimmte Zahl von Bewerbern aber (anfänglich drei, später für die Komödie fünf) durfte angenommen werden, und wen er nun zu derselben zuließ, dem wies er auch seinen Chorausstatter zu. Nach der Aufführung ward dann durch eigens dazu ernannte Preisrichter den zur Darstellung gebrachten Tragödien und eben so Komödien gegen einander der erste, zweite und dritte Preis zuerkannt. Vgl. Böckh Vom Unterschiede der Attischen Lenäen, Anthesterien und ländlichen Dionysien, in den Abhh. der Berl. Akad. 1816—17, histor.-philol. Cl. S. 47 ff. (Kl. Schrr. V. S. 65 ff.) Staatshaush. I. S. 594 ff. (der 2. Aufl.) Schömann, Griech. Alterth. 2. Aufl. I. S. 461 f. Bernhardy a. a. O. II^b. S. 89 ff. 126 ff. Die ältesten attischen Komödiendichter, welchen diese Wohlthat zu Theil ward, scheinen nach c. 3. §. 3 (s. Anm. 28 u. vgl. auch Aristoph. Ritter 520 f.) Chionides, Magnes und etwa (s. Pol. VIII, 6, 6. p. 1341a, 35 f.) Ekphantides gewesen zu sein. Unter dem folgenden βέλοντες sind nicht die Chorausstatter, wie Stahr, eher die Mitglieder des Chors und Schauspieler, wie Bernhardy a. a. O. II^b. S. 450 und Andere wollen, gemeint, wahrscheinlich vielmehr jedoch die Dichter selbst, wie schon Tyrwhitt aus Aelius Dionysius b. Eustath. zur Ilias X, 230 nachgewiesen hat.

S. 5. §. 3. — 49) D. h., wie das Folgende lehrt, ohne persönliche Satire. Die sikelische Komödie bewegte sich zwar theils im Kreise der Götter- und Heroenwelt, theils in dem des wirklichen täglichen Lebens, überall aber griff sie, wo sie überhaupt über bloße rohe Possen, die keinen weiteren Zweck hatten als Lachen zu erregen, hinausging, im Gegensatze gegen die alte attische Komödie lediglich die Thorheiten ganzer Stände und Menschenclassen an. Eine ähnliche mildere Richtung verfolgte bekanntlich hernach die sogenannte mittlere und neuere Komödie der Athener. Von den Vertretern der alten attischen Komödie aber schlossen sich ihr nur Krates und Pherekrates an, s. Meineke a. a. O. 1. S. 59 ff. Bergk, De reliquiis comoediae Atticae antiquae, S. 266 ff. Eben diese Richtung billigt nun aber Aristoteles, weil eben mit ihr ein regelrechterer Plan, eine strengere, auf Wahrscheinlichkeit gegründete, mehr einheitlich fortlaufende Fabel, als sie sich bei Kratinos und seinen Nachfolgern und selbst Aristophanes zu finden pflegte, zusammenhing, auf welcher sich die Verallgemeinerung der Charaktere aufbaute, s. c. 4. §. 9 mit Anm. 38. c. 9. §. 1—5 mit Anm. 90. Fragm. 3—5. 10 mit Anm. 361—364. 380. Nik. Eth. IV, 8, 5 f. (c. 14. 1128ᵃ, 20 ff. Beff.) Bernays Rhein. Mus. N. F. VIII. S. 570 ff., und eben deßhalb erwähnt er hier von den Dichtern der alten attischen Komödie nur den Krates.*)

---

*) Ganz anders freilich E. Brentano a. a. O. S. 37 ff., nach dessen Ansicht Aristoteles vielmehr, aus einander haltend, was er doch c. 9. §. 5 untrennbar verbindet, sagen will, der erste Anfänger des Kunstgerechten in der Komödiendichtung sei in Attika Krates, nicht schon dessen älterer Zeitgenosse Kratinos gewesen, nicht weil letzterer viel persönliche Angriffe einmischte, sondern weil er vielmehr erst in den späteren seiner Stücke nach dem Auftreten des Krates von diesem einen regelrechten Plan befolgen gelernt habe. Allein der Zusammenhang in c. 3. §. 3 zeigt, daß vielmehr schon Chionides und Magnes von Aristoteles so gut wie von der allgemeinen Meinung als die allerersten Anfänger eines kunstgerechten Komödiendichtens anerkannt wurden. Wenn er also trotzdem sie hier eben so wenig wie den ungleich weiter fortgeschrittenen Kratinos nennt, sondern den jüngern Krates allein, so geschieht das, weil es in diesem kurzen Abriß dem Philosophen nur darauf ankommt, den Begründer jener ihm und seiner Theorie ungleich mehr zusagenden und namentlich auch durch stärkere Abstreifung der persönlichen Angriffe die Forderungen des Kunstgerechten nach seiner Ansicht besser erfüllenden Nebenrichtung der alten attischen Komödie zu bezeichnen, während Kratinos weitaus in seinen meisten Stücken die Hauptrichtung vertrat und dieselbe gerade auf ihre eigentliche Höhe zu führen begann. Gegen den einzigen wirklich scheinbaren Einwurf von Brentano s. Anm. 26ᵇ. Im Uebrigen vgl. die richtigen, mit dem Obigen wesentlich übereinstimmenden Gegenbemerkungen von Muff Philol. Anzeiger V. 1873. S. 662 f.

Ebend. — 50) Wie auch an andern Stellen der Poetik bedeutet λόγος hier nichts wesentlich Anderes als μῦθος; μῦθος aber hat in der ganzen Schrift stets den technischen Sinn „Fabel" oder „Sujet" eines Gedichts (vgl. Anm. 1), dieselbe Sache wird also hier durch eine ähnliche Häufung der Ausdrücke bezeichnet wie in unserer deutschen Nachbildung, und grundfalsch behaupten Bergk a. a. O. S. 267, Lorenz a. a. O. S. 190 f. u. A., μῦθος und λόγος bezeichne hier den Gegensatz von „Dichtung" und „Wahrheit", ersteres die aus der Götter- und Heldensage, letzteres die aus der Wirklichkeit genommenen Stoffe des Krates (s. Anm. 49). Ob der Dichter historische, mythische oder erdichtete Stoffe wählt, ist ja nach c. 9. §. 1—9 ganz gleichgültig, und Alles kommt nur darauf an, daß er die gewählten Stoffe in dem hier angegebenen Geiste behandelt. Ohnehin waren aber auch die Stoffe des Krates, so weit uns bekannt ist, alle oder doch fast alle in Wahrheit nicht mythisch.

C. 5. §. 1. — 51) In dem hier ausgefallenen Stück dürfte Aristoteles, wie schon in der Einl. S. 8 f. bemerkt ward, Komödie und Tragödie auch in Bezug auf ihre Aufgabe und Wirkung verglichen, also schon vorläufig von der tragischen „Katharsis" und wird eben so auch schon von der Einheitlichkeit der Handlung vorläufig gesprochen haben. So erst rechtfertigt sich nämlich die von ihm c. 6. §. 1 ausgesprochene Behauptung, daß die ebendas. §. 2 aufgestellte Definition der Tragödie sich aus dem bisher Bemerkten ergebe, was nach unserm heutigen Texte gerade von den auf die Katharsis und die abgeschlossene Einheitlichkeit der Handlung bezüglichen Bestandtheilen, also gerade von den wichtigsten von allen, nicht gilt.

C. 5. §. 4. — 52) Auf diese vermeintlich nach den Regeln des Aristoteles sehr ängstlich von den „classischen" französischen Tragikern (die darüber nur zu oft die von ihm wirklich als Hauptsache verlangte strenge Einheit der Handlung verabsäumten) erstrebte Einheit der Zeit legt also Aristoteles in Wahrheit gar kein besonderes Gewicht und erblickt in ihr etwas nur Beiläufiges und kein streng bindendes Gesetz. Sehr richtig aber bemerkt Ueberweg: „Die Zeit, hinsichtlich welcher das Epos unbeschränkt ist und auch die Tragödie sich anfangs noch keine Schranken setzte, kann nicht die Zeit der Recitation resp. Aufführung sein, schon weil die Länge des Epos (wie Aristoteles selbst c. 24. §. 3 f. sagt) einem ästhetischen Maß unterworfen und keineswegs unbeschränkt ist, vollends aber eine Tragödie des Thespis oder Phrynichos u. s. w., deren Aufführung schrankenlos über mehrere Tage sich gedehnt hätte, ein Unding ist, zumal da Aristoteles bezeugt, daß anfangs die Fabeln klein waren (c. 4. §. 14). Es kann also (obschon Teichmüller I. S. 169 ff. II. S. XI ff. das Gegentheil annimmt) nur die Zeit der dargestellten Begebenheiten gemeint sein. Andererseits ist (mit Teichmüller) anzunehmen, daß die Länge der Umfang der Stücke selbst ist; denn Aristoteles redet von derselben stets nur in diesem Sinne. Also kann der (durch die Conjunction „„sofern"" bezeichnete) Gedankenzusammenhang nur der sein, daß

Aristoteles den Unterschied der Länge (nicht mißt, sondern) begründet durch die verschiedene Zeitdauer des Dargestellten. Nicht als ob die Länge, sei es im Ganzen oder gar auch in den einzelnen Partien, dieser Dauer streng proportional wäre; denn daß diese Voraussetzung falsch, ja thöricht wäre, bedarf nicht erst des Beweises; wohl aber wird in der Regel ein Stück, das sich seinem Inhalt nach über eine beträchtlich längere — und zwar nicht durchgängig leere, sondern mit Begebenheiten erfüllte — Zeit hin erstreckt, eben hiedurch auch selbst länger werden. Insbesondere aber kann die Tragödie ihrer Natur nach durch die Zeit ihrer Aufführung mindestens nicht die Zeit des Dargestellten überschreiten, sie hat also ein natürliches Maximum ihres Umfangs schon vermöge der Einschränkung des Dargestellten auf einen Tag; das Epos dagegen kann selbst das in einer Stunde, vollends also das in zehn Jahren Geschehene durch eine Erzählung wiedergeben, deren Recitation mehr als einen Tag in Anspruch nimmt; es kann also länger sein und pflegt länger zu sein als die Tragödie". (Gegen Teichmüller s. überdies O. Ribbeck Rhein. Mus. XXIV. S. 133 ff).

C. 5. §. 5. — 53) Vgl. c. 24. §. 1 f. c. 26. §. 4 mit Anm. 288. 355.

C. 6. §. 2. — 54) S. c. 2. §. 4 (7 Herm.). c. 5. §. 4, aus welchen Stellen erhellt, daß dies nur ein Gegensatz gegen die Komödie und nicht, wie Bernhardy a. a. O. II^b. S. 164 will, auch gegen das Epos ist, vgl. Bernays Grundzüge S. 146.

Ebend. — 55) S. c. 4. §. 14. vgl. c. 5. §. 4.

Ebend. — 56) S. c. 1. §. 10. c. 5. §. 4.

Ebend. — 57) S. c. 1. §. 10 z. E. mit Anm. 18. vgl. Anm. 16.

Ebend. — 58) S. c. 3. §. 1 f. c. 5. §. 4.

C. 6. §. 4. — 59) Weil sie uns ja vollständig nur auf diese Weise leibhaftig gegenwärtig vorgeführt werden.

C. 6. §. 5. — 60) Mit andern Worten: sie sittlich oder unsittlich und klug oder thöricht nennen.

C. 6. §. 7. — 61) Die Mittel nämlich sind sprachlicher Ausdruck und musikalische Composition, die Art die theatralische Aufführung, die Gegenstände Handlung, Charaktere und Reflexionen. (Vettori).

C. 6. §. 9. — 62) Mit dessen Darstellung es eben hienach die Tragödie zu thun hat, vgl. schon c. 5 z. E. c. 11. §. 4. Und zwar nimmt Aristoteles sodann c. 7. §. 7. c. 10. §. 2. c. 13. c. 18. §. 1 als selbstverständlich an, daß die Tragödie genauer Darstellung eines Glückswechsels ist. Vgl. Anm. 80.

Ebend. — 63) Ausführlicher handelt hierüber Aristoteles in der Nik. Ethik. I, 5—9 (—10 Bekk.), vgl. Zeller a. a. O. II^b. S. 472 ff.

C. 6. §. 11. — 63^b) Die Uebersetzung mußte hier und im Folgenden dem Original etwas nachhelfen, um den wahren Sinn desselben wiederzugeben. Denn ganz ohne Charakterzeichnung kann ja nach §. 7 nie eine Tragödie sein. S. Anm. 64.

Ebend. — 64) Ueber den Zeuxis aus Herakleia, welcher etwa von 436 v. Chr. ab gewirkt zu haben scheint, s. Brunn a. a. O. II^a. S. 75 ff. Auch er war freilich ebensowohl wie Polygnotos (s. c. 2. §. 1 mit Anm. 19) ein Idealmaler, wie aus c. 25. §. 17 hervorgeht, was Brunn nicht genug gewürdigt hat, indem er eben diese letztere Stelle in Folge der verderbten Gestalt, in welcher sie ihm vorlag, a. a. O. S. 84 f. nicht richtig auffaßte und benutzte, vgl. Anm. 343^b. Die Weise aber, in welcher „er seine Idealgestalten schuf, macht die Erzählung anschaulich, daß ihm, als er die Helena malte, fünf der schönsten Jungfrauen der Stadt als Modelle dienten (Brunn S. 80. 88). Sein Idealbild war sonach von den Schönheiten der Wirklichkeit abstrahirt und enthielt, auf diesem Wege geschaffen, freilich eben so viel Naturwahrheit als Idealität, wie Beides Aristoteles c. 15. §. 8 auch von den Charakteren der Tragödie (ja selbst vom Porträt) verlangt". Allein in weit höherem Grade thut dennoch die Art, wie Polygnotos schuf, den Anforderungen des Aristoteles Genüge. Dieser ging nämlich „nicht von der Mannigfaltigkeit der äußeren Erscheinung, sondern von dem Grundmotiv der Individualität, von der Idee der darzustellenden Person aus, und dies Ideal suchte er in jedem Zuge seines Bildes zu verkörpern. An Stelle bestechender Naturwahrheit, die bei aller Idealität uns doch immer nur unseres Gleichen vor Augen führt, sprach aus Polygnotos Gemälden die innere Wahrheit, welche den Ausdruck, die Haltung, kurz alle Züge der äußeren Erscheinung als das nothwendige Resultat der Alles zur Einheit verknüpfenden Individualität erkennen läßt". Zu diesem Streben des Polygnotos seinen Figuren Charakter im höchsten Sinne des Wortes zu leihen wurzelt auch jener großartige sittliche Adel und jene erhabene Hoheit derselben, welche Aristoteles c. 2. §. 1 an ihnen rühmt. Hiernach ist es denn nun auch zu beurtheilen, in wiefern Aristoteles es meint, daß eine Tragödie nicht ohne Handlung, wohl aber ohne Charaktere denkbar sei. Eine gewisse Verknüpfung verschiedener Begebenheiten und Situationen zu einer gemeinsamen Handlung ist zu einer Tragödie in der That schlechterdings erforderlich, diese ist aber möglich, ohne daß sie als das Product der inneren Qualität der handelnden Personen und ihrer Gegensätze erscheint, was nicht ausschließt, daß den Personen äußerlich charakteristische Züge anhaften, und daß die Situationen selbst Interesse gewähren und dem zweiten Grad der Anforderung, welche Aristoteles c. 7 ff. an die tragische Handlung stellt, nämlich der Wahrscheinlichkeit, genügen, aber Das, was er als das Höhere hinstellt, die innere Nothwendigkeit, geht ihnen damit unausbleiblich ab. (Vahlen). Wenn aber Aristoteles diesen Mangel gerade vorwiegend bei den jüngeren Tragikern, d. h. offenbar Euripides und namentlich seinen Nachfolgern, findet, so erinnert Brunn mit Recht, daß gerade das bezeichnete Verfahren des Zeuxis dazu führen mußte, eben so wie diese jüngeren Tragiker, in die alten Heldensagen, aus denen sie ihre Stoffe nehmen, ganz die Farbe der Gegenwart hineinzutragen und ihre Personen vielfach zu bloßen allgemeinen Typen gewisser Zeitrichtungen und überhaupt zu bloßen Gattungscharakteren zu machen. Zur weitern Ergänzung und Erläuterung aber dient der verwandte Gegensatz zwischen der alten und neuen Tragödie, wie er §. 16 ausgesprochen wird, s. Anm. 72.

C. 6. §. 12. — 65) §. 2. z. E. Vahlen, Ueberweg u. A. verstehen unter der „Aufgabe" der Tragödie ihr ganzes in der Definition dargelegtes Wesen. Allein so würde dieser dritte Beweis zu einer bloßen gesteigerten Wiederholung des zweiten werden: „ohne Fabel ist trotz der Häufung aller sonst möglichen Vorzüge keine Tragödie möglich, die Fabel aber ergiebt eine wirkliche Tragödie, selbst schon wenn auch Charaktere und alles Andere höchst mangelhaft sind." Und um so seltsamer wäre es dabei, daß Aristoteles sich im zweiten Beweise mit dem einfachen Ausdruck „Tragödie" begnügt, im dritten aber die nichts Anderes besagende umschreibende Verweisung auf die Gesammtdefinition der Tragödie für nöthig erachtet haben sollte. Daß er unter „Aufgabe" der Tragödie vielmehr nur einen Theil ihres in jener Definition ausgesprochenen Wesens, nämlich bloß ihre Wirkung meint, sagt er selbst c. 13 f. c. 26. §. 7. Er versteht also (wie schon Vettori einsah) die tragische Katharsis, vgl. auch die Einl. S. 60. So erst kann der dritte Beweis neben dem zweiten bestehen, dessen Steigerung er allerdings ist: nicht allein keine Tragödie, wie die letztere geltend machte, sondern nicht einmal eine tragische Wirkung ist ohne Fabel möglich; ist dagegen letztere nur gehörig vorhanden, so kann immer von beiden schon die Rede sein, auch wenn sich von allen andern Erfordernissen nur ein Minimum findet. Uebrigens ist zwischen beiden Beweisen der Unterschied, daß der zweite sich unmittelbar aus der Definition der Tragödie als nachahmender Darstellung einer Handlung ergiebt*), der dritte aber noch eine weitere Begründung fordert. Diese erhält er zum Theil schon c. 9. §. 11 f. c. 11. §. 4. c. 13. 14, und was hier noch fehlt, wird in dem hinter c. 14 ausgefallenen Abschnitt ausgeführt worden sein.

C. 6. §. 15. — 66) Nur in Folge der unrichtigen Stelle, an welcher dies Gleichniß in den Handschriften steht, konnte man sich verleiten lassen zu glauben, Aristoteles habe die Fabel mit der Zeichnung, die Charaktere mit dem Colorit vergleichen wollen. Wie falsch dies ist, erhellt ja aus c. 1. §. 4 ff. Vielmehr die Handlung entspricht allerdings, aber nebst den Charakteren und Reflexionen, so weit sie sich in der Handlung äußern, der Zeichnung, den Farben aber die Reden und was von Charakter und Reflexion erst in ihnen zum Ausdruck gelangt. Nur wo die wohlangelegte Fabel in der Tragödie und die wohlangelegte Zeichnung im Gemälde den Plan und Zweck angiebt, von dem dort die Reden, hier die Farbengebung lediglich die

---

*) Eben deßhalb würde aber der dritte überdies, wenn er so lautete, wie Vahlen und Ueberweg wollen, auf folgende Tautologie hinauslaufen: „ohne Fabel=Nachahmung einer Handlung ist keine Nachahmung einer so und so beschaffenen Handlung möglich."

Anmerkungen.

streng an ihn sich bindende weitere Ausführung sind, wird wirklich planmäßig verfahren. Vgl. auch c. 17. Aber wie können denn „planlos aufgetragene Farben", wo also überhaupt kein Bild vorhanden ist, überall noch Genuß bereiten? Die Antwort wird lauten, wenn man das Planlos nur in der angegebenen Weise richtig versteht: „z. B. an einer hübsch angestrichenen, etwa auch noch mit Arabesken wohl verzierten Wand". — Die wörtliche Uebersetzung des Ausdrucks λευκογραφήσας würde gewesen sein „in bloßer Weißzeichnung". Dabei „darf man an Das, was Plinius Naturgesch. XXXV, 9, 36 von Zeuxis anführt, erinnern: pinxit et monochromata ex albo, worunter Brunn a. a. O. II^a. S. 81 Darstellungen versteht, wie die Italiener sie chiaroscuri, wir als grau in grau gemalt bezeichnen." Daß aber trotzdem im Ganzen „auch in dieser Beziehung ein Gegensatz zwischen Polygnotos und Zeuxis bestand, indem die Kunst jenes wesentlich auf der Zeichnung, der Reiz dieses auf der Farbenwirkung beruhte, erörtert Brunn a. a. O. S. 91 f." (Vahlen).

C. 6. §. 13. — 67) D. h. natürlich in der der Tragödie specifisch eigenthümlichen Weise, denn jede sonstige etwaige Einwirkung kann ja keinen Vorzug begründen, weil sie, wie Aristoteles selbst sagt, c. 14. §. 2. vgl. c. 26. §. 7, die Tragödie weiter nichts angeht. Es ist also hiebei wiederum jener „eigenthümlich tragische, aus Furcht und Mitleid entspringende" (c. 14. §. 2 f. vgl. c. 13. §. 8), aus der Katharsis von beiden Affecten hervorgehende Genuß, im Wesentlichen also wieder Dasselbe gemeint, was vorhin §. 12 die Aufgabe der Tragödie hieß, die eben in diesem Genusse endet (s. d. Einl. S. 60). Warum aber unerwartete Wendungen und Erkennungen am Stärksten Furcht und Mitleid zu erregen geeignet sind, ist denn zum Theil c. 9. §. 11 f. c. 14 auch schon wirklich ausgeführt, inwiefern sie aber am Stärksten dazu beitragen, von diesen Unlustempfindungen zugleich zu reinigen und sie zu einer Quelle der Lust und des Genusses zu machen, diese Ausführung ist uns eben mit der ganzen genaueren Auseinandersetzung über die tragische Katharsis hinter c. 14 verloren gegangen. S. d. Einl. S. 11 f. 36 ff. bes. 61 f.

Ebend. — 68) Die hier ausgefallene vorläufige Definition der unerwarteten Wendung dürfte die Stelle sein, auf welche c. 11. §. 1 zurückgewiesen wird.

C. 6. §. 14. — 69) Die Fabeln der älteren Tragiker mit Einschluß des Aeschylos sind meist von der minder vollkommenen (c. 9. §. 11 f. c. 13. §. 2) einfachen Art ohne (s. c. 10) unerwartete Wendungen und Erkennungen, c. 14. §. 6 (vgl. jedoch c. 16. §. 6).

C. 6. §. 16. — 70) Die hier höchst wahrscheinlich ausgefallene Begründung wird dahin gelautet haben, daß die Handlungen direct auf die Charaktere und nur indirect auch auf die Reflexionen der handelnden Personen zurückgehen, indem einerseits die Eigenthümlichkeit ihrer Charaktere durch die ihrer Verstandesbegabung und Verstandesbildung wesentlich mit bedingt ist (vgl. darüber Zeller a. a. O. II^b. S. 442—454. 484 ff.), andererseits aber unmittelbar für das handeln die Reflexion, Intelligenz, Berechnung und Ueberlegung umgekehrt nur nach Maßgabe der Charaktere der Handelnden in Betracht kommt, als bloßes Mittel, durch welches dieselben je nach ihrer Charaktereigenthümlichkeit im Handeln ihre Absichten, Vorsätze, Willensrichtungen zu erreichen suchen und auch entweder wirklich erreichen oder aber verfehlen. Damit ist jedoch die Lücke noch nicht vollständig ausgefüllt, sondern Aristoteles scheint nunmehr von der Handlung zur Rede übergegangen zu sein, indem zwischen beiden Charakter und Reflexion die natürliche Brücke bilden, sofern sich beide sowohl im Handeln wie im Reden äußern. Und in diesem Uebergange brauchte er denn zuletzt eine Ausdrucksweise, die er sodann durch das folgende „das heißt aber u. s. w." genauer erläuterte.

Ebend. — 71) Es giebt eine Beredtsamkeit des Charakters und eine Beredtsamkeit des Verstandes. Beide können verbunden, aber auch mehr oder weniger getrennt auftreten. Nur die letztere ist es zunächst, welche durch rhetorische Bildung gefördert werden kann, erstere dagegen ist rein Sache der Charakterbildung, deren Theorie in die Wissenschaft der Ethik fällt, und so weit die wahre Rhetorik allerdings auch die Beredtsamkeit des Charakters zu fördern sucht, kann sie doch eben nur von dorther das Nöthige entlehnen, vgl. Rhetorik I, 2, 7. p. 1356^a, 20 ff. 25 ff. Wenn nun aber hier und eben so in der angef. St. der Rhet. (vgl. auch dort c. 4. §. 5. p. 1359^b, 8 ff.) anstatt der Ethik die politische Wissenschaft genannt wird, so erklärt sich dies nicht bloß aus dem eigenthümlichen engen Verhältniß, in welches Aristoteles überhaupt beide zu einander setzt, indem die Ethik und die Politik im engern von ihm nur als Unterabtheilungen der Politik im weitern Sinne betrachtet werden, sondern namentlich daraus, daß ja die sittliche Bildung des Einzelnen immer wesentlich modificirt wird durch die Einflüsse des besonderen Staatslebens, dem er angehört (vgl. darüber bes. Polit. III, 2. Schneider = III, 4 Bekk.), und daß er namentlich auf den Charakter seiner Mitbürger durch die Rede nur nach Maßgabe desjenigen Grades und derjenigen Art von Sittlichkeit wird einwirken können, wie sie in eben diesem Staatsleben gefördert und gepflegt werden. Aristoteles giebt übrigens dieser Beredtsamkeit des Charakters den Vorzug vor der des Verstandes, Rhet. III, 16, 9. p. 1417^a, 23 c. 17. §. 12. p. 1418^a, 37 ff. (Vahlen).

Ebend. — 72) Wie Aristoteles in der jüngern Tragödie §. 11 die rechten Charaktere meistens vermißt, so hier folgerichtig auch die Beredtsamkeit des Charakters, und in der That ist ja auch das immer stärkere Eindringen des rhetorischen Elements in die euripideische und nacheuripideische Tragödie bekannt genug; hier sei nur an Zweierlei erinnert, „erstlich an die Liebhaberei des Euripides die Formen des Processes und der Gerichtsscenen in die Tragödie hineinzutragen und zweitens an die Thatsache, daß unter der Gruppe der jüngeren Tragiker sich eine Reihe solcher findet, die von der Rhetorik zur Tragödie übergegangen oder doch in beiden thätig waren: mehrere derselben nennt Welcker, Griech. Trag. III. S. 1067 f. vgl. 921". (Vahlen). Vgl. auch Anm. 103. 199.

C. 6. §. 17. — 73) Eben diese beiden Dinge, das verstandesmäßige Räsonnement und die Sentenz, sind es denn auch, zu denen die euripideische und noch spätere Tragödie in Wirklichkeit die größte Hinneigung verräth. (Vahlen). Uebrigens vgl. zu §. 16 f. unten c. 24. §. 11 mit Anm. 313.

C. 6. §. 18. — 74), §. 4 (6 Herm.).

C. 6. §. 19. — 74^b) Vgl. c. 14. §. 1—3.

Ebend. 75^{ab}) Nämlich natürlich (was Krohn nicht eingesehen zu haben scheint) von allen diesen sechs qualitativen Theilen der Tragödie. Obwohl das griechische Wort τέχνη noch mehr die Kunsttheorie (oder den Kunstverstand, s. z. B. c. 1. §. 4. c. 8. §. 3. c. 14. §. 9 — §. 20 Herm.) als die Kunstpraxis bezeichnet, so scheint doch die von mir gegebne Uebersetzung die richtige zu sein, in welcher die Prädicate „liegt am Meisten — Poesie" und „gehört am Wenigsten — an" nur mit andern Worten Dasselbe sagen, also eine ähnliche Häufung enthalten wie c. 5. §. 3 (s. Anm. 50) „Fabeln und Stoffe." Die wörtliche Uebertragung wäre „ist am Kunstlosesten und gehört am Wenigsten der Poesie eigenthümlich an". Jener Ausdruck „kunstlos" hier und c. 7. §. 6 „ist nicht Sache der Kunst" wird eben so zu verstehen sein, wie die „kunstlosen" Beweismittel in der Rhetorik (I, 2, 2. p. 1355^b, 35 ff.), d. h. Documente, Zeugenaussagen u. dgl. Gleichwie diese nicht in der Gewalt des gerichtlichen Redners liegen, er sie aber zu benutzen verstehen muß, gerade so steht der Dichter den Bühnenmitteln gegenüber.

Ebend. — 76) Zum Theatralischen rechnet Aristoteles also — und mit Recht — die Personen der Schauspieler (und Chormitglieder) und ihre Gesticulation und Mimik, überhaupt also ohne Zweifel alles Mimische und Orchestische mit. Im Uebrigen vgl. zu diesem §. außer c. 14. §. 1—3 und c. 26. §. 3. 4. (6. 8. 10 f. Herm.) noch c. 7. §. 6. c. 9. §. 10. c. 13. §. 7. c. 19. §. 4, andererseits aber auch c. 15. §. 9. c. 17. §. 1. c. 24. §. 4. 8. nebst c. 11. §. 6. c. 13. §. 6. c. 18. §. 5 f. und Anm. 162. 207. 293^b. 304. Aristoteles will sonach „keineswegs Tragödien mehr zum Lesen als zum Sehen geschrieben haben", sondern der Sinn ist nur: „die Tragödie ist, was sie ist, nicht erst durch die Aufführung, drängt aber doch zugleich zur Aufführung hin" (Vahlen) oder mit andern Worten: die Tragödie soll nicht auf bloße Bühneneffecte hinarbeiten, vielmehr auch schon bloß gelesen oder vorgelesen oder auch nur wiedererzählt ihre Wirkung thun, aber sie soll doch auch bühnengerecht sein, so daß diese ihre Wirkung durch eine gute Aufführung allerdings noch erheblich erhöht wird. So ist denn auch der Widerspruch gegen §. 4 nur ein scheinbarer.

C. 7. §. 4. — 77) Vgl. Metaph. XIII, 3, 17. p. 1078^a, 36. Probl. XIX, 38. XVII, 1. Polit. VII, 4, 6. p. 1326^a, 33 ff. vgl. §. 8. p. 1326^b, 22 Nik. Eth. IV, 3, 5 (c. 7. p. 1123^b, 6 f. Bekk.). Ed. Müller,

Anmerkungen.

Gesch. der Theorie der Kunst b. d. Alten II. S. 84—107. Zeller a. a. O. II^b. S. 605 f.

C. 7. §. 6. — 78) Bei den Wettkämpfen tragischer und komischer Aufführungen in Athen (s. Anm. 49) pflegten die tragischen Dichter nicht mit je einem Stücke, sondern mit je drei Tragödien (Trilogie) und einem Satyrdrama (vgl. Anm. 45), dessen Stelle späterhin auch wohl eine Tragödie (wie z. B. die Alkestis des Euripides) ersetzen konnte, gegen einander aufzutreten, vgl. Bernhardy a. a. O. II^b. S. 136 f., und je eine solche ganze Tetralogie ward an den großen Dionysien je an einem Vormittage, am Nachmittag aber eine Komödie gegeben, Aristoph. Vögel 789 ff. Frösche 374*). Dies ist nun, will Aristoteles sagen, eine ganz zufällige gesetzliche Bestimmung, und es ist eben so gut denkbar, daß das Gesetz jede beliebige größere Zahl feststellen könnte. Im Uebrigen vgl. Anm. 76 und c. 9. §. 10 mit Anm. 94.

Ebend. — 79) Nämlich bei denen vor Gericht. Jede Partei durfte nämlich in Athen am Gerichtstage nur eine bestimmte Zeit lang sprechen, die nach einer im Gerichtslocal aufgestellten Wasseruhr abgemessen ward, s. Schömann a. a. O. I. S. 504. Att. Proc. S. 713 f. Der dichterisch-musische Wettkampf und der gerichtliche Wettstreit oder Rechtshandel werden nun im Griechischen mit demselben Worte ἀγών und ἀγωνίζεσθαι bezeichnet, und mit diesem Doppelsinne des Wortes spielt hier Aristoteles, indem er es zuerst in der ersten und dann in der zweiten Bedeutung gebraucht, in einer für uns unübersetzbaren Weise, und zwar so, daß er dies Wortspiel leise, aber auch eben nur leise als solches bezeichnet, und das mit gutem Grunde. Denn hätte er die von uns durch „wie etwas Aehnliches — geschieht" übersetzten Worte „weggelassen, so würden die Leser das Wort ἀγωνίζεσθαι an der zweiten Stelle in demselben Sinne genommen haben wie an der ersten; hätte er aber geradezu gesagt, „„wie man in den Gerichtshöfen pflegt,"" so würde er seinen eigenen Witz platt geschlagen haben". (Knebel).

C. 7. §. 7. — 79^b) Die Wahrscheinlichkeit umfaßt Das, was vorher (§. 3) „im gewöhnlichen Laufe der Dinge" („in der Regel") genannt wird. Im Uebrigen siehe über die Begriffe derselben und der Nothwendigkeit, wie sie hier in Betracht kommen, die Erörterungen von Teichmüller II. S. 158 ff. 430 ff. und besonders Reinkens S. 274 ff. vgl. S. 180 ff. 16 ff., auch Susemihl Jahns Jahrb. XCV. S. 335.

---

*) Bei Aeschylos und seinen Zeitgenossen (seltener auch noch bei späteren Tragikern) standen die einzelnen Stücke der Trilogie meist in einem inhaltlichen Verbande, der sich oft auch noch auf das Satyrdrama ausdehnte, so daß sie einander fortsetzten. Aristoteles nimmt hierauf im Wesentlichen (s. jedoch Anm. 185) nirgends Rücksicht, sondern behandelt die Stücke des Aeschylos, wo er überhaupt noch auf sie Bezug nimmt, ganz wie reine Einzeltragödien, wie schon in der Einl. S. 29 bemerkt ward.

Anmerkungen.

Ebend. — 80) Die Tragödie ist also Darstellung eines solchen Schicksalswechses, vgl. c. 10. §. 2. c. 13 und Anm. 62.

C. 8. §. 1. — 80ᵇ) S. d. Einl. S. 24 f. Wie der ganze Zusammenhang lehrt, kommt übrigens Aristoteles mit c. 8 nicht auf etwas Neues, sondern vielmehr auf die schon c. 7. §. 1—3 abgehandelte abgeschlossene Ganzheit der Fabel zurück, die er jetzt eben deßhalb auch die Einheit derselben nennt, um dem Mißverstande zu wehren, als wäre dieselbe schon mit der Einheit des Helden gegeben. Nicht also ist (wie Vahlen, Ueberweg, Teichmüller II. S. 437 ff., Reinkens S. 37 ff. 243 ff. 255 ff. meinen) die Einheitlichkeit der Fabel noch etwas Anderes als jene Ganzheit derselben. Beide bestehen vielmehr einmal in der Vollständigkeit und sodann in der richtigen Ordnung, in der nach innerer Nothwendigkeit oder doch Wahrscheinlichkeit dergestalt geordneten Abfolge aller Theile der Fabel, daß alle späteren in eben dieser Weise durch die frühern bedingt und motivirt sind, nicht bloß auf sie, sondern auch aus ihnen (c. 10. §. 3 z. E.) folgen. S. auch Anm. 85. Darin aber hat Vahlen eben sonach Recht, daß sich diese Anfangsworte von c. 8. an die Schlußworte von c. 7, an die in die endgültige Bestimmung des richtigen Umfangs wiederum (s. Anm. 79ᵇ) mit aufgenommene Nothwendigkeit oder Wahrscheinlichkeit der Abfolge unmittelbar anschließen, was ich daher in der Uebersetzung durch ein paar parenthetische Zusätze klarer, als Aristoteles selbst gethan hat, hervorzuheben versucht habe. Wenn aber Reinkens S. 38. 255 den Aristoteles tadelt, daß derselbe überhaupt zu der Ganzheit noch die richtige Länge fordere, so ist zu erwidern, daß derselbe c. 7. §. 7 die letztere vielmehr als unentbehrliche Bedingung für die volle Entfaltung der ersteren bestimmt, und daß die unentbehrliche Bedingung nicht nothwendig schon in dem Bedingten liegt, sondern zu demselben oft erst hinzukommen muß.

C. 8. §. 2. — 81) Man beachte, daß Aristoteles mehrfach die Beispiele für seine Lehren über die Tragödie aus dem Epos entnimmt und auf diese Weise andeutet, daß das letztere in so weit unter denselben Gesetzen steht, s. c. 13. §. 7. c. 16. §. 3. 5. c. 15. §. 7 (s. jedoch Anm. 202). §. 8. c. 19. §. 5. Außerdem vgl. c. 9. §. 1—9 mit Anm. 86. Ein Epos Herakleis dichteten Kinäthon der Lakone (um 750 v. Chr.), Peisandros aus Rhodos (um 645 v. Chr.) und Panyasis aus Halikarnaß (um die Zeit der Perserkriege), s. Bernhardy a. a. O. IIᵃ. S. 280 ff. und Schol. Apollon. Rhod. I. 1357, eine Theseïs Zopyros (vielleicht der Orphiker aus Herakleia in Peisistratos Zeit), Dirphilos (spätestens aus der Zeit der alten Komödie) und ein Ungenannter bei Plut. Thes. 28. Schol. Pind. Ol. III. 52, s. Bernhardy a. a. O. S. 277 vgl. S. 90. 474. Welcker (Ep. Cycl. I. S. 321 f. Meineke a. a. O. I. S. 448 ff.

C. 8. §. 3. — 82) Daß Homeros Odyssee XIX, 426—466 dieselbe als Episode erzählt, steht, wie aus c. 23. §. 3 erhellt, mit dieser Behauptung des Aristoteles nicht in Widerspruch. Vielleicht wählt vielmehr letzterer, um seine eigentliche Meinung klar zu machen, absichtlich ein Beispiel von einer Begebenheit, die Homeros nur als Episode einflicht, und ein anderes von einer solchen, die er gar nicht erwähnt. S. Anm. 83.

(Ebend. — 83) Dieses Ereignisses geschieht in der Odyssee gar keine Erwähnung, dagegen war es ausführlich im „kyprischen Liede" (c. 23. §. 3. vgl. Anm. 271) erzählt. Odysseus stellte sich wahnsinnig, um sich der Theilnahme am troischen Kriege zu entziehen, aber Palamedes brachte durch eine List an den Tag, daß er es nicht wirklich war, s. Welcker, Ep. Cycl. II. S. 99 f.

Ebend. — 84) Vgl. c. 23. §. 1.

Ebend. — 85) Hieraus namentlich geht deutlich hervor, daß Aristoteles unter einer einheitlichen Handlung nichts Anderes versteht als unter einer in sich vollständig abgeschlossenen und ein Ganzes bildenden.

(Ebend. — 85^b) Und nicht der bloßen Einheit des Helden.

C. 9. §. 1. — 86) So bald man nämlich nur voraussetzt, daß Aristoteles eine ähnliche Einheit der Handlung auch von der Komödie und vom Epos verlangt. Dies ergiebt sich aber aus §. 5 und c. 8. §. 2 ff.

C. 9. §. 2. — 87) Wir verlangen heutzutage auch von der Geschichte zugleich das Letztere und können daher diese und die folgenden Bestimmungen nicht mehr unbedingt für richtig erkennen (vgl. Barthélemy St.-Hilaire a. a. O. Préf. S. LIV. ff. Vollmann Anmerkungen zu Lessings Hamb. Dramat., Berlin 1874. 8. S. 13 ff. Festschr. des grauen Klosters S. 53 ff.), aber wahr ist es doch, daß in der Geschichte allerdings auch dem Zufälligen ein großer Spielraum bleibt, während dasselbe aus der Poesie nach Aristoteles richtiger Forderung auszuschließen ist, s. Ed. Müller a. a. O. II. S. 113 ff. Uebrigens vgl. auch c. 23. §. 1 f.

C. 9. §. 3. — 88) Denn die Philosophie hat es mit der Erforschung des Allgemeinen und Nothwendigen und dessen Verwirklichung im Einzelnen und Zufälligen zu thun, s. Zeller a. a. O. II^b. S. 112 f. 121 f. 227 ff.

Ebend. — 89) Aristoteles gebraucht hier dasselbe Wort, durch welches er die tragische Handlung im Gegensatz gegen die komische, c. 6. §. 2 vgl. c. 4 §. 9. c. 5. §. 4, und die sittlich würdigen Charaktere im Gegensatz gegen die niedrigen, gemeinen und leichtfertigen, c. 2. §. 1 (vgl. c. 4. §. 7), charakterisirt. Dies ließ sich in der Uebersetzung nicht festhalten. Zur Rechtfertigung und zum Verständniß der jetzt (im Unterschied von der 1. A.) von mir gewählten s. Twining I. S. 276 ff. II. S. 61 f. Teichmüller II. S. 172 ff. Reinkens S. 289 ff. Uebrigens vgl. zu §. 3 ff. auch c. 15. §. 6 mit Anm. 199^b und Anm. 318. 319.

C. 9. §. 5. — 89^b) Aristoteles sagt absichtlich bloß „der Wahrscheinlichkeit", nicht, wie bei der Tragödie, „der Nothwendigkeit oder Wahrscheinlichkeit", weil er von der Komödie offenbar eine minder

Anmerkungen.

strenge, ausschließlich nur auf die letztere gegründete Einheitlichkeit der Fabel verlangt.

Ebend. — 90) D. h. „die Komödie gab ihren Personen Namen, welche vermöge ihrer grammatischen Ableitung und Zusammensetzung oder auch sonstigen Bedeutung die Beschaffenheit dieser Personen ausdrückte, sie gab ihnen redende Namen, die man nur hören durfte, um sogleich zu wissen, welcher Art Die sein würden, die sie führen.... Der feige, großsprecherische Soldat hieß nicht wie dieser oder jener Anführer aus diesem oder jenem Stamme, er hieß Pyrgopolinikes, Hauptmann Mauerbrecher. Der elende Schmarotzer, der diesem um das Maul ging, hieß nicht wie ein gewisser armer Schlucker in der Stadt, er hieß Artotrogus, Brockenschröter. Der Jüngling, welcher durch seinen Aufwand besonders auf Pferde den Vater in Schulden setzte, hieß nicht wie der Sohn dieses oder jenes edlen Bürgers, er hieß Pheidippides, Junker Sparroß". (Lessing, Hamb. Dramat. St. 80. S. 375 f. Lachm.-Malß.). Wie aus diesem letzten Beispiel aus Aristophanes' Wolken erhellt, gilt dies nicht bloß von der sikelischen und mittlern (so wie neuern) Komödie und von Krates und Pherekrates (f. Anm. 49), sondern auch selbst von der Hauptrichtung der alten, aber doch, was Lessing*) nicht hätte leugnen sollen, in geringerem Maße, f. c. 5. §. 3 mit Anm. 49. 50 vgl. auch Anm. 28. 362. 364. 380.

Ebend. — 91) Vgl. c. 4. §. 7—10 mit A. 38. c. 5. §. 3 (5 f. Herm.).

C. 9. §. 7. — 92) Oder hieß der Held dieses Stückes „Blume" (Anthos, Anthes, Antheas oder Antheus), wie Welcker, Griech. Trag. III. S. 995 f. vermuthet? Agathon, ein jüngerer Zeitgenosse des Euripides und wohl der bedeutendste von seinen Nachfolgern, wird noch zweimal von Aristoteles in einer Weise, aus der hervorgeht, wie sehr sowohl er als das Publicum ihn schätzte, in der Poetik erwähnt, c. 18. §. 5 f. c. 15. §. 8, ein drittes Mal aber c. 18. §. 7 nach einer bestimmten Richtung hin scharf getadelt. Vgl. Anm. 186[b]—189. Im Uebrigen f. über ihn Ritschl, De Agathonis vita, arte et tragoediarum reliquiis, Halle 1829. (Opusc. I. S. 411 ff.) Welcker a. a. O. S. 981 ff. Bernhardy a. a. O. II[b]. S. 41. 55 ff.

C. 9. §. 9. — 93) Vgl. c. 1. §. 7[b] f.

C. 9. §. 10. — 94) Da in Athen nur so selten dramatische Aufführungen waren, nämlich alljährlich nur an zwei Festen, den großen Dionysien und den Lenäen (außerdem noch an den ländlichen Dionysien in verschiedenen anderen Ortschaften Attikas, f. über dies Alles die Anm. 48 angef. Abh. von Böckh), so war es um so natürlicher, wenn die Zuschauer dort wünschten, daß die aufzuführenden

---

*) Die Irrthümer, die seiner sonstigen dortigen Behandlung dieser Partie der Poetik ankleben, wird man leicht durch eine Vergleichung mit unserer Uebersetzung derselben erkennen.

Stücke nicht allzu kurz waren nicht und so der Genuß allzu rasch vorüberging, und es ist mithin wohl begreiflich, wenn von den Kampfrichtern, als Vertretern des Publicums, ein Verstoß gegen diesen Wunsch noch weit eher als einer gegen manche wirkliche Regel der Kunst mit Entziehung des ersten Preises bestraft wurde. Im Uebrigen vgl. Anm. 48. 76. 78. 79.

C. 9. §. 11. — 95) Was bisher von c. 7 ab allein in Betracht gezogen ist.

C. 9. §. 12. — 96) Vgl. Plutarch v. d. späten Rache der Götter c. 11. Pseudo-Aristot. Wundergeschichten N. 156 Bekk. und dazu die Einl. S. 34.

Ebend. — 97) D. h., wie aus c. 10. 11 erhellt, alle einheitlich componirten verwickelten Fabeln, so fern sich die verwickelten ja eben von den einfachen durch unerwartete Wendungen und unerwartete Erkennungen unterscheiden. Im Uebrigen s. Anm. 129.

C. 10. §. 1. — 98) Die Rechtfertigung dieses von mir gemachten parenthetischen Zusatzes liegt in Anm. 97.

C. 10. §. 2. 3. — 99^{ab}) Hieraus erhellt auf das Bestimmteste, daß Peripetie nicht selbst, wie u. A. Lessing a. a. O. St. 38. S. 160 ff. und noch Nitzsch, Sagenpoesie S. 565 u. ö. (der in Folge Dessen denn auch mehrfach den Mißgriff begeht, unzweifelhaft einfache Tragödien als verwickelte zu bezeichnen) und Ueberweg (Ueberj. Anm. 33. 54. 60. 65. 80, der in Folge Dessen irrthümlich meint, c. 13 handle von der Peripetie, und damit — s. d. Einl. S. 2. Anm. 5 — auf den völlig verfehlten Gedanken geräth c. 16 vor c. 14 umstellen zu wollen) glaubten*), ein Schicksalswechsel noch auch nur, wie Andere meinen, ein plötzlicher Schicksalswechsel oder, wie man das Wort jetzt gewöhnlich braucht, der Uebergang zur Katastrophe im Schicksalswechsel oder mit anderen Worten der Wendepunkt ist, von dem ab Dasjenige beginnt, was Aristoteles c. 18. §. 1. 3^{b} die Lösung nennt, sondern sogar vielmehr Etwas, ohne welches dieser Wechsel und Uebergang eben so wohl erfolgen kann. Die von mir gewählte, obschon nicht ganz genau zutreffende Uebersetzung „unerwartete Wendung" rechtfertigt sich zur Genüge aus c. 11. §. 1 (vgl. Anm. 101—103). Nicht jede Fabel, welche unerwartete Wendung oder Erkennung oder Beides hat, ist ferner eben damit schon eine verwickelte, sondern nach der Definition des Aristoteles nur dann, wenn derartige Ereignisse den Uebergang aus Glück in Unglück oder umgekehrt, also mit andern Worten die Lösung unmittelbar bedingen. Im Uebrigen vgl. c. 7. §. 7 mit Anm. 80.

C. 11. §. 1. — 100) S. Anm. 68.

Ebend. — 101) D. h. das Gegentheil des bei ihr beabsichtigten Zweckes erreicht. Zur Rechtfertigung meiner Uebersetzung sei noch

---

*) Auch Rassow geht, nachdem er zuerst die Sache a. a. O. S. 28 f. ganz richtig dargelegt hat, von S. 29 ab zu dieser verkehrten Auffassung über.

bemerkt, daß τῶν πραττομένων hier nicht die Gesammtheit der Begebenheiten oder mit andern Worten die Gesammthandlung einer Tragödie bezeichnen kann, da sonst diese Definition der Peripetie (ἡ τῶν πραττομένων εἰς τὸ ἐναντίον μεταβολή) doch wieder völlig mit dem Schicksalswechsel, wie ihn das Ganze einer jeden Tragödie darstellt (dem εἰς εὐτυχίαν ἐκ δυστυχίας ἢ ἐκ δυστυχίας εἰς εὐτυχίαν μεταβάλλειν c. 7 Ende, vgl. c. 13. §. 2. 3. 4, oder μετάβασις c. 10. §. 2, vgl. c. 18. §. 1, μεταπίπτειν c. 13. §. 2) zusammenfallen würde (s. Anm. 99). Mithin heißt τῶν πραττομένων (nach Vahlens richtiger Bemerkung) hier überhaupt nicht „Ereignisse, Begebenheiten, sondern „was man thut oder that", und sonach ist auch Gustav Freytag, Die Technik des Dramas, S. 88, im Irrthum, wenn er meint, Peripetie nenne Aristoteles „das tragische Moment, welches die Handlung durch das plötzliche Einbrechen eines zwar unvorhergesehenen und überraschenden, aber doch in der Anlage der Handlung begründeten Ereignisses in das Gegentheil umwirft". Dann würde überdies die Peripetie ja nicht, wie Aristoteles (was sich leider in der Uebersetzung verwischt) sie hier bezeichnet, selber ein Umschlag, eine μεταβολή, sondern vielmehr ein diese μεταβολή Bewirkendes sein. Sehr richtig bemerkt dagegen Vischer, Aesthetik I. S. 290, daß in der Anwendung der Peripetie ein Hauptbestandtheil Dessen liegt, was Neuere die tragische Ironie genannt haben. Wenn aber derselbe behauptet (III^b. S. 1426), was Aristoteles die verwickelte Tragödie nenne (s. c. 18. §. 2), sei nichts Anderes als die Schicksalstragödie, so entbehrt dies aller Begründung. Hier genügt es, dagegen auf Anm. 103 zu verweisen. Nicht überall jedoch hält Aristoteles diesen strengen Begriff der Peripetie fest, sondern gebraucht diesen Ausdruck auch in dem abgeschwächten Sinne wider Erwarten (c. 18. §. 5 f.) oder gar bloß unbeabsichtigt (c. 16. §. 3) eintretender Ereignisse. Damit gewinnt meine sonst allerdings noch zu unbestimmte Uebersetzung „unerwartete Wendung" erst ihre volle Berechtigung als noch am Meisten geeignet alle verschiednen Färbungen, in denen er das Wort anwendet, zu umfassen.

Ebend. — 102) S. Sophokles' König Oedipus 924—1145.

Ebend. — 103) Theodektes aus Phaselis war ein Zeitgenosse und Freund des Aristoteles, welcher außer der tragischen Dichtkunst namentlich auch Rhetorik und Beredtsamkeit trieb (s. Anm. 215) und den letzteren sicher auch nicht geringen Einfluß auf die erstere einräumte. S. über ihn im Allgem. Welcker a. a. O. III. S. 1069 ff. Bernhardy a. a. O. II^b. S. 60 f. Ueber den Inhalt seines „Lynkeus" läßt sich in Verbindung mit c. 18. §. 1 ungefähr so viel feststellen: Hypermnestra hat dem Befehle ihres Vaters Danaos ihren Gatten Lynkeus zu ermorden nicht gehorcht, vielmehr denselben vor allen Nachstellungen glücklich geborgen, bis die Frucht ihrer Ehe (der kleine Abas) vom Danaos als solche entdeckt wird. Dieser läßt nun den Lynkeus (und vielleicht auch Hypermnestra und Abas, s. Anm. 169) zum Tode abführen und folgt dabei selber mit. Inzwischen aber hat gerade dies den Anstoß dazu gegeben, daß Danaos der beabsichtigten Ermordung des Lynkeus angeklagt und von den Argivern zum Tode verurtheilt worden ist, den nun er an Stelle dieses seines Opfers erleidet. Vgl. auch Welcker a. a. O. III. S. 1076 ff.

C. 11. §. 2. — 104) Vgl. c. 16. §. 3, jedoch s. auch Anm. 101.

Ebend. 105) Denn dort wird ja eben durch die obige „Peripetie" Oedipus zur Erkenntniß Dessen gebracht, daß Jokaste, die er geheirathet hat, seine Mutter ist und Derjenige, welchen er erschlagen hat, sein Vater Laios war.

C. 11. §. 4. — 106) Noch bei Döring Philol. XXVII. S. 703 f. findet sich die Verkehrtheit wieder, daß diese Begründung nicht darauf, daß die wesentlichste Art der Erkennung die von Personen und nicht die von Sachen oder Thaten, sondern darauf, daß die schönste Unterart von ihr wieder die mit Peripetie verbundene sei, bezogen wird, woraus er denn eine Folgerung zieht, die natürlich eben so hinfällig ist wie die Voraussetzung.

Ebend. — 107) Furcht um den Helden, meint Döring a. a. O., in keinem Falle, und in der That, wenn Erkennung und Peripetie so eintreten, daß sie unmittelbar die Lösung bedingen und dadurch erst die Fabel zu einer verwickelten machen (s. Anm. 99), ist dies stets unmöglich, da derselbe dann ja mit eben dieser Erkennung und Peripetie sein Schicksal erfüllt und folglich etwas noch erst Zubefürchtendes für ihn nun nicht mehr vorhanden ist, aber auch die Einl. S. 59 ff. näher bezeichnete unbestimmte Furcht für uns selbst und das Mitleid mit demselben sind sodann nur denkbar, wenn die Erkennung und Peripetie zum unglücklichen Ausgang führen, was denn ganz zu c. 13 stimmt. Aber in wie fern jene Furcht oder dieses Mitleid und nicht vielmehr nothwendig beide? Nicht übel antwortet Döring nach c. 13. §. 2 z. E.: das Mitleid tritt in den Vordergrund, wenn der Leidende ganz besonders als unverdient leidend sich charakterisirt, die Furcht für uns selbst mehr, wenn als Einen unsersgleichen, bei dem eine ausgeprägtere ethische Qualification nicht hervortritt, weder nach der guten noch nach der schlimmen Seite, wie z. B. bei Hämon. Doch ließe sich hiegegen manches Bedenken erheben.

Ebend. — 108) S. c. 6. §. 1. c. 9. §. 11. c. 13. §. 2. c. 14.

C. 11. §. 5. — 109) Genauer durch Das, was sie bei dieser Gelegenheit sagt. (Gemeint ist nämlich Euripides' Iphig. in Taurien V. 725—833 Nauck. Auf eben dies Beispiel kommt Aristoteles noch dreimal wieder zurück, c. 14. §. 9. c. 16. §. 4. 8. c. 17. §. 3. Vgl. Anm. 136.

C. 11. §. 6. — 110) Das griechische Wort πάθος oder πάθημα hat vornehmlich zwei Bedeutungen, Affect und Erleidniß. In letzterer steht es hier, aber in dem gesteigerten Sinne drastischer, uns unmittelbar vor Augen geführter Leidens- und Schreckensscenen, und keineswegs bezeichnet es hier, wie nach Lessing a. a. O. St. 38. S. 160 ff. noch Reinkens annimmt, jede beliebige Art von Leiden, ohne welche keine tragische Fabel sein kann, s. c. 18. §. 2 mit Anm. 171, 172. Aber wie bei der Peripetie, so wird auch hier dieser streng gesteigerte Sinn nicht überall festgehalten, wie z. B. wenn auch dem Epos solche drastische Scenen zugeschrieben und wie von der Tragödie (c. 18 a. a. O.) so auch vom Epos eine drastische Art angenommen wird, c. 24. §. 1 f. (vgl. Anm. 171), bei welchem doch ein unmittelbares Voraugenführen solcher schrecklichen Erleidnisse unmöglich ist. Und dieselbe Abschwächung trifft das 14. Capitel, in welchem der Ausdruck durchweg alles besonders schwere und furchtbare Leiden überhaupt bezeichnet und daher auch Dem entsprechend von mir übersetzt werden mußte. Daher wird denn auch dort im Anfang, wo der Sache nach gerade von dem vor Augen geführten drastischen Leid die Rede ist (§. 1—3), doch der Ausdruck $\pi\alpha\vartheta o\varsigma$ vermieden.

Ebend. — 111) Hier ist die Bemerkung ausgefallen, auf welche c. 18. §. 2 zurückgewiesen wird. Obwohl (was Vahlen verkennt) $\pi\alpha\vartheta\eta\tau\iota\kappa\acute{o}\varsigma$ den eigentlichen Gegensatz zu $\eta\vartheta\iota\kappa\acute{o}\varsigma$ „charakterschildernd" nur dann bilden kann, wenn es von $\pi\acute{\alpha}\vartheta o\varsigma$ in der Bedeutung „Affect" herkommt, obwohl also eine „drastische" Tragödie oder Epopöe und eine „charakterschildernde" nicht so ausschließende Gegensätze sind wie eine einfache und eine verwickelte, so liegt es doch in der Natur der Sache, daß eine auf alle drastischen Effecte verzichtende Fabel vorwiegend zu einer ruhigen Charakterentwicklung einladet, und so ward denn ohne Zweifel hier ausgeführt, daß eben so wie mit Rücksicht darauf, ob Peripetie oder Erkennung oder Beides den Umschlag vermittelt oder nicht, die Fabeln in einfache und verflochtene, so mit Rücksicht darauf, ob es durch das Drastische geschieht oder nicht oder überhaupt dieses eine Hauptrolle spielt oder nicht, in drastische und charaktermalende zerfallen.

C. 12. §. 1. — 112) Es können hierunter nur die qualitativen (vgl. c. 6. §. 7) Theile verstanden sein, auf diese sinnlose Bezeichnungsart derselben aber ist der Urheber dieses Capitels, wie es scheint, durch Mißverstand von c. 6. §. 8 gerathen. — Die Ansicht übrigens von Leop. Schmidt De parodi in tragoedia Graeca notione, Bonn 1855. 4. Noch einmal das zwölfte Capitel der aristotelischen Poetik, Jahns Jahrb. LXXV. 1857. S. 713 ff., der ich in der 1. A. gefolgt bin, daß die in diesem 12. Cap. zu Grunde gelegte Auffassung von den Ursprüngen der Tragödie ausgehe, indem sie die Chorpartien als Kern und Grundbestandtheil festhalte, und daher auch nur auf die älteste Gestalt der griechischen Tragödie anwendbar sei, ist inzwischen besonders von Westphal Prolegomena zu Aeschylos Tragödien, Leipzig 1869. 8. S. 57 ff. widerlegt worden, zu dessen Ergänzung und Berichtigung Susemihl De Aristot. poeticorum capite duodecimo, Greifswald 1873. 4. zu vergleichen ist. Die Definitionen von Stasimon und Exodos passen vielmehr erst auf die Tragödien des Sophokles und Euripides. S. Anm. 114[b]. 116.

Ebend. — 113) Diese Eintheilung der reinen Chorlieder ist selbst für die sophokleisch-euripideische Tragödie unvollständig. Freilich bilden die sonstigen nicht Hauptabtheilungen der Tragödie, sondern nur Theile der Hauptabschnitte des Dialogs.

Ebend. — 114) Seltsam überträgt Westphal vielmehr: „allen Dramen gemeinsam, den Tragödien eigenthümlich dagegen u. s. w." Wie dem aber auch sein mag, immer stören die Worte §. 3 Herm. den Zusammenhang, da hier nur von den Hauptabschnitten der Tragödie, nicht von deren Theilen die Rede ist. Kommen und Bühnengesänge aber nur zu den letztern gehören, und nicht minder wird durch sie auch die nachherige Definition des Kommos (§. 9 Herm.), wie es scheint, verfälscht, was sich freilich in der Uebersetzung verwischt. Denn wenn jene Worte wieder erst ein noch späterer Zusatz sind, läßt sich dieselbe auch so fassen, daß sie die Fälle mit umfaßt, in welchen nur der Chor (Chorführer) singt, der Schauspieler aber melodramatisch anapästische Systeme spricht, wie im Agamemnon (1448 ff.) und Aias (201 ff.), sonst aber wäre man genöthigt nach dem griechischen Text sie ausnahmslos auf eine Mischung von Chor- und Bühnengesang zu deuten. Darauf, daß von den äschyleischen Stücken Perser und Schutzflehende im Widerspruch mit diesen Worten keinen Prolog, andere keine Exodos, wie sie in diesem Capitel definirt wird, haben, ist freilich nach Anm. 112 kein Gewicht zu legen.

C. 12. §. 2. — 114ᵇ) Ursprünglich war die Exodos vielmehr wahrscheinlich die letzte Chorpartie selbst, das Abzugslied im Gegensatz gegen Parodos, das Einzugslied des Chores. In den Persern des Aeschylos wird sie ganz und gar durch einen Kommos ausgefüllt, die Schutzflehenden und Eumeniden desselben Dichters schließen mit einem Chorgesang (Processionslied). Hierauf paßt also die Definition nicht.

Ebend. — 115) „Vortrag", nicht „Gesang", um die anapästischen Systeme mit einzuschließen, welche mehrfach in der Parodos theils vor dem Chorgesang vom Chorführer (melodramatisch) recitirt werden (so in den Persern, Schutzflehenden und im Agamemnon des Aeschylos und im Aias des Sophokles), theils von Chorführer oder Schauspieler allein oder von beiden zwischen den Chorstrophen (so im Prometheus, in der Antigone, dem Philoktetes, Rhesos, der Alkestis und Medeia) und zugleich auch wohl am Schluß (so im Prometheus, Aias und in der Antigone). S. Westphal Metr. 2. A. 11ᵇ. S. 413. 416 f.

Ebend. — 115ᵇ) Die Bezeichnung „ein Ganzes bildend" in Bezug auf eine Chorpartie versteht Westphal als Gegensatz gegen diejenigen Chorpartien, welche nur Theile eines Actes, Prologs oder einer Exodos sind. Allein so entstände die Cirkeldefinition: Prolog, Act, Exodos sind diejenigen Theile der Tragödie, welche durch solche Chorlieder, die nicht ihre Theile sind, begrenzt werden. Auch erkennt der Verfasser dieses Capitels nun einmal ausdrücklich nur zwei Arten reiner Chorlieder, Parodos und Stasimon, an (s. Anm. 113). Sollte er also nicht unter „ganzen" Chorpartien wohl vielmehr ununterbrochne, reine Chorlieder im Gegensatz zu den Wechselgesängen

Anmerkungen.

zwischen Chor und Bühnenpersonen verstehen? Freilich auf einen Theil der Anm. 115 aufgeführten Paroden würde dies auch nicht passen.

Ebend. — 116) D. h. ohne die Anm. 115 bezeichneten anapästischen Systeme. Nicht als ob diese für die Parodos schlechthin nöthig wären, sondern der Sinn der Definition ist, daß sie im Stasimon gar nicht vorkommen. Dies paßt für Sophokles und Euripides, aber nicht für Aeschylos.

Ebend. — 116[b]) Es muß also Tragödien gegeben haben, in deren Parodos Trochäen, d. h. wohl trochäische Tetrameter, die Stelle der anapästischen Systeme vertraten. In den erhaltenen kommt dieser Fall nicht vor. Vgl. Anm. 46[b].

Ebend. — 117) Nicht aber gerade immer Todtenklage, wie Westphal meint, denn wenn dies auch in den erhaltenen Stücken des Aeschylos immer der Fall ist, so kann dies doch nach dem von Westphal selbst (s. Anm. 112) Bemerkten gerade hier Nichts entscheiden. Die Kommen sind nicht die einzigen Wechselvorträge zwischen Chor und Bühnenpersonen, der Verfasser hebt nur diese einzige Art als besonders wichtig hervor, zugleich ist sie der einzige von ihm erwähnte kleinere Theil eines quantitativen Haupttheils der Tragödie.

C. 13. §. 1. — 117[b]) Vgl. c. 6. §. 12 mit ebend. §. 2 z. E. und die Einl. S. 60.

Ebend. — 118) c. 9. §. 10 bis c. 11 z. E.

C. 13. §. 2. — 119) c. 9. §. 10—12.

Ebend. — 119[b]) Diesem „fürs Erste" entspricht grammatisch Nichts, sachlich aber der Inhalt von c. 14.

Ebend. — 120) Natürlich ist dabei nur von der Hauptperson die Rede. Auch s. Anm. 190. 194.

C. 13. §. 2. — 121) „In diesem Sinne verstehe ich das φιλάνθρωπον, welches nach §. 4 Herm. c. 18. §. 6 dem verdienten Unglück des Verbrechers anhaftet. Gewöhnlich denkt man dabei (wie schon Lessing a. a. O. St. 76. S. 320 ff.) an die menschliche Theilnahme, mit welcher wir auch diesen in einem solchen Falle begleiten; allein Aristoteles scheint, namentlich c. 18 (s. Anm. 188), gerade in der Bestrafung des Unrechts als solcher das φιλάνθρωπον (die Menschenliebe) zu finden: wer es mit der Menschheit gut meint, der muß wünschen, daß ihre Feinde kein Glück haben." (Zeller a. a. O. II[b]. S. 621. Anm. 2.) Dieselbe Erklärung gab schon Twining. Vgl. Rhet. II. 9, 4. p. 1386[b], 29 f. Eben so wünscht natürlich aber der Menschenfreund auch, daß es umgekehrt dem Guten wohl ergehe.

Ebend. — 122) Dies „unverdient" ist natürlich nicht unbedingt zu nehmen, so daß es so viel als „unschuldig" wäre. Dem widerspricht §. 3. Unverdient leidet auch Derjenige, dessen Schuld nur eine verhältnißmäßig geringe ist.

C. 13. §. 3. 4. — 123[ab]) Unter Fehler und Vergehen (ἁμαρτία) versteht Aristoteles im Gegensatz zu Schlechtigkeit, Bosheit und Verbrechen (κακία, ἀδικία, πονηρία) alle diejenigen sittlichen Verkehrtheiten, welche, wenn auch nicht unbewußt und unüberlegt, so doch nicht aus eigentlicher böswilliger Absicht, sondern aus Temperamentsschwächen, Leichtsinn, Uebereilung, Aufwallung, Jähzorn u. dgl., auch aus einer Ueberspannung an sich lobenswerther Gefühle hervorgehen, s. Twining z. d. St. und Bahlen Beitr. II. S. 14 (100) f. und die von ihnen angeführten Stellen, bes. Rhet. I, 13, 16. p. 1374^b, 7 ff. nif. Eth. V, 8, 6 ff. (c. 10. 1135^b, 12 ff.)

C. 13. §. 4. — 124) Vgl. d. Einl. S. 24 f. Was unter einem zwiefältigen Ausgang verstanden ist, erhellt aus §. 7.

Ebend. — 125) Denn die Charaktere der tragischen Hauptpersonen sollen ja nach c. 2. §. 4 (7 Herm.) edler sein als die der gemeinen Wirklichkeit.

C. 13. §. 5. — 125^b) Einen Alkmeon dichteten Sophokles, Agathon, Astydamas der Aeltere (s. c. 14. §. 6 mit Anm. 132), Nikomachos und Theodektes, s. Welcker, Griech. Trag. I. S. 278 ff. III. S. 994. 1056 ff. 1015. 1075. Nauck, Tragicorum Graecorum fragmenta S. 121. 592. 603. 622, zwei Tragödien dieses Namens Euripides (Welcker II. S. 575 ff. Nauck S. 302 ff.), und denselben Stoff behandelten auch die Alphesiböa des Achäos und des Chäremon, s. Welcker III. S. 962 f. 1086 ff. Nauck S. 581. 606 f. Ferner einen Oedipus verfaßten außer den beiden uns erhaltenen sophokleischen noch Aeschylos (das Mittelstück der Trilogie, deren Schlußstück die uns erhaltenen „Sieben gegen Theben" sind, vgl. Bernhardy a. a. O. II^b. S. 262 ff.), Euripides, Achäos, Nikomachos, Philokles der Aeltere, Xenokles, Diogenes, Karkinos der Jüngere, s. Welcker II. S. 537 ff. III. S. 962. 1015. 967. 1023. 1035 ff. 1062. Nauck S. 419. 584. 597. 627. 620, eine Oedipodie Meletos (Welcker III. S. 970 ff. Nauck S. 606). Hinsichtlich des Orestes sind außer dem erhaltenen Stücke dieses Namens von Euripides und seiner Iphigeneia in Taurien noch anzuführen die Choephoren und Eumeniden des Aeschylos und die Elektra des Sophokles und Euripides und ferner ein Orestes von Euripides dem Jüngern, Karkinos dem Jüngern und Theodektes, die Iphigeneia von Polyeidos (c. 16. §. 6. c. 17. §. 3) und Orestes und Pylades von Timesitheos, s. Welcker III. S. 980. 1062. 1074. 1044. 1046 f. Nauck S. 620. 624. Einen Meleagros gab es von Phrynichos, Sophokles, Euripides und Antiphon (eine Atalante von Aeschylos und Aristias), s. Welcker I. S. 21 ff. 403 ff. II. S. 752 ff. III. S. 1042 f. 975. 1008. Nauck S. 174. 414. 615. 7. 563, einen Thyestes von Euripides, Karkinos dem Jüngeren (s. c. 16. § 2 mit Anm. 142), Agathon, Kleophon, Diogenes, Apollodoros, Chäremon, Theodektes, s. Welcker II. S. 675 ff. III. S. 1063 f. 994. 1010. 1035 ff. 1045 f. 1085 f. 1078. Nauck S. 382 f. 619. 592. 627 f. 608, und zwei Tragödien dieses Namens von Sophokles, s. Welcker II. S. 366 ff. Nauck S. 146, einen Telephos von Aeschylos,

Sophokles, Euripides, Agathon, Moschion, Jophon (?)*), Kleophon, s. Welcker I. S. 31 f. 414 ff. II. S. 477 ff. III. S. 989 ff. 1046 f. 975 f. 1010 f. Nauck S. 60. 204. 456. 593. 631 und unten c. 24. §. 10 mit Anm. 309.

C. 13. §. 6. — 126) S. d. Einl. S. 27 ff. Allem Anscheine nach war ein unglücklicher Ausgang nicht häufiger bei Euripides als bei Aeschylos und Sophokles, und es scheint daher, daß Aristoteles hier vielmehr einen Gegensatz desselben gegen die jüngeren als gegen die älteren Tragiker im Auge hat. S. Cron, De loco poeticae Aristoteleae, quo Euripides poetarum maxime tragicus dicitur, Erlangen 1845. 4, dem auch Schwabe (s. d. Einl. S. 27 Anm. 2) beistimmt. Daß wenigstens entweder, wenn die handschriftliche Lesart richtig ist, mehrere andere von den ersteren oder aber Agathon einen gemischten Ausgang zu wählen pflegte und sich dadurch beim Publicum beliebt machte, erhellt aus c. 18. §. 5 f. (vgl. Anm. 186 — 188). Auch darf man, wie schon Lessing a. a. O. St. 49. S. 207 richtig erinnert hat, den Aristoteles wohl nicht dahin verstehen, als ob der unglückliche Ausgang allein es wäre, durch welchen bei guter Aufführung die Stücke des Euripides die Zuschauer am Stärksten in Furcht und Mitleid versetzen, obwohl dies, streng genommen, in den Worten liegt. Wenn aber hiefür noch manche andere Umstände hinzukommen, so steckt eben vielmehr in diesen die Erklärung dafür, weßhalb sie es, wenn anders dies überhaupt die Meinung des Aristoteles ist, auch in höherem Grade thun als die Tragödien des Aeschylos und Sophokles, die ebensowohl unglücklich enden. Darauf näher einzugehen lag aber hier für den Aristoteles kein Anlaß vor.

C. 13. §. 8. — 127) Dieser ganze Satz paßt nicht recht auf eine Tragödie von gemischtem, sondern von rein glücklichem, durch schließliche Versöhnung aller streitenden Parteien hervorgebrachten Ausgange. Es scheint mithin vor demselben Etwas ausgefallen zu sein, worin von einem solchen die Rede war und ihm vollends erst der dritte, unterste Rang zugewiesen ward. So gewinnt auch erst das „wie Orestes und Aegisthos" einen rechten Sinn, indem Aristoteles dabei noch die Tragödie mit im Auge hat, während dies Beispiel unmittelbar von der Komödie kaum recht anwendbar ist.

C. 14. §. 1. — 128) Vgl. hiezu und zum Folgenden c. 6. §. 19 und die Anm. 76 angeführten Stellen. Sehr richtig bemerkt aber Ed. Müller Jahns Jahrb. CI. S. 397, daß Aristoteles auch hier wieder nicht sowohl die Furcht für die tragische Person als jene unbestimmte für uns selbst im Sinne haben kann: „wo bereits ein so „schauervolles Schauspiel sich uns darbietet wie bei dem sich die Augen

---

*) Die sämmtlichen von Jophon angeführten Stücke bei Suidas scheinen auf bloßer Verwechselung mit den gleichnamigen des Kleophon zu beruhen, s. Welcker a. a. O. III. S. 1010. D. Volkmann, De Suid. biogr. S. 33 f.

„ausreißenden Oedipus (s. die flgde. Anm.), dem sich in sein Schwert
„stürzenden Aias, dem den Leichnam seines Sohnes in den Armen
„haltenden und den der Gattin vor sich erblickenden Kreon, da kann
„von bloßer Furcht und Besorgniß für die in der Tragödie vorge-
„führten Personen offenbar auch nicht mehr die Rede sein; wohl aber
„wird gerade ein solcher Anblick durch die Macht, die er auf die
„äußeren Sinne ausübt, bei den meisten Menschen vorzugsweise das
„Mitleid bis zu einem gewissen Grade zu steigern sich fähig erweisen,
„wo uns ein Schauer durchrieselt, wie er sonst nur eine Wirkung der
„Nähe unmittelbar uns selbst bedrohender Gefahren zu sein pflegt".

C. 14. §. 1. 6. — 129^{ab}) Aristoteles meint offenbar wieder den
König Oedipus des Sophokles, da er von allen Tragödien dieses
Namens in der Poetik stets nur diese und zwar auch sonst als eine
rechte Mustertragödie anführt, c. 11. §. 1. §. 3. c. 14. §. 6. c. 16.
§. 8. c. 26. §. 5. vgl. c. 15. §. 7. c. 24. §. 10. Vgl. auch Anm.
175. Gerade aus dieser Stelle sieht man aber auch wiederum, daß
Aristoteles den drastischen Theatereffect nicht als solchen verwerfen
will, sondern nur wenn derselbe nicht aus dem Gesammtverlauf der
Fabel selber mit Nothwendigkeit oder Wahrscheinlichkeit hervorgeht,
denn auch diese Tragödie enthält ja eine drastische Scene im vollsten
Sinne des Worts, die Selbstverstümmelung des Oedipus. „Zwar
„wird nicht der unmittelbare Act derselben eigentlich dramatisch vor-
„geführt, aber gleich nach geschehener That wird der Unglückliche mit
„seinen blutenden, lichtberaubten Augenhöhlen dem leiblichen Blick der
„Zuschauer, dem geistigen der Leser oder Derer, denen man den Gang
„des Stückes auch nur erzählt, sichtbar". (Susemihl Rhein. Mus.
XXII. S. 232).

C. 14. §. 1. — 130) Das Mittel dabei ist die geistige Ver-
gegenwärtigung, s. Psychol. III, 3, 4. p. 427^b 21 ff. und die freilich
unächte Schrift von d. Bewegung der Thiere c. 7. 701^b 18 ff.
(Bahlen).

C. 14. §. 2. — 130^b) Das Abenteuerliche, Miraculöse oder
Monströse (τερατῶδες) unterscheidet sich von dem Unerwarteten und
Wunderbaren oder Staunen Erregenden (θαυμαστόν) nach Aristoteles
dadurch, daß in letzterem eine tiefere, verborgene Zweckmäßigkeit liegt
oder doch wenigstens zu liegen scheint, während ersteres dem Gebiete
des rein Zufälligen, der von der höhern Zweckmäßigkeit nicht ganz
überwundenen und überwindbaren niederen, äußeren, materiellen Bedingungen angehört. Daher wird ersteres als schlechthin untragisch
verworfen, letzteres c. 9. §. 10 — c. 11. §. 5. c. 13. §. 2. c. 24.
§. 8.) umgekehrt als die höchste Steigerung der tragischen Wirkung
empfohlen, s. die trefflichen Auseinandersetzungen von Teichmüller
II. S. 282 — 313 (der nur nicht umgekehrt τερατῶδες durch „das
Wunderbare" hätte übertragen sollen), vgl. auch Zeller a. a. O. II^b.
S. 249 ff. 326 ff. und Anm. 204^b. 302^b. 306. 311. 317.

C. 14. §. 5. — 131^{ab}) Vgl. Anm. 125^b. D. h. also: der
Dichter muß das überlieferte Endergebniß stehen lassen, aber in der

Anmerkungen.

geschickten Herbeiführung und Motivirung desselben hat sich seine Kunst zu zeigen. (Dünzer).

C. 14. §. 6. — 132) Der durch diese Ausdrucksweise also als ein Mittelglied zwischen den ältern und den jüngeren Tragikern bezeichnet wird.

Ebend. — 132ᵇ) Astydamas der Aeltere war Sohn des Morsimos, des Sohnes von Philokles, dem Neffen des Aeschylus. Ueber seinen Alkmeon wissen wir weiter Nichts. S. Welcker a. a. O. III. S. 1052 ff. 1056 ff. Nauck a. a. O. S. 603.

Ebend. — 133) Tyrwhitt meinte, von Chäremon (vgl. Anm. 12), wie dies aus Athen. XIII. p. 562 f. 608c erhelle. Allein die an der ersteren Stelle angeführten Verse gehören vielmehr dem Komiker Alexis an, s. Meineke a. a. O. I. S. 519 ff., an der zweiten aber wird bloß der „Odysseus" ohne weiteren Beisatz von Chäremon citirt. Welcker, Griech. Trag. III. S. 1087 f. (vgl. Aeschyl. Tril. S. 459 ff.) hält daher daran fest, daß Aristoteles hier das letztere Stück im Sinne habe, allein derselbe meint wohl vielmehr den 'Οδυσσεὺς ἀκανθοπλήξ („Odysseus vom Rochenstachel getödtet," vgl. Welcker, Griech. Trag. II. S. 240 ff.) des Sophokles, s. Nauck a. a. O. S. 182 f. 609.

C. 14. §. 7. — 134) Es wird dies meist auf B. 751 bezogen und nun bald Aristoteles des Mißverständnisses von diesem Verse angeschuldigt, bald hiegegen vertheidigt. Es ist aber vielmehr B. 1231 ff. gemeint, wie Tyrwhitt richtig erkannte, s. Näke, Opusc. I. S. 99 ff. Ob aber Aristoteles hiemit den Sophokles tadeln oder zugeben will, daß einzelne seltene zulässige Ausnahmsfälle dieser Art anzuerkennen sind, zu denen auch das angeführte Beispiel gehört, läßt sich nicht entscheiden.

C. 14. §. 9. — 135) Von Euripides. Der Inhalt des Stücks war in der Kürze dieser: Kresphontes, König von Messenien, ist durch einen Usurpator gestürzt und mit seinen beiden ältesten Söhnen getödtet worden. Den jüngsten, Telephontes, hat die Mutter Merope nach Aetolien bei einem Gastfreund in Sicherheit gebracht, ist aber inzwischen selbst gezwungen worden dem Tyrannen zu heirathen. Nun kommt Telephontes zu dessen Sturze zurück, wendet vor sein eigner Mörder zu sein, wird in Folge Dessen von der Mutter beinahe erschlagen, doch klärt sich die Sache noch zur rechten Zeit auf, und beide entwerfen nun gemeinsam den Plan zum Morde des Usurpators, der denn auch glücklich gelingt. Der Name des Stücks erklärt sich wahrscheinlich dadurch, daß der Schatten des Kresphontes den Prolog sprach. Weiteres s. b. Welcker a. a. O. II. S. 828 ff. Nauck a. a. O. S. 395 ff. und schon Lessing a. a. O. St. 37—40, der aber S. 158 ff. vergebens dabei allen seinen Scharfsinn ausbietet, den Inhalt der §§. 8. 9. 8ᵇ. in der überlieferten Ordnung als ächt aristotelisch zu rechtfertigen. Denn 1) ist nach c. 9. §. 10—c. 13 die beste tragische Fabel die verwickelte oder verflochtene mit unglücklichem Ausgang, d. h. eine solche, in welcher dieser Ausgang unmittelbar durch Erkennung oder Peripetie oder (wie im König Oedipus) durch Beides hervorgebracht wird; es wäre daher schon höchst seltsam, wenn die beste Erkennung nicht auch die für eine solche brauchbare sein sollte, und wenn man hiegegen auch allerlei scheinbare Ausreden vorgebracht hat, so widerspricht doch 2) die nach der Ueberlieferung getroffene Entscheidung des Aristoteles seinen eignen Entscheidungsgründen. Ihrer sind zwei, das Empörende (Abscheu Erregende) und das Untragische, welches im Nichtzustandekommen der leidvollen That liegt, und der letztere Fehler ist der geringere. Folglich muß diejenige Möglichkeit, die beide an sich hat, bloße Absicht ohne Erkennung, die schlechteste, die, welche an dem ersten leidet, wirkliche Ausführung ohne Erkennung, die zweitschlechteste, die, welche nur mit dem letztern behaftet ist, Hinderung der Absicht durch Erkennung, die zweitbeste und endlich die von beiden freie, Erkennung nach der That, die allerbeste sein. 3) Denkbar wäre nur noch, daß Aristoteles, um trotzdem eine andere Entscheidung zu treffen, einen neuen, die beiden andern durchkreuzenden Entscheidungsgrund beigebracht hätte und diese Motivirung ausgefallen wäre, allein das Zusammentreffen von drei so merkwürdigen Umständen, dem Widerspruch gegen c. 13, dem Widerspruch der vorliegenden Erörterung mit sich selbst und dem Verlust der Auflösung desselben, sieht doch in der That etwas fabelhaft aus. Zwar ist vor §. 9^b wirklich eine Lücke, denn es ist Nichts vorhanden, auf welches sich die in §. 9^b enthaltene Begründung oder Erläuterung beziehen kann, aber wäre das Ausgefallene die gewünschte Motivirung, so müßte letztere in Wahrheit wunderlich gelautet haben, wenn zu ihr diese Begründung oder Erläuterung gepaßt haben sollte. S. Anm. 138. 4) Ein nicht unwichtiger Nebenumstand ist endlich noch, daß das an die Spitze gestellte und unter den Beispielen für die verschiednen Möglichkeiten wiederholte (s. §. 1. 6 mit Anm. 129) Musterbeispiel von Tragödie, der König Oedipus, wie gesagt, die Erkennung erst nach der That enthält. Es handelt sich nicht darum, ob die überlieferte Entscheidung ästhetisch richtig ist oder nicht, sondern ob man dem Aristoteles mit Wahrscheinlichkeit so große Widersprüche, wie die durch sie für ihn erzeugten, ohne daß er sie auch nur zu beseitigen versucht hätte, zutrauen kann.

Ebend. — 136) Diese Erkennung in der Iphigeneia in Taurien und überhaupt diese ganze Tragödie ist wieder ein Lieblingsbeispiel des Aristoteles, s. c. 11. §. 5 mit Anm. 109.

Ebend. — 137) Diese Tragödie wird sonst nirgends erwähnt. Wir wissen daher nicht einmal, wer ihr Verfasser ist. S. Welcker a. a. O. III. S. 1217 vgl. II. S. 811—828. Nauck a. a. O. S. 651.

C. 14. §. 9^b. — 138) Nämlich weil nur die Geschichten weniger Geschlechter Stoffe liefern, die den eben dargelegten Er-

Anmerkungen. 251

fordernissen entsprechen, vgl. §. 4 (9 Herm.). Ein solcher Zwischengedanke ist also unmittelbar vorher ausgefallen.

Ebend. — 139) c. 13. §. 5.

C. 14. Fr. 2. — 139ᵇ) S. Fragm. 5 mit Anm. 363 und die Einl. S. 38 f.

C. 16. §. 1. — 140) c. 11. §. 2—5. Die folgenden Beispiele erstrecken sich meistens, aber nicht durchweg auf Das, was dort als die Erkennung im engeren Sinne bezeichnet wird, nämlich die einer Person.

C. 16. §. 2. — 141) „Dies Bruchstück eines iambischen Trimeters ist ohne Zweifel aus einer dem thebanischen Sagenkreise entnommenen Tragödie; unter den Erdentsproßnen ist nämlich das aus den von Kadmos gesäeten Drachenzähnen entsprossene Geschlecht zu verstehen, dessen Abkömmlinge nach der Sage sämmtlich ein Muttermal in Form einer Lanze am Leibe trugen" (Knebel), „vgl. Plutarch v. d. späten Rache p. 563 A. Dio Chrysost. IV. p. 62. (p. 149 Reiske. I. p. 68 Dind.). Julian. II. p. 81 Spanheim." (Tyrwhitt).

Ebend. — 142) Es existirten zwei Tragiker dieses Namens, Großvater und Enkel, ersterer vielfach von Aristophanes und andern gleichzeitigen Komikern verspottet, letzterer noch vor König Philipps Regierungsantritt in seiner Blüte und muthmaßlich der Verfasser des Thyestes. Die Sterne scheinen in diesem Stück als figürlicher Ausdruck den hellen Glanz an der Schulter des Thyestes bezeichnet zu haben, welcher diesem so wie allen anderen Nachkommen des Pelops von der elfenbeinernen Schulter dieses ihres Ahnherrn her zukam. Vermuthlich hatte sich in dieser Tragödie der vertriebene Thyestes unter falschem Namen als Schutzflehender in das Haus des Atreus eingeschlichen, ward aber durch eben jenes Wahrzeichen entdeckt. Vgl. Welcker a. a. O. III. S. 1065, vgl. 1060. 1016 ff. Rauch a. a. O. S. 619.

Ebend. — 143) Wie man ihn oft ausgesetzten Kindern mitgab, um sie etwaigenfalls an demselben wiederzuerkennen. (Dünzer).

Ebend. — 144) Von Sophokles. In dieser Tragödie kam also die Wiedererkennung zwischen der Tyro und ihren von Poseidon empfangenen Kindern durch die Wanne zu Stande, in welcher sie einst dieselben ausgesetzt hatte. S. Welcker a. a. O. I. S. 312 ff. Rauch a. a. O. S. 217.

C. 16. §. 3. — 145) Odyssee XIX, 392 ff.

Ebend. — 146) Ebendas. XXI, 219 ff.

Ebend. — 147) Vgl. c. 11. §. 2 mit Anm. 101. 104. „Jede „der fünf Arten von Erkennung läßt diese beiden Unterarten zu. Denn „auch durch eine angeregte Erinnerung kann in der That (was „Bahlen nicht hätte leugnen sollen) Jemand auch dazu getrieben „werden, absichtlich so zu handeln, daß der Andere ihn darnach er„kennen muß, und eben so hindert in einzelnen Fällen Nichts daran, „daß eine von dem Erkannten beabsichtigte Erkennung doch zugleich

„völlig aus dem Gange der Begebenheiten selber hervorgeht." (Susemihl Rhein. Muf. XXVI. S. 458 f).

Ebend. — 148) So (Niptra) hieß der betreffende Theil des 19. Gesanges der Odyssee. S. aber auch c. 24. §. 10 mit Anm. 305.

C. 16. §. 4. — 149) Vgl. Anm. 109. 136.

Ebend. — 150) Offenbar der vom Dichter selbst gebrauchte poetische Ausdruck. (Tyrwhitt). Was damit gemeint ist, ist aus der allbekannten Sage klar: die von ihrem Schwager Tereus geschändete und, damit sie ihn nicht verrathen könne, der Zunge beraubte Philomele entdeckt seiner Gattin, ihrer Schwester Prokne, das Geschehene durch ein Gewebe, in welches sie dasselbe hineingewirkt hat. Vergl. Welcker a. a. O. I. S. 374 ff. Nauck a. a. O. S. 204 ff. 208. S. auch die folgende Anm.

C. 16. §. 5. — 151) In Folge der traurigen Erinnerungen, welche dieser Anblick in ihm erweckt. (So klar hieraus und aus den folgenden Beispielen hervorgeht, daß es sich bei dieser Art von Erkennung um die Erinnerung des Erkannten und nicht des Erkennenden handelt, hat dies doch Friedrich mißverstanden, indem er darnach meint, daß das Beispiel aus dem Tereus vielmehr zu dieser dritten Classe zu rechnen gewesen wäre).

Ebend. — 152) Nach Welckers Vermuthung Teukros, der, von Kypros nach Salamis zurückkehrend, beim Anblick von dem Bilde seines Vaters Telamon in Thränen ausbricht und in Folge Dessen von seinem Brudersohn Eurysakes erkannt wird, und die Kyprier, von denen das Stück seinen Namen führte, sind seine Begleiter. Dikäogenes wird sonst verhältnißmäßig nur selten als Tragiker und Dithyrambendichter erwähnt, muß aber mindestens vor der Aufführung von Aristophanes Weibervolksversammlung bereits gedichtet haben. S. Welcker a. a. O. III. S. 1045, vgl. I. S. 197 ff.

Ebend. — 153) D. i. etwa Odyssee VII—XII, vgl. Rhet. III, 16, 7. p. 1417^a, 13; gewöhnlich scheint unter dieser Bezeichnung nur die Erzählung des Odysseus von seinen Abenteuern vor dem Alkinoos und seinen Phäaken in Gesang IX—XII verstanden worden zu sein, f. Plat. Staat X. p. 614 B und dazu den Schol. und die Ausleger, aber hier bezieht sich Aristoteles auf VIII, 521 ff.

C. 16. §. 6. — 154) V. 163—211. (159—207 Herm.). In diesem Beispiel liegt nun freilich ein Schluß im strengen und eigentlichen Sinn des Worts vor, eben so entschieden in dem folgenden aber nicht, und so erhellt denn, daß der Ausdruck Schluß hier in der weiteren, auch alle anderen Formen der Gedankenbildung (wie Induction, Analogie, Enthymem, Beispiel) mit umfassenden Bedeutung gebraucht ist. In diesem weiteren Sinne liegt aber ein Schluß freilich in jeder Erkennung, unter der Erkennung durch den Schluß kann mithin Aristoteles im Besonderen nur diejenige Art verstehen, bei welcher die Form des

Anmerkungen.

Schließens in dieser umfassenderen Bedeutung als solche ganz besonders handgreiflich als das entscheidende Moment hervortritt. Andererseits bedarf es aber zum Schließen im engern wie im weitern Sinne immer eines gegebnen Materials, aus dem man schließt, und so muß immer eine der vier andern Arten von Erkennung, indem sie ein solches liefert, mit ins Spiel kommen (nicht aber findet, wie Vahlen meint, gerade mit der dritten eine besondere Verwandtschaft Statt). Sehr logisch ist also allerdings die Eintheilung nicht, woraus aber noch nicht folgt, daß sie für Aristoteles selbst zu schlecht ist.

Ebend. — 155) Vgl. c. 17. §. 3. Von Polyeidos wissen wir wiederum sonst sehr wenig, auch nicht, was der ihm hier ertheilte Beiname „der Sophist" zu bedeuten hat und ob er mit dem Dithyrambendichter und auch vielleicht mit dem Maler dieses Namens dieselbe Person ist, s. Welcker a. a. O. III. S. 1043 f. Bernhardy a. a. O. II^a. S. 676.

Ebend. — 156) Nämlich offenbar aus dem unglücklichen Geschick seines ganzen Hauses: auf dieses führt er das gleiche unglückliche Ende von seiner Schwester und sich selbst eben hiemit zurück.

Ebend. — 157) Was denn wieder die Iphigeneia, die diesen seinen Ausruf hört, zu dem Schlusse bringt, daß er ihr Bruder ist.

Ebend. — 158) Ueber Theodektes s. Anm. 103. Wir sind aber nicht im Stande eine irgend haltbare Vermuthung darüber aufzustellen, wer es ist, der in dieser Tragödie dies sagte, und wer, ob er selbst oder ein Anderer, hier der Erkennende und Schließende war, und wer oder was hier erkannt wurde, und alle die bisher gemachten Versuche dieser Art sind denn auch allem Anscheine nach geradezu als mißlungen zu bezeichnen. Vgl. Welcker a. a. O. III. S. 1075 f.

Ebend. — 159) Diese Tragödie wird sonst nirgends erwähnt und wir wissen daher auch ihren Verfasser nicht. Die Sage ist anderweitig bekannt. König Phineus hatte auf Betrieb seiner zweiten Frau seine verstoßene Gemahlin Kleopatra einkerkern und deren beide Söhne eingraben und beständig mit Geißelhieben quälen lassen, bis die Argonauten sie befreiten. Dies giebt aber nicht einmal darüber sichere Aufklärung, wer die ausgesetzten Frauen sind, von denen hier Aristoteles spricht, vermuthlich aber doch wohl die böse Stiefmutter und ihre Dienerin, s. Welcker a. a. O. III. S. 1205 f., vgl. Nauck a. a. O. S. 654.

(E. 16. §. 7. — 160) Also sich zusammensetzt aus diesem Trugschluß und dem richtigen Schlusse, auf welchen sie durch denselben die erkennende Person führt. D. h. Einer vermeint von dem Anderen an einem bestimmten Merkmal erkannt zu werden, das in der That für den letzteren kein Mittel der Erkennung ist. „In dieser „fälschlichen Annahme aber sucht der Erstere das vermeintlich ver- „rätherische Moment zu beseitigen oder zu bemänteln und giebt

„damit dem Andern nun erst einen wirklichen Anhalt, um vermittelst
„eines Schlusses zu der Erkennung zu gelangen. Der Trugbote
„Odysseus, der nicht als Odysseus erkannt sein will, fürchtet, daß
„ihn, wer es nur immer sein mag (denn es soll kein Versuch gemacht
„werden die hier gemeinte, uns sonst wiederum ganz unbekannte
„Tragödie auf einen der bekannten Sagenstoffe zurückzuführen; wie
„unsicher dies überhaupt ist, zeigt Welcker a. a. O. III. S. 1149
„f.), an dem Bogen erkennen werde; das war ein Fehlschluß, weil
„Jener den Bogen nie gesehen hatte; Folge dieses Fehlschlusses war
„aber, daß Odysseus etwa erzählte, wie es gekommen, daß er, Nicht-
„Odysseus, sich in dem Besitze des Odysseusbogens befinde. Und
„während er damit sich in seinem Versteck gesichert glaubte, hat er
„gerade dem Andern an der von ihm selbst verrathenen Thatsache,
„daß jener von ihm getragene Bogen der des Odysseus ist, die Hand-
„habe geliehen den Schluß zu thun, daß er selber Odysseus sei".
(Bahlen).

C. 16. §. 8. — 161) Vgl. §. 4 und c. 11. §. 1. 2. 5. mit
Anm. 102. 105. 109. 129.

C. 17. §. 1. — 162) Vermuthlich wieder den jüngeren Karkinos
(s. Anm. 142), vgl. Welcker a. a. O. III. S. 1065. Vor solcherlei
groben Bühnenverstößen warnt Aristoteles auch c. 15. §. 9. c.
24. §. 8. vgl. Anm. 76. 207. 293^b. 304.

Ebend. — 162^b) Worin derselbe eigentlich bestand, können
wir nicht mehr beurtheilen.

C. 17. §. 3. — 163) Nach strenger Ordnung hätte die folgende
Anweisung vielmehr an die Spitze gestellt werden müssen. (Bahlen).
Aristoteles verfährt aber wohl deßhalb anders, weil an sie natürlicher das in c. 18 Ausgeführte sich anschließt. Vgl. bes. das. §. 4
mit Anm. 180. Daß übrigens auch sie mit der Forderung (s. bes.
c. 9 Anf.) zusammenhängt, die Tragödie wie alle Poesie solle nicht
das Einzelne und Zufällige, sondern das Allgemeine und in sich
Nothwendige oder doch Wahrscheinliche darstellen, bemerkt richtig
Freytag a. a. O. S. 15 Anm.

Ebend. — 164) Das Wort ἐπεισόδιον hat ursprünglich nur die
technische Bedeutung „Act" des Dialogs im Drama, weil diese ursprünglich erst etwas zwischen die Chorlieder Eingeschaltetes
waren, s. c. 4. §. 14, vgl. §. 12 ff. c. 12. §. 1. 2. c. 18. §. 7.
(vgl. Anm. 39 ff. 44.) und vielleicht c. 9. §. 10. Hieraus erklärt
es sich, daß es in seiner erweiterten Bedeutung zwischen dem Begriff Dessen, was auch wir eine Episode nennen, also einer bloßen
Nebenhandlung, und dem einer Detailausführung in der Mitte
schwebt. Bald gebraucht daher auch Aristoteles das Wort mehr im
ersteren, bald, wie hier, mehr im letzteren Sinne. Nicht minder begreift
sich dann ferner, daß es auch wieder technisch bloße dramatische
Intermezzos oder Nebenscenen bezeichnen kann, in welche Bedeutung
es, wie Freytag a. a. O. S. 42 Anm. bemerkt, c. 9. §. 10 hin-

überschielt, wenn anders dort die Lesart richtig, was aber schwerlich der Fall ist.

Ebend. — 165) Nämlich der Iphigeneia in Taurien, wie das Folgende lehrt.

Ebend. — 166) Vgl. c. 16. §. 6 mit Anm. 155—157.

C. 17. §. 4. — 167) Eurip. Iphig in Taur. V. 281—339 und 1029 ff.

C. 18. §. 1. — 169) D. h. natürlich nicht: vom Anfange des Stückes, sondern: von dem Anfange derjenigen Begebenheiten an, welche das Stück als schon vorausgegangen voraussetzt. Eben so fällt, was im Folgenden Ende heißt, nicht immer nothwendig mit dem Ende des Stückes zusammen, sondern in manchen Tragödien wird ja auch auf die noch später erfolgenden Begebenheiten im Voraus Bezug genommen, in denen sich die Lösung erst vollendet. Vgl. Anm. 204.

Ebend. — 169) Im Griechischen steht vielmehr „von ihnen", also vielleicht auch noch von der Gattin und etwa dem Kinde des Lynkeus, indessen ist c. 11. §. 1 bei der nämlichen Sache nur von einer Person die Rede, und die Eigenthümlichkeit des griechischen Sprachgebrauchs läßt es zu, hier auch den Plural auf den Lynkeus allein zu beziehen. Im Uebrigen s. Anm. 103.

C. 18. §. 2. — 170) S. Anm. 111.

Ebend. — 171) Von dieser Art giebt Aristoteles hier keine Beispiele, weil er c. 11. 14. 16 deren genug angeführt hat. (Knebel). Genauer würde er sich aber so ausgedrückt haben: „auf unerwartete Wendungen oder Erkennungen oder Beides", wie Düntzer bemerkt. Denn daß er eine Tragödie oder ein Epos auch schon dann als verwickelt ansieht, wenn sich z. B. Alles um Erkennungen allein dreht, erhellt aus c. 24. §. 2. Nach der Ansicht von Bahlen soll diese Definition bezeichnen, daß die Lösung unmittelbar durch eins dieser beiden Mittel oder beide zu Wege gebracht wird, was er denn analogisch auch auf die drastische Tragödie anwendet. Allein auch in der Odyssee erfolgt die Lösung nicht sowohl durch Erkennung (oder Peripetie) als vielmehr durch einen drastischen Act, den Freiermord, und dennoch wird dies Epos c. 24. §. 2 einerseits als ein verwickeltes und andererseits gerade im Gegentheil als ein charaktermalendes bezeichnet, wie dies Bahlen selbst nicht entgangen ist. Daraus folgt 1), daß drastisch und charakterschildernd nur relative, nicht, wie einfach und verwickelt, absolut einander ausschließende Gegensätze sind, 2) daß die Definition vielmehr nur bedeutet: Erkennung und Peripetie müssen in einer Tragödie oder einem Epos eine so entscheidende Rolle spielen, daß von ihnen der ganze Gang der Fabel abhängt, wenn anders das Gedicht ein verwickeltes heißen soll, ob aber bei der Schürzung oder bei der Lösung, ist gleichgültig, und ein Gleiches gilt in Bezug auf das Drastische und die Charakterentwicklung für die drastische und die charakterschildernde Art. In der Regel, aber nicht immer ist mithin die Tragödie und

Epopöe, welche eine verflochtene, einfache, drastische, charaktermalende Fabel hat, selbst eine solche, es kann ausnahmsweise z. B. auch eine verwickelte doch eine einfache Fabel haben, indem in letzterer die Peripetie oder Erkennung, obwohl den ganzen Bestand von ihr bedingend, doch zur Schürzung und nicht zur Lösung gehört. 3) Es kann hiernach Tragödien und Epopöen geben, welche, wie die sämmtlichen hier aufgeführten Beispiele, ausschließlich entweder einfach oder verwickelt oder drastisch oder charaktermalend, aber auch solche, welche zugleich einfach und drastisch oder verwickelt und charakterschildernd, (s. c. 24. §. 2) sind, und auch der Verbindung einfach-charakterschildernd und verwickelt-drastisch, ja selbst drastisch-charakterschildernd allein und mit einfach oder verwickelt verknüpft steht Nichts im Wege. Von den ungemischten Arten aber ist nach c. 9. §. 10—12. c. 13. §. 2 die verwickelte die beste, den zweiten Rang nimmt die einfache ein, niedriger steht nach c. 14. §. 1 die drastische, und der unterste Rang kommt dem Charaktergemälde zu, so fern es offenbar mehr oder weniger gegen die Grundforderung verstößt, daß die Fabel über der Charakterzeichnung und nicht letztere ihr gleich oder gar über ihr stehen soll (c. 6. §. 9—16). Solche Charaktergemälde sind Göthes Dramen mehr oder weniger alle, am Meisten der Egmont. Freilich wird c. 24. §. 2 auch die Odyssee, in welcher doch keineswegs die Charakterschilderung die Hauptsache ist, sondern der Fabel dient, und welche gerade um der strengen Einheit der Fabel willen c. 8. §. 3 noch vor der Ilias belobt wird, dennoch als ein episches Charaktergemälde bezeichnet, aber eben deshalb auch nicht ausschließlich, sondern zugleich als eine verwickelte Dichtung. Im Uebrigen s. Susemihl Rhein. Mus. XXVIII. S. 317 ff. 322 ff.

Ebend. — 172) S. c. 11. §. 6 mit Anm. 110.

Ebend. — 173) Die Katastrophe des Telamoniers Aias behandelten 1) die Aiastrilogie des Aeschylos, bestehend aus den drei Stücken Waffengericht, Thrakerinnen und Salaminierinnen, vergl. Welcker, Tril. S. 438 ff. G. Hermann, Opusc. VII. S. 362 ff. Ritzsch, Sagenp. S. 584 f., vgl. 491 f., 2) der erhaltene sophokleische Aias, 3) ein Aias von Astydamas dem Jüngeren und 4) ein rasender Aias von Theodektes, s. Welcker a. a. O. III. S. 1060. 1073. Nauck a. a. O. S. 603. 622. Drastisch war ohne Zweifel nothwendig jede dieser Tragödien, weil nothwendig jedes dieser Stücke sich ganz und gar um die Selbstentleibung des Aias drehte, im vollsten Sinne aber dann, wenn, wie im sophokleischen, diese auf der Bühne selbst und nicht hinter der Scene vor sich geht. Einen „Aias der Lokrer" aber gab es von Sophokles, s. Welcker a. a. O. I. S. 161 ff. Nauck S. 104 ff., und vielleicht von Aeschylos, s. jedoch Welcker a. a. O. I. S. 165. Anm. 2. Nauck S. 105, 14.

Ebend. — 174) Eine Ixionstrilogie gab es von Aeschylos, bestehend aus den Peräberinnen, Ixion und einem unbekannten dritten Stück, s. O. Müller, Gött. gel. Anz. 1872. S. 670 f.

Nitzsch a. a. O. S. 627 f., eine Einzeltragödie Ixion von Euripides, Timesitheos, einem unbekannten Dichter in der 108. Olymp., s. Welcker a. a. O. II. S. 749 ff. III. S. 1046 f. 1059 f. Nauck a. a. O..S. 22. 389. 651, und vielleicht auch von Sophokles, s. Welcker I. S. 402. Nauck S. 154. Von der euripideischen wissen wir ausdrücklich, daß in ihr schließlich Ixion vor den Augen der Zuschauer ans Rad geflochten wurde, Plut. üb. Dichterlectüre p. 19ᵉ, vgl. Bettori S. 177., Welcker II. S. 750 ff. Ed. Müller a. a. O. II. S. 153. Nauck a. a. O. S. 389.

Ebend. — 175) Der Peleus war von Euripides, die Phthiotinnen von Sophokles, das letztere Stück ward aber weit gewöhnlicher auch Peleus genannt*), s. Welcker a. a. O. I. S. 205 f. II. S. 809 ff. Daß aber trotzdem Aristoteles bei beiden Tragödien die Verfasser nicht mit nennt, ist keine größere Undeutlichkeit, als wenn er c. 14. §. 1 von den vielen Oedipustragödien, die es gab (s. Anm. 125ᵇ), doch den König Oedipus des Sophokles schlechtweg bloß als Oedipus bezeichnet, während doch dort nicht einmal, wie au den anderen Stellen, an welchen er ein Gleiches thut, aus dem Zusammenhange erhellt, welches Stück gemeint ist, sondern aus anderen Umständen erschlossen werden muß, s. Anm. 129. Die Vermuthung Welckers, Tril. S. 544 f., Griech. Trag. I. S. 44 ff., daß Aeschylos einen Peleus und Phthierinnen gedichtet habe, und daß diese beiden Stücke die hier angeführten seien, ist höchst bedenklich.

Ebend. — 176) S. c. 14. §. 1. 2.

Ebend. — 177) Phorkys war nach dem Mythos der Vater der Gräen, Gorgonen und anderer Ungeheuer, Hesiod. Theog. 270 ff. Die hier angeführte Tragödie war von Aeschylos, Mittelstück der Perseustrilogie, von welcher das erste Stück die Netzzieher (δικτυουλκοί) und das letzte Polydektes hieß, und behandelte den Kampf des Perseus mit der Gorgone Medusa, s. G. Hermann in den Berichten der sächs. Gesellsch. d. W. I. S. 119 ff. Ausg. des Aesch. I. S. 320. ff. Nitzsch a. a. O. S. 584 ff., vgl. 494 ff. Nauck a. a. O. S. 13. 65. 47.

Ebend. — 178) Entweder ist der erhaltne gefesselte Prometheus gemeint oder aber weder dieser noch eins der beiden andern Stücke der äschyleischen Prometheustrilogie allein, sondern das Ganze derselben. Denn obwohl Aristoteles bei seiner Theorie der Tragödie auf die trilogische Compositionsweise des Aeschylos keinerlei Rücksicht nimmt**) und auch §. 5 davon mehr eine scheinbare als eine wirkliche Ausnahme macht (s. Anm. 185), so kann er doch hier (wie auch wohl

---

*) Nauck a. a. O. S. 189. 225 hält dagegen den Peleus und die Phthiotinnen des Sophokles für zwei verschiedene Stücke, die denn die hier von Aristoteles gemeinten seien.

**) S. Anm. 76* und die Einl. S. 29.

§. 3 Herm., f. Anm. 173 f.) recht wohl diese kurze Bezeichnung gebraucht haben, statt die einzelnen Stücke aufzuzählen, da hier für den Zweck weiter Nichts darauf ankommt. In jedem Fall ist das somit von ihm über diese Schöpfung des Aeschylos gefällte Urtheil ein ungerechtes.

Ebend. — 179) Z. B. Aeschylos' „Sisyphos der Steinwälzer," s. Welcker, Tril. S. 550 ff. Nauck S. 57 ff., wenn anders dies nicht ein Satyrdrama (s. Anm. 45. 78) war, der Peirithoos des Euripides oder Kritias, s. Nauck a. a. O. S. 431 f. Welcker, Griech. Trag. II. S. 589 ff. III. S. 1007 f. und der des Achäos, f. Welcker, III. S. 963. Nauck S. 585.

C. 18. §. 3. — 179ᵇ) Obwohl im Griechischen statt „Erfordernissen" vielmehr „Theilen" steht, so sind doch nicht (wie es nach Bahlen Beitr. II. S. 54 = 142. Anm. 1 scheinen könnte) die (qualitativen) Theile der Tragödie, sondern die für das Gelingen eines jeden dieser Theile erforderlichen „Stücke" gemeint, die für Fabel und Charaktere verschieden sind je nach den verschiedenen Arten der Tragödie. Von denjenigen Stücken z. B., die zu einer den ganzen Gang der Handlung bedingenden wohlgelungenen Peripetie oder Erkennung gehören, kann natürlich die einfache Tragödie Nichts haben, um so mehr muß sie aber durch Vorzüge anderer Art zu entschädigen suchen.

C. 18. §. 4. — 180) In Dem, was uns von der Poetik erhalten ist, steht dies nur c. 17. §. 5 (vgl. Anm. 164). Denn c. 5 §. 4 ist doch keineswegs dies, sondern kaum etwas entfernt Aehnliches, vollends aber c. 9. §. 10 etwas ganz Anderes gesagt.

Ebend. — 181) S. Anm. 274 und 359.

C. 18. §. 5. — 182) Außer Kleophon (s. über dens. Anm. 20), so viel wir wissen, noch Jophon (?)*) und Nikomachos, auch vielleicht Euripides der Jüngere in seiner Polyxena, s. Welcker a. a. O. III. S. 975 ff. 1010 ff. 1013 ff. 980. Meineke a. a. O. S. 496—498. Vgl. jedoch Anm. 284.

Ebend. — 183) Es kann wohl nur der Ereios gemeint sein, s. Welcker a. a. O. II. S. 523 ff.

Ebend. — 184) Namhaft machen lassen sich hier nur Sophokles, s. Welcker a. a. O. II. S. 286 ff. Nauck S. 181 f. vgl. S. 652, und ein sonst ganz unbekannter Dichter Meliton (Lucill. Anth. Pal. XI, 246). S. jedoch Anm. 186.

Ebend. — 185) Welcher dieselbe unter die drei Stücke einer Trilogie vertheilte, von denen freilich nur das Mittelstück „die Geleiterinnen" (πρόπομποι), in denen Niobe bereits am Grabe ihrer Kinder saß, und das Schlußstück „Niobe" bestimmbar sind, s. G. Hermann De Aeschyli Niobe, Opusc. III. S. 37 ff. F. V. Fritzsche De Aeschyli Niobe, Rostock 1836. 4. (Buchholz Niobe, eine Nachdichtung, Erfurt 1868. 4.). Es ist dies die einzige Stelle, in welcher

---

) S. Anm. 125ᵇ.

Anmerkungen.

also Aristoteles wirklich ausdrücklich auf die trilogische Composition Bezug nimmt, indessen zeigt der Zusammenhang, daß es ihm doch auch hier nicht sowohl auf diese, als nur auf die Vertheilung des Stoffs unter mehrere Stücke principiell ankommt, gleich viel ob dieselben zu einer Trilogie gehören oder lauter rein für sich bestehende Tragödien bilden. S. Vahlen, Beitr. II. S. 58 (146) f.

Ebend. — 186) Auch wenn ein Stück für schlechter erklärt wurde als seine Mitbewerber (vgl. Anm. 48. 78), konnte es doch immer noch recht gut gefallen haben. Sicherlich hat übrigens Aristoteles hier namentlich eine Verirrung der jüngern Tragiker im Auge, die durch Stoffreichthum zu fesseln suchten und dadurch in Stoffüberladung verfielen, s. Vahlen a. a. O.

C. 18. §. 5. 6^b. — 187) Nach der Ueberlieferung wäre freilich zu übersetzen: „Dagegen in unerwarteten Wendungen wissen sie in ganz wunderbarer Weise die von ihnen ... beabsichtigten Eindrücke zu erreichen, wie wenn z. B. ein zwar kluger u. s. w". Aber ist es wahrscheinlich, daß dies Lob allen Dichtern einer Zerstörung Ilions und einer Niobe*) ohne Ausnahme nachzurühmen war? Und zeigt nicht §. 6 deutlich, daß vielmehr von Agathon allein die Rede ist? Daß er einen Sisyphos gedichtet habe, wissen wir freilich sonst nicht, allein wie viel wissen wir denn überhaupt noch von diesen Dingen?

Ebend. §. 6^b. — 188) Wörtlich: „wirkt tragisch und befriedigt unser Gerechtigkeitsgefühl", aber καί ist hier beschränkend-exegetisch, und es ist nicht tragisch im weitesten Sinne des Worts gemeint. Eben so steht „tragisch" in engerer Bedeutung c. 13. §. 6 und c. 14. §. 7, vgl. d. Einl. S. 29, ähnlich „dramatisch" c. 23. §. 1 (s. Anm. 267). Nur scheinbar widerspricht dies also den c. 13. bes. §. 2. 6 ff. gegebenen Regeln. Im Gegentheil liegt (wie Vahlen und Ueberweg a. a. O. S. 80 f. richtig bemerken) in dem Lob der wunderherrlichen Geschicklichkeit in der Erringung der Beliebtheit beim Publicum dadurch, daß der Dichter dessen Gefühlsschwäche (c. 13. §. 6) nachgiebt, offenbar ein Beigeschmack von einer gewissen Ironie**). Im Uebrigen s. Anm. 121 wegen dieser Uebersetzung von φιλάνθρωπον: gerade an dem hier gegebenen Beispiel ist es recht deutlich, daß man weit mehr die Befriedigung an der verdienten unerwarteten Bestrafung solcher Leute empfinden wird als die etwa diesem Gefühl beigemischte

---

*) Nur von diesen aber ist nach der handschriftlichen Lesart die Rede, nicht, wie man nach Vahlens Darstellung glauben müßte, von allen jüngeren Tragikern, auch wenn das Anm. 186 Hervorgehobene allerdings richtig ist.

**) Nur aber darf man dieselbe nicht mit Vahlen auch auf die Schlußbemerkung über die Wahrscheinlichkeit beziehen, denn damit hätte Aristoteles sich selbst ironisirt. Vielmehr liegt in ihr eine nachträgliche Ermäßigung des versteckten Tadels. S. Susemihl Rhein. Mus. XXVIII. S. 325 f. Anm.

abgeschwächte mitleidige Theilnahme, die man auch ihnen dabei nicht versagen mag, und auf die Lessing, Bahlen, Reinkens u. A. vielmehr diesen Ausdruck beziehen.

C. 18. §. 6. — 189) Die betreffenden Verse des Agathon führt Aristoteles selbst in der Rhet. II, 24, 10. p. 1402^a, 10 f. an:
   Fast möchte man wahrscheinlich nennen grade dies,
   Daß Menschen vieles Unwahrscheinliche geschieht.
Im Uebrigen vgl. über Agathon Anm. 92, über den Gedanken aber c. 24. §. 10. c. 25. §. 7 mit Anm. 204^b 306. 344. 344^b.

C. 15. §. 1. — 190) S. §. 8 und c. 2. §. 4 (7 Herm.). Natürlich unter der c. 13 entwickelten und der durch das dritte Erforderniß der Naturtreue gegebenen Beschränkung, auch wird §. 5 = 7 Herm. (vgl. c. 25. §. 19) indirect zugegeben, daß gewisse sonst unverwerfliche tragische Stoffe einen minder edlen Charakter der Nebenpersonen nöthig machen, und c. 18. §. 5. 6^b. 6, daß eine große und beziehungsweise wirklich tragische Wirkung sich auch durch bösartige Charaktere als Hauptpersonen erreichen läßt, vgl. auch c. 13. §. 7 und Anm. 24. 120. 125. 188. 193. 194.

Ebend. — 191) c. 6. §. 6. 17.

Ebend. — 191^b) Zur richtigen Würdigung dieses Satzes vgl. man Polit. I, 5, 6 ff. (c. 13. 1260^a, 9 ff.Bekk.). III, 2, 10 f. (c. 4. 1277^b, 20 ff.), auch I, 2, 12 (c. 5. 1254^b, 13 f.). Rhet. I, 9, 22. 1367^a, 16 ff. Nik. Eth. VIII, 6, 7. (c. 8. 1158^b, 17 f. Bekk.). Zeller a. a. O. II^h. S. 408. 415. 531 ff. Bahlen Beitr. II. S. 32 (120) f.

C. 15 §. 2. — 192) Selbst bei einer Medeia z. B. darf also doch das Weibliche nicht ganz zurücktreten. (Stahr).

C. 15. §. 3. — 193) Wörtlich: „ähnlich". Derselbe Ausdruck steht im Griechischen auch c. 2. §. 1. 4 (2. 7 Herm.), wo die Uebersetzung lautet: „gerade solche, als die gemeine Wirklichkeit sie darbietet" und „gewöhnliche Charaktere," ferner c. 13. §. 2. z. E., wo er vielmehr durch „Unseresgleichen" übersetzt ist. Hier berührt er sich mit jenen beiden Bedeutungen, weicht aber zugleich auch von beiden ab, und was hier unter ihm zu verstehen ist, erhellt aus §. 8, wo er in näherer Erläuterung, jedoch vielmehr auf dem Gebiet der Porträtmalerei, durch eine von dieser hergenommene Analogie wiederkehrt. Der Sinn ist also im Allgemeinen: die nachgeahmten Charaktere sollen denen, welchen der Dichter sie nachahmen will, ähnlich sein. Darin liegt 1) das Weiteste: sie dürfen nicht aus den Schranken der allgemeinen Menschennatur überhaupt (c. 13. §. 2) heraustreten und auch nicht allzu sehr aus denen der gewöhnlichen Menschennatur (c. 2. §. 1. 4), 2) es müssen solche auch in der Wirklichkeit sich ganz oder annähernd findende Charaktere aber auch so wiedergegeben werden, daß derjenige Charakter, den der Dichter jedesmal darstellen will, auch wirklich zur Darstellung kommt und nicht so verzeichnet wird, daß ein ganz anderes Charakterbild als das beabsichtigte entsteht. z. B. das eines Tollkühnen statt eines Tapfern, 3) bei überlieferten und nicht selbsterfundenen Stoffen ist auch eine gewisse historische Treue nöthig, man darf z. B. nicht Jemanden Achilleus nennen und dann seinen Charakter doch so zeichnen wie den des Odysseus und umkehrt oder gar den Odysseus als einen Einfaltspinsel darstellen. Es ist schwer denkbar, daß Aristoteles nicht sofort bestimmt gesagt haben sollte, was er hier unter dieser Eigenschaft versteht, da es wahrlich nicht selbstverständlich ist und man es auch nach der bloßen Analogie in §. 8 mehr nur errathen kann. Daher müssen die Worte ὥσπερ εἴρηται willkommen sein als Merkmal, daß diese Auseinandersetzung eben nur ausgefallen ist, und man muß mithin dieselben übersetzen „wie schon bemerkt wurde", wenn auch in der uns erhaltnen Poetik im Vorigen Nichts steht, worauf diese Zurückweisung sich beziehen könnte.

C. 15. §. 5. — 194) Also kann eine solche wenigstens bei Nebenpersonen unter Umständen auch nöthig sein, c. 25. §. 8 und bes. §. 19 mit Anm. 346. 347^b.

Ebend. — 195) Aristoteles meint die uns erhaltene euripideische Tragödie dieses Namens. Vgl. c. 25. §. 19 mit Anm. 347^b. Starke, Aristotelis de tragicarum personarum honestate sententia, Neu-Ruppin 1830. 4.

Ebend. — 196) Vermuthlich von Euripides, s. Welcker a. a. O. II. S. 527 ff., vgl. aber Anm. 350.

Ebend. — 197) Es gab zwei Tragödien dieses Namens von Euripides, Melanippe die Philosophin und Melanippe die Gefangene. Hier ist die erstere derselben gemeint. Die schöne Melanippe, Tochter von Hellens Sohne Aeolos und von Hippe, der Tochter des weisen Kentauren Cheiron, die die Weisheit ihres Vaters geerbt und wieder auf dieses ihr Kind vererbt hat, hat während einjähriger Abwesenheit ihres Vaters von Poseidon Zwillinge empfangen und geboren und diese auf Poseidons Rath in die Kuhställe ihres Vaters tragen lassen, um sich vor Entdeckung zu sichern. In der That werden sie hier, von Kühen gesäugt, für Wundergeburten von diesen angesehen, und Aeolos beschließt sie verbrennen zu lassen. Melanippe muß sie zu diesem Zweck mit Todtenkleidern geschmückt herbringen. Sie thut es, hält nun aber, um ihr Schicksal abzuwenden, einen langen klügelnden Vortrag, in welchem sie mit allen möglichen spitzfindigen Verstandesgründen darzuthun sucht, daß es ein ganz unphilosophisches und unaufgeklärtes Vorurtheil sei gegen solche Wundergeburten Abscheu zu empfinden, und daß es möglicherweise bei der Geburt von Menschenkindern durch Kühe auch ganz natürlich zugegangen sein könne. Dieser nun ist es, den hier Aristoteles für den weiblichen Charakter als eben so unpassend bezeichnet, wie die Jammerklage des Odysseus in der Skylla für den männlichen. Vgl. Welcker a. a. O. II. S. 840 ff. Nauck a. a. O. S. 404 ff. (Friedrich meint, Aristoteles wolle die Rede der Melanippe vielmehr als unpassend für eine Mutter schildern. Das ist auch möglich, wäre aber auch ein Verstoß gegen das zweite Erforderniß und nicht, wie Friedrich glaubt, gegen das dritte, die Naturtreue. Gegen letztere wäre nach Anm. 193 damit nur gesündigt, wenn Euripides in der Melanippe eine „richtige Mutter" hätte zeichnen wollen, was durchaus nicht seine Absicht war).

Ebend. — 198) Die erhaltene euripideische.

Ebend. — 199) Vgl. V. 1211—1252 mit V. 1368—1401. Hierin dürfte aber Aristoteles doch vielleicht irren. Ganz anders wenigstens urtheilt Schiller: „Diese Mischung von Schwäche und Stärke, von Zaghaftigkeit und Heroismus ist ein wahres und reizendes Gemälde der Natur. Der Uebergang von Einem zum Andern ist sanft und zureichend motivirt". Aehnlich erklärt sich Gruppe, Ariadne S. 494. 498. (Dünzer). Uebrigens ist es bezeichnend, daß alle Beispiele von Fehlern wider die Charakterzeichnung gerade aus Tragödien des Euripides entnommen sind, vgl. c. 6. §. 11. 16 mit Anm. 64. 72. 73 und jene Stelle c. 13. §. 6, in welcher diesem Dichter vorgeworfen wird, daß er überhaupt mit dem tragischen Hausbalt nicht löblich umgehe.

C. 15. §. 6. — 199ᵇ) Vgl. bef. c. 9. §. 3 ff. und Anm. 318. 319.

C. 15. §. 7. — 200) Weil nämlich „mit der Entwickelung und Steigerung der Charaktere der Schluß und das Ende herbeigeführt wird". Die enge Verbindung, in welcher Fabel und Charaktere mit einander stehen, rechtfertigt das nochmalige Zurückgreifen von den letzteren in die erstere an der vorliegenden Stelle. Von dem Abschluß oder der Lösung der ganzen Tragödie konnte sonach füglich nicht bloß am Ende der Abhandlung über die Fabel (c. 18. §. 1. 3ᵇ), sondern auch noch einmal an dem der Gesammterörterung über Fabel und Charaktere geredet werden, und gerade der Gedanke, daß diese Lösung aus dem inneren Zusammenhange des Ganzen sich ergeben müsse, gehörte am Passendsten erst hieher, sofern eine solche ja nur durch ein Zusammenwirken der Handlung und der Charaktere nach innerlicher Nothwendigkeit oder doch Wahrscheinlichkeit recht befriedigend erfolgen kann. (Spengel). In den hernach angeführten Beispielen ist denn auch „das Nichtwissen des Oedipus, wie Laios umgekommen (s. Anm. 205ᵇ), wenn es ein Fehler ist, zunächst ein Fehler in der Charakteristik und eben so Jl. II, 155 ff. (s. Anm. 202) das in den Umständen nicht begründete unschlüssige Verhalten der Heerführer, welches das Einschreiten der Göttinnen veranlaßt". (Bahlen). Ueber das andere Beispiel von der Medea aber in dieser Hinsicht s. Anm. 201.

Ebend. — 201) In welcher auf dem griechischen Theater Götter und andere überirdische Wesen erschienen. Daher die noch bei uns übliche Bezeichnung eines deus ex machina (Maschinengottes). In dem hier angeführten Beispiele der euripideischen Medea ist es Medea selbst, welche auf ihrem Drachenwagen schwebend, auf dem sie nach vollbrachter That entflieht, in dieser Weise vorgeführt wird, V. 1317 ff. Später c. 25. §. 19 erklärt Aristoteles auch noch das Auftreten des Aegeus in dieser Tragödie, V. 663—758, wenn anders dort wirklich dies gemeint ist (s. Anm. 347), für ungereimt, und in der That sind dabei die beiden schwächsten Punkte dieses sonst so großartigen Stückes getroffen, vgl. Bernhardy a. a. O. II^b. S. 406 ff., durch welche namentlich auch der sonst größtentheils mit solcher psychologischen Meisterschaft gezeichnete Charakter der Medeia innerlich unwahr und widerwärtig wird, indem sie so, statt mit ihren Kindern auch sich selber umzubringen, den Mord derselben erst unternimmt, nachdem sie für ihre eigene Sicherheit gesorgt hat, und dann sich durch ein anderes sicheres Mittel auf die Flucht begiebt. Gerade dies Beispiel zeigt also erst recht, daß Aristoteles keineswegs übel daran gethan hat, die richtige Lösung mit der richtigen Charakteristik in Zusammenhang zu bringen.

(Ebend. — 202) Wenn von der Ilias ohne weiteren Zusatz und ohne daß der Zusammenhang eine genauere Bezeichnung entbehrlich macht, gesprochen wird, so kann darunter nicht, wie hier Einige meinten, die kleine Ilias (s. über dieselbe c. 23. §. 3 f. mit Anm. 272), in welcher allerdings nach c. 23. §. 4 auch die Abfahrt der Griechen von Troia erzählt war, noch auch eine Tragödie dieses Namens, wie u. A. Welcker (Rhein. Mus. 1837. S. 492) annimmt (vgl. Anm. 259), verstanden werden, eben so wenig wie Jemand, wenn er unter den gleichen Bedingungen von Homeros redet, damit den wenig bekannten Tragiker und nicht den allberühmten Dichter der Ilias und Odyssee meinen kann. (Hermann, Non vid. Aesch. Ἰλίου πέρσιν scrips., S. 7 f.). Müßte man also nothwendig auch bei diesem zweiten Beispiel an eine Tragödie denken, so würde wohl nichts Anderes übrig bleiben, als mit Hermann anzunehmen, daß die Ilias hier bloßer Schreibfehler sei und Aristoteles vielmehr die taurische Iphigeneia, V. 1435 ff. gemeint habe. Indessen verstand man schon im Alterthum das Dazwischentreten der beiden Göttinnen Hera und Athene im zweiten Gesange der Ilias V. 155 ff., s. Porphyrios*) zu diesem Gesange V. 73. 156. 305, in der Bekkerschen Sammlung der Scholien zur Ilias p. 50^b, 41 ff. 58^a, 39 f. 69^a, 5 f. (Düntzer). Und in der That sieht man auch nicht ab, warum nicht Aristoteles geurtheilt haben könnte, Odysseus hätte recht füglich so, wie er hier handelt, auch ohne besonderen Antrieb der Athene handeln können. Die Anwendung von Beispielen aus dem Epos ferner zu den Regeln für die Tragödie kommt, wie schon Anm. 81 hervorgehoben ward, noch mehrfach in der Poetik vor, so gleich wiederum §. 8, und daß endlich dies Beispiel nicht auf die Schlußkatastrophe des ganzen Gedichts, sondern nur auf die einer bestimmten Begebenheit innerhalb desselben sich bezieht, dazu paßt sehr gut das Folgende, in welchem Aristoteles auch davon redet, wie weit dies Auftreten von

---

*) S. Rose, Aristoteles pseudepigraphus S. 149 ff.

Göttern und anderen übermenschlichen Wesen im Prolog der Tragödie (s. Anm. 203) gerechtfertigt ist. Die Lösung durch den deus ex machina bringt ihn also hier auf die weitere Frage, in welchem Maße überhaupt die Tragödie die Götter und götterähnlichen Wesen innerhalb der Menschenwelt auf die Bühne bringen darf.

Ebend. — 203) „Wie Athene im Aias des Sophokles". (Vahlen). Unter dieser Beschränkung mißbilligt es also Aristoteles nicht, wenn z. B. Euripides in seinen Prologen mehrfach Götter, Heroen, Geister von Abgeschiedenen u. dgl. auftreten läßt, welche den Stand der vorangegangenen Begebenheiten erzählen.

Ebend. — 204) Also auch der eigentliche deus ex machina am Schlusse des Stücks, wie ihn besonders Euripides liebt, wird nicht unbedingt verworfen, nur soll er die Lösung nicht hervorbringen und also den Knoten nicht zerhauen, sondern die schon an sich erfolgte Lösung durch seine Voraussagen bestätigen und vollenden, oder es muß der Zusammenhang der Handlung selbst auf eine solche Lösung durch einen deus ex machina hinarbeiten, wie im Philoktetes des Sophokles.

Ebend. — 204^b) Ich habe diese (u. A. von Ueberweg gewählte) Uebersetzung von ἄλογον aufgenommen, weil sie die Sache zwar auch nicht vollständig, aber immerhin doch noch am Meisten und weit mehr als die viel zu enge von mir in der 1. A. gebrauchte „das Undenkbare" trifft. Es ist alles Dasjenige gemeint, was den Gesetzen der Notwendigkeit oder Wahrscheinlichkeit widerspricht, das Irrationale, Regelwidrige, Unwahrscheinliche, Undenkbare und Unglaubliche, dessen Eintreten aber trotzdem möglich ist, ja es kann sogar das Unmögliche glaublich und wahrscheinlich (πιθανόν, εἰκός) und das Mögliche unglaublich und unwahrscheinlich (ἀπίθανον) sein. S. c. 18. §. 6. c. 24. §. 8. 10. c. 25. §. 17. 19. 20. Als einerlei mit ihm erscheint das Ungereimte (ἄτοπον) c. 24. §. 10. vgl. c. 25. §. 16. S. Anm. 302^b. 306. 311. 317. Zu diesem Irrationalen gehört eben auch (wie Vahlen bemerkt) der Maschinengott.

Ebend. — 205) Diese Regel erhält aber hernach c. 24. §. 10 noch eine Beschränkung.

Ebend. — 205^b) Was Aristoteles hiermit meint, sagt er hernach c. 24. §. 10 selbst genauer. Vgl. Anm. 307. Für den Gedanken aber vgl. außer c. 24. §. 8—10 noch c. 25. §. 3—5. 17. 19.

C. 15. §. 8. — 206) Wahrscheinlich in einer eigenen, Achilleus betitelten Tragödie, vgl. Welcker, Griech. Trag. III. S. 990 ff., oder auch in seinem Telephos, wie Tyrwhitt vermuthete (s. dagegen aber Welcker a. a. O.).

C. 15. §. 9. — 207) So sehr Aristoteles von einer wirklich guten Tragödie verlangt, daß sie auch schon bei bloßem Lesen, ja Erzählenhören ihre Wirkung thun muß, c. 6. §. 19. c. 14. §. 1. c. 26. § 3. vgl. §. 4, so warnt er doch andererseits vor wirklich groben Bühnenverstößen, weil diese nothwendig auch mit poetischen Fehlern zusammenhängen, auch c. 17. §. 1 f. c. 24. §. 8, vgl. §. 4. Vgl. Anm. 76. 162. 293^b. 304. auch 129.

Ebend. — 208) D. h. vermuthlich in dem Dialog über Dichter (vgl. Anm. 9. 15. 43. 47), s. Bernays, Die Dialoge des Aristoteles, Berlin 1863. 8. S. 5 ff. 138 f. und schon Vettori z. d. St.

C. 19. §. 1. — 209) Es umfaßt den wichtigsten, von Aristoteles im ersten und zweiten Buch seiner Rhetorik behandelten Theil von ihr, nämlich die Lehre von der Erfindung (εὕρεσις, inventio). Im Uebrigen vgl. c. 6. §. 16 mit Anm. 71 f. Wenn dort aber das Wirken durch die Rede seiner Theorie nach nicht bloß in die Rhetorik, sondern auch in die ethisch-politische Wissenschaft verwiesen wird, so bleibt, nachdem der Lehre von den tragischen Charakteren ausdrücklich c. 15. §. 1. 6. vgl. §. 5. (8 Herm.) nicht allein Das zugerechnet ist, wie sich dieselben im Handeln, sondern auch wie sie sich im Reden wirksam erweisen, also alles Das, was nach Anm. 71 von der Redethätigkeit auf die ethisch-politische Wissenschaft zurückgeht, nur noch das verstandesmäßig-rhetorische Element von ihr übrig.

C. 19. §. 2. — 210) Nur scheinbar abweichend ist es, wenn Aristoteles in der Rhetorik der Rede vielmehr folgende drei Ziele stellt: 1) Beweisführung und Widerlegung, 2) Empfehlung der Glaubwürdigkeit seines Charakters durch den Redner, 3) die Erregung oder Beschwichtigung der Affecte seiner Zuhörer, s. Zeller a. a. O. II^b. S. 599; denn das zweite Stück kann hier aus dem Anm. 209 dargelegten Grunde kaum weiter in Betracht kommen. Was dagegen hier als Drittes genannt wird, der Eindruck des Bedeutenden oder Geringfügigen, erscheint dort II, 19, 27. p. 1393^a, 19 ff. nur als ein Theil der rhetorischen Beweisführung, doch liegt es auf der Hand, daß man den Begriff des Beweisens auch im engern Sinne des Bewahrheitens der Richtigkeit oder Möglichkeit fassen und dann vielmehr demselben die Beglaubigung der höhern oder geringern Schätzung als ein eigenes und besonderes Moment gegenüberstellen kann, wie hier geschieht.

C. 19. §. 3. — 211) Daß die Reflexion sich nicht bloß im Reden, sondern auch im Handeln äußert (c. 6. §. 5 f. vgl. m. §. 17), kommt hiebei nicht unmittelbar in Frage. Was hier Aristoteles meint, erhellt aus dem Folgenden s. Anm. 211^b.

Ebend. — 211^b) Natürlich auf einander, indem sie einander Dies und Jenes zu beweisen und widerlegen, bedeutend oder geringfügig darzustellen, einander in diesen oder jenen Affect zu versetzen oder zu beschwichtigen suchen u. s. w., so daß sie also wechselseitig dem Redner und seinem Publicum entsprechen. Wo ihre Handlungen und die Situationen, in denen sie sich befinden, schon von selbst einander in dem gewünschten Licht erscheinen, da reden sie nicht mehr darüber, ihre sonstige Verstandeseigenthümlichkeit legt sich eben in ihren Handlungen und Erleidnissen dar und läßt sich daher von den letzteren und von den Charakteren auch gar nicht als ein besonderer Theil der Tragödie abtrennen. "Die Reden im Drama wie in der Wirklichkeit erfüllen nur dann ihren Zweck, wenn sie einen durch sie erst darzulegenden Gedankeninhalt haben". (Vahlen). Hinter den Personen des Dramas steht nun aber der Dichter, welcher durch diese ihre Reden auch einen bestimmten rednerischen Eindruck auf sein Publicum machen will und so mithin in ihren Reflexionen seine eignen niederlegt, und in Beziehung auf diese allein hat es (was Vahlen ganz übersieht) einen Sinn, wenn im Voraufgehenden gesagt ist, er müsse von denselben Gesichtspunkten aus die Reflexion in Anwendung bringen auch bei den Handlungen und Situationen: es sind dieselben Gesichtspunkte, von denen allein aus es ihm gelingt die Begebenheiten und Handlungen wie die Reden seiner Personen den beabsichtigten Effect machen zu lassen, aber der Unterschied ist, daß dieselben als ein besonderes, diesen seinen Personen selbst beizulegendes Moment nur bei ihren Reden hervortreten können, so daß also nur die Art, wie er nach dieser Richtung hin seine Personen gemäß ihrer Situation wie ihrer Charakter- und Verstandeseigenthümlichkeit reflectiren und erfinden lassen muß, noch einen besondern Abschnitt in der poetischen Theorie begründet oder vielmehr begründen würde, wenn über diese Verstandesdialektik in demselben noch etwas Anderes gesagt werden könnte wie in dem betreffenden Haupttheile der Rhetorik. Bei der Darstellung der Begebenheiten, die freilich eben auch durch diese Reden geschieht, muß der Dichter die wirksamen Gesichtspunkte unmittelbar in die Begebenheiten selbst hineinlegen (vgl. c. 14. §. 2).

C. 19. §. 4. — 212) Was hierunter zu verstehen ist, erhellt aus dem Folgenden hinlänglich.

Ebend. — 213) Wörtlich "welcher die derartige Baumeisterkunst besitzt," d. h. sich zu den Schauspielern, Rhapsoden u. s. w. verhält wie der Baumeister zu den Bauleuten, welcher also ihnen die oberste Anleitung giebt; diese Bezeichnung für derartige Verhältnisse ist dem Aristoteles sehr geläufig, vgl. z. B. nik. Eth. I. 1, 4. 1094^a, 14. Polit. III, 6, 8. (c. 11. 1282^a, 3 f. Bekk.) und Zell und Schneider z. d. St. St.

C. 19. §. 5. — 214) Der Sophist Protagoras aus Abdera, ein älterer Zeitgenosse des Sokrates (vgl. Zeller a. a. O. 2. A. I. S. 730 ff. 757 ff. 765 ff. 775. 783 ff. 787), war der Erste, welcher, und zwar bei Gelegenheit seiner rhetorischen Bestrebungen, die grammatischen Wortformen zu unterscheiden begann, so die Genera, Genusendungen und Tempora, und damit den Grund zur Grammatik legte. Zu diesen Unterscheidungen gehört nun auch die von vier Modalitäten der Aussage, Frage, Antwort, Befehl und Wunsch oder Bitte, und er erkannte auch bereits, wie aus unserer Stelle hervorgeht, daß sich dieser Unterschied auch in der sprachlichen Form, in den Modis des Verbums ausprägt, indem Frage und Antwort durch den Indicativ, der Befehl durch den Imperativ,

Anmerkungen.

der Wunsch durch den Optativ ausgedrückt wird. Vgl. Diog. Laert. IX, 52 f. Quintil. III, 4, 10. Classen, De grammaticae Graecae primordiis S. 30. Frei, Quaestiones Protagoreae, Bonn 1855. 8. S. 130 ff. Wenn er nun aber so weit ging, jede Abweichung von diesem Grundverhältniß, jeden Ausdruck einer Bitte z. B. durch den Imperativ zu tadeln, so ist eben, wie Wolf (Prolegg. S. CLXVII) treffend bemerkt, zu bedenken, daß die ersten Versuche auf diesem Gebiete so schwieriger Art sind, daß auch die größten Geister in ihnen Fehlgriffe begehen konnten, wie sie ein Jahrhundert später nicht einmal an Schulknaben mehr verzeihlich gewesen wären. Einer ähnlichen Rechtfertigung bedarf eben noch Aristoteles selbst, der über den Standpunkt des Protagoras auch nur erst mit einem Fuße hinübergegangen ist, und bei welchem auch noch die scharfe Scheidung der Grammatik von der Rhetorik einerseits und von der Logik andererseits fehlt, vgl. Steinthal, Geschichte der Sprachwissenschaft bei den Griechen und Römern, Berlin 1863. 8. S. 179—265. Nur aus dieser Unentwickeltheit des grammatischen Bewußtseins erklärt sich der für unsere heutige Anschauungsweise so auffallende Umstand, daß Aristoteles es für nöthig findet, c. 20 ff. die ersten Elemente der Grammatik und Linguistik in einer Theorie der Dichtkunst als Grundlage der Bestimmungen über poetische Diction zu besprechen. Im Uebrigen vgl. Anm. 234. 235.

B. 20. §. 1. — 215) Daß Aristoteles in allen seinen sonstigen Schriften da, wo er dergleichen Dinge berührt, den Artikel noch nicht vom Verbindungswort scheidet, ist allerdings noch kein Beweis dafür, daß er es auch hier nicht gethan haben könnte, s. Schömann, Die Lehre von den Redetheilen nach den Alten, Berlin 1862. 8. S. 8 f. Und wenn „Dionysios von Halikarnaß zweimal (de comp. verb. c. 2. Anf. und de Demosth. praest. p. 1101 Reiske) behauptet, Aristoteles habe nur drei Redetheile aufgestellt, Nomina, Verba und Verbindungswörter," so zweifelt Steinthal S. 258 f. mit Unrecht daran, daß dabei von ihm „die vorliegende Stelle der Poetik übersehen oder absichtlich unberücksichtigt gelassen sein sollte," denn aus seinen eignen Worten geht deutlich hervor, daß nicht diese, sondern vielmehr die uns verloren gegangene sogenannte theodektische Rhetorik, d. h. wahrscheinlich die von Aristoteles überarbeitete und herausgegebene Rhetorik des Theodektes (s. Anm. 103), seine Quelle war, s. Rose Arist. pseudep. S. 144. Frgm. 5. Vahlen a. a. O. III. S. 233. Allein Steinthal bemerkt richtig, daß sonst in c. 20. 21 in der Reihenfolge der Definitionen überall ganz dieselbe Ordnung inne gehalten wird, wie in der vorläufigen Aufzählung, während der Artikel allein in der letzteren hinter Nomen und Verbum steht und dagegen hernach §. 7 vor Nomen und Verbum definirt wird. Auch herrscht unter Denen, welche hier den Artikel als aristotelisch festhalten und nach der Ueberlieferung hernach die dritte Definition des Verbindungsworts (§. 7^b. 7^c in der Uebers.) vielmehr auf ihn beziehen, doch darüber, was denn Aristoteles unter ihm verstanden habe, die auffallendste Meinungsverschiedenheit. Während z. B. Schömann (f. Anm. 227) mit Hartung dieselbe auf die Relativ- und Correlativpronomina und die von ihnen abgeleiteten Adverbia bezieht (f. dagegen Anm. 230), meint Vahlen, daß Aristoteles unter dem Artikel theils die Conditional-, Causal-, Consecutiv-, Final-, Disjunctivconjunctionen, theils die Präpositionen begriffen habe. Endlich dürfte die furchtbare Verwirrung im überlieferten Texte §. 6 f. sich schwerlich anders als mit Hülfe der Annahme, daß ein Stück von einer Definition des Artikels aus dem Rande in den Text gerathen ist, erklären und annähernd heben lassen. Uebrigens sucht Vahlen III. S. 234. 309 f. zu zeigen, daß der Ausdruck „Artikel" (ἄρθρον) von Andern schon zu Aristoteles Zeit auch in dem jetzt geläufigen Sinne gebraucht ward, wie von Anaximenes, dem wahren Verfasser der pseudoaristotelischen Rhetorik an Alexander c. 26. 1135ᵃ. 35 ff.

Ebend. — 216) Aristoteles stellt also die Redetheile und die bloßen Abwandlungsformen derselben als gleichstufige Eintheilungsglieder neben einander.

Ebend. — 217) Die Uebersetzung „Wort- und Satzgefüge" trifft einigermaßen den Sinn Dessen, was hier nach §. 11 f. λόγος bezeichnet (f. Anm. 237), nicht aber würde dies von der Uebersetzung „Satz" gelten.

C. 20. §. 2. — 218) Den Uebelstand, daß φωνή hier mit „Stimmlaut", hernach aber mit „Sprachlaut" übersetzt wird, konnte ich eben so wenig wie meine Vorgänger vermeiden.

Ebend. — 219) Weil sie eben „nicht die Fähigkeit haben, sich an einander zu schließen und Lautvereine zu bilden d. h. Sylben". (Steinthal S. 248). Die eigentliche Sprache (διάλεκτος) unterscheidet sich nämlich nach Aristoteles von der bloßen Stimme theils durch die vollkommnere, auf dem Besitz einer am Meisten zu einer solchen geeigneten Zunge beruhenden Articulation (ἄρθρωσις), theils durch die den Thieren ganz fehlende Verknüpfung der Art nach verschiedener Lautelemente, nämlich der Vocale, Halbvocale und Mutae. Articulation überhaupt ist nämlich an den Besitz einer Zunge gebunden, eben deßhalb haben dieselbe aber bis zu einem gewissen Grade auch Thiere, so die Singvögel, Thiergesch. IV, 9. 536ᵃ, 20 f. 536ᵇ, 8 ff.). Aus dem angegebenen Grunde können auch kleine Kinder noch nicht sprechen. S. Thiergesch. IV. 9, 535ᵃ, 30 ff.: „die Sprache beruht auf einer Gliederung (Articulation) der Stimme mittels der Zunge; die Vocale werden durch die Stimme und mittels des Kehlkopfes, die lautlosen Buchstaben aber durch die Zunge und die Lippen hervorgebracht, und diese beiden sind die Elemente der Sprache". Probl. X, 39. 895ᵃ, 7 ff: „die Menschen sprechen viele Buchstaben, die Thiere aber theils gar keinen, theils zwei oder drei von den lautlosen, diese aber machen in Verbindung mit den Vocalen (Selbstlautern) die Sprache", f. Vahlen Beitr. III. S. 221 — 223.

C. 20. §. 3. — 220) Nämlich gegen andere Theile des Mundes, also Mundverschluß". Diese Entdeckung auf dem Gebiete der Physiologie der Lautelemente gehört erst dem Aristoteles selber an, s. Steinthal a. a. O. S. 249 f. Vgl. über die Theile der Thiere II, 16. 660ᵃ, 5 f.: „die Buchstaben entstehen theils durch das Anschlagen „(Anlegen) der Zunge, theils durch das Zusammenpressen der Lippen". Aus der Anm. 219 angeführten Stelle der Thiergeschichte, 535ᵃ. 30 ff., erhellt, daß mit dieser Bestimmung nur die Consonanten gemeint sind, denn alle diese sind in derselben unter der Bezeichnung „lautlose Buchstaben" (ἄφωνα) zusammengefaßt, während dieselben hier in der Poetik noch wieder in Halbvocale und Mutae unterschieden werden, so daß die nämliche Bezeichnung hier in einem engeren Sinne gebraucht wird und nur die letzteren in sich schließt. Vermuthlich ist aber hier unter dem „Anschlagen" oder „Anlegen" das Zusammenpressen der Lippen mit inbegriffen, (wonach es denn in der Uebersetzung ausdrücklich beigefügt ist). S. Vahlen a. a. O. S. 221.

Ebend. — 221) Das Unlogische dieser Definition springt in die Augen. Aristoteles hat das alte Vorurtheil von der völligen Unhörbarkeit der sogenannten Mutae oder stummen Laute noch nicht überwunden. Wesentlich dieselbe Bestimmung bezeichnet schon Platon (Krat. 424 C. Phileb. 18 B. Theät. 231 B) als die allgemein übliche, die nämlich, daß nur den Vocalen wirklicher Stimmlaut (φωνή), den Halbvocalen bloß Schall (φθόγγος) oder Mundgeräusch (ψόφος) zugeschrieben wird, vgl. Aristot. Thiergesch. IV, 9. 535ᵃ, 27 ff. Psychol. II. 8, 9—12. p. 420ᵇ f. Wimmer und Aubert zu ersterer Stelle, Vahlen a. a. O. S. 224 f. Steinthal S. 249 ff. 253 vgl. S. 247. S. 125 f.

C. 20. §. 4. — 222) Durch die Verschiedenheiten je nach der verschiedenen Form des Mundes entstehen nämlich die verschiedenen Vocale, durch die nach dem Organ aber die verschiedenen Consonanten, nämlich Lippen-, Zungen- oder Zahn- und Gaumen- oder Kehlbuchstaben. (Steinthal S. 252).

Ebend.— 223) Dies geht wahrscheinlich zugleich bei den Vocalen auf den Spiritus asper und lenis und bei den Consonanten auf die Unterscheidung der stummen Laute in Tenues, Mediae und Aspiratae, und zwar hat wahrscheinlich Aristoteles wie Platon (Kratyl. p. 427 A) und die folgenden Grammatiker den beiden ersteren Classen den dünnen Hauch zugeschrieben, wie er dann aber beide von einander unterschieden hat, können wir freilich nicht wissen. (Steinthal S. 252 f.).

Ebend. — 224) Diese und die folgende Unterscheidung geht nur noch die Vocale an.

Ebend. — 225) Man sieht aus dieser Stelle recht deutlich, daß bei den Alten der Accent zunächst die Tonhöhe und erst in zweiter Linie etwa auch die Tonstärke bezeichnet. Auffallend aber ist es, daß Aristoteles hier neben dem Höchsten (Acut) und Tiefsten (Gravis) auch noch von einem mittleren Accent spricht. Der Circumflex kann hiemit natürlich nicht gemeint sein, da doch diesen sicher auch Aristoteles als ein bloßes Uebergehen aus dem Höchsten in den Tiefen, also, so zu sagen, eine Verbindung beider angesehen hat. Vgl. Steinthal a. a. O. S. 252 f.

C. 20. §. 4. 5. — 226[ab]) Daß man mit der Erörterung dieser Dinge die rhythmisch-metrische Disciplin vor und zu Aristoteles Zeit zu beginnen pflegte, bezeugt auch Plat. Krat. 424[c] und von den Vorträgen des Hippias im Besonderen Pseudo-Plat. gr. Hipp. 285[c]. (Vahlen).

C. 20. §. 6. — 227) D. h. nicht bloß was wir jetzt Bindewort (Conjunction) nennen, sondern überhaupt jedes Wort, welches nicht Nomen (s. aber Anm. 230. 233) oder Verbum ist. Von solchem Standpunkte aus war natürlich keine irgend befriedigende Definition möglich, und überdies: „wie soll die Definition eines Redetheils ausfallen, welche sich auf die lautliche Form nicht einläßt, also bloß auf die Bedeutung angewiesen ist, und welche dann doch als erstes Merkmal hinstellt: Verbindungswort ist ein **unbedeutsamer Sprachlaut!**" (Steinthal S. 256 f.). Daß aber die folgenden drei Definitionen alle dem Verbindungswort zuzuweisen sind und sich auf verschiedene Arten desselben beziehen sollen, so viel dürfte Hartung richtig erkannt haben. Unter Anderm aber ist es schwerlich zutreffend, wenn er die zweite Definition den hinzugefügten Beispielen (nach ihrer von ihm versuchten und von mir in dieser 2. A. aufgenommenen Herstellung) gemäß bloß auf die Präpositionen bezieht, während sie auf manche, ja wohl die meisten Conjunctionen eben so gut paßt und daher gewiß diese mit einschließt. Beispiele sind ja eben nur Beispiele. Im Uebrigen s. zu §. 6 f. besonders Schömann Animadversiones ad veterum grammaticorum doctrinam de articulo, Leipzig 1864. 8. (Jahns Jahrb. Suppl. N. F. V.) S. 1 ff. vgl. auch Jahns Jahrb. LXXXIX. 1864. S. 349 f.

Ebend. — 228) Ueberhaupt also „die sogenannten Expletivpartikeln" (Steinthal S. 259). „παραπληρωματικοὶ σύνδεσμοι, die nur mißbräuchlich von der Analogie mit den eigentlichen Bindewörtern diesen Namen führen und die Demetrios de elocut. c. 55—58 behandelt, indem er an dem Beispiel von δή und einigen andern zeigt, daß dieselben, die zur Verbindung nicht nothwendig sind, dennoch wirkungsvoll in der Rede angewendet werden können und leer und zwecklos nicht angewendet werden sollen, und an solchen ist ja die griechische Sprache vorzugsweise reich". (Vahlen). Läßt man nun die handschriftlich hier zunächst folgenden Worte an ihrem Plaße, so sind sie zu übersetzen, „so weit es nicht (sogar) erforderlich ist ihn im Anfang des Wort- oder Saßgefüges für sich allein zu stellen, z. B. zwar, freilich, aber", allein so passen (wie Vahlen selbst zugiebt) die freilich nicht auf diese Ausnahme, sondern auf die Definition bezüglichen Beispiele zu der leßtern nicht, man müßte dann wenigstens, wie ich in der 1. A. that, für „zwar" und „aber" vielmehr μήν und δή, im Deutschen etwa „ja" und „eben" setzen.

Anmerkungen.

Ebend. — 229) Nämlich aus Nomines und Verben oder den einen oder andern allein, beziehentlich aus ihren Flexionen ein Wort- oder Satzgefüge (§. 11), obwohl letzteres auch ohne Verbindungswörter bestehen kann (s. §. 12 mit Anm. 237)

Ebend. — 229[b]) Diese dritte Classe von Verbindungswörtern macht den Uebergang von der ersten zur dritten, den bloßen Expletivpartikeln zu den eigentlichen Verbindungswörtern. Schon Hermann meinte, daß „zwar" Anfang, „oder" Gliederung, „aber" Ende der Rede bezeichne, eben dies spricht aber für die von ihm nicht vorgenommene, in Anm. 228 besprochene Umstellung.

C. 20. §. 8. — 230) Das Ungenügende dieser Erklärung über die Composita zeigt Steinthal a. a. O. S. 256. Das Nomen begreift übrigens bei Aristoteles außer dem Substantiv und Adjectiv (s. §. 9 mit Anm 231) offenbar auch das Pronomen unter sich, wie aus §. 10 erhellt (s. Anm. 233).

C. 20. §. 9. — 231) Zu §. 8. 9 vgl. de interpret. c. 2. 3. Die Abweichungen der dort von den hier gegebenen Definitionen erklären sich daraus, daß hier der grammatische, dort aber der logische Standpunkt der Betrachtung vorherrscht, s. Steinthal a. a. O. S. 230 ff. 256 f. Dies gilt selbst davon, wenn dort c. 3. 16[b], 16 ff. die Tempora außer dem Präsens als Flexionen des Verbums bezeichnet, hier dagegen mit in die Definition des Verbums selbst aufgenommen werden, s. Steinthal S. 259 f. (Vgl. aber Anm. 235). Ferner wird das Adjectiv dort (c. 1. 16[a] 15 f. c. 10. 20[a], 32 f.) nicht, wie hier, zum Nomen oder Nennwort, sondern zum Verbum oder Aussagewort gerechnet. (Ueberweg).

C. 20. §. 10. — 232) Also die Casus obliqui des Nomens, vgl. de interpr. c. 2. 16[a], 33 ff.

Ebend. — 233) Ohne Zweifel meint hier Aristoteles nicht allein, worauf dies Beispiel zunächst hinweist, den Numerus des Nomens, sondern auch den des Verbums. In andern aristotelischen Schriften beschränkt sich aber Das, was er Flexionen des Nomens nennt, nicht bloß auf die Casus obliqui und Numeri desselben, s. darüber Steinthal a. a. O. S. 260 ff. Vahlen a. a. O. III. S. 240 f. Vielmehr werden z. B. auch die Genusunterschiede des Adjectivs als solche bezeichnet und die von Adjectiven gebildeten Adverbia als Flexionen der erstern. Die Genera und Personen des Verbums läßt er aber auch) in seinen übrigen Schriften noch außer Betracht.

Ebend. — 234) S. c. 19. §. 4 f. mit Anm. 214.

Ebend. — 235) Die Form „ging er?" kommt hier nicht, wie Steinthal a. a. O. S. 259 f. irrthümlich meint, als Tempus (Aorist), sondern rein als Modus (Indicativ) in Betracht; Aristoteles schließt sich hierin an Protagoras an, s. Anm. 214: Frage und Antwort wird durch den Indicativ, Befehl durch den Imperativ ausgedrückt, nur daß Aristoteles hierin nicht, wie Jener, eine ausnahmlose Regel erblickt, von der jede Abweichung verwerflich ist, c. 19. §. 5.

C. 20. §. 12. — 236ᵃᵇ) D. h. Nichts weiter über einen und denselben Gegenstand aussagt, als was schon unmittelbar in dessen Namen gegeben liegt, Metaph. IV, 4, 11 ff. p. 1006ᵃ, 32 ff.

Ebend. — 237ᵃᵇ) Im Griechischen derselbe Ausdruck σύνδεσμος wie vorher für „Verbindungswort," und in der That sind meistens Verbindungsworte nöthig, um ein Satzgefüge der letzteren Art herzustellen, aber umgekehrt sind auch in solchen von der ersteren Art Verbindungswörter denkbar, denn bei dieser Definition des λόγος ist eben der logische Standpunkt über den grammatischen vorherrschend. Aus den angeführten Beispielen sieht man, daß schon die bloße Verbindung einer Präposition mit ihrem Casus (also nach Aristoteles eines Binderworts mit einer Nominalflexion) oder die bloße Apposition von dem Philosophen so genannt wird, ferner daß ein Gleiches gilt, sowohl wenn man eine Definition in prädicativer Form ausspricht, z. B. „der Mensch ist ein zweifüßiges, auf dem Lande lebendes, vernünftig-beseeltes Wesen", als auch eben so gut schon, wenn man statt „Mensch" vielmehr sagt: „zweifüßiges u. s. w. Wesen," vgl. de interpr. c. 5. 17ᵃ, 11 ff. Rhet. III, 6, 1407ᵇ, 27 f., wie denn de interpr. c. 2. 16ᵃ, 22 eben so überhaupt jede attributive Wortverbindung, z. B. „ein schönes Pferd" nicht minder so heißt als die prädicative, vgl. Steinthal a. a. O. S. 237 f. 257. Bahlen a. a. O. III. S. 242 ff, während andererseits auch noch jede noch so ausgedehnte Kette von Sätzen keinen andern Namen erhält, so lange sie nur Ausdruck derselben Gedankenreihe sind. Das Beispiel der Ilias ist für Letzteres stehend bei Aristoteles, s. zweite Anal. II, 10. 93ᵇ 36. vgl. c. 7. 92ᵇ, 97. Metaph. VIII, 6, 3. p. 1045ᵃ, 13 vgl. VII, 4, 16. p. 1030ᵃ, 9.

C. 21. §. 3. — 238) Vgl. Herod. V, 9 z. E. und dazu die Ausleger. Es bedeutet „Wurfspieß."

C. 21. §. 4. — 239) Aristoteles nimmt die Metapher in weiterem Sinne als wir heutzutage, die wir nur die dritte und vierte Art so nennen. Unser Sprachgebrauch war schon zu Ciceros Zeit üblich, s. De orat. III, 38 ff. (Ritter). Auf diese Unterscheidung der einzelnen Arten der Metapher aber wird in der Rhet. III. 2, 7. 1405ᵃ, 3 ff. zurückgewiesen.

C. 21. §. 5. — 240) Odyss. I, 185. XXIV, 308.

Ebend. — 241) Ilias II, 272.

Ebend. — 242) Um die Metapher wiedergeben zu können, habe ich den Sinn des hier citirten vermutlich empedokleischen Verses (s. S. 162. Anm. 7) verlassen müssen. Der Dichter hatte „abschneiden" einfach für „schöpfen" gebraucht, im Sinne von „wegschöpfen" ließ es sich im Deutschen allenfalls anwenden. Wörtlich: „Wasser abschneidend mit unverwüstlichem Erze". Vermuthlich ist auch das voraufgehende Beispiel aus Empedokles.

Anmerkungen.

C. 21. §. 6. — 243) Diese letztere, nach Athen. X. p. 433ᶜ zuerst von dem Dithyrambendichter Timotheos (s. Anm. 23) gebrauchte Metapher wird auch Rhet. III, 4, 4. p. 1407ᵃ, 15 ff. und ebend. c. 11. §. 13. p. 1413ᵃ, 5 f. als Beispiel angeführt, und zwar an der erstern Stelle gleichfalls in Verbindung mit der ersteren. Die „auf den ersten Anblick fast anstößige Kühnheit" dieser beiden Metaphern wird übrigens „um ein Bedeutendes gemildert, wenn man sich mit Casaubonus (De satyrica poesi S. 70) daran erinnert, daß in bildlichen Darstellungen wie bei Ares der Schild so bei Dionysos ein Trinkgefäß ständiges Attribut war". (Knebel). Dazu kommt aber auch noch die schildähnliche Gestalt der griechischen Trinkschale (φιάλη), s. darüber O. Jahn Münchner Vasens. S. XCVIII und Schöne De pers. in Eurip. Bacch. S. 115. (Vahlen).

Ebend. — 244) Die betreffenden Verse sind nicht erhalten.

C. 21. §. 7. — 245) Wir wissen nicht, welcher. Dieselbe Metapher findet sich bei Lucrez II, 211 und Vergil. Aen. II, 584.

C. 21. §. 8. — 246) Wegen dieser Art von Metapher vgl. auch Rhet. III. 6 z. E. (Stahr).

Ebend. — 247) Auffallend ist es allerdings, daß in der Rhet. III, 2, 6. p. 1404ᵇ, 32 f. unter ausdrücklicher, ganz dieselbe Art der Ausführung (s. Vahlen a. a. O. (!) S. 362) voraussetzender Rückdeutung auf die Poet. c. 21 unterschiedenen Arten der Benennungen (s. d. Einl. S. 19) bemerkt wird, für die Prosa seien von ihnen nur die gemeinübliche und die metaphorische zu gebrauchen, während doch in der Poetik c. 22. §. 10 noch die schmückende hinzugesetzt ist. Dies könnte also darauf führen, (mit Ritter) dieselbe dort so wie c. 22. §. 3 und vorhin §. 2 als unächten Zusatz anzusehen. Trotzdem ist aber doch wohl die Annahme einer Lücke vor §. 9, welche einst die Definition derselben enthielt, viel wahrscheinlicher als diese nicht weniger als dreimalige Streichung. Die Entscheidung ist deßhalb schwierig, weil nirgends sonst bei Aristoteles oder anderen späteren Theoretikern κόσμος als besondere Wortgattung aufgeführt wird, sondern überall sonst „ganz allgemein den Schmuck der Rede oder des Stiles bezeichnet, zu dem alle die übrigen hier genannten Wortarten, mit Geschmack angewendet, das Ihrige beitragen können". Auch in Rhet. III, 7, 2. p. 1408ᵃ, 13 ff. durften Hermann u. A. nicht die specielle Bedeutung des schmückenden Beiworts (epitheton ornans) finden, sondern aus dieser Stelle geht nur hervor, daß zum κόσμος auch derartige Epitheta gerechnet werden können. Allein auffallend ist, daß die Epitheta, deren Wichtigkeit für die Poesie neben andern der hier aufgezählten Wortarten in der Rhetorik wiederholt hervorgehoben wird (III, 2, 9. 14. p. 1405ᵃ, 10 ff. ᵇ, 21 ff. c. 3. §. 3. p. 1406ᵃ, 13 ff. c. 6. §. 3. p. 1407ᵇ, 31 f. c. 7. §. 11. p. 1408ᵇ, 11 ff.), in unserer heutigen Poetik ganz übergangen sind, und da namentlich das von der schmückenden Bezeichnung Poet. c. 22. §. 3 und das vom Epitheton Rhet. III, 3, 3 Gesagte gut übereinstimmen, so ist es eine nicht eben unbegründete Annahme, daß Aristoteles unter der erstern in der Poetik die Epitheta und insbesondere die schmückenden verstanden habe*), so jedoch, „daß Epitheton, wie die Rhet. III, 3 angeführten Beispiele zeigen, nicht bloß das adjectivische Beiwort, sondern jeden füllenden und erweiternden Zierrath statt der directen und einfachen Nennung umfaßt". (Vahlen III. S. 254 ff.).

C. 21. §. 9. — 248) Uns ist kein Beispiel von der Anwendung dieses Wortes bei einem griechischen Dichter erhalten.

Ebend. — 249) Ilias I, 11. 94. V, 78.

C. 21. §. 10. — 250) Nämlich von beiden Augen; die Eindrücke beider verbinden sich stets zu einer gemeinsamen Gesichtswahrnehmung. Das Versstück steht bei Empedokles V. 326 Stein (311 Karsten, 371 Mullach), vgl. Strab. VIII, 5, 3. p. 364.

C. 21. §. 11. — 251) Ilias V, 393. „Das Beispiel ist auffällig, so fern ja nur eine Erweiterung vorliegt". (Ueberweg).

C. 21. §. 12. — 252) Ueber die Unschicklichkeit des Platzes, an welchem hier die in §. 12 enthaltnen Bestimmungen stehen, bemerkt Vahlen a. a. O. III. S. 261 f. etwa Folgendes: Hier in der Fuge zwischen den c. 21 unterschiednen Wortarten (Arten der Benennungen, εἴδη ὀνόματος) und ihrer Gebrauchsanweisung für den poetischen Stil (c. 22) ist eine mehr die Grammatik als den Stil angehende Sonderung der genera nominum nach ihren Endungen nicht eben angemessen eingereiht und würde ungleich besser innerhalb der c. 20 erörterten Sprachkategorien ihre Stelle einnehmen. Sie würde dort im Anschluß an die Flexion des Nomens (§. 10) zweckmäßig angebracht sein, und für den Ausdruck, mit dem sie beginnt „die Nomina selbst" oder „die Nomina als solche" (αὐτῶν δὲ τῶν ὀνομάτων) würde so im Gegensatz gegen die Flexionen der Nomina eine befriedigende Beziehung sich darbieten, während man jetzt das Pronomen nur im Gegensatz gegen die Arten (εἴδη) des ὄνομα fassen kann und überdies davon absehen muß, daß jene Arten nicht das ὄνομα im strengen Sinne und im Unterschiede vom Verbum (ῥῆμα), also nicht das Nomen allein, sondern ganz allgemein das ὄνομα im weitern Sinne, welches Nomen und Verbum umfaßt, angehen. — Dieser Bemerkung Vahlens ist aber noch hinzuzufügen, daß es sich bei diesen Geschlechtsregeln doch überdies nicht einmal um alle Nomina, sondern nur um die Endungen der Substantiva handelt, das Wort ὄνομα hier also in diesem letztern noch engern Sinne gebraucht ist (vgl. die Einl. S. 14). Darnach würden sie also doch auch dort, wo Vahlen im Uebrigen mit Recht meint, keine ganz passende Stelle finden, und es scheint sonach, daß man sie im Anschluß an Ritter gleich c. 12 als einen nicht allzu geschickten Zusatz eines alten Aristotelikers anzusehen hat.

C. 22. §. 1. — 253) S. über ihn Anm. 20.

---

*) Sie rührt von Vettori her.

Anmerkungen.

Ebend. — 254) Sthenelos war ein tragischer Dichter zur Zeit des Aristophanes. Weiteres über ihn s. b. Welcker a. a. O. III. S. 1033 f.

Ebend. — 255) Dieselbe Bemerkung steht in der Rhet. III, 2, 2. p. 1404^b, 5 ff. mit Verweisung auf c. 21 der Poetik: „die gemeinüblichen Bezeichnungen machen den Ausdruck deutlich, edel und geschmückt aber die übrigen in der Poetik aufgeführten Benennungen".

C. 22. §. 2. — 256) „Eben dies Räthsel vom Schröpfkopf findet sich auch Rhet. III, 2, 12. p. 1405^b, 1 f. und wird dort passender hereingezogen als hier". (Steinthal S. 264). Vgl. Athen. X. p. 452^c und Bergk, Poetae lyrici Graeci 2. Auflage S. 354. 3. Aufl. S. 404.

C. 22. §. 5. — 257) Wir wissen von ihm weiter Nichts, „der Aeltere" scheint er genannt im Gegensatz gegen den gleichnamigen Schüler des Sokrates und Stifter der megarischen Schule.

Ebend. — 258) Der Spott liegt im ersten Vers in der willkürlichen Dehnung von ἐπι in ἤπι, und von βαδίζοντα, im zweiten von ἐλλεβόρον in ἐλληβώρων. „Uebrigens scheinen auch diese Worte selbst an sich schon zu persifliren, indem der beschwerlich gehende Epichares auf den stolpernden Vers und die Nießwurz auf die Verrücktheit der Dichter hindeutet". (Dünzer). Denn dieselbe ward im Alterthum bekanntlich als ein Hauptmittel gegen Geisteskrankheiten angewandt. Indessen bemerkt Bahlen Beitr. III. S. 266: „der zweite Vers giebt keinen vollständigen Gedanken und ist vielleicht nicht richtig überliefert".

C. 22. §. 7. — 259) Ueber den Philoktetes des Aeschylos vgl. Nauck a. a. O. S. 62 ff. Welcker, Tril. S. 563. Nitzsch, Sagenp. S. 644 ff. (wo mit Recht die Vermuthung Welckers, Rhein. Mus. 1837. S. 466 ff. bekämpft wird, als habe es außer diesem Philoktetes auf Lemnos von Aeschylos noch einen Philoktetes vor Troia gegeben, welche beide mit einem angeblichen dritten Stücke, der Zerstörung Ilions, eine Trilogie gebildet hätten), über den des Euripides s. Nauck a. a. O. S. 481 ff. Welcker, Griech. Trag. II. S. 512 ff. Derselbe meint (S. 516, Tril. S. 529), daß der Vers des Aeschylos hier der gelobte sei, aber aus dem ganzen Zusammenhange geht entschieden das Gegentheil hervor.

Ebend. — 260) Odyss. IX, 515.
Ebend. — 261) Odyss. XX, 259.
Ebend. — 262) Ilias XVII, 265.

C. 22. §. 6. — 263) Ein uns sonst völlig unbekannter Mann. „Uebrigens halte man den Tadel des Ariphrades nicht für einerlei mit dem des Eukleides. Letzterer tadelte die Willkür der Dichter in der Wortformung, ersterer mehr das Eigenthümliche in der Wortverbindung bei denselben". (Knebel). S. die folgende Anm.

Ebend. — 263^b). „Die Beispiele sind nicht gemacht, sondern, wie ἐγὼ δέ νιν (womit Soph. Oed. Col. 986 schließt) deutlich zeigt,

entlehnt und konnten möglicherweise in einer Tragödie in nicht zu
großer Entfernung von einander stehen, wie z. B. Eurip. Or. 1642
θανοῦσα πρὸς σέθεν. ἐγώ νιν ἐξέσωσα. Schon diese Erwägung hätte
Spengel von der Umstellung, welche die beiden Belege für die Ana-
strophe der Präposition an einander rückt, abhalten sollen". (Vahlen).
Auch ist nicht der mindeste Grund den ganzen §. 8 (mit Ritter,
Bernhardy und Stahr) zu verdächtigen. „An den geschlossenen
Zusammenhang des Voraufgehenden fügt sich sehr natürlich die
Abfertigung des Ariphrades an, der an anderen, in den aristotelischen
‚Arten der Benennungen‘ nicht vorgesehenen Eigenheiten des tragischen
Stils sich gestoßen hatte, von denen aber ganz Dasselbe wie von
jenen zu gelten hat". (Vahlen).

C. 21. §. 9. — 264) Auch diese Stelle wird in der Rhet.
III, 2, 7. p. 1405^a, 3 ff. citirt.

C. 22. §. 10. — 264^b) Diese Bestimmung hat aber wohl nicht
so sehr in der Natur der Sache als vielmehr in der historischen
Entwicklung ihren Grund, die das Epos bei den Griechen nahm,
indem Ilias und Odyssee für die späteren Epen auch in der Sprache
mustergültig wurden. (Hermann). Uebrigens vgl. c. 24. §. 5 mit
Anm. 296.

Ebend. — 265) Die nämlichen Bestimmungen, aber mit hin-
zugefügter kurzer Begründung finden sich Rhet. III, 3, 3. p. 1406^b, 1 ff.

Ebend. — 265^b) Vgl. c. 4. §. 1 mit Anm. 47^b.

Ebend. — 266) Vgl. Rhet. III, 2, 6. p. 1404^b, 33 ff. (s. Anm.
247). „Von der Komödie ist hier abgesehen, da diese vermuthlich
in der verloren gegangenen von ihr handelnden Specialerörterung
auch eine besondere Betrachtung ihres Stils und ihrer Sprache
gefunden hatte". (Vahlen). S. Fragm. 3. 6—8. 10 f.

C. 23. §. 1. — 266^b) Zum Folgenden vgl. Schömann, De
Aristotelis censura carminum epicorum, Greifswald 1853. 4.
(Opusc. III. S. 30 ff.). S. auch oben Anm. 65.

Ebend. — 267) Zur Rechtfertigung dieser meiner Uebersetzung
sei auf c. 18. §. 6^b mit Anm. 188 verwiesen. Meines Erachtens
hat ebensowohl Spengel, indem er nicht einsieht, daß zum Dramatischen nach Aristoteles wesentlich die Einheitlichkeit der Fabel gehört,
als Vahlen, indem er damit den aristotelischen Begriff des Dramatischen für erschöpft hält und so auch c. 4. §. 9 (statt nach c. 24.
§. 7) deutet, das Richtige verkannt. Der erstere wird durch c. 7—9,
der letztere durch c. 3 widerlegt. Gerade wie mehrfach (s. Anm. 188)
„tragisch", so steht hier „dramatisch" nicht im vollen Umfange des
Worts.

C. 23. §. 2. — 267^b) Vgl. Duncker, Gesch. des Alterth. IV.
S. 863 ff. E. Curtius, Griech. Gesch. II. S. 436 ff.

Ebend. — 268) Zu der Vermuthung Welckers Tril. S. 477.
481 (vgl. Griech. Trag. III. S. 993. Anm.), daß hierin ein tadelnder
Seitenblick auf die Persertrilogie des Aeschylos liege, in welcher wahrscheinlich diese beiden Begebenheiten in eine innere Verbindung gebracht wurden,

giebt nicht nur der Zusammenhang keinen genügenden Anlaß, sondern Aristoteles müßte ja dann auch vergessen haben, was er c. 9 Anf. dargelegt hat, daß der Dichter sich nicht streng an die Geschichte zu binden brauche. Ueberdies vgl. Gruppe, Ariadne S. 92. Nitzsch a. a. O. S. 582.

C. 23. §. 3. — 269) c. 8. §. 3.

Ebend. — 270) Vgl. c. 8. §. 1. 2.

Ebend. — 271) Dasselbe behandelte die der Ilias voranliegenden Begebenheiten des troianischen Krieges und ward so genannt von der Heimath des Dichters. Als solcher nämlich wird meistens der Kyprier Stasinos genannt, welcher im Anfang des 7. Jahrh. gelebt zu haben scheint. Daneben galt aber auch Homeros selbst als der Verfasser. S. Welcker, Ep. Cycl. I. S. 300 ff. II. S. 85 ff. 504 ff. Sengebusch, Dissert. Homer. posterior S. 19. 57 f. 78 ff. Jahns Jahrb. LXVIII. S. 408 ff.

Ebend. — 272) Dies Gedicht behandelte dagegen die der Ilias nachfolgenden Begebenheiten bis zur Zerstörung von Troia und der Abfahrt der Griechen einschließlich, und als Verfasser desselben ist wahrscheinlich Lesches aus Lesbos um 658 v. Chr. anzusehen, obwohl auch andere Dichter und unter ihnen Homeros selbst als Urheber genannt wurden. S. Welcker a. a. O. I. S. 237 — 272. II. S. 237 ff. 531 ff. Sengebusch in Jahns Jahrb. a. a. O. S. 410. Diss. Hom. pr. S. 110. post. S. 62. 71.

C. 23. §. 4. — 273) Aristoteles schließt also nicht, wie Nitzsch, Meletemata II. S. 17 die Sache darstellt, daraus, daß die Haupthandlung der Ilias und der Odyssee nach ihren auf einander folgenden Theilen (s. Anm. 274) eine weit geringere Zahl selbständiger tragischer Stoffe dargeboten hat als die der kleinen Ilias und des kyprischen Liedes, auf die geringere Einheit derselben in den beiden letzteren Gedichten, sondern gerade umgekehrt erklärt er aus dieser geringeren Einheit, die sich ihm also aus der Lecture dieser Dichtungen selber ergeben hatte, die erstere Thatsache. Vgl. Schömann a. a. O. S. 42. Ja noch mehr, seine Bemerkungen sind so gefaßt, daß sie auch ganz abgesehen davon, ob die von ihm angegebenen Tragödienstoffe wirklich alle zu Tragödien verwandt worden waren oder nicht, vollkommen zutreffend sind: er gebraucht das Präsens und nicht das Präteritum. Da sich aber allerdings solche Bearbeitungen fast durchweg nachweisen lassen (s. Anm. 276 ff.) und mithin das Urtheil des Aristoteles schon im Voraus durch die Erfahrung bestätigt war, so würde es freilich zu weit gegangen sein, wenn man (mit Vahlen) annehmen wollte, daß es bloß aus der Lectüre jener Epen und nicht zugleich auch selbst schon aus dieser Erfahrung abstrahirt war.

Ebend. — 274) D. h., wie aus §. 3 erhellt, aus der Haupthandlung jedes dieser beiden Gedichte ohne die Episoden und specielleren Detailausführungen (vgl. Anm. 164). So gefaßt steht diese Stelle weder mit c. 18. §. 4 noch mit c. 26. §. 6 in Widerspruch. Denn in c. 18. §. 4 sind unter „der ganzen Fabel" der Ilias eben alle diese Detailausführungen in ihrer Gesammtheit mit verstanden, und in c. 26. §. 6 ist gemeint, daß man je eine einzelne von ihnen zum Stoffe einer ganzen Tragödie machen kann. Vgl. Schömann a. a. O. S. 38 — 40. 42 — 45 und unten Anm. 359.

Ebend. — 275) Dies ist nicht so buchstäblich zu nehmen, als ob es nicht auch drei sein könnten, denn Aeschylos zog in eben dieser Weise aus jedem von beiden Gedichten eine Trilogie, aus der Ilias die Achilleustrilogie, welche aus den Myrmidonen, Nereiden und Phrygern oder Hektors Auslösung bestand, und aus der Odyssee die Odysseustrilogie, von welcher nur das Mittel- und Schlußstück Penelope und die Leichenbestatter (Ostologen, d. h. die Angehörigen der erschlagenen Freier) sich mit Wahrscheinlichkeit muthmaßen lassen, vgl. Nitzsch a. a. O. S. 587—604. Nauck a. a. O. S. 31 ff. 37. 65 ff. 47. Nicht als aus der eigentlichen Haupthandlung der Odyssee entnommen sind zu bezeichnen des Sophokles „Nausikaa" und „Phäaken"*), s. Welcker, Griech. Trag. I. S. 227—232. Nauck a. a. O. S. 180 f. 222, aus der Ilias aber nahm er seine „Phrygier" (Hektors Auslösung), s. Welcker I. S. 135 ff. Nauck S. 227. Einen „Achilleus" gab es wahrscheinlich (s. Anm. 206) von Agathon, ferner von Aristarchos, Jophon (?), Kleophon, Diogenes, Karkinos dem Jüngeren, eine „Auslösung Hektors" auch von Timesitheos und Dionysios; ferner eine „Penelope" von Philokles und „Freier" von Timesitheos, s. Welcker III. S. 933 f. 975 f. 1010. 1035 ff. 1062. 1046 f. 1231 f. 967. Nauck S. 564. 627. 619. 616.

Ebend. — 276) Die Richtigkeit dieser Behauptung kann Jeder leicht selbst aus dem uns in der Hauptsache bekannten Gange der Handlung in diesem Epos (s. das Anm. 271 Angeführte und Vahlen a. a. O. III. S. 279 ff.), zumal in Vergleichung mit den Titeln und dem Inhalt derjenigen Tragödien, welche aus ihm ihren Stoff schöpften, abnehmen, so weit wir sie noch selbst besitzen oder doch über diesen Inhalt noch Nachrichten haben und Muthmaßungen machen können. S. die Uebersicht dieser Tragödien bei Welcker a. a. O. I. S. 29. 32 f. 59. 100 ff. II. S. 437. 462 ff. III. S. 881.

Ebend. — 277) Oder einem „rasenden Aias", s. Anm. 173.

Ebend. — 278) Es ist hier der Stoff gemeint, den Sophokles in seinem uns erhaltenen Philoktetes (in Lemnos) und nicht der, den er in seinem verlornen „Philoktetes in Troia" (s. Welcker a. a. O. I. S. 138 ff. Nauck a. a. O. S. 225 f.) behandelte. Ganz den nämlichen Gegenstand stellten ferner der Philoktetes des Aeschylos und der des Euripides (s. c. 22. §. 7 mit Anm. 259) und wohl auch der des Antiphon, Philokles und Theodektes dar, s. Welcker III. S. 1040 ff. 967. 1073 f. Nauck S. 615. 624.

---

*) Das „Achäermahl" aber hatte einen ganz andern Inhalt als ihm Welcker a. a. O. I. S. 232 ff. zuschreibt, s. Nauck a. a. O. S. 127 ff.

Anmerkungen.

Ebend. — 279) Nach der Herbeiholung des Philoktetes von Lemnos erzählte die kleine Ilias auch die des Neoptolemos von Skyros gleichfalls durch den Odysseus, die Ausrüstung desselben mit den Waffen seines Vaters Achilleus und die Traumerscheinung, welche er von demselben hatte. Diesen Stoff behandelte der „Neoptolemos" des schon mehrfach (Anm. 125[b]. 182) erwähnten Nikomachos, eines Zeitgenossen des Euripides, s. Welcker a. a. O. III. S. 1013. 1016, Meineke a. a. O. S. 496—498, und vielleicht Sophokles in den Dolopern (oder Phönix), s. Welcker I. S. 140 ff. (Nauck a. a. O. S. 135. 228 unterscheidet Doloper und Phönix als zwei Stücke).

Ebend. — 280) Dieser Stoff, wie Eurypylos, der Sohn des Telephos, den Troern zu Hülse kommt und nach vielen tapferen Thaten von Neoptolemos erlegt wird, lag wohl sicher einer oder mehreren wirklichen Tragödien zu Grunde, wenn wir auch jetzt einen bestimmten Nachweis hiervon nicht mehr geben können.

Ebend. — 281) Auch von diesem Stoffe gilt ein Gleiches, doch sind vielleicht „die Wächter" des Jon hieher zu ziehen, s. Welcker a. a. O. III. S. 948 ff. Nauck a. a. O. S. 574 f., jedenfalls wissen wir aber wiederum, daß in der kleinen Ilias ferner berichtet war, wie Odysseus, als Bettler verkleidet, sich nach Troia einschlich, von der Helena erkannt, aber nicht verrathen ward, vielmehr mit ihr die Pläne zur Eroberung der Stadt verabredet und dann nach Erlegung vieler Troianer heimkehrt. Vgl. Homer. Odyss. IV, 244 ff.

Ebend. — 282) So hieß eine Tragödie des Sophokles, deren Inhalt nach eben dieser Stelle dem weiteren Verlaufe der kleinen Ilias zufolge nur der Raub des Palladions aus Troia mit Hülfe der Helena gewesen sein kann, und welches demgemäß seinen Titel von den Dienerinnen der letzteren führte, die den Chor bildeten, s. Welcker a. a. O. I. S. 145 ff. Nauck a. a. O. S. 167 f.

Ebend. — 283) S. c. 18. §. 5 mit Anm. 182. 183. Ein Widerspruch gegen die obige Stelle ist nicht vorhanden, denn ob dieser Stoff in seiner ganzen Ausdehnung sich mehr oder aber weniger gut zu einer Tragödie eignet, darauf kommt für den vorliegenden Zusammenhang Nichts an.

Ebend. — 284) Das Thema der erhaltenen „Troerinnen" des Euripides (vgl. Anm. 286) und wahrscheinlich der „Polyxene" des Sophokles, des jüngeren Euripides und des Nikomachos, s. Welcker a. a. O. I. S. 176 ff. III. S. 980. 1015. Nauck a. a. O. S. 195 f. (vgl. jedoch Meineke a. a. O. S. 497 und oben Anm. 182). Denn mit Knebel u. A. an die bloß fingirte Abfahrt der Griechen vor der Zerstörung Troias zu denken, verbietet sich dadurch, daß Aristoteles sie eben erst nach derselben aufführt.

Ebend. — 285) Tragödie des Sophokles, s. Welcker a. a. O. I. S. 157. Nauck a. a. O. S. 200.

Ebend. — 286) Gemeint ist offenbar derselbe Stoff, den Euripides wirklich in seinen Troerinnen verarbeitete. Dieser aber ist ja in der „Heimfahrt" schon enthalten, s. Anm. 284. Auch der Sinon verstößt wenigstens an dieser Stelle gegen die bisher streng inne gehaltene chronologische Reihenfolge der Begebenheiten. Beide können daher nur von einem Leser beigeschrieben sein, welcher den richtigen Sinn des Aristoteles (s. Anm. 274) nicht verstand und, um seinem Einschiebsel Halt zu verschaffen, auch das alberne „mehr als" vor „acht" im Vorgehenden hinzufügte. Denn „mehr als acht" kann doch unmöglich (wie Bahlen will) „acht oder mehr" bedeuten, und mit dem gleichen Recht oder vielmehr Unrecht hätten z. B. auch noch „Laokoon" und der „Raub der Helena" (von Sophokles) genannt werden können, Stoffe, die doch auch in der kleinen Ilias schwerlich fehlten.

C. 24. §. 1. — 287) Vgl. c. 18. §. 2—5 mit Anm. 110. 171. 174.

Ebend. — 288) Vgl. c. 5. §. 5. c. 26. §. 4 mit Anm. 53. 355.

Ebend. — 289) S. freilich Anm. 110.

C. 24. §. 2. — 290) Wenn man auch diejenigen Erkennungen, welche nicht zu der eigentlichen Haupthandlung gehören, wie die des Telemachos durch Nestor, Menelaos und Helena, des Odysseus durch den Kyklopen, seinen alten Hund, die Freier und seinen Vater, allerdings abzuziehen hat, so bleiben doch noch folgende übrig, welche dieselbe ihrem Ziele zuführen: die bei Alkinoos (s. c. 16. §. 5), die seitens der Eurykleia und der Hirten (s. c. 16. §. 3), des Telemachos und der Penelope. (Knebel). Vgl. Anm. 171.

C. 24. §. 3. — 291) c. 7. §. 4 f. S. aber Anm. 293.

Ebend. — 292) D. h. namentlich der Ilias und Odyssee, von denen ja zuletzt die Rede gewesen ist (§. 2). In dieser Hinsicht spricht also Aristoteles den späteren Epen, wie dem kyprischen Liede und der kleinen Ilias, doch auch wieder einen gewissen Vorzug zu.

Ebend. — 293) D. h. von drei Tragödien und einem Satyrdrama, s. Anm. 78. Ist es aber schon auffallend genug, daß Aristoteles nur auf die allgemeinere, c. 7. §. 4 f. gegebene (s. Anm. 291), und nicht auch auf die speciellere, ebend. §. 7 getroffene Bestimmung zurückweist, so ist es vollends kaum denkbar, daß er den dort §. 6 ausdrücklich verworfenen specielleren Maßstab hier sollte haben anlegen wollen. Dieser Zusatz ist daher schwerlich ächt.

C. 24. §. 4. — 293[b]) Vgl. c. 15. §. 9 mit Anm. 207.

Ebend. — 294) Vgl. c. 17. §. 4.

Ebend. — 295) S. Anm. 358.

C. 24. §. 5. — 296) Im Gegentheil wird c. 22. §. 10 gesagt, daß die Metaphern sich am Meisten für den tragischen Trimeter, die alterthümlich-provinziellen Ausdrücke aber allerdings am Meisten für den Hexameter eignen. Im Uebrigen vgl. Anm. 264[b]. 265.

Ebend. — 297) Das Epos hat von allen Dichtarten am Meisten Feierlichkeit, Würde und Hoheit, Rhet. III, 3, 3. 1406[b], 3.

Ebend. — 298) Vergl. c. 4. §. 14 mit Anm. 47^b.

C. 24. §. 6. — 299) S. c. 1. §. 9 mit Anm. 12. Der von Friedrich genommene Anstoß ist nicht ungerechtfertigt. Denn dort oben heißt es, daß Chäremon alle möglichen Verse im Kentauren mischte, nach dieser Stelle (wenn die Lesart richtig ist) scheint es, nur Trimeter und Tetrameter (und etwa noch Hexameter), was doch kaum jenen dort gebrauchten, wenn auch noch so hyperbolischen Ausdruck entschuldigen könnte.

Ebend. — 299^b) Daß auch der Kentaur des Chäremon nur kurz war, ergiebt sich wohl schon daraus, daß er c. 1. §. 9 eine Rhapsodie genannt wird. (Vahlen).

Ebend. — 300) c. 4. §. 14.

C. 24. §. 7. — 301) D. h. in einem engeren und strengeren Sinne des Worts. Vgl. auch c. 3. §. 1. c. 4. §. 9 mit Anm. 25. 37. 267.

Ebend. — 302) Götter, Kinder, Sklaven und selbst Thiere, wie z. B. das redende Roß des Achillens, Ilias XIX, 404 ff.

C. 24. §. 8. — 302^b) Jedoch wohl verstanden, wie das Folgende zeigt, nur so lange man es nicht merkt, es nicht geradezu als vernunftwidrig erkennt, sondern nur etwa als höchst ungewöhnlich und unerwartet, aber immer noch recht wohl denkbar ansieht, vgl. Anm. 130^b. 204^b. Es kommt also darauf an, ob der Dichter uns auf diese Weise dasselbe zu verbergen, also mit andern Worten über dessen wahren Charakter zu täuschen, in „künstlerische Illusion" zu setzen vermag. Hieran schließt sich dann sehr natürlich die verallgemeinernde Zwischenbemerkung über die „Täuschkunst" des Homeros überhaupt §. 9.

Ebend. — 303) Ilias XXII, 205 ff.

Ebend. — 304) Vgl. c. 15. §. 9 und Anm. 162. 207.

C. 24. §. 10. — 305) Unter dieser Bezeichnung (s. c. 16. §. 3 mit Anm. 148) verstand man also nicht bloß die eigentliche Badescene (Odyssee XIX, 386 ff.), sondern auch das dieselbe herbeiführende Gespräch zwischen Odysseus und Penelope (XIX, 53 ff.), wie denn überhaupt alle die derartigen Benennungen etwas sehr Schwankendes hatten, s. c. 16. §. 5 mit Anm. 153. Denn gemeint ist hier offenbar V. 218 ff. „Weil nämlich Derjenige, welcher einen Anderen längere Zeit in der Nähe gesehen und betrachtet hat, nothwendig wissen muß, was derselbe für eine Kleidung getragen habe, so glaubt Penelope irrthümlich auch umgekehrt daraus, daß der angebliche kretische Fremdling," und zwar sogar nach angeblich so langer Zeit noch „die Kleidung des Odysseus zu beschreiben weiß, darauf schließen zu dürfen, daß er denselben wirklich gesehen und bewirthet habe". (Knebel).

Ebend. — 306) Vgl. c. 25. §. 17, auch c. 18. §. 6. Hiemit kehrt Aristoteles nach der Zwischenbemerkung §. 9 wieder zu der §. 8 angeregten Frage nach der Zulässigkeit des Vernunftwidrigen oder Irrationalen in Epos und Tragödie zurück, indem er den Satz, daß dasselbe ein Hauptmittel zur Erzeugung des Wunderbaren sei, jetzt noch dahin verschärft, daß der Dichter unter Umständen sogar das Unmögliche dem Möglichen vorzuziehen habe. Denn das Unmögliche ist einerseits mehr als das bloß Vernunftwidrige oder Unglaubliche, und andererseits fällt, wie eben hier bemerkt wird, auch manches Glaubliche unter das Bereich des Unmöglichen (vgl. Anm. 204^b). Dann aber führt das Folgende aus, wie diese Regel dem §. 8 Erörterten gemäß weniger für den Tragiker als für den Epiker von Werth, aber doch auch für den ersteren das an sich Unglaubliche und Unwahrscheinliche nicht schlechterdings ausgeschlossen ist, nicht bloß so weit es ihm schon c. 15. §. 7 zugestanden war, sondern (s. Anm. 205) noch einen Schritt weiter, nämlich so weit es mit den ihm zu diesen Zwecken weniger als dem Epiker zu Gebote stehenden Mitteln dennoch gelingt sein Publicum über dasselbe in Jllusion zu setzen. Denn, so wird dies am Schlusse von §. 10 begründet, auch für den Epiker liegt ja nur in diesem Gelingen allein sein Recht dazu, das Vernunftwidrige in seine Darstellung aufzunehmen. Daß weder Tragiker noch Epiker es selbst im Falle dieses Gelingens zwecklos anwenden darf, sondern nur als unentbehrlichen Hebel des Wunderbaren und Ergreifenden, wie c. 25. §. 5 ausdrücklich gefordert ist, wird hier zwar nicht aus §. 8 wiederholt, durfte aber auch nach dem ganzen Gedankengange eben aus §. 8 hier als selbstverständlich vorausgesetzt werden. (Ueber diesen von Bahlen Beitr. III. S. 294 ff. völlig verkannten Gedankengang von §. 8—10 s. Susemihl Jahns Jahrb. XCV. S. 834 ff.).

Ebend. — 306^b) Man ergänze nach dem Obigen etwa: „allein die Tragödie hat, wie gesagt, nicht in demselben Maße die Mittel in Händen wie das Epos das Unmögliche und Vernunftwidrige glaublich zu machen".

Ebend. — 307) Sophokles König Oedipus V. 112 ff. 729 f. Vgl. c. 15. §. 6 mit Anm. 205^b.

Ebend. — 308) Weniger wohl, was schon die Scholien hervorheben, insofern es ja diese damals (ein Menschenalter nach dem troianischen Kriege) noch gar nicht gab, als vielmehr „weil die Kunde davon sich schon früher müßte nach Mykene verbreitet haben". (Bahlen). Gemeint ist Sophokles Elektra V. 680 ff.

Ebend. — 309) Nämlich, wie Tyrwhitt bewiesen hat, Telephos, Sohn des Herakles, welcher in Tegea seine Oheime getödtet hatte und deßhalb (wohl nicht freiwillig, wie Tyrwhitt annahm, sondern auf Befehl des Orakels, um dort die Herrschaft zu erlangen) nach Mysien wandern und daselbst die Blutsühne an sich vollziehen lassen mußte. Er durfte während dieser ganzen Zeit kein Wort sprechen, weil dies selbst dem unvorsätzlichen Todtschläger verboten war, bevor diese religiöse Cärimonie mit ihm Statt gefunden hatte, vgl. bes. Aeschyl. Eumen. 448 ff. (440 ff. Hermann) und dazu Otfr. Müller S. 126 ff. Diesen Stoff nun behandelte Aeschylos in seinen „Mysern", und ein Stück gleichen Titels und

Anmerkungen. 283

Inhalts gab es auch von Sophokles, doch wissen wir von dem letzteren nicht, ob es ganz dieselben Voraussetzungen stehen ließ. Sollte dies aber auch der Fall gewesen sein, so ist doch daraus nur zu schließen, daß Aristoteles hier beide Stücke tadelt, nimmer aber kann der Umstand, daß er im Uebrigen hier aus Tragödien des Sophokles (dem König Oedipus und der Elektra) seine Beispiele nimmt, wie Manche wollen, beweisen, daß er auch nicht die Myser des Aeschylos gemeint haben könne, was vielmehr nothwendig anzunehmen ist. S. Welcker a. a. O. I. S. 53 ff. 414 ff. vgl. S. 408 ff. vgl. auch Nauck a. a. O. S. 53. 175. Das Undenkbare, was darin liegt, daß ein Mensch den weiten Weg von Tegea nach Mysien lautlos zurückgelegt haben soll, wenn es auch im Geiste der alten Sage selber nichts Anstößiges enthält, darf doch der tragische Dichter, so meint Aristoteles, nicht im Stücke selbst uns vorführen, sondern höchstens als eine demselben noch vorausliegende Begebenheit in ihm berühren.

Ebend. — 310) So hat die Stelle zuerst Bahlen a. a. O. III. S. 341 ff. richtig erklärt, aber falsch ebend. S. 298: „und erscheint dabei die Composition im Ganzen plausibler". Von „der Composition im Ganzen" steht kein Wort da, und wie sie im Ganzen dadurch, daß sie unplausible Einzelheiten hat, plausibler erscheinen kann, ist schwer abzusehen. Ob aber der Dichter diesen Schein des Vernunftgemäßen dadurch herstellt, daß er durch poetische Dialektik (διάνοια) sein Publicum geradezu überredet, daß das von ihm dargestellte Irrationale ganz rationell sei (vgl. c. 19. §. 3 mit Anm. 211^b) oder, wie hernach in Bezug auf die Landung des Odysseus von Homeros gesagt wird, es demselben nur durch Würze mit andern Schönheiten zu verbergen weiß, so daß es unbemerkt bleibt, darauf kommt für diesen Zweck selbst (was Thurot und nach ihm noch Susemihl a. a. O. verkannt hat) Nichts weiter an.

Ebend. — 311^{ab}) S. Anm. 204^b.

Ebend. — 312) Odyssee XIII, 70—125.

C. 24. §. 11. — 313) Also namentlich die ganz einfach erzählenden Partien im Gegensatz gegen die Reden, s. c. 19. §. 3, doch können natürlich auch die letztern zum Theil einfache Erzählung und die erzählenden Partien Reflexionen und Charakterschilderung enthalten. Im Uebrigen vgl. c. 6. §. 16 f. mit Anm. 70—73.

C. 25. §. 3. — 314) „Diese Aeußerung ist" (wie schon Twining bemerkte) „gegen Platon gerichtet, dessen Verurtheilung der Dichter wesentlich auf der Anwendung jenes außerhalb der Dichtung liegenden Maßstabes beruhte und von dem viele Ausführungen im Staat und in den Gesetzen die Richtigkeit der Dichtkunst mit der Richtigkeit der Staatskunst vor Allem und auch anderer Künste und Wissenschaften identificiren. Aristoteles behält den von Platon gebrauchten Ausdruck „„Richtigkeit"" (ὀρθότης) bei". (Bahlen). Zur Politik rechnen Platon und Aristoteles auch die Ethik (s. Anm. 71). Mit andern Worten alſo: man ſoll nicht mit moraliſchem u. ſ. w., ſondern mit rein äſthetiſchem Maßſtab meſſen.

C. 25. §. 4. — 315) Der Gedankengang iſt: „freilich kommt auch von dieſem rein poetiſchen Maßſtabe aus auch die Richtigkeit nach den Geſetzen der andern Künſte und Wiſſenſchaften in Betracht, allein ein Verſtoß gegen dieſe iſt nicht ein Fehler gegen das Weſen der Poeſie ſelbſt, ſondern ein poetiſcher Fehler nur im abgeleiteten Sinne (ſecundär)".

C. 25. §. 5. — 316) Es ſind drei, zwei ſachliche (§. 1 und §. 3 f.) und ein ſprachlicher (§. 2). In der folgenden Ausführung werden die beiden erſtern vorangeſtellt. (§. 5—7), und zwar der zuletzt (§. 3 f.) genannte, die „Richtigkeit der Kunſt als ſolcher" zuerſt (§. 5), dann der zuerſt (§. 1) genannte, die „Darſtellungsobjecte" (§. 6 f.). Dabei zerlegt ſich jener in zwei (§. 8 f. und §. 9 Herm. ſ. Anm. 318,), dieſer in drei (§. 11. 12 f. 14 Herm.) Arten, wozu dann als ein neuer, im Obigen nicht vorgeſehener ſachlicher Geſichtspunkt noch die Relativität in der Beurtheilung des Sitt- lichen oder Unſittlichen kommt (§. 8=15 Herm.), die ſprachlichen aber gehen in ſechs Arten (Provinzialismus, §. 9=16 Herm., Metapher, §. 10=17, richtige Ausſprache und Betonung, §. 11=18, Interpunction, §. 12=19, Zweideutigkeit, §. 13=20, Sprachge- brauch, §. 14=21) aus einander. Damit iſt denn die §. 20 (32 Herm.) z. E. bezeichnete Zwölfzahl erreicht. Vgl. Vahlen a. a. O. IV. S. 355 ff. und im Weſentlichen ſchon Twining z. d. St.

Ebend. — 316ᵇ) Nach der gewöhnlichen Interpunction wäre vielmehr zu überſetzen: „Erſtlich es iſt in Dem, was die Kunſt ſelbſt anlangt, Unmögliches gedichtet; folglich iſt ein Verſtoß begangen"; allein was für ein Unmögliches ſoll denn dasjenige ſein, welches nicht die Kunſt ſelbſt anlangt? Aber auch bei der richtigen Inter- punction ſieht man zwar, was der Verfaſſer will, indem er nur diejenigen Vorwürfe meinen kann, welche dadurch, daß man allge- mein von Standpunkte der betreffenden Kunſt, hier alſo der Dicht- kunſt aus den richtigen Maßſtab anlegt, zu beſeitigen ſind, jedoch der Ausdruck iſt ſehr unglücklich gewählt. Denn geht der Tadel dahin, der Dichter habe Unmögliches dargeſtellt, wie kann da geſagt werden, daß dieſer Tadel nicht ſein Darſtellungsobject, ſondern die Kunſt als ſolche anlange?

Ebend. — 317ᵃᵇ) c. 24. §. 8. vgl. aber auch c. 9. §. 11 f. nebſt c. 10 f. c. 13. §. 2, ferner c. 14. §. 8, auch c. 16. §. 3. S. c. 18. §. 5 f. nebſt Anm. 130ᵇ. 204ᵇ. 302ᵇ. 307. 311.

Ebend. — 318) Der voraufgehende Geſichtspunkt geht auf §. 14 Herm. zurück und entwickelt das dort nur ganz allgemein Angedeutete genauer, der nun folgende mit „ferner" eingeleitete wiederholt das in §. 5. 6 Herm. Enthaltene. Nach eben dieſer Einleitung durch „ferner" und der Vergleichung mit jener ent- ſprechenden obigen Stelle muß es ſich nun auch bei ihm um die Rechtfertigung der Aufnahme des Unmöglichen in die dichteriſche Darſtellung handeln. Das Unmögliche hat, wie eben bemerkt worden, nur bann in der dichterischen Darstellung Platz, wenn es ihren Zwecken, dem möglichst ergreifenden Eindruck, am Besten dient. Ist dies also nicht der Fall, so kann der Verstoß nicht mehr gerechtfertigt, wohl aber noch entschuldigt werden, wenn er nur eine Nebensache betrifft, indem er auch dann noch nicht das Wesen der Poesie selber angreift. Dieses ist Nachahmung, glückt also letztere im Großen und Ganzen, obwohl sie sich in einem Nebenpunkt vergriffen hat, so ist ein wirklich wesentlicher Verstoß nur nach dem Maßstabe der anderen, betreffenden Kunst oder Wissenschaft vorhanden, gelingt sie dagegen in einem solchen Nebenpunkt und ist im Großen und Ganzen verfehlt, so ist gegen die Poesie selbst eben so wesentlich wie gegen jene andere Disciplin gesündigt. Allein dabei ist übersehen, daß ja der Nebenpunkt doch auch für die Poesie dann ein solcher meistens nur darum ist, weil von ihm für die andere Disciplin ein Gleiches gilt, weil er sich mehr auf das Zufällige als auf das Zweckgesetzliche in ihr bezieht, wie z. B. eben daß die Hirschkuh kein Geweih hat, in der Zoologie, weniger freilich schon das Nichtzugleichausschreiten des Pferdes mit den beiden rechten Beinen. Damit hört ja aber der strenge Begriff des Unmöglichen selber auf, und es tritt mehr nur der des thatsächlich Unrichtigen an die Stelle, und dies wenigstens gilt eben erst recht von denjenigen Disciplinen, denen nach der Ansicht des Aristoteles gerade das Zufällige selber recht vorwiegend wesentlich ist, wie von der Geschichte (c. 9. §. 1 ff. c. 23. §. 1 f.). Ein Verstoß des Dichters gegen geschichtliche Wahrheiten muß daher zwar allerdings oft als ein wesentlicher Verstoß gegen die Geschichte, aber, auch wo er für die Poesie unnöthig war, nach Aristoteles doch als ein nur unwesentlicher für die letztere angesehen werden, aber hier kann auch vollends vom Unmöglichen, wenn dieser Fall eintreten soll, gar nicht mehr die Rede sein. So sind denn an diesem Orte Gedanke und Darstellung (was auch Bahlen nicht erkannt hat) von einer höchst bedenklichen Unklarheit nicht frei zu sprechen.

Ebend. — 318[b]) Wie Anakr. Fragm. 52 Bergk. Pindar. Ol. III, 52 (29 Boeckh). Dieser Verstoß wiederholt sich aber noch mehrfach bei alten Dichtern.

C. 20. §. 6. — 319) Wenn im Deutschen von „Menschen, wie sie sein sollten" oder auch „wie der Dichter sie darstellen muß" und „wie sie wirklich sind" die Rede ist, so wird schwerlich Jemand so leicht darauf verfallen, daß dies gar nicht im sittlichen, sondern in einem rein künstlerischen Verstande gemeint sein sollte, und es ist kein Grund abzusehen, warum es damit im Griechischen anders stände. Schon hieran stößt sich die Erklärung von Hurd (s. Lessing, Hamb. Dramat. St. 94 f. S. 389 ff.), welcher Stahr u. A. folgen*),

---

*) So meint es wohl auch Bahlen a. a. O. IV. S. 359: „Sophokles' Figuren sind die idealischeren, die des Euripides der Wirklichkeit näher angelegt, und mit diesem Gegensatz, auf den es

Sophokles stelle Charaktere von innerer Allgemeinheit und Nothwendigkeit oder doch Wahrscheinlichkeit, Euripides zufällige wirkliche
Individuen dar (vgl. c. 9. §. 3 ff. c. 15. §. 5 f.). Der sonach
näher liegende Sinn: die Charaktere des Euripides erheben sich an
sittlichem (und geistigem) Adel (vielfach) nicht über die gewöhnliche
Wirklichkeit, wohl aber die des Sophokles, ist aber auch um so
mehr festzuhalten, da dies ja zugleich auch eine wesentliche ästhetische Forderung des Aristoteles ist (vgl. c. 2 z. E. c. 15. §. 1. 5.
8. mit Anm. 19. 20. 24. 120. 125. 188. 190. 194. 347[b]). Denn
so stark darf man doch in der That ein solches noch so treffendes
„Bonmot" nicht pressen, daß man diesen Ausspruch des Sophokles
absolut nehmen wollte, als wären seine Charaktere schlechthin flecken-
rein, in welchem Falle sie denn allerdings gegen die von Aristoteles
c. 13 Anf. entwickelten Gesetze verstoßen würden, während sie es
doch in Wahrheit nicht thun. Und nur insofern liegt allerdings
auch etwas von Dem, was Hurd will, mit in den Worten, als ja
in der That ein ungewöhnlicher Adel des Geistes und Herzens nicht
ohne solche innere Gesetzmäßigkeit möglich ist, aber andererseits
findet er doch an ihr auch wieder seine Schranke, indem er eben
nicht über das Allgemeinmenschliche hinausgehen darf. Dazu kommt
aber noch, daß die folgende, doch ganz analoge Auseinandersetzung
(§. 6 f.) über die Götter, die von den Dichtern weder wie sie sein
sollen noch wie sie sind (welches Beides bei ihnen ja zusammenfällt),
dargestellt werden, sich nur in einer dieser, nicht aber der Hurdschen
Auffassung entsprechenden Weise nehmen läßt, s. Anm. 320. Die
richtige Erklärung also giebt Ed. Müller a. a. O I. S. 17
(vgl. S. 223. Anm. 3): „Damit wollte Sophokles aber gewiß nicht
den Ruhm sich zueignen, daß er Nichts als Musterbilder moralischer
Vollkommenheit aufstelle — wie wenig sind dies auch die Charaktere
in den sophokleischen Tragödien! — wohl aber, daß es im Ganzen
Bilder der edleren, erhabeneren Menschheit seien, die er entwerfe,
wie sich dies für den Tragödiendichter zieme, während Euripides
die Menschen in all ihrer Gemeinheit und Schlechtigkeit, das
Niedrige und Kleinliche des alltäglichen Lebens uns vor Augen
stelle". S. gegen Hurd auch Weicker a. a. O. S. 7 ff., welcher
gleichfalls Müller beistimmt.

C. 25. §. 7. — 320) Xenophanes aus Kolophon, der Begründer
der eleatischen Philosophie, geboren um 569, bekämpfte aufs Lebhafteste
die Dichterschilderungen und Volksvorstellungen von den Göttern,
nach welchen dieselben ganz menschenartig gedacht und ihnen alle
möglichen menschlichen Leidenschaften, Laster und Thorheiten und
überhaupt Unvollkommenheiten und Schwächen aufgebürdet wurden.

---

vor Allem ankommt, verbindet sich dann auch der andere der größern
oder geringeren Sittlichkeit in den Charakteren". Allein nach c. 2
setzt ja Aristoteles selbst ausdrücklich gerade das „Idealischere" selber
in nichts Anderes als in die größere Sittlichkeit.

Anmerkungen.

Im Gegensatz dazu lehrte er, daß es nur einen einzigen, über menschliche Gestalt und alles menschliche Wesen weit erhabenen, allmächtigen, allwissenden, leidenslosen und überhaupt schlechthin vollkommenen Gott gebe, den er dann freilich — hierin anders denkend als Aristoteles — als das innere (immanente) Wesen der Welt selber auffaßte. S. Zeller a. a. O. 1. A. I. S. 378 ff. Wenn er nun trotzdem seine eignen Ansichten über die Götter und alles Andere nur als wahrscheinlich zu bezeichnen wagte, weil eine vollkommene Sicherheit des Wissens dem Menschen überhaupt versagt sei (Fragm. 14 Karsten, vgl. Zeller a. a. O. S. 393 f.), so hat doch Aristoteles hier nicht, wie Vahlen und Andere wollen, gerade diese Aeußerungen von ihm im Auge, so daß also „so, wie Xenophanes lehrt" vielmehr hieße, „daß wir nämlich von den Göttern nichts Sicheres wissen", dies widerlegt sich vielmehr einfach abgesehen von der Natur der Sache aus den folgenden Worten „aber — vor" unter Beibehaltung der handschriftlichen Lesart statt einer ganz unnöthigerweise die Verneinung beseitigenden Aenderung.

Ebend. — 320[b]) Auch dies ist wieder vorzugsweise gegen Platon gerichtet, der bekanntlich namentlich im Staat an diesen Darstellungen der Götter bei den Dichtern, zumal bei Homeros und Hesiodos nicht geringeren Anstoß als vor ihm Xenophanes nahm. (Vahlen).

Ebend. — 321) Ilias X, 152 f. „Die Lanzen hatten an ihrem unteren Ende eine Spitze, mit welcher sie aufrecht in die Erde gestellt wurden, während die Krieger schliefen; der Brauch war bequem, aber nicht zweckmäßig, weil leicht eine Lanze umfiel und Verwirrung anrichtete". (Ueberweg).

Ebend. — 321[b]) Dieselbe Lösung gab Aristoteles auch in seinen „homerischen Fragen" (ἀπορήματα Ὁμηρικά), f. Rose Aristot. pseudepigr. S. 164 f. Fragm. 143 (19) = 155 Vgl. die Einl. 34. Anm. 3.

C. 24. §. 8. — 322) Die bisher beseitigten Formen von Einwürfen richten sich auf das Unmögliche (§. 5), von der thatsächlichen Wahrheit Abweichende und Zweckwidrige (wider das Bessere Verstoßende, Schädliche, Schlechte). Dieser letzte bezieht sich wieder auf das Letztgenannte, und zwar auf eine bestimmte Form desselben, das Unsittliche. Im Uebrigen f. Anm. 316.

C. 25. §. 9. — 322[b]) Ilias I. 50, Die Frage, welche man hier aufwarf, ging dahin, weßhalb denn die von Apollons Bogen entsendete Seuche die Menschen erst nach den Thieren ergriff, f. die Scholien z. d. St., die auch die von Aristoteles als möglich bezeichnete Lösung ohne seinen Namen erwähnen. Vgl. die Einl. S. 27. Anm. 8.

Ebend. — 323) Ilias X, 316. Hier stieß man sich offenbar daran, daß ein — wenn man das Wort so auffaßte — Mißgestalteter (Verwachsener) dennoch ein hurtiger Läufer sein sollte. „Dieser Anstoß ist freilich nicht minder seltsam als die Lösung des Aristoteles". (Vahlen).

Ebend. — 324) Ilias IX, 203.

Ebend. — 325) Wie ein bekannter Tadler des Homeros, Zoilos aus Amphipolis, ein Zeitgenosse Platons, demselben vorgeworfen hatte, s. Plutarch. Quaest. symp. V, 4. vgl. Athen. IX. p. 423 c. (Robortelli). Ueber diesen Zoilos s. bes. Lehrs, De Aristarchi studiis Homericis 1. A. S. 206 ff. Sengebusch, Diss. Hom. pr. S. 65. 103. 112. 117. Plut. a. a. O. erwähnt übrigens unter andern Erklärungen auch die aristotelische mit der unbestimmten Anführung: „Einige sagen", ἔνιοι λέγουσι. Ueberhaupt läßt seine Besprechung eine Benutzung der Poetik nicht erkennen. (Vahlen). Vgl. wiederum auch die Einl. S. 34. Anm. 3.

C. 25. §. 10. — 326) Gemeint kann hier wohl nur Ilias X, 1 f. sein,

ἄλλοι μὲν παρὰ νηυσὶν ἀριστῆες Παναχαιῶν
εὗδον παννύχιοι,

wo Aristoteles in seinem Texte πάντες statt ἄλλοι las. Er hat also aller Wahrscheinlichkeit nach dies mit den ähnlich klingenden Worten II, 1 f. verwechselt. Denn Das, was, wie er gleich hernach sagt, bald darauf folgt, steht eben X, 11. 13, wo freilich auch eine geringe Abweichung Statt findet, die aber so unbedeutend ist, daß sie entweder wieder auf einen bloßen Gedächtnißfehler des Aristoteles oder aber auf ein Versehen seiner Abschreiber hinzuweisen scheint, in welchem letztern Falle denn sein Text nach dem der Ilias zu berichtigen sein würde. „In diesem Beispiel handelt es sich um die Beseitigung eines Widerspruchs in Dem, was der Dichter selber sagt". (Vahlen). Vgl. auch Anm. 330.

Ebend. — 327) Vgl. c. 21. §. 9 Herm.

Ebend. — 328) D. i. „nie untergeht", Ilias XVIII, 489. Odyss. V, 275. Da nun aber außer der großen Bärin, von welcher hier die Rede ist, „auch viele andere Sterne derselben Himmelsregion für uns Bewohner der nördlichen Hemisphäre nie untergehen, so tadelte man den Dichter wegen dieser Unrichtigkeit. Aristoteles löst diesen Tadel so, daß er sagt, das „„allein"" dürfte nicht in strengem Sinne genommen werden, sondern der Dichter wolle nur sagen, unter den ausgezeichnetsten und bekanntesten Sternbildern sei die große Bärin das einzige, welches nie untergehe". (Knebel).

C. 25. §. 11. — 329) Ein Hippias von Thasos wird sonst so selten erwähnt, daß der Gedanke eines Abschreiberfehlers nahe lag für den weit berühmteren Hippias aus Elis, s. Osann im Rhein. Mus. N. F. II. S. 510, vgl. 508 ff. und dagegen Mähly ebendas. XVI. S. 107. Vielleicht ist indessen dieser Hippias aus Thasos derselbe mit dem Manne dieses Namens und dieser Heimath, welchen die dreißig Tyrannen nach Lysias XIII. §. 54. 61 zum Tode verurtheilten, und überdies s. Sengebusch a. a. O. S. 206 und 110.

Anmerkungen.

Ebend. — 330) Genauer äußert sich hierüber Aristoteles Soph. el. c. 4. 166^b, 3 ff., wo er freilich andererseits den Urheber dieser beiden Lösungen nicht mit Namen nennt. Darnach erhellt denn nun, daß die erste Stelle Ilias II, 15 oder 32 ist, und dort, wie schon Julius Pacius erkannte, Hippias und Aristoteles in ihren Texten „wir geben ihm Ruhm zu gewinnen" (vgl. XXI. 297) statt des „und hinab auf Ilios schwebe Verderben" in den unseren lasen, und daß ferner in Ilias XXIII, 328 die von Hippias ins Auge gefaßte Lesart οὐ war, welche er heilte, indem er den Circumflex beseitigte und den Spiritus asper in den lenis verwandelte: „das nicht im Regen vermodert", s. Wolf, Prolegg. S. CLXVIII. Der erstern Stelle wurde der Vorwurf gemacht, daß in ihr Zeus selbst als Lügner und Betrüger erscheine (vgl. Plat. Staat II. p. 383 A), diesen Vorwurf nun suchte Hippias in einer, wie Wolf richtig bemerkt, ächt jesuitischen Weise zu beseitigen, indem er mit Zurückziehung des Accents διδόμεν, den Infinitiv im Sinne des Imperativs, für das Richtige erklärte, wo denn Zeus wenigstens dem Traume nur gebietet, letzterer solle dem Agamemnon Ruhm zu gewinnen geben, d. h. ihm eitle Ruhmeshoffnungen vorgaukeln, nicht aber dies als ein Versprechen des Zeus selber hinstellen. An der zweiten Stelle aber war der sehr natürliche Anstoß, wie denn der Dichter von demselben Holz, welches er eben als dorrend und trocken beschrieben hatte, unmittelbar darauf sagen konnte, daß es **theilweise im Regen vermodere**, vgl. Alexander z. Soph. el. f. 12. p. 299^b, 36 ff. und Bettori zu unserer St., und hier ist denn nun die Aenderung des Hippias ganz richtig und auch in unsere Texte übergegangen und von der andern Lesart außer diesen beiden Anführungen des Aristoteles keine Spur mehr geblieben. „Sie braucht auch allgemein verbreitet nie gewesen zu sein, kann sogar (nach mancherlei Andeutungen dieser Art in den Scholien) um des Problems willen erst erfunden und aufgestellt sein, so daß das Verdienst des Hippias an dieser Stelle zuerst die richtige Lesart festgestellt zu haben ein sehr zweifelhaftes wird". (Vahlen).

C. 25. §. 12. — 331) V. 182 f. Stein (178 f. Karsten, 202 f. Mullach). Es kommt hier Alles darauf an, ob man das zweite πρίν zu dem folgenden κέκρητο oder vielmehr, wie es der Sinn verlangt, zu dem vorhergehenden ζωρά τε zieht, also hinter diesem πρίν ein Komma setzt. (Hermann). Aehnlich läßt sich in der Uebersetzung das „sonst" falsch mit „gemischt" und richtig mit „Lautere" verbinden. Uebrigens ist der Anstoß gegen den empedokleischen Vers, der durch die Interpunction gelöst wird (wie Vahlen richtig bemerkt) weder bezeichnet noch mit Bestimmtheit anzugeben.

C. 26. §. 13. — 332) Ilias X, 252.

Ebend. — 333) Es folgt hier nämlich der Genetiv τῶν δύο μοιράων. Wird derselbe nun übersetzt „als zwei Theile", so daß also mehr als zwei Drittel der Nacht entschwunden sind, so passen dazu die folgenden Worte nicht, nach denen ein Drittel noch übrig ist.

Die von Aristoteles in den „homerischen Fragen" gegebene und hier offenbar vorausgesetzte Lösung war nun, daß vielmehr zu erklären sei „zum Mehreren von den zwei Theilen (Hälften) der Nacht", so daß die erste Hälfte ganz, die zweite zum Theil vergangen ist, und dieser unbestimmte Ausdruck nun durch den angegebenen Zusatz genauer dahin erläutert werde, von dieser zweiten Hälfte sei genau so viel dahin, daß von der Nacht im Ganzen zwei Drittel verstrichen sind. S. Porphyrios in den Scholien B u. Eustath. z. d. St. Rose a. a. O. S. 165. Fragm. 144 (20) = 156. Die Alexandriner warfen aus andern Gründen den V. 253 aus, s. Friedländer, Aristonicus S. 177. (Vahlen).

C. 26. §. 14. — 334) Aber war dies denn wirklich griechischer Sprachgebrauch? Zudem schließt diese Lösung die Meinung in sich, daß auch Nektar ein Mischgetränk sei, was nicht richtig und der von Aristoteles selbst in den homerischen Fragen, Fr. 151 (26) = 162 über Odyss. V, 93 entwickelten Ansicht entgegen ist. Freilich kann man zur Hebung dieses Widerspruchs mit Vahlen geltend machen, daß Aristoteles bei den für verschiedene Stellen und in verschiedenen Schriften vorgetragenen Lösungen eine Uebereinstimmung gar nicht bezweckt. „So wie er für ein und dasselbe homerische Problem gelegentlich mehrere Lösungen als verschiedene Möglichkeiten neben einander stellt, von denen vielleicht keine seiner Ansicht ganz entspricht, so kann er auch für verschiedene homerische Stellen in verschiedenen Schriften nicht übereinstimmende Möglichkeiten der Lösung vorgetragen haben. Ueberhaupt handelt es sich ja hier weniger um die Entscheidung über das Verständniß einzelner Dichterstellen als um Aufweisung und Exemplificirung der verschiedenen Wege einem poetischen Problem zu begegnen".

Ebend. — 334[b]) Ilias XX, 234.

Ebend. — 335) Ilias XXI, 592. Die Uebersetzung ließ sich hier nicht genau dem Original entsprechend gestalten, dessen Sinn vielmehr umgekehrt ist: „oder wie man auch die Eisenarbeiter Erzarbeiter (Schmiede, χαλκέας) nennt". Nach dieser Analogie meint nun Aristoteles, daß hier ähnlich unter Zinn ein anderes Metall oder eine Mischung von Zinn mit anderem Metall oder anderen Metallen zu verstehen sei. „Der genommene Anstoß scheint darin zu liegen, daß das weichere Zinn der Beinschiene erdröhnt und Agenors Wurfspieß davon abspringt, ohne es zu durchbrechen". (Vahlen). Daß Aristoteles in der Auslegung und Kritik des homerischen Textes nicht eben durchweg glücklich ist und ungleich größeren Beruf zum Philosophen als Philologen hatte, ersieht man mehrfach aus den in diesem 25. Cap. der Poetik und sonst von ihm abgelegten Proben, s. Lehrs a. a. O. S. 49. Sengebusch, Diss. Hom. I. S. 70—79. R. Wachsmuth De Aristotelis studiis Homericis, Berlin 1863. 8. S. 26.

Ebend. — 336) In beiden Fällen, „indem eine Uebertragung in dem einen (beim Metall) von Art auf Art, in dem andern (bei dem Wein) von Art auf Gattung Statt findet". (Vahlen).

Anmerkungen.

C. 26. §. 15. — 337) Ilias XX, 272. „Es handelt sich hier nicht darum, daß etwa die Bedeutung des Verbums unklar oder zweideutig sei, aber eben diese unzweifelhafte, von Aristoteles richtig angegebene Bedeutung desselben bringt einen scheinbaren Widerspruch in die Stelle. Die Frage war, wie es komme, daß Aeneias' Lanze in der goldenen Lage des Achilleusschildes anhielt, indem sie zugleich durch zwei Lagen hindurchgetrieben war. Die Scholien z. d. St. stellen unterschiedliche Erklärungsversuche auf. Die Schwierigkeit entstand, indem man von der Voraussetzung ausging, die goldene Lage müsse die zu oberst gelegene gewesen sein; aber auch bei dieser Voraussetzung war man um eine Erklärung nicht verlegen. Andere gaben jene Voraussetzung auf und verlegten die goldene in die Mitte von den fünf Lagen, aus welchen Hephästos den Schild gefügt hatte: dann begriff es sich leicht, daß die Lanze, nachdem sie zwei Lagen durchbrochen, in der dritten, goldenen Halt machte. Aristoteles hat seine eigne Auffassung nicht angedeutet, sondern bezeichnet nur den Weg, auf dem eine Erledigung zu gewinnen sei, nämlich wie vielerlei verschiedenen Sinn die Sache in diesem Zusammenhang haben kann". (Vahlen). Es ist dies aber nicht etwa ein besonderer neuer, dreizehnter Gesichtspunkt der Lösungen, sondern vielmehr ein allgemeinerer, von welchem aus mehrere der besonderen Arten in Anwendung kommen können.

C. 26. §. 16. — 338) Wohl jedenfalls Derselbe, welcher auch im platonischen oder pseudoplatonischen Jon p. 530 D als Ausleger des Homeros erwähnt wird, und zwar ist es wahrscheinlich nicht der Glaukon aus Teos, der nach Rhet. III, 1, 3. p. 1403^b, 26 f. über die Kunst des Vortrags, sondern vielmehr kein Anderer als Glaukos von Rhegium, im 5. Jahrh. v. Chr., welcher ein Buch „über die alten Dichter, Componisten und Virtuosen" (περὶ τῶν ἀρχαίων ποιητῶν καὶ μουσικῶν) schrieb, s. C. Müller, Fragmm. historicc. Graecc. II. S. 23. Sengebusch a. a. O. S. 208 ff.

Ebend. — 339) Dem Vater der Penelope, welcher gemeinhin für denselben mit Ikarios, dem Bruder des Tyndareus, galt. Das folgende Problem hat die alten Erklärer der Odyssee viel beschäftigt, wiederholt finden sich in den Scholien zu diesem Gedicht Erwähnungen und Lösungsversuche desselben, die von eben jener Voraussetzung ausgehen (zu I, 285. II, 52. IV, 1. p. 169 f. XIV, 68. p. 582 Dind.). Nur zu XV. 16. p. 604 zeigt sich eine Spur der von Aristoteles erwähnten kephalenischen Ueberlieferung, indem es hier heißt, Ikarios sei vielmehr ein Anderer, ein Ithakeser, genauer (s. Anm. 340) aus dem kephalenischen Messene. (Vahlen). Im Uebrigen s. Anm. 341.

Ebend. — 340) D. h. wohl die Bewohner von Ithaka selbst. Denn, wie schon Strabon X, 2, 10. p. 452 bemerkt, Homeros bezeichnet mit diesem Namen nicht, wie dies später geschieht, die Bewohner der Insel Kephalenia, sondern Alle, welche zum Reiche des Odysseus gehören, und diese Bezeichnungsweise hält hier auch Aristoteles fest. Vgl. Anm. 341.

Ebend. — 341) „Strabon X, 2, 24. p. 461 sucht die beiden Berichte über den Vater der Penelope zu vereinigen, indem er annimmt, derselbe habe ursprünglich in Lakedämon gewohnt, sei aber später von da weggezogen und habe sich in Akarnanien niedergelassen, dessen Bewohner Homeros zu den Kephaleniern rechne". (Knebel). „Ob Aristoteles diese Kephalenen meinte, oder nach der Scholiennotiz (s. Anm. 339) die in Messene, ist unklar". (Vahlen). Ueber die zwiesache Namensform Jkarios und Jkadios aber scheint sich außer bei ihm keine Nachricht erhalten zu haben.

Ebend. — 341ᵇ) „Aristoteles entscheidet nicht, sondern setzt nur einer unbegründeten Annahme eine andere Möglichkeit entgegen, bei welcher der Anlaß den Dichter zu tadeln schwindet. Dies genügte seinem Zwecke die Verkehrtheit des im Vorigen charakterisirten Verfahrens an einem Beispiel zu erläutern". (Vahlen).

C. 25. §. 17. — 342) Hiernach erwartet man, Aristoteles werde zusammenfassend alle fünf (s. §. 20) Gesichtspunkte der Ausstellungen und die einem jeden entsprechenden von den im Vorigen entwickelten zwölf Arten von Lösungen angeben. Statt Dessen geschieht dies in §. 17 nur mit zweien von ihnen, und für den dritten wird sodann §. 18 vielmehr ein allgemeinerer Gesichtspunkt der Vertheidigung aufgeführt, die beiden übrigen bleiben unerwähnt, dann wird §. 19 für den einen von ihnen und für einen jener drei gesagt, unter welcher Bedingung der Vorwurf gerechtfertigt ist, für die drei andern fehlt diese Angabe, die freilich für einen von ihnen, nämlich das Unmögliche, schon §. 5 hinlänglich geliefert war (s. jedoch Anm. 346) und für einen zweiten, den Widerspruch des Dichters mit sich selbst, einfach in dem Mißlingen des §. 18 bezeichneten Rechtfertigungsversuches liegt. Jedenfalls kann der verallgemeinernde Charakter des letzteren, unter welchen verschiedene Arten von Lösungen fallen, an sich keinen Anstoß bereiten, und diese Arten brauchten nicht nothwendig besonders aufgezählt zu werden. Denn es sind eben einfach überhaupt alle sprachlichen, so weit sie sich auf diesen Vorwurf beziehen, gegen den dagegen irgend eine der angeführten Arten sachlicher Zurückweisung nicht anwendbar ist (s. Anm. 322). Aber auffallend ist zunächst das gänzliche Schweigen über den fünften Gesichtspunkt des Angriffs und ferner, daß im Vorigen bei den zwölf Classen von Vertheidigung einer der vier übrigen, nämlich das Vernunftwidrige oder Ungereimte und Seltsame, noch gar nicht genannt ist, sondern nur nachträglich in der allgemeineren Schlußbemerkung §. 16 ausdrücklich vorkommt. Zwar gilt ein Gleiches auch von dem Selbstwiderspruch (s. §. 15), allein dieser ist in mehreren der angeführten Beispiele sprachlicher Lösungen (wie dem ersten in §. 10, s. Anm. 326, dem zweiten in §. 11, s. Anm. 330, dem in §. 13, s. Anm. 333, dem ersten in §. 14) so in die Augen springend und zum Theil wenigstens indirect (z. B. §. 14) so deutlich bezeichnet, daß man hier Nichts vermissen kann. Dagegen tritt das Vernunftwidrige und Unwahrscheinliche nirgends so klar als

Anmerkungen.

solches hervor, denn in dem erſten und zweiten Beiſpiel in §. 9 hat man zwiſchen ihm und dem geradezu Unmöglichen die Wahl und eben ſo in dem zweiten in §. 14, in dem dritten in §. 9 und dem erſten in §. 11 aber bezieht ſich die Anſchuldigung offenbar auf einen Verſtoß wider das „Beſſere", und in dem zweiten in §. 10 endlich iſt ſie auf das thatſächlich Unrichtige oder Wahrheitswidrige gerichtet. Und dieſer Anſtoß verſtärkt ſich noch dadurch, daß man ſich doch wundern muß, wenn Ariſtoteles bei dem erſten Geſichtspunkt der Löſung §. 5 (§. 7—9 Herm.) nur das Unmögliche nennt, da doch dort das ſchwächere Undenkbare und Vernunftwidrige noch neben demſelben am Platze war und gerade in dem dort angezognen Beiſpiel in c. 24. §. 8 ſtatt des erſteren genannt und dann hernach in demſelben Gedankenzuſammenhange (c. 24. §. 10) mit Recht wenigſtens in die engſte Verbindung mit demſelben geſetzt war. S. auch Anm. 342^b. 344. 345^b. 346. 348.

Ebend. — 342^b) Wenn man nicht annehmen will, daß hier das §. 5 (7—9 Herm.) Geſagte ganz vergeſſen iſt, ſo iſt der dort geltend gemachte Geſichtspunkt hier mit dem vorher ausdrücklich von ihm unterſchiedenen des „Beſſeren" in Eins zuſammengezogen, wie ſich denn in der That auch beide, ſo bald es ſich nicht um das ſittlich, ſondern, wie hier (ſ. das folgende Beiſpiel), um das äſthetiſch Beſſere handelt, gar nicht aus einander halten laſſen.

Ebend — 343) Vgl. c. 24. §. 10 mit Anm. 306.

Ebend. — 343^b) Darüber, daß Zeuxis dergleichen über die Wirklichkeit hinausragende idealiſche Figuren malte, ſ. die Ausführung von Brunn a. a. O. II^a. S. 88 f, der ebend. S. 84 f. von der vorliegenden Stelle den richtigen Gebrauch nicht gemacht hat. (Vahlen). Vgl. Anm. 64. S. auch die Nachtrr.

Ebend. — 344) Nur ſcheinbar würde man hiegegen einwenden können, daß doch das Unglaubliche nicht durch die Rückſicht auf den Glauben der Menſchen gerechtfertigt werden könne. Denn in Wahrheit iſt für den Einſichtigen Vieles unglaublich, was doch gerade die große Menge glaubt (§. 7), und was der Dichter eben um der Volksthümlichkeit ſeiner Dichtung willen nicht zu verſchmähen hat. Wohl aber iſt es auffallend, daß gerade der c. 24. §. 8 richtig geltend gemachte Hauptgeſichtspunkt für die Rechtfertigung des Irrationalen, der nach Anm. 318. 342 kein anderer iſt als der eben zuerſt angeführte für die des Unmöglichen, fehlt, um ſo mehr da er doch gleich hernach §. 19 keineswegs überſehen, ſondern als der eigentlich entſcheidende hervorgehoben iſt (ſ. Anm. 346). Daß es ſich alſo in §. 17 trotz der an die Spitze geſtellten zuſammenfaſſenden Formel (ſ. Anm. 342) nicht um bloße Recapitulation handelt, iſt gewiß, noch weniger aber iſt mit Vahlen Beitr. IV. S. 382 eine wirklich „ſchärfere und ſachgemäßere Beſtimmung" der Begriffe hier zu finden, ſ. Anm. 342^b. 345^b.

Ebend. — 344^b) S. c. 18. §. 6.

C. 25. §. 18. — 345) Vgl. Soph. el. c. 26. 161 a, 1 ff. auch c. 5. 167ᵃ, 26 f. c. 8. 170ᵃ, 6 ff. (Vahlen).

Ebend. — 345ᵇ) Allein wenn man den Begriff des Widersprechenden auch auf diesen zweiten Fall ausdehnt, so fällt ja unter denselben auch das Unmögliche, das Irrationale und Ungereimte und das wider das Bessere Verstoßende mit, wie denn das Ungereimte auch schon §. 15. 16 eng an das Widersprechende herangezogen ist. Oder soll der Sinn sein: „welche jeder Verständige stillschweigend als die des Dichters machen wird"? Im Uebrigen hat Vahlen a. a. O. IV. S. 385 Recht, daß das Ganze ein ähnlicher Gesichtspunkt wie der in Bezug auf das Unsittliche §. 8 geltend gemachte ist, und er vergleicht Soph. el. c. 15. 174ᵇ, 18 ff.

C. 25. §. 19. — 346) „Die §. 18 gegebenen Rechtfertigungen des Vernunftwidrigen sind nur stichhaltig unter der Voraussetzung, daß den Dichter eine innere Nöthigung zur Anwendung desselben getrieben hat; fällt die Nöthigung fort, so tritt der Tadel in volle Kraft. Derselbe Gedanke ist c. 24. §. 10 und in Bezug auf das Unmögliche oben §. 5 (= §. 7—9 Herm.) ausgesprochen. Für das Unsittliche wird durch eben denselben das schon in §. 8 Liegende, daß, wenn der Dichter von der Sittlichkeit seiner Charaktere abgeht, er dabei andere Ziele und Absichten der Composition im Auge haben wird, in ein strengeres Urtheil gefaßt. Es enthält also dieser Gedanke zu den Einzelrechtfertigungen der betreffenden Fehler eine wichtige und nothwendige Ergänzung". (Vahlen). Nur um so mehr aber muß man sich darüber wundern, mit keiner Zeile angedeutet zu sehen, daß der Entscheidungsgrund für das Vernunftwidrige und das Unsittliche ganz derselbe wie der oben mit andern Worten für das Unmögliche ausgesprochene ist. Das völlige Schweigen über das letztere bei dieser Gelegenheit statt des Hineinziehens von allen drei in die gleiche Entscheidung entspricht dem summarisch zusammenfassenden Charakter, den doch immerhin nach ihrem Eingange und überhaupt dem ganzen Gedankengange des Capitels die in §. 17—19 gegebne Erörterung haben soll, sehr übel. Noch auffälliger aber ist, daß gerade die allerschwierigste Frage, wie weit denn der Dichter in der Verletzung der bloßen thatsächlichen Wahrheit und Porträtähnlichkeit, der Naturtreue und historischen Richtigkeit, in welcher ihm verhältnißmäßig die meiste Freiheit zu Gebote steht und die ihm gezogenen Schranken am Weitesten sind (c. 9. §. 1 ff. c. 14. §. 5. vgl. c. 17. §. 1 f. c. 15. §. 3. 8) gehen dürfe, einfach mit Stillschweigen übergangen wird.

Ebend. — 347) S. Anm. 201, wo wir dies auf das Auftreten des Aegeus in der Medeia des Euripides bezogen haben. Ob dies indessen geradezu als unglaublich oder widersinnig bezeichnet werden kann, ist doch zu bezweifeln, und es fragt sich, ob nicht Aristoteles vielmehr das selber „Aegeus" betitelte Stück desselben Dichters gemeint hat, in welchem der schwache Aegeus als ganz von der Medeia, die er geheirathet hatte, beherrscht und zu einem

Vergiftungsversuche des Theseus veranlaßt dargestellt wurde, den er aber noch zu rechter Zeit als seinen Sohn erkennt, s. Welcker, Griech. Trag. II. S. 729 ff. Indessen sieht man auch hiebei wieder nicht und am Ende noch weniger, warum dies so geradezu ungereimt sein soll.

Ebend. — 347^b) Vgl. c. 15. §. 5 mit Anm. 190. 194. 195.

C. 25. §. 20. — 348) Aber eben dies hat ja Aristoteles oder wer sonst der Verfasser dieses 25. Cap. in seiner jetzigen Gestalt sein mag, vorhin §. 4. 5 (6. 10 Herm.) vielmehr unter das Unmögliche geordnet. Hat er also hier wirklich so geschrieben, so hat er nachträglich selber eine Empfindung davon bekommen, daß dies vielfach falsch ist, und daß es vielmehr meistens nur mit dem thatsächlich Unrichtigen, dem Verstoß gegen Naturtreue und geschichtliche Wahrheit, zusammenfällt (s. Anm. 318). Weit besser und klarer hätte er daher hier „als thatsächlich unrichtig" (ὡς μὴ ἀληθῆ) statt „als gegen die Richtigkeit nach den Regeln irgend einer (andern) Kunst (ὡς παρὰ τὴν ὀρθότητα τὴν κατὰ τέχνην) geschrieben, wenn anders er nicht wirklich so geschrieben hat und dies nur durch eine verfehlte, wenn auch beziehungsweise der Sache nach das Richtige treffende Randbemerkung verdrängt worden ist. Denn daß jedenfalls das thatsächlich Unrichtige allein als fünfter Angriffspunkt gemeint sein kann, darüber darf kein Zweifel herrschen (s. §. 6 f. und Anm. 322. 342).

Ebend. — 349) S. Anm. 316.

C. 26. §. 1. — 350) Daß hier, wo das Wesen einer plump-überladenen und übertriebenen nachahmenden Darstellung an Beispielen erläutert werden soll, nicht, wie Ritter, Welcker, Griech. Trag. II. S. 528, Nauck a. a. O. S. 653 u. A. wollen, die c. 15. §. 5 erwähnte Tragödie Skylla gemeint, daß hier überhaupt noch nicht von Tragödien die Rede sein kann, erhellt daraus, daß ja erst im Folgenden ausgeführt wird, wie nach der Meinung Mancher auch die Tragödie und tragische Aufführung im Vergleich zum Epos und zur Rhapsodik ein Beispiel plumperer Darstellung ist (§. 4 ff. Herm.). Eine wörtliche Uebersetzung der von Aristoteles gebrauchten Ausdrücke αὐληταί „Flötenspieler" und Σκύλλαν αὐλῶσιν „die Skylla blasen" führt vielleicht auf Instrumentalconcerte, und dabei wird man vielleicht auch stehen bleiben müssen (vgl. auch Paus. IX, 12, 4. 6. Epiphanios adv. haeres. l. tom. 2. haeres. 25, 4. p. 79 Petav. p. 164 Oehler), obwohl es nach Tyrwhitts richtiger Bemerkung beinahe physisch unmöglich erscheint, daß ein Chor von solchen Musikern zugleich hätte Flöte spielen und dabei seinen Chorführer (Dirigenten oder vielmehr ersten Flötisten) am Gewande zerren können, und obgleich von manchen Seiten bestritten wird, daß die Instrumentalmusik bei den Griechen je über den Solovortrag einzelner Virtuosen hinausgegangen sei. Zwar behauptet Hermann, mit dem Namen αὐληταί seien nicht bloß Flötenspieler, sondern auch Tänzer zur Flöte bezeichnet worden, und er denkt daher an pantomimische Ballete. Allein die einzige Stelle aus dem griechischen Alterthum, auf welche er sich für diese Bezeichnungsweise beruft, Xenoph. Gastm. VI, 4, läßt sich keineswegs so zweifellos in diesem Sinne verwerthen*), und wäre es auch, so würden ja doch gute pantomimische Darsteller gleich sehr wie schlechte kein anderes Mittel der Darstellung für die Skylla, wie sie die Vorüberschiffenden wegschnappt, und für das Rollen der Wurfscheibe (Diskos) haben als die hier beschriebenen. Eher könnte man noch an dithyrambische Männerchöre denken, deren Mitglieder allerdings αὐληταὶ ἄνδρες heißen bei Demosth. g. Meid. §. 156. Sonst kommt indessen diese Bezeichnung für „Sänger und Tänzer zur Flöte" meines Wissens nirgends vor, und es fragt sich daher, ob dort die Lesart richtig ist. Möglich wäre allerdings aber auch noch, was Twining annimmt, daß hier von dem einzigen den Dithyrambos begleitenden Flötenspieler (Demosth. ebend. §. 13. 17) die Rede wäre und dieser als so lebhafte Gesten auch an dem Führer des Chors der dithyrambischen Sänger und Tänzer vollführend bezeichnet werden sollte, so daß dann also die Skylla und der Diskoswurf doch Dithyramben waren. — Im Uebrigen vgl. noch d. Einl. S. 24 f.

C. 26. §. 2. — 351) Mynniskos war ein Hauptschauspieler des Aeschylos, s. d. Biogr. des Aesch., Plut. v. Ruhm der Athener p. 348 E. F. Athen. VIII. p. 344 d. c. Er muß nach der vorliegenden Stelle ein hohes Alter erreicht haben, da er noch den Ruhm des Kallippides erlebte, welcher zur Zeit des Sokrates und Alkibiades glänzte, s. Xenoph. Gastm. III, 11. Athen. XII. p. 335 d. Cic. ad Att. XIII, 12. Sueton. Tiber. c. 38. Plut. a. a. O. Ages. c. 21. Apophth. Lac. p. 212 F.

Ebend. — 352) Uns völlig unbekannt. Vielleicht ist vielmehr Theodoros gemeint, s. Rhet. III, 2 Anf. Plut. a. a. O. u. Praec. ger. reip. p. 816 F. (Ritter).

C. 26. §. 3. — 353) Auch von dem Rhapsoden Sosistratos und dem Sänger Mnasitheos wissen wir weiter Nichts.

Ebend. — 354) Vgl. c. 6. §. 19. c. 14. §. 1 f. und die Anm. 76 angef. Stellen.

C. 26. §. 4. — 355) Diese Bemerkung ist gänzlich Dem fremd, was Aristoteles allein hier sagen will, daß die Tragödie vier ihrer qualitativen Theile mit dem Epos gemein habe, s. c. 5. §. 5 u. bes. c. 24. §. 1 (vgl. Anm. 53. 288), sie kann daher unmöglich von ihm selbst herrühren. Vgl. auch die Ausführungen von Vahlen a. a. O. IV. S. 397 f., dessen schließlicher Entschuldigungsversuch ersichtlich ihm selber nicht recht genügt.

Ebend. —356) Wörtlich: „sowohl beim bloßen Lesen als auch bei der Aufführung". Der Sinn verlangt aber „schon beim (bloßen)

---

*) Mir scheint hier das ὥσπερ ἡ αὐλητρίς, mag man nun die Flötenspielerin oder die Tänzerin verstehen, gleich sehr wider den Zusammenhang und mithin Nichts als ein fremdes Einschiebsel.

Anmerkungen.

Lesen", und darnach habe ich denn auch die Ueberseßung eingerichtet, wie auch immer der Text zu gestalten sein möge.

C. 26. §. 5. — 357) „Die Ueberseßung bemüht sich hier das in dem aristotelischen Ausdruck" (wie schon Vettori bemerkt) „enthaltene Bild von dem mit Waſſer gemiſchten Wein auszudrücken". (Stahr).

Ebend. — 358) In c. 24. §. 4 wird umgekehrt dem Epos ein Vorzug vor der Tragödie zugestanden, der mit der größeren Länge deſſelben in Beziehung steht, ein größerer Reichthum an wechselnden Scenen, die zu der stärkeren und leicht ermüdenden Einförmigkeit der Tragödie in dieſer Hinſicht einen vortheilhaften Gegenſaß bildet. Beides braucht nun freilich keineswegs einander zu widersprechen, denn die Breite des Epos kann ja doch nach Aristoteles' Urtheil noch mehr ermüden als die Einförmigkeit des Dramas. Aber daß, und doch auch wohl, warum dies der Fall sei, mußte nothwendig hinzugeseßt werden, und der Gedanke, daß Aristoteles dies auch wirklich gethan hat, und daß also hier wieder eine Lücke ist, wird daher schwer abzuweisen sein. Im Uebrigen vgl. Anm. 129.

C. 26. §. 6. — 359ᵃᵇ) S. Anm. 274. Wie dort ſchon angedeutet ist, bezeichnet der Ausdruck „Theile" hier nicht sowohl, wie c. 23. §. 3, die Theile der eigentlichen Haupthandlung, als vielmehr die Detailausführungen und Episoden, ähnlich wie c. 24. §. 4 der nämliche Ausdruck dieselben wenigstens mit umfaßt. Denn daß dort (§. 7 Herm.) ἐπεισοδίοις noch etwas von den „Theilen" Unterschiedenes bezeichne, wie Schömann a. a. O. S. 44 will, kann ich nicht finden, habe es vielmehr durch „Theilhandlungen und Auftritte" (vgl. Anm. 164) überſeßen zu müſſen geglaubt. Aehnliche Abweichungen im Ausdruck sind häufiger in der Poetik, dasselbe Wort hat je nach dem Zuſammenhange bald eine engere, bald eine weitere Bedeutung. Z. B. c. 17. §. 3 bezeichnet μῦθος (eben so daß. §. 5 λόγος) bloß den allgemeinsten Grundriß oder das Gerippe der Fabel, c. 18. §. 4 dagegen die detaillirteste Ausführung derselben.

C. 26. §. 7. — 360) Vgl. c. 14. §. 2 f. auch c. 23. §. 1. Die hier angezogene Stelle, in welcher dem Epos eine ähnliche Wirkung als der Tragödie zugeschrieben ist, besitzen wir nicht mehr. Es scheint unter Anderem also auch dies hinter c. 24. §. 6 ausgefallen zu sein. S. jedoch die Einl. S. 15.

Fragm. 3. — 361) S. Anm. 38. 49. 90. 380.

Fragm. 4. — 362) Vgl. dieſelben Anmm. Darnach darf man annehmen, daß Aristoteles diese Begriffserklärungen nur gab, um auszuführen, „daß im Gegensaß zu einem solchen nur die Schwächen der Menschen bloß legenden, auf Nichts als Ueberführung ausgehenden und daher unerfreulichen Spott der wahrhaft komische Scherz sich mit den menschlichen Unvollkommenheiten heiter spielend, nie verleßend, ja in möglichst ergößlicher Weise zu befaſſen habe". (Bernays).

Fragm. 5. — 363) Nämlich zum Mitleid, s. Fragm. 2 hinter c. 14 und die Einl. S. 38 f.

Ebend. — 364) Dies scheint mir Bernays (Rhein. Mus. VIII. S. 572) nicht ganz richtig verstanden zu haben. Wie in der Tragödie das Mitleid mit Anderen und die Furcht um uns selbst einander in Gleichmaß halten und gegenseitig abdämpfen müssen, so in der Komödie das Lachen über die Gebrechen Anderer und die Empfindung, daß auch wir selbst von dergleichen nicht frei sind, also die Scham. Das Lachen darf nicht in Schadenfreude ausarten, darf, wie im Uebrigen Bernays ganz richtig bemerkt, weder zu einem vernichtenden Hohngelächter noch zu einer brausenden phallischen Lache werden, sondern muß sich in die Grenzen des heiteren, eines Freien und Gebildeten würdigen Scherzes einschränken.

Fragm. 6. — 365) Vgl. c. 21. §. 10. c. 22. §. 4 f. Das beide Fälle umfassende παρωνυμία läßt sich deutsch nicht wohl wiedergeben.

Ebend. — 366) „Vgl. Rhet. III, 2, 15. p. 1405^b, 28 ff., wo mit Bedacht nur Appellativa als Beispiele aufgeführt sind, weil bei Eigennamen die Deminutivwendung im Griechischen wie in anderen Sprachen so gewöhnlich ist, daß sie höchstens durch die Umgebung, nicht als Wortform an sich auffallen kann". (Bernays).

Ebend. — 367) Vgl. c. 21. §. 11. c. 22. §. 4 f. Der Ausdruck ist aber hier in einem weiteren Sinne gebraucht als dort, nicht bloß in Bezug auf die Wortgestalt, sondern auch, wie c. 22. §. 3 Herm. Rhet. III, 2, 2. p. 1404^b, 8. c. 3. §. 3. p. 1406^a, 15, auf die Wörterwahl. Dies erhellt aus der folgenden Unterabtheilung. (Bernays).

Ebend. — 368) Zwei andere anonyme Aufsätze über die Komödie (VI. VIII bei Bergk) führen als Beispiel an Βδοῦ statt Ζοῦ, was Bentley auf Aristoph. Lysistr. 940 bezieht, wo in dem dortigen Zusammenhang die Anspielung auf βδεῖν ("Gestank von sich geben") verständlich und Zeus also gewissermaßen als „Stinker" angeredet wird. (Bernays).

Ebend. — 369) Wenn man also da z. B., wo die gewöhnliche Sprache „bitten" sagt, vielmehr den Ausdruck „betteln" gebraucht, wodurch ja unter Umständen recht wohl ein komischer Effect erzielt werden kann. (Bernays).

Ebend. — 370) Der Ausdruck σχῆμα τῆς λέξεως, welcher c. 19. §. 4 f. nur auf die Modalität der Aussage in dem dort genauer erläuterten Sinne (vgl. Anm. 214. 235) geht, wird hier offenbar in derselben weiteren Bedeutung gebraucht wie Soph. el. c. 4. 166^b, 10 ff. von der grammatischen Wortform der Genera des Nomens und Verbums und der Modi des letzteren. „Wie mit diesen, vorzüglich den Genusendungen zu spaßen sei, erhellt von selbst auch ohne Erinnerung an des Strepsiades Lection in den Geschlechtern". Aristoph. Wolken 658 ff. Bergk. (Bernays).

Anmerkungen. 299

Fragm. 8. — 371) Außer den Beispielen einer solchen bloß vorübergehenden Verkleidung, wie die des Xanthias in den aristophanischen Fröschen in Herakles, gehören namentlich hieher solche dauernde und für das Süjet maßgebende, wie eben dort die des Dionysios in Herakles, im Sinne des Aristophanes eine Verkleidung in einen Besseren, und umgekehrt das Erscheinen des Zeus in Gestalt des Amphitryon, auf welches die Amphitryonkomödien gebaut sind, eine Verkleidung in einen Schlechteren. (Bernays).

Ebend. — 372) In dem Ausdruck ἀπάτη nämlich liegt hier wiederum Beides, „sowohl die Intrigue, die sich durch das ganze Stück hinzieht, wie das noch so kurze Betrügen eines Klugen oder Foppen eines Dummen". (Bernays).

Ebend. — 373) „Man erkennt hierin die Süjets solcher Komödien, in denen Luftschlösser errichtet, Chimären jeglicher Beschaffenheit aufgejagt werden, sei es mit utopischen Mitteln, sei es mit weltklugen. Denn hier liegt das Lächerliche zunächst im Zwecke der Unternehmungen". (Bernays).

Ebend. — 374) „Diese Art umschließt dagegen alle Verfahrungsweisen, in denen mit ungereimten Mitteln ein an sich möglicher Zweck soll erreicht werden". (Bernays).

Ebend. — 375) Hier verengert sich das Gebiet schon merklich, indem das Lächerliche aus dem Unerwarteten nicht mehr das ganze Süjet, sondern nur noch dessen Katastrophe und außerdem Einzelhandlungen desselben unter sich befassen kann. Und immer mehr verringert sich der Spielraum bei den folgenden Gliedern. (Bernays). S. Anm. 376—378.

Ebend. — 376) Daß dies Beides und nicht bloß der eigentliche Tanz in dem Ausdrucke liegt, wird nach Bernays' richtiger Bemerkung wahrscheinlich, wenn man sieht, wie c. 26. §. 1—3 beide Begriffe in einander übergehen. Wenn wir aber das nämliche Beiwort hier durch „grotesk" und „überladen" und dort durch „plump" übertragen, so wird ja dort ausdrücklich das Plumpe eben auf das Ueberladene zurückgeführt. Hält man dies fest, so kann diese sechste Art „neben vorübergehender Anwendung höchstens noch benutzt werden, um einzelne Personen zu dauernd komischen Figuren zu machen, so fern ja Körperbewegungen oft mehr noch als Reden und Thun zu einer solchen stempeln können". (Bernays).

Ebend. — 377) „Nur noch verwendbar als fein gewählte komische Einzelhandlung, etwa zu ein paar Scenen auszuspinnen. Man denke an Sancho Pansa auf Barataria". (Bernays).

Ebend. — 378) Dies Lächerliche im allerengsten Umkreise könnte, oberflächlich betrachtet, gar nicht mehr in diese sachliche Reihe zu gehören scheinen, da es ja nur eine bestimmte lächerliche Redewendung bezeichnet. „Genauere Erwägung muß jedoch bald lehren, daß ihn in einem Satze, wie ihn Aristoteles selbst (Phys. II, 6. 197^b, 27 f.) bei Erörterung des Begriffes von „„vergeblich"" lächerlich nennt, „„er hat sich vergeblich gebadet, weil ja doch keine

Sonnenfinsterniß eingetreten ist"" — daß in einem solchen Satze in welchem doch die verlangte Folgelosigkeit im vollsten Maße vorhanden, dennoch das Sprachliche weder in Wortform, noch in Wörterwahl vom Gewöhnlichen abweicht, also auch das Lächerliche hier nicht aus der Form des sprachlichen Ausdrucks entsteht, vielmehr rein aus der Begriffsverbindung, d. h. aus dem Verhältniß der genannten Dinge zu einander". (Bernays).

Fragm. 9. — 379) Vgl. Nik. Eth. II, 7, 12. p. 1108^a, 19 ff., also der gerade Gegensatz der Prahler und Schwindler, obwohl sich auch hier die Extreme gelegentlich berühren, s. ebendas. IV, 7, 14 f. (c. 13. p. 1127^a, 20 ff. Bekk.). In der Rhet. III, 18, 7. p. 1419^b 5 ff. wird auf das uns verlorene Stück der Poetik, aus welchem dies Fragment gezogen ist, mit den Worten verwiesen: „in den Büchern über Poetik ist gesagt, wie viel Arten des Lächerlichen es giebt, von denen einige dem Freigebildeten anstehen, andere nicht.... Die ironische Selbstverkleinerung ist dem Freien angemessener als die Possenreißerei, denn wer sie ausübt, macht den Spaß für sich, der Possenreißer aber für Andere". Der erstere ist also nach diesen Erklärungen des Aristoteles nicht selbst lächerlich, sondern ist nur insofern eine komische Figur, als er „das Lächerliche der anderen, zunächst des Prahlers, hervorlockt, auffängt und zurückwirft", wobei er denn (nach Fragm. 3—5) „hinreichende Gutmüthigkeit haben muß, um nicht als bitterer Spötter ein peinliches Gefühl zu erregen, aber auch eine gewisse unverschämte Ruhe, damit er nicht in Demuth verfalle und aufhöre ein komischer Charakter zu sein". (Bernays).

Fragm. 10. — 380) „Dieser Ausspruch läßt wiederum einen Gegensatz durchblicken gegen die alte attische Komödie mit ihrem phantastisch gaukelnden Stil. Aristoteles mußte diesen um so entschiedener mißbilligen, als er sogar in der Tragödie den einfacheren und einheitlicheren Ton der Späteren dem äschyleischen Wörterpomp vorzog, Rhet. III, 1, 9. p. 1404^a, 30 ff." (Bernays).

Fragm. 11. — 381) D. h.: in der Komödie gilt kein allgemeiner Gattungsdialekt wie in der Tragödie, die sikelisch-dorische Komödie dichtet vielmehr in ihrem dorischen, die attische in ihrem attischen Landesdialekt und zwar (nach Fragm. 10) nicht in der gewählten Schrift-, sondern der Umgangssprache; und ferner, während in der Tragödie z. B. Oedipus nicht im böotischen, Orestes nicht im argivischen Dialekt spricht, „muß in den Acharnern des Aristophanes der persische Gesandte persisch kauderwelschen, müssen in den Ekklesiazusen lakonische Weiber lakonisch schwatzen, darf das griechische Vorbild des Plautus und Plautus selbst im Poenulus einen Karthager punisch reden lassen". (Bernays).

Nachträge und Berichtigungen.

Altmüller Der Zweck der schönen Kunst. Eine aristotelische Studie. Cassel 1873. 8. ist mir erst während des Drucks bekannt geworden. **Pavic** Aristoteles' Definition der Poesie, Warasdin 1868. 4. und **R. Schultz** De poetices Aristotelicae principiis, Elbing 1874. 4. kenne ich nur dem Titel nach. Unerheblich sind **Klein** De partibus formisque, quibus tragoediam constare voluerit Aristoteles, Bonn 1856. 4. und **Jacob** Ueber das Verhältniß der hamburgischen Dramaturgie zur Poetik des Aristoteles, Colberg 1872. 4.

S. 32 f. Zu denjenigen alten Schriftstellern, welche die aristotelische Poetik kannten und benutzten, rechnet **Reinhardt** Qua vice Nestoris et Ulixis personae in arte rhetorica functae sint, in den Commentationes in honorem Buecheleri et Useneri editae a soc. phil. Bonn., Bonn 1873. 8. S. 18. Anm. 1 auch den Verfasser der dem Gorgias zugeschriebenen Helena, welcher Das, was Aristoteles c. 14. §. 1 von der Tragödie bemerkt, auf die Poesie überhaupt übertragen habe, von der, wie er §. 9 sagt, die Zuhörer Schauer der Furcht, thränenreiches Mitleid und trauervolle Sehnsucht überkomme (ἧς τοὺς ἀκούοντας εἰσῆλθε καὶ φρίκη περίφοβος καὶ ἔλεος πολύδακρυς καὶ πόθος φιλοπενθής). Stände anderweitig fest, daß diese Lobrede erst von einem Rhetor der nacharistotelischen Zeit stamme, so würde dies Urtheil ohne Zweifel richtig sein; umgekehrt aber aus der angeführten Uebereinstimmung mit **Reinhardt** auf einen solchen nacharistotelischen Ursprung zu schließen, dazu würde ein volles Recht erst dann vorhanden sein, wenn die Lehre, daß die Tragödie Furcht und Mitleid errege, von Aristoteles zuerst aufgestellt wäre, was nach dem von mir S. 36 Bemerkten keineswegs der Fall ist. So aber bleibt die Sache immer noch zweifelhaft und hat bis auf Weiteres lediglich den Werth einer allerdings ansprechenden Vermuthung.

S. 38—42. Erst nach Vollendung des Drucks ist mir die kleine Schrift von **Walser** Lessing's und Göthe's charakteristische Anschauungen über die aristotelische Katharsis, Berlin 1872. 8. zugegangen. Der Verfasser, im Uebrigen ein denkender Kopf, kennt weder die Abhandlung von **Bernays** noch die ganze sonstige neuere Litteratur und hat daher keine Ahnung davon, daß er mit Allem, was er beibringt, zu spät kommt.

S. 42 f. Anm. 5 fehlt: Döring Ueber die tragische Katharsis der aristotelischen Poetik, in den Verhandlungen der 27. (Kieler) Philologenversammlung, Leipzig 1870. 4. S. 74—86.

S. 49. Anm. 1. Vgl. auch Döring a. a. O. S. 85.

S. 55. Anm. 1. S. jetzt Döring selbst a. a. O. S. 80. Anm.

S. 56. Anm. 1. Vgl. überdies jetzt Döring selbst a. a. O. S. 81 f. 83 f. Ueberhaupt würde ich nach den letzten Aeußerungen von ihm a. a. O. S. 85 (vgl. 84) annehmen müssen, daß meine S. 55—57 dargelegte Ansicht jetzt völlig auch die seine sei, wenn nur nicht doch bei ihm a. a. O. S. 78 vielmehr (im Widerspruche mit S. 85) von schon erregten Schicksalsaffecten, die der Mensch zur Tragödie mitbringt, die Rede wäre und nur nicht eben dort (in der Anm.) mein Standpunkt als ein „abgedämpfter, halbirender" bezeichnet würde. Schwerlich habe ich daher S. 53. Anm. 2 zu hart geurtheilt.

S. 68. Anm. 2 f. Ba. 1. Ba.¹

S. 70. Anm. 7 hinter Bekk. füge ein: Ba.², und vor Ald. setze hinzu: einzelnen Handschriften und.

S. 71. Anm. 13 setze hinzu: Ibn Roschd scheint ἀνώνυμος noch vor sich gehabt zu haben.

S. 72. Anm. 2 vor Gryph. füge ein: einzelnen Handschriften und.

S. 72. Anm. 3 vor Hermann füge ein: Gˢ.

S. 73. Anm. 6 vor οἳ füge ein: αἱ R².

S. 74. Anm. 1 f. οὐ Aᶜ l.: οὐ Aᶜ, οὐ.

S. 74. Anm. 6 vor Ald. füge ein: V².

S. 74. Anm. 9 vor Tyrwhitt setze hinzu: Castelvetro und, hinter Ba. füge ein: ὥσπερ <θεοὺς Ἀρ->γᾶς? Ba.², und f. ὡς πύργας Aᶜ l.: ὥσπερ γᾶς Aᶜ.

S. 75. Anm. 10 tilge Aᶜ, und füge hinter Handschriften ein: κυκλωπᾶς Aᶜ.

S. 76. Anm. 6 vor Ald. füge ein: Gˢ.

S. 77. Anm. 9 tilge M¹. Diese Handschrift läßt nämlich vielmehr οἱ—κωμῳδίας aus. Dadurch wird allerdings auch Bekkers Schweigen über Nᵃ verdächtig.

S. 78. Anm. 2 f. Sylburg l. Robortelli.

S. 78. Anm. 3. 4. hinter Bekk. füge ein :Ba².

S. 78. Anm. 8 vor Nᵃ füge ein: Aᶜ.

S. 80. Anm. 3 hinter Bekk. tilge: und, hinter Text füge ein: Ba.²

S. 84. Anm. 5 vor Ald. füge ein: einzelne Handschriften und.

S. 86 am linken Rande steht die Ziffer 3 eine Zeile zu niedrig.

S. 86. Anm. 4 vor M⁴ füge ein: Ba. nach.

S. 87. Z. 10 v. o. vor: Und fehlt: §. 15, und am rechten Rande lies 20ᵇ statt 20.

S. 88. Anm. 1 vor Ald. füge ein: einzelnen Handschriften und.

S. 90. Z. 1 v. o. tilge das Komma vor ἤ.

Nachträge und Berichtigungen.

S. 90. Anm. 1 füge hinter Susem.¹ ein: und Susem.² in der Uebers.

S. 90. Anm. 8 hinter Ueb. füge ein: Ba².

S. 96. Anm. 1 hinter Bahlen Rangf. S. 156 füge ein: eben so, nur ohne das ⟨γὰρ⟩ Ba². unter dem Text.

S. 96. Anm. 3 vor Spengel füge ein: pr. G⁸.

S. 96. Anm. 5 f. Πλούγνωτος l. Πολύγνωτος.

S. 96. Anm. 6 vor Bahlen füge ein: Ba². nach.

S. 96. Anm. 7 vor Alb. füge ein: einzelnen Handschriften und.

S. 98. Anm. 11 setze hinzu: ἐστιν Ba². nach Aᶜ, mit Recht.

S. 100. Anm. 1 st. wahrscheinlich nach l.: ὁ ποῖα Aᶜ (und dann τίς).

S. 100. Anm. 2 hinter Susem¹. füge ein: Ba².

S. 100. Anm. 3 hinter a. a. O. füge ein: und Ba².

S. 100. Anm. 5 f. Ba. l. Ba¹.

S. 101. Anm. 13. muß lauten: ἀτεχνώτατον Ba². nach einzelnen Handschriften, ἀπεχνώτατον Aᶜ.

S. 101. Anm. 14 setze hinzu: Doch kann ὡς γάρ wohl „indem nämlich" bedeuten, s. Ba². z. d. St.

S. 102. Anm. 2 vor δ᾽ ἐστί füge ein: δί ἐστιν Ba². nach Aᶜ (mit Recht).

S. 102. Anm. 5 und 7 vor W. Pazzi füge ein: R².

S. 104. Anm. 6 st. φησίν Q l.: φησίν Q M³.

S. 107. §. 4. Nach meiner von Ba. doch vielleicht mit Recht festgehaltenen Vermuthung (s. S. 106. Anm. 5) ist in der 1. A. übersetzt: „Kurz ... Handlung ist, dies von einer einheitlichen und ein Ganzes bildenden Handlung sein, und es müssen u. s. w."

S. 108. Anm. 1 vor Vettori und Anm. 8 vor Alb. füge ein: R².

S. 112. Anm. 2 hinter M³ füge ein: (oder, wie Ba². angiebt, M¹?).

S. 112. Anm. 4 hinter S. 412 füge ein: μάλιστα ⟨τοιαῦτα, ὅταν παρὰ δόξαν γένηται (ἐκπλήττει γὰρ μάλιστα)⟩· Ba².

S. 112. Anm. 8 hinter Alb. füge ein: δί ἐξ ἧς R² und corr. Par. 2038, δί ἐστιν ἐξ ἧς Ba².

S. 113. Z. 8 v. o. tilge 96 und setze dieselbe Ziffer Z. 18 v. o. hinter: herabfiel.

S. 114. Anm. 9 st. Ba. l.: Ba¹., ⟨ὅσα⟩ ὥσπερ Ba²., und vor Alb. füge ein: R².

S. 114. Anm. 13 tilge Aᶜ, und füge hinzu: οἷον Aᶜ.

S. 116. Anm. 2 f. Vettori l. Aᶜ, und tilge: Aᶜ und.

S. 116. Anm. 3 vor Bywater füge ein: Bernays und.

S. 118. Anm. 4 hinter Susem¹. füge ein: nach einzelnen Handschriften.

S. 120. Anm. 1 f. Alb., αὐτὸ Aᶜ l.: einzelne Handschriften und Alb., αὖ τὸ Aᶜ, αὐτό.

S. 121. Z. 15 v. o. fehlt: §. 4.

Nachträge und Berichtigungen.

S. 122. Anm. 5 hinter A^c füge ein: und hernach χείρωσιν pr. A^c.

S. 122. Anm. 6 vor Maggi füge ein: R^2.

S. 122. Anm. 8 setze hinzu: nach Ba^2. vielmehr A^c und Ba^2.

S. 124. Anm. 2. vor A^c füge ein: Ba^2. nach).

S. 130. Anm. 1 st. die l.: Ba^2. nach den.

S. 131. Anm. 7 vor διὸ füge ein: δι' ὅτι A^c, und vor Bahlen füge ein: Ba^2. nach.

S. 131. Anm. 9 hinter Susem^2. füge ein: und Ba^2.

S. 133. Anm. 15 setze hinzu: Ba^2. vermuthet ποιῆσαι, παραλογισμός.

S. 133. Z. 16 vor Ald. füge ein: R^2.

S. 134. Anm. 3 f. περιδερρέων l. περιδερρέων.

S. 134. Anm. 8 vor Heinsius füge ein: einzelnen Handschriften und.

S. 134. Anm. 9 vor Bettori füge ein: R^2 am Rande und.

S. 134. Anm. 10 st. Bettori l.: M^2 am Rande und G^8.

S. 136. Anm. 5 f. M^1 l. M^1 (?).

S. 136. Anm. 6 st. A^c und die l.: Ba^2. n ch A^c und den.

S. 138. Z. 1 f. [ἐν] l. ἐν.

S. 138. Anm. 2 muß lauten: So Ba^1. nach Bettori.

S. 138. Anm. 3 st. Ald., ἅρμασι A^c l.: einzelne Handschriften und Ald., δράμασιν Ba^2. (mit Recht). ἅρμασιν A^c, ἅρμασι.

S. 138. Anm. 6 vor Gryph. füge ein: R^2.

S. 138. Anm. 8 st. Ba. l. Ba^1., und hinter Bekk. füge ein: Ba^2.

S. 139. Z. 14 hinter übersetze füge ein: εὐτυχίαν <ἐκ δυστυχίας συμβαίνει ἢ ἐξ εὐτυχίας εἰς δυστυχίαν>? Ba^2., und f. εὐτυχίας l. εὐτυχίας.

S. 140. Anm. 6 st. Ba. l. Ba^1., und st. nach Bahlen l.: nach Bonitz.

S. 142. Anm. 1 f. αἰδοῦ l. αἰδοῦ.

S. 142. Anm. 3 st. M^1 (?) l.: (nach Bekkers Angabe) Ald.

S. 143. Z. 27 v. o. tilge 186^b.

S. 144. Anm. 4 vor W. Pazzi füge ein: R^2.

S. 144. Anm. 8 vor Bahlen füge ein: Ba^2. nach.

S. 146. Anm. 1 f. Ba. l.: Ba^1., τινα <ἥτις ἂν> ἢ Ba^2. (= „Willensrichtung offenbart <wie sie immer sein> möge"), nicht übel.

S. 146. Anm. 5 f. τῶι A^c l.: τῶι corr. A^c (nach einer Rasur von zwei Buchstaben), οὐ τῶι, wie es scheint, pr. A^c, und tilge: (vielleicht richtig).

S. 146. Anm. 6 füge hinzu: οἷος Bücheler.

S. 146. Z. 9 f. Susem^1. in den Anmerkungen und l.: und Ba^2. nach Bettori, vgl.

S. 148. Anm. 8 vor Robortell füge ein: R^2.

S. 150. Anm. 2 f. benutzter Codex l.: und zwei von Ba^2. benutzte Codices.

Nachträge und Berichtigungen.

S. 150. Anm. 9 f. Va. l. Va¹.
S. 150. Anm. 11 und S. 152. Anm. 1 vor Ald. füge ein: R² Par. 2038.
S. 152. Anm. 2 vor Bahlen füge ein: Va². nach.
S. 152. Anm. 4 setze hinzu: ἄθρον A^c.
S. 154. Anm. 7 tilge: ἢ Maggi.
S. 156. Anm. 3 f. π. ε. p. ι. l. π̅. ε̅. p̅. ι̅.
S. 156. Anm. 9 vor αὐτήν oder füge ein: αὐτό Maggi, tilge: nach den Handschriften, und hinter αὐτόν füge ein A^c und.
S. 157. Z. 1 v. o. vor: wie fehlt: §. 7^c.
S. 158. Anm. 5 vor Gryph., Anm. 7 vor Robortelli und Anm. 13 vor W. Pazzi füge ein: R².
S. 158. Anm. 13 f. ἐβάδιζε A^c l.: ἐβάδιζον A^c, ἐβάδιζε.
S. 159. Anm. 17 vor Pazzi füge ein: einzelnen Handschriften.
S. 159. Z. 15. M. Schmidts Ergänzung trägt allerdings einen neuen Gedanken in diesen Satz hinein, der nicht nothwendig vom Zusammenhange gefordert wird, wenn er auch demselben gut entspricht. Jedenfalls ist aber auch der ohne dieselbe in der Stelle liegende Sinn auffallend unvollständig ausgedrückt. Will man daher lieber bei ihm stehen bleiben, so fragt sich, ob nicht eine andere Ergänzung das Richtige trifft, auf die zum Theil gleichfalls bereits Schmidt verfallen ist, indem er die Frage aufwirft: „Hatte also Aristoteles etwa ἄνευ ⟨ὀνομάτων ἢ⟩ ῥημάτων oder statt ῥημάτων einfach ἑκατέρων geschrieben?" dann aber hinzufügt, er glaube das nicht. In der That genügt auch mir dies nicht, wohl aber etwa ⟨καὶ ἄνευ ὀνομάτων ἢ⟩ ἄνευ ῥημάτων. Die von mir festgehaltene Uebersetzung von οὐ γὰρ ἅπας λόγος κ. τ. λ. empfiehlt sich im Gegensatze gegen die von Schmidt begünstigte durch die Analogie von c. 22. §. 2. Ob jedoch bei ihr in diesem Satzgliede ein μόνον oder μόνων zu entbehren ist, steht sehr dahin. Denn Aristoteles will ja begründen, warum er Wort- und Satzgefüge so, wie er thut, und nicht, wie es ohne Zweifel schon Andere gethan hatten (vgl. den 7. pseudo-platon. Brief p. 343 B) als Verbindung von Nomen und Verbum definirt, kann also offenbar nur sagen wollen, die letztere Definition behaupte einmal zu wenig, indem nicht bloß solche bedeutsame, sondern auch unbedeutsame Wörter (Verbindungswörter) als organische Theile eines derartigen Gefüges auftreten können, andererseits wieder zu viel, indem es sogar Wortgefüge ohne Nomen oder Verbum gebe. Täusche ich mich nun nicht, so würde dies vollständig erst etwa so ausgedrückt sein: οὐ γὰρ ἅπας λόγος ἐκ ῥημάτων ⟨μόνων⟩ (oder ⟨μόνον⟩) καὶ ὀνομάτων σύγκειται, ἀλλ' ἐνδέχεται ⟨καὶ ἄνευ ὀνομάτων ἢ⟩ ἄνευ ῥημάτων εἶναι λόγον „denn nicht jedes Wortgefüge besteht ⟨bloß⟩ aus Verben und Nominen, vielmehr kann man ein solches ⟨sogar⟩ ohne ⟨Nomina oder⟩ Verba bilden". Oder will man im zweiten Gliede lieber die von Schmidt bevorzugte Ergänzung, so ändert das an der Hauptsache Nichts. Diese beiden einander entgegengestellten Satzglieder schließen sich nun

wieder zu einem gemeinsamen größern Gliede zusammen, welchem das folgende μέρος μέντοι—ἕξει „aber einen Theil — enthalten" als Gegensatz gegenübertritt, und zu dieser gesammten Rechtfertigung der aufgestellten Definition kommen nun noch als Abschluß die erläuternden Beispiele οἷον - Κλέων <-ος> hinzu. Damit verträgt sich aber nicht, daß schon hinter jenem ersten Theile des ersten Hauptgliedes ein Beispiel ganz von derselben Art, nämlich οἷον ὁ τοῦ ἀνθρώπου ὁρισμός, eingeschoben ist. Denn zu der Uebersetzung desselben nicht durch „z. B. die Definition des Menschen", sondern durch „A. B. die Definition des Menschen nicht" zwingen, was Anm. 237 deutlicher hätte gesagt werden sollen, die dort angeführten Stellen Rhet. III, 6, 1 u. bes. de interpr. c. 5. 17ᵃ, 11 ff., wo es ausdrücklich als Begriffsbestimmung des Menschen (ὁ τοῦ ἀνθρώπου λόγος) bezeichnet wird, wenn man „zweifüßiges Landthier" (τὸ ζῷον πεζὸν δίπουν) statt „Mensch" sagt, und dann von derselben heißt, sie sei kein aussagendes Wortgefüge (λόγος ἀποφαντικός), wenn nicht dazu gesetzt wird „ist, war, wird sein oder Etwas dergleichen". Dann aber leuchtet ein, daß dies eben sonach auch nur ein Beispiel eines Wortgefüges ohne Verbum ist, also den erst am Schlusse zu gebenden Beispielen dieser Art vorgreift und mithin hier neben den dort wirklich gegebnen nicht bestehen kann.

S. 160. Z. 17 v. o. s. ὅ ἐστιν l. ὅδ ἐστιν. (Die erstere Lesart ist versehentlich aus Bekk. und Susem¹. stehen geblieben).

S. 160. Anm. 2 s. Gryph. l: R² W. Pazzi.

S. 160. Anm. 4 hinter nach Winstanley schalte ein: μεγαλιοτέρων, οἷον Hermann.

S. 160. Anm. 9 setze hinzu: ἑρμοκαικόξανθος Aᶜ.

S. 162. Anm. 2. l. ὁρμῖN, aber 7N auf einer Rasur.

S. 162. Anm. 5 vor Lᵈ füge ein: V².

S. 162. Anm. 8 ἀτειρεῖ haben auch Nᵃ M¹.

S. 163. Anm. 13 vor Ald. füge ein: R² Par. 2038.

S. 163. Z. 6 v. o. tilge 242ᵃ.

S. 164. Anm. 6 s. Batteux l. Maggi.

S. 164. Z. 7 setze hinzu: ὄρνυτας Hesych., s. aber dazu M. Schmidt.

S. 164. Anm. 11 vor Heinsius füge ein: einzelne Handschriften und.

S. 166. Anm. 4 s. nach l.: Ba². nach R².

S. 166. Anm. 7 füge hinzu: αὐεὶ Aᶜ.

S. 166. Anm. 13 vor Pazzi füge ein: R².

S. 166. Anm. 14 setze hinzu: πέντε τὸ πῶυ τὸ νᾶπυ τὸ γόνυ τὸ δόρυ τὸ ἄστυ R².

S. 168. Anm. 2 vor Ald. füge ein: τὰ R² Par. 2038.

S. 170. Anm. 13 setze hinzu: πῶς Aᶜ.

S 172. Anm. 11 s. Ald. l.: R² Ald., φαγάδαινα ἥ V², φαγέδαινα δή Böckh.

S. 173. Anm. 13. μεών hat pr. Bᶜ.

Nachträge und Berichtigungen.

S. 173. Anm. 14 vor Ald. füge ein: R².
S. 175. Anm. 14 vor Ald. füge ein: R² Par. 2038.
S. 175. Anm. 15 f. Ald. l.: (und dann mit Nᵃ M¹, ³ χρήσεται) R² Par. 2038 Ald., tilge ferner: τι Aᶜ und die meisten andern Handschriften, und f. Nᵃ M¹ l.: Aᶜ Nᵃ M¹, τι die andern Handschriften.
S. 176. Anm. 6. Nach Ba². vielmehr: ἦ Aᶜ, aber η auf einer Rasur.
S. 176. Anm. 9. Ba². führt die Conjectur δάτερον erst auf Hermann zurück.
S. 176. Anm. 11 f. Gryph. l.: R² W. Pazzi.
S. 178. Anm. 1 setze hinzu: αὔξων? Ba².
S. 178. Anm. 2 vor Pazzi und Anm. 7 vor Ald. füge ein: R².
S. 178. Anm. 6 müssen die Bezeichnungen pr. und rc. ihre Plätze tauschen. Vgl. die Vorr. S. VII. Anm. 1.
S. 180. Anm. 3 vor M⁴ füge ein: Aᶜ, und vor Aᶜ setze hinzu: pr.
S. 180. Anm. 5 f. ἠθικοῦ l. ἠθικόν.
S. 182. Anm. 5 f. μίμησις und κίνησις l. μίμησις und κίνησις.
S. 182. Anm. 9 tilge: M² (?), und vor Aᶜ füge ein: aber so, daß über dem ersten η ein Gravis wegradirt ist und das zweite auf einer Rasur steht.
S. 184. Z. 18 v. o. hinter ὅν fehlt: 12).
S. 184. Z. 19 tilge: 12).
S. 184. Anm. 2. Nach Winstanleys Angabe hat auch schon M² οὐδὲν ἀηδῆ. Für ἀηδες l. ἀηδες.
S. 184. Anm. 5 setze hinzu: ἐπεὶ καὶ? Ba².
S. 184. Anm. 7 hinter Hand schalte ein: am Rande.
S. 184. Anm. 8 setze hinzu: (δὴ Aᶜ).
S. 184. Anm. 9 f. Aᶜ l.: pr. Aᶜ, ἀλλ' οὐδὲ Bᶜ Gᵇ Pᵇ rc. Aᶜ, und für Ba. l.: Ba¹., ἄλλο δ' <ὁ> Ba².
S. 184. Anm. 13 f. τοῦτο l. τοῦτο, und am Schlusse füge hinzu: τοιοῦτο? Ba².
S. 186. Anm. 3 vor A. Pazzi füge ein: R².
S. 186. Anm. 4 f. ὅστε Aᶜ l.: οστε pr. Aᶜ, ὥστε rc. Aᶜ.
S. 186. Anm. 6 vor τεθῆ füge ein: δὶ, und am Schlusse setze hinzu: δεθῆ pr. Aᶜ, δὶ θῆ rc. Aᶜ.
S. 187. Anm. 12 füge hinzu: fehlt in Nᵃ M¹.
S. 188. Anm. 4 setze hinzu: nach M⁴, ὥσπερ αν εἰ rc. Aᶜ.
S. 188. Anm. 5 f. und — corrigirt l.: εἰ pr. Aᶜ, ἢ rc. Aᶜ.
S. 188. Anm. 6 vor Ald. füge ein: R².
S. 188. Anm. 13 setze hinzu: εἰ rc. Aᶜ.
S. 189. Anm. 16 setze hinzu: αὐτ̆ (d. i. αὐτῆς) Aᶜ.
S. 189. Anm. 17 hinter εἰ füge ein: R².
S. 190. Anm. 5 hinter Aᶜ füge ein: (ὁποίαν οὖν).
S. 190. Anm. 11 setze hinzu: οἷον εἰ R² Par. 2038.
S. 192. Anm. 3 f. η η l. ἤ η.

S. 192. Anm. 5 setze hinzu: οἴους rc. A^c am Rande.
S. 192. Anm. 7 vor Gryph. füge ein: R^2 corr. V^2.
S. 192. Anm. 10 f. Ba. l. Ba^1.
S. 192. Anm. 11 tilge: οὖν rc. A^c. (Nach Ba^2. hat nämlich vielmehr im Folgenden ἴσως οὐ pr. A^c, ἴσως οὖν rc. A^c).
S. 193. Z. 13 v. o. tilge 319^b.
S. 193. Z. 23 v. o. hinter: Illyriern fehlt: 321^b.
S. 193. Anm. 18 f. οὖν l. οὖν.
S. 194. Anm. 3 vor ῥ' ἤτοι füge ein: ῥ' ἢ τοι Ba^2. (wohl mit Recht), ferner tilge: A^c, und füge hinter M$^{3, 4}$. ein: und pr. A^c, ῥ' ἤτοι rc. A^c.
S. 194. Anm. 7 f. A^c l.: pr. A^c, κέραι' rc. A^c.
S. 194. Anm. 8 f. ἰοῦ A^c l.: ιου pr. A^c, ἰ ου rc. A^c.
S. 194. Anm. 11 setze hinzu: doch merkt Ba^2. nicht an, daß die Correctur erst von dieser herstammt.
S. 196. Anm. 3 muß lauten: αἴψα pr. A^c, αἴψα rc. A^c.
S. 196. Anm. 8 f. A^c l.: pr. A^c, ἀμφιβολία rc. A^c.
S. 197. Anm. 15 f. A^c l.: pr. A^c, aber von der zweiten Hand corrigirt.
S. 198. Anm. 2 füge hinzu: aber ω in Correctur.
S. 198. Anm. 3 f. Ba. l. Ba^1., und hinter Susem^1. schiebe ein: Ba^2, endlich am Schlusse setze hinzu: σημήνειεν Par. 2038.
S. 198. Anm. 7 f. Spengel l.: rc. A^c, und vor A^c füge ein: pr.
S. 198. Anm. 9 f. ὅ τι l.: und schon, und f. τί l. τί.
S. 198. Anm. 12 f. A^c l.: pr. A^c, jedoch ει auf einer Rasur, ἐπεὶ τιμῶσιν rc. A^c.
S. 199. Anm. 14 setze hinzu: Unmittelbar vorher αὐτῶν Ba. nach Heinsius.
S. 199. Anm. 17 muß lauten: παρ' αὐτῶν Bekk., παραυτῶν pr. V^2, παρ' αὐτῶν A^c B^c und die übrigen Handschriften.
S. 200. Anm. 2 hinter εἰκός setze hinzu: nach Vettori.
S. 200. Anm. 5 vor A^c füge ein: und vorher πιθανόν.
S. 200. Anm. 15 vor Ald. füge ein: R^2.
S. 201. Anm. 20 vor Goulston füge ein: R^2 am Rande und.
S. 202. Anm. 5 vor Maggi und Anm. 10 vor Ald. füge ein: R^2.
S. 202. Anm. 6 f. ἐστι δειλίαν l. ἐστιν δειλίαν.
S. 203. Anm. 16 füge hinzu: wonach ich übersetze.
S. 204. Anm. 7 setze hinzu: καὶ ἥδοντα? Ba^2. S. 171.
S. 204. Anm. 8 füge hinzu: A^c hat ὁ πούντιος. (Hiernach erledigt sich mein in d. Vorr. S. VI. Anm. 4 ausgesprochener Zweifel).
S. 204. Anm. 9 f. A^c G^s l.: pr. A^c, aber von der zweiten Hand corrigirt.
S. 204. Anm. 13 hinter Handschriften füge ein: (ἔπητα δι' ὅτι A^c).

Nachträge und Berichtigungen. 309

S. 206. Anm. 4 hinter Maggi füge ein: ἥδιον ἢ R².

S. 206. Anm. 11. 12. S. 207. Anm. 17. 20. 21 vor Ald. füge ein: R² Par. 2038.

S. 207. Z. 1 v. o. vor: Sie fehlt: §. 5.

S. 207. Anm. 21 ist statt des auf Ald. Folgenden zu lesen: καὶ τοιαῦτ' ἄττα Va². nach B^cN^a und den meisten andern Handschriften, καὶ τοιαῦτ' ἄττα A^a.

S. 225 f. Anm. 45. Ein starkes Bedenken gegen die hier angedeutete Hypothese ist allerdings, daß man bei derselben, wie es scheint, schwerlich wird umhin können anzunehmen, daß Aristoteles auch die Einführung eines ständigen, nur aber nicht sprechenden, sondern ausschließlich singenden Schauspielers schon vor Thespis gesetzt habe. Denn worin hätte sonst der Unterschied der ältesten, diesem Manne noch vorangehenden Tragödie vom Satyrdithyrambos liegen sollen? Um nun aber von allen sonstigen nahe liegenden Einwendungen gegen eine solche Annahme zu schweigen, ist es wohl wahrscheinlich, daß Aristoteles in seiner ohne Zweifel ausführlicheren Darstellung im Dialog über Dichter dies allerwesentlichste Mittelglied ganz übergangen oder, wenn dies nicht der Fall war, daß Themistios in seinem Bericht über dessen dortige Angaben es ausgelassen haben sollte, indem er ja von τὸ μὲν πρῶτον ὁ χορὸς εἰσιὼν ᾖδεν εἰς τοὺς θεούς; sofort auf Θέσπις δὲ πρόλογόν τε καὶ ῥῆσιν ἐξεῦρεν überspringt? Wenn man bedenkt, daß das τὸ μὲν πρῶτον κ. τ. λ. noch auf den Satyrdithyrambos geht, wird da nicht mit den Worten Θέσπις δὲ κ. τ. λ. im Gegensatz gegen denselben so gut wie ausdrücklich Thespis als Schöpfer der Tragödie bezeichnet? Ist also trotzdem die in Rede stehende Hypothese richtig, so würde eben hiernach die Vermuthung von Ueberweg, daß eine ähnliche Wendung auch in der Poetik ursprünglich (vor c. 4. §. 13, s. S. 84. Anm. 7) gestanden habe, freilich auch abgesehen von dem Anm. 42^b angedeuteten Grunde erst recht zu verwerfen sein, aber ein richtiger Gedanke liegt dann allerdings in dieser Vermuthung: selbst in diesem kürzern Geschichtsabriß der Tragödie entbehrt man dann ungern die Angabe, daß Thespis der Urheber des gesprochenen Dialogs war, da dies dann ohne Zweifel innerhalb der schon entstandenen Tragödie einen Fortschritt von nicht geringerer Bedeutung darstellt, als diejenigen, welche ausdrücklich dem Aeschylos und Sophokles zugeschrieben werden. Oder wäre es wirklich nicht auffällig, vorausgesetzt es hätte nach Aristoteles eine Tragödie bereits ohne gesprochenen Dialog gegeben, wenn dann der Philosoph sich begnügt haben sollte zu sagen, wer demselben zuerst die erste Rolle vor den Chorpartien zugewiesen, und verschwiegen hätte, wer denselben überall erst eingeführt habe?

S. 227. Anm. 47. Die vorgetragene Vermuthung gilt natürlich nur unter der Voraussetzung, daß auch für die betreffende Angabe bei Suidas der aristotelische Dialog über Dichter die letzte Quelle war, was keineswegs nothwendig der Fall gewesen zu sein braucht.

S. 279. Anm. 284. Mit dieser gegen Knebel gerichteten Bemerkung ist allerdings die Vermuthung von Vahlen (Beitr. III. S. 284) noch nicht widerlegt, nach welcher die verstellte Heimfahrt, der Sinon und die Troerinnen nur drei besondere Sujets der allgemeinen Zerstörung Troias bezeichnen sollen, um anzudeuten, daß man aus letzterer entweder nur eine Tragödie oder aber auch jene drei machen könne, so daß also, wie es scheint, καί — καί — καί „sowohl — als auch — als auch" bedeuten soll, jedenfalls aber etwa zu übersetzen wäre „endlich einer Zerstörung Ilions oder auch (genauer) einer Heimfahrt, einem Sinon und Troerinnen". Aber die meines Erachtens genügende Widerlegung ist in Anm. 286 gegeben.

S. 293. Anm. 343^b. S. auch Helbig Zeuxis und Parrhasios, Jahns Jahrb. XCIII. 1867. S. 667. Ein Gleiches wie von Brunn gilt dagegen auch noch von Blümner Archäologische Studien zu Lucian, Breslau 1867. 8. S. 36 ff.: daß Zeuxis auch Kentauren malte, geht diese aristotelische Stelle gar Nichts an, eben so wenig wie er es that.

Nachwort.

Nachdem vorliegendes Buch mit Einschluß der Vorrede bereits gedruckt war und auch die Nachträge und Berichtigungen bereits abgezogen werden sollten, erschien die zweite Auflage von Vahlens Ausgabe, in welcher derselbe jetzt seine Collation von A^c bis ins Feinste und Kleinste hinein veröffentlicht, was sich dagegen in andern Handschriften findet, meist nur durch „apogr." bezeichnet*), jedoch uns namentlich auch näher mit Par. 2038 und einer noch mehr mit Ald. und den sonstigen ältern Ausgaben übereinstimmenden, bisher unbekannten Handschrift R^2 = Riccardianus 16 so wie mit einigen Lesarten einer andern, gleichfalls bisher unbekannten, V^2 = Vaticanus 1400 bekannt macht. Was sich hiernach noch meinen Nachträgen und Berichtigungen einreihen ließ, ist geschehen, und obwohl ich, im Begriff eine achtwöchentliche Reise anzutreten, kaum noch die Zeit finde, will ich doch nicht unterlassen hier ferner nachzutragen, was sonst in Vahlens Mittheilungen irgendwie für meine Leser von Nutzen sein kann**), indem ich im Allgemeinen noch bemerke, daß

---

*) Ich habe an solchen Stellen, wo ich nicht weiß, welche Codices es sind, in den Nachträgen mich des Ausdrucks „einzelne Handschriften" bedient. Alles Derartige habe ich aber nicht nachgetragen.

**) Auch ein paar schon aus Vahlens erster Ausgabe ersichtliche und in die von Ueberweg übergegangene, aber von mir übersehene Hiate.

Nachwort.

das ι subscriptum in A^c bald steht, bald fehlt, bald durch das ι adscriptum vertreten wird und stets σ, fast nie ς am Schlusse des Worts geschrieben ist.

Cap. 1. S. 69. §. 1. Z. 2. ἕκαστόν τι Ba². (wohl mit Recht), ἕκαστοτι A^c ‖ Z. 6 f. κατάφυσιν pr. A^c, aber von der zweiten Hand corrigirt ‖ §. 4. Z. 14 f. διασυνήσειας ‖ S. 70. §. 5. Z. 9. ἤδη pr. A^c, ἤδη rc. A^c ‖ S. 72. Z. 9. οὐχ' A^c, und so öfter ‖ Z. 10. κοινή A^c ‖ §. 8. Z. 11. ἂν A^c, und Aehnliches öfter ‖ Z. 14. εἰ ὁ A^c, und so fast immer ‖ C. 2. S. 74. §. 1. Z. 5. ἀρετή A^c ‖ §. 3. Z. 12. ἐστι, aber οτι auf einer Rasur Ba² ‖ C. 3. S. 76. §. 2. Z. 11. καταρχᾶσ A^c, und so meist ‖ S. 78. §. 3. Z. 2. δημοκρατείασ A^c ‖ C. 4. §. 2. Z. 13. τίνοσ A^c, und Aehnliches öfter ‖ Z. 15. τούτων, wie es scheint, pr. A^c, τούτω mit Rasur des folgenden Buchstaben corr. A^c ‖ Z. 16 f. διαμιμήσεως, und Aehnliches häufig ‖ Z. 18. ἀτιμωτάτων A^c ‖ S. 80. §. 8. Z. 7. δι' ἐσπάσθη, und Aehnliches oft ‖ Z. 14. ἐστὶν A^c, und Aehnliches oft ‖ S. 82. §. 9. Z. 4. σπουδαία A^c ‖ S. 84. §. 11. Z. 1 f. καθαυτὸ κρίνεται ἢ Ναί. καὶ A^c ‖ §. 12. Z. 9. αὐτῆς Bekk., αὐτῆσ A^c, ἑαυτῆς apogr. ‖ §. 14. Z. 15. ἐπεισοδίων, aber ει auf einer Rasur A^c ‖ Z. 16. ἰαμβίον A^c ‖ C. 5. S. 88. §. 1. Z. 3. ἐστὶ A^c ‖ Z. 5. κατα corr. A^c ‖ Z. 6. ἐστὶ pr. A^c ‖ S. 90. §. 4. Z. 5. ἔστι A^c, und ähnlich öfter ‖ Z. 6. ταῦτα A^c, δι' ὅπερ A^c, und so in der Regel ‖ C. 6. S. 92. §. 6ᵇ. Z. 17. καθὸ A^c ‖ S. 94. Z. 2. ἀποδεικνύασιν Ba²., ἀποδεικνύασιν A^c ‖ §. 7. Z. 3. καθοποία A^c ‖ §. 8. Z. 9. εἴδεσιν, aber εἰ auf einer Rasur A^c ‖ Z. 11. ὡσ αὔτωσ A^c, und ähnlich öfter ‖ S. 96. §. 9. Z. 1 οὐκ A^c ‖ §. 10. Z. 4 und §. 11. Z. 11. εἰσὶν Ba². nach A^c ‖ §. 10. Z. 17. συμπαραλαμβάνουσιν Ba²., συμπεριλαμβάνουσιν A^c ‖ S. 98. §. 15. Z. 3. ἐστὶ Ba². nach A^c ‖ ἕνα λείπει A^c L^d ‖ Z. 4. οὐκ ἀνομοίωσ A^c ‖ Z. 15. ἐστὶν Ba². nach A^c ‖ §. 16. Z. 12. ἐστὶν Ba². nach A^c ‖ S. 100. §. 19. Z. 13. δέ καὶ ἥκιστα A^c, und Aehnliches öfter ‖ C. 7. S. 102. §. 2. Z. 7. ἔστιν Ba². nach A^c ‖ §. 3. Z. 10. §. 4. Z. 21. ἐστὶν Ba². nach A^c ‖ S. 104. §. 7. Z. 15. ἐστὶν Ba². ἐστὶν A^c ‖ μέγεθους A^c, und Aehnliches öfter ‖ S. 106. §. 3. Z. 11. οἵαν A^c, und ähnlich öfter ‖ C. 9. S. 108. §. 1. Z. 1. οἷα ‖ §. 4. Z. 11. ἐστὶν Ba². nach A^c ‖ S. 110. §. 7. Z. 2. οὐδ' ἦν Ba²., οὐδ' ἦν A^c ‖ §. 9. Z. 10. μίμησίν ἐστιν Ba²., μίμησιν ἐστίν A^c ‖ Z. 12. ἐστι Ba². nach A^c ‖ §. 10. Z. 16. εἰσὶν Ba². nach A^c ‖ S. 112. §. 11. Z. 6. ὅτ' ἂν, und so in der Regel ‖ C. 10. §. 1. Z. 16. ὑπάρχουσι A^c ‖ C. 11. S. 114. §. 1. Z. 6. εὐφρανῶν A^c ‖ §. 2. Z. 14. περιπετεῖαι A^c ‖ §. 3. Z. 15. εἰσὶν Ba². nach A^c ‖ C. 12. S. 116. §. 1. Z. 17. ἐστὶν Ba². nach A^c ‖ C. 13. S. 118. §. 2. Z. 19. δεῖ, aber εἰ auf einer Rasur A^c ‖ S. 120. §. 4. Z. 16. ἡ βελτίστοσ A^c ‖ S. 122. §. 7. Z. 6. ὑπὸ τινῶν ἐστι Ba²., ὑπὸ τινων ἐστὶν A^c ‖ Z. 8. διπλῆ A^c ‖ §. 8. Z. 12. οἰκεῖα ‖ C. 14. §. 1. Z. 16. 17. ἐστὶν Ba². aus A^c ‖ Z. 19. συνεστάναι A^c ‖ S. 124. §. 4. Z. 14. μὴ δ' ἑτέρωσ A^c, und Aehnliches öfter ‖ Z. 15. οἷον A^c ‖ S. 126.

§. 6. З. 3. ἐστιν Ba². aus Aᶜ ‖ З. 4. δεινὸν εἶδ' Aᶜ §. 9. З. 19. μερικὴ Aᶜ ‖ З. 20. ἀνεγνώρισε corr. Aᶜ ‖ S. 16. S. 128. З. 6. φοροῦσιν Aᶜ ‖ S. 130. §. 2. З. 2. ἐστιν Ba². nach Aᶜ ‖ S. 132. §. 6. З. 4. ὅμοιος, aber das zweite o auf einer Rasur Aᶜ ‖ §. 7. З. 12. ἐστιν Ba². aus Aᶜ ‖ З. 15. ἀναγνωγισμὸν pr. M¹ ‖ S. 17. S. 134. §. 1. З. 11. ὁρῶντ' Ba². ‖ §. 2. З. 15. πᾶδεσίν εἰσιν Ba²., πᾶδεσιν εἰσίν Aᶜ ‖ S. 136. §. 3. З. 4. εἶδ' apogr., εἶδ' Aᶜ S. 138. §. 5. З. 11. διέφθειρε Ba²., δι' ἔφθειρε Aᶜ ‖ S. 18. S. 140. §. 2. З. 11. ἐστιν Ba²., ἐστιν Aᶜ ‖ S. 142. §. 3. З. 3. ἀλλ' ὡς Aᶜ ‖ συκοφαντοῦσιν Ba². nach Aᶜ ‖ S. 144. §. 6ᵇ. З. 2. ἐστιν Ba². nach Aᶜ ‖ З. 4. ἡττηθῆ apogr., ἡττήθη Aᶜ ‖ §. 6. З. 5. ἐστιν Ba². nach Aᶜ ‖ §. 7. З. 12. δί ὃ Aᶜ, und so noch ein paar Male ‖ S. 15. §. 1. З. 19. ποιῇ, aber ῇ auf einer Rasur Aᶜ ‖ S. 146. §. 1. З. 2. §. 2. З. 5. §. 5. З. 11. ἐστιν Ba². nach Aᶜ ‖ S. 148. §. 7. З. 7. μηχανῇ Aᶜ ‖ S. 19. S. 152. §. 4. εἴη Aᶜ ‖ §. 5. З. 12. γαρ corr. Aᶜ ‖ З. 16. φησὶν Ba². nach Aᶜ ‖ S. 20. §. 2. З. 20. ἐστιν Ba². nach Aᶜ ‖ З. 21. ἑξῆς Aᶜ ‖ З. 23. οὐδὲ μίαν Aᶜ, und so noch hin und wieder ‖ §. 3. З. 24. ἐστιν Ba². nach Aᶜ ‖ S. 154. §. 3. З. 3. καθ' αὑτὸ Aᶜ ‖ §. 4. З. 5. σχήμασίν Ba². nach Aᶜ ‖ §. 5. З. 9. δέ ἐστιν Ba². nach Aᶜ, δέ ἐστι Ba¹. Ueb. ‖ §. 6. З. 13. ἐστιν Ba². nach Aᶜ ‖ З. 13. und S. 156. §. 7. З. 3. ἢ apogr., ἢ Aᶜ ‖ З. 5. μὲν ἤτοι δὲ Aᶜ ‖ S. 158. §. 8. З. 4. καθ' αὑτὸ Aᶜ ‖ З. 5. u. §. 9. З. 8. καθ' αὑτὸ Aᶜ ‖ §. 11. З. 18. καθ' αὑτὰ Aᶜ ‖ S. 21. S. 162. §. 5. З. 2. ἱστάναι, wie es scheint, aus ἱστάναι corrigirt Aᶜ ‖ З. 3. μυρί Aᶜ ‖ З. 4. μύριον Aᶜ ‖ §. 6. З. 14. ἐστί Ba². nach Aᶜ ‖ S. 164. §. 10. З. 14. δέ ἐστι Ba. Ueb. nach Aᶜ ‖ З. 15. συλλαβῇ ἐμβεβλημένῃ Aᶜ ‖ З. 16. ἢ apogr., ἢ Aᶜ Bᶜ ‖ S. 166. §. 12. З. 8. ἐστιν Ba²., ἐστιν Aᶜ ‖ З. 12. ταῦτα Aᶜ ‖ S. 22. S. 168. §. 2. З. 12. εὐχοίωνται Aᶜ ‖ З. 18. τ' ἄλλα Aᶜ ‖ S. 170. §. 5. З. 12. μαραδᾶνα δὲ Aᶜ ‖ S. 172. §. 7. З. 13. δοίνατοι Aᶜ ‖ S. 174. §. 8. З. 7. ἄλλα Aᶜ ‖ §. 9. З. 11. ἐστιν Ba². nach Aᶜ ‖ §. 9. З. 14. π,ᵃʳp, Aᶜ ‖ S. 23. S. 176. §. 1. З. 4 f. συνιστᾶναι Aᶜ ‖ З. 10. ἕκαστα Hermann ‖ З. 16. δρῶσι Ba². nach Aᶜ ‖ S. 24. §. 1. З. 12. 15. ταῦτα pr. Aᶜ, ταυτὰ rc. Aᶜ ‖ З. 13. ἁπλῆν Aᶜ ‖ περὶ πετεινῶν, aber auf einer Rasur corrigirt Aᶜ ‖ S. 180. §. 2. З. 5. διόλου Aᶜ ‖ S. 182. §. 6. З. 8. οὐδ' εἰς Aᶜ ‖ S. 184. §. 9. З. 11. δεδίδαχεν Ba². nach Aᶜ ‖ З. 13 f. τοῦ δέοντος pr. Aᶜ, aber von der zweiten Hand corrigirt ‖ З. 14. τοδὶ ἢ BᶜGˢPᵇM², τὸ δί ἦν pr. Aᶜ, τὸ δὲ ἦ rc. Aᶜ ‖ З. 14 f. ὕστερον ἐστιν Ba²., ὕστερον ἐστιν Aᶜ ‖ З. 15. δέ ἐστι Ba. Ueb. aus Aᶜ ‖ S. 186. З. 7. ἤκαν Aᶜ ‖ З. 8. γέλοιον Aᶜ ‖ §. 11. З. 15. μέρεσιν Ba². aus Aᶜ ‖ S. 25. S. 188. §. 1. З. 6. οἷα Aᶜ ‖ οἷά φασιν Ba²., οἷα φασίν Aᶜ ‖ §. 3. З. 9. ἐστί Ba²., ἐστι Aᶜ ‖ З. 10. ἐστιν Ba². nach Aᶜ ‖ З. 12. καθ' αὑτὴν Aᶜ, κατ' αὐτὴν M⁴ ‖ S. 190. §. 4. З. 2. προβεβλητκότα, aber ε auf einer Rasur Aᶜ ‖ §. 5. З. 8. αὑτῆς R², αὐτῆς Aᶜ ‖ З. 12. κατὰ Aᶜ ‖ З. 13. μηδαμῇ pr. Aᶜ ‖ S. 192. §. 6. З. 5. οἷοί εἰσιν Ba²., οἷοί εἰσιν Aᶜ ‖ §. 7. З. 11. ἔγχεα Aᶜ ‖ З. 12. ὀρθ' ἐπὶ pr.

A^c, ὀρϑ' ἐπὶ rc. A^c ‖ Z. 13. τότε νόμιζον pr. A^c, aber von der zweiten Hand corrigirt ‖ §. 8. Z. 18. οἷον εἰ Ba^2. nach N^aM^1 (?) ‖ S. 194. §. 9. Z. 3. οὐρῆασ pr. A^c, οὐρῆας rc. A^c ‖ §. 10. Z. 11. καταμεταφορὰν pr. A^c, aber von der zweiten Hand corrigirt ‖ Z. 15. ἤ τοι Ba^2. ‖ Z. 17. κατα pr. A^c, aber von der zweiten Hand corrigirt ‖ S. 196. Z. 1. ὑη pr. A^c, ὑη rc. A^c ‖ Z. 2. καταμεταφορὰν pr. A^c, κατὰ μεταφορὰν rc. A^c ‖ Z. 4. δέοι A^c ‖ §. 12. Z. 11. πλέωνῦξ A^c ‖ S. 198. §. 15. Z. 5. τῆρ pr. A^c, τῆρ' rc. A^c ‖ §. 16. Z. 7 f. ἀντικρύη A^c ‖ Z. 8 f. προϋπολαμβάνουσιν Ba^2. nach A^c ‖ Z. 11. ἤ pr. A^c, ἤ rc. A^c ‖ πέπονδε mit Rasur eines Schlußbuchstaben A^c (also πέπονδεν pr. A^c) ‖ Z. 15. φασί A^c, φασι Ba^2. ‖ S. 200. Z. 1. ἱκάδιον A^c ‖ οὐχ B^c ‖ Ἰκάριον A^cB^c ‖ §. 17. Z. 8. φασὶν Ba^2., φασὶν A^c ‖ τ' ἄλογα A^c ‖ Z. 12. ὅτι ποτε pr. A^c, ὅτι ποτε rc. A^c ‖ §. 18. Z. 15. ὡς αὕτως A^c ‖ Z. 19. Ὀρέστη ⟨τῇ⟩? Ba^2. ‖ S. 202. §. 20. Z. 4. εἰσὶν Ba^2. nach A^c ‖ S. 26. §. 1. Z. 6. βελτίον η pr. A^c, βελτίον ἤ rc. A^c ‖ S. 204. §. 3. Z. 6. ὅπερ ἐστι A^c ‖ Z. 9. καλλιπίδη A^c ‖ Z. 11. αὐτῆς apogr., αὐτῆσ A^c ‖ Z. 12. ὁποῖα A^c ‖ Z. 13. ἐστι τἀγάλλα A^c ‖ Z. 14. αὐτῇ A^c ‖ S. 206. §. 6. Z. 10. ἡ Ἰλιάς R^2, ἤ ἰδίας N^a und ohne Zweifel pr. A^c, ἤ ἰλιας corr. A^c (λ steht auf einer Rasur), ἤ ἰδίας B^c.

Druck von W. Drugulin in Leipzig.